山东省
标准地名诠释

烟台市卷

《山东省标准地名诠释》编纂委员会 编

山东城市出版传媒集团·济南出版社

《山东省标准地名诠释》

编纂委员会

主　　编　冯建国

副 主 编　于建波　张子龙

编　　委　（以姓氏笔画排序）

丁志强　王为民　王玉磊　王晓迪　付振民　庄茂军

刘兴宝　孙树光　张西涛　张屹卿　张兴军　张鲁宁

陈　芳　陈效忠　陈朝银　陈德鸿　徐希超　徐帮杰

黄贤峰　崔继泽

编辑部主任　孙凤文

编辑部成员　（以姓氏笔画排序）

马　瑞　王书清　王成明　王红艳　巩铁军　刘　玲

李成尧　杨　军　张义勇　张亚萍　张光耀　林　锋

赵文琛　倪　语　倪春雷　高洪祥

前　言

地名是重要的基础地理信息和社会公共信息，与经济社会发展、人们日常生产生活息息相关。编纂出版《山东省标准地名诠释》是地名管理服务工作的一项基础工程，对进一步推行山东省地名标准化，推广普及地名知识，适应改革开放和高质量发展的需要，以及国家和社会治理、经济发展、文化建设、国防外交等方面具有重要的意义和作用。

2014 年 7 月，国务院印发通知开展第二次全国地名普查。2015 年，国务院地名普查办印发《第二次全国地名普查成果转化规划（2015—2020 年）》（国地名普查办发〔2015〕6 号），山东省地名普查办依此制定了《山东省第二次全国地名普查成果转化规划（2016—2020 年）》（鲁地名普查办发〔2016〕4 号），部署开展成果转化相关工作，其中包括组织编制出版标准地名图、录、典、志等出版物。编纂出版《山东省标准地名诠释》是贯彻落实“边普查、边应用”指示要求，及时发布并推动第二次全国地名普查成果社会应用的重要举措，也是落实规划目标任务的重要内容。

《山东省标准地名诠释》编纂委员会按照公开出版的要求，在全省第二次全国地名普查成果数据基础上，进行成果的整理挖掘（包括资料收集、数据考证等），编辑出版《山东省标准地名诠释》，并将本书定位为第二次全国地名普查重要的省级成果，是一部以“地名”为主题的省级标准地名工具书。

本书在资料整理和编辑加工的过程中力求做到内容权威、文字精练、编写精心、编辑独到、设计新颖，以期达到当前编辑出版水平的先进行列。在词目释义编写上，本书着力突出“三个重点”（即地名基本要素、地名文化属性、地名所指代地理实体性质与特征），具备四个特点（即广、新、准、实）。其中，“广”即收词广泛，应录尽录，要涵盖重要地名类别及其主要地名；“新”即资料新、信息新，要充分利用地名普查最新成果，反映全省各地地名的新情况、发展建设取得的新成就；“准”即实事求是、表述准确、考证严谨，要求词目释文中的资料、数据翔实有据，表述准确、规范，做到地名拼写准确无误、词条诠释准确无误；“实”即具有实用性。在采词、释文内容和词目编排上都力求符合读者需要，便于读者使用，使之有较高的实用和收藏价值。

本次《山东省标准地名诠释》编纂得到多方面的支持，全省各级地名主管部门的领导和地名工作者，不辞辛苦，埋头于本书所需资料的搜集、整理，根据《山东省标准地名诠释》的编写要求，认真组织撰稿，力求做到精益求精。在此，我们对为本书的编纂、出版工作提供了帮助和支持的所有单位、领导和工作人员，表示诚挚的感谢。编纂出版《山东省标准地名诠释》工作任务重、涉及内容多、标准要求高，限于我们的人员专业水准和时间等因素，书中难免存在错误或不足，恳请广大读者批评指正。

凡　例

一、《山东省标准地名诠释》采收山东省 17 市 137 县（市、区）范围内，包括乡镇以上行政区划名称、主要的居民点和自然实体及主要社会、经济设施等重要地名词条，按照行政区域划分和地名类别特点分列 18 卷。

二、采收地名分为六个大类：

1. 政区类：包括山东省政区建制镇、乡、街道及以上全部行政区划单位；国家和省正式批准的各类经济功能区（含开发区、高新区、工业区、保税区、科技园区、新区等）；1949—2014 年间曾经设立而现已废置的地区行署、县级和乡级行政区，特指被撤销建制、被合并或拆分不继续使用原专名的情况。另，城乡社区是社会治理的基本单元，故也收录了部分建有综合服务中心且统一开展基本公共服务的社区名称。

2. 居民点类：具有地标意义或文化意义的住宅区；镇、乡人民政府驻地居民点；经省级以上人民政府或有关部门批准的"历史文化名村""传统村落"；具有明显特点的非镇、乡驻地的居民点（如：文化底蕴浓厚、存续历史悠久、人口数量多、占地面积广、重要历史事件发生地、名人故里、重要少数民族聚居地、交通要口、物资集散地、土特产品产地等）等。

3. 交通运输类：包括城市道路与城镇街巷、铁路、公路、航道、桥梁、车站、港口、机场等。城市道路收录市辖区城区内的快速路、主干道、次干道，县和县级市驻地城区主干道，及其他具有突出特色的一般街巷；铁路收录公开运营的国有铁路（含高铁、干线、支线和专用线）和地方铁路；公路收录省级以上普通公路、高速公路；桥梁和立交桥只收录规模大、历史久、有特色的；隧道只收录 500 米以上的及其他有特色的；港口只收年吞吐量在 10 万吨以上的；码头、船闸只收录大型的、特别重要的；渡口只收录正在使用的重要渡口。

4. 自然地理实体类：包括平原、盆地、山地、丘陵、沼泽、洞穴、河流、峡谷、三角洲、湖泊、陆地岛屿、瀑布、泉、海、海湾、海峡、海洋岛屿、半岛、岬角等。其中河流主要收录长度在 30 千米及以上的，以及具有航运价值的人工水道；湖泊主要收录面积在 3 平方千米及以上的。

5. 名胜古迹、纪念地和旅游地类：包括纪念地、重点文物保护单位、风景名胜区、重要景点和一般名胜古迹、自然保护区。其中纪念地收录市级及以上级别的；重点文物保护单位收录经过正式批准的市级（含）以上的；城市公园收录 AAA 级以上的；风景名胜区、自然保护区收录经过正式批准的国家和省级的词条。

6. 农业和水利类：包括农场、牧场、林场、渔场、水利枢纽、水库、灌区、渠道、堤防（海塘）等。其中水库收录库容 0.5 亿立方米以上的，灌区收录 3 平方千米以上的。

三、词目排列按分市与分类相结合的原则。即先将全部词目按市大类划分，大类下面分亚类，亚类下面再分小类。在同一亚类或小类词目中，先排全市性的大条目，再按区、县、街道、镇、乡的顺序排出市内条目。各市跨区县的条目在市本级单独排列。

四、本地名诠释资料截止日期为 2014 年 12 月 31 日，所选地名主要来源于第二次全国地名普查成果，主要兼顾反映普查成果和普查期间地名的存量情况，其中少量地名为非标准地名，此类地名需标准化处理，不作为判定标准名称的依据。

五、按照词条释文编写规则，本书相关词条中所列人口数做了技术处理，均为约数，不作为人口统计的依据。

六、本地名诠释中地名罗马字母拼写，遵从《中国地名汉语拼音字母拼写规则（汉语地名部分）》的规定。一般地名的专名与通名分写。专名和通名中的修饰、限定成分，单音节的与其相关部分连写，双音节和多音节的与其相关部分分写；通名已专名化的，按专名处理；居民点中的村名均不区分专名和通名，各音节连写。

地名用字的读音以普通话法定读音为主，同时适当考虑地方读音，如“崖”我省部分地区的地名中读“yái”，标准读音为“yá”；“垓”我省部分地区的地名中读“hǎi”，标准读音为“gāi”；“国”我省部分地区的地名中读“guī”，标准读音为“guó”；“郝”我省部分地区的地名中读“hè”，标准读音为“hǎo”，等等。

七、在每卷卷首，均有本卷地名的词目表。为方便读者检索，在每卷卷末，设有本卷地名的汉语拼音音序索引。

烟台市卷　目录

牟平区

莱山区

龙口市

莱阳市

莱州市

栖霞市

海阳市

牟平区

莱阳市

蓬莱市

栖霞市

海阳市

长岛县

栖霞市

海阳市

长岛县

烟台市

莱阳市

莱州市

蓬莱市

招远市

长岛县

一　政区

烟台市

烟台市　370600

[Yāntái Shì]

山东省辖地级市。北纬36°16′—38°23′，东经119°34′—121°57′。在省境东部。面积13 852平方千米。户籍人口653.4万，常住人口700.2万。以汉族为主，还有朝鲜、满、回、蒙古、佤、土家、苗等民族。辖芝罘、福山、牟平、莱山4区，长岛1县，代管龙口、莱阳、莱州、蓬莱、招远、栖霞、海阳7县级市。市人民政府驻莱山区。西汉析胶东郡置东莱郡，属青州。西晋改郡为国。南朝宋复为郡。北魏分青州置光州，与东莱郡同治。隋开皇初废郡，五年（585）改光州为莱州，大业初复改莱州为东莱郡。唐析置登、莱2州。宋因之。金析登州置宁海州。元因之。明为登州、莱州2府。1913年为胶东道。1925年为东海道。1928年废道，各县直属山东省。1937年后为第七、九、十三行政督察区。1942年抗日民主政府置胶东行政区。1945年设烟台市。1946年滨北专区划入。1950年设有文登、莱阳2专区及烟台市。1956年文登专区裁入莱阳专区。1958年莱阳专区与烟台市合并为烟台专区，烟台市改为专区辖市。1967年更名为烟台地区。1983年改为烟台市，原烟台市改为芝罘区。1987年析置威海市（地级）后成今境。（资料来源：《中华人民共和国地名大词典》）境内大部为低山丘陵，海拔100~300米，南北沿海为平原，河流呈“非”字形南北分流入海。海岸曲折，多海湾、岛屿。自西向东有大泽山、牙山、招虎山、昆嵛山等，其中最高的昆嵛山海拔922.8米。年均气温13.2℃，1月平均气温 −1.9℃，7月平均气温25.3℃。年均降水量496.3毫米。年均无霜期269.4天。有金、银、铜、铅、石墨、菱镁石、重晶石等矿产资源。有野生植物1 330种，其中国家重点保护野生植物有玫瑰、软枣猕猴桃、青岛百合3种。有野生动物434种，其中国家重点保护陆生野生动物有金雕、红隼、苍鹰等51种。有长岛自然保护区、昆嵛山自然保护区2个国家级自然保护区。森林覆盖率36.28%。有烟台大学等高等院校10所，中小学575所，图书馆14个，博物馆30个，知名文艺团体10个，体育场馆10个，三级以上医院4个。有国家级文物保护单位10个、省级文物保护单位55个，有国家级历史文化名城蓬莱市，国家级非物质文化遗产14个、省级非物质文化遗产33个，风景名胜区和重要古迹、景点69个。三次产业比例为7.4∶53.5∶39.1。农业以种植业、海水养殖业为主，粮食作物主产小麦、玉米，经济作物主产花生、苹果、大樱桃、葡萄、梨等，海水养殖盛产海参、对虾、鲍鱼、扇贝等多种海产品，是全国重要的渔业和海珍品养殖基地，烟台苹果、海参、莱阳梨、莱州梭子蟹、龙口粉丝等8种产品为国家地理标志保护产品，烟台苹果、莱阳梨、烟台大樱桃、莱州梭子蟹等41种产品获注国家地理标志证明商标，其中烟台苹果为中国驰名商标。工业形成机械制造、电子信息、黄金、食品加工、现代化工五大传统优势产业，新能源与节能环保、新材料、生物技术、高端装备制造、新一代信息技术五大战略性新兴产业，有汽车、电脑、船舶、聚氨酯、新型铝材、特种化纤等十大产品集群。有国家级开发区 2 个、省级开发区 10 个。境内有铁路 474 千米，公路 18 188.6 千米，其中高速 507.2 千米。青荣城际铁路、蓝烟电气化铁路、大莱龙铁路、烟大铁路轮渡 4 条主要铁路和桃威地方铁路，沈海高速、荣乌高速、威青高速、烟台西港区疏港高速、莱州港区疏港高速，204 国道、206 国道、309 国道，三城公路、成龙公路等 28 条省道过境。有民用机场 1 个，通往国内外北京、上海、深圳、广州、首尔、釜山、大阪等城市。有港口 1 个、港区 10 个，外贸海运航线通达非洲、日本等世界 70 个国家，客运航线有烟台至韩国仁川、大连、蓬莱 3 条。

烟台 370600-Z01

[Yāntái]

烟台市聚落。在市境东北部。面积 513 平方千米。人口 92.5 万。以汉族为主，还有回、藏、维吾尔等民族。古系山海相间的荒滩野原，新石器时代有古人类聚族渔猎而居，春秋时期初步出现居民村落，地属莱国。秦时沿海渔村已经形成，为齐郡腄县地。明洪武三十一年（1398）建奇山千户守御所（俗称烟台所城），“砖城，周围二里，高二丈二尺，阔二丈，门四，楼铺十六，池阔三丈五尺，深一丈”，为烟台城区建设之始。所城在奇山之下（今奇山北 1 900 米处），明、清两代为我国北方沿海军事重镇之一。清康熙三年（1664），废除奇山所军事机构，军变民地，以所城为中心的零散渔村发展成城镇聚落群。至清咸丰十年（1860），随着烟台渔港向内地商港转变，初步形成以北大街“天后宫”为中心的东至广东街、西至海防营、南至南大道、北至后海崖街，方圆 3~4 平方千米的商业区域，成为粮、鱼、盐、丝等土特产品集散的商业城镇。1861 年，在烟台山西侧的太平湾建设近代港口，城市规模围绕烟台山和港口自西北向东南逐步发展并延伸到所城区域。到 1930 年，基本形成西到西炮台、东到卡子门、北到海岸、南到奇山所城南的带状城区，有 13 条主要街道，至此，烟台城市、镇、村聚落网骨架基本形成。20 世纪 80 年代末，先后实施改造扩建工程，城区继续沿海滨向东西方向展开，东至清泉寨，西至大沽夹河。20 世纪 90 年代之后，城市规模沿胜利路、通世南路、机场路、青年南路等干道向大南山山脉以南铺开。2000 年烟台中心城区向东延伸，基本覆盖莱山区范围，至 2014 年成现状。烟台之名源于“兵事”。明洪武三十一年（1398），为防御倭寇、加强海防，在今市区沿海设置了狼烟墩台（烽火台），遇警昼则升烟，夜则举火，接递通报，以资戒备，后将这种烽火台称为烟台。以后的官方文献对外交涉，也采用“烟台”这一名称，“烟台”之名，因以而得。（资料来源：《山东省地名志》）有烟台山灯塔、烟台火车站、南大街、张裕国际酒文化博物馆等标志性建筑物。烟台背山面海傍河，临港而建，以“山、海、岛、城”一体为特色。形成中心城区、南部新城区和北部新城区以及夹河东岸现代产业带、滨海现代产业带和大南山旅游产业带的“三区三带”主体功能区域。中心城区的东部为金融保险、高端商务和文化旅游等现代服务业聚集区，中部为以海港路商圈为核心的中心商贸区及居民区，西部为以电力、建材、物流为主导的产业聚集区。南部新城区为商贸、物流、养老养生等现代服务业和服务外包、动漫等高端服务业和生态宜居住宅区。北部新城区为保税港网外配套服务区及滨海休闲生活区。夹河东岸现代产业带为海洋湿地旅游综合配套区、高端服务业、居住区、夹河生态岛旅游区。滨海现代产业带为以商务商贸、休闲娱乐、特色餐饮为主的现代服务业聚集区。大南山旅游产业带为以主题观光游赏、休闲度假为主的旅游产业聚集区。交通运输形成铁路、公路、海运、空运相衔接的立体现代化交通运输体系，是山东半岛重要的水陆交通枢纽。

旧地名

北海专区（旧） 370000–U01
[Běihǎi Zhuānqū]

在山东省东部。1938 年由蓬、黄、掖三县为基础成立。1949 年辖龙口市、长山岛特区和黄县、栖霞、招北、蓬莱、福山、招远、栖东 7 县。1950 年并入莱阳专区。

莱阳专区（旧） 370000–U02
[Láiyáng Zhuānqū]

在山东省东部。1950 年由北海专区、西海专区并为莱阳专区。辖莱阳、莱西、平东、平南、平西、平度、掖县、掖南、招远、黄县、蓬莱、栖霞、栖东 13 县和长山岛特区。1956 年文登专区并入。1958 年并入烟台专区。

烟台专区（旧） 370000–U03
[Yāntái Zhuānqū]

在山东省东部。1958 年由莱阳专区与烟台市并为烟台专区。辖烟台市、威海市、荣成县、文登县、海阳县、莱阳县、栖霞县、蓬莱县、掖县、招远县 2 市 8 县。1967 年更名为烟台地区。

烟台地区（旧） 370000–U04
[Yāntái Dìqū]

在山东省东部。1967 年由烟台专区更名为烟台地区。辖烟台市、威海市、牟平县、栖霞县、荣成县、文登县、蓬莱县、乳山县、海阳县、长岛县、即墨县、莱阳县、黄县、莱西县、掖县、福山县、招远县 2 市 15 县。1983 年改为烟台市，原烟台市改为芝罘区。

长山岛特区（旧） 370600–U01
[Chángshāndǎo Tèqū]

在山东省东部。1945 年在庙岛群岛建立。属北海专区，辖 6 区。1950 年改为办事处，同年复设特区。1956 年撤区成立长岛县，属莱阳专区。

龙口市（旧） 370600–U02
[Lóngkǒu Shì]

在山东省东部。1945 年成立龙口特区。1946 年设龙口市，属北海专区。1950 年并入黄县，属莱阳专区。

掖南县（旧） 370600–U03
[Yènán Xiàn]

在山东省东部。1941 年析掖县南部置掖南行署，属西海专区。1945 年改称掖南县。1950 年属莱阳专区。1956 年并入掖县。

招北县（旧） 370600–U04
[Zhāoběi Xiàn]

在山东省东部。1941 年招远县析为两县，县城以北为招北行政公署，辖 11 区，属北海专区。1945 年改称招北县。1950 年并入招远县。

莱东县（旧） 370600–U05
[Láidōng Xiàn]

在山东省东部。1941 年建县，称莱东

行署。1945 年改称莱东县，属南海专区。1950 年并入莱阳县。

栖东县（旧） 370600-U06

[Qīdōng Xiàn]

在山东省东部。县行署于 1941 年成立。1953 并入栖霞县。

牙前县（旧） 370600-U07

[Yáqián Xiàn]

在山东省东部。1945 年析栖东、牟平、海阳、乳山 4 县部分区置县。初为胶东行署实验县，同年 8 月改为普通县。1950 年撤销建制，各归原隶。

五龙县（旧） 370600-U08

[Wǔlóng Xiàn]

在山东省东部。1945 年设县，属南海专区，辖大夼、万第、羊郡、泽口、姜疃、穴坊、团旺、野头、姜山等 10 区。1950 年并入莱阳县。

黄县（旧） 370600-U09

[Huáng Xiàn]

在山东省东部。秦置黄县。1946 年析西境置龙口市。1950 年撤龙口市改为龙口区并入黄县，属莱阳专区。1958 年黄县并入蓬莱县，属烟台专区。1962 年复置黄县，属烟台专区。1983 年属烟台市。1986 年撤销黄县改置龙口市。

掖县（旧） 370600-U10

[Yè Xiàn]

在山东省东部。西汉置掖县，属东莱郡。1940 年析掖县南部置掖南县，属西海专区。1950 年属莱阳专区。1956 年掖南县并入掖县。1958 年属烟台专区。1983 年属烟台市。1988 年撤销掖县改置莱州市。

芝罘区

芝罘区 370602

[Zhīfú Qū]

烟台市辖区。在市境东北部。面积 179 平方千米。人口 69.6 万。辖 12 街道。区人民政府驻向阳街道。1950 年建立文登、莱阳专区和烟台市。1956 年文登、莱阳专区合并为莱阳专区。1958 年莱阳专区、烟台市合并为烟台地区。1983 年 10 月撤销烟台地区，组建省辖地级烟台市，原烟台市改为芝罘区。以境内芝罘山命名。背山面海，有崆峒、芝罘两岛屹立港北，有大沽夹河、横河、勤河、区河、幸福河从区境内穿过。有省级工程技术研究中心 2 个。有高等院校 9 所，中小学 65 所，图书馆 1 个，体育场馆 2 个，三级以上医院 2 个。有国家级文物保护单位 3 个、省级文物保护单位 27 个，重要古迹、景点 9 个。2002 年起加强对近代建筑群的保护，先后建设胶东革命史陈列馆、冰心纪念馆、烟台锁具博物馆、丹麦领使馆、牡丹园等展馆和景点。2005 建滨海景区广场（现滨海广场）。2007 年在南部新城建设烟台广告创意产业园区，在区核心区域建设烟台市文化中心。2011 年建设集购物、休闲、娱乐于一体的现代商贸区烟台大悦城。2012 年烟台万达城市广场动工。2013 年在区南部滨河生态智慧新城建设烟台电子商务产业园。形成朝阳街—烟台山为开埠历史文化滨海旅游区，南大街为商业、金融、服务功能区，烟台站—烟台港沿海为交通港口客运功能区的功能布局。有烟台山灯塔、第一海水浴场《大海儿女》雕塑、栈桥、世贸大厦、碧海大厦、亚细亚大酒店等标志性建筑物。三次产业比例为 1.00 : 17.29 : 81.71。农业以渔业捕捞、养殖为主，盛产海参、对虾、鲍鱼、扇贝等海产珍品，有林果种植业，盛产中国大樱桃和烟台苹果，形成名优果品、花卉生产、珍禽畜牧、海珍品养殖和特色蔬菜五大农副产品基地。工业以农副食品加工、化学原料及化学制品制造、黑色金属冶炼、通信设备制造为主，特色产业有葡萄酒酿造、钟表制造等，驰名商标有张裕、北极星、烟台啤酒、喜旺、海和等。服务业以滨海旅游业、仓储物流、金融保险业为主。有烟台火车站、烟台高铁站、烟台汽车总站、烟台汽车南站、北马路汽车站，有烟台港客运站、环海路客运站、烟台地方港客运码头、救捞局客运站、渤海轮渡码头，有多条公交线路。

向阳街道 370602-A01
[Xiàngyáng Jiēdào]

芝罘区人民政府驻地。在区境中部。面积 2 平方千米。人口 4.3 万。以汉族为主，还有朝鲜、满、回、藏、蒙古等民族。1980 年成立。因辖区内向阳街得名。有中小学 4 所，图书馆 2 个，体育场 1 个，医疗卫生机构 19 个。有国家级文物保护单位烟台天后行宫（福建会馆）、烟台山近代建筑群，省级文物保护单位奇山所，重要名胜古迹登莱青兵备道道署衙门、多国领事馆等。有万达广场、太平洋大酒店、烟台山灯塔等标志性建筑物。农业以海产品养殖、捕捞为主。工业以海产品加工、服装加工设计、生物科技等为主。服务业以金融、旅游、餐饮业为主，有烟台山旅游观光区。通公交车。

东山街道 370602-A02
[Dōngshān Jiēdào]

属芝罘区管辖。在区境东北部。面积 5 平方千米，人口 6.8 万。以汉族为主，还有回、蒙古、朝鲜、满等民族。1979 年设立。因辖区内东山得名。有中小学 8 所，图书馆 1 个，知名文艺团体 16 个，医疗卫生机构 54 个。有国家级文物保护单位张裕公司酒窖，省级文物保护单位烟台东炮台、中国内地会学校旧址、启暗学馆旧址、俄国领事馆旧址、崇正中学旧址、基督教浸信会教堂旧址、生明电灯股份有限公司旧址、烟台万字会旧址，有爱国主义教育基地东炮台，有张裕酒文化博物馆等旅游资源。有虹口大厦、世贸广场、希尔顿酒店等标志性建筑物。辖区东部、北部临海，是芝罘区主要的沿海旅游观光带。有辛庄古玩茶艺文化一条街、广仁路海韵风情街、朝阳新兴商业街、滨海广场和 1861 商业步行街区、广仁艺术区等特色街区。农业以海产品养殖、捕捞为主。工业以化工、机械加工、葡萄酒酿造等为主。服务业以金融、保险、证券、商贸、旅游、餐饮等为主。通公交车。

毓璜顶街道 370602-A03
[Yùhuángdǐng Jiēdào]

属芝罘区管辖。在区境中部。面积 6 平方千米。人口 7.8 万。以汉族为主，还有回、蒙古、朝鲜、满、土家等民族。1958 年设立。因辖区内毓璜顶得名。境内有奇山、毓璜顶、小璜山、蝎子顶。有中小学 9 所，图书馆 1 个，医疗卫生机构 19 个。有玉皇庙等古迹。有振华商厦等标志性建筑物。有南洪街商业风情街、北大西街精品服装一条街、时代广场时尚步行街等特色街区。工业以食品加工、电子配件、机械制造为主。服务业以特色楼宇经济、金融、保险业为主。有烟台港客运站。通公交车。

通伸街道 370602-A04
[Tōngshēn Jiēdào]

属芝罘区管辖。在区境中部。面积 3 平方千米。人口 2.9 万。以汉族为主，还有回、满、朝鲜等民族。1980 年设立。因境内通伸泉得名。通伸河从境内穿过。有中小学 2 所，图书馆 17 个，体育场 2 个，知名文艺团体10个，医疗卫生机构19个。有国家级文物保护单位和爱国主义教育基地西炮台，西炮台国防公园等旅游资源。有汇通国际大厦、金长城大厦、三水大厦、第一大道等标志性建筑物。工业以礼品加工、机床配件、丝网制品、电器设备制造为主。服务业以金融业、电子商务、教育培训为主。有烟台站、烟台长途汽车总站、烟台长途汽车站。通公交车。

凤凰台街道 370602–A05

[Fènghuángtái Jiēdào]

属芝罘区管辖。在区境西部。面积14平方千米。人口4.9万。以汉族为主，还有布依、朝鲜、回、满、蒙古等民族。1980年设立。因辖区内凤凰台居委会得名。境内有篓子山、乳子山、西炮台山、垛山，幸福河从境内穿过。有中小学4所，图书馆6个，医疗卫生机构28个。有国家级文物保护单位、爱国主义教育基地西炮台，黑尚莓树莓酒庄等旅游资源。工业以生物科技、机械配件、五金化工、热电等为主。服务业以仓储物流、特色文化产业为主。通公交车。

奇山街道 370602–A06

[Qíshān Jiēdào]

属芝罘区管辖。在区境东南部。面积10平方千米。人口6.0万。以汉族为主，还有满、朝鲜、回、蒙古等民族。1984年设立。因奇山得名。境内有塔山，有金沟寨海湾。有中小学6所，医疗卫生机构26个。有重要名胜古迹三和塔、太平庵、塔山风景区、万光古文化城等。有三和塔、润利大厦、上夼大厦等标志性建筑物。南靠奇山，是芝罘区主要的山地风景区带，塔山景区、竹林寺、开花石等山地景观位于辖区红旗中路以南。工业以机械制造、服装加工、冷饮食品加工、电子仪表、建筑材料为主。服务业以旅游、金融、古玩文化艺术和餐饮美食四大产业为主。通公交车。

白石街道 370602–A07

[Báishí Jiēdào]

属芝罘区管辖。在区境西南部。面积3平方千米。人口4.8万。以汉族为主，还有蒙古、朝鲜、满、回等民族。1986年设立。因辖区内白石村遗址得名。境内有金黄顶。有中小学6所，医疗卫生机构22个。有国家级文物保护单位白石村遗址，省级文物保护单位白石遗址公园。有芝罘医院、民航大厦等标志性建筑物。工业以铸造、电子加工为主。服务业以旅游业、酒店餐饮服务为主，有大成门摄影文化产业园。通公交车。

芝罘岛街道 370602–A08

[Zhīfúdǎo Jiēdào]

属芝罘区管辖。在区境西北部。面积17平方千米。人口1.7万。2001年设立。因境内芝罘岛得名。境内有老爷山。有中小学3所，医疗卫生机构9个。有阳主庙等古迹。有中铁轮渡码头、打捞局船厂等标志性建筑物。农业以海水养殖、捕捞为主，海洋渔业资源丰富，近海有307种生物，主要经济生物50余种，特产崆峒岛刺参。工业以海洋工程制造等临港产业为主。服务业以生态文化旅游业、临港物流业为主，有芝罘岛生态旅游度假区、崆峒岛旅游区等。通公交车。

黄务街道 370602–A09

[Huángwù Jiēdào]

属芝罘区管辖。在区境南部。面积50平方千米。人口6.4万。2001年设立。沿用原黄务镇名。境内有奇山、蓁山，大沽夹河、勤河、横河从境内穿过。有中小学10所，图书馆9个，医疗卫生机构33个。

有红星美凯龙全球建材生活广场等标志性建筑物。农业以果蔬种植业为主，盛产大樱桃、苹果、蓝莓等。工业以建筑业、轻工业为主。服务业以动漫、物流业为主。有芝罘站，通公交车。

只楚街道 370602-A10
[Zhǐchǔ Jiēdào]

属芝罘区管辖。在区境西部。面积 35 平方千米。人口 5.5 万。2001 年设立。因境内只楚村得名。境内有蓁山、金岕顶、乳子山、古墓山、晾甲山、桌山，大沽夹河从境内穿过。有中小学 6 所，医疗卫生机构 2 个。有名胜古迹芝水新石器时代遗址、宫家岛烽火台等。有环球大厦、双新大厦等标志性建筑物。农业以种植水果、蔬菜为主。工业以楼宇工业、信息技术、智能制造、工业设备及配件制造为主，有冰轮工业园区、只楚工业园区。服务业以现代物流、健康服务业、文化创意与旅游业为主。通公交车。

世回尧街道 370602-A11
[Shìhuíyáo Jiēdào]

属芝罘区管辖。在区境中部。面积 14 平方千米。人口 5.7 万。2001 年设立。据说唐代在此处建窑烧石灰，故称石灰窑。明初，在窑之南北各建一村，后感此名不雅，按发音改为世回尧，取世道回至尧、舜的太平时代之意，街道以此得名。境内有老虎山，勤河从境内穿过。有中小学 6 所，医疗卫生机构 4 个。农业以种植梨、大樱桃、苹果、桃为主。工业以机械制造、服装加工、水产加工、造纸为主。服务业以电子商务、金融等为主，有新都汇综合商务休闲中心、烟台电子商务产业园区、婚庆文化产业园区。通公交车。

幸福街道 370602-A12
[Xìngfú Jiēdào]

属芝罘区管辖。在区境西北部。面积 21 平方千米。人口 12.7 万。2001 年设立。为表达人们对幸福生活的祝愿与期盼而得名。幸福河从境内穿过。有中小学 13 所，医疗卫生机构 29 个。有生态海滨森林公园、夹河国际旅游度假区等旅游资源。有幸福大厦、农资大厦等标志性建筑物。农业以海产品养殖、捕捞为主。工业以化工、铸造、机械加工、塑料制品、食品加工、建筑材料为主。服务业以临港物流运输、楼宇经济为主。通公交车。

社区

南通社区 370602-A03-J01
[Nántōng Shèqū]

属毓璜顶街道管辖。在芝罘区中部。面积 0.5 平方千米。人口 8 600。因位于南通路附近得名。2002 年成立。有楼房 101 栋，现代中式建筑风格。有拉手互助服务、老年人日间照料服务、志愿者服务。通公交车。2013 年被评为省文明社区。

慎礼社区 370602-A04-J01
[Shènlǐ Shèqū]

属通伸街道管辖。在芝罘区西部。面积 0.8 平方千米。人口 10 000。因慎礼街得名。2002 年成立。有楼房 45 栋，现代中式建筑风格。驻有烟台市交通局等单位。有志愿者服务，开展老年人趣味运动会等活动。通公交车。2013 年被评为省文明社区。

崆峒岛社区 370602-A08-J01
[Kōngtóngdǎo Shèqū]

属芝罘岛街道管辖。在芝罘区西北部。面积 0.85 平方千米。人口 1 000。因崆峒岛得名。2014 年成立。有楼房 6 栋，现代建筑风格。2009 年被评为省文明社区。

富甲社区 370602-A09-J01

[Fùjiǎ Shèqū]

属黄务街道管辖。在芝罘区南部。面积 5 平方千米。人口 12 000。由原傅家居委会改设社区，取“傅家”谐音得名。2011 年成立。有楼房 228 栋，现代中式建筑风格。驻有烟台市儿童福利院等单位。有养老服务。通公交车。2012 年被评为省文明社区。

珠岩社区 370602-A09-J02

[Zhūyán Shèqū]

属黄务街道管辖。在芝罘区南部。面积 1.45 平方千米。人口 700。因珠岩村得名。2011 年成立。以平房为主。驻有车山旅游开发公司、开元盛世文化传播有限公司等单位。有养老服务，开展山地自行车赛车等活动。通公交车。

黄务社区 370602-A09-J03

[Huángwù Shèqū]

属黄务街道管辖。在芝罘区南部。面积 0.86 平方千米。人口 4 900。因黄务村得名。2014 年成立。有楼房 45 栋，现代建筑风格。有老年人日间照料服务。2012 年被评为省文明社区。

锦城社区 370602-A10-J01

[Jǐnchéng Shèqū]

属只楚街道管辖。在芝罘区东南部。面积 0.38 平方千米。人口 8 500。以辖区内锦绣新城小区命名。2007 年成立。有楼房 79 栋，现代建筑风格。驻有中国联通、中国电信等单位。有志愿者服务站、社区养老互助服务。通公交车。2009 年被评为省文明社区。

西牟社区 370602-A10-J02

[Xīmóu Shèqū]

属只楚街道管辖。在芝罘区西南部。面积 4.5 平方千米。人口 3 200。以西牟村得名。2014 年成立。有楼房 38 栋，西式建筑风格。驻有烟台市农村商业银行等单位。有养老服务。通公交车。2013 年被评为省文明社区。

开源社区 370602-A12-J01

[Kāiyuán Shèqū]

属幸福街道管辖。在芝罘区中部。面积 0.73 平方千米。人口 11 000。以“开启幸福之源”的寓意命名。2008 年成立。有楼房 54 栋，现代中式建筑风格。驻有新凤凰医院等单位。有志愿者服务，开展“爱心天天行”“情暖开源”等活动。通公交车。2014 年被评为省文明社区。

福山区

福山区 370611

[Fúshān Qū]

烟台市辖区。在市境北部。面积 711 平方千米。人口 46.0 万。以汉族为主，还有满、朝鲜、回、蒙古等民族。辖 8 街道、3 镇。区人民政府驻清洋街道。1950 年属文登专署。1956 年改属莱阳专区。1958 年并入烟台市。1962 年复县，属烟台专区。1967 年属烟台地区。1983 年改县为区，属烟台市。因境内福山得名。境内有磁山、狮子山等，清洋河（内夹河）、大沽夹河（外夹河）等从区境内穿过。有高等院校 2 所，中小学 69 所，图书馆 2 个。有省级文物保护单位 4 个，省级非物质文化遗产 1 个，重要古迹、景点 7 个。2002 年落成河滨路沿线景观雕塑，针对广场、园林、河滨等不同自然条件以及沿路不同的城市功能分区，设计了不同类型和材质的雕塑作品。2004年建成电力调度中心大楼，2006年建成福山区人民医院门诊病房综合楼。城市布局为南、中、西三大板块，南部依托门楼水库建设生态水上新城，中部为现代化文化商贸区，西部为特色化工业园区。三次产业比例为6.17∶54.78∶39.05。农业以种植业和畜牧业为主，粮食作物主产小麦、玉米、谷子、大豆，经济作物主产花生、红薯、水果、蔬菜等，有“福洋”大樱桃、福山大樱桃、烟台苹果等知名品牌。畜牧业以饲养猪、羊、奶牛、蛋鸡、肉鸡、肉牛为主。工业形成以汽车零部件为重点的机械制造、电子信息和特钢制品三大主导产业，被科技部认定为“国家火炬计划汽车零部件产业基地”。服务业以金融业、房产销售、旅游业等为主。有国家级开发区1个、省级开发区1个。有蓝烟铁路福山货运站、福山汽车站、烟台汽车西站，有多条公交线路。

烟台经济技术开发区 370611–E01

[Yāntái Jīngjìjìshù Kāifāqū]

在区境北部。东临大沽夹河，南邻烟台市福山区，西邻蓬莱市，北邻黄海。面积228公顷。因所在行政区域得名。1984年10月经国务院正式批准建立国家级开发区，由市级政府管理。形成机械制造、电子信息两大主导产业和汽车、手机、电脑、船舶、装备制造等优势产品集群，是全国重要的汽车工业基地、电子信息产业基地和装备制造业基地。培育有生物医药、新材料、新光电三大新兴产业，形成了36个终端整机产品。入驻企业1 000余家，知名企业有上海通用东岳汽车有限公司、烟台万华集团等。形成由公路、水路两种运输方式构成的交通运输网络，通公交车。

烟台高新技术产业开发区福山园 370611–E02

[Yāntái Gāoxīnjìshùchǎnyè Kāifāqū Fúshān Yuán]

在区境东部。东临大沽夹河，西接福新街道，南至汇福街，北连烟台经济技术开发区。面积800公顷。是烟台经济技术开发区和烟台高新技术产业区的重要组成部分，是经国家批准的向亚太经合组织成员开放的开发科技工业园区，故名。1993年10月经省政府正式批准建立省级开发区科技园，由区级政府管理。坚持高新技术的产业方向，正在快速打造以汽车零部件、装备制造、特制钢品、新材料和工程机械五大板块为主体的产业体系。有100多家汽车零部件企业，囊括了几乎整车所有内外零件。知名企业有德尔福、采埃孚、宝钢钢管、上汽变速器、江森座椅等。园区内交通便利，通公交车。

清洋街道 370611–A01

[Qīngyáng Jiēdào]

福山区人民政府驻地。在区境东北部。面积30平方千米。人口8.2万。以汉族为主，还有朝鲜、满、蒙古等民族。2000年设立。因境内清洋河得名。2004年建成电力调度中心大楼，2006年建成区人民医院门诊病房综合楼。清洋河、大沽夹河、松河、留公河从境内穿过。有中小学9所，医疗卫生机构16个。有重要名胜古迹河滨公园，福山文博苑（王懿荣纪念馆）等。有崇文中学、宇辰美术馆等标志性建筑物。农业以种植业为主，粮食作物主产小麦、玉米，经济作物主要有大樱桃、红枣、苹果等。工业以机械制造、汽车配件、化工、塑料制品、服装、纺织为主，有清洋工业园。通公交车。

福新街道 370611–A02

[Fúxīn Jiēdào]

属福山区管辖。在区境东部。面积30

平方千米。人口 3.1 万。以汉族为主，还有朝鲜、满、蒙古等民族。2000 年设立。以“吐故纳新”之意命名。2012 年建成五洲国际工业博览城。柳子河从境内穿过。有中小学 7 所，医疗卫生机构 21 个。有重要名胜古迹臧家村新石器文化遗址等。有五洲国际工业博览城等标志性建筑物。农业主产小麦、玉米等粮食作物和大樱桃等经济作物。工业以汽车零部件、特钢、电子产品为主，有福新街道工业园。通公交车。

门楼街道 370611–A03

[Ménlóu Jiēdào]

属福山区管辖。在区境南部。面积 114 平方千米。人口 5.4 万。以汉族为主，还有朝鲜、满、蒙古等民族。2010 年设立。沿用原镇名。2005 年建成门楼工业园。大沽夹河、清洋河、仉村河从境内穿过。有中小学 12 所，医疗卫生机构 2 个。有爱国主义教育基地英山烈士陵园，重要名胜古迹邱家庄新石器遗址、家后天主教堂等。农业以种植优质套袋苹果、大樱桃、蔬菜、草莓和养殖奶牛为主。工业以钢铁、机械加工、塑料制品、建筑材料为主，有门楼工业项目区和空港科技服务区。有福山火车站，通公交车。

东厅街道 370611–A04

[Dōngtīng Jiēdào]

属福山区管辖。在区境西部。面积 55 平方千米。人口 3.1 万。以汉族为主，还有朝鲜、满、蒙古等民族。2010 年设立。因东厅村得名。有中小学 3 所，医疗卫生机构 10 个。农业以种植业为主，特产老官庄小米、大樱桃和地瓜，是福山大樱桃主要生产基地之一，有红灯、先锋、拉宾斯等 10 余个品种。工业以塑料编织、铝制品、铸造、机械、化工等产业为主，有东厅工业园。服务业以特色旅游为主，有集采摘、登山、垂钓、亲子游、农家乐等为一体的双龙潭樱桃谷。通公交车。

福莱山街道 370611–A05

[Fúláishān Jiēdào]

属福山区管辖。在区境北部。面积 39 平方千米。人口 26.8 万。以汉族为主，还有朝鲜、满、蒙古等民族。2012 年设立。因辖区内福莱山得名。2013 年建成福莱山公园。柳子河从境内穿过。有中小学 9 所，图书馆 1 个，医疗卫生机构 5 个。有天地广场、振华商厦等标志性建筑物。经济以汽车制造、电子信息、生物医药、精细化工、化纤纺织、食品加工、塑料制品等产业为主。有烟台汽车西站，通公交车。

古现街道 370611–A06

[Gǔxiàn Jiēdào]

属福山区管辖。在区境西部。面积 77 平方千米。人口 3.6 万。2002 年设立。沿用原镇名。2002 年建成张裕卡斯特酒庄。黄金河从境内穿过。有中小学 3 所。有磁山风景区。农业以种植业为主，主要经济作物有花生、大豆、蔬菜、水果等，盛产大樱桃。工业以电子、汽车配件为主，有富士康集团、乐金显示、延锋伟世通等企业。服务业以特色旅游为主，有以绿色农业、观光农业、现代农业为概念的鼎丰生态园，以及以温泉为特色，集养生、文化、旅游、度假、会务、休闲等功能于一体的磁山温泉公园。通公交车。

八角街道 370611–A07

[Bājiǎo Jiēdào]

属福山区管辖。在区境北部。面积 32 平方千米。人口 1.8 万。2002 年设立。沿用原镇名。白银河、三道河从境内穿过。有中小学 3 所。有省级非物质文化遗产渔灯节，有重要名胜古迹明代所筑烽烟墩、鹰嘴石、老虎石、五哥石等。农业以种植业和渔业为主，特产苹果、大樱桃、草莓、葡萄、仁用杏等，盛产海参、对虾、鲍鱼、海胆、扇贝、赤贝、鲈鱼、鲅鱼等。为烟台经济技术开发区工业园区中心地带，工业以船舶及其配套制造、电子部件制造、食品加工、建筑材料、水产品加工冷藏等为主。通公交车。

大季家街道 370611-A08
[Dàjìjiā Jiēdào]

属福山区管辖。在区境西北部。面积80平方千米。人口3.4万。以汉族为主，还有回、满等民族。2002年设立。沿用原镇名。2010年万华工业园项目启动建设。有中小学5所。有烟台西港区等标志性建筑物。经济以渔业和海产品加工为主，是海产品重要生产基地，包括鲍鱼培育、海参培育、海带培育、贝类培育、海带深加工等，有特色产品鳕鱼片、扇贝丁，有大季家工业园和以海洋水产品精深加工为主的食品工业区。通公交车。

高疃镇 370611-B01
[Gāotuǎn Zhèn]

福山区辖镇。在区境西部。面积92平方千米。人口2.6万。辖41村委会，有43自然村。镇人民政府驻高疃北村。1952年设高疃乡。1958年改公社。1984年改置镇，2000年东厅镇并入。2011年划出25个村归东厅街道管辖。因镇政府驻地得名。清洋河从境内穿过。有中小学7所，卫生院1个。有重要名胜古迹大谷家溶洞、曲家村南的龙王庙等。经济以农业为主。农业以小麦、玉米、花生、地瓜、大樱桃、草莓种植为主。工业以化工、机械加工、塑料制品生产为主。有沈海高速、省道烟栖公路过境。

张格庄镇 370611-B02
[Zhānggézhuāng Zhèn]

福山区辖镇。在区境南部。面积73平方千米。人口1.9万。辖27村委会，有27自然村。镇人民政府驻张格庄。1962年析门楼、高疃公社部分地设张格庄公社。1984年改置乡。1996年设张格庄镇。因镇政府驻地得名。黑石河从境内穿过。有中小学22所，卫生院1个。有重要名胜古迹千年古刹峆嵧寺。经济以农业为主，种植小麦、玉米、花生、地瓜等，土特产有大樱桃、地堰香椿、大枣等。工业以水泥、石灰、大理石、砖瓦等建筑材料生产为主。省道烟栖公路过境。

回里镇 370611-B03
[Huílǐ Zhèn]

福山区辖镇。在区境南部。面积103平方千米。人口3.4万。辖29村委会，有29自然村。镇人民政府驻西回里村。1958年设谭家庄公社。1980年改名回里公社。1984年改置镇。因镇政府驻地得名。大沽夹河从境内穿过。有中小学27所，卫生院1个。有纪念地1940年中共福山县委驻胡家夼遗址、1947年狮子山战役遗址等，重要名胜古迹金代园明禅院石碑、黄山院。农业以苹果、大樱桃、草莓等种植为主。工业有制造加工、精细化工、建材机械等业，有回里工业园、旺远汽车城。服务业以旅游业为主，有善疃休闲旅游度假村。有蓝烟铁路、204国道过境。

社区

河滨社区 370611-A01-J01
[Hébīn Shèqū]

属清洋街道管辖。在福山区东北部。面积0.5平方千米。人口15 000。因河滨小区位于辖区内，故名。2003 年成立。有楼房 130 栋，现代建筑风格。驻有崇文中学、东华小学等单位。通公交车。

银河社区 370611–A01–J02

[Yínhé Shèqū]

属清洋街道管辖。在福山区东北部。面积 0.3 平方千米。人口 14 000。因社区居委会位于银河小区内，故名。2003 年成立。有楼房 80 栋，现代建筑风格。驻有福山供电公司等单位。通公交车。

奇泉社区 370611–A01–J03

[Qíquán Shèqū]

属清洋街道管辖。在福山区西部。面积 0.7 平方千米。人口 10 000。因位于奇泉路东，故名。2003 年成立。有楼房 50 栋，现代建筑风格。驻有烟台醴泉酒业有限公司等单位。通公交车。

县府街社区 370611–A01–J04

[Xiànfǔjiē Shèqū]

属清洋街道管辖。在福山区中部。面积 0.4 平方千米。人口 16 000。因位于县府街两侧，故名。2003 年成立。有楼房 200 栋，现代建筑风格。驻有城关中学、西关小学等单位。通公交车。2009 年被评为省文明社区。

三里店社区 370611–A01–J05

[Sānlǐdiàn Shèqū]

属清洋街道管辖。在福山区西部。面积 0.2 平方千米。人口 5 000。因三里店村得名。2001 年成立。有楼房 30 栋，现代建筑风格。通公交车。2012 年被评为省文明社区。

永青社区 370611–A02–J01

[Yǒngqīng Shèqū]

属福新街道管辖。在福山区北部。面积 0.6 平方千米。人口 11 000。因辖区范围在永福园路以西、富豪青年国际广场以北而得名。2009 年成立。有楼房 60 栋，现代建筑风格。驻有新大洋食品、福山供水公司、汇丰包装等单位。通公交车。

富祥社区 370611–A02–J02

[Fùxiáng Shèqū]

属福新街道管辖。在福山区北部。面积 0.2 平方千米。人口 8 000。取富美祥和之意命名。2009 年成立。有楼房 40 栋，现代建筑风格。驻有烟台市实验中学、天府中医医院等单位。通公交车。

臧家社区 370611–A02–J03

[Zāngjiā Shèqū]

属福新街道管辖。在福山区西北部。面积 1.4 平方千米。人口 1 000。以臧家村得名。2001 年成立。以平房为主。驻有福新街道中心学校等单位。通公交车。2013 年被评为省文明社区。

垆上社区 370611–A02–J04

[Lúshàng Shèqū]

属福新街道管辖。在福山区西北部。面积 1 平方千米。人口 800。以垆上村得名。2001 年成立。以平房为主。驻有烟台大三元食品科技有限公司等单位。有敬老院。通公交车。2008 年被评为省文明社区。

夹河苑社区 370611–A05–J01

[Jiāhéyuàn Shèqū]

属福莱山街道管辖。在福山区东北部。面积 0.09 平方千米。人口 2 500。因东临开发区环境优美的夹河及夹河公园而得名。

2002年成立。有楼房35栋，中式建筑风格。驻有金华幼儿园等单位。有便民服务。通公交车。2007年被评为省文明社区。

金盛社区 370611-A05-J02
[Jīnshèng Shèqū]

属福莱山街道管辖。在福山区北部。面积0.2平方千米。人口9 000。因由金盛经济总公司开发建设而得名。2005年成立。有楼房65栋，中式建筑风格。驻有正海集团等单位。有便民服务。通公交车。2010年被评为省文明社区。

宫家台子社区 370611-A05-J03
[Gōngjiātáizi Shèqū]

属福莱山街道管辖。在福山区北部。面积0.1平方千米。人口4 200。因由宫家台子旧村改造建设而得名。2009年成立。有楼房54栋，中式建筑风格。驻有烟台物流园招商局等单位。有老年人照料、互助养老等服务。通公交车。2011年被评为省文明社区。

银芝社区 370611-A05-J04
[Yínzhī Shèqū]

属福莱山街道管辖。在福山区北部。面积0.04平方千米。人口4 500。因辖区内有银芝小区而得名。1990年成立。有楼房50栋，中式建筑风格。驻有中信银行等单位。有便民服务。通公交车。2011年被评为省文明社区。

碧海云天社区 370611-A05-J05
[Bìhǎiyúntiān Shèqū]

属福莱山街道管辖。在福山区北部。面积0.02平方千米。人口5 100。以当地碧海蓝天地理特征命名。2005年成立。有楼房36栋，现代建筑风格。驻有烟台东银房地产公司、北京红缨烟台幼儿园等单位。有便民服务。通公交车。2011年被评为省文明社区。

金城社区 370611-A05-J06
[Jīnchéng Shèqū]

属福莱山街道管辖。在福山区北部。面积0.11平方千米。人口4 200。因由金城房地产公司开发，故名。2000年成立。有楼房52栋，现代建筑风格。有老年人照料、互助养老等服务。通公交车。2009年被评为省文明社区。

海信社区 370611-A05-J07
[Hǎixìn Shèqū]

属福莱山街道管辖。在福山区北部。面积0.8平方千米。人口9 300。因由海信房地产公司开发，故名。2009年成立。有楼房36栋，现代建筑风格。驻有开发区高级中学等单位。有老年人照料、互助养老等服务。通公交车。2013年被评为省文明社区。

海韵社区 370611-A07-J01
[Hǎiyùn Shèqū]

属八角街道管辖。在福山区北部。面积0.33平方千米。人口9 000。因临海得名。2012年成立。有楼房85栋，中式建筑风格。驻有烟台经济技术开发区第三初级中学、八角小学、八角卫生院等单位。有便民服务。通公交车。2009年被评为省文明社区。

季翔社区 370611-A08-J01
[Jìxiáng Shèqū]

属大季家街道管辖。在福山区北部。面积0.06平方千米。人口3 600。寓意四季美好，和邻至善，同享同翔，故名。2013年成立。有楼房35栋，现代建筑风格。驻有大季家中心小学、大季家医院等单位。通公交车。2012年被评为省文明社区。

牟平区

牟平区 370612

[Mùpíng Qū]

烟台市辖区。在市境东部。面积 1 513 平方千米。人口 45.5 万。辖 6 街道、7 镇。区人民政府驻宁海街道。1950 年属文登专区。1956 年属莱阳专区。1958 年并入烟台市。1960 年复置，属烟台专区。1967 年属烟台地区。1983 年属烟台市。1994 年改置牟平区。因在“牟山之阳，其地坦夷”而得名。境内有垛山、嵎山、嵝山、峃山、昆嵛山等，大沽夹河从区境内穿过。有中小学 40 所，图书馆 1 个，体育场馆 1 个，三级以上医院 3 个。有省级文物保护单位 6 个，爱国主义教育基地 1 个，省级非物质文化遗产 6 个，重要古迹、景点 45 个。2004 年建设养马岛跨海大桥。2005 年在城区东部建沁水河公园。2010 年在城区东北部建设牟平市民文化中心。2010 年建设滨州医学院烟台附属医院，2014 年启用。2011 年在城区北部建设牟平市民办事中心。城市以北部宁海老城区为依托、经济开发区为骨干、北关大街为中轴贯通南北，形成山、海、岛融为一体的空间结构。中心区位于城区中北部，为行政政务、金融商贸区，工业区多集中在城区西部，生活区位于城区南部，北部养马岛街道沿海区域为旅游区。有天马广场、养马岛跨海大桥、文化中心大剧院等标志性建筑物。三次产业比例为 13.5：48.7：37.8。农业以种植业和畜牧业为主，粮食作物主产小麦、玉米、花生、地瓜等，蔬菜有白菜、韭菜、萝卜等品种，水果有苹果、大樱桃、梨等品种，畜牧业以猪、羊、牛、家禽饲养为主，渔业以养殖鲍鱼、海参、紫石房蛤等多种海珍品和经济鱼类为主，有养马岛黑刺参、天鹅蛋、栉孔扇贝、花生烤果、观水苹果、王格庄板栗、大窑大樱桃等土特产。工业以机械制造、轻工纺织、食品加工、电子信息、黄金化工等业为主，重点规划了变压器、冶金工业炉、专用车辆、数控机床、家具、电子元器件、数控电缆等产业集群。服务业以旅游业为主，将景点与“马文化”“渔家文化”“胶东民俗文化”等地域特色文化相结合，开发渔家乐、农家采摘、高尔夫、赛马健体等项目。有省级开发区 1 个。有牟平汽车站、牟平港区，有多条公交线路。

牟平经济开发区 370612-E01

[Mùpíng Jīngjì Kāifāqū]

在区境西部。东至牟山路，西至辛安河东侧（牟平区与高新区边界），南至留德街，北至三山大街。面积 1 574 公顷。因所在政区得名。1992 年 12 月经省政府正式批准成立省级开发区，由区级政府管理。拥有规模以上企业 51 家，建成安德利、孚信达 2 家国家级科研中心。园区重点产业包括以安德利集团、伟成食品、韩盛水产为龙头的农产品深加工产业，以帕特仑电子、宇成电机为龙头的电子通信产业，以孚信达双金属、晟宝丽壁纸为龙头的新材料新技术产业，以卧龙电气、海德智能装备、世德装备、齐邦精密为龙头的机械制造产业 4 大支柱产业体系；同时，以东华商贸城、晟峰软件园、太平洋广场为代表的高端服务业，以海王医药、康石医药为代表的医疗健康产业正在加速成长。交通便利。

宁海街道 370612-A01

[Nínghǎi Jiēdào]

牟平区人民政府驻地。在区境北部。面积 38 平方千米。人口 7.1 万。2000 年设立。因古宁海州得名。沁水河从境内穿过。有中小学 8 所，体育馆 1 个，医疗卫生机构 4 个。有省级文物保护单位张颜山旧宅，市级爱国主义教育基地端午山革命烈士陵园。有文化中心大剧院、牟平抗日烈士纪念塔等标志性建筑物。农业以种植业、养殖业为主，主产小麦、玉米、苹果、樱桃等，主要养殖品种有珍珠长毛兔、大约克猪、杜洛克猪等。工业以纺织、电缆、铝板带箔、锻造、机械加工、饲料等行业为主。服务业有房地产、文化产业，有“南艺文化创意”“广电集团娱乐传媒”“颐和路民国历史”等特色产业。通公交车。

文化街道 370612-A02

[Wénhuà Jiēdào]

属牟平区管辖。在区境南部。面积35平方千米。人口6.4万。因街道办事处驻文化里村而得名。沁水河从境内穿过。有中小学6所，医疗卫生机构5个。有省级文物保护单位雷神庙战斗遗址、照格庄遗址。有名胜“范园春晓”“白塔残阳”。有烟台市牟平区体育运动中心等标志性建筑物。农业以种植业为主，盛产小麦、玉米、苹果、大樱桃、桑椹等。工业有机械、电子、汽车配件、服装等支柱产业，出口产品有工业炉、炉管、水产品、服装等。旅游业与农业特色相结合，举办桑葚采摘节，建有乡村特色的旅游村。通公交车。

养马岛街道 370612-A03

[Yǎngmǎdǎo Jiēdào]

属牟平区管辖。在区境北部。面积14平方千米。人口0.8万。因境内养马岛得名。境内有西大山等。有中小学2所，医疗卫生机构1个。有省级文物保护单位张氏宗祠、市级文物保护单位养马岛三官庙。有养马岛旅游度假区等旅游资源。有天马广场等标志性建筑物。农业以水产养殖业为主，盛产海参、天鹅蛋、蛤、对虾、梭子蟹等。工业以机械、车船、建材、食品、机电制造为主。旅游业以马文化和秦文化为特色，有海洋牧场、民俗村、渔家乐特色旅游、水下观光、海珍品养殖采摘、海洋科普、垂钓等旅游项目。通公交车。

姜格庄街道 370612-A04

[Jiānggézhuāng Jiēdào]

属牟平区管辖。在区境东北部。面积157平方千米。人口4.2万。2010年设立。因街道办事处驻姜格庄村得名。北濒黄海，汉河、广河、念河、峒岭河从境内穿过。有中小学3所，医疗卫生机构2个。农业以种植业、渔业为主，种植业盛产小麦、玉米、苹果、大樱桃、梨、甜瓜、西瓜等，畜牧业以饲养猪、肉食鸡为主，渔业养殖刺参、贝、虾等。工业以机件加工、材料包装、纺织等为主，抽纱产品远销欧美市场，辖区有台湾工业园。通公交车。

大窑街道 370612-A05

[Dàyáo Jiēdào]

属牟平区管辖。在区境北部。面积98平方千米。人口3.0万。2012年设立。因街道办事处驻北大窑村而得名。沁水河从境内穿过。有中小学4所，体育场30个，医疗卫生机构1个。有省级文物保护单位蛤堆顶遗址。农业以种植业和渔业为主，种植业主产小麦、玉米、苹果、大樱桃、大枣、锦丰梨等，渔业盛产海参、对虾、梭子蟹等海珍品，畜牧业以饲养猪、肉食鸡为主。工业以制药、啤酒酿造、造纸、铝业为主。旅游业与林果业结合，有四季采摘和登山项目等。有牟平站，通公交车。

武宁街道 370612-A06

[Wǔníng Jiēdào]

属牟平区管辖。在区境西南部。面积44平方千米。人口1.7万。因街道办事处驻西武宁村而得名。鱼鸟河从境内穿过。有中小学4所，医疗卫生机构1个。有鱼鸟河公园景区等旅游资源。农业以种植业为主，盛产小麦、玉米、苹果、樱桃等。工业以食品、机械、电子、建材、化工为主导产业，花生制品、木工机械等产品主要销往日本、韩国、伊朗等国家和地区，建有牟平中小企业创业园。服务业以旅游业为主，打造沿河亲水景观带、滨海滩涂保护区、都市休闲水岸区等，建有英雄湖田园康疗度假区、杏花村避暑山庄、五禾山庄等旅游胜地。通公交车。

观水镇 370612-B01

[Guānshuǐ Zhèn]

牟平区辖镇。在区境西南部。面积 228 平方千米。人口 6.4 万。辖 80 村委会，有 80 自然村。镇人民政府驻观水村。1958 年成立幸福公社，后改名观水公社。1984 年改置观水镇。2000 年埠西头镇成建制并入。因镇政府驻地得名。有大沽夹河、观水河、中村河、垂柳河等从境内穿过。有中小学 4 所，医院 1 个。有重要名胜古迹观阳古城遗址、矫家遗址等。有爱国主义教育基地、纪念地胶东军区司令部、胶东《大众报》社、新华制药厂和胶东军区司令员许世友住宅等 30 多处旧址。农业以林果业为主，盛产苹果。工业以制板、塑料、制药、冶炼、矿石开采和加工、食品、果品冷藏为主导产业。208 省道、304 省道过境。

龙泉镇 370612-B02

[Lóngquán Zhèn]

牟平区辖镇。在区境东部。面积 136 平方千米。人口 2.7 万。辖 52 村委会，有 52 自然村。镇人民政府驻龙泉汤村。1952 年属龙泉区。1957 年设龙泉乡。1958 年并入姜格庄公社。1962 年析置龙泉公社。1984 年改设乡。1992 年改置镇。因镇政府驻地得名。主汉河、广河从境内穿过。有中小学 2 所，医院 1 个。农业以林果业和畜牧业为主，盛产大樱桃、苹果、梨、杏等，饲养猪、羊、家禽等。工业以建材、冶金、五金加工、印刷、服装为主。旅游业以龙泉温泉为特色，建有龙泉浴池、牟平温泉疗养中心等。205 省道过境。

玉林店镇 370612-B03

[Yùlíndiàn Zhèn]

牟平区辖镇。在区境东南部。面积 178 平方千米。人口 2.6 万。辖 54 村委会，有 54 自然村。镇人民政府驻玉林店村。1958 年成立玉林店公社。1984 年设玉林店乡。1993 年改置玉林店镇。2010 年原莒格庄镇 31 村划入。因镇政府驻地得名。沁水河、黄垒河、老清河从境内穿过。有中小学 3 所，医院 1 个。境内有九龙池景区。农业以种植业、食用菌养殖为主，主产花生、小麦、玉米、地瓜、大豆，盛产苹果，建有蔬菜大棚示范基地 5 处，食用菌以养殖双孢菇和金针菇为主。畜牧业饲养猪、羊、家禽。工业以建筑、重型汽车配件、砖瓦、矿泉水、金矿等为主。服务业以旅游业为主。206 省道、304 省道过境。

水道镇 370612-B04

[Shuǐdào Zhèn]

牟平区辖镇。在区境南部。面积 204 平方千米。人口 3.1 万。辖 56 村委会，有 56 自然村。镇人民政府驻水道村。1958 年成立先进人民公社，后改水道公社。1984 年设水道镇。2001 年刘家夼乡并入。因镇政府驻地得名。水道河、唐村东河、黄垒河、刘家夼河、辛安河等从境内穿过。有中小学 4 所，医院 1 个。农业以种植业和林果业为主，主产花生、苹果等，畜牧业以饲养猪、羊、家禽为主。工业以黄金采选、石材加工、化工、陶瓷为主，是牟平黄金生产基地，建有水道石材工业园。206 省道、304 省道、307 省道过境。

高陵镇 370612-B05

[Gāolíng Zhèn]

牟平区辖镇。在区境南部。面积157平方千米。人口3.5万。辖56村委会，有56自然村。镇人民政府驻高陵村。1958年成立群英人民公社，1959年更名高陵公社。1984年设立高陵镇。2002年院格庄镇并入。2009年原院格庄镇全部区域划归莱山区。因镇政府驻地得名。辛安河从境内穿过。有中小学3所，卫生院1个。农业以种植业和渔业为主，主产小麦、玉米、花生、苹果、蔬菜等，建有蔬菜基地、唐桃基地。畜牧业以饲养猪、家禽为主，建有多个种鸡场和数百个养鸡大棚。渔业以淡水养殖为主，产小龙虾、淡水鱼等。工业以黄金矿业、铸造、机械加工、纺织为主，境内有高陵金矿。307省道过境。

王格庄镇 370612-B06

[Wánggézhuāng Zhèn]

牟平区辖镇。在区境西南部。面积127平方千米。人口2.2万。辖53村委会，有53自然村。镇人民政府驻王格庄村。1958年成立王格庄乡，同年秋成立公社。1984年设立王格庄乡。1996年撤乡设镇。因镇政府驻地得名。境内有垛山、嵧山。有小学1所，卫生院1个。有黄阳后旅游风景区、仪凤山庄、军屯、垛山石门开景点等旅游资源。农业以种植业、林果业和渔业为主，主产小麦、玉米、花生、苹果、板栗等，畜牧业以饲养猪、羊、家禽为主，渔业以淡水养殖为主，产鲫鱼等品种。工业以石材加工、装饰材料加工为主，建有王格庄镇石材工业园区。服务业以石材交易为主。304省道过境。

昆嵛镇 370612-B07

[Kūnyú Zhèn]

牟平区辖镇。在区境东南部。面积170平方千米。人口1.2万。辖36村委会，有36自然村。镇人民政府驻东殿后村。2010年从玉林店镇、龙泉镇、原莒格庄镇各划出一部分村，成立昆嵛镇。因境内昆嵛山得名。境内有昆嵛山、苍山、大兴崮、冷夼山、五爪山等。有重要名胜古迹九龙池、神清观、烟霞洞、岳姑殿、泰礴顶。农业以种植业和林果业为主，主产小麦、玉米、花生、苹果、大樱桃等，畜牧业以饲养猪、羊、家禽为主。工业以制造加工业为主，有矿泉水、日用化工等厂。服务业以旅游业为主。303省道过境。

莱山区

莱山区 370613

[Láishān Qū]

烟台市人民政府驻地。在市境东部。面积285平方千米。人口19.1万。以汉族为主，还有朝鲜、满、蒙古、回、苗、土家等民族。辖7街道。区人民政府驻黄海路街道。中华人民共和国成立后，境域先后归属牟平县、芝罘区、烟台市。1994年7月以原牟平县的莱山镇、解甲庄镇和烟台市芝罘区的初家镇为行政区域，设立烟台市莱山区。1999年9月撤销初家镇，设立初家、黄海路、滨海路3个街道。2009年1月将滨海路街道所辖的草埠村和解甲庄镇所辖的小山后等19个村及烟台市牟平区武宁镇所辖的东谭家泊村，共21个村划出，组建烟台高新技术产业开发区，为烟台市人民政府派出机构。同年2月设立马山街道办事处，委托烟台开发区代管。同月撤销莱山镇、解甲庄镇，分别设立莱山、解甲庄街道办事处。6月烟台市牟平区院格庄镇划入。因境内有莱山得名。境内有大王山、凤凰山、祥山、马山等，有大沽夹河（外夹河）、辛安河、瀑拉河、逛荡河、东风河、友谊河从区境内穿过。有高等院校4所，中小学27所，三级以上医院2个。有省级文物保护单位3个，爱国主义教育基地1个，重要古迹、景点3个。2007年完成迎春大街拆迁工程，建成烟台体育公园和烟台国际博览中心等。2008年建设逛荡河绿带公园、凤凰湖公园。2009年完成山海南路绿化，建成滨海体育休闲广场，完成港城东大街、迎春大街、滨海路和海水浴场、农贸市场等区域整治。2010年新建、改扩建莱院路、轸大路等城乡主干道11条。2013年规划展览馆投入使用，烟台植物园一期完工，23个村居启动拆迁和安置房建设，保利香榭里公馆、祥隆大厦、天润大厦建成使用。新增造林面积6 000多亩，城区绿化率达到42%。城市发展按照“一体两翼”的布局，以朱雀山为中心设立省级旅游度假区，解甲庄街道为城区扩张的东翼，莱山经济开发区、总部经济基地为西翼。中央商务CBD核心区域、总部经济基地建成，实现城区的南部扩张。中心城区是以五彩文化广场为主的都市文化产业区，沿海3个天然海水浴场和烟台渔人码头、黄海游乐城等滨海一线景点为海洋旅游产业区。金融商业繁华区多集中在迎春大街两侧，政府机关单位集中在区境中部。烟台大学、山东工商学院、滨州医学院、烟台大学文经学院4所高校位于黄海路街道和滨海路街道区域。工业主要集中在莱山西部经济开发区。南部为山地乡村旅游区。有黄海明珠、烟台山灯塔等标志性建筑物。三次产业比例为1.8 : 40.4 : 57.8。农业以种植业和渔业为主，粮食作物主产小麦、玉米，名优农产品有大樱桃、莱山蜜桃、苹果。莱山区海域是我国著名的烟威渔场，有具捕捞价值的水产品百余种，其中重要经济种类30余种，包括蓝点马鲛、带鱼、太平洋鲱、黄姑鱼、黄鲫、梭鱼、青鳞鱼等鱼类，中国对虾、鹰爪虾、脊尾褐虾、脊尾白虾、口虾姑、三疣梭子蟹、日本蟳等虾蟹类，乌贼等头足类，栉孔扇贝、皱纹盘鲍、菲律宾蛤仔、紫石房蛤、竹蛏等贝类以及刺参等。工业形成以生物医药、电子信息、食品加工、机械制造为支柱产业的现代化产业体系。服务业以旅游业、金融业等为主。有国家级开发区1个、省级开发区1个。有烟台南站、烟台机场，有多条公交线路。

烟台高新技术产业开发区
370613-E01
[Yāntái Gāoxīnjìshù Chǎnyè Kāifāqū]

在区境东部。北临黄海，东接牟平区武宁街道，西接莱山区解甲庄街道和滨海路街道。面积48 800公顷。因所在行政区域和功能定位得名。2010年9月经国务院正式批准升级为国家级开发区，由市级政府管理。在生物技术与医药、先进制造、新材料、海洋科学等多个领域形成了研发优势，生物医药与海洋科技、航空航天科技、电子信息、先进装备制造等优势产业呈现集群化发展态势。区内形成了完善的路网布局。

莱山经济开发区 370613-E02
[Láishān Jīngjì Kāifāqū]

在区境东南部。北起轸大路，南至沟莱线，东起杜家规划路，西至南迎新路。面积2 300公顷。因所在政区得名。2003年经省政府正式批准为省级开发区，由区级政府管理。园区以高端装备制造业、新一代信息技术为主导产业，高端装备制造业细分海工装备、核电装备、汽车零部件、节能环保四个行业；新一代信息技术主要以东方威思顿、捷瑞数字为龙头，涵盖信息技术产品制造、电子信息传输、计算机软件等多个行业。有入驻企业597家，其中有杰瑞石油、中宠食品、泰鸿橡胶等知名企业和产品。形成纵横的交通网络，通公交车。

黄海路街道 370613-A01

[Huánghǎilù Jiēdào]

莱山区人民政府驻地。在区境北部。面积17平方千米。人口5.4万。1999年设立。因辖区有黄海路而得名。东濒黄海，境内有大王山。有国家级科研单位中科院海岸带研究所。有烟台大学等高等院校2所，中小学5所，医疗卫生机构12个。有黄海游乐城、烟台渔人码头、岱王山庄等旅游景点。农业以渔业为主，养殖有海参、虾等。工业以电子元件、精细化工、汽车配件、医药器械、建筑建材、包装产业为主。高新技术产业和先进制造业发展迅速，以绿叶制药、东方威思顿、华东电子、持久钟表为代表，形成生物制药、电子信息等支柱产业。建有凤凰工业园。服务业以休闲旅游业为主，突出"海滨、温泉、美食、休闲"海滨区域特色，形成祥隆商业综合体、华润中心、新世界百货等城市综合体等服务业聚集发展示范区。通公交车。

初家街道 370613-A02

[Chūjiā Jiēdào]

属莱山区管辖。在区境北部。面积21平方千米。人口4.1万。1999年设立。因辖区内初家村得名。境内有凤凰山、虎头山、炮山，逛荡河、马家都河从境内穿过。有中小学4所，医疗卫生机构27个。有金贸中心、银座购物商城、新天地购物广场等标志性建筑物。农业以种植蔬菜、水果、花卉为主，主要农产品有樱桃。工业以生物化工、食品加工、机械电子、纺织服装为主，境内有中俄基地工业园。服务业以商贸、餐饮、生态农业观光业为主，境内有芳华园商贸城，建有千亩观光农业区。通公交车。

滨海路街道 370613-A03

[Bīnhǎilù Jiēdào]

属莱山区管辖。在区境南部。面积86平方千米。人口4.6万。以汉族为主，还有朝鲜、苗、维吾尔等民族。1999年设立。因辖区内滨海路得名。逛荡河从境内穿过。有烟台大学南校区、滨州医学院等高等院校4所，中小学4所，医疗卫生机构2个。有纪念地孙家滩纪念堂。有胶东文化广场、胶东剧院、国际博览中心等标志性建筑物。农业以种植业为主，兼有海水养殖业，主产大樱桃。工业以机械加工制造、服装加工、汽车零部件加工、制药、锻造为主。服务业以物流运输、旅游业为主。有烟台汽车东站，通公交车。

院格庄街道 370613-A04

[Yuàngézhuāng Jiēdào]

属莱山区管辖。在区境南部。面积71平方千米。人口1.9万。2009年7月设立。因辖区内院格庄得名。有中学1所，医疗卫生机构3个。农业以种植业为主，主产玉米、小麦、花生、苹果、葡萄、大樱桃、梨等。工业以无污染的小型加工业为主。服务业以温泉休闲度假和葡萄酒文化旅游为主，有国际化高端酒庄54个，建有旅游度假胜地。通公交车。

解甲庄街道 370613-A05

[Xièjiǎzhuāng Jiēdào]

属莱山区管辖。在区境南部。面积69平方千米。人口2.2万。以汉族为主，还有满族等。2009年设立。沿用原镇名。境内有庙山、桂山、檠山、金马山等，辛安河从境内穿过。有中小学2所，医疗卫生机构16个。有重要名胜古迹清代尚书府旧址、唐代定国寺遗址。经济以果蔬种植为主，主产樱桃、苹果、梨。服务业主要以乡村生态旅游、零售批发、餐饮服务、物流快递为主。通公交车。

莱山街道 370613-A06

[Láishān Jiēdào]

属莱山区管辖。在区境南部。面积 52 平方千米。人口 3.1 万。2009 年设立。以莱山得名。修建了山海南路、莱山初级中学、莱山第五小学、莱山派出所、莱山街道党群服务中心、莱山集贸市场。境内有南峰山、光山等，外夹河、友谊河、东风河从境内穿过。有中小学 4 所，医疗卫生机构 1 个。有古迹莱山荆山寺，景区烟台市植物园、东麓溪谷等。有莱山机场等标志性建筑物。农业以种植业为主，兼有林牧业，盛产玉米、甘薯、花生、苹果、大樱桃、莱山蜜桃等，建有无公害蔬菜基地、食用菌实验示范基地、万亩果业项目区，注册“尖尖”牌无公害蔬菜、莱山蜜桃、惠远健康蛋等特色产品商标。工业以化工、铸造、塑料制品、建筑材料为主，有莱山街道工业园区。服务业以商贸物流、生态旅游业为主，建有烟台国际物流园和生态休闲旅游长廊。有莱山机场，通公交车。

马山街道 370613-A07

[Mǎshān Jiēdào]

属莱山区管辖。在区境东北部。面积 48.8 平方千米。人口 2.7 万。2009 年设立。因街道办事处驻马山寨附近得名。境内有大寨山，辛安河从境内穿过。有中小学 6 所。有创业大厦、蓝色智谷创新综合体等标志性建筑物。农业以种植业、渔业为主，粮食作物主产小麦、玉米，经济作物主产花生、蔬菜、水果等，蔬菜主要品种有大白菜、芹菜等，水果主要品种有樱桃、苹果。畜牧业以饲养猪、羊、牛、家禽为主，渔业以海洋捕捞为主。工业以海洋生物与医药、航空航天科技、电子信息等高端制造业和研发孵化等为主。服务业以金融商务、文化创意等为主。通公交车。

社区

黄海社区 370613-A01-J01

[Huánghǎi Shèqū]

属黄海路街道管辖。在莱山区东北部。面积 4.2 平方千米。人口 8 000。黄海街道办事处驻此，故名。2001 年成立。有楼房 123 栋，现代中式建筑风格。有老年人日间照料服务。通公交车。2013 年被评为省文明社区。

金海岸社区 370613-A01-J02

[Jīnhǎi'àn Shèqū]

属黄海路街道管辖。在莱山区东北部。面积 3 平方千米。人口 3 700。因地处胶东半岛渤海黄金海岸，故名。2003 年成立。有楼房 80 栋，现代建筑风格。驻有莱山区房管局、莱山区工商局、烟台市公路设计院等单位。有老年人日间照料服务、志愿者服务。通公交车。2013 年被评为省文明社区。

清泉寨社区 370613-A01-J03

[Qīngquánzhài Shèqū]

属黄海路街道管辖。在莱山区东北部。面积 3.8 平方千米。人口 6 400。明洪武年间，为防倭置寨于此，属宁海卫后所，因寨下海滩有一清泉，故名。2000 年成立。有楼房 38 栋，现代建筑风格。驻有清泉实业有限公司、清泉建筑建材公司等单位。有老年人日间照料服务。通公交车。2013 年被评为省文明社区。

岱山社区 370613-A01-J04

[Dàishān Shèqū]

属黄海路街道管辖。在莱山区东北部。面积 0.32 平方千米。人口 5 000。因社区内有岱王山得名。2000 年成立。有楼房 80 余栋，现代建筑风格。有老年人日间照料服务。通公交车。2013 年被评为省文明社区。

鹿鸣社区 370613–A01–J05
[Lùmíng Shèqū]

属黄海路街道管辖。在莱山区东北部。面积 0.47 平方千米。人口 7 000。因位于鹿鸣峪脚下而得名。2007 年成立。有楼房 76 栋，现代建筑风格。驻有烟台市总工会等单位。有老年人照料、互助养老等服务。通公交车。2013 年被评为省文明社区。

曹家社区 370613–A02–J01
[Cáojiā Shèqū]

属初家街道管辖。在莱山区北部。面积 2.2 平方千米。人口 1 800。因曹家村得名。2002 年成立。有楼房 26 栋，现代建筑风格。有老年人照料、互助养老等服务。通公交车。2013 年被评为省文明社区。

于家滩社区 370613–A03–J01
[Yújiātān Shèqū]

属滨海路街道管辖。在区境北部。面积 1.79 平方千米。人口 2 300。以于家滩村得名。2002 年成立。有楼房 38 栋，现代建筑风格。驻有长青建材产业烟台公司、烟台头地编织公司等单位。通公交车。2013 年被评为省文明社区。

龙口市

龙口市 370681
[Lóngkǒu Shì]

山东省直辖县级市，由烟台市代管。北纬 37°38′，东经 120°28′。在烟台市境西北部。面积 901 平方千米。人口 63.7 万。辖 5 街道、8 镇。市人民政府驻新嘉街道。春秋为莱国地。秦置黄县，以城临黄水河得名，属胶东郡。西汉增置㡉县、徐乡县，同属东莱郡。东汉废徐乡县。北齐废㡉县，属长广郡。唐贞观八年（634）于县东北境置蓬莱镇。神龙三年（707）徙登州治此，遂改黄县为蓬莱县。先天元年（712）析蓬莱复置黄县，属登州。明、清属登州府。1913 年属胶东道。1925 年属东海道。1928 年属省。1938 年属北海专区。1946 年析西境置龙口市。1950 年并入黄县，属莱阳专区。1958 年黄县并入蓬莱县，属烟台专区。1961 年复置黄县。1967 年属烟台专区。1983 年属烟台市。1986 年撤销黄县，改置龙口市。（资料来源：《中华人民共和国地名大词典》）因明洪武二十一年（1388）修建的龙口墩得名。县城始建于北齐天保七年（556），明洪武五年（1372）因城阔难守，割去北半重筑新城。万历二十二年（1594）改筑石城，旧城呈“回”字形。1938 年围墙拆除，1948 年拆除城墙。1981 年城区新建和改修 10 条干道。1985 年城区向四面延伸。1990 年再次扩大城区面积，修筑 10 条主干道。2002 年建设新区，城市建设重心西移。港城大道西延，建成 6 条主干道。文化广场、行政中心、人民公园等相继建成。城区形成五大组团，新区集办公、文化、医疗卫生、教育体育、商贸金融、居住娱乐等功能，为城市核心区；东区为商贸、居住、娱乐为一体的城市繁华区；西城发展港口、汽车零部件、整车制造、海洋工程装备、船舶制造、临港化工、临港物流等产业，实现区港一体化；南山重点发展旅游业、工业，为全市城乡一体化典范区；东海组团为休闲化居住、系列化教育、链条化生产的多功能海滨新区。地势东南高西北低，呈台阶式下降。境内最高峰罗山，海拔 757 米。北部、西部濒临渤海，有岛屿 3 个。年均气温 12.8℃，1 月平均气温 –1.7℃，7 月平均气温 25.8℃。年均降水量 583.4 毫米。有黄水河、八里沙河、南栾河流经。有煤、金、银、铁、萤石、花岗岩、石灰岩、石油、天然气等矿产资源。有野生植物 762 种，其中国家重点保护野生植物有中华结缕草等 5 种。有野生动物 1 158 种，其中国家重点保护野生动物有东方白鹳等 44

种。有国家级自然保护区 2 个、省级自然保护区 5 个。森林覆盖率 33.3%。有国家级企业技术中心 5 个、省级企业技术中心 9 个，国家级工程技术研究中心 1 个、省级工程技术研究中心 9 个。有高等院校 1 所，中小学 53 所，知名文艺团体 1 个，体育馆 9 个，二级以上医院 5 个。有国家级文物保护单位 2 个、省级文物保护单位 6 个，省级非物质文化遗产 4 个，重要古迹、景点 5 个。三次产业比例为 3.5 : 59.2 : 37.3。农业以种植业、畜牧业、渔业、林业为主。农作物有小麦、玉米、花生、蔬菜等。畜牧业以饲养猪、牛、羊、鸡为主。盛产鲅鱼、鲐鱼、对虾、海参等海产品，海水养殖以海参、鸦片鱼、海带、贻贝、文蛤为主。林业以苹果、梨等为主，有以城镇绿化苗木为主的苗木花卉基地。名优特产有海参、对虾、龙口粉丝、草莓等。工业以高端铝材料、汽车及汽车零部件、港口及临港、食品加工及存储等为主，有煤炭、机械、铝材、化工、电力、建材、酿造等企业。为国家级铝及铝合金加工高新技术产业化基地、国家级铝精深加工示范基地。名牌产品有威龙葡萄酒、精梳毛织品、铝及铝合金箔、轮毂、热塑性硫化橡胶等。服务业以旅游及度假产业为主，主要旅游景点有屺姆岛、南山风景区、徐公祠、丁氏故宅、王屋水库风景区、冶基观光农业等。有省级开发区 1 个。境内铁路 28.8 千米，公路 1 552.9 千米。有大莱龙铁路、荣乌高速、206 国道、烟潍公路、牟黄公路、蓬水公路、黄水公路、龙青公路过境。

龙口经济开发区 370681-E01

[Lóngkǒu Jīngjì Kāifāqū]

在市境西部。东邻新嘉街道、北马镇，南邻黄山馆镇，北、西濒渤海。面积 9 390 公顷。因位于龙港街道，以所处地理位置、性质和功能命名。1992 年 5 月经省政府正式批准建立省级开发区，由县级政府管理。形成以汽车配件、机械、化工、塑料、环保透湿材料、生物制药、厨具、建材为主导的支柱行业。有工业企业 420 家，外商独资企业 105 家，工业产品达 3 000 多种。铁路、高速、国道、省级干线及市级支线公路组成了四通八达、纵横交错的公路网络，有龙口港，通公交车。

山东龙口高新技术产业园区 370681-E02

[Shāndōng Lóngkǒu Gāoxīnjìshùchǎnyè Yuánqū]

在市境中部。北靠东城区，与 302 省道、荣乌高速公路出口相连，西临南山路，东临兰高镇，南临石黄公路。面积 1 440 公顷。因其所在政区和功能得名。2006 年 9 月经国家发展改革委员会正式批准为省级产业园区，由县级政府管理。园区项目类型涉及汽车零部件、新型建材、有色金属加工、化工生产、家电、服装、装饰材料、精密仪表、果蔬深加工等多种产业，形成了汽车零部件加工、果蔬食品加工、化工助剂、新型建材、有色金属加工五大生产基地。有企业 37 家，其中有半岛线缆、绿杰、南山铝业、星宇汽配等知名企业或品牌。园区交通呈三纵两横主路网的布局，通公交车。

新嘉街道 370681-A01

[Xīnjiā Jiēdào]

龙口市人民政府驻地。在市境中部。面积 46 平方千米。人口 4.1 万。2000 年设立。因街道办事处驻新嘉疃村得名。2003 年始，陆续对新嘉大街、位姜集贸市场及烟潍公路沿线进行大规模改造，先后建成泳汶、嘉隆、新新家园、宏润花园、龙泽华府等住宅小区。2003 年建成文化广场。泳汶河、矫家河、南栾河、王屋水库五支渠从境内穿过。有中小学 3 所，医疗卫生机构 47 个。有行政中心、广电大厦、人民公园、人民医院、龙口市第一中学等标志性建筑物。农业种植大葱、生姜、大樱桃等，盛产草莓、葡萄、梨、苹果、日本葱等。工业以机械加工、新型建材、食品加工、装饰材料、汽车配件为主。服务业以餐饮、通讯、物流等为主。通公交车。

东莱街道 370681-A02

[Dōnglái Jiēdào]

属龙口市管辖。在市境东部。面积 34 平方千米。人口 10.6 万。2000 年设立。因街道辖区古东莱国得名。2014 年改造绛水河。境内有凤凰山。有省级工程技术研究中心 2 个。有中小学 10 所，图书馆 1 个，体育场馆 2 个，医疗卫生机构 139 个。有国家级文物保护单位丁氏故宅，爱国主义教育基地龙口市烈士陵园、龙口市博物馆。有博商购物广场、文化广场等标志性建筑物。农业以种植粮食、蔬菜、水果、花卉为主。工业以机械加工、电子、化工、建筑、轻工为主，名牌产品有威龙葡萄酒。服务业以商贸零售为主，有博商、家家悦、振华、利群等购物广场。有龙口市汽车东站、龙口市公共汽车站，通公交车。

龙港街道 370681-A03

[Lónggǎng Jiēdào]

属龙口市管辖。在市境西部。面积 80 平方千米。人口 12.7 万。2000 年设立。因辖区内龙口港得名。2000 年建成龙北、梁矿、烈士塔、金沙等新村及发电厂、造纸厂、针织厂等，建成滨海、街心公园各 1 处，农贸、水产批发市场各 1 处。恒河、八里沙河、龙口北河从境内穿过。有省级工程技术研究中心 2 个，国家级企业技术中心 2 个，省级企业技术中心 3 个。有中小学 9 所，文化馆 1 个，体育场馆 1 个，医疗卫生机构 6 个。有抗日烈士纪念碑。有龙口广场、文化公园、海滨公园、道恩湖、建行大厦等标志性建筑物。农业产草莓、樱桃、绿花菜、粉丝、苹果、对虾、梭子蟹、扇贝、海参等。工业以交通运输设备制造、汽车配件、化工橡塑、食品药品、建筑建材为主，名牌产品有轮毂、热塑性硫化橡胶等。有龙口市汽车西站、海岱汽车站、龙口港，通公交车。

徐福街道 370681-A04

[Xúfú Jiēdào]

属龙口市管辖。在市境北部。面积 63 平方千米。人口 3.5 万。2010 年设立。因秦代方士徐福故里得名。有岛屿桑岛、依岛，泳汶河、曲栾河从境内穿过。有省级企业技术中心 1 个。有高等院校 1 所，中小学 2 所，医疗卫生机构 2 个。有名胜古迹唐家遗址、乾山遗址、徐乡县古城址、乾山墓群、徐公祠、万松浦书院、万亩黑松林、美人礁、钓鱼台、东海高尔夫球场、海滨浴场等。有东海观音阁、东海学校、月亮湾海景酒店等标志性建筑物。农业以种植水果蔬菜、畜牧业、渔业为主，产小麦、花生、蔬菜、葡萄，盛产鱼、虾、蟹、海参等海产品。工业以高端铝材料、汽车零部件、精细化工为主，有塑料、电镀、橡胶、建材、建筑公司、铝业等企业。服务业以商贸物流为主，有乡城、洼里、大王家等集市，港栾码头是龙口市主要的海产品集散地。通公交车。

东江街道 370681-A05

[Dōngjiāng Jiēdào]

属龙口市管辖。在市境南部。面积 83 平方千米。人口 5.8 万。2010 年设立。因街道办事处驻东江村得名。境内有磨山、杏花山、玉皇山、石围山、云台山、凤凰山。有国家级工程技术研究中心 1 个、省级工程技术研究中心 2 个，国家级企业技术中心 1 个。有中小学 5 所，图书馆 1 个，体育场馆 1 个，医疗卫生机构 3 个。有纪念地辛亥革命纪念碑，有重要名胜古迹邵家遗址、南山旅游风景区。农业以种植业为主，产小麦、玉米、花生、蔬菜、长把梨、苹果、杏、桃、葡萄、大樱桃等，有韭菜种植研究会、食用菌研究所。养殖牛、猪、羊、家禽等。工业形成了以南山铝业为龙头的完整的铝产业链，以南山精纺为龙头的纺织服饰产业链，以通力汽车配件、宏兴机械、福临机械为龙头的机械配件产业，以绿杰、查理斯堡苹果醋为龙头的食品深加工产业，以龙牌精细化工、合力化工厂为龙头的化工行业等产业体系。服务业以旅游业、商贸运输为主，有以南山旅游为龙头的服务业产业链条，建有东江、毡王、碓徐、磨山迟家等集市。有山东龙口高新技术产业园区。通公交车。

黄山馆镇 370681-B01

[Huángshānguǎn Zhèn]

龙口市辖镇。在市境西南部。面积28平方千米。人口1.2万。辖12村委会，有23自然村。镇人民政府驻黄山馆新村。1949年属黄山区。1957年设黄山馆乡。1958年属阎家店公社。后改黄山馆公社。1984年复设乡。1989年改置镇。2000年并入海岱镇。2001年复设镇。以驻地村得名。三里河、苏家沟河从境内穿过。有中小学1所，卫生院1个。有省级文物保护单位徐镜心故居。农业以种植业和养殖业为主，农产品有小麦、玉米、花生、蔬菜等，水果有苹果、枣、葡萄等。畜牧养殖猪、鸡、牛、羊、兔等，海水养殖海参、大菱鲆、扇贝、半滑舌鳎等。工业以机械铸造、家具加工、印刷等为主。服务业有商贸、餐饮、运输等业。大莱龙铁路、206国道、省道牟黄公路过境。

北马镇 370681-B02

[Běimǎ Zhèn]

龙口市辖镇。在市境西部。面积88平方千米。人口5.6万。辖79村委会，有81自然村。镇人民政府驻北村。1949年为北马镇。1957年改设乡。1958年改公社。1984年复置镇。2000年大陈家镇并入。以驻地村得名。有虎山、狗山、认儿山等，北马南河、八里沙河、南栾河从境内穿过。有中小学4所，医院2个。有省级文物保护单位楼子庄遗址、烟台市级文物保护单位㠉县故城址。农业以种植业为主，农产品有小麦、玉米、花生、甘薯、蔬菜、水果等，有春龙千亩现代农业示范园、振龙生化2 000亩甘薯种苗基地和前诸留千亩小麦超高产示范基地，有大姜、草莓、红富士苹果、山东梨、粉丝、果脯、洋香瓜等土特精品。林业主要树种有白杨、刺槐、榆树、柳树、梧桐等。工业以化工、电子、机械制造、汽车零部件、建材、食品、绝缘材料等为主。服务业以运输服务为主。荣乌高速、疏港高速、省道牟黄公路过境。

芦头镇 370681-B03

[Lútóu Zhèn]

龙口市辖镇。在市境南部。面积42平方千米。人口2.8万。辖38村委会，有41自然村。镇人民政府驻芦头村。1949年由汶南区改设清汶区。1957年设芦头乡，后改公社。1984年改置镇。以镇政府驻地村得名。境内有大飘山，泳汶河、南栾河从境内穿过。有中小学2所，卫生院1个。有重要名胜古迹七夼庵庙、圣水济患石刻等。农业以种植业为主，农产品有小麦、玉米、大棚蔬菜、苹果、葡萄、梨、杏、桃、柿子等。工业以葡萄酒加工、汽车零配件、绝缘材料和精密铸造为主，“龙管”牌为中国驰名商标，“龙管”牌柴油机高压油管获“山东名牌”称号。服务业以餐饮、商品零售为主，建有芦头、麻家、姜家、大傅家4处集市。龙烟铁路、威乌高速、省道牟黄公路过境。

下丁家镇 370681-B04

[Xiàdīngjiā Zhèn]

龙口市辖镇。在市境南部。面积 60 平方千米。人口 1.6 万。辖 20 村委会，有 35 自然村。镇人民政府驻于家口村。1949 年设芦凤区。1957 年改吕家乡。1958 年改大吕家公社。1982 年改下丁家公社。1984 年设乡。1989 年改置镇。以镇政府原驻地下丁家村得名。境内有罗山顶、草帽顶、石城里、玉皇顶、大园顶、牛心顶等山峰，泳汶河从境内穿过。有中小学 1 所，卫生院 1 个。有纪念地大吕家革命烈士纪念碑、王永幸故居。有“十八号信箱”、高山水库、常胜山庄等旅游景点。农业以果树种植为主，主产山东梨、苹果、大樱桃等，“下丁家大樱桃”“常胜、蒋家小樱桃”等果品闻名。工业以黄金采矿、电力、园艺工具、电线电缆、食品加工为主。213 省道过境。

七甲镇 370681-B05

[Qījiǎ Zhèn]

龙口市辖镇。在市境东南部。面积 81 平方千米。人口 2.5 万。辖 37 村委会，有 38 自然村。镇人民政府驻庙曲家村。1949 年属丰仪区。1957 年设七甲乡。1958 年建七甲公社。1984 年复设乡。1993 年改置镇。2000 年田家镇并入。以原驻地村得名。境内有莱山、川虎龙北顶、柴禾顶、黑山、颜家顶、王屋山等，黄水河、黑山河、莱茵河从境内穿过。有中小学 2 所，卫生院 1 个。有烟台市级文物保护单位真定寺古桥（含“三岛十洲”石刻），有重要名胜古迹三岛十洲、清泉漱石、方桥压月、倾井倒水、莲池毓秀、龙湾、仙人车辙、放马岭、通天一门、古洞朝阳。经济以林果业为主。农业以种植业、养殖业为主，农产小麦、玉米、花生、蔬菜，是黄县长把梨、绿宝石梨、黄金梨主要生产和出口基地，黄县长把梨注册有“莱龙”牌商标，远销东南亚及欧美各国。养殖奶牛、黄牛、肉鸡、蛋鸡、山羊、小尾寒羊、生猪、淡水鱼等。工业以果脯、纸箱、网套、果袋加工为主。服务业以商贸零售等为主，有姜家店阳梨、东林家杏子、大草屋生姜等农产品集散地。有公路经此。

石良镇 370681-B06

[Shíliáng Zhèn]

龙口市辖镇。在市境东南部。面积 129 平方千米。人口 5.7 万。辖 67 村委会，有 81 自然村。镇人民政府驻石良集村。1949 年置石良区。1956 年设石良乡。1958 年改公社。1984 年改置镇。2000 年丰仪镇并入。因镇政府驻地村得名。境内有城隍山，黄城阳河、大慕家河、鲁家沟河、谭家河、后曲家河等从境内穿过。有中小学 4 所，卫生院 1 个。有省级文物保护单位庄头墓群。有重要名胜古迹黄城集古城址、鲁家沟遗址、黄城阳革命根据地旧址、潜唐庵遗址等。经济以农业为主。农业种植小麦、玉米、花生、蔬菜等，产苹果、葡萄、樱桃、板栗、柿子、桃、李等，淡水养殖鲶鱼、鲤鱼、草鱼、花白鲢等。工业以汽车配件、水产品加工、铸造加工、纺织、建筑、果蔬加工等为主，“尹龙”牌绿豆淀粉和粉丝、海产品出口韩国、日本、俄罗斯、东南亚等国家和地区。服务业以商贸零售为主。省道牟黄公路、蓬水公路过境。

兰高镇 370681-B07

[Lángāo Zhèn]

龙口市辖镇。在市境东部。面积 68 平方千米。人口 3.6 万。辖 48 村委会，有 64 自然村。镇人民政府驻兰高村。1949 年属城东区。1957 年设孙家乡。1958 年改兰高公社。1984 年设乡。1988 年改置镇。2000 年文基镇并入。因驻地村得名。境内有莱山主峰，黄水河、鸦鹊河、龙湾河、青龙河、莱茵河、凉水河从境内穿过。有中小学2所，卫生院1个。有重要古迹小莱山溶洞古建筑遗址。经济以工业为主。农业主产山东梨、黄金梨、富士苹果、韭菜、草莓、香瓜、葡萄等，有“韭仙”牌无公害韭菜等绿色有机品牌，“龙星”牌巨峰葡萄为国家A级绿色食品标志，有万亩巨峰葡萄基地、无公害禽业养殖示范园、有机樱桃种植和绿色无公害猪养殖示范园、有机樱桃开发示范园、桑椹科技开发示范园等生态农业示范园。工业以生物化工、食品加工、机械制造为主。服务业以商贸零售为主。荣乌高速和省道烟潍公路、牟黄公路过境。

诸由观镇 370681-B08
[Zhūyóuguàn Zhèn]

龙口市辖镇。在市境东北部。面积101平方千米。人口6.2万。辖68村委会，有71自然村。镇人民政府驻诸由南村。1949年设耀光区。1957年设诸由乡。1958年属羊岚公社，后析设诸由观公社。1984年改置镇。2000年羊岚镇并入。以驻地村得名。黄水河、荆家河、丛林寺河、藏英河、绛水河、龙湾河等从境内穿过。有中小学4所，卫生院1个。有市级文物保护单位东羔遗址、黄河营古港遗址等，有黄水河湿地公园等旅游资源。经济以工业为主，有高端铝合金、轨道交通、装备制造、汽车零配件、水泥建材、纺织印染等六大支柱产业，有丛林河水泥、中际电工等国家驰名商标。农业以种植业为主，主要种植小麦、玉米、蔬菜等，产苹果、柿子、水晶梨、黄金梨、银杏、葡萄等水果，富有柿子为名优农产品，建有马家富有柿子园、洼沟银杏园、东台葡萄园3个农业示范园，冶基名优果品基地、小河口优质葡萄基地2个名优果品基地。海水养殖海参、鲈鱼、扇贝等海产品。服务业以金融、健康与社会服务、旅游、文化娱乐、运输等为主。206国道、264省道过境。

社区

百电社区 370681-A03-J01
[Bǎidiàn Shèqū]

属龙港街道管辖。在龙口市西北部。面积0.3平方千米。人口5 300。因百年电力公司得名。2003年成立。有楼房83栋，现代建筑风格。驻有华龙工业股份公司等单位。有志愿者服务。通公交车。2007年被评为省文明社区。

龙海社区 370681-A03-J02
[Lónghǎi Shèqū]

属龙港街道管辖。在龙口市西南部。面积0.11平方千米。人口6 300。以龙海路得名。2003年成立。有楼房127栋，现代建筑风格。驻有龙矿中心医院、龙矿职业学校等单位。有社区便民服务。通公交车。2012年被评为省文明社区。

金海湾社区 370681-A03-J03
[Jīnhǎiwān Shèqū]

属龙港街道管辖。在龙口市西北部。面积0.23平方千米。人口5 000。地处海边，因临近海湾得名。2003年成立。有楼房62栋，现代建筑风格。驻有龙矿渤海橡塑公司等单位。有社区便民服务。通公交车。2010年被评为省文明社区。

新和社区 370681-A05-J01
[Xīnhé Shèqū]

属东江街道管辖。在龙口市西南部。面积0.67平方千米。人口10 000。因是由22个村合并建设的新家园，寓意和谐幸福得名。2001年成立。有楼房210栋，现代建筑风格。驻有新和幼儿园、南山双语学校、南山医院等单位。有老年人照料服务。通公交车。2012年被评为省文明社区。

莱阳市

莱阳市 370682
[Láiyáng Shì]

山东省直辖县级市，由烟台市代管。北纬36°34′，东经120°31′。在烟台市境西南部。面积1 734平方千米。人口86.0万。辖5街道、13镇。市人民政府驻城厢街道。西汉置挺县，属胶东国，置长广县，属琅郡。西晋末年徙长广县离境，故地改置昌阳县。北齐废挺县，昌阳县属长广郡。后属东莱郡。唐永徽元年（650）徙今治，属莱州。五代后唐同光元年（923）避祖讳改名莱阳，因在莱山之南，故名。宋、金、元属莱州。明、清属登州府。1913年属胶东道。1925年属东海道。1928年属省。1941年抗日民主政权析置莱东、莱西、莱西南3县。1945年析置五龙县，均属南海专区。1950年莱东、五龙2县并为莱阳县，属莱阳专区。1958年莱西县并入，属烟台专区。1962年莱西县析置。1967年属烟台地区。1983年属烟台市。1987年撤销莱阳县，设立省辖县莱阳市，由烟台市代管。（资料来源：《中华人民共和国地名大词典》《莱阳市地名图集》）1949年，莱阳城内有大街小巷27条。1958年，莱阳城总体布局为南区（即火车站区）与北区（即老城区）相接，以五龙路为轴线，路西为工业区，路东为生活居住区。至1960年，完成和平（原政训街，现为旌旗路）、跃进等5条街道拓宽改造。2000—2001年，先后建成富山路、五龙广场、富水路立交桥。2006年以来，形成“北控南优、东拓西扩、中部充实、两翼齐飞”的城市布局，建设滨河生态城市。主城区在蚬河两岸，形成十里绿化长廊。核心区为城区蚬河段两岸，次中心为古柳街道办事处片区，工业区主要布局在白龙河以西的西部片区。古柳片区为城市次级商贸中心，各居住区形成区级商贸服务中心。行政中心位于孟山街以北、五龙路以东。文化路周围为莱阳农学院等大专院校形成的文化教育中心。地势由北向南倾斜，属低山丘陵地形。海拔300~400米，最高点老寨山位于龙门山脉，海拔374.6米；最低点位于黄海海平面。年均气温11.6℃，1月平均气温-3.3℃，7月平均气温25.2℃，年均降水量655.6毫米。有五龙河等流经。有钾长石、大理石、膨润土、珍珠岩、氟石等矿产资源。有野生植物843种，其中国家Ⅱ级保护植物2种。有野生动物1 042种，其中国家Ⅰ级保护野生动物5种、国家Ⅱ级保护野生动物29种。有省级自然保护区3个。森林覆盖率19.48%。有高等院校2所，中小学65所，图书馆1个，知名文艺团体1个，体育场馆1个，二级以上医院5个。有省级文物保护单位2个，国家级非物质文化遗产1个、省级非物质文化遗产1个，重要古迹、景点6个。三次产业比例为14∶46∶40。农业以种植业和海水养殖为主，主产小麦、玉米、蔬菜、水果，名优特农产品有莱阳梨、莱阳芋头、莱阳沙参、五龙鹅等。盛产食盐并养殖对虾、大菱鲆、牙鲆、海参和贝类等海产品。工业以食品加工、机械汽车、精细化工、生物制药四大产业为主，有中国驰名商标5个，省著名商标23个。服务业以旅游业为主。有省级开发区1个。境内铁路90千米，公路194.5千米。有蓝烟铁路、青荣城际铁路、15国道、204国道、309国道、荣潍公路、威青公路、烟青公路、莱青公路、青龙公路等过境。

莱阳经济开发区 370682–E01

[Láiyáng Jīngjì Kāifāqū]

在莱阳市境西部。东至白龙河、莱阳西六交路口，西至冯格庄街道西边界，南至蓝烟铁路，北至柏林庄街道唐河。面积7 590公顷。因所在行政区域和功能定位得名。1992年4月经省政府正式批准建立省级开发区，由县级政府管理。规划建设了汽车及零部件、生物高新技术、新型材料、电子信息、现代物流等产业集聚区，有企业552家，其中规模以上企业71家。交通便利，通公交车。

城厢街道 370682–A01

[Chéngxiāng Jiēdào]

莱阳市人民政府驻地。在市境中部。面积44平方千米。人口17.3万。1989年设立。因街道在莱阳城区得名。蚬河、白龙河从境内穿过。有中小学9所，医疗卫生机构2个。有省级文物保护单位宋琬故居，有重要名胜古迹文庙、“马山夕照”、左公祠、山东省立第二乡村师范学校等。有五龙广场、蚬河公园等标志性建筑物。农业以种植小麦、玉米、蔬菜、水果和饲养猪、羊、家禽为主。工业以机械汽车、精细化工、生化制药等为主。服务业以商贸业、现代物流业为主。通公交车。

古柳街道 370682–A02

[Gǔliǔ Jiēdào]

属莱阳市管辖。在市境南部。面积50平方千米。人口5.1万。1989年设立。因街道办事处原驻地古柳树村得名。蚬河、清水河、五龙河从境内穿过。有中小学3所，医疗卫生机构2个。有省级重点烈士纪念建筑物保护单位红土崖烈士陵园，有重要名胜古迹挺城遗址、“丹崖春雪”等。农业以种植小麦、玉米、蔬菜和饲养生猪为主。工业以食品加工、机械、化工为支柱产业。服务业以商贸物流等为主。有莱阳站，通公交车。

龙旺庄街道 370682–A03

[Lóngwàngzhuāng Jiēdào]

属莱阳市管辖。在市境东部。面积72平方千米。人口3.4万。2001年设立。因街道办事处原驻龙旺庄得名。清水河从境内穿过。有中小学3所。有凤凰山等旅游资源。农业以种植小麦、玉米、蔬菜、水果及饲养生猪、家禽为主。经济以食品加工、电子信息、机械制造、生物制药等为主。服务业以商贸业为主。通公交车。

冯格庄街道 370682–A04

[Fénggézhuāng Jiēdào]

属莱阳市管辖。在市境西部。面积63平方千米。人口3.2万。2001年设立。因街道办事处原驻冯格庄得名。境内有将军顶，七星河从境内穿过。有中小学4所，医疗卫生机构1个。农业以种植小麦、玉米、花生及饲养猪、牛、家禽为主。工业以汽车及零部件、生物高新技术、新型材料等为主，莱阳经济开发区驻境内。通公交车。

柏林庄街道 370682–A05

[Bǎilínzhuāng Jiēdào]

属莱阳市管辖。在市境西北部。面积67平方千米。人口3.1万。2012年设立。因街道办事处驻柏林庄得名。白龙河、青龙河从境内穿过。有中小学3所，医疗卫生机构1个。农业以种植小麦、玉米、蔬菜、水果及饲养猪、羊、家禽为主。工业有机械、生物、食品、服装、建工等产业，建有柏林民营经济工业园。通公交车。

沐浴店镇 370682-B01

[Mùyùdiàn Zhèn]

莱阳市辖镇。在市境东北部。面积 189 平方千米。人口 6.4 万。辖 84 村委会，有 85 自然村。镇人民政府驻沐浴店村。1959 年成立鹤山人民公社，1962 年更名为沐浴店人民公社。1984 年改置镇。2000 年榆科顶镇和石河头乡并入。以驻地村命名。有老寨山、鹤山，清水河从境内穿过。有中小学 6 所，卫生院 1 个。农业以蔬菜、水果种植为主，“裕旺”牌黄瓜获得农业部无公害农产品标识，特产苹果、樱桃。畜牧业以奶牛、山羊、生猪养殖为主。工业以建材加工、食品加工、机械制造、家具制造等为主。省道烟青公路、莱石公路过境。

团旺镇 370682-B02

[Tuánwàng Zhèn]

莱阳市辖镇。在市境西南部。面积 160 平方千米。人口 8.0 万。辖 71 村委会，有 65 自然村。镇人民政府驻东团旺村。1956 年设团旺乡。后改公社。1984 年改置镇。2000 年中荆镇并入。因镇政府驻地得名。嵯阳河从境内穿过。有中小学 4 所，卫生院 1 个。农业以种植小麦、玉米、花生、蔬菜为主，盛产韭菜、大葱、西红柿等蔬菜。畜牧业以饲养猪、牛、家禽为主。工业以食品加工、机械制造、服装加工、建筑材料等为主，建有团旺工业园，“一枝笔梨汁”为国家级知名品牌。服务业以商业外贸、旅游业为主。省道莱青公路、大郭公路过境。

穴坊镇 370682-B03

[Xuéfāng Zhèn]

莱阳市辖镇。在市境南部。面积 134 平方千米。人口 6.1 万。辖 48 村委会，有 45 自然村。镇人民政府驻穴坊王家村。1956年为穴坊镇。后改公社。1984年改置镇。2001 年躬家庄乡并入。因镇政府驻地得名。境内有富山。有中小学 6 所，卫生院 1 个。有丁字湾旅游度假区、金山滑雪场、金山宝塔等旅游资源。农业以种植小麦、玉米、花生等粮食作物为主，特色农产品有沙参等，林业种植蜡木、苗木等。沿海滩涂开发对虾、海参、大鲮鲆等海水养殖大棚。工业以机械制造、服装加工、鞋业加工等为主。服务业以旅游业为主。省道威青公路、莱青公路过境。

羊郡镇 370682-B04

[Yángjùn Zhèn]

莱阳市辖镇。在市境南部。面积 85 平方千米。人口 2.8 万。辖 23 村委会，有 24 自然村。镇人民政府驻羊郡集村。1956 年属羊郡乡。后改公社。1984 年改置镇。因镇政府驻地得名。五龙河、羊郡河、朱皋河、滩港河从境内穿过，有黄海丁字湾海域。有中小学 1 所，卫生院 1 个。有香岛、里岛、三驾寺等旅游资源。农业主产小麦、玉米、花生、地瓜等粮食作物及各种蔬菜，盛产苹果、梨、桃、板栗等。养殖业以肉食鸡、猪及肉奶牛为主，特产对虾、蚬、蛤、螃蟹等海产品。工业以食品加工、海产品加工、机械铸造等为主。威青高速、省道青石公路过境。

姜疃镇 370682-B05

[Jiāngtuǎn Zhèn]

莱阳市辖镇。在市境南部。面积 114 平方千米。人口 5.3 万。辖 41 村委会，有 41 自然村。镇人民政府驻姜疃村。1952 年属莱阳县十七区（姜疃区）。1956 年改设姜疃镇。后改公社。1984 年改置镇。2001 年岚子乡并入。因镇政府驻地得名。五龙河、玉带河从境内穿过。有中小学 3 所，卫生院 1 个。有国家级非物质文化遗产螳螂拳。有五龙河湿地、沧浪植物园、千亩梨园、濯村生态民居等旅游资源。农业主产小麦、玉米、芋头，盛产草莓、黄金梨、葡萄等。工业以食品加工、机械制造、服装加工、电子等为主，有外向型工业园，驻有鲁花浓香花生油有限公司。有公路经此。

万第镇 370682–B06
[Wàndì Zhèn]

莱阳市辖镇。在市境东部。面积 151 平方千米。人口 5.9 万。辖 64 村委会，有 64 自然村。镇人民政府驻前万第村。1956 年属万第镇。后改公社。1984 年改置镇。2000 年赤山镇并入。因镇政府驻地得名。富水河从境内穿过。有中小学 4 所，卫生院 1 个。农业形成以畜牧养殖、葡萄和蔬菜种植为主的支柱产业，产小麦、玉米、花生、苹果及干鲜杂果等，葡萄、黄金梨、核桃、基地菜为特色种植产业，有酿酒葡萄基地、蔬菜栽培基地，龙大 PIC 种猪厂、大型养猪场坐落境内。工业以食品加工、建材、化工、服装等为主。309 国道、省道小莱公路过境。

照旺庄镇 370682–B07
[Zhàowàngzhuāng Zhèn]

莱阳市辖镇。在市境中部。面积 99 平方千米。人口 5.3 万。辖 45 村委会，有 45 自然村。镇人民政府驻前照旺庄。1956 年划为照旺庄乡。后改公社。1984 年撤销公社，设照旺庄乡。1993 年改置镇。2001 年前淳于镇并入。因镇政府驻地得名。清水河、富水河、墨水河、五龙河从境内穿过。有中小学 4 所，卫生院 1 个。有重要古迹昌阳古城遗址、蒿埠头古墓群。经济形成果蔬种植、食品加工、机械制造、服装加工、化工和旅游业为特色的结构体系。农业以果蔬为支柱，蔬菜专业村多，建有万亩无公害出口蔬菜基地，盛产莱阳茌梨，并注册国家商标，建有万亩生态梨园。有公路经此。

谭格庄镇 370682–B08
[Tángézhuāng Zhèn]

莱阳市辖镇。在市境西北部。面积 160 平方千米。人口 5.3 万。辖 84 村委会，有 84 自然村。镇人民政府驻谭格庄。明中叶至清属旌旗乡。1930 年为莱阳县第四区。1945 属莱西、莱东两县分辖。1956 年为谭格庄、苗家、汪家庄分辖。1959 年成立西留人民公社。1962 年划为谭格庄人民公社。1984 年撤销公社，设谭格庄乡。1995 年撤乡设镇。2000 年西留镇并入。因镇政府驻地得名。蚬河、白龙河、西留河、潴河从境内穿过。有中小学 3 所，卫生院 1 个。农业形成粮油作物、畜牧养殖、果蔬种植三大特色产业，特产花生、蔬菜、黄金梨、板栗、葡萄、草莓等，养殖奶牛、生猪。工业以果蔬加工、铁粉加工为主。15 国道、省道蓬水公路和路莱公路过境。

河洛镇 370682–B09
[Héluò Zhèn]

莱阳市辖镇。在市境北部。面积 61 平方千米。人口 2.3 万。辖 39 村委会，有 40 自然村。镇人民政府驻河洛村。1956 年划为河洛乡。1958 年属城厢人民公社。1960 年属柏林庄人民公社。后分划为河洛人民公社。1984 年设河洛乡。1997 年改置镇。因镇政府驻地得名。境内有旌旗山，蚬河、旌阳河从境内穿过。有中小学 2 所，卫生院 1 个。农业以蔬菜、果品种植和奶牛养殖为主，特产板栗、苹果、蓝莓、芋头等。工业以食品加工、机械制造为主。有公路经此。

吕格庄镇 370682–B10
[Lǚgézhuāng Zhèn]

莱阳市辖镇。在市境西南部。面积 60 平方千米。人口 2.7 万。辖 18 村委会，有 18 自然村。镇人民政府驻吕格庄。1962 年由冯格庄公社析设禄格庄公社。1982 年改吕格庄公社。1984 年设吕格庄乡。1993 年改置镇。因镇政府驻地得名。五龙河从境内穿过。有中小学 1 所，卫生院 1 个。有恐龙博物馆、白垩纪国家地质公园、刘海寺、“嵯峨珠樱”等旅游资源。农业以种植业和畜牧业为主，产樱桃、板栗、柿子等，养殖猪等禽畜。工业以石材加工、机械加工为主。蓝烟铁路、青荣城际铁路、省道莱青公路过境。

高格庄镇 370682-B11
[Gāogézhuāng Zhèn]

莱阳市辖镇。在市境南部。面积 61 平方千米。人口 3.2 万。辖 30 村委会，有 31 自然村。镇人民政府驻北高格庄。1950 年建薛村区。1956 年改称高格庄乡。1962 年改公社。1984 年改设乡。1995 年撤乡设镇。因镇政府驻地得名。境内有娘娘山，五龙河、金水河从境内穿过。有中小学 1 所，卫生院 1 个。农业以种植业为主，产小龙山水蜜桃、金湾头青萝卜、娘娘山茶、圆葱、草莓等无公害有机食品，莱胡参为地理标志保护产品。工业以机械加工、化工生产、食品加工、生物科技为支撑产业。服务业以生态旅游为主。有公路经此。

大夼镇 370682-B12
[Dàkuǎng Zhèn]

莱阳市辖镇。在市境东南部。面积 75 平方千米。人口 3.2 万。辖 29 村委会，有 29 自然村。镇人民政府驻大夼村。1959 年成立大夼公社。1984 年设乡。1995 年撤乡设镇。因镇政府驻地得名。巨峰河、芝水河、玉带河从境内穿过。有中小学 1 所，卫生院 1 个。有烟台市级文物保护单位黄金庵。农业以畜牧养殖、蔬菜和中草药种植为主，特色农产品有粉丝、蔬菜、中药材、肉鸡、芋头等。畜牧业以发展生猪、肉鸡养殖为主。中药主产沙参、黄芩等。工业以食品加工、药材加工、机械加工为主。有公路经此。

山前店镇 370682-B13
[Shānqiándiàn Zhèn]

莱阳市辖镇。在市境东北部。面积 89 平方千米。人口 3.0 万。辖 37 村委会，有 38 自然村。镇人民政府驻山前店村。1956 年属山前店乡。1958 年改公社。1984 年复设乡。1993 年改置镇。因镇政府驻地得名。境内有老寨山。有中小学 4 所，卫生院 1 个。有名胜古迹龙门仙人桥、月牙湾、生铁坝、冷寒宫、宰牛洞、打嗝泉（仙泉）、仙人洞、全真教丘处机练功处等。农业主产小麦、玉米、蔬菜等，蔬菜品种以西红柿、菠菜、青刀豆等为主，水果有柿子、苹果、梨等。工业以食品加工、果品加工、机械制造为主。蓝烟铁路、青荣城际铁路、204 国道过境。

社区

白龙社区 370682-A01-J01
[Báilóng Shèqū]

属城厢街道管辖。在莱阳市南部。面积 12 平方千米。人口 9 200。因白龙河得名。2014 年成立。有楼房 176 栋，现代建筑风格。通公交车。

宝山社区 370682-A01-J02
[Bǎoshān Shèqū]

属城厢街道管辖。在莱阳市西北部。面积 12 平方千米。人口 11 100。因宝山小区得名。2000 年成立。有楼房 206 栋，现代建筑风格。有志愿者服务。通公交车。

东盛社区 370682-A01-J03
[Dōngshèng Shèqū]

属城厢街道管辖。在莱阳市东部。面

积 1.6 平方千米。人口 8 200。东盛，意为东升的太阳蓬勃辉煌与繁荣昌盛，是自然万物、生生不息的象征。2011 年成立。有楼房 225 栋，现代建筑风格。通公交车。

富水社区 370682-A01-J04
[Fùshuǐ Shèqū]

属城厢街道管辖。在莱阳市南部。面积1.2平方千米。人口15 000。因富水河得名。1998 年成立。有楼房 151 栋，现代建筑风格。有志愿者服务。通公交车。

公园社区 370682-A01-J05
[Gōngyuán Shèqū]

属城厢街道管辖。在莱阳市东部。面积 4 平方千米。人口 11 800。因蚬河公园得名。2002 年成立。有楼房 192 栋，现代建筑风格。开展党建宣传等活动。通公交车。

鸿达社区 370682-A01-J06
[Hóngdá Shèqū]

属城厢街道管辖。在莱阳市东北部。面积 2.1 平方千米。人口 10 100。因鸿达文化小区得名。1998 年成立。有楼房 129 栋，现代建筑风格。有志愿者服务。通公交车。

金山社区 370682-A01-J07
[Jīnshān Shèqū]

属城厢街道管辖。在莱阳市中部。面积 1.5 平方千米。人口 7 900。因金山路得名。2006 年成立。有楼房 85 栋，现代建筑风格。通公交车。

梨园社区 370682-A01-J08
[Líyuán Shèqū]

属城厢街道管辖。在莱阳市中部。面积 1.8 平方千米。人口 11 600。因梨园小区得名。2011 年成立。有楼房 96 栋，现代建筑风格。有志愿者服务。通公交车。

龙门社区 370682-A01-J09
[Lóngmén Shèqū]

属城厢街道管辖。在莱阳市东南部。面积 1.8 平方千米。人口 13 700。因龙门山庄得名。2012 年成立。有楼房 227 栋，现代建筑风格。通公交车。2014 年被评为省文明社区。

七星社区 370682-A01-J10
[Qīxīng Shèqū]

属城厢街道管辖。在莱阳市中部。面积 2.16 平方千米。人口 5 200。因地处七星街得名。2011 年成立。有楼房 2 675 栋，现代建筑风格。开展居民教育、普法维权、文化娱乐等活动。通公交车。

盛隆社区 370682-A01-J11
[Shènglóng Shèqū]

属城厢街道管辖。在莱阳市中部。面积 0.67 平方千米。人口 12 000。因盛隆街得名。2000 年成立。有楼房 120 栋，现代建筑风格。有便民服务。通公交车。

天龙社区 370682-A01-J12
[Tiānlóng Shèqū]

属城厢街道管辖。在莱阳市东北部。面积 1.2 平方千米。人口 8 200。因天龙桥得名。2011 年成立。有楼房 196 栋，现代建筑风格。有便民服务。通公交车。

西苑社区 370682-A01-J13
[Xīyuàn Shèqū]

属城厢街道管辖。在莱阳市西部。面积 0.9 平方千米。人口 7 800。因西苑小区得名。2012 年成立。有楼房 80 栋，现代建筑风格。通公交车。

蚬河社区 370682－A01－J14
[Xiǎnhé Shèqū]

属城厢街道管辖。在莱阳市中部。面积1.8平方千米。人口8 400。因蚬河小区得名。2011年成立。有楼房111栋，现代建筑风格。通公交车。

阳光社区 370682－A01－J15
[Yángguāng Shèqū]

属城厢街道管辖。在莱阳市东南部。面积0.8平方千米。人口13 000。因阳光城得名。2014年成立。有楼房259栋，现代建筑风格。有志愿者服务。通公交车。

悦望社区 370682－A01－J16
[Yuèwàng Shèqū]

属城厢街道管辖。在莱阳市西部。面积1平方千米。人口11 500。因悦望小区得名。2000年成立。有楼房151栋，现代建筑风格。有志愿者服务。通公交车。

铁路社区 370682－A02－J01
[Tiělù Shèqū]

属古柳街道管辖。在莱阳市南部。面积4.8平方千米。人口5 100。因靠近高铁站得名。2007年成立。有楼房90栋，现代建筑风格。通公交车。

五龙社区 370682－A02－J02
[Wǔlóng Shèqū]

属古柳街道管辖。在莱阳市南部。面积3.8平方千米。人口10 800。因靠近五龙南路得名。1998年成立。有楼房200栋，现代建筑风格。通公交车。

莱州市

莱州市 370683
[Láizhōu Shì]

山东省直辖县级市，由烟台市代管。北纬37°10′，东经119°56′。在烟台市境西部。面积1 928平方千米。人口85.4万。辖6街道、11镇。市人民政府驻文昌路街道。夏为过国地。战国为齐置夜邑（掖邑）。西汉为东莱郡治。北齐为光州及东莱郡治。唐武德四年（621）改东莱郡为莱州，宋、金、元因之。明洪武元年（1368）升莱州为府，为府治。清沿明制。1913年废府置掖县，属胶东道。1925年属莱胶道。1928年属省。1938年属北海行政督察区。1940年属西海专区，后析南境置掖南县。1950年属莱阳专区。1956年掖南县并入。1958年属烟台专区。1967年属烟台地区。1983年属烟台市。1988年撤掖县建莱州市。（资料来源：《莱州市志》）因古莱州府驻地得名，旧称掖县。1990年建设雷锋广场。1992年4月莱州港开工建设，12月建设莱州经济开发区。1999年建莱州广场。2005年改扩建莱州港，建设黄金海岸旅游度假区。2011年建设黄三角（莱州）先进制造产业园。2012年建设河套湿地公园。2013年建设万通小商品市场。有国际会展中心、莱州广场等标志性建筑物。主要市级行政办公、商贸金融、文教体育等公共设施和居民区集中在城市中心区。城市建设突出莱州港核心地位，发展黄河三角洲莱州临港产业隆起带，建设三山岛临港产业区、高技术机电和装备制造业聚集区、化工产业循环经济区、高效生态农业示范区和滨海生态旅游度假区五个产业聚集区，形成“一港五区”的产业空间布局。属胶东丘陵区，平均海拔21.34米。年均气温12.5℃，1月平均气温－0.1℃，7月平均气温26.6℃。年均降水量610毫米。有胶莱河流经。有黄金、莱州玉、滑石、菱镁石、卤水、大理石、萤石、铁、银、铜等矿产资源。有野生植物866种，其中国家重点保护野生植物有银杏、水杉等5种。有野生动物1 053种，其中国家重点保护野生动物有中华秋沙鸭、大鸨、秃鹫、白鹳等53种。有省级自然保护区1个。森林覆盖率19.63%。有国家级科研单位2个、省级科研单位5个。有中小学76所，图书馆1个，档案馆1个，知名文艺团体15个，二级以上医院2个。有国家级文物保护单位1个、省级文物保护单位8个，有省级历史文化名村1个，省级传统村落3个，国家级非物质文化遗产3个、省级非物质文化遗产10个，重要古迹、景点4个。三次产业比例为10∶53∶37。农业主产小麦、玉米、花生，盛产苹果、花卉，是全国花生出口基地和水果集中产区，莱州月季、莱州大姜成为国家地理标志证明商标。畜牧养殖肉鸡、牛、猪，水产养殖贝类、虾类、大菱鲆、海参等，海产品有蟹、鱼、虾、贝、藻等300余种，其中对虾、梭子蟹、文蛤、大竹蛏被称为莱州"四大名鲜"。工业形成机械装备、能源化工、黄金石材等支柱产业。服务业主要是旅游业、餐饮娱乐业、批发零售业、金融业等，有省级滨海生态旅游度假区。有省级开发区2个。境内铁路68千米，公路2 423.5千米。有大莱龙铁路、荣乌高速、206国道、海莱公路、三蓝公路等过境。

莱州经济开发区 370683–E01

[Láizhōu Jīngjì Kāifāqū]

在莱州市境西北部。南连莱州主城区，北邻三山岛，东接程郭镇和平里店镇，西濒莱州湾。面积9 900公顷。1992年12月经省政府正式批准建立省级开发区，由县市级政府管理。形成以汽车零部件机械加工制造为主导产业的，集高档印刷、纺织服装、新型建材、精细化工、食品加工等产品为一体的工商业体系。区内企业480多家，有50多家企业的60多个品牌进入国际市场，燕京集团、日本日进等数十家世界500强和国际国内知名企业落户开发区。形成以鲁达轿车配件有限公司、亚通金属制造有限公司、大丰轴瓦、强信数控机床、华汽机械等企业为龙头的汽车零部件机械加工制造企业群。区内道路纵横交错，交通便利，通公交车。

山东莱州工业园区 370683–E02

[Shāndōng Láizhōu Gōngyè Yuánqū]

在莱州市境北部。南、北、东至规划路，西至城港路。面积4.5平方千米。因位置及功能得名。2006年经省政府批准设立省级工业园区，由县市级政府管理。园区按功能区划分为莱州港区、临港加工区、临港仓储区、临港物流区、临港生活居住区五部分。目前，已经形成了以临港产业、黄金开采及深加工、玉米育种、水产育苗及养殖为主导的产业格局，成为特色鲜明、产业聚集、经济带动能力强、综合效益具有明显优势的开放枢纽和物流节点。现有规模以上企业47家，华润集团、中国化工集团、华鲁恒升、中国海外集团、登海种业、山东黄金集团、深赤湾等央企及上市企业在此投资。区域内有莱州港，交通便利。

文昌路街道 370683–A01

[Wénchānglù Jiēdào]

莱州市人民政府驻地。在市境南部。面积43.7平方千米。人口9.5万。1998年设立。因辖区内文昌路得名。南阳河从境内穿过。有中小学11所，医疗卫生机构5个。有大基山森林公园等旅游资源。农业以种植业、养殖业为主，"大岚张杏""五里樱桃""莱州月季"久负盛名，畜牧业养殖猪、羊、肉食鸡等。工业以机械加工、农副食品加工、草编工艺品加工、服装服饰、绿色环保建材制品为主。服务业以批发零售、商贸物流业为主，有文昌商贸、万通批发、北关建材、南关建材、万通花卉等大型专业批发市场。通公交车。

永安路街道 370683-A02

[Yǒng'ānlù Jiēdào]

属莱州市管辖。在市境西部。面积 25 平方千米。人口 5.3 万。1998 年设立。因古莱州府城西门城墙上永安楼得名。境内有毛家山，南阳河从境内穿过。有中小学 5 所，知名文艺团体 27 个，医疗卫生机构 6 个。有市级文物保护单位东海神庙遗址。农业以种植业为主，盛产月季。工业主要有建材、机械加工、印刷、食品加工、草编等业。服务业以商贸物流业和旅游业为主，建有现代商贸物流区。通公交车。

三山岛街道 370683-A03

[Sānshāndǎo Jiēdào]

属莱州市管辖。在市境北部。面积 89 平方千米。人口 5.0 万。1998 年设立。因辖区内三山岛得名。王河、龙泉河从境内穿过。有中小学 5 所，医疗卫生机构 3 个。有市级非物质文化遗产单山渔号。有沙岭乡情馆、夏家民俗馆等旅游资源。农业以种植业、渔业为主，农作物主产玉米、油料作物、蔬菜等。渔业以海洋捕捞、苗种培育、浅海养殖为主，尤以梭子蟹、对虾、大竹蛏、文蛤、扇贝、海参等闻名遐迩。工业主要有临港加工、石化、电力、海产品深加工等业。服务业以临港物流、滨海旅游为主。通公交车。

城港路街道 370683-A04

[Chénggǎnglù Jiēdào]

属莱州市管辖。在市境北部。面积 99 平方千米。人口 5.7 万。2000 年设立。因辖区内城港路得名。南阳河、朱旺河、龙王河、苏郭河等从境内穿过。有中小学 6 所，医疗卫生机构 2 个。有纪念地莱州市烈士陵园，有古迹朱郎埠墓群。农业以种植业为主，产小麦、玉米、花生等，盛产月季。工业以机械加工、汽车零部件、机电制造和高端装备产业为主。服务业以商贸物流业为主。通公交车。

文峰路街道 370683-A05

[Wénfēnglù Jiēdào]

属莱州市管辖。在市境南部。面积 40 平方千米。人口 1.9 万。2000 年设立。因境内有文峰山而得名。南阳河水系上游支流从境内穿过。有中小学 2 所，医疗卫生机构 1 个。有国家级文物保护单位云峰山摩崖石刻，省级文物保护单位蒜园子遗址，有新文峰山风景区等旅游资源。农业以种植业为主，产小麦、玉米、花生等。工业以铸造、机械加工、草艺品加工、新型建材等为主。通公交车。

金仓街道 370683-A06

[Jīncāng Jiēdào]

属莱州市管辖。在市境北部。面积 69 平方千米。人口 1.8 万。2011 年设立。因辖区内有黄金矿藏而得名。有小学 1 所。有滨海生态省级旅游度假区等旅游资源。有海鸥广场、金海岸酒店等标志性建筑物。农业主要种植小麦、玉米、花生等，浅海养殖鱼、虾、蟹、贝、海参等。工业以海产品冷藏加工、建筑安装、服装制作、食品加工为主。服务业以旅游业为主，有滨海度假、生态体验、时尚运动、养生长寿四大旅游品牌。通公交车。

沙河镇 370683-B01

[Shāhé Zhèn]

莱州市辖镇。在市境西南部。面积 140 平方千米。人口 6.7 万。辖 116 村委会，有 110 自然村。镇人民政府驻和平村。1949

年置沙河镇。1958年改公社。1984年复置镇。2000年路旺、珍珠2镇并入。因镇政府原驻地沙河村得名。境内有黑羊山，白沙河、珍珠河、海郑河从境内穿过。有中小学10所，卫生院2个。有省级文物保护单位当利古城、栾大墓，名胜古迹黑羊山商周遗址、黑弹树等。经济以农业、制造业为主，农业以种植小麦、玉米、花生为主。工业以化工、机械、建筑、纺织、塑料、五金、木器加工、橡胶制品为主，装载机制造业逐步兴起。大莱龙铁路、荣乌高速、国道烟汕公路、省道夏土公路过境。

朱桥镇 370683-B02
[Zhūqiáo Zhèn]

莱州市辖镇。在市境东北部。面积149.4平方千米。人口6.7万。辖99村委会，有113自然村。镇人民政府驻朱桥村。1949年为朱桥镇。1958年改设乡，同年改公社。1984年复置镇。2000年梁郭镇和苗家镇部分村并入。因镇政府驻地得名。境内有双山，朱桥河从境内穿过。有中小学7所，卫生院3个。农业以种植业、养殖业为主，农作物主产小麦、玉米、花生，盛产仙桃、优质苹果，畜牧养殖梅花鹿、生猪等，水产养殖对虾、鱼类。工业有汽车零部件制造、黄金开采、皮件加工、笔刷加工、农产品加工、铝纸制品加工等。服务业以商贸物流业为主，拥有名优宠物、古玩交易和木材交易市场。大莱龙铁路、荣乌高速、国道烟汕公路、省道朱诸公路过境。

郭家店镇 370683-B03
[Guōjiādiàn Zhèn]

莱州市辖镇。在市境东南部。面积240平方千米。人口5.7万。辖88村委会，有98自然村。镇人民政府驻郭家店村。1949年属郭家店区。1958年设郭家店乡，同年改公社。1984年改置镇。2000年柴棚、仲院2镇和店子镇的4村并入。因镇政府驻地得名。境内有马山，小沽河从境内穿过。有中小学6所，卫生院2个。农业以种植业、养殖业为主，农作物主产小麦、玉米、花生，盛产苹果、板栗，林业种植银杏苗木，畜牧养殖黄牛、生猪，水产养殖对虾、鱼类等。工业以风能发电、果品加工、矿藏开发、黄酒加工为主。服务业以商贸物流业为主。省道朱诸公路过境。

金城镇 370683-B04
[Jīnchéng Zhèn]

莱州市辖镇。在市境东北部。面积78平方千米。人口3.5万。辖1居委会、35村委会，有39自然村。镇人民政府驻滕南。1948年属后坡区。1958年设滕家乡，同年改公社。1984年改置金城镇。以盛产黄金而得名。境内有望儿山，朱桥河、马塘河、滕家河从境内穿过。有中小学2所，卫生院3个。有城后万家村民俗故居等旅游资源。农业以种植业、养殖业为主，粮食作物主产小麦、玉米，盛产苹果、樱桃、油桃，水产养殖鱼类、虾类等，主要有灰刺参、莱州梭子蟹、加吉鱼、大对虾等海珍品。工业有建筑建材、橡胶化工、纺织、食品加工等业，有新城、焦家2处省属大型金矿。服务业以旅游业为主，有狭长的“黄金海岸”观光带。大莱龙铁路、国道烟汕公路过境。

平里店镇 370683-B05
[Pínglǐdiàn Zhèn]

莱州市辖镇。在市境东北部。面积77平方千米。人口4.2万。辖55村委会，有58自然村。镇人民政府驻平里店村。1951年置西障区。1955年改平里店区。1958年设平里店乡，同年改公社。1984年改置镇。因镇政府驻地得名。王河、龙王河、老母猪河从境内穿过。有中小学3所，卫生院1个。有名胜古迹石姜古城。农业以种植业、养殖业为主，农作物有小麦、玉米、花生，盛产大姜、圆葱、草莓、樱桃等，畜牧养殖猪、鸡等，水产养殖淡水鱼。工业有机械加工、橡塑、纺织、铸造、铝型材、电子、食品、笔刷、建筑等。烟台莱州港高速公路、省道烟汕公路过境。

驿道镇 370683-B06

[Yìdào Zhèn]

莱州市辖镇。在市境东部。面积 180 平方千米。人口 4.8 万。辖 81 村委会，有 92 自然村。镇人民政府驻东赵村。1956 年属驿道区。1958 年设驿道乡，同年改公社。1984 年改置镇。2000 年三元镇并入。因镇政府原驻驿道村而得名。境内有崮山、大沟山、天齐山等。有中小学 4 所，卫生院 1 个。有白云洞、姑嫂塔、试剑石等旅游资源。农业以种植业、养殖业为主，产小麦、玉米、花生，盛产苹果、大姜，畜牧养殖牛、鸡、生猪等，水产养殖淡水鱼。工业主要有机械、纺织服装、皮件、矿产开发、农副产品加工等，主导产品汽车刹车盘、纺织服装、皮手套、萤石精粉等畅销国内外。服务业以商贸物流业、旅游业为主。省道海莱公路、朱诸公路过境。

程郭镇 370683-B07

[Chéngguō Zhèn]

莱州市辖镇。在市境东北部。面积 134 平方千米。人口 4.2 万。辖 3 居委会、70 村委会，有 76 自然村。镇人民政府驻东程村。1958 年设程郭乡，同年改公社。1984 年复设乡。1995 年撤乡设镇。2000 年曲家镇并入。因镇政府驻地得名。境内有崮山，九曲河、老母猪河、苏郭河从境内穿过。有中小学 4 所，卫生院 1 个。有古迹沙丘古城、大基山摩崖石造型。农业以种植业、畜牧业为主，主要经济作物有油料作物、蔬菜等，绿色环保农产品有猕猴桃、西红柿、大姜、樱桃，畜牧养殖肉食鸡。工业以机械加工制造业、仪器仪表业、畜禽产品加工、果蔬加工业、石材开采加工等为主。服务业以交通运输业为主。荣乌高速、国道烟汕公路、省道海莱公路过境。

虎头崖镇 370683-B08

[Hǔtóuyá Zhèn]

莱州市辖镇。在市境西南部。面积 114 平方千米。人口 4.8 万。辖 71 村委会，有 76 自然村。镇人民政府驻神堂村。1958 年成立神堂、东宋 2 公社。1967 年改称红卫公社。1982 年恢复神堂公社。1984 年设神堂乡、东宋镇。1988 年改称神堂镇。2000 年撤销东宋镇、神堂镇，设立虎头崖镇。因辖区内虎头崖港而得名。境内有优游山，大刘家河、潘家河、小宋河、海郑河从境内穿过。有中小学 3 所，卫生院 2 个。农业以种植业、养殖业为主，主要农作物有小麦、玉米、花生，畜牧养殖猪、肉食鸡，水产养殖鱼、虾、贝类，特色产品有对虾、文蛤、梭子蟹、竹蛏。工业有家用电器、木工机械、塑料、机械制造、矿产品、农产品保鲜、建筑建材等业。大莱龙铁路、荣乌高速、206 国道过境。

柞村镇 370683-B09

[Zuòcūn Zhèn]

莱州市辖镇。在市境南部。面积 148 平方千米。人口 3.6 万。辖 62 村委会，有 62 自然村。镇人民政府驻十字口村。1959 年由朱宋、朱旺 2 公社合并设柞村公社。1984 年改设乡。1992 年改置镇。2000 年 12 月店子镇部分村划入。因有一片柞林而得名。境内有云峰山、寒同山、围子顶、老平顶等，白沙河从境内穿过。有中小学 4 所，卫生院 1 个。有古迹神仙洞石窟造像、盖平山摩崖石造像、龙溪园遗址等。农业主产小麦、玉米、花生，盛产苹果，名优特产有北寺口芦花鸡、尚家山黑山羊、临疃河红提葡萄、黄山后小米和东朱宋大樱桃等。工业主要有石材生产加工、批发、进出口等业，是中国北方（莱州）石材进出口基地，建有石料批发市场、板材交易市场、石雕交易市场、石材会展中心等。省道三蓝公路过境。

夏邱镇 370683-B10
[Xiàqiū Zhèn]

莱州市辖镇。在市境南部。面积 64 平方千米。人口 3.8 万。辖 49 村委会，有 51 自然村。镇人民政府驻夏北村。1958 年设夏邱乡，同年改公社。1984 年改置镇。因镇政府驻地得名。境内有红山、骆驼山，白沙河从境内穿过。有中小学 3 所，卫生院 1 个，广场 49 个。农作物有小麦、玉米，盛产苹果。工业以石材加工为主，是重要的石材生产基地，主要出口产品有石材荒料、板材、工艺雕刻等。206 国道和省道三蓝路、青沙路过境。

土山镇 370683-B11
[Tǔshān Zhèn]

莱州市辖镇。在市境西南部。面积 64 平方千米。人口 3.8 万。辖 49 村委会，有 47 自然村。镇人民政府驻土山村。1951 年属土山区。1958 年设土山乡，同年改公社。1984 年改置镇。2000 年寨里徐家镇并入。因镇政府驻地得名。境内有土山，沙河、淀河、胶莱河从境内穿过。有中小学 2 所，医院 3 个，公共绿地 3 个，广场 4 个。有名胜古迹挑龙坛。农作物有小麦、玉米，特色农产品为苹果，水产珍珠。渔业资源丰富，特产小红虾，盛产海肠、渤海梭子蟹、爬虾（虾虎）、蛤蜊等。工业以盐及盐化工、铁矿开采加工、汽车零部件加工、草艺品加工为主。大莱龙铁路、206 国道、省道夏土公路过境。

社区

碑坡社区 370683-A01-J01
[Bēipō Shèqū]

属文昌路街道管辖。在莱州市东北部。面积 1 平方千米。人口 9 200。因碑坡村得名。2012 年成立。有楼房 116 栋，现代建筑风格。驻有莱州市特殊教育学校、莱州市教师进修学校、莱州市新华书店等单位。有老年人日间照料服务。通公交车。

北关社区 370683-A01-J02
[Běiguān Shèqū]

属文昌路街道管辖。在莱州市北部。面积 0.6 平方千米。人口 4 000。因北关村得名。2002 年成立。有楼房 52 栋，中式建筑风格。驻有莱州市第二实验小学、莱州利群集团等单位。有老年人日间照料服务。通公交车。

崇文社区 370683-A01-J03
[Chóngwén Shèqū]

属文昌路街道管辖。在莱州市东北部。面积 0.3 平方千米。人口 6 800。崇文社区是由原教育路社区分离出来的，取“崇尚文治”之意命名。2012 年成立。有楼房 84 栋，现代建筑风格。驻有烟台信息工程学校、莱州市中医医院、莱州市慢性病院等单位。通公交车。

定海社区 370683-A01-J04
[Dìnghǎi Shèqū]

属文昌路街道管辖。在莱州市北部。面积 0.6 平方千米。人口 4 500。以明万历二十六年（1598）修建的莱州古城北城门“定海”命名。2012 年成立。有楼房 73 栋，现代建筑风格。驻有莱州市财政局、莱州市民政局、莱州市工商管理局、光州幼儿园等单位。通公交车。

东关社区 370683–A01–J05

[Dōngguān Shèqū]

属文昌路街道管辖。在莱州市东部。面积 0.8 平方千米。人口 5 000。以东关村命名。2012 年成立。有楼房 37 栋，现代建筑风格，还有平房。驻有康佳食品公司、云峰中学、文峰中学等单位。通公交车。

东莱社区 370683–A01–J06

[Dōnglái Shèqū]

属文昌路街道管辖。在莱州市中部。面积 0.5 平方千米。人口 6 000。因古时莱州称东莱而命名。2002 年成立。有楼房 59 栋，现代中式建筑风格。驻有莱州市实验小学、莱州市实验幼儿园等单位。有志愿者服务，开展政策宣传、卫生整治等活动。通公交车。

东南隅社区 370683–A01–J07

[Dōngnányú Shèqū]

属文昌路街道管辖。在莱州市东部。面积 0.27 平方千米。人口 4 600。因东南隅村得名。2013 年成立。有楼房 45 栋，现代建筑风格。驻有莱州市文昌中心幼儿园等单位。通公交车。

鼓楼社区 370683–A01–J08

[Gǔlóu Shèqū]

属文昌路街道管辖。在莱州市南部。面积 1.2 平方千米。人口 2 300。因辖区内历史上曾筑有一座鼓楼而命名。2003 年成立。有楼房 23 栋，现代建筑风格。驻有莱州市机关工委、莱州市供销社、莱州市第三人民医院等单位。通公交车。

光州社区 370683–A01–J09

[Guāngzhōu Shèqū]

属文昌路街道管辖。在莱州市北部。面积 0.4 平方千米。人口 3 700。因莱州市北朝时称光州城而得名。2000 年成立。有楼房 39 栋，现代建筑风格。驻有莱州市审计局、爱尔眼科等单位。通公交车。

汇泉社区 370683–A01–J10

[Huìquán Shèqū]

属文昌路街道管辖。在莱州市北部。面积 0.32 平方千米。人口 7 200。因辖区内汇泉小区而得名。2000 年成立。有楼房 67 栋，现代建筑风格。驻有汇泉学校等单位。通公交车。

教育路社区 370683–A01–J11

[Jiàoyùlù Shèqū]

属文昌路街道管辖。在莱州市东北部。面积 5.2 平方千米。人口 15 000。因教育路小区而得名。1998 年成立。有楼房 112 栋，欧式建筑风格。驻有莱州市委党校、莱州实验中学等单位。通公交车。

明苑社区 370683–A01–J12

[Míngyuàn Shèqū]

属文昌路街道管辖。在莱州市东部。面积 0.8 平方千米。人口 5 600。因明苑小区而得名。2012 年成立。有楼房 66 栋，现代建筑风格。通公交车。

齐东社区 370683–A01–J13

[Qídōng Shèqū]

属文昌路街道管辖。在莱州市东部。面积 1.2 平方千米。人口 7 900。因位于城东而得名。2012 年成立。驻有文昌小学、莱州市公安局等单位。通公交车。

双语社区 370683–A01–J14

[Shuāngyǔ Shèqū]

属文昌路街道管辖。在莱州市东北部。面积 2 平方千米。人口 9 000。因辖区内双语学校而得名。2012 年成立。驻有莱州市双语学校等单位。通公交车。

文景社区 370683-A01-J15
[Wénjǐng Shèqū]

属文昌路街道管辖。在莱州市南部。面积 0.32 平方千米，人口 6 000。因南邻文峰山，历史上南关大门叫“景阳门”，所以取名为文景社区。2013 年成立。有楼房 43 栋，现代建筑风格。驻有凤凰城伟才幼儿园等单位。通公交车。

文泉社区 370683-A01-J16
[Wénquán Shèqū]

属文昌路街道管辖。在莱州市中部。面积 0.86 平方千米。人口 4 700。在雕塑公园南侧有一泉眼名为文泉，故名。2003 年成立。有楼房 37 栋，现代建筑风格，还有平房。驻有莱州市文昌路街道市场工商所、莱州市路灯所等单位。有老年人日间照料服务，开展春节走访、3·15 消费者维权、健康查体、文明祭祀、亲子教育等活动。通公交车。2011 年被评为省文明社区。

云峰社区 370683-A01-J17
[Yúnfēng Shèqū]

属文昌路街道管辖。在莱州市中部。面积 0.7 平方千米。人口 3 900。因云峰山得名。1999 年成立。有楼房 41 栋，现代建筑风格，还有平房。驻有莱州市自来水公司、莱州市中心小学等单位。通公交车。

光安社区 370683-A02-J01
[Guāng'ān Shèqū]

属永安路街道管辖。在莱州市中部。面积 0.5 平方千米。人口 5 100。因位于光安街得名。2003 年成立。有楼房 36 栋，现代中式建筑风格。驻有莱州市公安局等单位。通公交车。2008 年被评为省文明社区。

景阳社区 370683-A02-J02
[Jǐngyáng Shèqū]

属永安路街道管辖。在莱州市西南部。面积 0.9 平方千米。人口 4 700。因“古莱州城有四门，东曰澄清，南曰景阳，西曰武定，北曰定海”，以景阳门命名。1999 年成立。有楼房 55 栋，现代建筑风格。通公交车。

西小区社区 370683-A02-J03
[Xīxiǎoqū Shèqū]

属永安路街道管辖。在莱州市西部。面积 0.25 平方千米。人口 4 300。因西小区而得名。1999 年成立。有楼房 32 栋，现代中式建筑风格。驻有莱州宾馆等单位。有志愿者服务，开展节假日给老人送温暖、食品安全宣传等活动。通公交车。2002 年被评为省文明社区。

西苑社区 370683-A02-J04
[Xīyuàn Shèqū]

属永安路街道管辖。在莱州市西南部。面积 4 平方千米。人口 6 300。因位于西苑路而得名。2003 年成立。有楼房 39 栋，现代中式建筑风格。有志愿者服务。开展社区节假日给老人送温暖、食品安全宣传等活动。通公交车。2009 年被评为省文明社区。

金都社区 370683-A02-J05
[Jīndū Shèqū]

属永安路街道管辖。在莱州市西北部。面积 0.2 平方千米。人口 5 900。因金都花园小区而得名。1999 年成立。有楼房 48 栋，现代中式建筑风格。通公交车。2012 年被评为省文明社区。

河滨社区 370683-A02-J06
[Hébīn Shèqū]

属永安路街道管辖。在莱州市西南部。

面积 1.7 平方千米。人口 6 300。因辖区内河滨公寓小区而得名。2004 年成立。有楼房 56 栋，现代建筑风格。通公交车。2008 年被评为省文明社区。

泛华社区 370683-A02-J07
[Fànhuá Shèqū]

属永安路街道管辖。在莱州市西部。面积 0.75 平方千米。人口 5 600。因泛华园小区而得名。2002 年成立。有楼房 33 栋，现代中式建筑风格。有老年人日间照料服务。通公交车。2011 年被评为省文明社区。

玉皇苑社区 370683-A04-J01
[Yùhuángyuàn Shèqū]

属城港路街道管辖。在莱州市北部。面积 3.31 平方千米。人口 7 700。因玉皇苑小区而得名。2002 年成立。有楼房 58 栋、别墅 7 栋，现代中式建筑风格。驻有玉皇幼儿园、玉皇小学、玉皇中学等单位。通公交车。2009 年、2010 年、2011 年、2012 年、2014 年被评为省文明社区。

北苑社区 370683-A04-J02
[Běiyuàn Shèqū]

属城港路街道管辖。在莱州市北部。面积 0.22 平方千米。人口 11 000。因位于北苑路而得名。2003 年成立。有楼房 80 栋，现代建筑风格。驻有粮建双语幼儿园、粮油建筑有限公司、莱州市人民法院等单位。有志愿者服务，开展帮扶等活动。通公交车。2007 年被评为省文明社区。

玉龙社区 370683-A04-J03
[Yùlóng Shèqū]

属城港路街道管辖。在莱州市北部。面积 21.8 平方千米。人口 6 400。因城港路街道辖区内道路、社区大多以“玉”命名，故得此名。2003 年成立。有楼房 51 栋，现代建筑风格。驻有爱维燃气公司、莱州海关、莱州经济开发区管理委员会、烟台理工学校、中昌集团等单位。有志愿者服务。通公交车。2014 年被评为省文明社区。

玉苑社区 370683-A04-J04
[Yùyuàn Shèqū]

属城港路街道管辖。在莱州市北部。面积 1.5 平方千米。人口 4 600。因城港路街道辖区内道路、社区大多以“玉”命名，故得此名。2012 年成立。有楼房 60 栋，现代建筑风格。驻有城港路派出所、凯怡幼儿园、城港路税务局等单位。通公交车。

祥和社区 370683-A04-J05
[Xiánghé Shèqū]

属城港路街道管辖。在莱州市北部。面积 0.1 平方千米。人口 3 800。因祥和名苑小区得名。2012 年成立。有楼房 30 栋，现代中式建筑风格。有老年人日间照料服务。通公交车。2014 年被评为省文明社区。

福禄苑小区 370683-A05-J01
[Fúlùyuàn Xiǎoqū]

属文峰路街道管辖。在莱州市南部。面积 0.44 平方千米。人口 5 000。因西邻福禄山而得名。2012 年成立。有楼房 62 栋，现代建筑风格。有志愿者服务，开展新时代文明实践、烟青 E 家、关爱贫困儿童、帮扶孤寡老人等活动。2013 年被评为省文明社区。

府林社区 370683-A05-J02
[Fǔlín Shèqū]

属文峰路街道管辖。在莱州市南部。面积 5.92 平方千米。人口 9 100。因府林小区而得名。2013 年成立。有楼房 14 栋，现代建筑风格。有志愿者服务，开展新时代文明实践等活动。2014 年被评为省文明单位。

蓬莱市

蓬莱市 370684
[Pénglái Shì]

山东省直辖县级市，由烟台市代管。北纬37°48′，东经120°45′。在烟台市境西北部。面积1 129平方千米。人口44.9万。辖5街道、7镇。市人民政府驻登州街道。秦至隋为黄县、牟平县地。唐贞观八年（634）置蓬莱镇，属黄县。神龙三年（707）为登州治，升镇为蓬莱县。明、清为登州府治。1913年废府属胶东道。1925年属东海道。1928年属省。1938年属北海专区。1941年析置蓬东县。1942年复并入蓬莱县。1943年析置蓬东北、蓬西北二行政区（县级）。1944年复并为蓬莱县。1950年属莱阳专区。1958年黄县、长岛二县并入，属烟台专区。1962年黄县、1963年长岛县析出复置。1967年属烟台地区。1983年属烟台市。1991年撤县置市。（资料来源：《中华人民共和国地名大词典》）蓬莱北临渤、黄二海，海中常出现海市奇观，由此而生的三神山（蓬莱、方丈、瀛洲）之说，曾引秦皇汉武频频东巡寻仙，汉元光二年（前133），汉武帝东巡，于此望海东蓬莱山，因筑城以为名。登州古港唐代即与泉州、扬州、明州（宁波）并称中国四大古港。建于北宋嘉祐六年（1061）的蓬莱阁，与岳阳楼、黄鹤楼、滕王阁并称中国古代四大名楼。建于明洪武九年（1376）的水城，是国内保存最完整的古代水军基地之一。拥有2 100多年历史的蓬莱，至今仍保留“一府三城”及“山、海、城、阁”融为一体的城市格局。城市建设围绕旅游产业布局展开，形成“山海呼应、城乡交融、全域覆盖”的全域旅游格局。市域空间布局形成“一核两带三组团”。“一核”指蓬莱中心城区为旅游核心片区。“两带”一是沿78千米优质海岸线的仙境海岸体验带，以蓬莱阁、八仙过海·三仙山AAAAA级旅游景区为主，展示历史文化，提供乐园体验和娱乐休闲；二是古登州文化展示带，以画河、水城及蓬莱阁、戚继光故里及3个历史文化街区，塑蓬莱古城风韵，再现登州古市繁荣。西部临港组团为岛屿观光、游艇娱乐、文化休闲等大型文化旅游产业聚集区。东部临空组团以国际酒庄文化体验、乡村旅游服务、滨水生态度假、道教休闲养生、生态农业观光为主。南部临山组团有艾山国家森林公园、全国自驾车营地，以户外运动、露营、温泉、滑雪旅游项目为主，形成南山北海旅游资源互补格局。有蓬莱阁古建筑群、登州博物馆、古船博物馆等标志性建筑物。地处鲁东丘陵东部，属低山丘陵地貌，南部多为丘陵山地，中部以丘陵为主，北部沿海较为平坦，地势南高北低。年均气温12.2℃，1月平均气温−1.8℃，7月平均气温24.8℃。年均降水量608.2毫米。有黄水河东支流等流经。有黄金、石灰石、火山灰、氟石、花岗岩、大理石等矿产资源。有野生植物126种。有国家重点保护野生动物41种。有省级自然保护区2个。森林覆盖率43.13%。有省级工程技术研究中心5个。有高等院校2所，中小学46个，图书馆2个，知名文艺团体14个，体育场馆950个，二级以上医院2个。有国家级文物保护单位2个、省级文物保护单位6个，国家级非物质文化遗产1个、省级非物质文化遗产6个，蓬莱阁景区等重要古迹、景点5个。三次产业比例为6∶53.3∶40.7。农业形成果品、蔬菜、肉食鸡、水产品四大优势产业，主要粮食作物有小麦、玉米、地瓜，经济作物有优质果品、花生、蔬菜、食用菌、大樱桃、草莓、甜瓜等，是烟台苹果和山东长把梨产地，葡萄种植面积3万多亩。是国家重要的海珍品养殖生产基地，养殖品种有鲍鱼、海参、扇贝、大菱鲆、牙鲆、对虾、海带、鲈鱼等。大菱鲆育苗、养殖处全国领先地位，是全国最大的大菱鲆养殖生产基地。工业有黄金、水泥、石油、化工、汽车制造、特种漆包线、节能灯具、不锈钢制品、酒业等。服务业以旅游业为主，为“中国优秀旅游城市”。有省级开发区1个。境内公路119.5千米。有荣乌高速、206国道和省道蓬寨公路、蓬水公路、成龙公路过境。

蓬莱经济开发区 370684-E01
[Pénglái Jīngjì Kāifāqū]

在蓬莱市境东部。东至龙山河、安香从家村，西至新港街道矫格庄村、景家村，南至烟潍公路，北至黄海。面积4 480公顷。因所在政区和功能定位得名。1992年5月经省政府正式批准建立省级开发区，由县市级政府管理。立足区位、临港、产业等优势，依托海洋装备制造产业园、汽车及零部件加工产业园、临港物流产业园、新医药产业园，重点培育海洋装备制造、汽车及零部件、临港物流三大主导产业，引进新医药、新材料、新能源等新兴产业。区内有150多家大中型企业，有巨涛重工、北奔重汽、万寿机械、孚瑞克森、华新汽车、北驰车轮等著名企业。公路运输四通八达，区内建有蓬莱新港，通公交车。

登州街道 370684-A01
[Dēngzhōu Jiēdào]

蓬莱市人民政府驻地。在市境东部。面积15平方千米。人口6.6万。2000年设立。因街道办事处驻古登州而得名。平山河从境内穿过。有中小学3所，图书馆24个，知名文艺团体2个，体育场馆28个，医疗卫生机构58个。经济以商贸、机器制造、医药化工、建筑建材、印刷包装、针织服装、酒类食品、生物科技八大特色产业为主，建有南海商贸城、锦泰广场、八仙娱乐城、国宾酒庄等商贸、旅游设施。通公交车。

紫荆山街道 370684-A02
[Zǐjīngshān Jiēdào]

属蓬莱市管辖。在市境西部。面积20平方千米。人口3.1万。2000年设立。以原境内紫荆山得名。有中小学8所，体育场馆21个，医疗卫生机构10个。有纪念地蓬莱市革命烈士陵园、戚继光故里、戚继光祠堂、戚继光牌坊等。有人民商场等标志性建筑物。农业以种植业、养殖业为主，产食用菌、大枣、大樱桃、红富士苹果，养殖肉食鸡、肉食兔、长毛兔、獭兔等。工业以机械制造、医药化工、建筑材料、汽车改装、服装加工、轧钢制管为主。服务业有商贸流通、养老康复、生物科技、文化旅游等业。通公交车。

新港街道 370684-A03
[Xīngǎng Jiēdào]

属蓬莱市管辖。在市境东北部。面积48平方千米。人口2.0万。2001年设立。因蓬莱港务局在此建立新港而得名。境内有睡虎山、红石山，龙山河从境内穿过。有中小学2所，医疗卫生机构8个。有名胜古迹铜井金波、漏天银雨、赵格庄营寨遗址。农业以种植业为主，主要农作物有玉米、小麦、苹果、黄金梨等，特产官庄子萝卜、富士苹果、黄金梨、海参、海米等。工业有木材加工、生物医药、饮料食品、电子、机械加工业等，建有海洋重工产业园，驻有巨涛重工、北奔重汽、万寿机械等150多家大中型企业。服务业以临港物流为主。通公交车。

蓬莱阁街道 370684-A04
[Péngláigé Jiēdào]

属蓬莱市管辖。在市境北部。面积16平方千米。人口1.8万。2000年设立。因境内蓬莱阁得名。境内有黑烽台、西烽台等山。有高等院校2所，小学3所，医疗卫生机构1个。有国家级文物保护单位蓬莱水城及蓬莱阁。有重要名胜古迹蓬莱阁景区、三仙山•八仙过海景区、海洋极地世界、田横山等。有海市公园等标志性建筑物。农业以种植水果、蔬菜为主，盛产海参、鲍鱼、扇贝、对虾、贻贝、海胆、海带等海珍品。工业以化工、汽车零配件、机械加工为主。服务业以旅游业为主。通公交车。

南王街道 370684-A05

[Nánwáng Jiēdào]

属蓬莱市管辖。在市境东南部。面积63平方千米。人口2.1万。2002年设立。唐贞观十八年（644），李世民东征路经此地，安营扎寨，并分兵居住，南北各有一员大将，名为王将，由此而得名南王。境内有雨山、牛山、马山等。有中小学2所，医疗卫生机构1个。经济以商贸物流、会展、汽车及零部件、葡萄及葡萄酒等为主导产业，建有蓬莱博展国际商贸城、中粮南王山谷君顶酒庄。农业盛产小麦、花生、桑蚕、优质水果、蔬菜等，蔬菜种植面积广，主产青椒、黄瓜、西红柿、茭瓜等。蛋鸡、肉食鸡、猪、牛、羊等禽畜养殖规模大、产量高。工业有机械制造、铸造、纺织、造纸、光学仪器、钢化玻璃、水泥、建筑、食品、酿酒、服装等多种行业。通公交车。

刘家沟镇 370684-B01

[Liújiāgōu Zhèn]

蓬莱市辖镇。在市境东北部。面积103平方千米。人口3.0万。辖60村委会，有63自然村。镇人民政府驻刘家沟村。1956年属刘沟区。1957年设刘沟乡。1958年改刘家沟公社。1984年改置镇。2001年解宋营镇并入。因镇政府驻地得名。有中小学4所，卫生院1个。农业盛产苹果、葡萄，是国家葡萄标准化种植示范区，有18千米长的葡萄种植观光长廊，有中粮长城、法国瑞枫奥塞斯等10多家国内外知名葡萄酒企业。有12千米黄金海岸线，养殖对虾、刺参、扇贝、鲍鱼、牙鲆等，建有数十个海产品养殖场和冷藏加工厂。工业形成葡萄和葡萄酒、汽车及零部件、养殖加工业等支柱产业以及食品、木制品、彩印包装等特色产业，建有蓬莱汽车产业园。206国道过境。

潮水镇 370684-B02

[Cháoshuǐ Zhèn]

蓬莱市辖镇。在市境东部。面积79平方千米。人口2.8万。辖54村委会，有49自然村。镇人民政府驻潮水三村。1956年属潮水区。1958年设潮水乡，同年改公社。1984年改置镇。2000年淳于乡并入。因镇政府驻地得名。平畅河从境内穿过。有中小学3所，知名文艺团体12个，卫生院1个。经济以蔬菜、瓜果种植为主，盛产苹果、大樱桃、葡萄等果品。境内海岸线长，拥有海洋水产滩涂资源，盛产鲍鱼、对虾、刺参等10多种海珍品。工业以海洋食品、汽车零部件、高新电子、葡萄酒四大产业为主。龙烟铁路、威乌高速、206国道过境，设潮水国际机场。

大柳行镇 370684-B03

[Dàliǔháng Zhèn]

蓬莱市辖镇。在市境东南部。面积96平方千米。人口2.3万。辖32村委会，有32自然村。镇人民政府驻大柳行村。1952年为第十一区。1958年设大柳行乡，同年改公社。1984年复置乡。1995年改置镇。因镇政府驻地得名。境内有磁山、燕山等，黄金河从境内穿过。有中小学7所，医院1个。农业以种植业、养殖业为主，有葡萄、苹果、草莓、大樱桃、板栗、核桃六大种植示范区和肉猪、布列塔尼亚兔、肉食鸽、小尾寒羊等养殖基地。工业有黄金冶炼、花岗岩开采、水泥制造等业。威乌高速、省道牟黄路过境。

小门家镇 370684-B04

[Xiǎoménjiā Zhèn]

蓬莱市辖镇。在市境南部。面积 114 平方千米。人口 3.7 万。辖 65 村委会，有 69 自然村。镇人民政府驻小门家村。1962 年由大辛店公社析设小门家公社。1984 年改设乡。1996 年改置小门家镇。2000 年于家庄镇并入。因镇政府驻地得名。境内有巨山、围山等，黄水河东支流从境内穿过。有中小学 3 所，卫生院 1 个。农业形成以苹果、黄桃、长把梨、大樱桃、葡萄、蔬菜种植为主体的外向型农业生产模式，盛产优质红富士苹果。规模化养殖肉食鸡、奶牛等。工业有果品加工、汽车零部件、塑钢材料、酿酒等业。威乌高速、省道牟黄公路和蓬水公路过境。

大辛店镇 370684-B05

[Dàxīndiàn Zhèn]

蓬莱市辖镇。在市境东南部。面积 252 平方千米。人口 6.9 万。辖 126 村委会，有 133 自然村。镇人民政府驻大辛店三村。1949 年属辛店区。1957 年设大辛店乡。1958 年改公社。1984 年改置镇。2000 年崮寺店镇并入。2001 年龙山店、遇驾夼 2 镇并入。镇以驻地村得名。平畅河、龙山河、黄水河从境内穿过。有中小学 7 所，图书馆 35 个，医院 1 个。有名胜古迹古槐、四眼井、曹家胡同等，丘祖庙、太清宫等道教遗址。农业以种植业为主，盛产苹果、葡萄、西瓜、花生、大樱桃等。工业以金银加工、水泥生产等为主。服务业以旅游业为主，突出胶东特色民居风格，建设国际生态休闲观光旅游度假区和以特色小镇为主的生态观光农业区。威乌高速、省道牟黄公路和蓬寨公路过境。

村里集镇 370684-B06

[Cūnlǐjí Zhèn]

蓬莱市辖镇。在市境南部。面积 174 平方千米。人口 4.2 万。辖 46 村委会，有 47 自然村。镇人民政府驻村里集村。1949 年属艾崮区。1958 年设村里集乡，同年改公社。1984 年改置镇。1998 年王格庄乡并入。因镇政府驻地得名。有中小学 3 所，卫生院 1 个。有名胜古迹村里集古城遗址及西周墓群、温石汤温泉、艾山国家级森林公园、崮山省级森林自然保护区。农业盛产花生、苹果，是烟台苹果主产区之一，系列果品以“艾崮红”品牌进行商标注册登记并通过欧盟出口认证。工业有乳制品、服装、农机、罐头、地毯、乳品、农机、汽车修配等厂。有公路经此。

北沟镇 370684-B07

[Běigōu Zhèn]

蓬莱市辖镇。在市境西部。面积 156 平方千米。人口 5.8 万。辖 80 村委会，有 88 自然村。镇人民政府驻北沟二村。1949 年属北沟区。1958 年设北沟乡，同年改公社。1984 年改置镇。2001 年徐家集镇并入。因镇政府驻地得名。有中小学 3 所，卫生院 1 个。有纪念地八路军挺进东北渡海出发地纪念碑，名胜古迹南王绪遗址。经济以港口运输业、临港工业、果业为主，有水泥、石油加工、造船、轻纺、葡萄酒酿制等骨干产业。206 国道过境。有广源发油港、栾家口港、蓬莱中心渔港。

社区

东关社区 370684-A01-J01

[Dōngguān Shèqū]

属登州街道管辖。在蓬莱市中部。面积 0.33 平方千米。人口 2 300。因位于登州街道东关村而得名。1997 年成立。有楼房 14 栋，现代中式建筑风格。驻有蓬莱市民政局等单位。通公交车。2003 年被评为省文明社区。

梁家疃社区 370684-A01-J02
[Liángjiātuǎn Shèqū]

属登州街道管辖。在蓬莱市南部。面积 0.7 平方千米。人口 2 600。以梁家疃村得名。2002 年成立。有楼房 76 栋，现代中式建筑、别墅风格。驻有蓬莱市地税局等单位。通公交车。2014 年被评为省文明社区。

沙河李家社区 370684-A01-J03
[Shāhélǐjiā Shèqū]

属登州街道管辖。在蓬莱市东部。面积 0.7 平方千米。人口 1 600。以沙河大李家村得名。有楼房 21 栋，现代中式建筑、别墅风格。驻有蓬莱晶良光学仪器公司等单位。通公交车。2013 年被评为省文明社区。

诸谷社区 370684-A01-J04
[Zhūgǔ Shèqū]

属登州街道管辖。在蓬莱市南部。面积 0.5 平方千米。人口 1700。因诸谷村得名。2002 年成立。有楼房 30 栋，现代中式建筑风格。驻有蓬莱市气象局、蓬莱市市政公司、蓬莱市农机局等单位。通公交车。2011 年被评为省文明社区。

乐河社区 370684-A01-J05
[Lèhé Shèqū]

属登州街道管辖。在蓬莱市南部。面积 0.5 平方千米。人口 5 000。相传唐太宗东征至此河落驾，故称落驾河。后孙姓迁此居住，称落驾河村，后以谐音改为乐稼河村，取快乐地种庄稼、快乐地做农事之意，后改为乐河村，社区沿用村名。2003 年成立。有楼房 46 栋，现代建筑风格。通公交车。

司家庄社区 370684-A02-J01
[Sījiāzhuāng Shèqū]

属紫荆山街道管辖。在蓬莱市南部。面积 0.2 平方千米。人口 800。以司家庄得名。2002 年成立。有楼房 60 栋，现代中式建筑风格。驻有杨琳实验小学等单位。有老年人日间照料服务。通公交车。2014 年被评为省文明社区。

拦驾疃社区 370684-A02-J02
[Lánjiàtuǎn Shèqū]

属紫荆山街道管辖。在蓬莱市西北部。面积 0.5 平方千米。人口 700。以拦驾疃村得名。2002 年成立。有楼房 44 栋，别墅风格。驻有蓬莱市第二实验中学等单位。有志愿者服务、老年人日间照料服务。通公交车。2014 年被评为省文明社区。

万寿社区 370684-A02-J03
[Wènshòu Shèqū]

属紫荆山街道管辖。在蓬莱市南部。面积 2.2 平方千米。人口 1 000。大军阀吴佩孚的后代吴敬斋曾在此居住，吴敬斋别名吴寿康，吴寿康居住的街为寿康街，寿康街周围的村就叫寿康村，后因寿康二字不如万寿吉祥，故改名万寿，社区由此得名。2002 年成立。有楼房 58 栋，现代建筑风格。通公交车。

抹直口社区 370684-A04-J01
[Mǒzhíkǒu Shèqū]

属蓬莱阁街道管辖。在蓬莱市北部。面积 3 平方千米。人口 2 900。唐贞观十年（636）年，刘、裴、蔡、纪四姓由云南迁此，初建三个庄，后葛、赵、杨等姓先后迁来，三庄合为一村。为获得珍珠，村民下海寻摸，故称抹珠口村，后谐音演称抹直口村，社区由此得名。2002 年成立。有楼房 13 栋，现代建筑风格。通公交车。

水城社区　370684-A04-J02

［Shuǐchéng Shèqū］

属蓬莱阁街道管辖。在蓬莱市西北部。面积 0.3 平方千米。人口 3 700。宋庆历二年（1042），为了防御北方契丹人的入侵，在此建了一座水寨。当时水军驾驶的舰船叫刀鱼寨。明洪武九年（1376），官府为了抵御倭寇的侵袭，以刀鱼寨为基础，将画河入海口由小海改到城东，成为水城的护城河，又建起了码头和土城墙，形成了水城的雏形。后居在水城内的百姓便以此为村名沿用至今，由此得名。2002 年成立。有楼房 59 栋，现代建筑风格。通公交车。

招远市

招远市　370685

［Zhāoyuǎn Shì］

山东省直辖县级市，由烟台市代管。北纬 37°22′，东经 120°24′。在市境西南部。面积 1 430 平方千米。人口 56.8 万。以汉族为主，还有蒙古、哈尼、回、壮等民族。辖 5 街道、9 镇。市人民政府驻温泉街道。夏、商、周为青州莱国地，齐灵公十五年（前 567）齐侯灭莱始属齐，秦为齐郡东境。西汉置曲成（后亦作曲城）、惤县 2 县，同属东莱郡。北魏皇兴四年（470）析曲成为东、西曲成 2 县。北齐天保七年（556）省东、西曲成入掖县，惤县入黄县。唐武德四年（621）复置曲城县，六年又省入掖县，以其地置罗峰镇，治所即今招远城。金天会九年（1131），齐刘豫以罗峰镇为主，析黄县部分地区来属，置招远县，取“招携怀远”之意，属莱州。明洪武九年（1376）改属登州，清因之。1913 年属胶东道。1925 年属东海道。1928 年属山东省。1941 年抗日民主政府析置招远、招北 2 县，俗称南招、北招，均属西海专区。1942 年招北县改属北海专区。1945 年招远县改属北海专区。1950 年 2 县并为招远县，属北海区，5 月改属莱阳专区。1958 年改属烟台专区，1967 年属烟台地区，1983 年属烟台市。1992 年 3 月撤县设市（县级）。（资料来源：《招远市志》）金天会九年（1131）置县始设土城，元末毁于兵，明时重筑城墙，至 20 世纪 40 年代拆除城墙时，城区主体面积仅 6.3 公顷。1970 年前后，主要街道基本成形，工业区和商业区主要沿街道展布。受东西山埠限制，至 1988 年，仍属典型的沿过境青黄交通干道带状建设模式，南北长，东西短，城市主体位于城东河以西。1988 年开始，城区建设“初跨河流，逐渐东进，城河交融”，城市主体仍在城东河河西。1994 年后，城区建设“横向拓展、迈过山岭、形成双心”，逐步形成功能明确、分布合理的城市布局。城市主要迈过滚泉山向东扩展。2000 年后，城区呈东西两翼拓展，北部一带隆起格局，以主干道路为轴线，构建城区“大骨架”，建设“环境靓丽、道路通畅、宜居宜业”的城市特色景观。主要建筑及设施有魁星公园、凤凰岭公园、温泉公园、龙王湖景区、黄金阁、金塔、淘金小镇、黄金博览苑、粉丝博物馆等。城市政务区、行政中心区、商业区主要在城东河以西原主城区，工业区和外向型工业加工区向城东发展，城市住宅区在原主城区基础上向四外扩展，城市旅游区和度假疗养区以滚泉山温泉疗养为主，并向辛庄滨海新区拓展，文化展示区在城西，科教体育区向城东发展。山脉东北—西南向斜贯市境中部，成为大沽河与界河等水系的分水岭。东南部多低丘河谷，西北部为滨海平原。平均海拔 95 米。年均气温 11.5℃，1 月平均气温 −2.7℃，7 月平均气温 25.7℃。年均降水量 607.3 毫米。有大沽河、界河、淘金河、诸流河、王河上游支流等流经。有金、银、石英石、氟石、萤石、建筑石料等矿产资源。有野生植物 306 种，其中国家重点保护野生植物有迎红杜鹃等 2 种。有野生动物 363 种，其中国家重点保护野生动物有中华秋豹狸、黑斑蛙、沙鸭、大鸨等48种。有省级自然保护区1个。森林覆盖率38.59%。有省级工程技术研究中心4个。有高等院校3所，中小学89所，图书馆1个，知名文艺团体15个，体育场馆2个，二级以上医院2个。有省级文物保护单位5个，有国家级传统村落13个、历史文化名村1个，国家级非物质文化遗产2个、省级非物质文化遗产1个，重要古迹、景点9个。三次产业比例为6.0∶54.4∶39.6。农业以种植业、畜牧业、渔业为主。粮食作物主产小麦、玉米，经济作物主要有苹果、花生、西瓜、草莓等。畜牧业以饲养猪、牛、鸡等为主。渔业以水产养殖和近海捕捞为主。中国地理标志产品有官地洼西瓜、西罗家铁把瓜、金岭小米等。工业形成以黄金采选、冶炼、橡胶、纺织、建材、化工、电子为支柱的产业体系，省级以上名牌产品有玲珑轮胎、梅花牌网扣、双塔牌龙口粉丝、塔林牌粉丝、丝宝宝牌粉丝、力源牌豆粉、金峰牌锁具、招金牌金锭首饰。服务业以商贸、旅游为主。有国家级开发区1个。境内铁路13.78千米，公路2 349.17千米。有大莱龙铁路、荣乌高速招远连接线、206国道和省道文三公路、海莱公路、黄水公路、蓬水公路过境。

招远经济技术开发区 370685-E01

[Zhāoyuǎn Jīngjìjìshù Kāifāqū]

在招远市境东部。西至河东路，东至温泉东路东端与阜山镇毗邻，北起玲珑路与玲珑镇交界，南至文三线与泉山街道接壤。面积10 948公顷。因所在政区与功能定位得名。2011年9月经国务院正式批准建立国家级开发区，由县市级政府管理。开发区功能定位“城市新区、经济新区、开放新区”，以现代高科技工业为主体，分为高新技术产业园、轻工业园、个体私营经济园、建材加工园、旅游度假园、生活园区6个功能小区，以黄金、轮胎、电子、食品和机械制造为支柱产业，重点发展电子、轻工、机械、食品、化工、塑料、新型建材等行业。有外资企业114个，进出口企业55个。有招金矿业、玲珑轮胎和金宝电子等著名企业。形成“六纵九横”的道路框架，通公交车。

温泉街道 370685-A01

[Wēnquán Jiēdào]

招远市人民政府驻地。在市境东北部。面积40平方千米。人口4.1万。2004年设立。因辖区内温泉路得名。境内有姚山，金龙河、罗山河从境内穿过。有中小学7所，医疗卫生机构4个。有体育场、招远一中新校区、金融大厦、春雨大厦、皮革大厦等标志性建筑物。农业以种植业为主，粮食作物主产小麦、玉米，经济作物主产韭菜、白菜、大葱等蔬菜。畜牧业以饲养猪、牛、家禽为主。工业以黄金加工、轮胎制造、电子材料生产、食品和机械制造为支柱产业，建有黄金深加工基地、轮胎制造业基地和电子基础材料基地。服务业以商贸为主，有黄金首饰城、皮草城、开发区文化创业孵化示范基地。通公交车。

罗峰街道 370685-A02

[Luófēng Jiēdào]

属招远市管辖。在市境中部。面积39平方千米。人口6.1万。以汉族为主，还有满、回、蒙古、朝鲜等民族。1999年设立。因辖区内罗峰路得名。境内有架旗山、白鹤顶，金泉河（原城东河，界河上游过境河段）从境内穿过。有中小学2所，医疗卫生机构3个。有省级烈士纪念建筑物保护单位西山烈士陵园，龙王湖景区、架旗山游乐园等旅游资源。有农行大厦、金都百货等标志性建筑物。农业以种植业、畜牧业为主，粮食作物主产小麦、玉米，经济作物主产葡萄、黄瓜等，饲养猪、牛等，建有蔬菜种植、无核葡萄种植、珍稀动物养殖三大基地。工业有黄金加工、冶炼、饰品加工、果品加工、粉丝加工、工艺礼品、医药、化工、建筑建材等业，有罗峰工业园、罗峰工业科技园、罗峰个体私营园、金海食品工业园、大鹏食品工业园五大园区。服务业以商贸物流为主，有站前批发市场、文化区市场等商贸物流中心。通公交车。

泉山街道 370685-A03
[Quánshān Jiēdào]

属招远市管辖。在市境中部。面积 23 平方千米。人口 3.7 万。1999 年设立。因泉山路和滚泉山得名。境内有滚泉山、大高顶等，金泉河、马庄河从境内穿过。有中小学 2 所，医疗卫生机构 4 个。有金城大酒店、金城大厦、振华大厦等标志性建筑物。农业以种植业、畜牧业为主，粮食作物主产小麦、玉米，主要经济作物有苹果、花生、白菜等，饲养猪、牛、家禽等。工业以粉丝加工、电缆加工、皮衣加工、橡胶生产、黄金机械为主导。服务业以商贸、旅游业为主，形成城北休闲文化商圈（以文化市场为主）、河西商贸餐饮圈（以金城广场、商业城及振华商厦为主）及河东农产品交易商圈（以河东农贸市场为主），温泉广场、滚泉山露天温泉、魁星公园形成集温泉文化、旅游观光于一体的特色产业带。通公交车。

梦芝街道 370685-A04
[Mèngzhī Jiēdào]

属招远市管辖。在市境西北部。面积 34 平方千米。人口 2.5 万。1999 年设立。因街道办事处驻梦芝村而得名。境内有张画山、金翅岭，界河、张画河从境内穿过。有中小学 2 所，医疗卫生机构 3 个。有北城商厦等标志性建筑物。农业以种植业、畜牧业为主，主要种植小麦、玉米、苹果、白菜、黄瓜等，饲养猪、牛、羊、家禽等。工业以化工、黄金、机械加工、电子电器、灯饰灯具等为主。服务业以商贸业为主，外贸出口粉丝、机械等产品。通公交车。

大秦家街道 370685-A05
[Dàqínjiā Jiēdào]

属招远市管辖。在市境东部。面积 69 平方千米。人口 2.8 万。2010 年设立。因街道办事处驻大秦家村得名。境内有会仙山，转山河、孙家河、苇都河、老秦家河从境内穿过。有中小学 1 所，医疗卫生机构 2 个。有会务中心等标志性建筑物。农业以粮油种植和苹果栽培为主，主要种植小麦、玉米、苹果、樱桃等。畜牧业以饲养猪、羊、家禽为主。工业形成黄金及机械加工、建筑与新型建材、化工三大产业。服务业以集市贸易为主。通公交车。

辛庄镇 370685-B01
[Xīnzhuāng Zhèn]

招远市辖镇。在市境西北部。面积 111 平方千米。人口 3.9 万。辖 63 村委会，有 61 自然村。镇人民政府驻辛庄。1950 年置界河区。1958 年改建界河公社。1984 年改置辛庄镇。因镇政府驻地得名。钟离河、淘金河、诸流河从境内穿过。有中小学 5 所，文艺团体 48 个，卫生院 1 个。有省级文物保护单位辛庄汉墓群，市级非物质文化遗产水盘芝麻糖传统手工生产技艺。有滨海度假、传统古村落等特色旅游资源。农业以种植业和养殖业为主，粮食作物主产小麦、玉米，经济作物有苹果、梨、葡萄等水果，畜牧业以饲养猪、牛、羊、肉食鸡为主，渔业以海水养殖业为主，盛产大菱鲆、牙鲆、刺参等，建有高效农业示范基地 30 处。工业有黄金采冶、食品加工、葡萄酿酒、化工等 10 多种门类，建有滨海金脉产业园、中矿工业园、中亚轮胎试验场暨轮胎研发中心。服务业以旅游业为主。大莱龙铁路、荣乌高速、206国道过境。设辛庄车站。

蚕庄镇 370685-B02

[Cánzhuāng Zhèn]

招远市辖镇。在市境西部。面积120平方千米。人口3.1万。辖60村委会，有62自然村。镇人民政府驻蚕庄。1950年属灵山区。1958年建灵山公社。1984年改置镇。2000年大户陈家乡并入。因镇政府驻地得名。境内有灵山、金华山、望儿山等，诸流河、曲城河等从境内穿过。有中小学5所，卫生院1个。有省级文物保护单位曲成故城址，爱国主义教育基地、纪念地胶东抗日军政大学开学地遗址、胶东区党委灵山采金局遗址、灵山战斗遗址等。经济以农业为主。农业以果业和粮油作物种植为主。工业以黄金生产和铸造业为主。服务业以集市贸易为主。荣乌高速、省道文三公路过境。设蚕庄客运站。

金岭镇 370685-B03

[Jīnlǐng Zhèn]

招远市辖镇。在市境西部。面积115平方千米。人口4.0万。辖61村委会，有61自然村。镇人民政府驻中村。1950年属金岭区。1958年设中村公社。1959年改称金岭公社。1984年改置镇。以境内金翅岭得名。境内有雾云山，钟离河、郭家河、大安河等从境内穿过。有中小学4所，卫生院2个。传统戏曲“蓝关戏”较为著名，流传于小河头村。经济以农业为主。农业以果业和粮油作物种植为主，金岭小米为国家地理标志产品。工业以黄金和粉丝生产为主，“双塔”牌粉丝商标为中国驰名商标。服务业以集市贸易为主。荣乌高速、省道文三公路过境。

毕郭镇 370685-B04

[Bìguō Zhèn]

招远市辖镇。在市境东南部。面积107平方千米。人口3.6万。辖44村委会，有42自然村。镇人民政府驻毕郭村。1950年属毕郭区。1958年改公社。1984年改置镇。因镇政府驻地得名。大沽河、方家河从境内穿过。有中小学4所，卫生院1个。有省级文物保护单位毕郭墓群。农业以种植业、养殖业为主，粮食作物主产小麦、玉米，经济作物有葡萄、西瓜、花生等，官地洼西瓜为国家地理标志产品。畜牧业以养殖猪、牛、羊、家禽为主，建有万亩淡水养殖、万户畜牧养殖等七大高效农业基地。工业以化工、轮胎、矿山机械制造和蔬菜加工、葡萄酿造为主。服务业以商贸业为主，外贸出口速冻蔬菜、电池、葡萄酒等。省道海莱路、蓬水路、黄水路过境。设毕郭汽车站。

玲珑镇 370685-B05

[Línglóng Zhèn]

招远市辖镇。在市境东北部。面积78平方千米。人口3.1万。辖31村委会，有31自然村。镇人民政府驻玲珑沟上村。1950年属罗山区。1958年改公社。1984年改设罗山乡，1985年改置镇。以境内玲珑山得名。境内有罗山、玲珑山、马山，罗山河从境内穿过。有中小学4所，卫生院1个。有省级文物保护单位招远金矿近代采掘基址群、市级文物保护单位班仙洞，省级爱国教育基地欧家夼村“革命之路招远红色文化展览馆”，有黄金博览苑、淘金小镇、毛公山等旅游资源。农业以种植业、养殖业为主，粮食作物主产小麦、玉米，经济作物有红富士苹果、大樱桃、黄金梨、板栗等。畜牧业以饲养獭兔、肉羊、奶牛为主。工业有黄金采选、轮胎制造、酿造、化工、印刷等门类，有荧光增白剂、烟用香精香料、复合肥及多功能植物增效剂等产品。为黄金生产重镇，有省属招远金矿和市属中矿金业及镇、村矿业公司。服务业以集市贸易为主。荣乌高速连接线、省道黄水路过境。

张星镇 370685-B06

[Zhāngxīng Zhèn]

招远市辖镇。在市境北部。面积 161 平方千米。人口 6.3 万。辖 96 村委会，有 96 自然村。镇人民政府驻张星村。1950 年置金山区，1958 年设金山公社，均以境内金山得名。1981 年更名张星公社。1984 年改设张星乡。1988 年改置张星镇。2000 年宋家镇并入。以镇政府驻地得名。有凤喙山、金山、黄山等。有中小学 8 所，卫生院 2 个。有重要古迹大里古遗址、羊家古遗址、北里庄古遗址、盛家古遗址及段家洼古墓群。经济以农业为主，农业以果业和粮油作物种植为主，口后柿子、石棚山楂为著名土特产。工业以粉丝生产和机械工业为主，为龙口粉丝发源地和重要产地。服务业以集市贸易为主。有大莱龙铁路、荣乌高速连接线、省道黄水公路过境。设张星镇客运站。

夏甸镇 370685-B07

[Xiàdiàn Zhèn]

招远市辖镇。在市境西南部。面积 191 平方千米。人口 4.4 万。辖 78 村委会，有 80 自然村。镇人民政府驻新村。1950 年置勾山区。1958 年置勾山公社。1984 年改设新村乡。1988 年改置夏甸镇。2001 年青龙镇并入。以境内著名自然村夏甸命名。境内有勾山、高山、芝山等山丘，大沽河、东庄河、薄家河、青仙河、留仙庄河等从境内穿过。有中小学 5 所，卫生院 2个。经济以农业为主，农业以果业生产和粮油作物种植为主。工业以黄金开采、建筑建材为主。服务业以集市贸易为主。有公路经此。设夏甸客运站。

阜山镇 370685-B08

[Fùshān Zhèn]

招远市辖镇。在市境东北部。面积 196 平方千米。人口 5.1 万。辖 78 村委会，有 78 自然村。镇人民政府驻栾家河村。1950 年置阜山区。1958 年设阜山公社。1984 年改设栾家河乡。1994 年改阜山镇。2000 年南院镇并入。以境内阜山得名。有罗山山脉的双顶、大顶和阜山、扒山等山丘，大沽河、扒山河从境内穿过。有中小学 8 所，卫生院 2 个。有纪念地中共招远县委成立旧址，国家级非物质文化遗产黄金溜槽堆石砌灶冶炼技艺。经济以农业为主，农业以果业和粮油作物种植为主。工业以黄金生产为主。服务业以集市贸易为主。省道文三公路、蓬水公路过境。

齐山镇 370685-B09

[Qíshān Zhèn]

招远市辖镇。在市境南部。面积 150 平方千米。人口 4.3 万。辖 77 村委会，有 77 自然村。镇人民政府驻道头村。1950 年置齐山区。1958 年设齐山公社。1984 年改置大吴家乡。1996 年 6 月撤销大吴家乡，设立齐山镇。2000 年 12 月与道头镇合并为齐山镇。以境内齐山得名。下林庄河、道头河、铁夼河、半壁店河从境内穿过。有中小学 3 所，卫生院 2 个。有省级文物保护单位齐山抗战烈士陵园。经济以农业为主，农业以果业和粮油作物种植为主。工业以医疗器械和粮油加工为主。服务业以集市贸易为主。省道海莱公路、黄水公路过境。设大吴家客运站。

旧地名

招城镇（旧） 370685-U01
[Zhāochéng Zhèn]

招远市辖镇。在市境中部。1984年设立。1999年撤销，设为罗峰、泉山、梦芝3个街道。

道头镇（旧） 370685-U02
[Dàotóu Zhèn]

招远市辖镇。在市境南部。1984年设立。2000年撤销，与齐山镇合并，称齐山镇。

青龙镇（旧） 370685-U03
[Qīnglóng Zhèn]

招远市辖镇。在市境西南部。1995年设立。2000年撤销，与夏甸镇合并为夏甸镇。

南院镇（旧） 370685-U04
[Nányuàn Zhèn]

招远市辖镇。在市境东南部。1990年设立。2000年撤销，与阜山镇合并为阜山镇。

宋家镇（旧） 370685-U05
[Sòngjiā Zhèn]

招远市辖镇。在市境北部。1988年设立。2000年撤销，与张星镇合并为张星镇。

大户陈家乡（旧） 370685-U06
[Dàhùchénjiā Xiāng]

招远市辖乡。在市境西部。1984年设立。2000年撤销，并入蚕庄镇，后又析出13个村归金岭镇。

社区

南关西社区 370685-A01-J01
[Nánguānxī Shèqū]

属罗峰街道管辖。在招远市中部。面积0.2平方千米。人口800。因处旧城南门外，俗称南关。1945年分为2村，居西者称南关西。社区沿用原村名。2012年成立。有楼房26栋，现代中式建筑风格，还有平房。驻有中国移动、中国电信等单位。有老年人照料服务。通公交车。2012年被评为省文明社区。

东关社区 370685-A02-J01
[Dōngguān Shèqū]

属泉山街道管辖。在招远市中部。面积0.4平方千米。人口800。因居老城东门外而得名。2012年成立。有楼房11栋，中式建筑风格。驻有山东金城集团、泉山街道中心幼儿园等单位。有老年人日间照料服务。通公交车。

玲珑社区 370685-A03-J01
[Línglóng Shèqū]

属梦芝街道管辖。在招远市西北部。面积0.5平方千米。人口5 200。因辖区内玲珑路而得名。1999年成立。有楼房70栋，现代中式建筑风格。驻有龙馨学校、金翅岭金矿、浩阳机械等单位。有幼儿及老年人日间照料服务。通公交车。2007年被评为省文明社区。

金凤社区 370685-A04-J01
[Jīnfèng Shèqū]

属温泉街道管辖。在招远市东部。面积0.2平方千米。人口6 900。因金凤花园小区而得名。2012年成立。有楼房54栋，现代中式建筑风格。驻有招远市广播电视台、金凤幼儿园等单位。有老年人日间照料服务。通公交车。

栖霞市

栖霞市 370686

[Qīxiá Shì]

山东省直辖县级市，由烟台市代管。北纬37°20′，东经120°50′。在烟台市境中部。面积2 017平方千米。人口66.7万。以汉族为主，还有满、壮、蒙古、朝鲜、回、苗等民族。辖3街道、12镇。市人民政府驻庄园街道。金天会九年（1131），齐刘豫析蓬莱、莱阳2县地置栖霞县，属登州。元、明、清因之。1913年属胶东道。1925年属东海道。1928年废道属省。1940年属北海专区。1941年析东部地置栖东县。1950年属莱阳专区。1953年栖东县并入。1958年属烟台专区。1967年属烟台地区。1983年属烟台市。1995年撤县设市。（资料来源：《中华人民共和国地名大词典》《栖霞县志》）以“环县皆山”，“每天晓，辄有丹霞流宕”而得名。1984、1985年开通县城7条街，建设振兴桥、翠屏桥、霞光桥和长春桥，拓宽城中心主干道，实施烟青路城区段改线工程。2009年，城区由12平方千米扩至60平方千米，形成“品质老城区、长春湖核心区、艾山拓展区”新城区框架。建有金苹果绿苑、华府名都、长春湖壹号、栖霞名郡、电业大厦、凤彩山生活广场、行政中心等地标性建筑。居民区、商业区和文化、教育、体育、卫生设施分布于城区中心，行政中心位于城区北部，工业集中在城区南北两端的翠屏街道民营经济园、松山街道工业园和桃村镇、经济开发区。境内多山丘，平均海拔200米。年均气温11.8℃，1月平均气温 −2.9℃，7月平均气温24.9℃。年均降水量645毫米。有白洋河、清水河、清阳河、漩河等流经。有大理石、石灰石、花岗石、金矿石、滑石、铅锌矿石、花岗石、石英石、磷矿石等矿产资源。有野生植物1161种，其中有Ⅰ、Ⅱ级重点保护野生植物8种。有野生动物343种，其中有Ⅰ、Ⅱ级重点保护野生动物48种。有省级自然保护区1个。森林覆盖率70%。有国家级科研单位1个、省级科研单位7个。有中小学48所，图书馆1个，档案馆1个，知名文艺团体10个，体育场1个，二级以上医院3个。有国家级文物保护单位1个、省级文物保护单位4个，有国家级爱国主义教育基地1个，有国家级传统村落1个、省级传统村落12个，国家级非物质文化遗产2个、省级非物质文化遗产8个，重要古迹、景点4个。三次产业比例为20.9∶40.7∶38.4。农业以种植业、畜牧业、渔业、林业为主，农作物有小麦、玉米、大豆、花生、蔬菜等，产苹果、梨、桃、大樱桃等果品。畜牧业以饲养猪、牛、羊、鸡为主。渔业以中小水面精养、生态休闲养殖、网箱养殖等淡水养殖为主。工业以机械、建材、黄金、纺织、化工、轻工、食品加工等为主。服务业以旅游业为主。有省级开发区1个。境内铁路23.6千米，公路2 001.1千米。有蓝烟铁路、桃威铁路、沈海高速、204国道、206国道和省道烟凤、蓬黄、海莱、烟栖等公路过境。

山东栖霞经济开发区 370686-E01

[Shāndōng Qīxiá Jīngjì Kāifāqū]

在栖霞市境东北部。东至福山区，西至臧家庄镇，南至庙后镇和亭口镇，北至蓬莱市、烟台经济开发区。面积6 098公顷。因所在政区得名。1992年12月经省政府正式批准建立省级开发区，由县市级政府管理。开发区紧紧围绕建设“烟台城北工业新区、烟台西郊制造业基地”的目标，有核工业烟台同兴实业有限公司、烟台银源食品有限公司、烟台泉源食品有限公司、烟台中洲制药有限公司、烟台三水制衣有限公司等企业30家。交通便利。

庄园街道 370686-A01

[Zhuāngyuán Jiēdào]

栖霞市人民政府驻地。在市境北部。面积71平方千米。人口5.1万。2000年设立。因辖区内牟氏庄园得名。白洋河从境内穿过。有中小学5所，医疗卫生机构42个。有国家级文物保护单位牟氏庄园，省级非物质文化遗产丘处机传说，长春湖旅游度假区等旅游资源。有行政中心、供电大楼、宝华开元名郡大酒店等标志性建筑物。农业以种植业、畜牧业为主，粮食作物主产小麦、玉米，经济作物有花生、蔬菜、苹果等，主要养殖猪、羊、牛、家禽。工业以建材、机械、轻纺、服装、电子、化工、食品、印刷为主。通公交车。

翠屏街道 370686-A02

[Cuìpíng Jiēdào]

属栖霞市管辖。在市境南部。面积90平方千米。人口5.3万。2000年设立。因翠屏山得名。白洋河、杨础河、清水河从境内穿过。有中小学4所，医疗卫生机构1个。有翠屏公园、悦心亭宾馆等标志性建筑物。农业以种植业、畜牧业为主，盛产苹果、樱桃、核桃、板栗等，畜牧业以家畜养殖为主。工业以印染、涂料、生化、橡胶、水泥制品、食品、酒业等为主，有栖霞市民营经济园。有栖霞汽车站，通公交车。

松山街道 370686-A03

[Sōngshān Jiēdào]

属栖霞市管辖。在市境北部。面积160平方千米。人口4.1万。2006年设立。因街道原驻松山村得名。白洋河从境内穿过，境内有金山河、郝家楼河、豹山河。有中小学23所，医疗卫生机构1个。有省级非物质遗产丘处机传说，有古迹大北庄汉代古遗址，艾山、艾山温泉等旅游资源。农业以种植业、养殖业为主，盛产大枣、板栗、葡萄、草莓等干鲜果品，西红柿、黄瓜、美国西芹、韩国茭瓜、以色列辣椒、食用菌等蔬菜，有优质苹果生产基地、大樱桃生产基地、蔬菜冬暖大棚，有生猪、奶牛、肉食牛、波尔山羊、小尾寒羊、黑山羊、肥猪、跑山鸡、肉食鸡等特色养殖。工业以服装、机械、电子、食品为主，建有栖霞科技工业园。通公交车。

观里镇 370686-B01

[Guānlǐ Zhèn]

栖霞市辖镇。在市境西南部。面积97平方千米。人口3.4万。辖55村委会，有55自然村。镇人民政府驻东南庄。明清至民国时期，设观里镇。1951年改设乡。1956年设观里、蒋家2乡。1958年改公社。1984年改置镇。因镇政府原驻地村得名。境内有方山主峰，漩河、砂河从境内穿过。有中小学2所，卫生院1个。有纪念地崔崖抗日烈士纪念塔等，有方山、苹果精品示范园等旅游资源。农业盛产苹果、大梨，建有塔山万亩无公害苹果示范基地。畜牧业以肉食鸡养殖为主。工业以果蔬冷藏、果蔬加工、黄金制造、化肥制造等为主。省道海阳—莱州公路过境。

蛇窝泊镇 370686-B02

[Shéwōpō Zhèn]

栖霞市辖镇。在市境东南部。面积201平方千米。人口6.3万。辖101村委会，有100自然村。镇人民政府驻蛇窝泊村。1930年为雪阿镇。1953年改区。1957年设蛇窝乡。1958年改公社。1984年改置镇。2000年连家庄乡并入。2001年大柳家乡并入。因镇政府驻地得名。清水河、漩河、杨础河、唐山河、院头河、榆子河从境内穿过。有中小学6所，卫生院1个。有纪念地革命烈士纪念碑。农业以种植业、养殖业为主，农作物主产花生等，盛产苹果、梨、杏等，养殖牛、羊等。工业有毛巾、纸箱、网套、罐头、冷藏等厂和建筑公司等，建有工业园区。服务业有商业、餐饮业等。同三高速过境。

唐家泊镇 370686-B03

[Tángjiāpō Zhèn]

栖霞市辖镇。在市境东南部。面积140平方千米。人口2.8万。辖67村委会，有67自然村。镇人民政府驻唐家泊村。1949年属栖东县第六区和牙前县榆山区。1953年合并划归栖霞县。1956年置唐家泊集乡。1958年改置唐家泊乡，同年改公社。1984年改置镇。因镇政府驻地得名。境内有牙山，清水河从境内穿过。有中小学2所，卫生院1个。有牙山国家森林公园、跳鱼台等旅游资源。农业盛产优质苹果、大樱桃、核桃、板栗等，特产牙山黑山羊。工业以蚕丝加工、家纺印花、石材加工为主。206国道过境。

桃村镇 370686-B04

[Táocūn Zhèn]

栖霞市辖镇。在市境东南部。面积276平方千米。人口8.7万。辖113村委会，有119自然村。镇人民政府驻桃村。1949年属桃村区。1956年置桃村镇。1958年改公社。1984年复置镇。2000年铁口、大庄头2镇并入。以镇政府驻地得名。境内有牙山，楚留河、清阳河从境内穿过。有中小学5所，医院1个。有爱国主义教育基地胶东革命烈士陵园、纪念地胶东抗日烈士纪念塔，重要古迹抗日军政大学三分校旧址、中共胶东区党委《大众报》社旧址、胶东国际和平医院旧址等，有牙山国家森林公园、省级国路夼生态旅游区等旅游资源。农业以种植业为主，产优质富士苹果、大樱桃、板栗、食用菌、蔬菜等，建有精准农业示范园、商品菜基地。工业有机械制造、针织服装、医药、建筑陶瓷、食品、果蔬深加工、石材开采加工等产业，有桃村工业园。蓝烟铁路、桃威铁路、204国道、206国道、省道文三公路过境。设桃村北站。

亭口镇 370686-B05

[Tíngkǒu Zhèn]

栖霞市辖镇。在市境东部。面积151平方千米。人口3.4万。辖68村委会，有68自然村。镇人民政府驻杏家庄。1949年属第五区。1956年设亭口集镇、大杨家、占疃3乡。1958年合并改称亭口乡，同年改公社。1984年改置镇。1995年占疃乡并入。因镇政府原驻地后亭口村得名。山东河从境内穿过。有中小学4所，卫生院1个。农业以种植业为主，粮食作物主产小麦、玉米、大豆、高粱，盛产樱桃、苹果、酥梨、核桃、柿子、大枣等干鲜果品。工业以建筑建材、农产品深加工、工具生产、煤炭深加工等为主。服务业以山区旅游开发为主，建有大川旅游、卧虎山庄、大众宾馆等生态旅游山庄。有公路经此。设亭口站。

臧家庄镇 370686-B06

[Zāngjiāzhuāng Zhèn]

栖霞市辖镇。在市境东北部。面积223平方千米。人口7.9万。辖112村委会，有114自然村。镇人民政府驻臧家庄。1949年分属十三、十五区。1956年设臧家庄集、枣林、泉东3乡。1958年合为臧家庄乡，同年改公社。1984年改置镇。2000年中桥镇、寨里镇并入。因镇政府驻地得名。白洋河从境内穿过。有中小学6所，卫生院1个。有古迹李氏庄园、李唐裔墓、马陵冢古墓群等。农业以果业生产为主，产苹果、葡萄、草莓、蔬菜、食用菌等，畜牧业以肉食鸡、奶牛、生猪养殖为主。工业有果品深加工、水泥建材、矿产采掘、冶炼等业。同三高速、206 国道过境。设臧家庄站。

寺口镇 370686–B07

[Sìkǒu Zhèn]

栖霞市辖镇。在市境西部。面积 93 平方千米。人口 2.2 万。辖 40 村委会，有 42 自然村。镇人民政府驻寺口村。1956 年分属寺口集镇、任留、上柳家 3 乡。1958 年并为寺口乡，同年改公社。1984 年改置镇。因镇政府驻地得名。漩河、黄水河从境内穿过。有中小学 2 所，医院 1 个。农业以种植业、畜牧业为主，农作物主产玉米、小麦，盛产富士苹果、花生、山楂等，畜牧业以肉食鸡养殖为主，建有高标准现代化良种种鸡繁育场。工业以包装物料、帆布和橡胶制品生产、黄金机械制造、工具生产等为主。省道文三公路、蓬水路过境。设寺口站。

苏家店镇 370686–B08

[Sūjiādiàn Zhèn]

栖霞市辖镇。在市境西北部。面积 137 平方千米。人口 3.6 万。辖 51 村委会，有 52 自然村。镇人民政府驻苏家店村。1958 年设苏家店乡，同年改公社。1984 年复设乡。1992 年改置镇。因镇政府驻地得名。境内有牸牛山、椒针顶、雷山、南崮山、双甲山、孤峰蚕山，黄水河从境内穿过。有中小学 2 所，卫生院 1 个。有烟台市级爱国主义教育基地胶东艾崮革命纪念馆，有崮山自然旅游风景区、马耳山自然旅游风景区等旅游资源。农业盛产苹果、梨、生姜、花椒，有“马儿山”“崮山”“蚕山”3 个果品商标，“栖霞苹果”为地理产品标志。工业以农机配件、食品加工、食品包装、矿产开采加工等为主，有果袋厂、纸箱厂、加工厂等。省道蓬水公路过境。设苏家店站。

杨础镇 370686–B09

[Yángchǔ Zhèn]

栖霞市辖镇。在市境南部。面积 87 平方千米。人口 2.6 万。辖 47 村委会，有 47 自然村。镇人民政府驻杨础村。1949 年属第六区。1956 年设杨础集镇乡。1958 年改杨础乡，同年改公社。1984 年复设乡。1993 年改置镇。因镇政府驻地得名。境内有方山，杨础河、沙峨河从境内穿过。有中小学 2 所，医院 1 个、卫生院 1 个。有省级文物保护单位杨家圈遗址。农业主要以小麦、玉米、花生、地瓜、水果等种植为主，盛产苹果、黄金梨、王母红仙桃、花生、板栗等，传统畜牧业养殖肉食鸡、猪、羊、兔等，特色养殖奶牛、鹌鹑、鹿、观赏鱼等。工业以建筑建材、食品加工等为主。省道烟青公路、海莱公路过境。设杨础站。

西城镇 370686–B10

[Xīchéng Zhèn]

栖霞市辖镇。在市境西部。面积 90 平方千米。人口 2.1 万。辖 48 村委会，有 49 自然村。镇人民政府驻小庄。1956 年设小庄乡。1958 年改公社。1984 年复设乡。1994 年改置西城镇。因镇政府驻地得名。境内有雷山，小庄河、任留河从境内穿过。有中小学 2 所，卫生院 1 个。农业以种植业、养殖业为主，粮食作物主产小麦等，经济作物主产苹果、香菇等，畜牧业以肉食鸡养殖为主。工业以工具制造、化工、果品加工为主，建有工业园区。沈海高速、206 国道过境。设西城站。

官道镇 370686–B11

[Guāndào Zhèn]

栖霞市辖镇。在市境西南部。面积 114 平方千米。人口 3.0 万。辖 55 村委会，有 55 自然村。镇人民政府驻官道村。1949 年分属第二、第九区。1952 年属第九区。1958 年设官道乡，同年改官道公社。1959 年并入观里人民公社。1962 年重设。1984 年改置乡。1994 年撤乡设镇。以镇政府驻地得名。境内有西石垃耩，漩河及支流从境内穿过。有中小学 7 所，卫生院 1 个。有古迹大丁家汉代古墓群，“半城沟”“岗山”及“岗山寺”、泥冢等遗址。农业以粮油作物、果品、菌菜种植和畜牧业为主，盛产苹果、梨、板栗、柿子、大枣。工业以服装加工、食品加工、机械制造等为主。省道海莱公路过境。设官道站。

庙后镇 370686-B12

[Miàohòu Zhèn]

栖霞市辖镇。在市境东部。面积 85 平方千米。人口 2.0 万。辖 33 村委会，有 33 自然村。镇人民政府驻庙后村。1958 年成立庙后人民公社。1984 年改置乡。2000 年改置镇。因镇政府驻地得名。境内有老庙顶，庙后河从境内穿过。有中小学 4 所，卫生院 1 个。有国家级非物质文化遗产八卦鼓舞。农业以小麦、玉米、花生、地瓜、水果种植等为主，经济作物主产樱桃、苹果、蓝莓等，盛产红灯、拉宾斯、意大利早红、萨米脱、雷尼等优良樱桃。工业以滑石开采、加工为主，有建材、食品、化工、包装等企业，开发有造纸、电缆、涂料、陶瓷等专用粉系列产品，DL-1 电缆专用超微细滑石粉获山东省科技成果二等奖。有公路经此。设庙后站。

社区

万达社区 370686-A01-J01

[Wàndá Shèqū]

属庄园街道管辖。在栖霞市西部。面积 1.18 平方千米。人口 12 900。因毗邻万达汽车城，故名。2010年成立。有楼房162栋，现代建筑风格。驻有栖霞市农业局、栖霞市旅游局等单位。有关爱“空巢老人”志愿者服务。通公交车。

海阳市

海阳市 370687

[Hǎiyáng Shì]

山东省直辖县级市，由烟台市代管。北纬 36°46′，东经 121°09′。在烟台市境南部。面积 1 910 平方千米。人口 65.9 万。辖 4 街道、10 镇。市人民政府驻东村街道。明洪武三十一年（1398）于今凤城置大嵩卫，于今乳山境置海阳所，海阳之名始此，以在黄海之阳，故名。清雍正十三年（1735）裁卫所，析莱阳、宁海州地于大嵩城（今凤城）置海阳县，属登州府。1921 年属胶东道。1925 年属东海道。1928 年属省。1937 年属第七行政督察区。1941 年属东海专区。1950 年属文登专区。1956 年属莱阳专区。1958 年属烟台专区。1967 年属烟台地区。1983 年属烟台市。1996 年撤销海阳县，设立县级海阳市，由烟台市代管。海阳县城始建于今凤城，1945 年北迁东村。东村城区位于市境中部偏南，1949 年前仅有 2 条较宽街道，城市布局基本是单中心、沿轴线发展模式。1990—1996 年，海阳县城采用集中连片紧凑布局，进一步细分为中心区、工业区、生活区、休憩区。1996—2006 年，城市结构以东村老城区为依托，经济开发区为骨干，海阳港为龙头，东凤大道为中轴，贯通北山南海，形成山、海、城融为一体的组团式空间结构。2006—2014 年，海阳市的城市性质确定为生态型滨海旅游城市，并成功入选国家园林城市。2012 年海阳市举办第三届亚洲沙滩运动会，以此为契机，加快了南部沿海区域的城市化步伐，南北向拉大经济发展纵深，东西向联动以丁字湾文化旅游产业、核电装备制造业为重心的蓝色经济，形成“一体两翼”的发展格局。有新元广场、英雄山公园、亚沙会议中心等标志性建筑物。为低山丘陵区，中部为海阳屋脊，以招虎山脉为主体，平均海拔174米；北部山低坡陡，平均海拔140米；南部地势低缓，海拔多在50米以下。年均气温12.3℃，1月平均气温-1.6℃，7月平均气温24.7℃。年降水量695.7毫米。有留格河、城阳河、富水河等流经。有铁、铜、铅、锌、岩金等矿产资源。有国家重点保护野生动物中华秋沙鸭、短尾信天翁等10种。有省级自然保护区2个。森林覆盖率36.65%。有中小学54所，图书馆1个，博物馆1个，知名文艺团体1个，体育场馆4个，二级以上医院2个。有国家级文物保护单位1个、省级文物保护单位5个，国家级非物质文化遗产1个，重要古迹、景点4个。三次产业比例为19∶43∶38。农业以种植业、渔业为主，主产花生、小麦、玉米、大豆，盛产樱桃、甜柿、蓝莓、桑葚等，渔业养殖有鲅鱼、对虾、梭蟹等。果茶业以绿茶为主。海阳白黄瓜、小樱桃、网纹瓜、板栗是知名土特产品。工业以毛衫、五金、食品等轻工业为主，形成以海阳核电站建设为重心的核电产业、机械设备制造、海洋工程、电子信息、生物科技、新型能源6大新兴产业集群。服务业有海洋休闲度假、山岳生态养生、红色历史文化、乡村民俗体验、沙滩体育运动等五大特色旅游项目。有省级开发区1个。境内有铁路32.51千米。蓝烟铁路、城际铁路青烟威荣线、威青高速、烟海高速和省道威青公路、烟凤公路、海莱公路、小莱公路过境。

海阳经济开发区 370687-E01

[Hǎiyáng Jīngjì Kāifāqū]

在海阳市境南部。西起北京路，东到东村河、小孩儿口国家级城市湿地公园，北起海政路，南至黄海海岸。面积3 868公顷。因所在政区和功能定位得名。1992年12月经省政府正式批准建立省级开发区，由县市级政府管理。依托沿海优势，逐步建成以国际市场为导向的新型工业区，形成机械装备、纺织服装、电子信息、五金钢构四大基础产业，新材料、海洋生物、交通配件等新兴产业初具规模。有企业312家，其中规模以上工业企业136家，有维蒙特工业、比艾奇电子、山东众冶和工亚琦纺织等知名企业。区内路网密集，通公交车。

东村街道 370687-A01

[Dōngcūn Jiēdào]

海阳市人民政府驻地。在市境中部。面积75平方千米。人口6.7万。2000年设立。沿用原镇名。2007年对辖区西、南、北三出口综合整治改造，改善了城市面貌。大从家河、唐家河、东村河等从境内穿过。有中小学5所，医疗卫生机构3个。有海阳百货大楼、金海螺广场等标志性建筑物。农业以种植业为主，主产小麦、蔬菜、水果等，养殖业主要饲养生猪、羊、家禽等。林业形成以经济林果为主导的绿化产业。工业以羊毛衫加工、建筑、防盗门加工、机械加工、建筑材料加工等为主，产品销往欧美、日本等多个国家。服务业以金融、批发、餐饮等为主。通公交车。

方圆街道 370687-A02

[Fāngyuán Jiēdào]

属海阳市管辖。在市境中部。面积110平方千米。人口7.0万。2000年设立。因辖区内海阳市龙头企业方圆集团而得名。有中小学8所。有国家级爱国主义教育示范基地地雷战纪念馆。有新元广场、英雄山公园等标志性建筑物。农业以种植业为主，主产小麦、玉米、地瓜、花生、大豆、苹果、板栗等。工业以建筑机械、食品加工、成衣加工为主。服务业形成了以商贸城、商业街为龙头，以专业市场为基础的市场体系，打造有商业主干道、特色街、购物广场等。通公交车。

凤城街道 370687-A03

[Fèngchéng Jiēdào]

属海阳市管辖。在市境南部。面积 81 平方千米。人口 3.8 万。2003 年设立。沿用原镇名。东村河、新安河、南河沟河从境内穿过。有中小学 6 所。有国家级非物质文化遗产海阳大秧歌，海阳旅游度假区等旅游资源。依托海岸线，构筑了兼顾海景特色与现代化城市形象的海岸观景廊道。种植业以蔬菜种植为主，主产西红柿、黄瓜、芸豆、韭菜、香菇、针尖菇等。渔业以近海养殖、捕捞为主，主产中国对虾、日本车虾、南美白对虾、太平洋牡蛎、栉孔扇贝、海湾扇贝、皱纹盘鲍、红螺等淡水鱼类。特产四眼井甜面酱曾为清代贡品。另有海珍蛎子、八仙（鲜）过海、王家抹糕、化子鹌鹑等土特产。工业以机械制造、纺织服装、电子电器、生物科技产品为主，依托海阳港建有临港产业集群。服务业以旅游业为主。通公交车。

龙山街道 370687-A04

[Lóngshān Jiēdào]

属海阳市管辖。在市境南部。面积 83 平方千米。人口 3.1 万。2011 年设立。因境内龙山而得名。海翔西路东西贯穿辖区，城区建筑以此为轴东西向延伸分布。有中小学 4 所，体育场 1 个。东临小孩儿口国家级城市湿地公园，西接淡水湖鉴湖，南朝大海。农业以渔业（海上捕捞和海水养殖）、蚕茧生产、水稻种植、畜牧养殖、蔬菜大棚为特色产业，盛产水稻、蔬菜、蚕茧等农产品和鱼、虾、蟹、杂色蛤、海蜇、海参等多种海产品。工业以食品加工为主，建有海洋生物科技产业园。服务业以海洋科技、休闲旅游、房地产销售为支柱。通公交车。

留格庄镇 370687-B01

[Liúgézhuāng Zhèn]

海阳市辖镇。在市境东南部。面积 151 平方千米。人口 5.8 万。辖 56 村委会，有 60 自然村。镇人民政府驻留格庄。1950 年属第二区。1958 年设留格庄公社。1984 年改设乡。1994 年改置镇。2000 年大辛家镇并入。因镇政府驻地得名。境内有玉皇山、菩萨顶、东斗崮等，留格庄河从境内穿过。有中小学 4 所，卫生院 1 个。有省级文物保护单位霞河头庄园。农业以蔬菜、茶叶种植为主，主产小麦、玉米、地瓜，盛产草莓、蓝莓、西红柿等，地方特色农产品有网纹瓜、草莓、白黄瓜等。工业除石材、毛衫加工、海产品加工等传统行业外，依托海阳核电站建设，建有核电装备制造工业园区，发展核电与风电等新能源产业、高端装备制造业以及临港工业。核电工业区有特种飞行器、立泰船舶重工、琵琶岛影视基地、泰华海珍品等项目入驻。烟海高速、威青高速、威青公路过境。

盘石店镇 370687-B02

[Pánshídiàn Zhèn]

海阳市辖镇。在市境东北部。面积 138 平方千米。人口 3.1 万。辖 41 村委会，有 46 自然村。镇人民政府驻盘石店村。1950 年属第三区。1958 年设盘石店公社。1984 年改置镇。因镇政府驻地得名。留格庄河、大柴河、大榆村河从境内穿过。有中小学 2 所，卫生院 1 个。有国家级文物保护单位嘴子前墓群，有丛麻禅院等旅游资源。农业以养殖业为主，长毛兔养殖已成为支柱产业，名优特农产品有大樱桃、小樱桃、把梨、红富士苹果、香宝草莓等。工业以机械加工、毛纺针织、毛衫加工、果蔬冷藏、石材加工为支柱产业。服务业以旅游业为主。烟海高速过境。

郭城镇 370687–B03

[Guōchéng Zhèn]

海阳市辖镇。在市境北部。面积 157 平方千米。人口 4.0 万。辖 72 村委会，有 74 自然村。镇人民政府驻郭城村。1958 年设郭城公社。1984 年改置镇。1995 年战场泊乡并入。2000 年山西头乡并入。因镇政府驻地得名。境内有林寺山，郭城河从境内穿过。有中小学 3 所，图书馆 1 个，卫生院 1 个。有省级文物保护单位当道梯田，爱国主义教育基地、纪念地八路军胶东军区司令部旧址、许世友将军胶东纪念馆，有省级生态自然保护区林寺山。农业以种植苹果、梨、桃等水果为主，干鲜水果生产为特色产业，红富士苹果、茌梨、姜家小米、核桃、板栗是地方名优农产品。工业以黄金开采冶炼，机械设备制造，工艺品、服装、针织品加工及制线为主。旅游业有林寺山滑雪场、山东村梨花节等资源。荣潍高速、309 国道、省道烟凤公路过境。

徐家店镇 370687–B04

[Xújiādiàn Zhèn]

海阳市辖镇。在市境北部。面积 155 平方千米。人口 4.6 万。辖 71 村委会，有 73 自然村。镇人民政府驻徐家店村。1958 年设徐家店公社。1984 年改置镇。因镇政府驻地得名。富水河从境内穿过。有中小学 2 所，卫生院 1 个。有省级文物保护单位万家夼遗址，古迹梦达寺。农业以种植蔬菜为主，盛产红富士苹果、樱桃等，蓝莓、草莓、冬桃种植为新兴农业。养殖业以饲养奶牛为主。工业以化工、建材、针织和果品加工为主。服务业以仓储物流为主。蓝烟铁路、城际铁路青烟威荣线、204 国道、海莱公路过境。设海阳站、海阳北站。

发城镇 370687–B05

[Fāchéng Zhèn]

海阳市辖镇。在市境西北部。面积 143 平方千米。人口 4.3 万。辖 63 村委会，有 66 自然村。镇人民政府驻发城村。1950 年属第十七区。1958 年设发城公社。1984 年改置镇。2000 年北埠后乡并入。因镇政府驻地得名。昌水河从境内穿过。有中小学 3 所，卫生院 1 个。镇域榆山夼村是螳螂拳主要传播地。农业以林果业为主，产小麦、玉米、花生、大豆等，水果以红富士、红将军、嘎啦等苹果品种为主，产大樱桃、红提、酿造葡萄等，果品销往俄罗斯、新加坡、泰国、马来西亚等国家。工业以果品加工、建筑、五金、制线、印染、饲料加工为主。有果品冷藏运输业。309 国道、省道烟凤公路和海莱公路过境。

小纪镇 370687–B06

[Xiǎojì Zhèn]

海阳市辖镇。在市境西部。面积 169 平方千米。人口 5.2 万。辖 76 村委会，有 80 自然村。镇人民政府驻小纪村。1950 年属第七区。1958 年设小纪公社。1984 年改置镇。2000 年泉水头乡并入。因镇政府驻地得名。白沙河、杨格河从境内穿过。有中小学 4 所，卫生院 1 个，广场 1 个。农业以种植业和林果业为主，主产小麦、玉米、大豆、花生、芋头、银杏、爱宕梨、苹果、大小樱桃等，红富士苹果、黄金梨、银杏为名优特农产品。工业以机械加工制造、农产品加工、饲料加工、石材加工、鞋业、矿山开采为主。省道威青公路、小莱公路过境。

行村镇 370687-B07

[Xíngcūn Zhèn]

海阳市辖镇。在市境西部。面积122平方千米。人口5.4万。辖52村委会，有46自然村。镇人民政府驻行村。1950年属第八区。1958年设行村公社。1984年改置镇。因镇政府驻地得名。白沙河从境内穿过。有中小学4所，卫生院1个。有省级文物保护单位赵疃地雷战遗址，古迹汉代昌阳城（夙敬亭）遗址、魏高丽戍司马台遗址。农业以白沙河流域两侧为主要经济田，主产黄瓜、七彩椒、大葱、大蒜等，建有海阳市绿丰蔬菜批发市场，并建有茶园。水产主要以浅滩贝类养殖为主，产杂色蛤、黄蛤、蛤蛏等水产品。工业以生物海藻、电气设备、行车机械、健身器材、绿色食品、有机饲料等生产加工为主，建有海阳汽车零部件产业园。旅游业建有丁字湾亚沙文化旅游产业聚集区。省道威青公路过境。

辛安镇 370687-B08

[Xīn'ān Zhèn]

海阳市辖镇。在市境西南部。面积137平方千米。人口5.2万。辖49村委会，有53自然村。镇人民政府驻辛安村。1950年属第九区。1958年设辛安公社。1984年改设乡。1994年改置镇。2000年大山所乡并入。因镇政府驻地得名。境内有大山、虎脚山，赵家河、修家河、谢家河从境内穿过，南临黄海。有中小学4所，卫生院1个，广场1个。农业以畜牧养殖和蔬菜、林果、蚕桑种植为主，特产草莓、红富士苹果，建有桑园。渔业主要养殖中国对虾、日本车虾、南美白对虾、海参、杂色蛤等。畜牧业养殖长毛兔、白羽王鸽。工业以针织加工业为主，建有针织工业园区，是著名品牌华伦•天奴、恒源祥、华金等生产加工基地。服务业有酒店、餐饮服务业和“渔家乐”“农家乐”、工艺编织民俗游等旅游项目。威青高速过境。

二十里店镇 370687-B09

[Èrshílǐdiàn Zhèn]

海阳市辖镇。在市境西部。面积104平方千米。人口3.2万。以汉族为主，还有维、回等民族。辖42村委会，有44自然村。镇人民政府驻岚前坡村。1950年属第十区。1958年设二十里店公社。1984年改设乡。1994年改置镇。以镇政府原驻地村二十里店得名。纪疃河、炉上河、埠峰河等从境内穿过。有中小学2所，卫生院1个。农业以种植业和林果业为主，主产小麦、玉米、花生、蔬菜、苹果等，蔬菜种植为特色农业，是“海阳白黄瓜”发源地。工业以建筑材料、食品加工、五金加工为主，建有工业园区。服务业有酒店餐饮、物流业等。威青高速、省道小莱公路过境。

朱吴镇 370687-B10

[Zhūwú Zhèn]

海阳市辖镇。在市境中部。面积199平方千米。人口4.3万。辖68村委会，有69自然村。镇人民政府驻朱吴村。1950年属第六区。1958年设朱吴公社。1984年改设乡。2000年改置镇。因镇政府驻地得名。境内有双崮、单崮、跑马岭、唐顶、七峰寨等山，东村河、沟杨家河、朱吴河从境内穿过。有中小学3所，卫生院1个。有以地雷战实景表演为主体的红色旅游景区、天门山生态景区。农业以种植业、林果业、养殖业和桑蚕业为主，盛产樱桃、桃子、板栗、苹果等，建有桑园，养殖业以牛、羊、鸡、兔为主。工业以机械加工、食品饮料、纺织、化工等为主。旅游业以红色文化游、生态风景游、休闲娱乐游、民俗风情游、风力发电游和农家乐旅游为特色，有地雷战旅游区、海阳红樱桃等特色林、水果种植现代农业观光景区等。309国道、省道烟凤公路过境。

旧地名

大辛家镇（旧） 370687－U01
[Dàxīnjiā Zhèn]

海阳市辖镇。在市境东南部。1984 年设立。2000 年并入留格庄镇。

高家乡（旧） 370687－U02
[Gāojiā Xiāng]

海阳市辖乡。在市境东北部。1984 年设立。1997 年庙后、当道、程家庄、宅家夼 4 村划归郭城镇。2000 年并入朱吴镇。

南城阳乡（旧） 370687－U03
[Nánchéngyáng Xiāng]

海阳市辖乡。在市境中部。1984 年设立。1995 年并入东村镇。

山西头乡（旧） 370687－U04
[Shānxītóu Xiāng]

海阳市辖乡。在市境北部。1984 年设立。2000 年并入徐家店镇。

战场泊乡（旧） 370687－U05
[Zhànchǎngpō Xiāng]

海阳市辖乡。在市境北部。1984 年设立。1995 年并入郭城镇。

北埠后乡（旧） 370687－U06
[Běibùhòu Xiāng]

海阳市辖乡。在市境西北部。1984 年设立。2000 年与发城镇合并为发城镇。

泉水头乡（旧） 370687－U07
[Quánshuǐtóu Xiāng]

海阳市辖乡。在市境西部。1984 年设立。2000 年与小纪镇合并为小纪镇。

赵疃乡（旧） 370687－U08
[Zhàotuǎn Xiāng]

海阳市辖乡。在市境西南部。1984 年设立。2000 年并入行村镇。

大山所乡（旧） 370687－U09
[Dàshānsuǒ Xiāng]

海阳市辖乡。在市境西南部。1984 年设立。2000 年并入辛安镇。

黄崖乡（旧） 370687－U10
[Huángyá Xiāng]

海阳市辖乡。在市境西部。1984 年设立。1995 年并入泉水头乡。

社区

北山社区 370687－A01－J01
[Běishān Shèqū]

属东村街道管辖。在海阳市南部。面积 0.76 平方千米。人口 17 800。老城区北依小山，俗称北山，该社区位于老城区北部，故以此为名。2010 年成立。有楼房 208 栋，现代建筑风格。驻有海阳市实验小学等单位。有志愿者服务，开展“七一”党的生日大型文艺晚会、“大手牵小手”关爱留守儿童等活动。通公交车。

兴海社区 370687－A01－J02
[Xīnghǎi Shèqū]

属东村街道管辖。在海阳市南部。面积 1.57 平方千米。人口 7 800。取振兴海阳之意，故名。2010 年成立。有楼房 90 栋，现代建筑风格，还有平房。驻有海阳市财政局、海阳市实验中学等单位。开展国庆节走访老党员、特殊家庭生日会、打造完美社区环境等活动。通公交车。

海政社区 370687-A01-J03
[Hǎizhèng Shèqū]

属东村街道管辖。在海阳市南部。面积 1.82 平方千米。人口 26 500。海阳市政府位于此，且临海政路，故名。2009 年成立。有楼房 250 栋，现代建筑风格。驻有海阳市水利局、海阳市第三人民医院等单位。有志愿者服务，开展文艺演出、法律宣传、义务劳动等活动。通公交车。

文山社区 370687-A02-J01
[Wénshān Shèqū]

属方圆街道管辖。在海阳市南部。面积 6.06 平方千米。人口 13 900。因文山街而得名。2010 年成立。有楼房 168 栋，现代建筑风格。驻有海阳市环保局、海阳市交通运输局等单位。通公交车。

双阳社区 370687-A02-J02
[Shuāngyáng Shèqū]

属方圆街道管辖。在海阳市南部。面积 2.1 平方千米。人口 11 200。因社区内西哲阳村、东哲阳村而得名。2010 年成立。有楼房 90 栋，现代建筑风格。驻有海阳市新元中学、方圆集团等单位。有志愿者服务，开展到养老院看望老人、看望困难老党员等活动。通公交车。

阳光社区 370687-A02-J03
[Yángguāng Shèqū]

属方圆街道管辖。在海阳市南部。面积 1.07 平方千米。人口 17 400。取阳光之意，且社区内有阳光花园、阳光雅苑两个住宅小区，故名。2009 年成立。有楼房 154 栋，现代建筑风格。驻有海阳市人民医院、海阳市中医医院等单位。有志愿者服务，开展过端午节到小区送温暖、家庭急救知识讲座、定期探望孤寡老人等活动。通公交车。

新元社区 370687-A02-J04
[Xīnyuán Shèqū]

属方圆街道管辖。在海阳市南部。面积 1.87 平方千米。人口 10 900。因临新元广场，故名。2008 年成立。有楼房 78 栋，现代建筑风格。驻有海阳市气象局、海阳市烈士陵园管理处等单位。开展文艺演出等活动。通公交车。

凤凰社区 370687-A03-J01
[Fènghuáng Shèqū]

属凤城街道管辖。在海阳市南部。面积 5.1 平方千米。人口 4 700。因位于凤城街道而取名“凤凰”。2010 年成立。有楼房 271 栋，现代建筑风格。驻有凤城街道办事处等单位。有社区老年人日间照料服务。通公交车。

黄海社区 370687-A03-J02
[Huánghǎi Shèqū]

属凤城街道管辖。在海阳市南部。面积 6.1 平方千米。人口 12 500。因社区南临黄海，故以此为名。2010 年成立。有楼房 122 栋，现代建筑风格。通公交车。

长岛县

长岛县 370634
[Chángdǎo Xiàn]

烟台市辖县。北纬 37°55′，东经 120°44′。在市境北部。面积 29 平方千米。人口 4.3 万。辖 1 街道、1 镇、6 乡。县人民政府驻南长山街道。秦至隋属黄县。唐置大谢戍。宋称沙门岛，为流放犯人之处。元以后称长山岛，亦称庙岛，皆属蓬莱县。1928 年由蓬莱县析出，置长山八岛行政区，属省及海军。1945 年设长山岛特区，属北海专区。1950 年属莱阳专区。1956 年置长岛县。1958年并入蓬莱县。1963年复置，属烟台专区。1967年属烟台地区。1983年属烟台市。（资料来源：《长岛县地名志》）以长山岛命名。境内属低山丘陵区，滨海地带有小面积平原。最高的岛屿是高山岛，海拔202.8米；最低的岛是东嘴石岛，海拔7.2米。年均气温11.9℃，1月平均气温-1.6℃，7月平均气温24.5℃。年均降水量560毫米。有野生植物2 012种，其中国家二级重点保护野生植物3种。有野生动物333种，其中国家一、二级保护野生动物40种。有国家级自然保护区1个。森林覆盖率60%。有国家级科研单位1个、省级科研单位1个。有中小学12所，图书馆1个，档案馆1个，体育场馆1个，二级以上医院1个。有国家级文物保护单位2个、省级文物保护单位5个，国家级非物质文化遗产1个、省级非物质文化遗产4个，重要古迹、景点5个。三次产业结构比例为59.3∶8.7∶32。农业以渔业为主，盛产海产品，有刺参、皱纹盘鲍、栉孔扇贝、光棘球海胆等特产，另种植水果、蔬菜。工业以水产品精深加工为主。服务业以休闲旅游、物流运输、金融业为主。有263省道、北砣矶水道、南砣矶水道、高山水道、猴矶水道、长山水道过境。

南长山街道 370634-A01

[Nánchángshān Jiēdào]

长岛县人民政府驻地。在县境南部。面积13平方千米。人口1.8万。2010年设立。因位于长岛县南端的南长山岛而得名。东临黄海。有中小学6所，文化馆1个，图书馆1个，医疗卫生机构2个。农业以渔业为主，主要养殖扇贝、海参等海珍品。工业以水产品精深加工为主。服务业以旅游业为主，旅游景区有峰山、林海、望夫礁、仙境源等。通公交车。

砣矶镇 370634-B01

[Tuójī Zhèn]

长岛县辖镇。在县境北部。面积7平方千米。人口0.8万。辖8村委会，有8自然村。镇人民政府驻大口东山村。1949年设砣矶乡。1962年由长岛公社析设砣矶公社。1984年改置镇。因位于砣矶岛上，以岛得名。在庙岛群岛中部，东临黄海，西依渤海。有小学1所。有重要名胜古迹后口岳石文化遗址、井口龙山文化遗址、山海林公园、砣矶巨人石、高山岛奇洞异石等，时常出现海市蜃楼景观。有国家级非物质文化遗产长岛渔民号子。渔业以海洋捕捞和海水养殖为主，盛产海带、扇贝、裙带菜、海参、鲍鱼、海胆、虾夷扇贝、杂交贝及各种鱼类。工业以水产品加工、渔轮制造业为主。服务业以原生态休闲旅游为主。有砣矶港码头。

北长山乡 370634-C01

[Běichángshān Xiāng]

长岛县辖乡。在县境南部。面积11平方千米。人口0.3万。辖6村委会，有6自然村。乡人民政府驻北城村。1949年设庙岛乡，后撤。1962年析长岛公社部分地设北长山公社。1984年改设北长山乡。2000年撤销庙岛、北长山2乡，设立北长山区公所。2003年复设北长山乡。因位于北长山岛上，以岛得名。有嵩山、凤凰山等山峰。有小学1所，卫生院1个。有月牙湾、九丈崖、妈祖显应宫等旅游资源。为农渔养结合区，形成以海水养殖、近海捕捞和旅游服务为主体，农林牧辅之的经济结构。海产品有栉孔扇贝、海参、鲍鱼等。有黑松、刺槐、国槐等树木。有263省道过境。

黑山乡 370634-C02

[Hēishān Xiāng]

长岛县辖乡。在县境西部。面积10平

方千米。人口 0.2 万。辖 7 村委会，有 8 自然村。乡人民政府驻北庄村。1949 年为黑山乡。1958 年并入长岛公社。1962 年析设黑山公社。1984 年改设乡。1985 年分设小、大黑山乡。2000 年 2 乡合并，改设黑山区公所。2003 年改为黑山乡。因位于大小黑山岛上，以岛得名。有小学 1 所，卫生院 1 个。有重要名胜古迹北庄遗址、龙爪山景区。经济以海水养殖业为主，辅以捕捞业和加工业，盛产几十种经济鱼虾类，有褐藻、绿藻、红藻等 100 多种藻类和红螺、贻贝、牡蛎等 20 多种贝类，特产海参、鲍鱼、扇贝等海珍品。工业以海产品加工冷藏和建筑业为主。有公路经此。有黑山乡客运码头。

大钦岛乡 370634-C03

[Dàqīndǎo Xiāng]

长岛县辖乡。在县境北部。面积 7 平方千米。人口 0.4 万。辖 4 村委会，有 4 自然村。乡人民政府驻北村。1949 年为钦岛乡。1958 年并入长岛公社。1962 年析设钦岛公社。1984 年复设乡。1985 年分设小、大钦岛 2 乡。2000 年撤乡设区公所。2003 年复设乡。因位于大钦岛上，以岛得名。东临黄海，西依渤海。有小学 1 所，卫生院 1 个。有重要古迹北村遗址、东村紫荆山文化遗址。发展海水立体化养殖，形成捕养结合型经济结构，盛产海带、对虾、海参、海兔、鲍鱼、虾夷贝等，建有罐头、造船、冷藏等企业。有公路经此。有大钦岛港码头。

小钦岛乡 370634-C04

[Xiǎoqīndǎo Xiāng]

长岛县辖乡。在县境北部。面积 1 平方千米。人口 0.1 万。辖 1 村委会，有 1 自然村。乡人民政府驻小钦岛村。1934 年属钦岛乡。1945 年属钦岛区。1948 年属钦岛乡。1958 年 11 月为长岛人民公社钦岛大队。1963 年 6 月成立钦岛人民公社。1984 年 3 月撤销钦岛人民公社，设立钦岛乡。1985 年 4 月从钦岛乡划出小钦岛，设立小钦岛乡。2000 年 12 月撤销小钦岛乡，设立小钦岛区公所。2003 年 2 月恢复设立小钦岛乡。因岛得名。有小学 1 所。渔业以海珍品增殖业为重点，有渔业捕捞、海水养殖和养殖育苗业，盛产 30 多种经济鱼类和 200 多种贝藻类，特产海参、鲍鱼、虾夷贝、紫海胆等名贵海珍品。有海珍品加工厂、冷藏厂和修船厂。有公路经此。有小钦港码头。

南隍城乡 370634-C05

[Nánhuángchéng Xiāng]

长岛县辖乡。在县境北部。面积 2 平方千米。人口 0.1 万。辖 1 村委会，有 1 自然村。乡人民政府驻南隍城村。1949 年属隍城乡，后属隍城公社。1985 年设南隍城乡。2000 年改设区公所。2003 年恢复南隍城乡。因位于南隍城岛上而得名。有小学 1 所，卫生院 1 个。有重要古迹摩崖石刻、海底石坝。经济以海水养殖、捕捞为主，实行贝、藻、珍，上、中、下立体化生态型养殖，盛产海参、鲍鱼、海胆等海产品。有修船厂、冷藏厂、海产品加工厂，有渔港 1 处。有公路经此。有南隍城岛码头。

北隍城乡 370634-C06

[Běihuángchéng Xiāng]

长岛县辖乡。在县境北部。面积 3 平方千米。人口 0.2 万。辖 2 村委会，有 2 自然村。乡人民政府驻山前村。1949 年置隍城乡，后撤。1962 年由长岛公社析设隍城公社。1984 年复置乡。1985 年分设北隍城、南隍城 2 乡。2000 年 12 月撤乡建区公所。2003 年 2 月恢复北隍城乡。因位于北隍城岛上，以岛得名。有小学 1 所，卫生院 1 个。有重要古迹唐王城、山前遗址。经济以海产品捕捞、育苗、养殖和加工业为主，主产鲅鱼、鲐鱼、鲳鱼、黄黑鱼等经济鱼类和海带、鲍鱼、虾夷贝、海参苗种等。有冷藏厂和海产品加工厂。有公路经此。有北隍城岛码头。

旧地名

小黑山乡（旧） 370634–U01
[Xiǎohēishān Xiāng]

属长岛县管辖。在县境南部。1985 年设立。2000 年撤销，并入黑山乡。

庙岛乡（旧） 370634–U02
[Miàodǎo Xiāng]

属长岛县管辖。在县境南部。1985 年设立。2000 年撤销，并入北长山乡。

社区

城东社区 370634–A01–J01
[Chéngdōng Shèqū]

属南长山街道管辖。在长岛县东部。面积 1.6 平方千米。人口 4 800。因其地理位置命名。2003 年成立。有楼房 127 栋，现代建筑风格。驻有长岛县公安局、长岛县财政局、长岛县民政局等单位。通公交车。

城西社区 370634–A01–J02
[Chéngxī Shèqū]

属南长山街道管辖。在长岛县南部。面积 1.5 平方千米。人口 5 600。因其地理位置命名。2003 年成立。有楼房 215 栋，现代建筑风格。驻有长岛县旅游局等单位。通公交车。

城北社区 370634–A01–J03
[Chéngběi Shèqū]

属南长山街道管辖。在长岛县北部。面积 2.5 平方千米。人口 1 600。因其地理位置命名。2003 年成立。有楼房 106 栋，现代建筑风格。驻有南长山街道办事处、长岛县电业局等单位。通公交车。

二　居民点

芝罘区

城市居民点

祥和小区 3370602-I01
[Xiánghé Xiǎoqū]

在区境北部。人口 3 749。总面积 2.4 公顷。“祥和”二字出自清赵翼《静观》诗之九“应兴储祥和，不复布戾悍”，寓意吉祥和谐，故名。一期 1990 年正式使用，二期 1992 年正式使用，三期 1994 年正式使用，四期 1998 年正式使用。建筑总面积 71 720 平方米，多层住宅楼 28 栋，中式建筑特点。绿化率 2.7%。有小学等配套设施。通公交车。

白石新城 370602-I02
[Báishíxīnchéng]

在区境中部。人口 1 200。总面积 30 公顷。因北靠白石路，故名。1972 年正式使用。建筑总面积 14 400 平方米，多层住宅楼 6 栋，现代建筑特点。有市场等配套设施。通公交车。

上林苑 370602-I03
[Shànglínyuàn]

在区境中部。人口 992。总面积 3 公顷。以汉武帝刘彻所建上林苑命名。2003 年始建，2005 年正式使用。多层住宅楼 10 栋，现代建筑特点。绿化率 25%。通公交车。

金沟寨小区 370602-I04
[Jīngōuzhài Xiǎoqū]

在区境东部。人口 8 616。总面积 1.78 公顷。以原村庄名命名。1992 年始建，2004 年正式使用。建筑总面积 294 000 平方米，住宅楼 103 栋，其中高层 12 栋、多层 91 栋，现代建筑特点。绿地面积 1 230 平方米。通公交车。

玺萌小区 370602-I05
[Xǐméng Xiǎoqū]

在区境西部。人口 5 126。总面积 54 公顷。由烟台玺萌房地产开发有限公司建设，故名。2008 年始建，2012 年正式使用。建筑总面积 440 000 平方米，高层住宅楼 48 栋，现代建筑特点。绿化率 20%。通公交车。

珠玑小区 370602-I06
[Zhūjī Xiǎoqū]

在区境西部。人口 3 521。总面积 23 公顷。以原村名命名。2002 年正式使用。建筑总面积 176 400 平方米，多层住宅楼 245 栋，现代建筑特点。绿地面积 400 平方米。通公交车。

福山区

城市居民点

福惠花园 370611-I01
[Fúhuì Huāyuán]

在区境南部。2 500 户。总面积 21.0 公顷。取“福泽社会、惠及民生”之意，故名。2010 年始建，2013 年正式使用。建筑总面积 560 000 平方米，住宅楼 83 栋，其中高层 20 栋、多层 63 栋，中式建筑风格。有幼儿园、妇女儿童家园、休闲广场等配套设施。通公交车。

梨苑新城 370611-I02
[Líyuàn Xīnchéng]

在区境西北部。1 000 户。总面积 25.0 公顷。以前此地是楮佳疃村的一片梨园，故以古时福山八大景之一“奇泉梨花”命名。2008 年始建，2010 年正式使用。建筑总面积 105 099 平方米，住宅楼 87 栋，其中高层 13 栋、多层 74 栋，中式建筑风格。有健身广场、老年活动室、卫生所、图书阅览室等配套设施。通公交车。

富丽新城 370611-I03
[Fùlì Xīnchéng]

在区境东南部。500 户。总面积 100.0 公顷。意为住在小区的人们“富贵、和谐、温馨、向上”，故名。2008 年始建，2011 年正式使用。建筑总面积 84 904 平方米，多层住宅楼 18 栋，中式建筑风格。有健身广场、老年活动室、卫生所、图书阅览室等配套设施。通公交车。

乡村记忆小区 370611-I04
[Xiāngcūnjìyì Xiǎoqū]

在区境西部。500 户。总面积 15.9 公顷。小区以“亲近大自然，走进原生态”的乡村回忆之意命名。2009 年开工，2011 年正式使用。建筑总面积 72 625 平方米，多层住宅楼 22 栋，中式建筑风格。有健身广场、老年活动室、卫生所、图书阅览室等配套设施。通公交车。

农村居民点

臧家 370611-A02-H01
[Zāngjiā]

在区驻地清洋街道西北方向 7.0 千米。福新街道辖自然村。人口 1 000。以姓氏名村。聚落呈团块状分布。有图书阅览室，有中学 1 处、小学 1 处、幼儿园 1 处。古迹有臧家新石器遗址。经济以种植业为主，主要农作物有大樱桃。有公路经此。

垆上 370611-A02-H02
[Lúshàng]

在区驻地清洋街道西北方向 6.2 千米。福新街道辖自然村。人口 800。因以打铁为业者较多，故名炉上，后演变为今名。聚落呈团块状分布。有文化广场 1 处、幼儿园 1 处。历史遗迹有官道。经济以种植业为主，主要农作物有大樱桃。有烟台大三元食品科技有限公司、万顺精密、利航船舶等企业。有公路经此。

门楼 370611-A03-H01
[Ménlóu]

在区驻地清洋街道南方向 9.4 千米。门楼街道辖自然村。人口 3 400。元末明初，丛、柳、张三姓先后从河南省固始县小云南镇迁此建村，时因原村北道口有座砖石结构的村防门楼，故名。聚落呈团块状分布。有文化广场1处、小学1处、中学1处。经济以种植业和制造业为主。有公路经此。

塔寺庄 370611-A03-H02
[Tǎsìzhuāng]

在区驻地清洋街道南方向7.8千米。门楼街道辖自然村。人口1 000。唐朝初期，刘、徐二姓先后来此建村，因村东有一寺二塔，故名。聚落呈团块状分布。经济以种植业、制造业为主，主要农作物有小麦、玉米，特产大樱桃。有公路经此。

东陌堂 370611-A03-H03
[Dōngmòtáng]

在区驻地清洋街道东南方向12.6千米。门楼街道辖自然村。人口2 400。因习惯称田间小路南北谓阡，东西谓陌，村坐落在东西向小路东端，故名。聚落呈团块状分布。有小学1处、幼儿园1处。经济以种植业为主，主要农作物有大樱桃、草莓等。企业有烟台东润置业有限公司、山东航空烟台分公司。兰烟铁路、204国道经此。

南涂山 370611-A03-H04
[Nántúshān]

在区驻地清洋街道东南方向4.5千米。门楼街道辖自然村。人口2 400。明代建村，因村建于土山之南，故名“南土山”，后演变为南涂山。聚落呈团块状分布。有幼儿园1处。有市级非物质文化遗产项目南涂山六合棍法。经济以种植业为主，主要农作物有草莓、大樱桃、小麦、玉米、花生、地瓜、苹果。有烟台乙炔气厂、福山包装厂等企业。有公路经此。

家后 370611-A03-H05
[Jiāhòu]

在区驻地清洋街道东南方向5.1千米。门楼街道辖自然村。人口300。明弘治年间，东碓刘姓分支至此建村，因在“老家”东碓村之北，故名家后。聚落呈团块状分布。有小学1处。有市级文物保护单位家后天主教堂。经济以种植业为主，主要农作物有大樱桃。有公路经此。

南庄 370611-A03-H06
[Nánzhuāng]

在区驻地清洋街道南方向9.9千米。门楼街道辖自然村。人口800。因其位于二区政府驻地门楼之南，故名南庄。1956年南沟村并入，统称南庄。聚落呈团块状分布。有文化大院1处、小学1处、幼儿园1处。有市级文物保护单位南庄墓群。经济以种植业为主，主要农作物有大樱桃。有公路经此。

两甲庄 370611-A03-H07
[Liǎngjiǎzhuāng]

在区驻地清洋街道南方向6.5千米。门楼街道辖自然村。人口1 600。元至正年间，孙姓兄弟由河南省固始县迁此建村，分居东、西两处，称四甲和八甲。明洪武年间二甲合并，故名。另说因位于两山峰之间，呈夹状，故名两夹庄，后演变成两甲庄。聚落呈团块状分布。有幼儿园1处。古迹有三官庙遗址。经济以种植业为主，主要农作物有大樱桃。有聚氨酯材料厂、锦程化工厂、电焊机制造公司、机械加工厂、静电粉末涂料厂等企业。有公路经此。

贾家疃 370611-A03-H08
[Jiǎjiātuǎn]

在区驻地清洋街道东南方向5.4千米。门楼街道辖自然村。人口1 100。贾姓自河南省固始县迁入，人丁繁衍极快，成为大户，故名贾家疃。聚落呈团块状分布。有幼儿园1处。经济以种植业为主，主要农作物有大樱桃。有金裕丰钢管厂等企业。蓝烟铁路经此。

下许家 370611–A03–H09

[Xiàxǔjiā]

在区驻地清洋街道南方向 13.3 千米。门楼街道辖自然村。人口 1 200。元大德年间，许姓兄弟二人由福山城北永福园村迁此建村，弟居河沟下游北，故名下许家。聚落呈团块状分布。有幼儿园 1 处。经济以种植业为主，主要农作物有大樱桃。有公路经此。

集贤 370611–A03–H10

[Jíxián]

在区驻地清洋街道南方向 11.2 千米。门楼街道辖自然村。人口 3 000。元至正年间，姜姓由牟平县小辗迁此建村，因靠近集贤寺，以寺名冠村名。聚落呈团块状分布。有幼儿园 1 处。古迹有集贤寺遗址。经济以种植业为主，主要农作物有小麦、玉米、花生、苹果等。有公路经此。

东汪格庄 370611–A03–H11

[Dōngwānggézhuāng]

在区驻地清洋街道南方向 9.9 千米。门楼街道辖自然村。人口 500。原址先有汪姓定居，因地处清洋河包围之中，故名汪格庄。元朝初期，赵姓由文登县大白石崖迁至该址建村，因在西汪格庄以东，遂称东汪格庄。聚落呈团块状分布。经济以种植业为主，主要农作物有大樱桃。有公路经此。

绍瑞口 370611–A03–H12

[Shàoruìkǒu]

在区驻地清洋街道东南方向 10.5 千米。门楼街道辖自然村。人口 3 600。相传，明洪武年间，许、周、金、王四姓由河南省固始县迁此建村，因地处小河口处，故名小水口。1938 年取吉祥之意，以方言谐音，改称绍瑞口。有小学 1 处、幼儿园 1 处。经济以种植业为主，主要农作物有小麦、玉米、大樱桃、草莓、苹果等。兰烟铁路经此。

东厅 370611–A04–H01

[Dōngtīng]

在区驻地清洋街道西南方向 6.5 千米。东厅街道辖自然村。人口 1 300。明洪武年间，官方曾在西北青石山开矿采铜，其监督机构设此，分东西二厅，文官居东，故名东厅。聚落呈团块状分布。有中学、小学。经济以加工业、制造业为主。有公路经此。

老官庄 370611–A04–H02

[Lǎoguānzhuāng]

在区驻地清洋街道西方向 4.7 千米。东厅街道辖自然村。人口 700。明万历年间，王氏九世祖崇文，因家境没落，携家小来此建村定居务农，自称庄子。后因其系千户将军王海之后，故誉称老官庄。聚落呈团块状分布。有农家书屋、幼儿园。古迹有王氏宗祠。经济以种植业为主，主要农作物有小麦、大樱桃、核桃，土特产有老官庄小米、红薯、红薯条。

吴阳泉 370611–A04–H03

[Wúyángquán]

在区驻地清洋街道西方向 7.2 千米。东厅街道辖自然村。人口 800。元末明初，吴姓迁此建村，因村西向阳处有一泉，取名为阳泉村。清末，吴姓繁衍为大户，更村名为吴阳泉。聚落呈团块状分布。有幼儿园 1 处。经济以种植业为主，主要农作物有大樱桃。有公路经此。

桃园 370611-A04-H04

[Táoyuán]

在区驻地清洋街道西南方向 6.1 千米。东厅街道辖自然村。人口 400。明洪武年间，李姓由芝罘迁此建村，肖、周、迟、初姓相继迁至此村，因杂姓居住，为祈求吉兆，以三国时刘、关、张桃园三结义典故命名。聚落呈团块状分布。有幼儿园、图书室。经济以种植业为主，主要农作物有大樱桃。有养猪专业户 2 户。有瓶盖厂、静电喷涂厂等企业。有公路经此。

丁家夼 370611-A04-H05

[Dīngjiākuǎng]

在区驻地清洋街道西方向 7.2 千米。东厅街道辖自然村。人口 600。元至正年间，丁姓人家在此建村，因地处洪山夼、南夼、北夼三夼交汇处，故名。聚落呈团块状分布。有图书室、幼儿园。经济以种植业为主，主要农作物有大樱桃。有塑料厂、瓶盖厂等企业。有公路经此。

南十里堡 370611-A04-H06

[Nánshílǐpù]

在区驻地清洋街道西南方向 5.4 千米。东厅街道辖自然村。人口 500。因离城十里地，故名十里堡。1949 年后，因与臧家乡十里堡重名，更名南十里堡。聚落呈团块状分布。有小学、幼儿园、图书室。经济以种植业为主，主要农作物有大樱桃。有公路经此。

奇章 370611-A05-H01

[Qízhāng]

在区驻地清洋街道西北方向 5.8 千米。福莱山街道辖自然村。人口 3 500。明洪武年间，于、张两姓迁此建村，后因两姓不合，张姓迁往古现张家，于姓将该村命名为“气张”，后改为奇章。聚落呈团块状分布。有幼儿园。经济以农副业为主。有公路经此。

宫家台子 370611-A05-H02

[Gōngjiātáizi]

在区驻地清洋街道东北方向 5.6 千米。福莱山街道辖自然村。人口 500。相传，明洪武年间，宫和、宫海二兄弟从河南省固始县小云镇迁来此地建村，又因村址高于四周地形，故以姓氏命名为宫家台子。聚落呈团块状分布。有幼儿园。经济以种植业为主。有公路经此。

马家 370611-A05-H03

[Mǎjiā]

在区驻地清洋街道西北方向 9.6 千米。福莱山街道辖自然村。人口 900。据传，宋宣和年间，马氏迁居到此，以姓氏命名。经济以种植业为主。有公路经此。

栖里 370611-A05-H04

[Qīlǐ]

在区驻地清洋街道北方向 4.9 千米。福莱山街道辖自然村。人口 1 900。明朝，陈姓迁此建村，因陈姓人丁兴旺，取村名为陈家。后史姓要迁入，陈姓不许，史姓就在村西南搭棚居住，后史姓兴旺，陈姓衰微，史姓取名栖里。聚落呈团块状分布。有幼儿园。经济以种植业为主。有公路经此。

东吴家 370611-A06-H01

[Dōngwújiā]

在区驻地清洋街道西北方向 12.4 千米。古现街道辖自然村。人口 1 000。明万历年间，吴汇在此落户，以姓氏命名为吴家口。后因与南夼吴家重名，故又冠以方位，称东吴家。聚落呈团块状分布。经济以种植业为主，主要农作物有大樱桃、玉米、花生、桃子等。有公路经此。

棘子夼 370611-A06-H02
[Jízikuǎng]

在区驻地清洋街道西北方向11.2千米。古现街道辖自然村。人口300。此地原为王家庄，清初，因地处山夼，荆棘较多，故更名棘子夼。经济以种植业为主，主要农作物有大樱桃、玉米、花生等。有公路经此。

陈家沟 370611-A06-H03
[Chénjiāgōu]

在区驻地清洋街道西北方向17.7千米。古现街道辖自然村。人口400。相传，明万历年间，陈龙带子女由安徽省迁此建村，因位于磁山东麓山沟，以姓氏命名为陈家沟。聚落呈团块状分布。经济以种植业为主，主要农产品有大樱桃和玉米。有公路经此。

院下 370611-A06-H04
[Yuànxià]

在区驻地清洋街道西北方向11.9千米。古现街道辖自然村。人口800。相传，明弘治年间，孙姓来此建村，因村西高处有崮岃寺庙，该村坐落在庙院下，故名。聚落呈团块状分布。经济以种植业为主，主要农产品有大樱桃、玉米、花生等。有公路经此。

石屋营 370611-A07-H01
[Shíwūyíng]

在区驻地清洋街道西北方向17.0千米。八角街道辖自然村。人口800。相传古时候，八角海边有一巨石，状如石屋，村因此得名石屋。后因明崇祯年间有兵营驻此，更名为石屋营。聚落呈团块状分布。有幼儿园1处、文化大院1处。经济以种植业为主，渔业为辅。有公路经此。

花岩 370611-A07-H02
[Huāyán]

在区驻地清洋街道西北方向17.3千米。八角街道辖自然村。人口500。明代在村西有寺庙名叫华岩寺，该村因此得名华岩村，后演变为花岩。聚落呈团块状分布。有文化大院。经济以种植业为主，主要农作物有小麦、大樱桃和苹果。有公路经此。

八角泊子 370611-A07-H03
[Bājiǎopōzi]

在区驻地清洋街道西北方向20.7千米。八角街道辖自然村。人口400。相传，明万历年间，陈姓始祖陈龙由河南省迁此建村，因地势低平，多沼泽，取名泊子。1980年地名普查时，因与福山镇泊子村重名，更名为八角泊子。聚落呈团块状分布。有文化大院。有国家级非物质文化遗产项目渔灯节。经济以种植业为主，主要农作物有小麦、大樱桃和苹果。有公路经此。

百堡 370611-A07-H04
[Bǎipù]

在区驻地清洋街道西北方向18.0千米。八角街道辖自然村。人口1 400。相传，宋时汪姓在此建村，取名半阳府。明万历年间，彭、李、董、宋、孙诸姓相继迁此聚居，以村东大堡子距登州府百里，故名百堡。聚落呈团块状分布。有文化大院。经济以种植业为主，主要农作物有小麦、大樱桃和苹果。有公路经此。

范家 370611-A08-H01
[Fànjiā]

在区驻地清洋街道西北方向26.1千米。大季家街道辖自然村。人口500。明末，范氏由河南省固始县小云南镇迁至此地定居，以姓氏命名为范家。后因重名，1980年更名为东范家。2002年恢复原名范家。聚落呈团块状分布。有文化大院。经济以种植业为主，主要农产品有大樱桃和苹果。有公路经此。

山后初家 370611–A08–H02

[Shāhòuchūjiā]

在区驻地清洋街道西北方向31.0千米。大季家街道辖自然村。人口4 300。明朝末年，初旺由永福园迁此定居，初姓人丁兴旺，又因该村位于群山之北，故名山后初家。聚落呈团块状分布。有文化大院。有国家级非物质文化遗产项目渔灯节。经济以渔业、养殖业为主。有公路经此。

丈老沟 370611–A08–H03

[Zhànglǎogōu]

在区驻地清洋街道西北方向24.2千米。大季家街道辖自然村。人口500。宋朝时，荆姓由河南省固始县小云南镇迁至此地定居，取名荆家村。明朝，有位叫丈老的道士奉县知府之命募捐修桥，桥修成后，丈老便去世了，人们为了纪念丈老的功绩，便将此地取名为丈老沟。聚落呈团块状分布。有文化大院。经济以种植业为主，主要农产品有玉米、小麦、花生、苹果、梨、桃子、樱桃等。有公路经此。

芦洋 370611–A08–H04

[Lúyáng]

在区驻地清洋街道西北方向26.6千米。大季家街道辖自然村。人口3 200。唐朝初期，村南处设有练兵场，因其东侧生长大量芦苇，故称芦营寨。明洪武年间建村，因该村临海，故名芦洋。聚落呈团块状分布。经济以渔业、种植业为主，主要农作物有樱桃。有公路经此。

高疃北村 370611–B01–H01

[Gāotuǎnběicūn]

高疃镇人民政府驻地。在区驻地清洋街道西方向14.2千米。人口800。原为高、田两姓建村，名高田村，后演变为高疃。1950年，高疃村分为三个村，此村在北，故名。聚落呈团块状分布。有幼儿园。经济以种植业为主，主要农作物有小麦、玉米、花生、大樱桃、大姜。有公路经此。

义井 370611–B01–H02

[Yìjǐng]

在区驻地清洋街道西方向11.1千米。高疃镇辖自然村。人口600。明洪武年间，万姓迁此建村。据传昔有一官行至此，饮井水解渴，称井为义，故村名义井。聚落呈团块状分布。古迹有潘氏宗祠。经济以种植业为主，主要农作物有小麦、玉米、草莓等。有公路经此。

大谷家 370611–B01–H03

[Dàgǔjiā]

在区驻地清洋街道西方向18.7千米。高疃镇辖自然村。人口1 000。北宋时，孙姓最早迁入此地。明崇祯年间，谷姓由蓬莱燕子夼迁入，孙姓外迁，遂以谷姓命名。聚落呈团块状分布。有幼儿园1处。古迹有大谷家溶洞。经济以种植业为主，主要农作物有小麦、玉米等。特产有中华猕猴桃。有公路经此。

湘河 370611–B01–H04

[Xiānghé]

在区驻地清洋街道西方向12.5千米。高疃镇辖自然村。人口1 100。明嘉靖年间，李姓在此建村，因村西南有个仙道口，曾名仙后村。清末根据周围三面环水的地理条件，改今名。聚落呈团块状分布。有小学、幼儿园。经济以种植业为主，主要农作物有小麦、玉米、花生、葡萄、草莓。有公路经此。

曲家 370611–B01–H05

[Qūjiā]

在区驻地清洋街道西南方向14.5千米。

高疃镇辖自然村。人口 1 300。明朝中期，曲氏先人迁附近建村，名曲家。1960 年，因修建门楼水库移现址。聚落呈团块状分布。有幼儿园 1 处、民俗文化广场 1 处。有凉水湾山会。经济以种植业为主， 主产大樱桃，饲养鸡、牛、羊等。有化工厂、修配厂、面粉厂、油坊等。有公路经此。

曲家沟 370611–B01–H06

[Qūjiāgōu]

在区驻地清洋街道西方向 16.7 千米。高疃镇辖自然村。人口 1 000。明成化年间，曲姓迁此建村，因地处磁山和洪均顶之间，远望似山沟，故名。聚落呈团块状分布。有幼儿园 1 处。经济以种植业为主，主要农作物有小麦、玉米、地瓜、大樱桃、草莓、桃子等，建有示范葡萄园。养殖猪、羊、鸡。有石灰石场、石灰窑厂等企业。有公路经此。

西罗格庄 370611–B01–H07

[Xīluógézhuāng]

在区驻地清洋街道西方向 15.2 千米。高疃镇辖自然村。人口 800。明万历年间，罗姓兄弟二人迁此建村，兄在东，弟在西，以姓和方位命名为西罗格庄。聚落呈团块状分布。有图书室、幼儿园。古迹有神仙台。经济以种植业为主，主要农作物有大樱桃、草莓、玉米、花生、地瓜等。有公路经此。

和平 370611–B01–H08

[Hépíng]

在区驻地清洋街道西方向 9.6 千米。高疃镇辖自然村。人口 400。以吉祥嘉言而得名。聚落呈团块状分布。有幼儿园 1 处。古迹有清雍正十年（1732）湖北按察使王柔之墓的遗址。经济以种植业为主，主要农作物有大樱桃、小麦、玉米、苹果等。有公路经此。

大转 370611–B01–H09

[Dàzhuǎn]

在区驻地清洋街道西方向 10.2 千米。高疃镇辖自然村。人口 600。明天启年间，邹氏兄弟二人因水患迁此，名青石村。因村落东、南、北有一条蜿蜒的大沟谷，三面进村皆需转个大圈，又因兄居西为大，且离大沟较远，故名。又一说，因地理环境所限，冬天大雪期间马帮商队无法正常通过该村需转行，故名。聚落呈团块状分布。有幼儿园。经济以种植业为主，主要农作物有大樱桃、小麦、玉米、苹果、桃子等。有烟台康乐达食品有限公司等企业。有公路经此。

上疋山夼 370611–B01–H10

[Shàngyǎshānkuǎng]

在区驻地清洋街道西方向 10.9 千米。高疃镇辖自然村。人口 300。明成化年间，王楚兄弟二人迁此建村，因地处打山脚下、山夼上游，故名上打山夼。1936 年改今名。聚落呈团块状分布。有幼儿园。经济以种植业为主，主要农作物有大樱桃、小麦、玉米、地瓜、桃子、冬枣等。有公路经此。

肖家沟 370611–B01–H11

[Xiāojiāgōu]

在区驻地清洋街道西方向 19.0 千米。高疃镇辖自然村。人口 700。北宋时期，肖姓迁此建村，因地处山沟，故名。聚落呈团块状分布。古迹有王氏宗祠。经济以种植业为主，主要农作物有小麦、玉米、花生、香水梨。有公路经此。

肖家夼 370611–B01–H12

[Xiāojiākuǎng]

在区驻地清洋街道西方向 13.5 千米。高疃镇辖自然村。人口 1 300。清顺治年间，肖姓迁此建村，因位于山夼，故名。聚落呈带状分布。有幼儿园1处。古迹有龙王庙。经济以种植业为主，主要农作物有小麦、玉米、地瓜、大豆、花生、大樱桃、苹果、桃子。有公路经此。

张格庄 370611–B02–H01

[Zhānggézhuāng]

张格庄镇人民政府驻地。在区驻地清洋街道西南方向 15.5 千米。人口 2 200。明末蒋姓迁此建村，取名蒋格庄。后外姓相继迁入，改今名。聚落呈团块状分布。有小学 1 处。有大樱桃博物馆。经济以种植业、商业为主， 农产品有小麦、玉米、花生、葡萄、大樱桃。有烟台程果农业有限公司。有公路经此。

下官乐沟 370611–B02–H02

[Xiàguānlègōu]

在区驻地清洋街道西南方向 13.0 千米。张格庄镇辖自然村。人口 900。相传，某代朝廷一名官员回京时至此，被美丽山水景色所迷，整日寻欢作乐，故名下官乐。后因处山沟，故更名下官乐沟。聚落呈团块状分布。有文化大院。经济以种植业为主，主要农作物有大樱桃、小麦、玉米、地瓜等。有公路经此。

台上 370611–B02–H03

[Táishàng]

在区驻地清洋街道西南方向 13.8 千米。张格庄镇辖自然村。人口 800。明万历年间，郭姓由河南迁居于此，因居山岗土台之上，故名。聚落呈团块状分布。经济以种植业为主，主要农作物有小麦、大樱桃、玉米、地瓜等。有公路经此。

车家 370611–B02–H04

[Chējiā]

在区驻地清洋街道西南方向 16.2 千米。张格庄镇辖自然村。人口 900。以姓氏命名。聚落呈团块状分布。有幼儿园。古迹有峆嵧寺。经济以种植业为主，主要农作物有小麦、玉米、地瓜、花生等。有公路经此。

权家山 370611–B02–H05

[Quánjiāshān]

在区驻地清洋街道西南方向 15.1 千米。张格庄镇辖自然村。人口 400。明洪武年间，权姓迁此建村，因村周围皆山，故名。聚落呈团块状分布。有幼儿园。有中共福山县委办公旧址。经济以种植业为主，主要农作物有小麦、玉米、花生、香椿等。有公路经此。

杜家崖 370611–B02–H06

[Dùjiāyá]

在区驻地清洋街道西南方向 17.8 千米。张格庄镇辖自然村。人口 1 300。明崇祯年间，王、杜两户相继迁入，王姓居东，取名王家庄；杜姓居西土崖上下，取名杜家崖。后两村合并，统称杜家崖。1934 年又分东、西杜家崖，1944 年重新合并。聚落呈团块状分布。有文化广场、小学、幼儿园。经济以种植业为主，主要农作物有大樱桃、小麦、玉米、地瓜等。有公路经此。

冯家 370611–B02–H07

[Féngjiā]

在区驻地清洋街道西南方向 15.4 千米。张格庄镇辖自然村。人口 700。元末，冯姓迁此建村，以姓氏名村冯家。聚落呈团块状分布。有幼儿园。古迹有刘家茔遗址。经济以种植业为主，主要农作物有大樱桃、小麦、玉米、地瓜等。有公路经此。

文家 370611–B02–H08

[Wénjiā]

在区驻地清洋街道西南方向 11.8 千米。

张格庄镇辖自然村。人口 400。清初，文姓由山西省洪洞县迁入，故名文家。聚落呈团块状分布。古迹有母子坟遗址、洛湾遗址。经济以种植业为主，主要农作物有大樱桃、小麦、玉米等。有碱厂等企业。有公路经此。

西回里 370611－B03－H01

[Xīhuílǐ]

回里镇人民政府驻地。在区驻地清洋街道南方向 19.5 千米。人口 1 500。明初有姜姓两度迁此建村，以回归故里之意，加以方位，命名西回里。聚落呈团块状分布。有文化广场 1 处、阅览室 1 处、幼儿园 1 处。经济以种植业为主，主要农作物有小麦、玉米、地瓜、花生、苹果、大樱桃等。有鸿润蔬菜食品有限公司等企业。青荣城际铁路、兰烟铁路、204 国道经此。

善疃 370611－B03－H02

[Shàntuǎn]

在区驻地清洋街道南方向 21.2 千米。回里镇辖自然村。人口 2 000。宋初以单姓取名单疃，明万历年间改称善疃。聚落呈团块状分布。古迹有姜氏祠堂。经济以采摘旅游业为主，主要农作物有大樱桃、苹果、桃、板栗、苹果、石榴等。青荣城际铁路、兰烟铁路、204 国道经此。

土峻头 370611－B03－H03

[Tǔjùntóu]

在区驻地清洋街道南方向 20.0 千米。回里镇辖自然村。人口 900。明洪武年间，鹿姓从南关迁此建村，因村落在土清岭头脚下取名土清头。后取土岭高大，清为山峻之意，易今名。聚落呈团块状分布。有文化广场 1 处、图书馆 1 处。古迹有鹿氏宗祠。经济以种植业为主，主要农作物有大樱桃、苹果等。青荣城际铁路、兰烟铁路、204 国道经此。

刘家庄 370611－B03－H04

[Liújiāzhuāng]

在区驻地清洋街道南方向 20.5 千米。回里镇辖自然村。人口 800。元末，刘姓由牟平周格庄迁此建村，故名。聚落呈团块状分布。经济以种植业为主，主要农作物有苹果、大樱桃、草莓、梨等。青荣城际铁路、204 国道经此。

于村 370611－B03－H05

[Yúcūn]

在区驻地清洋街道东南方向 14.0 千米。回里镇辖自然村。人口 1 800。明朝中期，牟姓在此建村，取名牟家庄。后于姓由文登大水泊迁入，发展成大户，易名为于村。聚落呈团块状分布。有文化广场 1 处、图书馆 1 处、阅览室 1 处。经济以种植业为主，主要农作物有小麦、玉米、花生、地瓜、葡萄、大樱桃等。有公路经此。

西道平 370611－B03－H06

[Xīdàopíng]

在区驻地清洋街道南方向 16.5 千米。回里镇辖自然村。人口 1 800。清初，蓬莱、威海、莱阳三县县令赴某地议事，中途游览高炉寺时，在此相遇，互祝一道平安，现址周边八村遂统称道平，即后传八道平。清末，分为东、西两个村，王姓居西，称西道平。聚落呈团块状分布。有文化广场 1 处、图书馆 1 处。古迹有高炉寺遗址。经济以种植业为主，主要农作物有小麦、玉米、花生、地瓜、葡萄、苹果、大樱桃等。204 国道经此。

胡家夼 370611－B03－H07

[Hújiākuǎng]

在区驻地清洋街道南方向 18.0 千米。回里镇辖自然村。人口 1 500。明嘉靖年间，胡姓始祖胡尚庄来此建村，因地处山夼，故名。聚落呈团块状分布。经济以种植业为主，主要农作物有小麦、玉米、花生、地瓜、苹果、大樱桃、梨、大葱、芹菜、菜苗等。

谭家庄 370611-B03-H08

[Tánjiāzhuāng]

在区驻地清洋街道南方向 20.0 千米。回里镇辖自然村。人口 1 600。明正德年间，谭姓由潍县迁此建村，以姓氏名村谭家庄。聚落呈团块状分布。有小学 1 处、幼儿园 1 处。经济以种植业为主，主要农作物有小麦、玉米、花生、地瓜、苹果、大樱桃、梨、板栗等。兰烟铁路、204 国道经此。

巨甲庄 370611-B03-H09

[Jùjiǎzhuāng]

在区驻地清洋街道南方向 22.0 千米。回里镇辖自然村。人口 2 900。王姓始祖王公，原籍栖霞县峆嵧夼，金元战争时期，王公避祸趋吉，卜居巫山北外夹河南，广置田庐，因有沙渠纵贯，故名渠家庄。清乾隆年间，更名巨格庄。民国年间，取“大”和“第一”之意，谐音转义，更名巨甲庄。聚落呈带状分布。有图书室 1 处。古迹有王氏宗祠。经济以种植业为主，主要农作物有苹果、草莓、大樱桃、桃、小麦、玉米、花生、地瓜等。有公路经此。

西黄山 370611-B03-H10

[Xīhuángshān]

在区驻地清洋街道南方向 22.0 千米。回里镇辖自然村。人口 2 200。明嘉靖年间，孙让、孙季兄第二人由珠岩迁此建村，因村西南有黄山，村址在东黄山西，故名。聚落呈团块状分布。有文化大院 1 处、图书室 1 处。古迹有古碑 1 座。经济以种植业为主，主要农作物有大樱桃、苹果。有公路经此。

张格堡 370611-B03-H11

[Zhānggépù]

在区驻地清洋街道南方向 21.0 千米。回里镇辖自然村。人口 1 200。金朝时张姓迁此建村，名张家庄。明万历四十二年（1614）设邮递铺，改村名张家铺。后多次改名，称张格庄、张格庄铺。1942 年，为与塔顶西北张格庄有别，更名张格堡。聚落呈团块状分布。有小学 1 处、幼儿园 1 处。经济以种植业为主，主要农作物有小麦、玉米、花生、地瓜、苹果、大樱桃、草莓、梨等。青荣城际铁路、蓝烟铁路、204 国道经此。

后富 370611-B03-H12

[Hòufù]

在区驻地清洋街道南方向 26.3 千米。回里镇辖自然村。人口 1 500。明永乐年间，取村名吉祥邑村，寓吉祥之意。后因位于西猪（土丘）之后，更名后珠村。万历三十年（1602），取谐音，以希望富裕之意，易名后富。聚落呈团块状分布。有幼儿园 1 处、小学 1 处。经济以种植业为主，主要农作物有小麦、玉米、花生、地瓜、苹果、大樱桃、西瓜等。有公路经此。

牟平区

农村居民点

北系山 370612-A01-H01

[Běixìshān]

在区驻地宁海街道东北方向 5.7 千米。宁海街道辖自然村。人口 800。元代，孔姓在此定居，因村处系山北面，故得名北系山。聚落呈团块状分布。经济以种植业为主，主要农作物有苹果、樱桃等。

陈家疃 370612-A01-H02

[Chénjiātuǎn]

在区驻地宁海街道西北方向 3.2 千米。宁海街道辖自然村。人口 700。据碑文记载，明洪武二年（1369），陈姓由云南迁此建村，取名陈家疃。聚落呈团块状分布。经济以种植业为主，主要农作物有小麦、花生。荣乌高速公路经此。

盐滩 370612-A01-H03

[Yántān]

在区驻地宁海街道西北方向 4.6 千米。宁海街道辖自然村。人口 1 000。清雍正年间，孙姓由现烟台市芝罘区初家镇孙家滩迁此定居，以晒盐为生，取名小滩。清末，住户渐增，又以生产食盐闻名，故更名为盐滩。聚落呈团块状分布。经济以种植业为主，主要农作物有小麦、玉米、花生。荣乌高速公路经此。

西系山 370612-A01-H04

[Xīxìshān]

在区驻地宁海街道东北方向 5.0 千米。宁海街道辖自然村。人口 1 300。明初，孙姓由云南迁此定居，村址处系山以西，得名西系山。聚落呈团块状分布。古迹有西系山遗址。经济以种植业为主，主要农作物有小麦、玉米、花生、苹果、大樱桃等。

石硼 370612-A01-H05

[Shípéng]

在区驻地宁海街道西北方向 3.7 千米。宁海街道辖自然村。人口 400。明初建村，以村东南塔上有两块巨石，取名为石硼。聚落呈团块状分布。经济以种植业为主，主要农作物有小麦、玉米、花生。

王家埠 370612-A01-H06

[Wángjiābù]

在区驻地宁海街道西北方向 3.3 千米。宁海街道辖自然村。人口 600。明代，王姓迁此定居，得名王家庄。1980 年 7 月地名普查中，因与县内大队重名，以村西有一高地更名为王家埠。聚落呈团块状分布。经济以种植业为主，主要农作物有小麦、玉米。

孔家疃 370612-A01-H07

[Kǒngjiātuǎn]

在区驻地宁海街道西北方向 2.8 千米。宁海街道辖自然村。人口 1 200。孔姓于元朝时期来此定居，得名孔家疃。聚落呈团块状分布。经济以种植业为主，主要农作物有小麦、玉米。

城北 370612-A01-H08

[Chéngběi]

在区驻地宁海街道西北方向 1.7 千米。宁海街道辖自然村。人口 1 200。明代，曲姓由黄县白马村迁来定居，得名曲家疃。后因与县内大队重名，以本村地处牟平城北更名城北。聚落呈团块状分布。经济以种植业为主，主要农作物有小麦、玉米。

高金埠 370612-A01-H09

[Gāojīnbù]

在区驻地宁海街道东北方向 2.7 千米。宁海街道辖自然村。人口 600。明朝时期，赵姓、林姓先后由云南迁来定居，因村地势较高，过去曾有人于村附近淘过金，故名高金埠。聚落呈团块状分布。经济以种植业为主，主要农作物有玉米、小麦、苹果、大樱桃等。

曲家埠 370612-A01-H10
[Qūjiābù]

在区驻地宁海街道东北方向 2.5 千米。宁海街道辖自然村。人口 800。明初，林姓由云南迁来定居，以村附近岭上有一庙宇，命名北埠庵。明末，曲姓迁此，即更名曲家埠。聚落呈团块状分布。经济以种植业为主，主要农作物有小麦、玉米、花生、苹果、大樱桃等。

东系山 370612-A01-H11
[Dōngxìshān]

在区驻地宁海街道东北方向 5.2 千米。宁海街道辖自然村。人口 2 000。明嘉靖年间建村，村址处系山东麓，得名东系山。聚落呈团块状分布。经济以种植业为主，主要农作物有小麦、玉米、花生、苹果、大樱桃等。荣乌高速经此。

西李家疃 370612-A01-H12
[Xīlǐjiātuǎn]

在区驻地宁海街道东北方向 3.7 千米。宁海街道辖自然村。人口 700。明洪武年间，李姓由江苏上元县达摩村迁此定居，得名李家疃。后村东又建一村，命名东李家疃，故此村更为西李家疃。聚落呈团块状分布。经济以种植业为主，主要农作物有小麦、玉米、花生、苹果、大樱桃等。

东李家疃 370612-A01-H13
[Dōnglǐjiātuǎn]

在区驻地宁海街道东北方向 3.5 千米。宁海街道辖自然村。人口 400。因立村时村西原有一李家疃，故得名东李家疃。聚落呈团块状分布。经济以种植业为主，主要农作物有苹果、大樱桃等。

集庆里 370612-A01-H14
[Jíqìnglǐ]

在区驻地宁海街道东北方向 0.3 千米。宁海街道辖自然村。人口 1 900。1945 年 8 月，牟平城解放，以故城东门集庆门得名集庆里。聚落呈团块状分布。经济以商贸业为主。

文化里 370612-A02-H01
[Wénhuàlǐ]

在区驻地宁海街道西北方向 5.0 千米。文化街道辖自然村。人口 1 400。因儒林街处本里中心，读书人甚多，故名文化里。聚落呈团块状分布。经济以商贸业为主。

西关 370612-A02-H02
[Xīguān]

在区驻地宁海街道西南方向 0.8 千米。文化街道辖自然村。人口 3 600。汉时建村，因村处故县城西门关口外，取名西关。聚落呈团块状分布。经济以种植业为主，主要农作物有小麦、玉米。

西桂里 370612-A02-H03
[Xīguìlǐ]

在区驻地宁海街道西南方向 0.3 千米。文化街道辖自然村。人口 1 200。以城西现解甲庄街道境内之桂山命名西桂里。聚落呈团块状分布。经济以商贸业为主。

南店子 370612-A02-H04
[Nándiànzi]

在区驻地宁海街道西南方向 1.4 千米。文化街道辖自然村。人口 900。明末，有人曾在此开店，建村后命名为店子。因地处县城南，又名南店子。1980 年 7 月地名普查时，因与县内大队重名，故用其别名南店子。聚落呈团块状分布。经济以种植业为主，主要农作物有小麦、玉米。

新华里 370612-A02-H05
[Xīnhuálǐ]

在区驻地宁海街道西南方向 1.3 千米。文化街道辖自然村。人口 1 600。原名南门里。牟平城解放后，村中心街开设新华报社，故以新华报社取名新华里。聚落呈团块状分布。经济以种植业为主，主要农作物有小麦、玉米。

顺正里 370612-A02-H06
[Shùnzhènglǐ]

在区驻地宁海街道西南方向 0.3 千米。文化街道辖自然村。人口 1 400。原统称南门里，牟平故城南门名顺正门，中华人民共和国成立后，以此命名为顺正里。聚落呈团块状分布。经济以种植业为主，主要农作物有小麦、玉米。

农商里 370612-A02-H07
[Nóngshānglǐ]

在区驻地宁海街道东南方向 1.4 千米。文化街道辖自然村。人口 1 300。原名东门钋小关。牟平城解放后，因此处居民多从事农商两种职业，得名农商里。聚落呈团块状分布。经济以种植业为主，主要农作物有小麦、玉米。

新建里 370612-A02-H08
[Xīnjiànlǐ]

在区驻地宁海街道东南方向 1.5 千米。文化街道辖自然村。人口 1 800。1945 年前，此处有柳林集、王家园、杨家庄 3 个自然村。牟平城解放后，将 3 个自然村合并，命名新建里。聚落呈团块状分布。经济以种植业为主，主要农作物有小麦、玉米、花生。

正阳里 370612-A02-H09
[Zhèngyánglǐ]

在区驻地宁海街道东南方向 0.8 千米。文化街道辖自然村。人口 1 700。因附近街道而得名。聚落呈团块状分布。经济以种植业为主，主要农作物有小麦、玉米、花生。

王贺庄 370612-A02-H10
[Wánghèzhuāng]

在区驻地宁海街道东南方向 1.2 千米。文化街道辖自然村。人口 900。明末王姓迁此定居，得名王家庄。随后，宫、贺两姓来此定居，得名宫贺庄。清时宫姓灭族，贺姓兴旺，更名贺家庄。1981 年 6 月地名普查中，王家庄、贺家庄成立一个大队，更名王贺庄。聚落呈团块状分布。有小学 1 处。有雷神庙战斗遗址和牟平革命史展览馆。经济以种植业为主，主要农作物有小麦、玉米、地瓜。

洪口 370612-A03-H01
[Hóngkǒu]

在区驻地宁海街道东北方向 8.1 千米。养马岛街道辖自然村。人口 1 000。据《杨氏谱书》记载，明洪武二年（1369），杨姓由小云南迁牟，明初由县城东关徙此建村，因村址东西原有南北沟，故村名横沟，后雅化为鸿口，中华人民共和国成立后演变为洪口。聚落呈团块状分布。经济以种植业为主，主要农作物有小麦、玉米。

马埠崖 370612-A03-H02
[Mǎbùyá]

在区驻地宁海街道东北方向 9.9 千米。养马岛街道辖自然村。人口 1 100。唐末，王姓从云南迁至宁海，其后代于明万历年间从宁海迁至莒岛，择地形陡的地方立村。相传陡崖下有淤泥滩，人畜过此易陷，古时岛上牧军马，驱马至此处易捉，故称陷马崖。后于此处交易马匹形成马埠，故更改为马埠崖。聚落呈团块状分布。经济以种植业为主，主要农作物有小麦、玉米。

孙家疃 370612-A03-H03
[Sūnjiātuǎn]

在区驻地宁海街道东北方向10.9千米。养马岛街道辖自然村。人口1 100。明末，孙姓自云南迁至宁海州聚仙乡马家都村，第二代又迁至王家疃，第三代迁至养马岛东端，以姓氏命名为孙家疃。聚落呈团块状分布。经济以种植业为主，主要农作物有小麦、玉米。

杨家庄 370612-A03-H04
[Yángjiāzhuāng]

在区驻地宁海街道西北方向7.1千米。养马岛街道辖自然村。人口600。明代，杨姓由安徽合肥迁此建村，故名杨家庄。聚落呈团块状分布。经济以种植业为主，主要农作物有小麦、玉米。

黄家庄 370612-A03-H05
[Huángjiāzhuāng]

在区驻地宁海街道西北方向7.2千米。养马岛街道辖自然村。人口800。黄姓由江西南昌府石城县迁来宁海州，清初又迁此地建村，得名黄家庄。聚落呈团块状分布。经济以种植业为主，主要农作物有小麦、玉米。

中原 370612-A03-H06
[Zhōngyuán]

在区驻地宁海街道东北方向7.4千米。养马岛街道辖自然村。人口1 000。明朝杨姓由安徽合肥迁象岛杨家庄，后又迁此建村，凡来象岛之杨姓东住洪口，西住杨家庄，此村处两村中间，故名中原。聚落呈团块状分布。经济以种植业为主，主要农作物有小麦、玉米。

张家庄 370612-A03-H07
[Zhāngjiāzhuāng]

在区驻地宁海街道东北方向7.6千米。养马岛街道辖自然村。人口800。明万历年间，张氏迁此建村，以姓氏命名为张家庄。聚落呈团块状分布。经济以种植业为主，主要农作物有小麦、玉米。

驼子 370612-A03-H08
[Tuózi]

在区驻地宁海街道东北方向8.7千米。养马岛街道辖自然村。人口700。明初，林姓由云南迁此建村，因村南有一巨石状似骆驼，故得名驼子。聚落呈团块状分布。经济以种植业为主，主要农作物有小麦、玉米。

里口山 370612-A04-H01
[Lǐkǒushān]

在区驻地宁海街道东南方向11.7千米。姜格庄街道辖自然村。人口400。因村址周围都是山，故得名里口山。聚落呈散状分布。经济以种植业为主，主要农作物有小麦、玉米、地瓜、花生、杏、樱桃、苹果等。有公路经此。

姜格庄 370612-A04-H02
[Jiānggézhuāng]

在区驻地宁海街道东北方向19.9千米。姜格庄街道辖自然村。人口2 500。姜姓在此定居，后贺姓男姜姓女两姓成亲，贺姓迁此，取村名为姜家庄。后姜姓断传，改村名为姜革庄，又演变为姜格庄。聚落呈团块状分布。有小学1处、中学1处。经济以种植业为主，主要农作物有小麦、玉米、地瓜、花生。

沙家疃 370612-A04-H03
[Shājiātuǎn]

在区驻地宁海街道东北方向12.4千米。姜格庄街道辖自然村。人口400。约300年前，牟平东南沙家庄之沙姓迁此定居，故得名沙家疃。聚落呈团块状分布。经济以种植业为主，主要农作物有小麦、玉米、地瓜、花生、樱桃、杏。302 省道经此。

上庄 370612–A04–H04
[Shàngzhuāng]

在区驻地宁海街道东北方向 13.4 千米。姜格庄街道辖自然村。人口 2 500。宋金年间，于姓由文登斥山迁此建村，此村原位于方山脚下，故名下庄。明洪武三年（1370）发生地震，附近龙劈水池水泛滥，淹没村庄，震后村址迁至地势较高处，更名上庄。聚落呈团块状分布。经济以种植业为主，主要农作物有小麦、玉米、地瓜、花生、西瓜等。302 省道经此。

云溪 370612–A04–H05
[Yúnxī]

在区驻地宁海街道东北方向 18.6 千米。姜格庄街道辖自然村。人口 2 300。明洪武年间，林姓由牟平城后高家埠来此建村，昔日村东、西各有一大湾，清晨雾气腾腾，似云笼罩村庄，故得名云溪。聚落呈团块状分布。经济以种植业为主，主要农作物有小麦、玉米、地瓜、花生。

大庄 370612–A04–H06
[Dàzhuāng]

在区驻地宁海街道东北方向 22.0 千米。姜格庄街道辖自然村。人口 1 800。元末，一王姓地主在此买下地盘设庄子，此地块是他所有地块中最大的一块，故名大庄。聚落呈团块状分布。经济以种植业为主，主要农作物有小麦、玉米、花生、地瓜、苹果，并有渔业。302 省道经此。

北头 370612–A04–H07
[Běitóu]

在区驻地宁海街道东北方向 27.3 千米。姜格庄街道辖自然村。人口 1 900。相传，元朝时始祖至此地落户，此地原荒无人烟，为最北边，故得名北头。聚落呈团块状分布。经济以种植业为主，主要农作物有小麦、玉米、地瓜、花生，兼有渔业。

夏家疃 370612–A04–H08
[Xiàjiātuǎn]

在区驻地宁海街道东北方向 28.1 千米。姜格庄街道辖自然村。人口 800。清初，夏姓迁此居住，故得名夏家疃。聚落呈团块状分布。经济以种植业为主，主要农作物有小麦、玉米、花生、地瓜，兼有渔业。

金山前 370612–A04–H09
[Jīnshānqián]

在区驻地宁海街道东北方向 18.9 千米。姜格庄街道辖自然村。人口 400。清初，孙姓由烟台孙家滩迁此定居，得名孙家疃。1980 年 7 月地名普查中，因与区内村重名，以村后小金山更名金山前。聚落呈团块状分布。经济以种植业为主，主要农作物有小麦、玉米、地瓜、花生、苹果。302 省道经此。

金山上寨 370612–A04–H10
[Jīnshānshàngzhài]

在区驻地宁海街道东北方向 19.6 千米。姜格庄街道辖自然村。人口 1 000。因明代官兵曾在此安营扎寨，地处小金山东坡，得名金山寨。后村下又建一自然村，取名金山下寨，此村遂更名金山上寨。聚落呈团块状分布。经济以种植业为主，主要农作物有小麦、玉米、地瓜、花生。

西念 370612–A04–H11
[Xīniàn]

在区驻地宁海街道东北方向 21.8 千米。姜格庄街道辖自然村。人口 1 600。因村原有一碾坊（油坊），故得名碾上。后以河界分成两个自然村，该村居河西，村名演变为西念。聚落呈团块状分布。经济以种植业为主，主要农作物有小麦、玉米、地瓜、花生。302 省道经此。

东念 370612-A04-H12

[Dōngniàn]

在区驻地宁海街道东北方向 22.2 千米。姜格庄街道辖自然村。人口 700。因原有一碾坊（油坊），故得名碾上。后以河为界分成两个自然村，该村居河东，村名演变为东念。聚落呈团块状分布。经济以种植业为主，主要农作物有小麦、玉米、地瓜、花生、苹果。302 省道经此。

酒馆 370612-A04-H13

[Jiǔguǎn]

在区驻地宁海街道东北方向 26.0 千米。姜格庄街道辖自然村。人口 2 200。因此村地处大路旁，明朝曾有人在此地开酒馆，故建村时得名酒馆。聚落呈团块状分布。经济以种植业为主，主要农作物有小麦、玉米、花生、地瓜，兼有渔业。302 省道经此。

邹革庄 370612-A04-H14

[Zōugézhuāng]

在区驻地宁海街道东北方向 19.7 千米。姜格庄街道辖自然村。人口 600。清初，由解甲庄迁来几户李姓，在此给牟平城后邹姓种地，后邹姓女儿嫁给李姓，这里的土地归女儿所有，为纪念此事，村名邹家庄。1980 年地名普查中，因与区内村重名，更名邹革庄。聚落呈团块状分布。经济以种植业为主，主要农作物有小麦、玉米、花生、地瓜、苹果。

北大窑 370612-A05-H01

[Běidàyáo]

在区驻地宁海街道东北方向 5.4 千米。大窑街道辖自然村。人口 1 600。宋初，初姓来此定居，以烧窑为业，得名初家窑。明初，王姓从云南来安家，后户数增多，更名为大窑。1958 年分为两村，此村居北，为北大窑。聚落呈团块状分布。经济以种植业为主，主要农作物有苹果、樱桃等。

南大窑 370612-A05-H02

[Nándàyáo]

在区驻地宁海街道东方向 5.4 千米。大窑街道辖自然村。人口 900。宋初，初姓来此定居，以烧窑为业，得名初家窑。明初，王姓从云南来安家，初姓迁此，后户数增多，更名为大窑。1958 年分为两村，此村居南，为南大窑。聚落呈团块状分布。经济以种植业为主，主要农作物有苹果、小麦、玉米、花生。

蛤堆后 370612-A05-H03

[Géduīhòu]

在区驻地宁海街道东北方向 10.2 千米。大窑街道辖自然村。人口 2 000。明代曲姓由黄县北（白）马村迁此定居，因地处一蛤壳堆北，得名蛤堆后。聚落呈团块状分布。有小学 1 处。经济以种植业为主，主要农作物有小麦、玉米。荣乌高速公路经此。

西山北头 370612-A05-H04

[Xīshānběitóu]

在区驻地宁海街道东北方向 11.7 千米。大窑街道辖自然村。人口 1 300。明末建村，原名为林西社西村。民国初年，以地处丰山北麓，位于东山北头村西，更名西山北头。聚落呈团块状分布。经济以种植业为主，主要农作物有小麦、花生、苹果。荣乌高速公路经此。

东山北头 370612-A05-H05
[Dōngshānběitóu]

在区驻地宁海街道东北方向 12.0 千米。大窑街道辖自然村。人口 900。清雍正初年，居民迁此建村，为林西社东村。民国初年，以地处丰山北麓，位于西山北头村东，命名为东山北头。聚落呈团块状分布。经济以种植业为主，主要农作物有苹果、花生等。荣乌高速公路经此。

北莒城 370612-A05-H06
[Běijǔchéng]

在区驻地宁海街道东北方向 8.1 千米。大窑街道辖自然村。人口 600。传说汉初有官员“举意”在此修城，因同体积土的重量不如牟平土的重量大，最后决定把城修在现牟平城，此地便成为“举意”修城的地方。明初在此建村，取“举意修城”之音简称莒城。后村南又建一村，名为南莒城，此村遂更名北莒城。聚落呈团块状分布。经济以种植业为主，主要农作物有小麦、玉米、花生、苹果等。

西埠庄 370612-A05-H07
[Xībùzhuāng]

在区驻地宁海街道东北方向 9.3 千米。大窑街道辖自然村。人口 700。明朝建村，村西有一瓦碴堆，地势较高，得名西埠庄。聚落呈团块状分布。经济以种植业为主，主要农作物有小麦、玉米、花生。

沙堪子 370612-A05-H08
[Shājiǎngzi]

在区驻地宁海街道东北方向 6.2 千米。大窑街道辖自然村。人口 300。明代，曲姓由黄县白马村迁此建村，地处普照寺东，取名普东。清末，因村西、村北有沙堪，更名为沙堪子。聚落呈团块状分布。经济以种植业为主，主要农作物有苹果、樱桃、小麦、玉米、花生等。302 省道经此。

孔家庄 370612-A05-H09
[Kǒngjiāzhuāng]

在区驻地宁海街道东北方向 7.1 千米。大窑街道辖自然村。人口 400。清乾隆年间，孔姓来此定居，取名孔家庄。聚落呈团块状分布。经济以种植业为主，主要农作物有苹果、樱桃、小麦、玉米、花生。

南莒城 370612-A05-H10
[Nánjǔchéng]

在区驻地宁海街道东北方向 7.6 千米。大窑街道辖自然村。人口 1 600。因建村于莒城村南，故名南莒城。聚落呈团块状分布。经济以种植业为主，主要农作物有小麦、玉米、花生。

西里山 370612-A05-H11
[Xīlǐshān]

在区驻地宁海街道东方向 9.4 千米。大窑街道辖自然村。人口 300。因地处山里，得名里山。1944 年 7 月，因重名，故更名为西里山。聚落呈团块状分布。经济以种植业为主，主要农作物有大樱桃、杏、桃等。

西武宁 370612-A06-H01
[Xīwǔníng]

在区驻地宁海街道西南方向 3.9 千米。武宁街道辖自然村。人口 1 600。明洪武元年（1368），曲姓由黄县蒲兰村迁此建村，因此地住一武官名曰武宁侯，故村得名武宁。后村东又建一村，名上武宁，此村遂更名为下武宁。1945 年，更名为西武宁。聚落呈团块状分布。经济以种植业为主，主要农作物有小麦、玉米、地瓜、花生、苹果。307 省道经此。

新垦庄 370612-A06-H02

[Xīnkěnzhuāng]

在区驻地宁海街道西南方向 9.9 千米。武宁街道辖自然村。人口 100。清末，孙姓在此定居，因地处丘陵山地，又是新建立之村，故名新垦庄。聚落呈团块状分布。经济以种植业为主，主要农作物有小麦、玉米、地瓜、花生、苹果等。

周家庄 370612-A06-H03

[Zhōujiāzhuāng]

在区驻地宁海街道西南方向 10.2 千米。武宁街道辖自然村。人口 200。明末，周姓迁此定居，得名周家庄。聚落呈团块状分布。经济以种植业为主，主要农作物有小麦、玉米、地瓜、花生、苹果等。

路西 370612-A06-H04

[Lùxī]

在区驻地宁海街道西南方向 6.6 千米。武宁街道辖自然村。人口 1 600。明末，徐姓在此建村，当时村东有条大道，故名路西。清初，这里有人开店，后发展成村，因村近路西，村子又小，故名小路西。中华人民共和国成立后，路西村改名北路西，小路西改名南路西，后两村合并为路西。聚落呈团块状分布。经济以种植业为主，主要农作物有小麦、玉米、地瓜、花生、苹果。

张家村 370612-A06-H05

[Zhāngjiācūn]

在区驻地宁海街道西南方向 5.4 千米。武宁街道辖自然村。人口 400。清康熙年间，张姓由本县象岛迁此定居，得名张家庄，1980 年 7 月地名普查中，更名张家村。聚落呈团块状分布。经济以种植业为主，主要农作物有玉米、地瓜、花生。

常留庄 370612-A06-H06

[Chángliúzhuāng]

在区驻地宁海街道西南方向 2.1 千米。武宁街道辖自然村。人口 600。清朝时，有人在此定居，给牟平城里常家看茔，得名常家庄。中华人民共和国成立后，改名常留庄。聚落呈团块状分布。经济以种植业为主，主要农作物有小麦、玉米、地瓜、花生。

王家庄 370612-A06-H07

[Wángjiāzhuāng]

在区驻地宁海街道西南方向 8.5 千米。武宁街道辖自然村。人口 200。清初，王姓迁此定居，当时村附近果树甚多，地处高堆，得名果木堆。清朝中期，王姓人口渐多，更名王家庄。聚落呈团块状分布。经济以种植业为主，主要农作物有小麦、玉米、地瓜、花生。

张家疃 370612-A06-H08

[Zhāngjiātuǎn]

在区驻地宁海街道西南方向 7.7 千米。武宁街道辖自然村。人口 200。明初，张姓迁此定居，故名张家疃。聚落呈团块状分布。经济以种植业为主，主要农作物有小麦、玉米、地瓜、花生。

侯家疃 370612-A06-H09

[Hóujiātuǎn]

在区驻地宁海街道西南方向 7.7 千米。武宁街道辖自然村。人口 200。明初，侯姓迁此建村，得名侯家疃。聚落呈团块状分布。经济以种植业为主，主要农作物有小麦、玉米、地瓜、花生。

留生院 370612-A06-H10

[Liúshēngyuàn]

在区驻地宁海街道西南方向 8.0 千米。

武宁街道辖自然村。人口 600。明末，周姓由云南迁此定居，得名周家疃。村址原有一寺庙，名为留僧院，1945 年后，更村名为留僧院，后“僧”演变为“生”。聚落呈团块状分布。经济以种植业为主，主要农作物有小麦、玉米、地瓜、花生。

仇家疃 370612-A06-H11
[Qiújiātuǎn]

在区驻地宁海街道西南方向 7.5 千米。武宁街道辖自然村。人口 500。明初，仇姓迁此定居，得名仇家疃。聚落呈团块状分布。经济以种植业为主，主要农作物有小麦、玉米、地瓜、花生。

吕家疃 370612-A06-H12
[Lǚjiātuǎn]

在区驻地宁海街道西南方向 6.8 千米。武宁街道辖自然村。人口 400。明末清初，吕姓迁此定居，得名吕家疃。聚落呈团块状分布。经济以种植业为主，主要农作物有小麦、玉米、地瓜、花生。

五里头 370612-A06-H13
[Wǔlǐtóu]

在区驻地宁海街道西北方向 2.9 千米。武宁街道辖自然村。人口 1 400。元末，孔姓在此定居，距县城五华里，得名五里头。聚落呈团块状分布。经济以种植业为主，主要农作物有小麦、玉米、地瓜、花生。

观水 370612-B01-H01
[Guānshuǐ]

观水镇人民政府驻地。在区驻地宁海街道西南方向 50.0 千米。人口 1 700。据传北宋时傅姓来此建村，村东北有观阳山，踏上山顶可看到观阳水，故得名观水。聚落呈团块状分布。经济以种植业为主，主要农作物有小麦、玉米、地瓜、花生。208 省道经此。

井字洼 370612-B01-H02
[Jǐngzìwā]

在区驻地宁海街道西南方向 34.3 千米。观水镇辖自然村。人口 200。明嘉靖年间，林姓由栖霞荆子埠来此建村，地处洼地，周围地形如井字，得名井字洼。聚落呈团块状分布。经济以种植业为主，主要农作物有小麦、玉米、地瓜、花生、苹果。

宫格庄 370612-B01-H03
[Gōnggézhuāng]

在区驻地宁海街道西南方向 37.0 千米。观水镇辖自然村。人口 1 500。据传元末，宫姓来此建村，取名宫格庄。聚落呈团块状分布。经济以种植业为主，主要农作物有小麦、玉米、地瓜、花生、苹果。

张家 370612-B01-H04
[Zhāngjiā]

在区驻地宁海街道西南方向 35.5 千米。观水镇辖自然村。人口 800。据村北土地庙一石碑文记载，元时栾姓、石姓迁此建村，命名栾家街。明初张姓又迁此落户，栾姓绝后，遂更名张家。聚落呈团块状分布。经济以种植业为主，主要农作物有小麦、玉米、地瓜、花生、苹果。

沟南 370612-B01-H05
[Gōunán]

在区驻地宁海街道西南方向 35.4 千米。观水镇辖自然村。人口 500。据传，清初陈姓由栖霞陈家疃迁此建村，因村北有一大沟，故名沟南。聚落呈团块状分布。经济以种植业为主，主要农作物有小麦、玉米、地瓜、花生、苹果。

沟北 370612-B01-H06
[Gōuběi]

在区驻地宁海街道西南方向35.1千米。观水镇辖自然村。人口500。据传，清初，陈姓由栖霞陈家疃迁此建村，村南有一大沟，故名沟北。聚落呈团块状分布。经济以种植业为主，主要农作物有小麦、玉米、地瓜、花生、苹果。

刘家 370612-B01-H07
[Liújiā]

在区驻地宁海街道西南方向34.9千米。观水镇辖自然村。人口1 000。明朝中期刘姓来此建村，命名刘家。聚落呈团块状分布。经济以种植业为主，主要农作物有小麦、玉米、地瓜、花生、苹果。

西半城 370612-B01-H08
[Xībànchéng]

在区驻地宁海街道西南方向38.9千米。观水镇辖自然村。人口900。清初栾姓迁此建村，叫栾家疃。后因居半城西，故名西半城。聚落呈团块状分布。经济以种植业为主，主要农作物有小麦、玉米、地瓜、花生、苹果等。

后半城 370612-B01-H09
[Hòubànchéng]

在区驻地宁海街道西南方向38.2千米。观水镇辖自然村。人口1 100。清初，衣、吕、于三姓先来此建村，故名三合庄。因三姓有矛盾，吕姓曾更村名观阳。后以位于半城后，定名后半城。聚落呈团块状分布。经济以种植业为主，主要农作物有小麦、玉米、地瓜、花生、苹果等。

东半城 370612-B01-H10
[Dōngbànchéng]

在区驻地宁海街道西南方向38.5千米。观水镇辖自然村。人口200。据《牟平县志》记载："隋朝筑城甫半而国废，工程未完，故名半城。"明末于姓由文登大水泊迁此建村，后因村西、村北各建一村，并以其所在半城的方位命名，故此村得名东半城。聚落呈团块状分布。古迹有观阳故城遗址。经济以种植业为主，主要农作物有小麦、玉米、地瓜、花生、苹果。

季家埠 370612-B01-H11
[Jìjiābù]

在区驻地宁海街道西南方向37.5千米。观水镇辖自然村。人口600。明末，季姓来此建村，取名季家埠。聚落呈团块状分布。经济以种植业为主，主要农作物有小麦、玉米、地瓜、花生、苹果等。

王庄 370612-B01-H12
[Wángzhuāng]

在区驻地宁海街道西南方向36.0千米。观水镇辖自然村。人口1 100。明时，王姓迁此建村，命名王家庄，后演变为王格庄。1980年7月地名普查中，因与县内大队重名，更名王庄。聚落呈团块状分布。经济以种植业为主，主要农作物有小麦、玉米、地瓜、花生、苹果等。

二甲 370612-B01-H13
[Èrjiǎ]

在区驻地宁海街道西南方向35.3千米。观水镇辖自然村。人口900。因当年村中有一关爷庙，庙东西各住一家人家，取名二家，后"家"演变成"甲"。聚落呈团块状分布。经济以种植业为主，主要农作物有小麦、玉米、地瓜、花生、苹果等。

北石疃 370612-B01-H14
[Běishítuǎn]

在区驻地宁海街道西南方向39.0千米。

观水镇辖自然村。人口600。据传，明末，石姓在此建村，因村南有大石疃村，此村户数少，俗称小石疃。后因地处大石疃北，1915年前后更名北石疃。聚落呈团块状分布。经济以种植业为主，主要农作物有小麦、玉米、花生、地瓜。

泥村 370612-B01-H15

[Nícūn]

在区驻地宁海街道西南方向38.3千米。观水镇辖自然村。人口700。明永乐年间建村，村址为一片肥沃土地，村东南有土陡崖子，故村名泥巉村。后因“巉”字生僻，简称为泥村。聚落呈团块状分布。经济以种植业为主，主要农作物有小麦、玉米、地瓜、花生、苹果。

许家 370612-B01-H16

[Xǔjiā]

在区驻地宁海街道西南方向37.5千米。观水镇辖自然村。人口500。明朝中期，许姓由现乳山市大许家迁此建村，建村时占用林家的土地，承认林家为总村，故以许家加总村，名许家总村，后“总”演变为“中”，1958年以后简称为许家。聚落呈团块状分布。经济以种植业为主，主要农作物有小麦、玉米、地瓜、花生、苹果。208省道经此。

贾家 370612-B01-H17

[Jiǎjiā]

在区驻地宁海街道西南方向38.5千米。观水镇辖自然村。人口700。明末，贾姓来此建村，占用林家的土地，承认林家为总村，故以姓氏加总村，名贾家总村，后“总”演变为“中”，1958年以后简化为贾家。聚落呈团块状分布。经济以种植业为主，主要农作物有小麦、玉米、地瓜、花生、苹果。208省道经此。

林家 370612-B01-H18

[Línjiā]

在区驻地宁海街道西南方向38.3千米。观水镇辖自然村。人口100。明朝中期，林姓在此建村，为附近建村最早者，后建村者皆称林家为总村，故名林家总村，后“总”演变为“中”。1958年后简称为林家。聚落呈团块状分布。经济以种植业为主，主要农作物有小麦、玉米、地瓜、花生。208省道经此。

李家中村 370612-B01-H19

[Lǐjiāzhōngcūn]

在区驻地宁海街道西南方向37.9千米。观水镇辖自然村。人口400。据传，明末，李姓来此建村，因建村时占用林家土地，承认林家为总村，故村名李家总村，后“总”演变为“中”，1958年后简称李家，1980年复用原名李家中村。聚落呈团块状分布。经济以种植业为主，主要农作物有小麦、玉米、地瓜、花生、苹果。208省道经此。

韩家 370612-B01-H20

[Hánjiā]

在区驻地宁海街道西南方向38.0千米。观水镇辖自然村。人口400。明朝中期，韩姓在此建村，占用林家土地，承认林家为总村，故以姓氏加总村，命名为韩家总村，后“总”演变为“中”，1958年后简称韩家。聚落呈团块状分布。经济以种植业为主，主要农作物有小麦、玉米、地瓜、花生、苹果等。208省道经此。

龙泉汤 370612-B02-H01

[Lóngquántāng]

龙泉镇人民政府驻地。在区驻地宁海街道东南方向17.5千米。人口1 500。明弘治年间，于村西北建一温泉，名为龙泉汤，后宋姓迁此建村，以此得村名。聚落呈散状分布。有小学1处。经济以种植业为主，主要农作物有小麦、玉米、花生。省道上泽公路经此。

高家疃 370612-B02-H02
[Gāojiātuǎn]

在区驻地宁海街道东南方向11.9千米。龙泉镇辖自然村。人口200。清康熙年间，高姓迁此居住，得名高家疃。聚落呈团块状分布。经济以种植业为主，主要农作物有小麦、玉米、花生等。

西店子 370612-B02-H03
[Xīdiànzi]

在区驻地宁海街道东南方向12.2千米。龙泉镇辖自然村。人口200。明万历年间，此处开店多，又以河为界，此村居西岸，得名西店子。聚落呈团块状分布。经济以种植业为主，主要农作物有小麦、玉米、花生等。

东店子 370612-B02-H04
[Dōngdiànzi]

在区驻地宁海街道东南方向12.5千米。龙泉镇辖自然村。人口300。明万历年间建村，此处开店多，因以河为界，此村居河东岸，得名东店子。聚落呈团块状分布。经济以种植业为主，主要农作物有小麦、玉米、花生等。

东北疃 370612-B02-H05
[Dōngběituǎn]

在区驻地宁海街道东南方向12.7千米。龙泉镇辖自然村。人口200。清康熙年间，邹姓由牟平城油坊村迁此居住，得名邹家疃。后因易与相距不远的邹家庄相混，故于乾隆年间，以村处东、西店子东北方向，更名东北疃。聚落呈团块状分布。经济以种植业为主，主要农作物有小麦、玉米、花生等。

邹家庄 370612-B02-H06
[Zōujiāzhuāng]

在区驻地宁海街道东南方向11.6千米。龙泉镇辖自然村。人口300。清康熙年间，邹姓由牟平城后油坊村迁此建村，以姓氏命名。聚落呈团块状分布。经济以种植业为主，主要农作物有小麦、玉米、花生等。

赵家夼 370612-B02-H07
[Zhàojiākuǎng]

在区驻地宁海街道东南方向11.4千米。龙泉镇辖自然村。人口100。清乾隆年间，赵姓由牟平城南嵎岬河村迁此居住，得名赵家夼。聚落呈团块状分布。经济以种植业为主，主要农作物有小麦、玉米、花生。

孔庄 370612-B02-H08
[Kǒngzhuāng]

在区驻地宁海街道东南方向11.7千米。龙泉镇辖自然村。人口100。清康熙年间，孔姓由牟平城北孔家疃迁此居住，得名孔家庄。1981年2月从邹家庄大队析出，自成大队，因重名，更名孔庄。聚落呈团块状分布。经济以种植业为主，主要农作物有小麦、玉米、花生。

官道南 370612-B02-H09
[Guāndàonán]

在区驻地宁海街道东南方向14.4千米。龙泉镇辖自然村。人口1 000。明末周姓由云南迁此建村，得名周家庄，后因村北有一条东西走向的大道（过去称官道），更名官道南。聚落呈团块状分布。经济以种植业为主，主要农作物有小麦、玉米、花生。

星石泊 370612–B02–H10

[Xīngshípō]

在区驻地宁海街道东方向 13.9 千米。龙泉镇辖自然村。人口 1 900。明洪武元年（1368），梁姓、丁姓、常姓相继迁此居住，因村东有一排石硼，人们认为是星石陨落，又处平泊，因此得名星石泊。聚落呈团块状分布。经济以种植业为主，主要农作物有小麦、玉米、花生。205 省道经此。

西杭格庄 370612–B02–H11

[Xīhánggézhuāng]

在区驻地宁海街道东南方向 16.9 千米。龙泉镇辖自然村。人口 700。清顺治年间建村，村东有一高起的土坡，似门杭（门槛），且村东有杭格庄，此村居西，故名。聚落呈团块状分布。经济以种植业为主，主要农作物有小麦、玉米、花生。

埠后疃 370612–B02–H12

[Bùhòutuǎn]

在区驻地宁海街道东南方向 14.2 千米。龙泉镇辖自然村。人口 800。清顺治年间，村南有一岭堦，故名埠后疃。聚落呈团块状分布。经济以种植业为主，主要农作物有小麦、玉米、花生。205 省道经此。

丁家庄 370612–B02–H13

[Dīngjiāzhuāng]

在区驻地宁海街道东南方向 15.1 千米。龙泉镇辖自然村。人口 400。清雍正年间，丁姓由星石泊迁此居住，得名丁家庄。聚落呈团块状分布。经济以种植业为主，主要农作物有小麦、玉米、花生。205 省道经此。

尤家泊子 370612–B02–H14

[Yóujiāpōzi]

在区驻地宁海街道东南方向 15.7 千米。龙泉镇辖自然村。人口 500。清雍正年间，于姓迁此居住，得名于家泊子，后于姓断姓。清雍正年间，尤姓由文登迁来居住，人口发展快，户数多，更名尤家泊子。聚落呈团块状分布。经济以种植业为主，主要农作物有小麦、玉米、花生。

埠岭观 370612–B02–H15

[Bùlǐngguàn]

在区驻地宁海街道东南方向 16.9 千米。龙泉镇辖自然村。人口 500。元大德元年（1297），在此建一庙宇，名埠岭观。清初建村，以庙得名。聚落呈团块状分布。经济以种植业为主，主要农作物有小麦、玉米、花生。

北岘村 370612–B02–H16

[Běixiàncūn]

在区驻地宁海街道东南方向 14.3 千米。龙泉镇辖自然村。人口 800。明万历年间，周姓迁此居住，取名周家疃。后村南有一自然村名曰岘村，此村居北，遂更名北岘村。聚落呈团块状分布。经济以种植业为主，主要农作物有小麦、玉米、花生。205 省道经此。

河北崖 370612–B02–H17

[Héběiyá]

在区驻地宁海街道东南方向 19.7 千米。龙泉镇辖自然村。人口 700。据传，明末林姓迁此建村，村南有一小河，得名河北。1980 年 7 月地名普查中，因与县内大队重名，更名河北崖。聚落呈团块状分布。经济以种植业为主，主要农作物有小麦、玉米、花生。205 省道经此。

马家都 370612–B02–H18

[Mǎjiādū]

在区驻地宁海街道东南方向 19.9 千米。

龙泉镇辖自然村。人口 400。“都”为元时行政区划，此村原为马家，因都公所设该村，故名马家都。聚落呈团块状分布。经济以种植业为主，主要农作物有小麦、玉米、花生。

玉林店 370612–B03–H01
[Yùlíndiàn]

玉林店镇人民政府驻地。在区驻地宁海街道南方向 15.0 米。人口 800。宋时，俞、林二姓由江苏泰州迁此，合伙开一客店，得名俞林店，后演变为玉林店。聚落呈散状分布。有幼儿园、中学。经济以种植业为主，主要农作物有玉米、花生、地瓜。省道牟徐公路经此。

十六里头 370612–B03–H02
[Shíliùlǐtóu]

在区驻地宁海街道东南方向 6.7 千米。玉林店镇辖自然村。人口 500。因据县城十六华里而得村名。聚落呈团块状分布。经济以种植业为主，主要农作物有小麦、玉米、花生、地瓜。206 省道经此。

小宅 370612–B03–H03
[Xiǎozhái]

在区驻地宁海街道东南方向 7.6 千米。玉林店镇辖自然村。人口 700。清初张姓来此建村，有一地主为炫耀自己，贬低长工，把自己住处称为大宅，把长工居住的地方称为小宅，故得名。聚落呈团块状分布。经济以种植业为主，主要农作物有小麦、玉米、花生、地瓜。206 省道经此。

茶棚 370612–B03–H04
[Chápéng]

在区驻地宁海街道东南方向 8.2 千米。玉林店镇辖自然村。人口 100。清初，孔姓来此建村。昔日此处有一庙宇，名曰福巽庵，庙内僧人在庙旁烧水，供行人解渴，以山竹子叶代茶叶，因得名茶棚。聚落呈团块状分布。经济以种植业为主，主要农作物有小麦、玉米、花生、地瓜。206 省道经此。

埠后村 370612–B03–H05
[Bùhòucūn]

在区驻地宁海街道东南方向 8.4 千米。玉林店镇辖自然村。人口 500。明末周姓来此建村，村前有一高地，故名埠后村。聚落呈团块状分布。经济以种植业为主，主要农作物有小麦、玉米、花生、地瓜。206 省道经此。

小屯圈 370612–B03–H06
[Xiǎotúnquān]

在区驻地宁海街道东南方向 8.7 千米。玉林店镇辖自然村。人口 500。明末建村，山岭环抱，呈半圆圈，建村前村南有屯圈村，故此村名为小屯圈。聚落呈团块状分布。经济以种植业为主，主要农作物有玉米、小麦、花生、地瓜。

大屯圈 370612–B03–H07
[Dàtúnquān]

在区驻地宁海街道东南方向 10.1 千米。玉林店镇辖自然村。人口 600。元末孔姓迁此居住，村周围山岭环抱，远看为一大半圆圈，得名屯圈。后村北又建一村，名曰小屯圈，此村遂更名为大屯圈。聚落呈团块状分布。经济以种植业为主，主要农作物有小麦、玉米、花生、地瓜。

石沟 370612–B03–H08
[Shígōu]

在区驻地宁海街道东南方向 8.8 千米。玉林店镇辖自然村。人口 600。明初俞姓来此建村，村南河沟内多石块，得名石沟。聚落呈团块状分布。经济以种植业为主，主要农作物有小麦、玉米、花生、地瓜。206 省道经此。

孙格庄 370612-B03-H09

[Sūngézhuāng]

在区驻地宁海街道东南方向 9.5 千米。玉林店镇辖自然村。人口 900。清代孙姓由牟平城迁此居住，因地处埠后村南，得名埠前，后更名孙格庄。聚落呈团块状分布。经济以种植业为主，主要农作物有小麦、玉米、花生、地瓜。

磨王格庄 370612-B03-H10

[Mòwánggézhuāng]

在区驻地宁海街道东南方向 10.9 千米。玉林店镇辖自然村。人口 700。明朝时王姓建村，出产石磨，得名磨王格庄，后简称磨王格。1980 年地名普查时，因重名，复用原名。聚落呈团块状分布。经济以种植业为主，主要农作物有小麦、玉米、花生、地瓜。206 省道经此。

九龙夼 370612-B03-H11

[Jiǔlóngkuǎng]

在区驻地宁海街道东南方向 12.9 千米。玉林店镇辖自然村。人口 400。明末建村，相传村西土丘上有一水井，曾有九女相继投井，得名九女夼。后又传说，九女乃九龙化身，故村名亦演变为九龙夼。聚落呈团块状分布。经济以种植业为主，主要农作物有小麦、玉米、花生、地瓜、苹果。

山后 370612-B03-H12

[Shānhòu]

在区驻地宁海街道东南方向 12.1 千米。玉林店镇辖自然村。人口 500。明末建村，村南山有文峰塔，村位于塔后，得名文峰山后，后简称山后。聚落呈团块状分布。经济以种植业为主，主要农作物有小麦、玉米、花生、地瓜。206 省道经此。

贺家屯 370612-B03-H13

[Hèjiātún]

在区驻地宁海街道西南方向 15.9 千米。玉林店镇辖自然村。人口 300。清初贺姓由江苏丹徒县迁此居住，给地主看庵，故得名贺家屯。聚落呈团块状分布。经济以种植业为主，主要农作物有小麦、玉米、花生、地瓜。

上口 370612-B03-H14

[Shàngkǒu]

在区驻地宁海街道西南方向 15.7 千米。玉林店镇辖自然村。人口 500。明朝时于姓由现高陵磨山迁此居住，村前有条文登通烟台的山路，西山岭上有一口子，故得名上口。聚落呈团块状分布。经济以种植业为主，主要农作物有小麦、玉米、地瓜、花生。

尺坎 370612-B03-H15

[Chǐkǎn]

在区驻地宁海街道东南方向 16.0 千米。玉林店镇辖自然村。人口 700。明末夏姓来此建村，处涝洼地，地平面下一尺即有水，得名尺坎。聚落呈团块状分布。经济以种植业为主，主要农作物有小麦、玉米、地瓜、花生。206 省道经此。

西桑杭埠 370612-B03-H16

[Xīsānghángbù]

在区驻地宁海街道西南方向 18.0 千米。玉林店镇辖自然村。人口 600。清朝时建村，村前岭上有桑树，树后有一高地，处沁水河西岸，故得名西桑杭埠。聚落呈团块状分布。经济以种植业为主，主要农作物有小麦、玉米、地瓜、花生。

对阵圈 370612-B03-H17
[Duìzhènquān]

在区驻地宁海街道东南方向14.7千米。玉林店镇辖自然村。人口600。清朝建村，清兵曾与常和尚、张振刚率领的农民起义军在此对阵打仗，村又处在半圆圈的山形环抱中，故得名对阵圈。聚落呈团块状分布。经济以种植业为主，主要农作物有小麦、玉米、地瓜、花生。

水道 370612-B04-H01
[Shuǐdào]

水道镇人民政府驻地。在区驻地宁海街道南方向30.0千米。人口2 200。据传，明永乐年间，初姓由芝罘区初家迁此建村，因村址地势低，雨季水流汇集，得名水道。聚落呈团块状分布。经济以种植业为主，主要农作物有地瓜、花生、玉米、小麦。省道文三公路经此。

薛家夼 370612-B04-H02
[Xuējiākuǎng]

在区驻地宁海街道西南方向20.7千米。水道镇辖自然村。人口1 000。据传宋朝时，薛姓在此建村，地处山夼，得名薛家夼。聚落呈团块状分布。经济以种植业为主，主要农作物有地瓜、花生、玉米、小麦。

西直格庄 370612-B04-H03
[Xīzhígézhuāng]

在区驻地宁海街道西南方向19.8千米。水道镇辖自然村。人口200。据传清初邓姓迁此建村，因位于直格庄西，得名西直格庄。聚落呈团块状分布。经济以种植业为主，主要农作物有地瓜、花生、玉米、小麦。

东直格庄 370612-B04-H04
[Dōngzhígézhuāng]

在区驻地宁海街道西南方向19.6千米。水道镇辖自然村。人口600。据传明末于姓由云南迁此建村，因村后有一山岭，南北走向，岭有一河沟为直流水，村以此得名城南直格庄。后村西又建一村，名曰西直格庄，村得名东直格庄。聚落呈团块状分布。经济以种植业为主，主要农作物有地瓜、花生、玉米、小麦。206省道经此。

山上里 370612-B04-H05
[Shānshànglǐ]

在区驻地宁海街道南方向19.9千米。水道镇辖自然村。人口100。据传，清初张姓由本县城西沙子迁此建村，因地处山里，得名山上里。聚落呈团块状分布。经济以种植业为主，主要农作物有地瓜、花生、玉米、小麦。

大疃 370612-B04-H06
[Dàtuǎn]

在区驻地宁海街道西南方向22.0千米。水道镇辖自然村。人口500。据传，明朝时初姓由本县水桃林迁此定居，此地属上潘格庄一地主之较大庄子，得名大庄。1980年7月地名普查时，因与县内大队重名，更名大疃。聚落呈团块状分布。经济以种植业为主，主要农作物有地瓜、花生、玉米、小麦。

西邓格庄 370612-B04-H07
[Xīdènggézhuāng]

在区驻地宁海街道西南方向21.8千米。水道镇辖自然村。人口400。明初李姓由乳山崮头迁此建村，取名李庄。后村里马姓有一人会写状子，南来北往去县衙打官司告状者，行此均请教于他，即在村中等一等，故更名等格庄，后演变为邓格庄。后村东又建一自然村名曰东邓格庄，此村遂更名西邓格庄。聚落呈团块状分布。经济以种植业为主，主要农作物有地瓜、花生、玉米、小麦、苹果。206省道经此。

东邓格庄 370612-B04-H08
[Dōngdènggézhuāng]

在区驻地宁海街道南方向 21.6 千米。水道镇辖自然村。人口 500。据传，明时邹姓来此建村，因位于邓格庄东，得名东邓格庄。聚落呈团块状分布。经济以种植业为主，主要农作物有地瓜、花生、玉米、小麦。

山前庄 370612-B04-H09
[Shānqiánzhuāng]

在区驻地宁海街道东南方向 21.3 千米。水道镇辖自然村。人口 200。明末，阎姓由荣成县迁此建村，得名阎家庄。1970 年 7 月地名普查中，因与县内大队重名，以村位于多顶山前，更名山前庄。聚落呈团块状分布。经济以种植业为主，主要农作物有地瓜、花生、玉米、小麦。

南税目 370612-B04-H10
[Nánshuìmù]

在区驻地宁海街道西南方向 23.7 千米。水道镇辖自然村。人口 200。据传，清朝时初姓由水道村迁此定居，因地处税目南，得名南税目。聚落呈团块状分布。经济以种植业为主，主要农作物有地瓜、花生、玉米、小麦。304 省道经此。

北税目 370612-B04-H11
[Běishuìmù]

在区驻地宁海街道西南方向 23.3 千米。水道镇辖自然村。人口 500。据传，明朝夏姓由岘上迁此定居，当地徐家寨寨主在此设一税收所，收粮收钱，故村得名税目。后于村南又建一村，名南税目，此村遂更名北税目。聚落呈团块状分布。经济以种植业为主，主要农作物有地瓜、花生、玉米、小麦。

榛子崖 370612-B04-H12
[Zhēnziyá]

在区驻地宁海街道西南方向 24.3 千米。水道镇辖自然村。人口 900。据传，清朝时姜姓由乳山峒岭迁此建村，因村附近有一沟，沟两崖多榛子树，故村得名榛子崖。聚落呈团块状分布。经济以种植业为主，主要农作物有地瓜、花生、玉米、小麦。

杭北头 370612-B04-H13
[Hángběitóu]

在区驻地宁海街道东南方向 24.1 千米。水道镇辖自然村。人口 900。据传，明初魏姓由福山迁此建村，因村南有一陵行，得名行北头，后演为杭北头。聚落呈团块状分布。经济以种植业为主，主要农作物有地瓜、花生、玉米、小麦。

徐家寨 370612-B04-H14
[Xújiāzhài]

在区驻地宁海街道西南方向 25.1 千米。水道镇辖自然村。人口 1 100。据传明朝时曾有人在此安营扎寨，后徐姓来此建村，得名徐家寨。聚落呈团块状分布。经济以种植业为主，主要农作物有地瓜、花生、玉米、小麦、苹果。

高陵 370612-B05-H01
[Gāolíng]

高陵镇人民政府驻地。在区驻地宁海街道西南方向 15.0 千米。人口 2 100。据《牟平县志》记载，明末，曲姓由黄县白马村迁此建村，地处丘陵高地之南，得名高陵。聚落呈团状分布。有幼儿园 1 处。经济以种植业为主，主要农作物有小麦、玉米、地瓜、花生、蔬菜、水果。省道莱乳公路经此。

唐家夼 370612-B05-H02
[Tángjiākuǎng]

在区驻地宁海街道西南方向 13.2 千米。高陵镇辖自然村。人口 400。明初，唐姓由莱山迁此建村，因地处金马山东北夼，得名唐家夼。聚落呈团块状分布。经济以种植业为主，主要农作物有小麦、玉米、地瓜、花生。

西洼 370612-B05-H03
[Xīwā]

在区驻地宁海街道西南方向 11.3 千米。高陵镇辖自然村。人口 700。明初，宋姓来此建村，地处北辛峪西，地势低洼，得名西洼。聚落呈团块状分布。经济以种植业为主，主要农作物有大樱桃。

曲家疃 370612-B05-H04
[Qūjiātuǎn]

在区驻地宁海街道西南方向 11.1 千米。高陵镇辖自然村。人口 800。明洪武元年（1368），曲姓由黄县蒲兰村迁来建村，得名曲家疃。聚落呈团块状分布。经济以种植业为主，主要农作物有小麦、玉米、地瓜、花生。

祝家疃 370612-B05-H05
[Zhùjiātuǎn]

在区驻地宁海街道西南方向 10.7 千米。高陵镇辖自然村。人口 600。据传，明末于姓由磨山迁此建村，因位于西洼、曲家疃村东，故名辛峪东庄，后祝姓又迁此定居，故得名祝家疃。聚落呈团块状分布。经济以种植业为主，主要农作物有小麦、玉米、地瓜、花生。

郭家 370612-B05-H06
[Guōjiā]

在区驻地宁海街道西南方向 13.7 千米。高陵镇辖自然村。人口 800。据传，明朝郭姓迁此建村，得名郭家。聚落呈团块状分布。经济以种植业为主，主要农作物有小麦、玉米、地瓜、花生。

后沟 370612-B05-H07
[Hòugōu]

在区驻地宁海街道西南方向 12.2 千米。高陵镇辖自然村。人口 500。明初汤姓由云南迁此建村，地处南辛峪北山沟里，得名后沟。聚落呈团块状分布。经济以种植业为主，主要农作物有小麦、玉米、地瓜、花生。

南辛峪 370612-B05-H08
[Nánxīnyù]

在区驻地宁海街道西南方向 12.5 千米。高陵镇辖自然村。人口 1 000。明初张姓由云南迁此建村，因处半山半泊之地，又位于辛安河上游，北有北辛峪，故得名南辛峪。聚落呈团块状分布。经济以种植业为主，主要农作物有小麦、玉米、地瓜、花生。

王疃 370612-B05-H09
[Wángtuǎn]

在区驻地宁海街道西南方向 17.2 千米。高陵镇辖自然村。人口 900。据传，清初，王姓由瓦屋屯迁此建村，取名王家疃。1980 年 7 月地名普查中，因与县内大队重名，更名王疃。聚落呈团块状分布。经济以种植业为主，主要农作物有小麦、玉米、地瓜、花生。

杜家疃 370612-B05-H10
[Dùjiātuǎn]

在区驻地宁海街道西南方向 17.0 千米。高陵镇辖自然村。人口 600。据传，清初，杜姓由岘上迁此建村，取名杜家疃。聚落呈团块状分布。经济以种植业为主，主要农作物有小麦、玉米、地瓜、花生。

瓦屋屯 370612-B05-H11
[Wǎwūtún]

在区驻地宁海街道西南方向16.4千米。高陵镇辖自然村。人口500。据传，明洪武年间，任姓由山西洪洞县迁此建村，村处属元末起义军刘福通手下将领毛贵屯田之地，居民多住瓦屋，交纳屯粮，故名瓦屋屯。聚落呈团块状分布。经济以种植业为主，主要农作物有小麦、玉米、地瓜、花生。

沙巷子 370612-B05-H12
[Shāxiàngzǐ]

在区驻地宁海街道西南方向13.8千米。高陵镇辖自然村。人口600。明朝，邓姓由西洼迁此建村，取名邓家村。后曲姓又迁此，因村多沙土，故又叫沙巷子。聚落呈团块状分布。经济以种植业为主，主要农作物有小麦、玉米、地瓜、花生。

店村 370612-B05-H13
[Diàncūn]

在区驻地宁海街道西南方向13.2千米。高陵镇辖自然村。人口500。明末宋姓迁此建村，因村东有官道，曾在路旁开设客店，取名店子。1980年7月地名普查中，因与县内大队重名，更名为店村。聚落呈团块状分布。经济以种植业为主，主要农作物有小麦、玉米、地瓜、花生。

屯地沟 370612-B05-H14
[Túndìgōu]

在区驻地宁海街道西南方向19.2千米。高陵镇辖自然村。人口100。据传，清初建村，地处阎王鼻子山北一山沟里，此处属屯地，交纳屯粮，故取名屯地沟。聚落呈团块状分布。经济以种植业为主，主要农作物有小麦、玉米、地瓜、花生。

于家疃 370612-B05-H15
[Yújiātuǎn]

在区驻地宁海街道西南方向18.7千米。高陵镇辖自然村。人口500。据传，清朝时期，于姓由文登大水泊迁此建村，取名于家疃。聚落呈团块状分布。经济以种植业为主，主要农作物有小麦、玉米、地瓜、花生。

徐村 370612-B05-H16
[Xúcūn]

在区驻地宁海街道西南方向17.6千米。高陵镇辖自然村。人口700。据传，1690年，孙姓由本地下雨村迁此建村，取名孙家疃。1980年7月地名普查中，因与县内大队重名，沿用已经注销的名称徐村。聚落呈团块状分布。经济以种植业为主，主要农作物有小麦、玉米、地瓜、花生。

王格庄 370612-B06-H01
[Wánggézhuāng]

王格庄镇人民政府驻地。在区驻地宁海街道西南方向29.7千米。人口1 000。据传，元末，王姓由云南大理府鸡头村枣林底户迁此建村，取名王格庄。聚落呈散状分布。经济以种植业为主，主要农作物有小麦、玉米、花生、地瓜、核桃、板栗、苹果、樱桃等。省道文三公路经此。

张家河 370612-B06-H02
[Zhāngjiāhé]

在区驻地宁海街道西南方向23.7千米。王格庄镇辖自然村。人口300。据传，清朝中期，张姓由河南迁来建村，取名张家。1980年7月地名普查中，因与区内村重名，更名张家河。聚落呈团块状分布。经济以种植业为主，主要农作物有小麦、玉米、花生、地瓜、苹果、樱桃等。

西于家 370612-B06-H03
[Xīyújiā]

在区驻地宁海街道西南方向23.3千米。王格庄镇辖自然村。人口200。据传，明末崔姓在此建村，取名崔山屯。清初，于姓由磨山迁此，崔姓绝后，更名磨山于家。后村东三甲改名东于家，此村遂更名西于家。聚落呈团块状分布。经济以种植业为主，主要农作物有小麦、玉米、花生、地瓜、苹果、樱桃等。

东于家 370612-B06-H04
[Dōngyújiā]

在区驻地宁海街道西南方向23.3千米。王格庄镇辖自然村。人口300。据传，明末建村，取名为合山屯。清朝更名为三甲。清末于姓从保灵口迁此，并且发展很快，又居原磨山于家东，故更名东于家。聚落呈团块状分布。经济以种植业为主，主要农作物有小麦、玉米、花生、地瓜、苹果、樱桃等。

磨山庄 370612-B06-H05
[Móshānzhuāng]

在区驻地宁海街道西南方向23.3千米。王格庄镇辖自然村。人口600。据传，清康熙年间，于姓由现高陵镇磨山村迁此建村，因位于磨山村南，曾称南庄、磨山南庄，最后定为磨山庄。聚落呈团块状分布。经济以种植业为主，主要农作物有小麦、玉米、花生、地瓜、苹果、樱桃等。

栾家疃 370612-B06-H06
[Luánjiātuǎn]

在区驻地宁海街道西南方向29.0千米。王格庄镇辖自然村。人口200。据传，清朝中期，栾姓迁此建村，取名栾家疃。聚落呈团块状分布。经济以种植业为主，主要农作物有小麦、玉米、花生、地瓜、苹果。

岔河口 370612-B06-H07
[Chàhékǒu]

在区驻地宁海街道西南方向28.6千米。王格庄镇辖自然村。人口300。据传，村位于峼山两河沟交叉处，明朝建村时命名为岔河。1980年7月地名普查中，因与县内村重名，更名岔河口。聚落呈团块状分布。经济以种植业为主，主要农作物有小麦、樱桃、玉米、花生、地瓜、苹果等。

西道口 370612-B06-H08
[Xīdàokǒu]

在区驻地宁海街道西南方向27.4千米。王格庄镇辖自然村。人口500。据传，明末建村时，地处一条唯一可通行的道路西侧，故名西道口。聚落呈团块状分布。经济以种植业为主，主要农作物有小麦、玉米、花生、地瓜、苹果、樱桃等。

东道口 370612-B06-H09
[Dōngdàokǒu]

在区驻地宁海街道西南方向27.0千米。王格庄镇辖自然村。人口200。据传，明末建村，因村址处一大道东侧，故名东道口。聚落呈团块状分布。经济以种植业为主，主要农作物有小麦、玉米、花生、地瓜、苹果、樱桃等。

刘家沟 370612-B06-H10
[Liújiāgōu]

在区驻地宁海街道西南方向24.7千米。王格庄镇辖自然村。人口300。据传，明末，刘姓兄弟二人由云南来此建村，地处山夼，故名刘家沟。聚落呈团块状分布。经济以种植业为主，主要农作物有小麦、玉米、花生、地瓜、苹果、樱桃等。

北石门口 370612-B06-H11
[Běishíménkǒu]

在区驻地宁海街道西南方向25.0千米。王格庄镇辖自然村。人口100。据传，清乾隆年间，薛姓从高陵镇薛家迁此建村，村北有一沟，沟口的小河两侧石陡如门，得名石门口。后分为两个自然村，此村居北，为北石门口。聚落呈团块状分布。经济以种植业为主，主要农作物有小麦、玉米、花生、地瓜、苹果、樱桃等。

南石门口 370612-B06-H12
[Nánshíménkǒu]

在区驻地宁海街道西南方向25.1千米。王格庄镇辖自然村。人口200。据传，清乾隆年间，薛姓从高陵镇薛家迁此建村，村北有一沟，沟口的小河两侧石陡如门，得名石门口。后分为两个自然村，此村居南，为南石门口。聚落呈团块状分布。经济以种植业为主，主要农作物有小麦、玉米、花生、地瓜、苹果、樱桃等。

四甲 370612-B06-H13
[Sìjiǎ]

在区驻地宁海街道西南方向30.0千米。王格庄镇辖自然村。人口700。据传，清乾隆二年（1737），一王姓从白泊带四子在此建村，命名为四甲。聚落呈团块状分布。经济以种植业为主，主要农作物有小麦、玉米、花生、地瓜、苹果、樱桃等。

彭家庄 370612-B06-H14
[Péngjiāzhuāng]

在区驻地宁海街道西南方向27.7千米。王格庄镇辖自然村。人口200。据传，清朝中期，彭姓兄弟三人迁此落户建村，取名彭家庄。聚落呈团块状分布。经济以种植业为主，主要农作物有小麦、玉米、花生、地瓜、苹果、樱桃等。

彭家 370612-B06-H15
[Péngjiā]

在区驻地宁海街道西南方向27.0千米。王格庄镇辖自然村。人口600。据传，元末，彭姓由云南迁此建村，故得名彭家。聚落呈团块状分布。经济以种植业为主，主要农作物有小麦、玉米、花生、地瓜、苹果、樱桃等。

合立场 370612-B06-H16
[Hélìchǎng]

在区驻地宁海街道西南方向26.9千米。王格庄镇辖自然村。人口300。据传，明隆庆年间，王、姜二姓在此建村，取名太平庄。因地处山夼，人烟稀少，常受狼害，很不太平，准备迁走，这时孔姓前来说服王、姜二姓留下，齐心合力建立家园，后改名合立场。聚落呈团块状分布。经济以种植业为主，主要农作物有小麦、玉米、花生、地瓜、苹果、樱桃等。304省道经此。

白泊 370612-B06-H17
[Báipō]

在区驻地宁海街道西南方向34.2千米。王格庄镇辖自然村。人口500。村址原是中村河中冲击而成的白滩，明末王姓由缫丝夼迁此建村，故取名白泊。聚落呈团块状分布。经济以种植业为主，主要农作物有小麦、玉米、花生、地瓜、苹果、樱桃等。

小寨 370612-B06-H18
[Xiǎozhài]

在区驻地宁海街道西南方向32.4千米。王格庄镇辖自然村。人口400。据传，清朝中期张姓迁来建村，因东临大寨，故名小寨。聚落呈团块状分布。经济以种植业为主，主要农作物有小麦、樱桃、玉米、花生、地瓜、苹果等。304省道经此。

大寨 370612-B06-H19
[Dàzhài]

在区驻地宁海街道西南方向31.4千米。王格庄镇辖自然村。人口400。据传，清初王姓由四甲迁此建村，因明末官军曾在此安营扎寨，故名大寨。聚落呈团块状分布。经济以种植业为主，主要农作物有小麦、玉米、花生、地瓜、苹果、樱桃等。304省道经此。

集口山 370612-B06-H20
[Jíkǒushān]

在区驻地宁海街道西南方向30.6千米。王格庄镇辖自然村。人口200。据传，明末建村，因村坐落于峼山、垛山两山之山岭下，俗称集口处，故名集口山。聚落呈团块状分布。经济以种植业为主，主要农作物有小麦、樱桃、玉米、花生、地瓜、苹果等。304省道经此。

八犊夼 370612-B06-H21
[Bādúkuǎng]

在区驻地宁海街道西南方向30.0千米。王格庄镇辖自然村。人口500。据传，此地原属王格庄王姓所有。清初，一李姓老人带三个儿子来此居住，不久就发生纠纷，王姓被打败，土地割给李姓一部分，得名霸斗夼，后演变为八犊夼。也有一说村里一牸牛，一晌午连生8个小牛犊，故得名。聚落呈团块状分布。经济以种植业为主，主要农作物有小麦、玉米、花生、地瓜、苹果、樱桃等。

柳家 370612-B06-H22
[Liǔjiā]

在区驻地宁海街道西南方向29.0千米。王格庄镇辖自然村。人口400。据传，明初，因柳姓从栖霞大庄头迁此建村，故得名柳家。聚落呈团块状分布。经济以种植业为主，主要农作物有小麦、玉米、花生、地瓜、苹果、樱桃等。304省道经此。

韩家庄 370612-B06-H23
[Hánjiāzhuāng]

在区驻地宁海街道西南方向28.1千米。王格庄镇辖自然村。人口400。据传，清末因韩姓迁此建村，故得名韩家庄。聚落呈团块状分布。经济以种植业为主，主要农作物有小麦、玉米、花生、地瓜、苹果等。

清泉埠 370612-B06-H24
[Qīngquánbù]

在区驻地宁海街道西南方向34.0千米。王格庄镇辖自然村。人口1 100。据传，清初王姓由牟平城北王家疃迁此建村，因村南河西岸一石硼有泉水，水质特别纯净，故得名清泉埠。聚落呈团块状分布。经济以种植业为主，主要农作物有小麦、玉米、花生、地瓜、苹果、樱桃等。304省道经此。

东殿后 370612-B07-H01
[Dōngdiànhòu]

昆嵛镇人民政府驻地。在区驻地宁海街道东南方向22.0千米。人口1 400。据传明时建村，因村处麻姑殿之后，得名殿后。后村西又建一自然村，取名西殿后，此村遂更名东殿后。聚落呈团块状分布。有市级文物保护单位烟霞洞。经济以种植业为主，主要农作物有小麦、玉米、花生。省道俚李公路经此。

钓鱼石 370612-B07-H02
[Diàoyúshí]

在区驻地宁海街道东南方向18.6千米。昆嵛镇辖自然村。人口200。据传，清雍正年间，于姓迁此建村，村后有一堆高石，传说为古人的钓鱼台子，故村得名钓鱼石。

聚落呈团块状分布。经济以种植业为主，主要农作物有小麦、玉米、花生。省道俚李公路经此。

滩上 370612-B07-H03

[Tānshàng]

在区驻地宁海街道东南方向18.2千米。昆嵛镇辖自然村。人口200。据传此处原是较平坦的河滩，清末郝姓迁此建村，得名滩上。聚落呈团块状分布。经济以种植业为主，主要农作物有小麦、玉米、花生。省道俚李公路经此。

涝夼 370612-B07-H04

[Làokuǎng]

在区驻地宁海街道东南方向18.9千米。昆嵛镇辖自然村。人口300。因地处山夼且洼涝，故名涝夼。聚落呈团块状分布。经济以种植业为主，主要农作物有小麦、玉米、花生。

西殿后 370612-B07-H05

[Xīdiànhòu]

在区驻地宁海街道东南方向15.2千米。昆嵛镇辖自然村。人口200。据传明末建村，位于东殿后村西，故名西殿后。聚落呈团块状分布。经济以种植业为主，主要农作物有小麦、玉米、花生。省道俚李公路经此。

西庄 370612-B07-H06

[Xīzhuāng]

在区驻地宁海街道东南方向14.8千米。昆嵛镇辖自然村。人口100。据传清乾隆年间刘姓迁此建村，因位于殿后村西，得名西庄。聚落呈团块状分布。经济以种植业为主，主要农作物有小麦、玉米、花生。省道俚李公路经此。

金沙夼 370612-B07-H07

[Jīnshākuǎng]

在区驻地宁海街道东南方向14.4千米。昆嵛镇辖自然村。人口100。据传，清末于姓迁此建村，此处有一土岭形似猴子，故得名猴子夼。1980年7月地名普查中，因含义不好，以村后多黄沙，更名金沙夼。聚落呈团块状分布。经济以种植业为主，主要农作物有小麦、玉米、花生。303省道经此。

西口子 370612-B07-H08

[Xīkǒuzi]

在区驻地宁海街道东南方向13.8千米。昆嵛镇辖自然村。人口100。据传，清乾隆年间张姓来此建村，因地处殿后西山口子上，得名殿后西口子，后简化为西口子。聚落呈团块状分布。经济以种植业为主，主要农作物有小麦、玉米、花生。省道俚李公路经此。

桃园 370612-B07-H09

[Táoyuán]

在区驻地宁海街道东南方向13.1千米。昆嵛镇辖自然村。人口200。据传清初建村，占山户庭内栽数株桃树，春暖花开时节，桃花鲜艳夺目，行人至此皆呼桃园，故名。聚落呈团块状分布。经济以种植业为主，主要农作物有小麦、玉米、花生。省道俚李公路经此。

西柳庄 370612-B07-H10

[Xīliǔzhuāng]

在区驻地宁海街道东南方向12.0千米。昆嵛镇辖自然村。人口400。据传明洪武年间，宫姓由江苏泰州迁此居住，地处于家庄村西，住户门前多栽柳树，得名西柳庄。聚落呈团块状分布。经济以种植业为主，主要农作物有小麦、玉米、花生。省道俚李公路经此。

军石 370612-B07-H11
[Jūnshí]

在区驻地宁海街道东南方向11.2千米。昆嵛镇辖自然村。人口100。原村名将军石，村附近有两块巨石，相传为抗清的农民领袖常和尚、张振纲两位将军比武时搬动的，故得名。1970年因修水库搬迁，新建村名为红旗庄。1980年7月地名普查时更名军石。聚落呈团块状分布。经济以种植业为主，主要农作物有小麦、玉米、花生。303省道经此。

莱山区

城市居民点

南山世纪华府 370613-I01
[Nánshān Shìjì Huáfǔ]

在区境中部。人口6 410。总面积21公顷。由南山集团开发，故名。2005年始建，2007年正式使用。建筑总面积520 000平方米，住宅楼15栋，中式建筑风格。绿地面积80 000平方米。有学校、幼儿园、超市、老年活动室等配套设施。通公交车。

黄海城市花园 370613-I02
[Huánghǎi Chéngshì Huāyuán]

在区境北部。3 214户。总面积40公顷。开发商致力于把小区建设为城市中的花园，故命名为黄海城市花园。2001年始建，2006年正式使用。建筑总面积480 000平方米，高层住宅楼51栋，别墅8栋。绿地面积120 000平方米。有幼儿园、超市、银行、诊所、商场、菜市场等配套设施。通公交车。

鹿鸣北区 370613-I03
[Lùmíng Běiqū]

在区境北部。320户。总面积9.8公顷。位于鹿鸣峪的北侧且为鹿鸣小区的二期工程，故名。2006年始建，2008年正式使用。建筑总面积87 400平方米，高层住宅楼7栋。有休闲健身场所等配套设施。通公交车。

闻涛山庄 370613-I04
[Wéntāo Shānzhuāng]

在区境北部。480户。总面积32.6公顷。因小区临海，故起名闻涛山庄。1996年始建，1999年正式使用。建筑总面积60 000平方米，高层住宅楼11栋，绿地面积30 000平方米。有篮球场、健身器材等配套设施。通公交车。

祥隆万象城 370613-I05
[Xiánglóng Wànxiàngchéng]

在区境北部。人口11 600。总面积58.3公顷。因城容万象，城生万象，故名。2008年始建，2011年正式使用。建筑总面积1 039 400平方米，高层住宅楼32栋，中式建筑风格。绿地面积74 000平方米。有中学、小学、幼儿园、托老所、多功能会所、社康中心等配套设施。通公交车。

鹿鸣小区 370613-I06
[Lùmíng Xiǎoqū]

在区境西部。1 608户。总面积31公顷。因位置得名。2003年始建，2005年正式使用。建筑总面积346 500平方米，住宅楼41栋，中式建筑风格。绿地面积110 000平方米。有幼儿园、会所、商业中心等配套设施。通公交车。

金海岸花园 370613-I07
[Jīnhǎi'àn Huāyuán]

在区境北部。1 779户。总面积307公顷。

因地处胶东半岛，临渤海黄金海岸线，“金海岸”一词能让人直观感受到美丽海滨海景，故名。2002 年始建，2003 年正式使用。建筑总面积 84 121 平方米，住宅楼 27 栋。绿地面积 48 793 平方米。通公交车。

海天四季花城小区 370613–I08
[Hǎitiān Sìjìhuāchéng Xiǎoqū]

在区境北部。1 674 户。总面积 22.58 公顷。寓意是四季鲜花盛开之城。2005 年始建，一期 2008 年正式使用，二期 2009 年正式使用，三期 2011 年正式使用。建筑总面积 258 930 平方米，住宅楼 61 栋，其中高层 20 栋、多层 41 栋，中式建筑风格。绿地面积 93 800 平方米。有幼儿园、养老中心等配套设施。通公交车。

保利香榭里公馆 370613–I09
[Bǎolì Xiāngxièlǐ Gōngguǎn]

在区境北部。1 520 户。总面积 29.5 公顷。名称源于法国香榭丽舍大街，取美好之意。2011 年始建，2013 年正式使用。建筑总面积 300 000 平方米，住宅楼 22 栋，其中高层 19 栋、多层 3 栋，西式建筑风格。绿化面积 42 084 平方米。有幼儿园等配套设施。通公交车。

德尚世家小区 370613–I10
[Déshàng Shìjiā Xiǎoqū]

在区境南部。1 158 户。总面积 25.2 公顷。取明德尚行之意命名，指道德品质高雅的人居住的府邸。2006 年始建，2009 年正式使用。建筑总面积 500 000 平方米，高层住宅楼 58 栋，西式建筑风格。绿地面积 117 000 平方米，有幼儿园、运动场等配套设施。通公交车。

世纪华府小区 370613–I11
[Shìjì Huáfǔ Xiǎoqū]

在区境北部。2 909 户。总面积 21 公顷。因吉祥嘉言而得名。2005 年始建，2008 年正式使用。建筑总面积 520 000 平方米，高层住宅楼 15 栋。绿地面积 80 000 平方米。有幼儿园等配套设施。通公交车。

世纪华庭 370613–I12
[Shìjì Huátíng]

在区境东南部。2 376 户。总面积 42 公顷。因吉祥嘉言而得名。2007 年始建，2009 年正式使用。建筑总面积 439 111 平方米，高层住宅楼 15 栋，西式建筑风格。绿地面积 57 600 平方米。有幼儿园、超市、广场等配套设施。通公交车。

祥隆天合城 370613–I13
[Xiánglóng Tiānhéchéng]

在区境南部。1 921 户。总面积 19.5 公顷。开发商旨在以完美无缺的天合之作树立项目形象，故名祥隆天合城。2006 年始建，2009 年正式使用。建筑总面积 251 700 平方米，高层住宅楼 15 栋，西式建筑风格。绿地面积 50 000 平方米。有广场、医院、集贸市场等配套设施。通公交车。

航天小区 370613–I14
[Hángtiān Xiǎoqū]

在区境东南部。874 户。总面积 12 公顷。因该小区为山东航天电子技术研究所（航天 513 所）科研生产配套小区，故名航天小区。2008 年始建，2009 年正式使用。建筑总面积 115 500 平方米，住宅楼 26 栋，其中高层 17 栋、多层 9 栋。绿地面积 19 173 平方米。有超市、学校等配套设施。通公交车

金地澜悦小区 370613-I15

[Jīndì Lányuè Xiǎoqū]

在区境东南部。573 户。总面积 6.6 公顷。“金地”是指本项目由金地集团下属子公司建设，“澜悦”是赋予项目繁荣、美好的意思，故名。2011 年始建，2013 年正式使用。建筑总面积 17 938.95 平方米，住宅楼 11 栋，其中高层 10 栋、多层 1 栋，中式建筑风格。绿化率 45%。有学校、酒店、购物中心等配套设施。通公交车。

农村居民点

界牌 370613-A02-H01

[Jièpái]

在区驻地黄海街道西南方向 10.0 千米。初家街道辖自然村。人口 900。明万历年间，因村西设有牟平县地与福山县地分界的石牌，故取名界牌。聚落呈团块状分布。有文化大院 1 处、文化书屋 1 处。经济以商贸业、种植业为主，主要农作物有大樱桃。有公路经此。

初家 370613-A02-H02

[Chūjiā]

在区驻地黄海街道西南方向 4.0 千米。初家街道辖自然村。人口 3 400。明万历年间，初姓由芝罘大疃迁至此地定居，取名初家。聚落呈团块状分布。有文化广场 1 处、农家书屋 1 处、幼儿园 1 所。有公路经此。

宋家庄 370613-A02-H03

[Sòngjiāzhuāng]

在区驻地黄海街道西南方向 10.0 千米。初家街道辖自然村。人口 2 200。明洪武年间，宋姓人在此居住，故名宋家庄。聚落呈团块状分布。经济以商贸业、种植业为主。有公路经此。

大郝家 370613-A02-H04

[Dàhǎojiā]

在区驻地黄海街道西南方向 1.5 千米。初家街道辖自然村。人口 1 000。明初移民时，郝姓始祖为不忘山西祖籍之枣园村，故定名为枣园。清乾隆晚期，建有郝氏宗祠，更名为西大郝家，后称大郝家。聚落呈散状分布。有文化广场 1 处、文化大院 1 处、农家书屋 1 处、图书室 1 处、小学 1 处、中学 1 处。有公路经此。

西轸格庄 370613-A03-H01

[Xīzhěngézhuāng]

在区驻地黄海街道西南方向 12.6 千米。滨海路街道辖自然村。人口 1 200。明朝建村，因地势高于东轸格庄，取名上轸格庄。1945 年抗日战争胜利后，更名为西轸格庄。聚落呈团块状分布。经济以种植业为主，主要农作物有玉米、小麦。有公路经此。

大庄 370613-A03-H02

[Dàzhuāng]

在区驻地黄海街道西南方向 10.9 千米。滨海路街道辖自然村。人口 1 800。原是刘家滩的一块菜园地，位于刘家滩之西，故名西庄。明朝末年，因西庄之名不雅，故改名大庄。聚落呈团块状分布。有小学 1 所。经济以种植业为主，主要农作物为粮食作物。有通源机械工程公司、新艺建筑装饰公司等企业。有公路经此。

马格庄 370613-A04-H01

[Mǎgézhuāng]

在区驻地黄海街道西南方向 22.0 千米。院格庄街道辖自然村。人口 1 900。明万历年间，马姓迁此地定居，村名马格庄。聚落呈团块状分布。有文化广场 1 处、文化大院 1 处、农家书屋 1 处。经济以种植业为主，主要农作物有玉米、花生、葡萄。有烟台阿尔福包装材料有限公司等企业。有公路经此。

沐浴 370613-A04-H02

[Mùyù]

在区驻地黄海街道西南方向 22.0 千米。院格庄街道辖自然村。人口 2 700。明末清初，于姓人家由于家汤迁此建村，为怀念故乡，故取名沐浴。聚落呈团块状分布。有文化广场 1 处、文化大院 1 处、农家书屋 1 处。经济以种植业为主，主要农作物有花生、玉米、地瓜、小麦、苹果、大樱桃。有烟台紫瑞服装有限公司等企业。有公路经此。

王官庄 370613-A04-H03

[Wángguānzhuāng]

在区驻地黄海街道西南方向 24.0 千米。院格庄街道辖自然村。人口 1 500。明末，王姓来此定居，命名王格庄。1980 年地名普查时，因重名，更名王官庄。聚落呈团块状分布。有文化广场 1 处、文化大院 1 处、农家书屋 1 处。经济以种植业为主，主要农作物有玉米、小麦、花生、苹果等。有公路经此。

院格庄 370613-A04-H04

[Yuàngézhuāng]

在区驻地黄海街道西南方向 24.0 千米。院格庄街道辖自然村。人口 2 500。明成化年间，林姓迁此地建村，村东有一寺庙，村址在寺院下方，得名院下庄，后演变为院格庄。聚落呈团块状分布。有文化广场 1 处、文化大院 1 处、农家书屋 1 处、幼儿园 1 处、小学 1 处、中学 1 处。经济以种植业为主，主要农作物有花生、玉米、地瓜，特色农产品为苹果。有烟台清泉食品科技有限公司、烟台海亮食品有限公司等企业。有公路经此。

朱唐夼 370613-A04-H05

[Zhūtángkuǎng]

在区驻地黄海街道西南方向 26.0 千米。院格庄街道辖自然村。人口 2 100。明末建村时，从地下发现碑文有“朱唐”二字，又以地处山前，命名朱唐夼。聚落呈团块状分布。有文化广场 1 处、文化大院 1 处、农家书屋 1 处。经济以种植业为主，主要农作物有花生、玉米、地瓜，特色农产品有苹果、大樱桃。有公路经此。

崖前 370613-A04-H06

[Yáqián]

在区驻地黄海街道西南方向 24.0 千米。院格庄街道辖自然村。人口 1 600。明末建村，村后有一岭，岭前为悬崖，故名崖前。聚落呈团块状分布。有文化广场 1 处、文化大院 1 处、农家书屋 1 处。经济以种植业为主，主要农作物有花生、玉米、地瓜等，特色农产品有苹果。有烟台源农机械有限公司等企业。有公路经此。

孔辛头 370613-A05-H01

[Kǒngxīntóu]

在区驻地黄海街道西南方向 21.6 千米。解甲庄街道辖自然村。人口 1 700。据传西汉时期，有人在村东金马山上开山挖宝，辛苦忙碌却一无所获，取名空心头。明末孔姓来此定居并建村，更为孔辛头。聚落呈带状分布。有文化广场 1 处、文化大院 1 处、农家书屋 1 处。经济以种植业为主，主要农作物有小麦、玉米、花生等。有金马矿业、金马理石、大地毛纺、金亚皮革等企业。有公路经此。

车家 370613-A05-H02

[Chējiā]

在区驻地黄海街道西南方向 21.1 千米。解甲庄街道辖自然村。人口 1 000。明末，王姓邀请车姓在此定居，命名为车家。聚落呈团块状分布。有文化广场 1 处、文化大院 1 处、农家书屋 1 处、图书室 1 处。经济以种植业为主，主要农作物有花生、玉米、小麦。有公路经此。

东解甲庄 370613–A05–H03
[Dōngxièjiǎzhuāng]

在区驻地黄海街道西南方向 13.7 千米。解甲庄街道辖自然村。人口 2 000。元末，孙姓、苗姓来此建村，据说有一将领经此解甲休息，得名解甲庄。另一传说解姓先来建村，得名解家庄，后“家”演变为“甲”。后来村西又建一村，本村改名为东解甲庄。聚落呈团块状分布。有文化广场 1 处、文化大院 1 处、农家书屋 1 处、图书室 1 处、小学 1 处、中学 1 处。经济以种植业为主，主要农作物有樱桃、苹果、玉米、大豆。有烟台龙门润滑油科技有限公司、烟台海韵潜水装备有限公司、烟台市莱山区三星包装有限公司、烟台鸿胜建筑安装有限公司、烟台益兴机筛制品有限公司、烟台大海机械制造有限公司等企业。有公路经此。

沟头店 370613–A05–H04
[Gōutóudiàn]

在区驻地黄海街道西南方向 14.1 千米。解甲庄街道辖自然村。人口 1 300。明朝王姓在此东西、南北大道交叉处开设小客店，后发展成村，因地处桂山、金斗山两山溪水汇合之处，取名沟头店。聚落呈团块状分布。有文化广场 1 处、文化大院 1 处、图书室 1 处。经济以种植业为主，主要农作物有玉米、花生、樱桃。有公路经此。

解家河 370613–A05–H05
[Xièjiāhé]

在区驻地黄海街道西南方向 13.4 千米。解甲庄街道辖自然村。人口 800。明朝末年，解姓由西解甲庄迁来，周姓由梁家夼迁来，在此建村，因村东有一条小河，取名解家河。聚落呈团块状分布。有文化大院 1 处、农家书屋 1 处。经济以种植业为主，主要农作物有苹果和樱桃。有公路经此。

林家疃 370613–A05–H06
[Línjiātuǎn]

在区驻地黄海街道西南方向 17.0 千米。解甲庄街道辖自然村。人口 1 600。据碑文记载，明永乐年间，林姓自云南来此建村，取名林家疃。聚落呈团块状分布。有文化广场 1 处、文化大院 1 处、农家书屋 1 处。古迹有定国寺。经济以种植业为主，主要农作物有樱桃。有公路经此。

西解甲庄 370613–A05–H07
[Xīxièjiǎzhuāng]

在区驻地黄海街道西南方向 14.0 千米。解甲庄街道辖自然村。人口 300。明初李姓从滇南迁居宁海，后来此建村。据传曾有一将军路经此地解甲休息而得名。解甲庄以一条南北走向的小河为界，本村居小河西，故名西解甲庄。聚落呈团块状分布。有文化大院 1 处、农家书屋 1 处、幼儿园 1 处。古迹有李永绍尚书府、李九龄官邸、老祠堂、牌坊。经济以种植业为主，主要农作物有桃、樱桃、苹果、花生、玉米。有公路经此。

冶头 370613–A05–H08
[Yětóu]

在区驻地黄海街道西南方向 20.0 千米。解甲庄街道辖自然村。人口 3 300。元末，于姓来此建村，因汉朝铁官刘兴在此负责炼铁铸币，故名冶头。聚落呈团块状分布。有文化广场 4 处、文化大院 3 处、农家书屋 4 处、幼儿园 1 处、小学 1 处。经济以种植业为主，主要农作物有大樱桃、苹果。有公路经此。

河北 370613-A06-H01

[Héběi]

在区驻地黄海街道西南方向10.0千米。莱山街道辖自然村。人口5 100。明洪武初年，任姓由山西洪洞县移此建村，村前有一小河，村处河北岸，故名河北。聚落呈团块状分布。有文化广场1处、文化大院1处、农家书屋1处、幼儿园1处。有公路经此。

马村 370613-A06-H02

[Mǎcūn]

在区驻地黄海街道西南方向16.0千米。莱山街道辖自然村。人口1 300。明永乐四年（1406），马姓由安徽迁此定居，故名马村。聚落呈团块状分布。有文化广场1处、文化大院1处、农家书屋1处。经济以种植业为主，主要农作物有小麦、玉米、花生。有公路经此。

陈村 370613-A06-H03

[Chéncūn]

在区驻地黄海街道西南方向15.0千米。莱山街道辖自然村。人口800。明洪武年间，陈姓由小云南迁此居住，取名陈家疃，后改为陈村。聚落呈团块状分布。有文化广场1处、文化大院1处、农家书屋1处。经济以种植业为主，主要农作物有玉米、小麦、花生、地瓜、大豆等。有公路经此。

官庄 370613-A06-H04

[Guānzhuāng]

在区驻地黄海街道西南方向12.0千米。莱山街道辖自然村。人口3 200。明代姜姓由乳山铜铃迁来建村，村址原为官夺民田建立的官园，故名官庄。聚落呈团块状分布。有文化广场1处、文化大院1处、农家书屋1处。经济以种植业为主，主要农作物有玉米、小麦等。有公路经此。

千金 370613-A06-H05

[Qiānjīn]

在区驻地黄海街道西南方向13.0千米。莱山街道辖自然村。人口2 400。元末，于、肖两姓先来居住，后刘姓又自牟平南门里迁来，当时村民有在村西采金的，故称千金。聚落呈团块状分布。有文化广场1处、文化大院1处、农家书屋1处。经济以种植业为主，主要农作物有小麦、玉米等，特色农产品为大樱桃和苹果。有公路经此。

山南周 370613-A06-H06

[Shānnánzhōu]

在区驻地黄海街道西南方向15.0千米。莱山街道辖自然村。人口900。明嘉靖年间，周姓由莱阳迁此落户，位于富山之南坡，故名山南周。聚落呈团块状分布。经济以种植业为主，主要农作物有玉米、花生、苹果、樱桃等。有公路经此。

西村 370613-A06-H07

[Xīcūn]

在区驻地黄海街道西南方向10.0千米。莱山街道辖自然村。人口1 900。明洪武年间，孙姓由安徽省凤阳府迁此建村，地处莱山片村西部，先有南街，故称西街，后称西村。聚落呈团块状分布。经济以种植业为主，主要农作物有小麦、玉米、花生等。有公路经此。

友谊 370613-A06-H08

[Yǒuyì]

在区驻地黄海街道西南方向14.0千米。莱山街道辖自然村。人口1 100。明末，杨姓自冶头迁至午台南埝，后又迁此定居，故名杨家庄。后因重名，更名友谊。聚落呈团块状分布。有文化广场1处、文化大院1处、农家书屋1处。经济以种植业为主，主要农作物有大樱桃、草莓。有公路经此。

朱埝堡 370613-A06-H09
[Zhūjiǎngpù]

在区驻地黄海街道西南方向16.0千米。莱山街道辖自然村。人口2 500。明初有王姓迁来定居，因村北有一个埝子，埝上有七个珠子，故名朱埝堡。聚落呈团块状分布。有文化广场1处、文化大院1处、农家书屋1处。经济以种植业为主，主要农作物有小麦、玉米、苹果等。有公路经此。

东庄 370613-A06-H10
[Dōngzhuāng]

在区驻地黄海街道西南方向15.0千米。莱山街道辖自然村。人口1 700。明朝末年，张姓迁此住村东，故名东庄。聚落呈团块状分布。有文化广场1处、文化大院1处、农家书屋1处。经济以种植果树为主。有公路经此。

南村 370613-A06-H11
[Náncūn]

在区驻地黄海街道西南方向15.0千米。莱山街道辖自然村。人口1 400。明朝中期建村，因处莱山片村南部，故称南村。聚落呈团块状分布。有文化广场1处、文化大院1处、农家书屋1处。经济以种植业为主，主要农作物有玉米、花生。有公路经此。

曲家洼 370613-A07-H01
[Qūjiāwā]

在区驻地黄海街道东南方向13.2千米。马山街道辖自然村。人口1 000。明末，曲姓由牟平城内迁此定居并建村，因地势较低，故得名曲家洼。聚落呈团块状分布。经济以种植业为主，主要农作物有苹果、小麦、玉米、花生、地瓜等。有公路经此。

西泊子 370613-A07-H02
[Xīpōzi]

在区驻地黄海街道东南方向9.6千米。马山街道辖自然村。人口1 200。建村前此地是一水泊之地，明朝建村时变成一片平地。因村东先建一村名泊子，此村较小，故名小泊子，后以方位定名西泊子。聚落呈团块状分布。经济以种植业为主，主要农作物有小麦、花生、玉米等。有公路经此。

草埠 370613-A07-H03
[Cǎobù]

在区驻地黄海街道东南方向8.4千米。马山街道辖自然村。人口1 800。元末明初，吕姓在此建村，取名青草崖。后有一只货船，名曰马利，在此搁浅，参加营救的人皆云："马到草崖不会出来。"船员遂在此安家，取村名为草埠。聚落呈团块状分布。经济以种植业为主，主要农作物有小麦、玉米、花生、大豆等。有公路经此。

东谭家泊 370613-A07-H04
[Dōngtánjiāpō]

在区驻地黄海街道东南方向15.0千米。马山街道辖自然村。人口1 100。明隆庆年间，谭姓由云南十八株柳树下迁此建村，地处平泊，得名谭家泊。清乾隆年间，辛安河下游改道，由谭家泊村中间向北入海，两岸人家为免遭水灾，各自向东、西迁移，因而形成两个自然村，河东岸的为东谭家泊。聚落呈团块状分布。经济以种植业为主，主要农作物有小麦、玉米、地瓜、花生。有烟台德艺家具公司、烟台东方液压公司、烟台顶建饮品公司等企业。有公路经此。

南寨 370613-A07-H05
[Nánzhài]

在区驻地黄海街道东南方向11.8千米。

马山街道辖自然村。人口 1 000。明朝建村，村北的马山是明朝的军事战略要塞，为抗击倭寇，山上设寨，按其方位分为两个营寨，此地地势低于北村，故名马山下寨，1958 年更名为南寨。聚落呈团块状分布。经济以种植业为主，主要农作物有小麦、玉米、大豆、地瓜、花生等。有公路经此。

北寨 370613-A07-H06
[Běizhài]

在区驻地黄海街道东南方向 10.6 千米。马山街道辖自然村。人口 2 700。村北有一山，名为马山，明朝时为防倭寇在山上设寨，故村得名马山上寨，后更名北寨。聚落呈团块状分布。经济以种植业为主，主要农作物有小麦、玉米、花生、地瓜等。有公路经此。

西谭家泊 370613-A07-H07
[Xītánjiāpō]

在区驻地黄海街道东南方向 14.2 千米。马山街道辖自然村。人口 1 400。明朝谭姓来此定居，因处平泊，故名谭家泊，清乾隆年间，辛安河水泛滥改道，顺村中小河沟北流入海，村民向小河东、西两岸迁移，本村居住在河西岸，故名西谭家泊。聚落呈团块状分布。经济以种植业为主，主要农作物有小麦、玉米、花生、西瓜、苹果等。有公路经此。

东泊子 370613-A07-H08
[Dōngpōzi]

在区驻地黄海街道东南方向 9.8 千米。马山街道辖自然村。人口 3 200。古龙门港湾潮线北移，出现大片洼地平泊，因此取名泊子。泊中间有一山岭，本村位于岭东，故名东泊子。聚落呈团块状分布。古迹有大汶口文化遗址。有公路经此。

刘家埠 370613-A07-H09
[Liújiābù]

在区驻地黄海街道东南方向 13.3 千米。马山街道辖自然村。人口 2 000。宋朝末年，因有 6 户人家居住在高埠之前，故取名六甲埠。明朝末年，刘姓迁来在此建村，改名刘家埠。聚落呈团块状分布。经济以种植业为主，主要农作物有小麦、玉米、地瓜、花生、苹果、樱桃等。有公路经此。

龙口市

城市居民点

宏润花园 370681-I01
[Hóngrùn Huāyuán]

在县级市市区东部。1 989 户。总面积 34 公顷。因由宏润建设集团股份有限公司设计，故以公司名命名。2008 年始建，2012 年正式使用。建筑总面积 340 000 平方米，高层住宅楼 28 栋，现代建筑风格。绿化率 52%。有超市、幼儿园、药房等配套设施。通公交车。

紫荆香辉苑 370681-I02
[Zǐjīng Xiānghuī Yuàn]

在县级市市区东部。人口 1 400。总面积 1.43 公顷。由香港公司菲港敏慧公司独资建设，取香港市花紫荆花之意，故名。2002 年始建，2003 年正式使用。建筑总面积 78 000 平方米，多层住宅楼 50 栋，现代建筑风格，别墅 29 栋。绿化率 45%。通公交车。

龙门花园 370681-I03
[Lóngmén Huāyuán]

在县级市市区东部。507 户。总面积 5.6

公顷。取鲤鱼跳龙门之意命名。2005 年始建，2007 年正式使用。建筑总面积 157 000 平方米，住宅楼 40 栋，其中高层 1 栋、多层 39 栋，现代建筑风格。绿化率 45%。通公交车。

松岚苑 370681－I04
[Sōnglán Yuàn]

在县级市市区东北部。人口 5 600。总面积 23 公顷。是由原松岚村拆迁后建设的住宅小区，故名。2002 年始建，2003 年正式使用。建筑总面积 230 000 平方米，住宅楼 64 栋，其中高层 9 栋、多层 55 栋，现代建筑风格。绿化率 40%。通公交车。

怡园小区 370681－I05
[Yíyuán Xiǎoqū]

在县级市市区东部。人口 5 700。总面积 12.8 公顷。寓意安适自在，使人心神愉快，是适合居住的地方，故名。1992 年始建，1993 年正式使用。建筑总面积 128 000 平方米，多层住宅楼 47 栋，别墅 12 栋，现代建筑风格。通公交车。

南山城市花园小区 370681－I06
[Nánshān Chéngshì Huāyuán Xiǎoqū]

在县级市市区南部。人口 800。总面积 32.8 公顷。以打造城市中的花园作为亮点，故名。2004 年始建，2006 年正式使用。建筑总面积 240 352.67 平方米，多层住宅楼 102 栋，现代建筑风格。绿化率 42%。有购物中心、幼儿园、商业街、农贸市场、医院等配套设施。通公交车。

丽景花园小区 370681－I07
[Lìjǐng Huāyuán Xiǎoqū]

在县级市市区东南部。人口 500。总面积 40 公顷。因住宅区环境优美，如同花园，故名。2008 年始建，2009 年正式使用。建筑总面积 222 496.52 平方米，多层住宅楼 79 栋，现代建筑风格。绿化率 44%。有幼儿园、医院等配套设施。通公交车。

南山新和小区 370681－I08
[Nánshān Xīnhé Xiǎoqū]

在县级市市区西南部。人口 11 600。总面积 52 公顷。是由南山合并 21 个村而组成的新区，寓意居住在此组成新的大家庭的人们团结一心，和睦相处，故名。2007 年始建，2008 年正式使用。建筑总面积 520 000 平方米，多层住宅楼 200 栋，现代建筑风格。绿化率 43%。有农贸市场、幼儿园、医院等配套设施。通公交车。

农村居民点

王格庄 370681－A01－H01
[Wánggézhuāng]

在市驻地新嘉街道东南方向 5.0 千米。新嘉街道辖自然村。人口 1 400。明洪武年间，孙姓由山西迁来居住，取名大孙家。明万历年间，王姓由县城迁来落户，改今名。聚落呈团块状分布。有文化园、文化活动中心、幼儿园。经济以种植业和养殖业为主。有机械加工、铸造、活塞等企业。有公路经此。

新嘉疃 370681－A01－H02
[Xīnjiātuǎn]

在市驻地新嘉街道北方向 0.5 千米。新嘉街道辖自然村。人口 1 800。村庄原名申家疃，后赵、李、王、张等姓氏渐次迁来，人口众多，而申氏繁衍不盛，为不失村名原音，又求吉祥佳美之意，故村名更为新嘉疃。聚落呈团块状分布。有文化广场。经济以种植业为主，主要农作物有水果、粮食。264 省道经此。

中村 370681-A01-H03

[Zhōngcūn]

在驻地新嘉街道西方向 5.0 千米。新嘉街道辖自然村。人口 3 600。明崇祯年间，有唐、高、孙、胡等 18 姓相继迁来居住，各自都想以自己姓氏取名，孙姓人员兴旺，又居村中心，经协商，取名中村。聚落呈团块状分布。有文化活动中心 1 处、小学 1 处、幼儿园 1 处。经济以种植业为主，主要农作物有西蓝花、草莓。有泰尔斯集团、华大塑业、文远食品、龙金花油业、赛乐尔散热器、矿山机械厂、瑞图建材、天成塑业等企业。264 省道经此。

北沙姚家 370681-A01-H04

[Běishāyáojiā]

在市驻地新嘉街道西北方向 10.0 千米。新嘉街道辖自然村。人口 600。明正统年间，姚姓由青州府姚沟迁至现村北居住。成化年间，风沙将村埋没后迁此处，取名白沙姚家。聚落呈团块状分布。有文体活动中心 1 处。经济以种植业为主，主要农作物有水果。有公路经此。

张家 370681-A01-H05

[Zhāngjiā]

在市驻地新嘉街道西北方向 8.0 千米。新嘉街道辖自然村。人口 1 900。明万历年间，张姓由山西迁来居住，因西南靠龙化村，取名龙化张家。1958 年简称今名。聚落呈团块状分布。有文体活动中心。经济以种植业为主，主要农作物有樱桃等。有山东龙口谦合粉丝有限公司等企业。有公路经此。

龙化 370681-A01-H06

[Lónghuà]

在市驻地新嘉街道西北方向 7.0 千米。新嘉街道辖自然村。人口 2 300。元至顺年间，江姓在此居住。明永乐年间，郑姓由乡城迁至现村北落户，因南面靠河，北面有一弯曲沙岭，形似龙，故取名龙河。1966 年改称东风。1981 年地名普查时改称今名。聚落呈团块状分布。有文体活动中心 1 处、幼儿园 1 处。经济以种植业为主，主要农作物有水果。有公路经此。

海徐 370681-A01-H07

[Hǎixú]

在市驻地新嘉街道西北方向 6.0 千米。新嘉街道辖自然村。人口 900。明天启年间，徐姓由江苏徐州沛县迁来居住，因村东南有海云寺，取名海云寺徐家，1981 年地名普查时更名海徐。聚落呈团块状分布。有文体活动中心 1 处。经济以种植业为主，主要农作物有水果。有琛霖金属制品厂等企业。有公路经此。

解家 370681-A01-H08

[Xièjiā]

在市驻地新嘉街道西方向 7.0 千米。新嘉街道辖自然村。人口 700。元至正年间，史、黄、解三姓迁来居住，取名史黄解家。明洪武年间，史姓绝户，黄姓被抄，改称解家。聚落呈团块状分布。有文体活动中心。经济以种植业为主，主要农作物有水果。有公路经此。

东三甲 370681-A01-H09

[Dōngsānjiǎ]

在市驻地新嘉街道西南方向 9.0 千米。新嘉街道辖自然村。人口 600。明洪武年间，仲谦中科举，其四子仲予居此地，当时区划为社甲，以方位取名东三甲。聚落呈团块状分布。有文体活动中心。经济以种植业为主，主要农作物有草莓。有龙口市长丰机械制造有限公司等企业。有公路经此。

乡城庙 370681-A01-H10
[Xiāngchéngmiào]

在市驻地新嘉街道西北方向 2.5 千米。新嘉街道辖自然村。人口 1 100。传说很早以前有一凤凰落于此地，人们认为凤凰不落无福之地，于是修一庙宇，并有人在此居住，取名凤凰村。后相继从南乡城来人落户，故改名乡城庙。聚落呈团块状分布。有文体活动中心 1 处。经济以种植业为主，主要农作物有粮食、水果。有龙口市新兴五金工具厂、双鹰医疗器械有限公司、佳隆铸造有限公司等企业。有公路经此。

圈曲家 370681-A01-H11
[Quānqūjiā]

在市驻地新嘉街道西北方向 6.0 千米。新嘉街道辖自然村。人口 200。明永乐年间，曲姓在此居住，因坐落在泳汶河东岸转弯处，取名圈子曲家，后简称圈曲家。聚落呈团块状分布。有文体活动中心。经济以种植业为主，主要农作物有小麦、玉米。有公路经此。

双徐 370681-A01-H12
[Shuāngxú]

在市驻地新嘉街道西方向 5.0 千米。新嘉街道辖自然村。人口 500。元末，栾姓由四川迁来居住，因村后有一土埠，取名前埠栏栾家。明嘉靖年间，徐姓由四川迁来落户。清同治年间，村东修建神庙、关帝庙，村名改为双庙徐家，后简称双徐。聚落呈团块状分布。有文体活动中心。经济以种植业为主，主要农作物有小麦、玉米。有龙口市海盛农牧有限公司等企业。有公路经此。

后邹 370681-A01-H13
[Hòuzōu]

在市驻地新嘉街道西北方向 5.0 千米。新嘉街道辖自然村。人口 1 300。清乾隆年间，邹姓由四川迁来居住，因周围地势低洼，统称后栾埠，该村遂取名后埠栾邹家。1958 年简称后邹。聚落呈团块状分布。有文体活动中心。经济以种植业为主，主要农作物有小麦、玉米。有公路经此。

羊高 370681-A01-H14
[Yánggāo]

在市驻地新嘉街道西北方向 5.0 千米。新嘉街道辖自然村。人口 600。明天启年间，高姓由山西迁来居住，因属北宿社，取名北宿高家。清初，村北出土石羊，传说是神人放牧撇掉的，故改名撇羊高家，后简称羊高。聚落呈团块状分布。有文体活动中心。经济以种植业为主，主要农作物有小麦、玉米。有公路经此。

北石 370681-A01-H15
[Běishí]

在市驻地新嘉街道西方向 2.5 千米。新嘉街道辖自然村。人口 700。明洪武年间，石姓迁来居住，取名石家。明末辽呆造反，村庄被烧毁，在原村北重新建村，因村南有一簸箕状巨石，改称簸箕石家。1937 年建北宿乡，本村改名北宿石家，1958 年简称北石。聚落呈团块状分布。有文体活动中心。经济以种植业为主，主要农作物有小麦、玉米。有山东盛岳机械有限公司、龙口市新嘉鸿业电线电缆厂、烟台博瑞特生物科技有限公司等企业。有公路经此。

庙高 370681-A01-H16
[Miàogāo]

在市驻地新嘉街道西南方向 4.5 千米。新嘉街道辖自然村。人口 800。明天启年间，高姓由山西迁来居住，因位于庙台家村南，取名庙台前高家，后简称庙高。聚落呈团块状分布。有文体活动中心。经济以种植业为主，主要农作物有小麦、玉米。有公路经此。

位邹 370681-A01-H17

[Wèizōu]

在市驻地新嘉街道南方向 0.5 千米。新嘉街道辖自然村。人口 1 100。明万历年间，邹姓由本县山前邹家迁来居住，因临位庄庙，取名位庄邹家，后简称位邹。聚落呈团块状分布。有文体活动中心。经济以种植业为主，主要农作物有小麦、玉米。有公路经此。

诸高炉 370681-A01-H18

[Zhūgāolú]

在市驻地新嘉街道西南方向 4.0 千米。新嘉街道辖自然村。人口 1 900。明洪武年间，陈姓由日照迁来居住，在此安炉打铁，取名诸高炉。聚落呈团块状分布。有文体活动中心。经济以种植业为主，主要农作物有小麦、玉米。有公路经此。

于高 370681-A01-H19

[Yúgāo]

在市驻地新嘉街道西南方向 4.5 千米。新嘉街道辖自然村。人口 900。明嘉靖年间，高姓、于姓分别迁来建村，因坐落在红门寺旁，高氏取名庙台高家，于氏取名庙台于家。后二村合并，改为于高。聚落呈团块状分布。有图书室、阅览室。经济以商贸业、种植业为主，主要农作物有小麦、玉米。有公路经此。

位焦 370681-A01-H20

[Wèijiāo]

在市驻地新嘉街道南方向 1.0 千米。新嘉街道辖自然村。人口 1 500。元末明初，有位、庄两姓在此定居，称位庄村。清顺治年间，焦姓由平度县迁来落户，改为位庄焦家，后简称位焦。聚落呈团块状分布。有文体活动中心。经济以种植业为主，主要农作物有小麦、玉米。有公路经此。

单家 370681-A02-H01

[Shànjiā]

在市驻地新嘉街道东北方向 8.9 千米。东莱街道辖自然村。人口 1 200。明洪武年间，单姓由高密县迁来居住，取名单家。聚落呈团块状分布。有文化广场 1 处、农家书屋 1 处。经济以种植业为主，主要农作物有小麦、玉米。有公路经此。

凤仪 370681-A02-H02

[Fèngyí]

在市驻地新嘉街道东方向 6.0 千米。东莱街道辖自然村。人口 600。该村因靠凤仪门而得名。聚落呈团块状分布。有文化广场 1 处、农家书屋 1 处、幼儿园 1 处。古迹有原黄县第一公园。有公路经此。

遇家 370681-A02-H03

[Yùjiā]

在市驻地新嘉街道东北方向 8.7 千米。东莱街道辖自然村。人口 1 500。元大德十年（1306），尹遇珍由小姜家南岭迁此地，故名。聚落呈团块状分布。有文化广场 1 处、农家书屋 1 处、图书室 1 处、幼儿园 1 处、小学 1 处、中学 1 处。经济以种植业、加工业为主，主要农作物有小麦。有复兴机械等企业。有公路经此。

东北隅 370681-A02-H04

[Dōngběiyú]

在市驻地新嘉街道东方向 6.5 千米。东莱街道辖自然村。人口 1 400。清康熙年间，王姓由四川迁来居住，当时县城分东北、东南、西北、西南四隅，该村居东北，以此取名东北隅。聚落呈团块状分布。有文化大院 1 处、农家书屋 1 处、幼儿园 1 处。

有市级文物保护单位姜氏木楼。经济以种植业为主，主要农作物有小麦、玉米、苹果、葡萄。有公路经此。

宋家疃 370681–A02–H05
[Sòngjiātuǎn]

在市驻地新嘉街道东北方向 6.3 千米。东莱街道辖自然村。人口 500。明万历年间，宋姓迁来居住，故名。聚落呈团块状分布。有文化广场 1 处、农家书屋 1 处、幼儿园 1 处。经济以种植业为主，主要农作物有小麦、玉米等。有公路经此。

百盈 370681–A02–H06
[Bǎiyíng]

在市驻地新嘉街道东北方向 6.0 千米。东莱街道辖自然村。人口 700。明万历年间，吕姓由山西迁来居住，因村北是明朝王翰林茔地，故名。聚落呈团块状分布。有文化广场 1 处、农家书屋 1 处。经济以商贸业为主。264 省道经此。

辛店 370681–A02–H07
[Xīndiàn]

在市驻地新嘉街道东方向 6.0 千米。东莱街道辖自然村。人口 600。明崇祯年间，辛姓由山西迁来居住，以开店为业，故名。聚落呈团块状分布。有文化大院 1 处、农家书屋 1 处。经济以商贸业、加工制造业为主。有公路经此。

北关 370681–A02–H08
[Běiguān]

在市驻地新嘉街道东方向 6.0 千米。东莱街道辖自然村。人口 800。明天启年间，范姓由山西迁来居住，以位于城北侧得名。聚落呈团块状分布。有文化大院 1 处、文化广场 1 处。经济以种植业、商贸业为主，主要农作物有小麦、玉米。有公路经此。

西渠 370681–A02–H09
[Xīqú]

在市驻地新嘉街道东北方向 6.9 千米。东莱街道辖自然村。人口 600。明洪武年间，范姓迁来居住，因西临河渠（即现在的绛水河），取名西小渠疃，后简称西渠。聚落呈带状分布。有农家书屋 1 处。经济以种植业为主，主要农作物为蔬菜。有山东泺饮生物科技有限公司等企业。有公路经此。

博士西 370681–A02–H10
[Bóshìxī]

在市驻地新嘉街道东方向 4.7 千米。东莱街道辖自然村。人口 900。明万历年间，李姓博士在此居住，取名李博士疃。后与马渠河子村合并后组成三个村，该村位西，称博士西。聚落呈团块状分布。有农家书屋 1 处。经济以种植业为主，主要农作物有小麦、玉米等。有公路经此。

二圣庙 370681–A02–H11
[Èrshèngmiào]

在市驻地新嘉街道东方向 4.0 千米。东莱街道辖自然村。人口 600。明万历年间，李姓由山西迁来居住，因此地有一二郎神庙，故名。聚落呈团块状分布。经济以食品加工业为主。有公路经此。

博渠 370681–A02–H12
[Bóqú]

在市驻地新嘉街道东方向 4.3 千米。东莱街道辖自然村。人口 900。明万历年间，马姓在此居住，因靠河渠，取名马渠河子村。与村西李博士疃合并后组成三个村，该村位东，称博士东。后又与博士中合并，取名博渠。聚落呈团块状分布。有文化大院 1 处、文化广场 1 处。经济以商贸业、种植业为主，主要农作物有小麦。有公路经此。

菜园泊 370681-A02-H13

[Càiyuánpō]

在市驻地新嘉街道东南方向 6.2 千米。东莱街道辖自然村。人口 1 300。明洪武年间，颜、范两姓在此以为范国老种菜为业，发展成村，故名。聚落呈团块状分布。有文化大院 1 处、文化广场 1 处。经济以种植业为主。有公路经此。

南巷 370681-A02-H14

[Nánxiàng]

在市驻地新嘉街道东南方向 4.7 千米。东莱街道辖自然村。人口 700。明万历年间，王、张两姓由山西迁来居住，因住于县城西关南侧，故得名。聚落呈团块状分布。有文化大院 1 处、文化广场 1 处。经济以种植业为主。有公路经此。

登瀛 370681-A02-H15

[Dēngyíng]

在市驻地新嘉街道东方向 5.7 千米。东莱街道辖自然村。人口 600。明末，崔姓由益都、乔姓由河南迁来居住，分别取名崔家胡同、乔家疃，后两村合并，因靠县城围墙处的登瀛门，故名。聚落呈团块状分布。有文化大院 1 处、文化广场 1 处。古迹有登瀛门古城遗址。经济以种植业为主。有公路经此。

林家庄 370681-A02-H16

[Línjiāzhuāng]

在市驻地新嘉街道东方向 7.2 千米。东莱街道辖自然村。人口 1 600。明崇祯年间，林姓由保定府恒昌村迁来居住，以姓氏得名。聚落呈团块状分布。有农家书屋 1 处。经济以商贸业、种植业为主，主要农作物有小麦、玉米。有公路经此。

西张家沟 370681-A02-H17

[Xīzhāngjiāgōu]

在市驻地新嘉街道东方向 7.4 千米。东莱街道辖自然村。人口 1 800。明崇祯年间，张姓迁来落户，名张家沟。清天命年间，以村中围墙为界，分为两村，该村位西，称西张家沟。聚落呈团块状分布。有农家书屋 1 处、幼儿园 1 处。经济以种植业为主，主要农作物有小麦、玉米。有公路经此。

北二里处 370681-A02-H18

[Běi'èrlǐchù]

在市驻地新嘉街道东南方向 8.0 千米。东莱街道辖自然村。人口 800。明嘉靖年间，于、纪二姓由山西迁来居住，以西靠河沟，取名于家沟。明天启年间，以距县城二华里而改名二里处。崇祯年间，村南二华里处又有人居住，该村更名为北二里处。聚落呈团块状分布。有农家书屋 1 处。经济以种植业为主，主要农作物有小麦、玉米。有公路经此。

赵家庄 370681-A02-H19

[Zhàojiāzhuāng]

在市驻地新嘉街道东南方向 4.9 千米。东莱街道辖自然村。人口 2 300。明崇祯年间，赵姓迁来居住，故名。聚落呈团块状分布。有文化广场 1 处、图书室 1 处、幼儿园 1 处。经济以种植业为主，主要农作物有小麦、玉米等。有公路经此。

荷百 370681-A02-H20

[Hébǎi]

在市驻地新嘉街道东北方向 3.7 千米。东莱街道辖自然村。人口 500。清天聪年间，徐姓由现东江镇徐家迁来居住，取名沙格庄。清末，人们以村南池塘种百余棵荷花而改称荷百。聚落呈团块状分布。有文化广场1处、农家书屋1处。经济以种植业为主，主要农作物有小麦、玉米。有公路经此。

大李家 370681-A02-H21

[Dàlǐjiā]

在市驻地新嘉街道东北方向8.4千米。东莱街道辖自然村。人口1 100。明洪武年间，钦姓迁来居住，因属仪乐社辖，取名仪乐大钦家。万历年间，李姓迁来落户，人丁兴旺，改名大李家。聚落呈团块状分布。有文化广场1处、文化大院1处、图书室1处。经济以商贸业、种植业为主，主要农作物有小麦、玉米、苹果、葡萄等。有东星乐器有限公司、龙口豪威乐器有限公司、锦盛乐器等企业。有公路经此。

和平 370681-A03-H01

[Hépíng]

在市驻地新嘉街道西方向13.4千米。龙港街道辖自然村。人口4 100。清嘉庆年间，人们先后因逃荒、经商来龙口谋生，形成一条街，人称和平街。1945年改为和平里。1958年改为和平。聚落呈团块状分布。有文化大院1处、农家书屋1处、图书室1处、幼儿园1处。经济以商贸业、种植业、养殖业为主，主要农作物有水果，养殖扇贝、海虹、海参等。有奥帆汽配、科诺尔有限公司等企业。有公路经此。

红光 370681-A03-H02

[Hóngguāng]

在市驻地新嘉街道西方向13.6千米。龙港街道辖自然村。人口2 400。明洪武二十一年（1388），魏国公徐辉祖建龙口墩。1954年成立红光、胜利、顺海初级社，1955年三社合并为红光高级社，故名。聚落呈团块状分布。有农家书屋1处。经济以商贸业、种植业为主。有公路经此。

兴隆庄 370681-A03-H03

[Xīnglóngzhuāng]

在市驻地新嘉街道西北方向13.0千米。龙港街道辖自然村。人口1 000。以吉祥嘉言取名兴隆庄。聚落呈团块状分布。有文化大院1处、幼儿园1处。经济以种植业为主，主要农作物有葡萄、苹果等。有兴隆粉丝、兴隆机车配件、兴隆百业、云龙宏济达等公司等企业。有公路经此。

屺㟂岛 370681-A03-H04

[Qǐmǔdǎo]

在市驻地新嘉街道西北方向22.0千米。龙港街道辖自然村。人口1 600。以岛名为村名。聚落呈团块状分布。有文化广场1处、文化大院1处、农家书屋1处、图书室1处。经济以渔业为主，养殖扇贝、牡蛎、海参、鱼、蟹等。有公路经此。

央格庄 370681-A03-H05

[Yānggézhuāng]

在市驻地新嘉街道西方向15.1千米。龙港街道辖自然村。人口1 100。清初，刘姓和王姓分别由邹刘、甲王村迁来居住，因村西有一土墩，取名墩上村。清光绪年间，以该村为沙质土壤，改名壤格庄。后演变为今名。聚落呈团块状分布。有文化活动室1处、图书室1处、幼儿园1处。经济以渔业、近海养殖业为主。有央格庄建筑公司等企业。有公路经此。

邹刘 370681-A03-H06

[Zōuliú]

在市驻地新嘉街道西北方向13.6千米。龙港街道辖自然村。人口2 800。明万历年间，邹姓由黄山馆、刘姓由山西迁来居住，分别取名下疃邹家、皂户刘家（又称道下刘家），后简称邹家、刘家。1960年二村合并，改称邹刘。聚落呈团块状分布。有文化广场1处、文化大院1处、农家书屋1处、图书室1处、幼儿园1处。经济以商贸业、种植业为主。有公路经此。

大牟家 370681–A03–H07

[Dàmùjiā]

在市驻地新嘉街道西南方向14.8千米。龙港街道辖自然村。人口1 600。明洪武年间，牟姓兄弟四人由栖霞县迁来，其中三人在此居住，故得名。聚落呈团块状分布。有文化广场1处、文化大院2处、图书室1处、小学1处。经济以商贸业、种植业为主。有龙口龙耀丰源食品有限公司、正林包装等企业。有公路经此。

小孙家 370681–A03–H08

[Xiǎosūnjiā]

在市驻地新嘉街道西北方向11.5千米。龙港街道辖自然村。人口1 400。明隆庆年间，王姓由山西迁来居住，取名小王家。崇祯年间，高、姚、孙姓分别从北皂、桥上、县城迁来落户，孙姓发展壮大，于清初改名小孙家。聚落呈团块状分布。有文化广场1处、文化大院1处、农家书屋1处、图书室1处、幼儿园1处、小学1处。经济以种植业为主，主要农作物有小麦、玉米、葡萄、苹果、核桃等。有龙工泵业、宏远机械、兴民安全玻璃等企业。有公路经此。

阎家店 370681–A03–H09

[Yánjiādiàn]

在市驻地新嘉街道西南方向22.5千米。龙港街道辖自然村。人口700。明洪武五年（1372），阎、孙、李三姓由山西迁来居住，阎姓发展，并以开店为业，取名阎家店。聚落呈团块状分布。有文化广场1处、文化大院1处、农家书屋1处、图书室1处。经济以种植业为主，主要农作物有小麦、玉米、大姜。有公路经此。

廒上 370681–A03–H10

[Áoshàng]

在市驻地新嘉街道西北方向12.5千米。龙港街道辖自然村。人口2 600。明永乐年间，高姓迁来居住，取名高家。万历年间，孙姓三人由北马古庄头迁来落户。清天聪年间，高姓迁走，孙姓以熬盐为业，改名熬上，后演变为廒上。聚落呈团块状分布。有文化广场1处、文化大院1处、农家书屋1处、图书室1处、幼儿园1处。经济以种植业为主，主要农作物有小麦、玉米和葡萄。有渤海砂布、烟台裕龙葡萄酒有限公司、海鑫汽配、龙口金来食品冷藏厂等企业。有公路经此。

北皂后村 370681–A03–H11

[Běizàohòucūn]

在市驻地新嘉街道西北方向17.9千米。龙港街道辖自然村。人口2 000。因处盐碱地，官府免去皇粮税，只收皂户税，以位县西北，取名西北皂。后来为区别同名村，改称今名。聚落呈团块状分布。有文化活动中心1处、文化广场4处、农家书屋1处、幼儿园1处。经济以种植业、养殖业为主，主要农作物有葡萄，养殖对虾、皮皮虾、梭子蟹、八爪鱼、扇贝、鲅鱼、鲫鱼等。大莱龙铁路、疏港高速公路经此。

北皂前村 370681–A03–H12

[Běizàoqiáncūn]

在市驻地新嘉街道西北方向14.1千米。龙港街道辖自然村。人口2 300。因处盐碱地，官府免去皇粮税，只收皂户税，以位县西北，取名西北皂。后来为区别同名村，改称北皂前村。聚落呈团块状分布。有文化广场1处、文化大院1处、农家书屋1处、幼儿园1处。经济以种植业、养殖业、渔业为主，主要农作物有葡萄，养殖猪、牛、羊，渔业以捕捞为主。有公路经此。

海岱仲家 370681－A03－H13
[Hǎidàizhòngjiā]

在市驻地新嘉街道西南方向16.5千米。龙港街道辖自然村。人口800。明永乐年间，刘姓由山西迁来居住，当时人们建房屋，屋顶均用海带草，故取名海带刘家。正统年间，仲姓由本县二甲仲家来此落户，改称海岱仲家。聚落呈团块状分布。有文化大院1处、农家书屋1处。经济以种植业为主，主要农作物有小麦、玉米。有龙须粉丝厂、丰裕坊食品有限公司、金达电器有限公司等企业。有公路经此。

河抱 370681－A03－H14
[Hébào]

在市驻地新嘉街道西南方向18.2千米。龙港街道辖自然村。人口900。明万历年间，高姓、刁姓、吕姓分别迁来居住，因村庄被河环绕，故取名河抱。聚落呈团块状分布。有文化大院。经济以种植业为主，主要农作物有小麦、玉米等。有海达物流、兴民钢圈股份有限公司、泰达食品公司等企业。有公路经此。

梁家 370681－A03－H15
[Liángjiā]

在市驻地新嘉街道西北方向11.5千米。龙港街道辖自然村。人口1 200。明洪武年间，梁姓迁来居住，取名梁家。聚落呈团块状分布。有文化大院1处、文化广场1处。古迹有名人梁作友故居。经济以种植业为主。有利达塑胶制品公司等企业。有公路经此。

曲家 370681－A03－H16
[Qūjiā]

在市驻地新嘉街道西北方向12.1千米。龙港街道辖自然村。人口1 400。清道光年间，曲得山由掖县沙河迁来居住，故名。聚落呈团块状分布。有文化大院1处、农家书屋1处。古迹有曲氏祠堂。经济以商贸业、种植业为主。有公路经此。

逄家 370681－A03－H17
[Pángjiā]

在市驻地新嘉街道西北方向12.9千米。龙港街道辖自然村。人口2 500。依姓氏取名逄家。聚落呈团块状分布。有文化广场1处、文化大院1处、图书室1处、幼儿园1处。经济以商贸业、种植业为主。有公路经此。

桥上 370681－A03－H18
[Qiáoshàng]

在市驻地新嘉街道西北方向11.4千米。龙港街道辖自然村。人口1 500。明洪武年间，孙姓由招远县迁至现村西北1华里居住，取名格当。后因吃水困难又迁到现址，当时村旁有一水沟，为行走方便，修桥一座，故村取名桥上。聚落呈团块状分布。有文化大院1处、幼儿园1处。经济以种植业为主，主要农作物有小麦、玉米等。有龙口华东气体有限公司、烟台海龙橡塑有限公司等企业。有公路经此。

土城子 370681－A03－H19
[Tǔchéngzi]

在市驻地新嘉街道西南方向15.7千米。龙港街道辖自然村。人口1 300。以汉族为主，满族、塔吉克族各1人。明永乐年间，张、凌二姓由本县大泊子村东南土城迁来居住，取名土城子。聚落呈团块状分布。经济以商贸业、种植业为主。有龙口市汇丰玻璃钢厂等企业。有公路经此。

圆壁张家 370681－A03－H20
[Yuánbìzhāngjiā]

在市驻地新嘉街道西南方向12.9千米。龙港街道辖自然村。人口1 500。明初，张姓由山西大水泊迁来居住，取名张家，后改为圆璧张家。聚落呈团块状分布。有文化广场 4 处、文化大院 1 处、农家书屋 1 处、图书室 1 处、幼儿园 1 处。经济以种植业为主，主要农作物有小麦、玉米等。有美特塑料、佳亿工贸、永旭环保、运通汽车配件等企业。有公路经此。

庄子 370681–A03–H21
[Zhuāngzi]

在市驻地新嘉街道西北方向 12.2 千米。龙港街道辖自然村。人口 500。明万历年间，孙姓兄弟三人由北马古庄头迁至现廒上村。清天聪年间，老三后代迁此，以种庄稼为业，取名庄子。聚落呈团块状分布。有文化大院 1 处。经济以种植业为主，主要农作物有小麦、玉米、蓝莱等。有公路经此。

桑岛 370681–A04–H01
[Sāngdǎo]

在市驻地新嘉街道西北方向 14.0 千米。徐福街道辖自然村。人口 1 900。一说因岛中多山桑而得名，另一说因形同桑叶而得名。聚落呈团块状分布。有中学 1 处、幼儿园 1 处、文化大院 1 处。古迹有百年东山灯塔、百年老屋等。经济以捕捞业、海参养殖业为主，产品有海参、加吉鱼、大对虾、牡蛎、海螺、蛤蜊、螃蟹。

乡城东村 370681–A04–H02
[Xiāngchéngdōngcūn]

在市驻地新嘉街道北方向 6.3 千米。徐福街道辖自然村。人口 1 600。元元贞年间，李姓迁来居住，因村前有汉代徐乡县遗址，取名乡城。明初，又有李姓从河南迁来，落居乡城北二里处，取名北乡城，原乡城改为南乡城。1958 年南乡城分为东、西两个村，该村位东，称乡城东村。有文化广场 1 处、小学 1 处。古迹有乾山遗址。经济以种植业为主，主要农作物有小麦、玉米。有公路经此。

四农 370681–A04–H03
[Sìnóng]

在市驻地新嘉街道西北方向 7.5 千米。徐福街道辖自然村。人口 1 300。明初，刘、肖、史三姓迁来居住，分别取名刘家、肖家、史家。清同治年间，徐姓由本县牛栏徐家迁来落户，取名小徐家。1956 年四村合并，取名四农。聚落呈团块状分布。有文化广场 1 处、幼儿园 1 处。经济以种植业为主，主要农作物有小麦、玉米、葡萄等。有公路经此。

乡城西村 370681–A04–H04
[Xiāngchéngxīcūn]

在市驻地新嘉街道北方向 5.4 千米。徐福街道辖自然村。人口 900。元元贞年间，李姓迁来居住，因村前有汉代徐乡县遗址，取名乡城。明初，又有李姓从河南迁来，落居乡城北二里处，取名北乡城，原乡城改为南乡城。1958 年南乡城分为东、西两个村，该村位西，称乡城西村。聚落呈团块状分布。有小学 1 处、幼儿园 1 处。经济以种植业为主，主要农作物有小麦、玉米等。有公路经此。

冯高后村 370681–A04–H05
[Fénggāohòucūn]

在市驻地新嘉街道西北方向 6.2 千米。徐福街道辖自然村。人口 500。明永乐年间，高姓迁来落户，万历年间，村名改为冯格庄高家，后简称冯高。1984 年分为两村，该村位北，取名冯高后村。聚落呈团块状分布。经济以种植业为主，主要农作物有小麦、玉米、葡萄等。有公路经此。

冯高前村 370681–A04–H06
[Fénggāoqiáncūn]

在市驻地新嘉街道西北方向 5.8 千米。徐福街道辖自然村。人口 400。明永乐年间，高姓迁来落户，万历年间，村名改为冯格庄高家，后简称冯高。1984 年分为两村，该村位南，取名冯高前村。聚落呈团块状分布。经济以种植业为主，主要农作物有小麦、玉米、葡萄等。有果蔬贸易公司等企业。有公路经此。

港栾 370681–A04–H07
[Gǎngluán]

在市驻地新嘉街道北方向 12.3 千米。徐福街道辖自然村。人口 1 400。清顺治年间，栾姓由掖县迁来居住，因村北有一停泊船只的天然港口，取名港口栾家，后简化为港栾。聚落呈团块状分布。有文化大院 1 处、图书室 1 处。经济以渔业为主。有公路经此。

草泊 370681–A04–H08
[Cǎopō]

在市驻地新嘉街道西北方向 9.2 千米。徐福街道辖自然村。人口 1 100。明正德年间，于、王两姓迁来居住，当时此地野草丛生，一片荒滩，故取名草泊。聚落呈团块状分布。有文化广场 1 处、幼儿园 1 处。经济以种植业为主，主要农作物有小麦、玉米。有公路经此。

北李 370681–A04–H09
[Běilǐ]

在市驻地新嘉街道西北方向 9.6 千米。徐福街道辖自然村。人口 1 500。明洪武年间，李姓迁来居住，以编簸箕为业，取名簸箕李家。1956 年简称北李。聚落呈团块状分布。有文化广场 1 处、幼儿园 1 处。经济以种植业为主，主要农作物有小麦、玉米。有公路经此。

后田 370681–A04–H10
[Hòutián]

在市驻地新嘉街道西北方向 9.4 千米。徐福街道辖自然村。人口 2 400。明天顺年间，由、田、史三姓由山西迁来居住，分别取名由家台、田家道口、史家宅口。后田姓发展兴旺，以属白沙社，合称白沙田家。又以南靠洼里村，改为洼后田家，后简化为后田。聚落呈团块状分布。有文化广场 3 处。经济以种植业为主，主要农作物有小麦、玉米、葡萄。有公路经此。

柳海 370681–A04–H11
[Liǔhǎi]

在市驻地新嘉街道西北方向 11.1 千米。徐福街道辖自然村。人口 700。清光绪年间，于、王二姓由河南迁来居住，取名王家沟。相继又有人来此落户，因村周围多柳树，取名柳海。聚落呈团块状分布。有文化广场 1 处。经济以商贸业、种植业为主，主要农作物有小麦、玉米、猕猴桃。有柳海煤矿等企业。有公路经此。

大王 370681–A04–H12
[Dàwáng]

在市驻地新嘉街道西北方向 7.6 千米。徐福街道辖自然村。人口 800。明崇祯年间，王姓迁来居住，取名大王家。聚落呈团块状分布。有文化广场 3 处、文化书屋 1 处、幼儿园 1 处。经济以种植业为主，主要农作物有小麦、玉米。有公路经此。

北乡城 370681–A04–H13
[Běixiāngchéng]

在市驻地新嘉街道西北方向 7.2 千米。徐福街道辖自然村。人口 1 400。明洪武年间，李姓由河南迁来居住，因位于乡城北面，取名北乡城。聚落呈团块状分布。有文化广场 3 处。经济以种植业为主，主要农作物有小麦、玉米。有公路经此。

南王 370681–A04–H14

[Nánwáng]

在市驻地新嘉街道西北方向 6.7 千米。徐福街道辖自然村。人口 700。明万历年间，王姓由河南南王家迁来居住，仍称南王家，后简称南王。聚落呈团块状分布。有文化广场 1 处。经济以种植业为主，主要农作物有小麦、玉米。有伊铖汽车配件厂、炊事机械厂等企业。有公路经此。

洼西 370681–A04–H15

[Wāxī]

在市驻地新嘉街道西北方向 8.2 千米。徐福街道辖自然村。人口 500。明天顺年间，姜姓由本县黄城阳迁来居住，因地势低洼，取名洼里姜家。嘉靖年间，改称洼里村。1962 年因村大，以方位分为三个村，该村位西，称洼西。聚落呈团块状分布。有文化广场 1 处、文化大院 1 处、农家书屋 1 处、图书室 1 处。古迹有洼里围墙遗址。经济以种植业为主，主要农作物有小麦、玉米。有龙口市德正门窗有限公司等企业。有公路经此。

洼东 370681–A04–H16

[Wādōng]

在市驻地新嘉街道西北方向 7.4 千米。徐福街道辖自然村。人口 900。明天顺年间，姜姓由本县黄城阳迁来居住，因地势低洼，取名洼里姜家。嘉靖年间，改称洼里村。1962 年因村大，以方位分为三个村，该村位东，称洼东。聚落呈团块状分布。有文化广场 1 处、文化大院 1 处、农家书屋 1 处、图书室 1 处。经济以种植业为主，主要农作物有小麦、玉米。有公路经此。

洼南 370681–A04–H17

[Wānán]

在市驻地新嘉街道西北方向 7.4 千米。徐福街道辖自然村。人口 1 000。明天顺年间，姜姓由本县黄城阳迁来居住，因地势低洼，取名洼里姜家。嘉靖年间，改称洼里村。1962 年因村大，以方位分为三个村，该村位南，称洼南。聚落呈带状分布。有文化广场 4 处、文化大院 1 处、农家书屋 1 处。经济以种植业为主，主要农作物有小麦、玉米。有公路经此。

官庄曲家 370681–A04–H18

[Guānzhuāngqūjiā]

在市驻地新嘉街道西北方向 6.2 千米。徐福街道辖自然村。人口 700。明正德年间，曲姓由本县三观庙曲家迁来居住，取名曲家。万历年间，因给县城丁家大地主看管庄稼，改名管庄曲家，后演变为官庄曲家。聚落呈团块状分布。有文化广场 1 处、图书室 1 处、幼儿园 1 处。经济以种植业为主，主要农作物有小麦、玉米。有龙口市金正机械有限公司等企业。有公路经此。

埠子后 370681–A04–H19

[Bùzihòu]

在市驻地新嘉街道东北方向 5.8 千米。徐福街道辖自然村。人口 1 600。明代，胡姓迁来居住，取名胡家庄。后有张、王、杨姓由县城来此落户，因村南有一土岭，改称埠子后。聚落呈团块状分布。有文化广场 1 处。经济以种植业为主，主要农作物有小麦、玉米。有公路经此。

南山 370681–A05–H01

[Nánshān]

在市驻地新嘉街道南方向 5.9 千米。东江街道辖自然村。人口 22 300。明天启年间，宋姓由黄县城北门里迁来，分南、北两处居住，分别取名前宋家、中宋家，后两村合并，2001 年更今名。聚落呈团块状分布。有图书馆 1 处、幼儿园 1 处、小学 1 处、中学 1 处。经济以商贸业、种植业为主。荣乌高速、黄招公路经此。

东江 370681－A05－H02
[Dōngjiāng]

在市驻地新嘉街道东南方向 5.8 千米。东江街道辖自然村。人口 800。明成化年间，江姓兄弟二人迁来居住，取名江城，后演变为江格庄。清末分为东、西两个村，该村位东，称东江格庄。1981 年更名东江。聚落呈团块状分布。经济以种植业为主，主要农作物有小麦、玉米等。有公路经此。

邢家泊 370681－A05－H03
[Xíngjiāpō]

在市驻地新嘉街道南方向 1.6 千米。东江街道辖自然村。人口 1 000。明洪武年间，穆姓迁来居住，取名穆家泊。天顺年间，邢姓由四川迁来落户，改称邢家泊。聚落呈团块状分布。经济以种植业为主，主要农作物有小麦、玉米。有公路经此。

崖头 370681－A05－H04
[Yáitóu]

在市驻地新嘉街道南方向 4.0 千米。东江街道辖自然村。人口 1 000。明宣德年间，战姓迁来居住，因地势高于四周，取名崖头。聚落呈团块状分布。有综合文化服务站 1 处。古迹有“沪军”北伐先锋队攻克黄县北马殉难先烈纪念墓 1 处。经济以种植业为主，主要农作物有大樱桃。有公路经此。

九北 370681－A05－H05
[Jiǔběi]

在市驻地新嘉街道南方向 2.3 千米。东江街道辖自然村。人口 1 300。明万历年间，战姓迁来居住，因东距县衙门口九华里，村中设店铺，以此取名九里店。1958 年以东西街为界，分为两个村，该村位北，取名九北。聚落呈团块状分布。经济以种植业为主，主要农作物有小麦、玉米、水果。有公路经此。

九南 370681－A05－H06
[Jiǔnán]

在市驻地新嘉街道南方向 3.4 千米。东江街道辖自然村。人口 900。明万历年间，战姓迁来居住，因东距县衙门口九华里，村中设店铺，以此取名九里店。1958 年以东西街为界，分为两个村，该村位南，取名九南。聚落呈团块状分布。有综合文化服务站 1 处、幼儿园 1 处。经济以商贸业、种植业为主。有公路经此。

董家洼 370681－A05－H07
[Dǒngjiāwā]

在市驻地新嘉街道东南方向 8.9 千米。东江街道辖自然村。人口 400。明洪武年间，刘、万二姓迁来居住，明末发水灾，将村冲为一河道，后董姓在河西岸地势低洼处建村，取名董家洼。聚落呈团块状分布。有综合文化服务站 1 处。经济以种植业为主，主要农作物有小麦、玉米、韭菜。有公路经此。

归城姜家 370681－A05－H08
[Guīchéngjiāngjiā]

在市驻地新嘉街道东南方向 13.2 千米。东江街道辖自然村。人口 900。明泰昌年间，姜姓迁来居住，因靠归城古城址旁，故取名归城姜家。聚落呈团块状分布。有综合文化服务站 1 处。有国家级文物保护单位归城古城址。经济以种植业为主，主要农作物有苹果。有公路经此。

庙周家 370681-A05-H09
[Miàozhōujiā]

在市驻地新嘉街道东南方向18.3千米。东江街道辖自然村。人口800。明万历年间，周姓迁来居住，以南有莱山庙，取名莱山庙周家，后简称周家。1981年更名为庙周家。聚落呈团块状分布。有综合文化服务站1处。古迹有延光月主真君祠。经济以种植业为主，主要农作物有苹果。有公路经此。

庙马家 370681-A05-H10
[Miàomǎjiā]

在市驻地新嘉街道东南方向16.9千米。东江街道辖自然村。人口500。明洪武三年（1370），马姓迁来居住，因南有莱山庙，取名莱山庙马家，后简称马家。1981年因重名，更名为庙马家。聚落呈团块状分布。有综合文化服务站1处。经济以种植业为主，主要农作物有苹果。有公路经此。

毡王 370681-A05-H11
[Zhānwáng]

在市驻地新嘉街道东南方向9.3千米。东江街道辖自然村。人口300。明洪武年间，王姓由青州府迁来居住，以擀毡为业，取名毡王家。1981年地名普查时，更名毡王。聚落呈团块状分布。有综合文化服务站1处、活动室1处、文化广场1处。经济以种植业为主，主要农作物有韭菜、大樱桃。有公路经此。

西江 370681-A05-H12
[Xījiāng]

在市驻地新嘉街道东南方向5.5千米。东江街道辖自然村。人口500。明成化年间，江姓兄弟二人迁来居住，取名江哥庄，后演变为江格庄。清末分为两个村，该村位西，称西江格庄。1981年改名西江。聚落呈团块状分布。有综合文化服务站1处。经济以种植业为主，主要农作物有小麦、玉米。有公路经此。

磨山迟家 370681-A05-H13
[Mòshānchíjiā]

在市驻地新嘉街道南方向13.2千米。东江街道辖自然村。人口2 700。明正德年间，迟姓迁来居住，因靠磨山，取名磨山迟家。聚落呈团块状分布。有综合文化服务站1处。经济以种植业为主，主要农作物有梨、苹果、杏、柿子等。有公路经此。

祁家 370681-A05-H14
[Qíjiā]

在市驻地新嘉街道东南方向7.1千米。东江街道辖自然村。人口500。明永乐年间，祁姓迁来居住，取名祁家。聚落呈团块状分布。有综合文化服务站1处、幼儿园1处。经济以服务业为主。有公路经此。

大冯家 370681-A05-H15
[Dàféngjiā]

在市驻地新嘉街道东南方向3.4千米。东江街道辖自然村。人口600。明万历年间，冯姓由四川迁来居住，因靠王村庙，取名王村冯家。1981年更名为大冯家。聚落呈团块状分布。有综合文化服务站1处。经济以种植业为主，主要农作物有小麦、玉米、苹果、梨、葡萄等。有公路经此。

王村邢家 370681-A05-H16
[Wángcūnxíngjiā]

在市驻地新嘉街道东南方向3.4千米。东江街道辖自然村。人口700。明崇祯年间，邢姓由本县南邢家迁来居住，因靠王村庙，取名王村邢家。聚落呈团块状分布。有综合文化服务站1处。有市级文物保护单位邢氏祠堂。经济以种植业为主，主要农作物有小麦、玉米、莨菜。有公路经此。

马胡同 370681-A05-H17
[Mǎhútòng]

在市驻地新嘉街道东南方向13.2千米。东江街道辖自然村。人口400。唐贞元年间，马姓在此居住，取名马家泊。后来因村旁关人庙前有一石狗，故改为石狗马家。成立同乐会时，因村东面是山，街道窄长，故又改为马家胡同，惯称马胡同。聚落呈团块状分布。有综合文化服务站1处。经济以种植业为主，主要农作物为苹果。有公路经此。

大田周家 370681-A05-H18
[Dàtiánzhōujiā]

在市驻地新嘉街道东南方向8.2千米。东江街道辖自然村。人口700。明洪武年间，周姓迁来居住，以打铁为业，取名打铁周家，后演变为大田周家。聚落呈团块状分布。有综合文化服务站1处。经济以商贸业、种植业为主。有公路经此。

归城董家 370681-A05-H19
[Guīchéngdǒngjiā]

在市驻地新嘉街道东南方向13.8千米。东江街道辖自然村。人口500。明万历年间，董姓迁来居住，因西南有归城古城址，故取名归城董家。聚落呈团块状分布。有综合文化服务站1处。经济以种植业为主，主要农作物有小米。有公路经此。

中智家 370681-A05-H20
[Zhōngzhìjiā]

在市驻地新嘉街道东南方向5.9千米。东江街道辖自然村。人口300。明洪武年间，智姓由四川迁来，分三处居住，该村位中，取名中智家。聚落呈团块状分布。有综合文化服务站1处。经济以种植业为主，主要农作物有小麦、玉米。有公路经此。

横埠 370681-A05-H21
[Héngbù]

在市驻地新嘉街道东南方向7.7千米。东江街道辖自然村。人口300。明洪武年间，于姓迁来居住，因坐落在高埠之上，取名横埠。聚落呈团块状分布。有综合文化服务站1处。经济以食品加工业为主。有公路经此。

观刘家 370681-A05-H22
[Guànliújiā]

在市驻地新嘉街道东南方向7.7千米。东江街道辖自然村。人口400。清天命年间，刘姓由四川迁来居住，以烧瓦罐为业，取名罐刘家。后演变为观刘家。聚落呈团块状分布。有综合文化服务站1处。经济以商贸业为主。有公路经此。

磨山赵家 370681-A05-H23
[Mòshānzhàojiā]

在市驻地新嘉街道东南方向12.6千米。东江街道辖自然村。人口1 300。明洪武年间，赵姓迁来居住，因坐落在磨山夼中，取名磨山赵家。聚落呈团块状分布。有综合文化服务站1处。经济以种植业为主，主要农作物有梨、苹果、桃、杏、柿子、小麦、玉米、地瓜、花生等。有公路经此。

碓徐家 370681-A05-H24
[Duìxújiā]

在市驻地新嘉街道东南方向8.9千米。东江街道辖自然村。人口1 200。明万历年间，徐姓迁来居住，因村北有个大石碓臼，故名碓徐家。聚落呈团块状分布。有综合文化服务站1处。经济以商贸业、种植业、食品加工业为主。有公路经此。

周家庵 370681-A05-H25
[Zhōujiā'ān]

在市驻地新嘉街道东南方向 9.8 千米。东江街道辖自然村。人口 800。明永乐年间，周姓迁来居住，因村旁有一座翠云庵，取名周家庵。聚落呈团块状分布。有综合文化服务站 1 处。经济以种植业为主，主要农作物有小麦、玉米。有公路经此。

北路 370681-A05-H26
[Běilù]

在市驻地新嘉街道东南方向 11.2 千米。东江街道辖自然村。人口 800。明正统年间，路姓迁来居住，因村西有座石桥，取名石桥路家。成化年间，村南又有路姓迁来居住，该村改称北路。聚落呈团块状分布。有综合文化服务站 1 处。经济以种植业为主，主要农作物有小麦、玉米、花生、地瓜。有公路经此。

潘王 370681-A05-H27
[Pānwáng]

在市驻地新嘉街道东南方向 7.9 千米。东江街道辖自然村。人口 700。由潘家庵、王家庄两个村组成，故名。聚落呈团块状分布。有综合文化服务站 1 处。经济以商贸业、种植业、食品加工业为主。有公路经此。

黄山馆新村 370681-B01-H01
[Huángshānguǎnxīncūn]

黄山馆镇人民政府驻地。在市驻地新嘉街道西南方向 20.4 千米。人口 9 000。清康熙年间此地设馆驿，因南有黄山，取名黄山馆。2013 年黄山一村、黄山二村等 10 个村合并成立黄山馆新村。聚落呈团块状分布。有小学 1 处、幼儿园 1 处。经济以商贸业、种植业、食品加工业为主。206 国道经此。

馆前后徐 370681-B01-H02
[Guǎnqiánhòuxú]

在市驻地新嘉街道西南方向 27.6 千米。黄山馆镇辖自然村。人口 500。清康熙年间，徐姓由本县前徐家迁来居住，因南面有馆前前徐家，取名馆前后徐家，后简称后徐。地名普查时更名馆前后徐。聚落呈团块状分布。有农家书屋。有省级文物保护单位徐镜心故居。经济以种植业为主，主要农作物有小麦、玉米、花生等。有公路经此。

隋家庄 370681-B01-H03
[Suíjiāzhuāng]

在市驻地新嘉街道西南方向 24.4 千米。黄山馆镇辖自然村。人口 400。清崇德年间，隋姓由本县隋家迁来居住，取名隋家庄。聚落呈团块状分布。有小学 1 处、幼儿园 1 处。经济以种植业为主，主要农作物有小麦、玉米、花生。有公路经此。

岭西 370681-B01-H04
[Lǐngxī]

在市驻地新嘉街道西南方向 25.1 千米。黄山馆镇辖自然村。人口 300。明洪武年间，孙姓由四川迁来居住，因村东是一片棘针林，取名棘针林村。后因村名不文雅，正统年间，以村东的土岭改称岭西。聚落呈团块状分布。有小学 1 处、幼儿园 1 处。古迹有双目顶。经济以种植业为主，主要农作物有小麦、玉米、花生、苹果。有格润富德农牧科技股份有限公司等企业。有公路经此。

建新 370681-B01-H05
[Jiànxīn]

在市驻地新嘉街道西南方向 24.0 千米。黄山馆镇辖自然村。人口 200。因历史时期而得名。聚落呈团块状分布。有小学 1 处、幼儿园 1 处。经济以种植业为主，主要农作物有小麦、玉米、花生。有公路经此。

大脉 370681-B01-H06
[Dàmò]

在市驻地新嘉街道西南方向23.9千米。黄山馆镇辖自然村。人口600。明洪武年间，尹姓由四川迁来居住，以打磨为业，取名打磨村。清末，演变为大脉。聚落呈团块状分布。有小学1处、幼儿园1处。古迹有程咬金庙和神仙窗。经济以种植业为主，主要农作物有小麦、玉米、花生。有公路经此。

馆前于家 370681-B01-H07
[Guǎnqiányújiā]

在市驻地新嘉街道西南方向27.4千米。黄山馆镇辖自然村。人口300。清乾隆年间，王姓由四川迁来居住，后因犯罪，谎称于姓。因落户在黄山馆南，取名馆前于家。聚落呈团块状分布。古迹有于宋氏节孝匾。经济以种植业为主，主要农作物有小麦、玉米、花生、苹果、柿子。有公路经此。

馆前邹家 370681-B01-H08
[Guǎnqiánzōujiā]

在市驻地新嘉街道西南方向27.0千米。黄山馆镇辖自然村。人口300。清顺治年间，葛姓迁来居住，取名葛家集。光绪年间，邹姓来此落户，因位于黄山馆南，改称馆前邹家。聚落呈团块状分布。经济以种植业为主，主要农作物有小麦、玉米、花生、苹果、柿子。有公路经此。

馆前陈家 370681-B01-H09
[Guǎnqiánchénjiā]

在市驻地新嘉街道西南方向26.9千米。黄山馆镇辖自然村。人口200。清同治年间，陈姓由葛家迁来居住，取名陈家。1981年因重名，更名馆前陈家。聚落呈团块状分布。经济以种植业为主，主要农作物有小麦、玉米、花生、苹果、柿子。有公路经此。

馆前王家 370681-B01-H10
[Guǎnqiánwángjiā]

在市驻地新嘉街道西南方向27.7千米。黄山馆镇辖自然村。人口300。明洪武年间，王姓由益都县迁来居住，因三面靠河，取名圈子王家，后简称王家。1981年地名普查时，因重名，更为馆前王家。聚落呈团块状分布。经济以种植业为主，主要农作物有小麦、玉米、花生、苹果、柿子。有公路经此。

馆前前徐 370681-B01-H11
[Guǎnqiánqiánxú]

在市驻地新嘉街道西南方向27.4千米。黄山馆镇辖自然村。人口100。清顺治年间，徐姓由本县后徐家迁来居住，因位于黄山馆南，取名馆前前徐。聚落呈团块状分布。经济以种植业为主，主要农作物有小麦、玉米、花生、苹果、樱桃。有公路经此。

塂下刘家 370681-B01-H12
[Jiǎngxiàliújiā]

在市驻地新嘉街道西南方向21.2千米。黄山馆镇辖自然村。人口400。明泰昌年间，刘姓迁来居住，因村南靠土塂，取名塂下刘家。聚落呈团块状分布。经济以种植业为主，主要农作物有小麦、玉米、花生、苹果、樱桃、柿子。有公路经此。

北村 370681-B02-H01
[Běicūn]

北马镇人民政府驻地。在市驻地新嘉街道西方向10.6千米。人口1 200。明万历年间，马姓由山西迁来居住，因靠官道，道北有石马，取名北马。1948年分为五个村，该村位北，称北马北村。1958年简称北村。聚落呈团块状分布。有文化广场1处、文化大院1处、农家书屋1处、幼儿园1处。

经济以种植业为主，主要农作物有小麦、玉米。有锐达橡化有限责任公司等企业。有公路经此。

西村 370681-B02-H02
[Xīcūn]

在市驻地新嘉街道西方向 12.3 千米。北马镇辖自然村。人口 3 600。明万历年间，马姓由山西迁来居住，因靠官道，道北有石马，取名北马。清初，设集市，又称北马集。民国初，改为龙马镇。1921 年改称北马镇。1948 年分为五个村，该村位西，取名北马西村。1958 年简称西村。聚落呈团块状分布。有文化大院 1 处、图书室 1 处、小学 1 处、中学 1 处、幼儿园 1 处。经济以种植业为主，主要农作物有小麦、玉米。有龙口市佳鑫汽车零部件厂等企业。有公路经此。

午塔 370681-B02-H03
[Wǔtǎ]

在市驻地新嘉街道西方向 10.2 千米。北马镇辖自然村。人口 500。明洪武二年（1369），王显迁来居住，据传中午时村南头有个塔影，以此取名午塔。聚落呈团块状分布。经济以种植业为主，主要农作物有小麦、玉米、大姜、草莓。有公路经此。

前诸留 370681-B02-H04
[Qiánzhūliú]

在市驻地新嘉街道西北方向 8.4 千米。北马镇辖自然村。人口 900。明洪武年间，周姓迁来居住。永乐年间，有高、尹、赵、张等诸姓逃荒来此落户，名诸留村。后分为两个村，该村位南，得今名。聚落呈团块状分布。有文化大院 1 处、农家书屋 1 处。经济以种植业为主，主要农作物有小麦、玉米、大姜。有公路经此。

后诸留 370681-B02-H05
[Hòuzhūliú]

在市驻地新嘉街道西北方向 8.3 千米。北马镇辖自然村。人口 1 200。明洪武年间，周姓迁来居住。永乐年间，有高、尹、赵、张等诸多姓逃荒来此落户，名诸留村，后分为两个村，该村位北，称后诸留。聚落呈团块状分布。经济以种植业为主，主要农作物有小麦、玉米、大姜。有公路经此。

唐家泊 370681-B02-H06
[Tángjiāpō]

在市驻地新嘉街道西方向 7.3 千米。北马镇辖自然村。人口 1 800。明崇祯年间，唐姓由四川迁来居住，因村西是一片水湾芦塘，故取名塘水泊。唐王东征时，曾在此塘饮马休歇，后来更名为唐家泊。聚落呈团块状分布。有文化大院 1 处、农家书屋 1 处。经济以种植业为主，主要农作物有小麦、玉米、大姜。有龙口市锦泰机械配件有限公司、盛龙汽车配件厂、龙口市照龙粉丝有限公司等企业。有公路经此。

簸栾 370681-B02-H07
[Bòluán]

在市驻地新嘉街道西方向 4.5 千米。北马镇辖自然村。人口 3 100。明永乐年间，栾姓迁来居住，以编簸箕为业，取名簸箕栾家。1958 年简称簸栾。聚落呈团块状分布。有文化大院 1 处、农家书屋 1 处、幼儿园 1 处。经济以种植业为主，主要农作物有小麦、玉米、大姜。有海洋食品厂等企业。有公路经此。

呼栾 370681-B02-H08
[Hūluán]

在市驻地新嘉街道西北方向 11.4 千米。北马镇辖自然村。人口 500。清顺治年间，呼、栾二姓由县城南枣市迁来居住，取名呼栾。聚落呈团块状分布。经济以种植业为主，主要农作物有小麦、玉米、大姜。有公路经此。

九甲 370681-B02-H09
[Jiǔjiǎ]

在市驻地新嘉街道西南方向 12.4 千米。北马镇辖自然村。人口 800。明成化年间，王姓由本县辇上王家迁来居住，当时区划属九甲，故名九甲。聚落呈团块状分布。有文化大院 1 处、农家书屋 1 处。经济以种植业为主，主要农作物有小麦、玉米、大姜。有公路经此。

曲阜 370681-B02-H10
[Qūfù]

在市驻地新嘉街道西南方向 8.1 千米。北马镇辖自然村。人口 800。明初，王姓由山西迁来建村，取名王家庄。明天启年间，曲姓迁来落户，清初王姓绝户。因村南有官道，故改为官道北曲家村。因村民尊师重教，崇尚文化，讲究礼仪，尊重孔圣，1941 年又更名为曲阜。聚落呈团块状分布。有农家书屋 1 处。经济以种植业为主，主要农作物有玉米、小麦、大姜等。有公路经此。

古现 370681-B02-H11
[Gǔxiàn]

在市驻地新嘉街道西南方向 6.0 千米。北马镇辖自然村。人口 800。明洪武年间，范姓迁来居住，取名范家楼。清初，因此地系秦汉时期的㡣县古城遗址，故改称故县，后演变为今名。聚落呈团块状分布。经济以种植业为主，主要农作物有玉米、小麦、大姜等。有公路经此。

南栾堡 370681-B02-H12
[Nánluánpù]

在市驻地新嘉街道西南方向 6.8 千米。北马镇辖自然村。人口 1 100。明崇祯年间，高姓迁来居住，因村南有一庙宇，取名高家庙。清光绪年间，村南官道旁边设墩，故村改名南墩铺。民国初，以靠官道栾家村，改称南栾堡。聚落呈团块状分布。有文化大院 1 处、农家书屋 1 处。经济以种植业为主， 主要种植玉米、小麦、大姜等。有公路经此。

太平庄 370681-B02-H13
[Tàipíngzhuāng]

在市驻地新嘉街道西南方向 9.8 千米。北马镇辖自然村。人口 300。明崇祯年间，张氏由山西迁来居住，取名张家庄。清道光年间，登州府中侍大人路过，行至西转渠东头，见有许多人说笑，疑为路劫，当即遣衙役前去打探，方知是村中做毡帽的工人，便放心乘轿来至村头，对众人说：你们村是一片太平景象，可称太平庄。村以此更名。聚落呈团块状分布。经济以种植业为主，主要农作物有小麦、玉米、花生、大姜。有公路经此。

小陈家 370681-B02-H14
[Xiǎochénjiā]

在市驻地新嘉街道西南方向 14.9 千米。北马镇辖自然村。人口 400。明万历年间，陈姓由大陈家迁来居住，取名小陈家。聚落呈团块状分布。经济以种植业为主，主要农作物有小麦、玉米、花生、大姜。有化工企业。有公路经此。

大陈家 370681-B02-H15
[Dàchénjiā]

在市驻地新嘉街道西南方向 15.1 千米。北马镇辖自然村。人口 700。隋代，陈应刚率子迁至此地居住，因村中有一大槐树，取名大槐树底下陈家。明万历年间，有一部分迁至村北居住，取名小陈家，该村改为大陈家。聚落呈团块状分布。有农家书屋 1 处。经济以种植业为主，主要农作物有小麦、玉米、花生、大姜。有公路经此。

员外刘家 370681–B02–H16
[Yuánwàiliújiā]

在市驻地新嘉街道西南方向 12.0 千米。北马镇辖自然村。人口 1 600。明洪武年间，梁姓迁来居住，并修一大院，取名梁家园。正统年间，迁来一户刘姓，在梁家大院外居住，给梁姓扛活，故取村名院外刘家村。后梁姓衰落，刘姓发展成富翁，改村名为员外刘家。聚落呈团块状分布。经济以种植业为主，主要农作物有小麦、玉米、花生、大姜。有公路经此。

奶儿夼 370681–B02–H17
[Nǎi'érkuǎng]

在市驻地新嘉街道西南方向 21.7 千米。北马镇辖自然村。人口 200。明万历年间，吕姓、张姓分别由本县馒头石大吕家和横沟迁来居住，传说戚继光母亲路过此山夼生了戚继光，故取名奶儿夼。聚落呈带状分布。经济以种植业为主，主要农作物有小麦、玉米、花生、大姜。有公路经此。

仙人桥 370681–B02–H18
[Xiānrénqiáo]

在市驻地新嘉街道西南方向 17.7 千米。北马镇辖自然村。人口 400。明末清初，于姓由本县河口于家迁来居住，因村西南有一天然石板，形状似桥，石面有凹坑形脚印，传说是仙人路过留下的，以此取名仙人桥。聚落呈带状分布。经济以种植业为主，主要农作物有小麦、玉米、花生、大姜。有公路经此。

黑夼 370681–B02–H19
[Hēikuǎng]

在市驻地新嘉街道西南方向 23.4 千米。北马镇辖自然村。人口 500。明天启年间，王姓由本县埠下王家迁来居住，因坐落于深山中，晚出日，早落日，白天时间很短，故取名黑夼。聚落呈带状分布。经济以种植业为主，主要农作物有小麦、玉米、花生、大姜、苹果、柿子、杏等。有公路经此。

大吕家 370681–B02–H20
[Dàlǚjiā]

在市驻地新嘉街道西南方向 11.7 千米。北马镇辖自然村。人口 800。明永乐年间，吕姓由本县馒头石大吕家迁来居住，取名大吕家。聚落呈团块状分布。有文化大院 1 处、农家书屋 1 处。经济以种植业为主，主要农作物有小麦、玉米、花生、大姜、苹果、柿子、杏等。有公路经此。

西刘家 370681–B02–H21
[Xīliújiā]

在市驻地新嘉街道西南方向 9.3 千米。北马镇辖自然村。人口 800。明洪武年间，刘姓迁来居住，以东靠东刘家，取名西刘家。聚落呈团块状分布。经济以种植业为主，主要农作物有小麦、玉米、花生、大姜。有公路经此。

柳杭 370681–B02–H22
[Liǔháng]

在市驻地新嘉街道西南方向 14.2 千米。北马镇辖自然村。人口 1 000。明崇祯年间，王姓由青州府北关迁来居住，因村庄周围多柳树，取名柳行，后因与县城柳行村重名，改称柳杭。聚落呈团块状分布。经济以种植业为主，主要农作物有小麦、玉米、花生、大姜。有公路经此。

西转渠 370681-B02-H23
[Xīzhuǎnqú]

在市驻地新嘉街道西南方向 9.3 千米。北马镇辖自然村。人口 600。明洪武年间，孙姓由河南迁来居住，因村北有一水沟弯转曲折，取名转渠村。后分为两个村，本村以方位取名西转渠。聚落呈团块状分布。经济以种植业为主，主要农作物有小麦、玉米、花生。有公路经此。

楼子庄 370681-B02-H24
[Lóuzizhuāng]

在市驻地新嘉街道西南方向 13.5 千米。北马镇辖自然村。人口 1 000。明洪武年间，傅龙德因不愿为官，迁此地建一小楼定居，取名楼子庄。聚落呈团块状分布。有文化大院 1 处、农家书屋 1 处。经济以种植业为主，主要农作物有小麦、玉米、花生、大姜。有公路经此。

横沟 370681-B02-H25
[Hénggōu]

在市驻地新嘉街道西南方向 19.5 千米。北马镇辖自然村。人口 400。明成化年间，孙姓由龙口镇桥上小孙家迁来建村，称庄子村。数年后，又一孙姓由北马镇东转渠村迁来，于庄子村东 500 米建村。后因庄子村地势高而迁下来，并为一村，又因村中有一条东西向沟河而得名横沟。聚落呈带状分布。有文化大院 1 处、农家书屋 1 处。经济以种植业为主，主要农作物有小麦、玉米、花生、大姜、苹果、葡萄、桃等。有公路经此。

芦头 370681-B03-H01
[Lútóu]

芦头镇人民政府驻地。在市驻地新嘉街道南方向 4.8 千米。人口 1 900。明永乐年间，封、战两姓由山西迁此定居，因村庄坐落在芦山北头得名。聚落呈团块状分布。有文化大院 1 处、文化娱乐中心 1 处、幼儿园 1 处、小学 1 处。经济以种植业为主，主要农作物有小麦、玉米、苹果、葡萄等。有芦头诚辉油管厂、芦头塑料彩印厂等企业。有公路经此。

庵夼 370681-B03-H02
[Ānkuǎng]

在市驻地新嘉街道南方向 15.7 千米。芦头镇辖自然村。人口 400。明崇祯年间，王姓由本县大王家迁来居住，因坐落在东山坡上的庵庙下得名。聚落呈带状分布。有文化大院。经济以种植业为主，主要农作物有杏、桃、柿子、苹果、梨等。有公路经此。

麻家 370681-B03-H03
[Májiā]

在市驻地新嘉街道西南方向 8.5 千米。芦头镇辖自然村。人口 1 600。明永乐年间，麻姓由本县香坊村迁来居住，因属诸羊社，取名诸羊麻家。1945 年简称麻家。聚落呈团块状分布。有文化大院 1 处、文化娱乐中心 1 处、幼儿园 1 处、小学 1 处。经济以种植业为主，主要农作物有洋葱、草莓、黄豆、苋菜等。有龙口市同德利机械配件有限公司、正直钢管厂、金穗铜铝材厂、盛丰纸业有限公司等企业。有公路经此。

前店 370681-B03-H04
[Qiándiàn]

在市驻地新嘉街道西南方向 4.9 千米。芦头镇辖自然村。人口 500。明永乐年间，殷姓由河北高台、战姓由河南迁来居住，因东靠泳汶河，取名泳汶庄。明泰昌年间，殷姓兄弟二人在道旁开店，并分为两村，该村在南，称殷家前店，简称前店。聚落呈团块状分布。有文化大院 1 处、文化娱乐中心 1 处。经济以种植业为主，主要农作物有小麦、玉米、黄瓜、大姜等。有公路经此。

中心泊 370681–B03–H05
[Zhōngxīnpō]

在市驻地新嘉街道西南方向 7.6 千米。芦头镇辖自然村。人口 1 100。清康熙年间，战姓由本县上疃李家迁来居住，因村东是荒冢，取名青冢泊。同治年间，冢内出土一石板，上刻有四至部位，此地居中部，以此改称中心泊。聚落呈散状分布。有文化大院 1 处。经济以种植业为主，主要农作物有小麦、玉米、大姜、苹果等。有公路经此。

香坊 370681–B03–H06
[Xiāngfáng]

在市驻地新嘉街道西南方向 5.9 千米。芦头镇辖自然村。人口 1 500。明洪武年间，毛姓在此居住，取名毛家。万历年间，孙姓迁来落户，以做香为业，改称香坊。聚落呈团块状分布。有文化大院 1 处、文化娱乐中心 1 处。经济以种植业为主，主要农作物有小麦、玉米、大姜等。有公路经此。

东梧桐 370681–B03–H07
[Dōngwútóng]

在市驻地新嘉街道西南方向 9.6 千米。芦头镇辖自然村。人口 900。明泰昌年间，刘姓由西南梧桐迁来居住，因在梧桐林东南面，取名东南梧桐，后简称东梧桐。聚落呈团块状分布。有文化大院 1 处、文化娱乐中心 1 处。经济以种植业为主，主要农作物有小麦、玉米、大姜。有公路经此。

韩家店 370681–B03–H08
[Hánjiādiàn]

在市驻地新嘉街道西南方向 7.2 千米。芦头镇辖自然村。人口 1 100。明天启年间，韩姓由本县西韩家迁来居住，取名韩家店。聚落呈团块状分布。有文化大院 1 处、文化娱乐中心 1 处、幼儿园 1 处。经济以种植业为主，主要农作物有玉米、小麦。有公路经此。

罐姚 370681–B03–H09
[Guànyáo]

在市驻地新嘉街道西南方向 9.8 千米。芦头镇辖自然村。人口 1 300。明正统年间，姚、曲两姓由江苏迁来居住，以烧罐为生，取名罐姚家。1981 年因重名，改为罐姚。聚落呈团块状分布。有文化大院 1 处、文化娱乐中心 1 处。经济以种植业为主，主要农作物有玉米、小麦、大梨、杏。有正友食品有限公司等企业。有公路经此。

韩栾 370681–B03–H10
[Hánluán]

在市驻地新嘉街道西南方向 10.0 千米。芦头镇辖自然村。人口 800。明永乐年间，韩姓和栾姓迁来居住，因村南有座王伯党庙，分别取名王伯党后韩家、王伯党史后栾家。1943 年合并，取名韩栾。聚落呈团块状分布。有文化大院 1 处、文化娱乐中心 1 处。经济以种植业为主，主要农作物有小麦、玉米、苹果、葡萄。有公路经此。

封家 370681–B03–H11
[Fēngjiā]

在市驻地新嘉街道西南方向 11.1 千米。芦头镇辖自然村。人口 800。明天顺年间，封县由本县芦头迁来居住，取名封家。聚落呈散状分布。有文化大院 1 处、文化娱乐中心 1 处。经济以种植业为主，主要农作物有桃、杏、梨等。有公路经此。

迟家沟 370681-B03-H12
[Chíjiāgōu]

在市驻地新嘉街道西南方向 12.5 千米。芦头镇辖自然村。人口 500。明洪武年间，迟姓由四川成都府枣林庄迁来居住，取名芝坊迟家。1960 年因修水库迁现址，改称迟家沟。聚落呈团块状分布。有文化大院 1 处、文化娱乐中心 1 处。经济以种植业为主，主要农作物有苹果、葡萄等。有公路经此。

界沟张家 370681-B03-H13
[Jiègōuzhāngjiā]

在市驻地新嘉街道西南方向 15.9 千米。芦头镇辖自然村。人口 400。明洪武年间，张姓迁来居住，因坐落于黄县、招远县交界处的沟旁，取名界沟张家。聚落呈团块状分布。有文化大院 1 处、文化娱乐中心 1 处。经济以种植业为主，产苹果、杏、桃、葡萄等。有公路经此。

李家 370681-B03-H14
[Lǐjiā]

在市驻地新嘉街道西南方向 6.8 千米。芦头镇辖自然村。人口 400。明宣德年间，李姓由山西迁来居住，因坐落在南龙山背下，取名下庄李家。1933 年改称夏庄李家，后简称李家。聚落呈团块状分布。有文化大院 1 处、文化娱乐中心 1 处。经济以种植业为主，主要农作物有小麦和玉米。有公路经此。

于家口 370681-B04-H01
[Yújiākǒu]

下丁家镇人民政府驻地。在市驻地新嘉街道南方向 14.8 千米。人口 700。明崇祯年间，于姓由文登县大水泊迁来居住，因村北东吕家西山上有一巨石裂口朝向该村，以此取名吕家口，后改称今名。聚落呈团块状分布。有文化大院 1 处。古迹有玉皇庙。经济以种植业为主，主要农作物有花生、地瓜、玉米、杏、苹果、梨、樱桃、柿子、葡萄等。有公路经此。

下丁家 370681-B04-H02
[Xiàdīngjiā]

在市驻地新嘉街道东南方向 14.0 千米。下丁家镇辖自然村。人口 600。清嘉庆年间，丁姓由上丁家迁来，因居河下游，故以方位和姓氏名下丁家。聚落呈团块状分布。经济以种植业为主，主要农作物有花生、地瓜、杂粮、玉米、杏、苹果、梨、樱桃、柿子、葡萄等。有公路经此。

常胜庄 370681-B04-H03
[Chángshèngzhuāng]

在市驻地新嘉街道东南方向 18.5 千米。下丁家镇辖自然村。人口 400。清天命年间，陈姓由四川迁来居住，传说县城范国老在朝里犯法，避难在此栖身，有一将军带兵前来捉拿，范国老用吊羊击鼓法退去追兵，将军无奈自杀葬身此地，以此取名将军茔。1947 年该村青年全部参军，以吉祥嘉言更名常胜庄。聚落呈带状分布。有农家书屋 1 处。经济以种植业为主，主要农作物有杏、苹果、梨、樱桃、柿子、葡萄等。有公路经此。

大园 370681-B04-H04
[Dàyuán]

在市驻地新嘉街道东南方向 21.3 千米。下丁家镇辖自然村。人口 1 500。明末，李姓由四川迁来居住，因三面环山，此地平坦，取名大园。聚落呈带状分布。有文化大院 1 处、农家书屋 1 处、幼儿园 1 处。经济以种植业为主，主要农作物有玉米、花生、黄豆。有公路经此。

蒋家 370681–B04–H05
[Jiǎngjiā]

在市驻地新嘉街道东南方向20.5千米。下丁家镇辖自然村。人口800。明宣德年间，蒋姓由招远县迁来居住，取名蒋家。聚落呈团块状分布。有文化大院1处、图书室1处。经济以种植业为主，主要农作物有杏、苹果、梨、樱桃、柿子、葡萄等。有公路经此。

南邢家 370681–B04–H06
[Nánxíngjiā]

在市驻地新嘉街道东南方向14.5千米。下丁家镇辖自然村。人口900。元代有李姓在此居住，村名李家巷。明宣德年间，邢姓由南京迁来落户，改称邢家。清天命年间，迁出部分人在村北居住，便以方位加姓氏更名为南邢家。聚落呈团块状分布。有文化大院1处、农家书屋1处。经济以种植业为主，主要农作物有杏、苹果、梨、樱桃、柿子、葡萄等。有公路经此。

大庄子 370681–B04–H07
[Dàzhuāngzi]

在市驻地新嘉街道东南方向22.8千米。下丁家镇辖自然村。人口900。明洪武年间，张姓由四川迁来，取名大庄子。聚落呈团块状分布。有文化广场1处、文化大院1处、农家书屋1处。经济以种植业为主，主要农作物有杏、苹果、梨、樱桃、柿子等。有黄金机械有限公司、黄金矿山有限公司等企业。有公路经此。

西吕家 370681–B04–H08
[Xīlǚjiā]

在市驻地新嘉街道东南方向12.9千米。下丁家镇辖自然村。人口600。明万历年间，吕姓由本县东吕家迁来居住，取名西吕家。聚落呈团块状分布。有文化广场3处、图书室1处。经济以种植业为主，主要农作物有杏、苹果、梨、樱桃、柿子等。有公路经此。

庙东 370681–B04–H09
[Miàodōng]

在市驻地新嘉街道东南方向19.2千米。下丁家镇辖自然村。人口300。清崇德年间，马姓由鸳鸯沟马家、李姓由县城李家巷迁来居住，因西靠黑口庙，故取名庙东马家，后简称庙东。聚落呈团块状分布。有文化广场1处、文化大院1处、农家书屋1处。经济以种植业为主，主要农作物有杏、苹果、梨、樱桃、柿子等。有公路经此。

石板丁家 370681–B04–H10
[Shíbǎndīngjiā]

在市驻地新嘉街道东南方向16.8千米。下丁家镇辖自然村。人口400。清崇德年间，丁姓迁来居住，因此处有一片枣林，取名枣林丁家，又称上丁家。后因多石板，改称石板丁家。聚落呈带状分布。有文化广场1处、文化大院1处、农家书屋1处。经济以种植业为主，主要农作物有杏、苹果、梨、樱桃、柿子等。有神雀山泉等企业。有公路经此。

脉落夼 370681–B04–H11
[Màiluòkuǎng]

在市驻地新嘉街道东南方向19.6千米。下丁家镇辖自然村。人口1 200。明正德年间，肖、庄、张、陈等姓由四川迁来居住，村中有一流水沟，山脉诸夼交错，通称脉落夼。聚落呈带状分布。有文化广场1处、农家书屋1处。经济以种植业为主，主要农作物有杏、苹果、梨、樱桃、柿子等。有公路经此。

后地 370681-B04-H12
[Hòudì]

在市驻地新嘉街道东南方向21.9千米。下丁家镇辖自然村。人口400。清天命年间，李姓由四川迁来，在小庄子村后买地建村居住，取名后地。聚落呈环状分布。有文化广场1处、文化大院1处、图书室1处。经济以种植业为主，主要农作物有杏、苹果、梨、樱桃、柿子等。有亿铭科技有限公司、后地黄金有限公司等企业。有公路经此。

庙曲家 370681-B05-H01
[Miàoqūjiā]

七甲镇人民政府驻地。在市驻地新嘉街道东南方向27.9千米。人口700。北宋天禧年间，曲文由四川迁来居住，称曲家。明洪武年间，村东建一座三观庙，以此改称三观庙曲家，后简称庙曲家。聚落呈团块状分布。有文化广场1处、小学1处、幼儿园1处。经济以种植业为主，主要农作物有梨、桃、杏等。有龙口市玉源食品有限公司、龙口市永兴果品有限公司、龙口市佳益农业开发有限公司、龙口市青夷经贸有限责任公司、龙口市七甲镇建强果蔬冷库、龙口市朱家大院种植专业合作社等企业。有公路经此。

七甲 370681-B05-H02
[Qījiǎ]

在市驻地新嘉街道东南方向22.4千米。七甲镇辖自然村，人口700。明正德年间，王姓由黄县城博士西迁来居住，此地当时划为七甲，故村名七甲。聚落呈带状分布。有文化大院1处、学校1处。经济以种植业为主，主要农作物有玉米、小麦、地瓜、花生，盛产长把梨、秋梨、甜梨等。有华电龙口风电有限公司、龙口市恒康建筑工程有限公司、烟台牧良有限公司、龙口六和养殖有限公司等企业。有公路经此。

常伦庄 370681-B05-H03
[Chánglúnzhuāng]

在市驻地新嘉街道东南方向27.0千米。七甲镇辖自然村。人口500。明永乐年间，孙、胡两姓先后迁此居住，取名孙胡庄。抗日战争中，该村任常伦光荣牺牲，被追认为战斗英雄，故将村名改为今名。聚落呈团块状分布。有文化广场1处。经济以种植业为主，主要农作物有梨、苹果、桃、杏等。有公路经此。

院下 370681-B05-H04
[Yuànxià]

在市驻地新嘉街道东南方向14.3千米。七甲镇辖自然村。人口1 100。清康熙年间，王姓由登州府迁来居住，因村西山坡有莱山院庙，取村名院下。聚落呈团块状分布。有文化广场1处。古迹有真定寺。经济以种植业为主，主要农作物有梨、桃、杏等。有龙口市香宇食品有限公司等企业。有公路经此。

王屋 370681-B05-H05
[Wángwū]

在市驻地新嘉街道东南方向20.6千米。七甲镇辖自然村。人口1 000。明宣德年间，王姓迁来居住，因坐落在王屋山下，取名王屋。聚落呈团块状分布。有文化广场1处。经济以种植业为主，主要农作物有梨、桃、杏等。有龙口市云翊果蔬专业合作社等企业。有公路经此。

鹰口王家 370681-B05-H06
[Yīngkǒuwángjiā]

在市驻地新嘉街道东南方向21.7千米。七甲镇辖自然村。人口700。明洪熙年间，王凤祥由四川迁来居住，因村西有一山石形似鹰嘴，取名鹰口王家。聚落呈团块状分布。有文化广场 1 处。经济以种植业为主，主要农作物有梨、桃、杏等。

大草屋 370681-B05-H07

[Dàcǎowū]

在市驻地新嘉街道东南方向 29.5 千米。七甲镇辖自然村。人口 1 100。明万历年间，王姓兄弟二人由本县毡王家来此拾柴，见此地依山傍水土地肥沃，便迁来盖一草屋居住，取名草屋。后兄弟两个分居，弟搬河东建村，取名小草屋，该村改称大草屋。聚落呈团块状分布。有文化广场 1 处。经济以种植业为主，主要农作物有梨、桃、杏等。有公路经此。

敖子埠 370681-B05-H08

[Áozibù]

在市驻地新嘉街道东南方向 27.5 千米。七甲镇辖自然村。人口 600。北宋宣和年间，王姓由四川迁来居住，因此地多艾子蒿草，取名艾子埠，后演变为敖子埠。聚落呈带状分布。有文化广场 1 处。经济以种植业为主，主要农作物有梨、桃、杏等。有公路经此。

后迟家 370681-B05-H09

[Hòuchíjiā]

在市驻地新嘉街道东南方向 30.5 千米。七甲镇辖自然村。人口 1 000。明宣德年间，迟姓由本县迁来居住，取名迟家。后生三子，长子和三子在此居住，与前迟家对应称后迟家。聚落呈团块状分布。有文化广场 1 处、图书室 1 处、文化大院 1 处。经济以种植业为主，主要农作物有梨、桃、杏等。有公路经此。

黑山 370681-B05-H10

[Hēishān]

在市驻地新嘉街道东南方向 31.4 千米。七甲镇辖自然村。人口 1 300。明初，智姓由四川迁来居住，因坐落在黑山脚下，取名黑山。聚落呈团块状分布。有文化广场 1 处。经济以种植业为主，主要农作物有梨、桃、杏等。有公路经此。

圈朱家 370681-B05-H11

[Quānzhūjiā]

在市驻地新嘉街道东南方向 29.2 千米。七甲镇辖自然村。人口 1 100。明永乐年间，周姓由四川迁来居住，取名周家。后朱姓迁来落户，改称朱家。清代，村四周修起围墙，改称圈朱家。聚落呈团块状分布。有文化广场 1 处。经济以种植业为主，主要农作物有梨、桃、杏等。有公路经此。

李家沟 370681-B05-H12

[Lǐjiāgōu]

在市驻地新嘉街道东南方向 24.2 千米。七甲镇辖自然村。人口 1 100。明天启年间，李姓由四川迁来居住，因坐落在山沟里，取名李家沟。聚落呈团块状分布。有文化广场 1 处。经济以种植业为主，主要农作物有梨、桃、杏等。有龙口市七甲世洲包装制品厂、龙口市玉源食品有限公司、龙口市永兴果品有限公司、龙口市佳益农业开发有限公司等企业。有公路经此。

颜家沟 370681-B05-H13

[Yánjiāgōu]

在市驻地新嘉街道东南方向 28.9 千米。七甲镇辖自然村。人口 900。明洪武年间，颜姓由兖州迁来居住，因坐落在山沟中，取名颜家沟。聚落呈团块状分布。有文化广场 1 处。经济以种植业为主，主要农作物有梨、桃、杏等。有公路经此。

石良集 370681-B06-H01

[Shíliángjí]

石良镇人民政府驻地。在市驻地新嘉街道东南方向 24.6 千米。人口 2 400。相传东魏时曾准备在此建城，称湿土一把，只有十两，故村名十两。又因设集市，称为十两集，后来演为石良集。聚落呈团块状分布。有文化大院 1 处、幼儿园 1 处、小学 1 处。经济以种植业为主，主要农作物有小麦、玉米、花生、苹果、葡萄等。有公路经此。

庵下吴家 370681-B06-H02

[Ānxiàwújiā]

在市驻地新嘉街道东南方向 28.8 千米。石良镇辖自然村。人口 800。明永乐年间，吴姓由山西迁来居住，因村东山上建有潜唐庵得名。聚落呈带状分布。有文化活动室 1 处。经济以种植业为主，主要农作物有小麦、玉米、花生、苹果、柿子、梨、大樱桃等。有公路经此。

尹村 370681-B06-H03

[Yǐncūn]

在市驻地新嘉街道东南方向 23.1 千米。石良镇辖自然村。人口 1 100。明洪武年间，尹姓由山西迁来居住，取名尹村。聚落呈团块状分布。有乡村大舞台、科技文化长廊。经济以种植业为主，主要农作物有小麦、玉米、花生、葡萄等。有龙口尹村外贸联营粉丝厂等企业。有公路经此。

城西头 370681-B06-H04

[Chéngxītóu]

在市驻地新嘉街道东南方向 16.6 千米。石良镇辖自然村。人口 3 900。元末明初，王、邹、郝、刘、温等氏族先后迁来建村，后因诸村相连，又均在古黄城之西，故统称城西头。聚落呈团块状分布。有幼儿园、文化大院等。经济以种植业为主，主要农作物有小麦、玉米、花生、苹果、葡萄等。302 省道经此。

黄城集 370681-B06-H05

[Huángchéngjí]

在市驻地新嘉街道东南方向 19.2 千米。石良镇辖自然村。人口 4 200。秦朝设郡县，置黄县于此。南北朝齐天保七年（568），黄县县治西移于现黄城，故该地称为黄城镇，后于明永乐年间设集，改称黄城集。聚落呈团块状分布。有幼儿园、小学、文化大院。经济以种植业为主，主要农作物有小麦、玉米、花生、苹果、葡萄等。302 省道、213 省道经此。

黄城阳 370681-B06-H06

[Huángchéngyáng]

在市驻地新嘉街道东南方向 55.9 千米。石良镇辖自然村。人口 1 300。明崇祯年间，黄姓由甘肃省迁来居住，为避捻军反乱，构筑石墙，取名黄城阳。聚落呈带状分布。有文化活动中心、黄城阳革命根据地旧址、黄城阳抗战纪念馆。经济以种植业为主，主要农作物有小麦、玉米、花生、苹果。有公路经此。

荷花朱家 370681-B06-H07

[Héhuāzhūjiā]

在市驻地新嘉街道东南方向 21.3 千米。石良镇辖自然村。人口 500。明初，朱姓由本县黄格庄朱家迁来居住，因村东有一沙坝，取名沙坝朱家。明天顺年间，人们嫌村名不文雅，以村西荷花湾改名荷花朱家。聚落呈团块状分布。有文化大院 1 处。经济以种植业为主，主要农作物有小麦、玉米、花生、苹果、葡萄等。有龙口市东洋食品有限公司、龙口市顺源包装制品有限公司等企业。有公路经此。

东方水郭家 370681–B06–H08
[Dōngfāngshuǐguōjiā]

在市驻地新嘉街道东南方向23.0千米。石良镇辖自然村。人口1 000。明永乐年间，郭姓由山西迁来居住，因东靠黄城集河上游，以河水流向取名东方水郭家。聚落呈团块状分布。有文化广场。经济以种植业为主，主要农作物有小麦、玉米、花生、葡萄等。有公路经此。

大金家 370681–B06–H09
[Dàjīnjiā]

在市驻地新嘉街道东南方向18.8千米。石良镇辖自然村。人口1 500。明洪武年间，金姓由山西迁来居住，因在黄水河和黄城集河交叉处，取名夹河金家。天顺年间，遭受水灾，分成三处定居，该村称大金家。聚落呈团块状分布。有文化大院。经济以种植业为主，主要农作物有小麦、玉米、花生、苹果、葡萄、桃等。有公路经此。

平里院 370681–B06–H10
[Pínglǐyuàn]

在市驻地新嘉街道东南方向22.9千米。石良镇辖自然村。人口1 600。元至正年间，邹姓由陕西西宁卫迁来居住，因落居在中平一里，四周有甲马涧，孤顶山、火山环绕，似一大宅院，以此取名平里院。聚落呈团块状分布。有文化大院。经济以种植业为主，主要农作物有小麦、玉米、花生、苹果、葡萄等。有裕丰果蔬有限公司、龙口市龙立胶业有限公司等企业。有公路经此。

火山逄家 370681–B06–H11
[Huǒshānpángjiā]

在市驻地新嘉街道东南方向24.2千米。石良镇辖自然村。人口300。明洪武年间，逄姓由山西迁来居住，因南靠火山，故取名火山逄家。聚落呈带状分布。有文化活动中心。经济以种植业为主，主要农作物有小麦、玉米、花生、苹果、葡萄、柿子等。有公路经此。

韩庄 370681–B06–H12
[Hánzhuāng]

在市驻地新嘉街道东南方向20.7千米。石良镇辖自然村。人口1 000。明永乐年间，韩、战姓由山西迁来居住，取名韩战庄，后简称韩庄。聚落呈团块状分布。有幼儿园、文化大院。经济以种植业为主，主要农作物有小麦、玉米、花生、苹果、葡萄等。有龙口市石良镇大运果蔬包装制品厂等企业。有公路经此。

下河头 370681–B06–H13
[Xiàhétóu]

在市驻地新嘉街道东南方向24.5千米。石良镇辖自然村。人口1 900。明洪武年间，柳姓由山西迁来居住，在小下河和黄水河交叉处分两处居住，分别取名东下河头、西下河头，后合为一村，统称下河头。聚落呈团块状分布。有文化大院。经济以种植业为主，主要农作物有小麦、玉米、花生等。有公路经此。

山后柳家 370681–B06–H14
[Shānhòuliǔjiā]

在市驻地新嘉街道东南方向24.4千米。石良镇辖自然村。人口600。明洪武年间，耿、柳二姓由山西迁来居住，因坐落在火山北麓，故取名火山耿家。后耿姓绝户，改称火山后柳家，后简称山后柳家。聚落呈团块状分布。有文化广场。经济以种植业为主，主要农作物有小麦、玉米、花生、苹果、桃子、葡萄等。有公路经此。

山后曹家 370681-B06-H15
[Shānhòucáojiā]

在市驻地新嘉街道东南方向26.2千米。石良镇辖自然村。人口800。明成化年间，曹姓由本县平里院迁来居住，因处火山北麓，故取名火山后曹家，后简称山后曹家。聚落呈带状分布。有文化活动中心。经济以种植业为主，主要农作物有小麦、玉米、花生、苹果、葡萄、樱桃等。有公路经此。

东埠 370681-B06-H16
[Dōngbù]

在市驻地新嘉街道东南方向24.7千米。石良镇辖自然村。人口300。明永乐年间，刘、王、李三姓由山西迁来，分东、西两处居住，刘、王二姓居东，因地势较高，故取名东埠。聚落呈团块状分布。有文化活动中心。经济以种植业为主，主要农作物有小麦、玉米、花生、苹果、葡萄等。有龙口市大洋食品有限公司、龙口三明水产食品有限公司、龙口佳宝水产食品有限公司、龙口万顺昌水产食品有限公司等企业。有公路经此。

东营曹家 370681-B06-H17
[Dōngyíngcáojiā]

在市驻地新嘉街道东南方向27.2千米。石良镇辖自然村。人口1 500。明洪武年间，曹姓由山西迁来居住，因东魏时此地曾驻扎兵营，以位于中郎城东南，取名东营曹家。聚落呈团块状分布。有文化大院。经济以种植业为主，主要农作物有小麦、玉米、花生、苹果、葡萄等。有龙口裕达食品厂等企业。有公路经此。

修家 370681-B06-H18
[Xiūjiā]

在市驻地新嘉街道东南方向26.3千米。石良镇辖自然村。人口1 900。明洪武年间，修姓由山西迁来居住，因东魏时此地曾驻扎过兵营，又地处中郎城东南，故取名东营修家。1981年地名普查时更为修家。聚落呈团块状分布。有文化大院、文化活动中心。经济以种植业为主，主要农作物有小麦、玉米、花生、苹果、葡萄等。有公路经此。

东竹园 370681-B06-H19
[Dōngzhúyuán]

在市驻地新嘉街道东南方向32.1千米。石良镇辖自然村。人口1 000。明洪武年间，柳姓由山西迁来居住，村坐落在山沟中，因村中观音庙内翠竹丛生，故取名竹园。1981年因重名，更为东竹园。聚落呈带状分布。有文化活动室。经济以种植业为主，主要农作物有玉米、花生、苹果、柿子、葡萄、杏、桃等。有公路经此。

台上 370681-B06-H20
[Táishàng]

在市驻地新嘉街道东南方向31.8千米。石良镇辖自然村。人口300。明崇祯年间，刁姓由本县枣林迁来居住，因坐落在鼓锣台西侧，故取名台上。聚落呈团块状分布。有文化活动中心1处、幼儿园1处。经济以种植业为主，主要农作物有小麦、玉米、花生、苹果等。有公路经此。

石山赵家 370681-B06-H21
[Shíshānzhàojiā]

在市驻地新嘉街道东南方向28.8千米。石良镇辖自然村。人口600。清顺治年间，赵姓由福山县迁来居住，因坐落在石山脚下，故取名石山赵家。聚落呈团块状分布。有文化活动中心。经济以种植业为主，主要农作物有小麦、玉米、花生、苹果、葡萄等。有公路经此。

水夼 370681-B06-H22

[Shuǐkuǎng]

在市驻地新嘉街道东南方向32.9千米。石良镇辖自然村。人口400。明万历年间，张姓由王家沟迁来居住，因此地四面环山，村中泉水常流不断，故取名水夼。聚落呈带状分布。有文化活动中心。经济以种植业为主，主要农作物有玉米、花生、苹果、柿子、梨、花椒、杏等。有龙口市石良镇水夼山泉水厂等企业。有公路经此。

谭家 370681-B06-H23

[Tánjiā]

在市驻地新嘉街道东南方向28.7千米。石良镇辖自然村。人口700。明洪武年间，谭姓由本县石良集迁来居住，取名谭家。聚落呈团块状分布。有文化大院。经济以种植业为主，主要农作物有小麦、玉米、花生、苹果、葡萄等。有环宇机械等企业。有公路经此。

大慕家 370681-B06-H24

[Dàmùjiā]

在市驻地新嘉街道东南方向33.8千米。石良镇辖自然村。人口500。明万历年间，慕姓由栖霞县迁来居住，取名大慕家。聚落呈团块状分布。有文化大院。经济以种植业为主，主要农作物有小麦、玉米、花生、苹果、葡萄、桃、杏等。有公路经此。

船止沟 370681-B06-H25

[Chuánzhǐgōu]

在市驻地新嘉街道东南方向36.2千米。石良镇辖自然村。人口600。明洪武十年（1377），刁姓由河南迁来居住，村庄坐落在一船形山洼里，取名船止沟。聚落呈带状分布。有文化大院。经济以种植业为主，主要农作物有小麦、玉米、花生、苹果、桃等。有公路经此。

兰高 370681-B07-H01

[Lángāo]

兰高镇人民政府驻地。在市驻地新嘉街道东方向9.8千米。人口1 300。明永乐年间，董姓迁来居住，取名董家庄。明末，高姓来此落户，因村旁沟渠两侧种植一种制作蓝色颜料的植物，以此改称蓝渠高家，后简称兰高。聚落呈团块状分布。有文化大院1处、幼儿园1处、中学1处。经济以种植业为主，主要农作物有小麦、玉米、花生、大豆、葡萄。有公路经此。

镇沙 370681-B07-H02

[Zhènshā]

在市驻地新嘉街道东方向10.4千米。兰高镇辖自然村。人口1 500。原称小邹家。清代，因防风沙修镇沙寺，遂改名镇沙小邹家，1981年更名镇沙。聚落呈团块状分布。有文化大院1处。有保存完整的明代建筑、清代建筑等。经济以种植业为主，主要农作物有葡萄、苹果。有公路经此。

仪乐李家 370681-B07-H03

[Yílèlǐjiā]

在市驻地新嘉街道东方向8.9千米。兰高镇辖自然村。人口200。明崇祯年间，李姓由潍县迁来居住，因属仪乐社，西北有大李家，故取名仪乐小李家，后简称小李家。1981年因重名，更为仪乐李家。聚落呈团块状分布。有文化大院1处。经济以种植业为主，主要农作物有葡萄、苹果。有烟台宏达包装有限公司、兴盛机械等企业。有公路经此。

洽泊 370681-B07-H04

[Qiàpō]

在市驻地新嘉街道东北方向11.7千米。兰高镇辖自然村。人口1 900。清初，吕姓迁来居住，因在沙丘南坡上，故取名下坡村，后因名不吉利，改称洽泊。聚落呈团块状分布。有文化大院1处。经济以种植业为主，主要农作物有韭菜、苹果、葡萄。有公路经此。

四平 370681–B07–H05

[Sìpíng]

在市驻地新嘉街道东方向11.0千米。兰高镇辖自然村。人口1 400。1930年，前崔家、后崔家、姬家、经家四个村合为一个村，取名为四平，意指四平八稳、四季平安。聚落呈团块状分布。有文化大院1处。经济以种植业为主，主要农作物有小麦、玉米。有公路经此。

欧头李家 370681–B07–H06

[Ōutóulǐjiā]

在市驻地新嘉街道东南方向12.3千米。兰高镇辖自然村。人口300。清光绪年间，李姓由县城枣市迁来居住，因属欧头社，故取名欧头李家。聚落呈团块状分布。有文化大院1处。经济以种植业为主，主要农作物有小麦、玉米。有公路经此。

大堡 370681–B07–H07

[Dàpù]

在市驻地新嘉街道北方向10.1千米。兰高镇辖自然村。人口800。元末，此处修大堡，以加强通信联系，因距县城十里，故称十里堡。明弘治年间，邹姓迁来居住，取名十里堡大邹家，又称大堡大邹家，后简称大堡。聚落呈团块状分布。有文化大院1处。经济以种植业为主，主要农作物有葡萄、苹果。有公路经此。

东解家 370681–B07–H08

[Dōngxièjiā]

在市驻地新嘉街道东南方向13.2千米。兰高镇辖自然村。人口600。明崇祯年间，解姓迁来居住，因属欧头社，故取名欧头解家，群众习称解家。后因重名，以方位更名为东解家。聚落呈团块状分布。有文化大院1处。经济以种植业为主，主要农作物有葡萄、苹果。有盛威葡萄酒厂、禾美养猪合作社等企业。有公路经此。

参驾疃 370681–B07–H09

[Cānjiàtuǎn]

在市驻地新嘉街道东南方向11.0千米。兰高镇辖自然村。人口300。据说唐王东征路过此地，在一湾旁下马休息，此湾以此取名下马湾。后有人在此居住，以此取名搀驾疃，逐渐演变为参驾疃。聚落呈团块状分布。有文化大院1处。经济以种植业为主，主要农作物有小麦、玉米、谷子等。有公路经此。

水亭 370681–B07–H10

[Shuǐtíng]

在市驻地新嘉街道东南方向11.5千米。兰高镇辖自然村。人口800。明天启年间，孟姓、金姓由山西迁来居住，取名东孟家、西金家。因在村西南的凤凰山角发现一天然泉水，两村合并，改名水亭。聚落呈团块状分布。有文化大院。经济以种植业为主，主要农作物有小麦、玉米。有金鸣乐器厂等企业。威乌高速、牟黄公路经此。

鼓埠 370681–B07–H11

[Gǔbù]

在市驻地新嘉街道东南方向13.6千米。兰高镇辖自然村。人口200。明洪武年间，战姓迁来居住，因村旁山上每到中午似有鼓音回响，以此取名鼓埠。聚落呈团块状分布。有文化大院1处。经济以种植业为主，主要农作物有小麦、玉米、花生。有公路经此。

唐家埠 370681–B07–H12
[Tángjiābù]

在市驻地新嘉街道东南方向15.2千米。兰高镇辖自然村。人口500。明永乐年间，唐姓由云南迁来居住，取名唐家宅。因地势低洼，连年遭水灾，于万历年间迁至西堠上，改名唐家埠。后称唐家。1981年地名普查时，因重名，复名唐家埠。聚落呈团块状分布。有文化大院1处。经济以种植业为主，主要农作物有苹果、大梨、葡萄、小麦、玉米、花生等。有公路经此。

侧高 370681–B07–H13
[Cègāo]

在市驻地新嘉街道东南方向15.0千米。兰高镇辖自然村。人口700。清康熙年间，高姓迁来居住，因坐落在堠斜坡上，取名侧岭高家，后简称侧高。聚落呈团块状分布。有文化大院1处。经济以种植业为主，主要农作物有苹果、小麦、玉米、花生等。有公路经此。

椅子圈 370681–B07–H14
[Yǐziquān]

在市驻地新嘉街道东南方向16.5千米。兰高镇辖自然村。人口200。清天聪年间，战姓、赵姓由本县九里店、赵家庄迁来居住，因坐落在山洼里，地形似太师椅，故取名椅子圈。聚落呈带状分布。有文化大院1处。经济以种植业为主，主要种植小麦、玉米、花生、地瓜、苹果、桃、杏、柿子、核桃等。有公路经此。

大张家 370681–B07–H15
[Dàzhāngjiā]

在市驻地新嘉街道东南方向20.5千米。兰高镇辖自然村。人口400。明洪武年间，张姓由山西迁来居住，因属文基社，故取名文基大张家，后简称大张家。聚落呈团块状分布。有幼儿园、小学等。经济以种植业为主，主要农作物有苹果、梨等。有公路经此。

后霍家 370681–B07–H16
[Hòuhuòjiā]

在市驻地新嘉街道东南方向14.5千米。兰高镇辖自然村。人口400。明天启年间，霍姓迁来居住，因西南有归城古城址，村前有霍姓居住，故取名归城后霍家，后简称后霍家。聚落呈团块状分布。有文化大院1处、小学1处。经济以种植业为主，主要农作物有草莓、苹果。有公路经此。

埝王 370681–B07–H17
[Niǎnwáng]

在市驻地新嘉街道东南方向18.2千米。兰高镇辖自然村。人口400。清乾隆年间，王姓由本县郝家迁来居住，取名王家。道光年间，遭受水灾，村庄迁至堠坡上，以此取名埝上王家，简称埝王。聚落呈团块状分布。有文化大院1处。经济以种植业为主，主要农作物有苹果、丹参等。有公路经此。

大成家 370681–B07–H18
[Dàchéngjiā]

在市驻地新嘉街道东方向20.8千米。兰高镇辖自然村。人口500。明洪武年间，成姓迁来居住，取名成家。清崇德年间，分居两处，该村称大成家。聚落呈团块状分布。有文化大院1处。经济以种植业为主，产苹果、车前子、大蓟等。有公路经此。

车格庄 370681–B07–H19
[Chēgézhuāng]

在市驻地新嘉街道东南方向16.2千米。兰高镇辖自然村。人口600。明万历年间，纪姓迁来居住，相传，古代有一将军乘车登莱山，车散落于此地，以此取名车格庄。聚落呈团块状分布。有文化大院 1 处。经济以种植业为主，主要农作物有洋梨、苹果。有公路经此。

吴家 370681-B07-H20

[Wújiā]

在市驻地新嘉街道东南方向 20.8 千米。兰高镇辖自然村。人口 1 000。明万历年间，吴姓迁来居住，因属良马庄社，故取名良马庄吴家。1958 年后简称吴家。聚落呈团块状分布。有文化大院 1 处。经济以种植业为主，主要农作物有苹果、葡萄。有公路经此。

大谢家 370681-B07-H21

[Dàxièjiā]

在市驻地新嘉街道南方向 22.4 千米。兰高镇辖自然村。人口 600。明洪武年间，谢姓兄弟三人迁来居住，属良马庄社，取名良马庄大谢家。1958 年简称大谢家。聚落呈团块状分布。有文化大院 1 处。经济以种植业为主，主要农作物有苹果、桃、葡萄、樱桃、阳梨、长把梨等。有公路经此。

诸由南村 370681-B08-H01

[Zhūyóunáncūn]

诸由观镇人民政府驻地。在市驻地新嘉街道东方向 13.3 千米。人口 800。明初成村，名猪油店。明永乐年间因村南修真乙观庙，改称猪油观。崇祯年间，周围 6 村修筑围墙，合诸村为一村，取名诸由观。后分为南、北两村，该村位南，得今名。聚落呈团块状分布。有文化大院 1 处、农家书屋 1 处、图书室 1 处、文化广场 1 处、中学 2 处。经济以种植业为主，主要农作物有小麦、玉米、花生、葡萄、苹果等。有公路经此。

西河阳 370681-B08-H02

[Xīhéyáng]

在市驻地新嘉街道东方向 12.2 千米。诸由观镇辖自然村。人口 1 200。明崇祯年间，徐姓迁来居住，因东靠河阳村得名。聚落呈团块状分布。有文化大院 1 处。有古圩子墙遗址，村中现存清乾隆年间始建的哈瓦房 200 多处。经济以种植业为主，主要农作物有小麦、玉米。有公路经此。

西吴家 370681-B08-H03

[Xīwújiā]

在市驻地新嘉街道东方向 9.3 千米。诸由观镇辖自然村。人口 500。明洪武二年（1369），吴姓迁来居住，取名小吴家。万历年间，以靠羊岚，改称羊岚小吴家。后因位于羊岚西，取名西吴家。聚落呈团块状分布。经济以种植业为主，主要农作物有苹果、葡萄。有龙口耀天绝缘材料有限公司、龙口市电器绝缘材料厂、龙口市嘉成制粉有限公司等企业。有公路经此。

羊岚 370681-B08-H04

[Yánglán]

在市驻地新嘉街道东北方向 10.7 千米。诸由观镇辖自然村。人口 1 700。明洪武年间，吴、马二姓由江南延陵、扶风迁至黄邑北乡，地近莲花埠，时有岚气居在埠之阳，以此取名阳岚，后演变为羊岚。聚落呈团块状分布。有文化活动中心 1 处、幼儿园 1 处。经济以种植业为主，主要农作物有小麦、玉米、花生、苹果、葡萄、梨等。有公路经此。

黄河营 370681-B08-H05

[Huánghéyíng]

在市驻地新嘉街道东北方向 15.0 千米。诸由观镇辖自然村。人口 1 500。唐朝薛礼征东，在此屯兵，建土城，因地处黄水河口，故取名黄河营。聚落呈团块状分布。有幼儿园1处。经济以种植业为主，主要农作物有小麦、玉米、花生等。有玉龙造纸厂。有公路经此。

东羔 370681-B08-H06
[Dōnggāo]

在市驻地新嘉街道东北方向14.0千米。诸由观镇辖自然村。人口1 600。明万历年间，刘、高、杜、宗、连、李、栾、贾、遇九姓先后由山西迁来居住，各自以姓氏取村名。后在村内沟东出土小石羊，人们奉敬若神，故各村联合统称东羔。聚落呈团块状分布。有农家书屋1处、图书室1处、文化广场1处。经济以种植业为主，主要农作物有苹果、葡萄、小麦、玉米、花生。有公路经此。

涧村 370681-B08-H07
[Jiàncūn]

在市驻地新嘉街道东北方向12.6千米。诸由观镇辖自然村。人口1 600。明初，徐姓由山西迁来居住，村中有一沟涧，取名涧村。聚落呈团块状分布。有农家书屋1处、图书室1处、小学1处。经济以种植业为主，主要农作物有小麦、玉米、花生、大豆、苹果、葡萄等。有远达蓄电池等企业。有公路经此。

清汶 370681-B08-H08
[Qīngwèn]

在市驻地新嘉街道东北方向12.8千米。诸由观镇辖自然村。人口1 000。明天启年间，王、张两姓迁来建村，因村中有一水湾，取名清湾头，后改为清汶。聚落呈团块状分布。有农家书屋1处、图书室1处。经济以种植业为主，主要农作物有小麦、玉米、葡萄、苹果等。有神龙健达电线电缆厂等企业。有公路经此。

后妙果 370681-B08-H09
[Hòumiàoguǒ]

在市驻地新嘉街道东北方向13.1千米。诸由观镇辖自然村。人口600。隋末唐初，军师苗广义犯灭门之罪，流落此地，修一庙宇，以姓氏谐音，取名妙阁。后分两村，该村位北，称后妙阁。1939年改为后妙果。聚落呈团块状分布。经济以种植业为主，主要农作物有葡萄、苹果等。有公路经此。

天尊埠屯 370681-B08-H10
[Tiānzūnbùtún]

在市驻地新嘉街道东北方向12.3千米。诸由观镇辖自然村。人口300。明万历年间，陈、傅二姓由山西迁来居住，因东有一天尊埠，取名天尊埠屯。聚落呈团块状分布。有农家书屋1处、图书室1处。经济以种植业为主，主要农作物有小麦、玉米、葡萄等。有公路经此。

羊沟营 370681-B08-H11
[Yánggōuyíng]

在市驻地新嘉街道东北方向8.0千米。诸由观镇辖自然村。人口800。明崇祯年间，任姓由山西迁来居住，以乾山下的小湾取名洋沟营，后演变为羊沟营。聚落呈团块状分布。有文化广场1处。经济以种植业、养殖业为主，主要农作物有小麦、玉米、苹果、梨、葡萄，养殖猪、鸡、牛、羊等。有公路经此。

小河口 370681-B08-H12
[Xiǎohékǒu]

在市驻地新嘉街道东北方向18.7千米。诸由观镇辖自然村。人口600。明万历年间，刘、王二姓由山西迁来居住，因靠村西小河口，故名。聚落呈团块状分布。有文化大院1处。经济以种植业为主，主要农作物有小麦、玉米、花生等。有公路经此。

冶基鞠吕卞 370681–B08–H13
[Yějījūlǚbiàn]

在市驻地新嘉街道东北方向 18.1 千米。诸由观镇辖自然村。人口 700。唐末，鞠姓由汝南迁来居住，因属野极社，取名野极鞠家，后演变为冶基鞠家。明洪武年间，吕、卞二姓由山西迁来落户，改称冶基鞠吕卞。1958 年简称鞠吕卞。1981 年更名冶基。1991 年恢复为冶基鞠吕卞。聚落呈团块状分布。有文化广场 2 处、文化大院 1 处、农家书屋 1 处、图书室 1 处、幼儿园 1 处、学校 1 处。古迹有宝唐寺遗址。经济以种植业为主，主要农作物有小麦、玉米，花生、苹果、葡萄、柿子等。有玮辰（龙口）实业、龙口福欣颜料、龙口市冶基华远生态农业合作社等企业。有公路经此。

唐家集 370681–B08–H14
[Tángjiājí]

在市驻地新嘉街道东北方向 18.9 千米。诸由观镇辖自然村。人口 1 100。明永乐年间，唐姓由长山岛迁来居住，因该村设集市，取名唐家集。聚落呈团块状分布。有文化大院 1 处。经济以种植业为主，主要农作物有小麦、玉米等。有公路经此。

后柞杨 370681–B08–H15
[Hòuzuòyáng]

在市驻地新嘉街道东方向 16.4 千米。诸由观镇辖自然村。人口 1 000。明崇祯年间，林姓来此居住，因西临黄水河，河沿多生长柞树与杨树，且村南是柞杨村，故名后柞杨。聚落呈团块状分布。有文化广场 1 处。经济以种植业为主，主要农作物有苹果、葡萄、梨、樱桃、小麦、玉米等。有龙口市福利绝缘材料厂、龙口峻鹏商贸有限公司、龙口市泰瑞菲克有限公司等企业。有公路经此。

唐格庄 370681–B08–H16
[Tánggézhuāng]

在市驻地新嘉街道东北方向 17.3 千米。诸由观镇辖自然村。人口 500。明崇祯年间，杜姓、战姓由本县九里店迁来居住，因北靠唐家集，取名唐格庄。聚落呈团块状分布。有文化大院 1 处。古迹有民国初年所建雪花石石碑 1 处。经济以种植业为主，主要农作物有小麦、玉米、花生等。有公路经此。

东尚家 370681–B08–H17
[Dōngshàngjiā]

在市驻地新嘉街道东北方向 18.3 千米。诸由观镇辖自然村。人口 400。明万历年间，尚姓由青州府益都迁来居住，取名尚家。1956 年和马家村合并，仍称尚家。1981 年因重名，更名东尚家。聚落呈团块状分布。有文化大院 2 处。经济以种植业为主，主要农作物有小麦、玉米、苹果、葡萄等。有公路经此。

观张家 370681–B08–H18
[Guànzhāngjiā]

在市驻地新嘉街道东南方向 13.8 千米。诸由观镇辖自然村。人口 600。清大聪年间，张姓由山西迁来居住，因靠真乙观庙，取名观张家。聚落呈团块状分布。有文化大院 1 处。经济以种植业为主，主要农作物有小麦、玉米、苹果、葡萄等。有公路经此。

大宗家 370681–B08–H19
[Dàzōngjiā]

在市驻地新嘉街道东南方向 17.3 千米。诸由观镇辖自然村。人口 1 600。明万历年间，宗思文夫妻迁来居住，取名大宗家。聚落呈团块状分布。经济以种植业为主，主要农作物有小麦、玉米。有公路经此。

淳于 370681-B08-H20
[Chúnyú]

在市驻地新嘉街道东南方向 19.8 千米。诸由观镇辖自然村。人口 1 800。南北朝时期，高、刘、杨三姓在此居住，取名高刘杨村。明末，淳于姓由本县城南丹岭村迁此处，修建了淳于髡墓，并改村名为淳于。聚落呈团块状分布。经济以种植业为主，主要农作物有小麦、玉米、花生、苹果、柿子等。有公路经此。

荆家 370681-B08-H21
[Jīngjiā]

在市驻地新嘉街道东南方向 18.5 千米。诸由观镇辖自然村。人口 2 000。明永乐三年(1405),王姓迁来居住,因村前有一河沟，取名王家沟。明末，荆姓迁来落户，改名荆家。聚落呈团块状分布。有文化大院 1 处。经济以种植业为主，主要农作物有苹果、小麦、玉米等。有公路经此。

前妙果 370681-B08-H22
[Qiánmiàoguǒ]

在市驻地新嘉街道东北方向 12.3 千米。诸由观镇辖自然村。人口 500。隋末唐初，军师苗广义犯来门之罪，流落此地，修一庙宇，以姓氏谐音，取名姚阁。后分两村，该村位南，称前妙阁，又因方位和谐音演为前妙果。聚落呈团块状分布。有文化大院 1 处。经济以种植业为主，主要农作物有葡萄。有公路经此。

赵刘 370681-B08-H23
[Zhàoliú]

在市驻地新嘉街道东南方向 15.4 千米。诸由观镇辖自然村。人口 600。清天聪年间，赵、刘姓由县城南迁来居住，因属上庄社，故分别取名上庄赵家、上庄小刘家，1946 年两村合并，改称赵刘。聚落呈团块状分布。有农家书屋 1 处、图书室 1 处、幼儿园 1 处。经济以种植业为主，主要农作物有玉米等。有绝缘材料厂、洁月集团等企业。有公路经此。

莱阳市

城市居民点

飞龙花园 370682-I01
[Fēilóng Huāyuán]

在县级市市区东部。984 户。总面积 5.1 公顷。因为飞龙集团开发的小区，故名。2005 年始建，2006 年正式使用。建筑总面积 100 000 平方米，住宅楼 19 栋，其中高层 11 栋、多层 8 栋，现代建筑风格。绿化率 40%。有幼儿园等配套设施。通公交车。

龙门山庄 370682-I02
[Lóngmén Shānzhuāng]

在县级市市区南部。2 000 户。总面积 12 公顷。因龙门常用来比喻声望卓著贵人的府邸，故名。2004 年始建，2005 年正式使用。建筑总面积 158 000 平方米，多层住宅楼 34 栋，现代建筑风格。绿化率 30%。有小学、超市等配套设施。通公交车。

鲁花太阳城 370682-I03
[Lǔhuā Tàiyángchéng]

在县级市市区东南部。人口 3 605。总面积 5.5 公顷。因系鲁花花生油有限公司建设，寓意居民的人生事业像太阳一样辉煌，故名。2002 年始建，2004 年正式使用。建筑总面积 250 000 平方米，高层住宅楼 29 栋，中式建筑风格。绿化率 35%。有幼儿园、卫生所、超市等配套设施。

山水华庭 370682-I04
[Shānshuǐ Huátíng]

在县级市市区南部。2 327 户。总面积 14 公顷。因位于蚬河东岸，东临山丘，故命名为山水华庭。2012 年始建，2014 年正式使用。建筑总面积 600 000 平方米，住宅楼 78 栋，其中高层 43 栋、多层 35 栋，中式建筑风格。有幼儿园、便民超市、卫生所等配套设施。通公交车。

嘉安小区 370682-I05
[Jiā'ān Xiǎoqū]

在县级市市区东北部。1 000 户。总面积 2.88 公顷。寓意嘉好安定的居民小区，故名。2005 年始建，2007 年正式使用。建筑总面积 37 620 平方米，高层住宅楼 8 栋，中式建筑风格。绿化率 20%。有便民超市等配套设施。通公交车。

农村居民点

东关 370682-A01-H01
[Dōngguān]

在市驻地城厢街道北方向 1.0 千米。城厢街道辖自然村。人口 3 100。因村位于旧城北东门外，取名东关。聚落呈团块状分布。有文化广场 1 处、文化大院 1 处、农家书屋 1 处、图书室 1 处、幼儿园 2 处、小学 1 处、中学 1 处。经济以商贸业为主。有公路经此。

东亭山 370682-A01-H02
[Dōngtíngshān]

在市驻地城厢街道北方向 2.0 千米。城厢街道辖自然村。人口 500。此处有友谢亭、访真亭，村处于亭子东，故名。聚落呈团块状分布。有文化广场 1 处、农家书屋 1 处、图书室 1 处。经济以商贸业为主。有公路经此。

东马山 370682-A01-H03
[Dōngmǎshān]

在市驻地城厢街道西北方向 2.3 千米。城厢街道辖自然村。人口 500。明初赵姓居住此村，名曰赵家庄。因地处马山埠之后，清中叶改名为马山埠后，有东、西两村，本村位东，为东马山埠后，后演变为东马山。聚落呈团块状分布。有文化广场 1 处、文化大院 1 处、农家书屋 1 处。经济以种植业为主，主要农作物有葡萄。有喜多甜服装有限公司、阳光家用纺织品厂等企业。有公路经此。

辛格庄 370682-A01-H04
[Xīngézhuāng]

在市驻地城厢街道东南方向 2.3 千米。城厢街道辖自然村。人口 2 000。因辛姓建村，取名辛格庄。聚落呈团块状分布。有文化广场 1 处、农家书屋 1 处、图书室 1 处。经济以商贸业为主。有公路经此。

西关 370682-A01-H05
[Xīguān]

在市驻地城厢街道西方向 2.0 千米。城厢街道辖自然村。人口 1 600。因处于莱阳古城西门外而得名。聚落呈团块状分布。有文化广场 1 处、文化大院 1 处、农家书屋 1 处、幼儿园 1 处。经济以商贸业为主。有公路经此。

儒林 370682-A01-H06
[Rúlín]

在市驻地城厢街道西方向 2.0 千米。城厢街道辖自然村。人口 2 100。因村里文人墨客辈出，故名儒林。聚落呈团块状分布。有文化广场 1 处、文化大院 1 处、农家书屋 1 处、幼儿园 1 处、小学 1 处。经济以商贸业为主。有公路经此。

吴格庄 370682-A01-H07

[Wúgézhuāng]

在市驻地城厢街道东方向 1.5 千米。城厢街道辖自然村。人口 3 500。明洪武年间，吴姓人氏居此，故名吴格庄。聚落呈团块状分布。有文化广场 1 处、文化大院 1 处、农家书屋 1 处。经济以商贸业为主。有泰鑫布艺有限公司、城厢彩印厂、远航包装材料有限公司等企业。有公路经此。

宫家菜园 370682-A01-H08

[Gōngjiācàiyuán]

在市驻地城厢街道北方向 0.2 千米。城厢街道辖自然村。人口 700。因宫姓在此种菜卖菜，自称是宫家菜园的菜，故名。聚落呈团块状分布。有幼儿园 1 处、文化广场 1 处、文化大院 1 处、农家书屋 1 处。经济以商贸业为主。有鹏鸢服装厂、兴达建筑股份有限公司等企业。有公路经此。

鱼池头 370682-A01-H09

[Yúchítóu]

在市驻地城厢街道西方向 2.3 千米。城厢街道辖自然村。人口 1 300。原名于石头，因村前有一大荷花池塘，由一老秀才取村名鱼池头。聚落呈团块状分布。有文化广场 1 处、文化大院 1 处、农家书屋 1 处、图书室 1 处。经济以商贸业为主。有烟台优家装饰工程有限公司、中国石化销售股份有限公司山东烟台石油分公司等企业。有公路经此。

四真庄 370682-A01-H10

[Sìzhēnzhuāng]

在市驻地城厢街道西南方向 4.8 千米。城厢街道辖自然村。人口 600。因村旁八角庙有“四真人会葬阁”而取名四真庄。聚落呈团块状分布。有文化广场、农家书屋。经济以商贸业为主。有公路经此。

留衣庄 370682-A01-H11

[Liúyīzhuāng]

在市驻地城厢街道西南方向 3.8 千米。城厢街道辖自然村。人口 600。据传，元末，道教真人马丹阳、邱长春、刘处生、谭长真四人曾留道服于此，故名留衣庄。聚落呈团块状分布。有图书室 1 处。经济以商贸业为主。有公路经此。

盖家疃 370682-A01-H12

[Gàijiātuǎn]

在市驻地城厢街道西南方向 3.0 千米。城厢街道辖自然村。人口 1 400。明末盖姓建村，取名盖家疃。聚落呈团块状分布。有文化广场 1 处、农家书屋 1 处、图书室 1 处、幼儿园 1 处。经济以商贸业为主。有公路经此。

西亭山 370682-A01-H13

[Xītíngshān]

在市驻地城厢街道西北方向 2.0 千米。城厢街道辖自然村。人口 600。因附近有友谢亭、访真亭，本村位于亭子西面，故取名西亭山。聚落呈团块状分布。有文化广场 1 处、图书室 1 处。经济以商贸业为主。有公路经此。

西至泊 370682-A01-H14

[Xīzhìpō]

在市驻地城厢街道西南方向 2.0 千米。城厢街道辖自然村。人口 3 500。因村处旧城西南的泊池，故名西至泊。聚落呈团块状分布。有幼儿园 1 处、小学 1 处、中学 1 处、农家书屋 1 处、图书室 1 处。经济以商贸业为主。有昌誉密封产品有限公司、顺成服装有限公司等企业。有公路经此。

七里地 370682-A01-H15
[Qīlǐdì]

在市驻地城厢街道东南方向 3.5 千米。城厢街道辖自然村。人口 1 300。明末清初形成村落，因地处大沟且距县七华里，故名七里地沟，现称七里地。聚落呈团块状分布。有文化广场 1 处、文化大院 1 处、农家书屋 1 处、图书室 1 处。经济以商贸业为主。有鸿达集团等企业。有公路经此。

埠前 370682-A02-H01
[Bùqián]

在市驻地城厢街道西南方向 8.5 千米。古柳街道辖自然村。人口 700。因本村坐落在小埠前，故名。聚落呈团块状分布。有文化广场 1 处、文化大院 1 处、农家书屋 1 处、图书室 1 处。经济以种植业为主，主要农作物有豌豆、小米等。有公路经此。

迟家疃 370682-A02-H02
[Chíjiātuǎn]

在市驻地城厢街道东南方向 6.5 千米。古柳街道辖自然村。人口 600。因姓氏而得名。聚落呈团块状分布。有文化广场 1 处、文化大院 1 处、农家书屋 1 处、图书室 1 处、幼儿园 1 处。经济以种植业为主，主要农作物有蔬菜。有恒信石材机械厂、面业公司等企业。有公路经此。

大吕疃 370682-A02-H03
[Dàlǚtuǎn]

在市驻地城厢街道东南方向 8.0 千米。古柳街道辖自然村。人口 1 800。元末明初，吕姓迁入此地，该姓氏为占山户，故起名为吕疃，后称大吕疃。聚落呈团块状分布。有文化广场 1 处、文化大院 1 处、农家书屋 1 处、图书室 1 处、幼儿园 1 处。经济以种植业为主，主要农作物有蔬菜。有公路经此。

道口 370682-A02-H04
[Dàokǒu]

在市驻地城厢街道西南方向 6.0 千米。古柳街道辖自然村。人口 800。明洪武年间建村，因建在官道的道口上而得名。聚落呈团块状分布。有文化广场 1 处、文化大院 1 处、农家书屋 1 处、图书室 1 处。经济以种植业为主。有白龙集团、诚基商混有限公司等企业。有公路经此。

丁格庄 370682-A02-H05
[Dīnggézhuāng]

在市驻地城厢街道西南方向 14.0 千米。古柳街道辖自然村。人口 1 900。明初鼎姓建村，取名鼎甲村。后鼎姓迁走，改为丁家村，后演变为丁格庄。聚落呈团块状分布。有文化广场 1 处、文化大院 1 处、农家书屋 1 处、图书室 1 处、幼儿园 1 处。经济以种植业为主，主要农作物为粮食。有益昌食品有限公司等企业。有公路经此。

东古城 370682-A02-H06
[Dōnggǔchéng]

在市驻地城厢街道西南方向 5.0 千米。古柳街道辖自然村。人口 2 300。因地处挺城遗址东侧，称东古城。聚落呈团块状分布。有文化广场 1 处、文化大院 1 处、农家书屋 1 处、图书室 1 处、中学 1 处、小学 1 处。经济以种植业为主。有公路经此。

冯家疃 370682-A02-H07
[Féngjiātuǎn]

在市驻地城厢街道东南方向 4.8 千米。古柳街道辖自然村。人口 1 600。以姓氏名村。聚落呈团块状分布。有幼儿园。经济以种植业为主，主要农作物为蔬菜。有公路经此。

高家疃 370682–A02–H08

[Gāojiātuǎn]

在市驻地城厢街道东南方向 8.0 千米。古柳街道辖自然村。人口 500。明初高姓居住于此，故取名高家疃。聚落呈团块状分布。有幼儿园。经济以种植业为主，主要农作物有蔬菜、小麦、玉米。

古柳树 370682–A02–H09

[Gǔliǔshù]

在市驻地城厢街道西南方向 5.0 千米。古柳街道辖自然村。人口 1 200。明末建村，以迎仙观（八角庙）取村名迎仙庄。后一官人在此写下了“古柳树屋”四字，故改名古柳树。聚落呈团块状分布。有幼儿园 1 处、小学 1 处、文化广场 1 处、文化大院 1 处、农家书屋 1 处、图书室 1 处。有公路经此。

红土崖 370682–A02–H10

[Hóngtǔyá]

在市驻地城厢街道东南方向 4.8 千米。古柳街道辖自然村。人口 900。以丹崖地貌而得名红土崖。聚落呈团块状分布。有文化广场 1 处、文化大院 1 处、农家书屋 1 处、图书室 1 处。经济以种植业为主，主要农作物为粮食。有公路经此。

后泉水 370682–A02–H11

[Hòuquánshuǐ]

在市驻地城厢街道西南方向 6.4 千米。古柳街道辖自然村。人口 1 200。据出土的康熙年间的石碑记载，原名后堑水，后演变为后泉水。聚落呈团块状分布。有文化广场 1 处、文化大院 1 处、农家书屋 1 处、图书室 1 处。经济以种植业为主，主要农作物为粮食。有白龙集团、瑞光食品有限公司等企业。有公路经此。

姜家泊 370682–A02–H12

[Jiāngjiāpō]

在市驻地城厢街道西南方向 7.6 千米。古柳街道辖自然村。人口 2 600。明末清初，一户姜姓人家到此居住安家，当时东面是一片洼地平泊，故取村名姜家泊。聚落呈团块状分布。有文化广场 1 处、文化大院 1 处、农家书屋 1 处、图书室 1 处、幼儿园 1 处。经济以种植业为主，主要农作物为蔬菜等。有益春养殖股份有限公司、翠莱春面粉有限公司等企业。有公路经此。

望市 370682–A02–H13

[Wàngshì]

在市驻地城厢街道西南方向 9.0 千米。古柳街道辖自然村。人口 1 600。明初，旺姓迁此定居，因在关帝庙前能望见徐格庄赶集的人，故清朝时改村名为望市。聚落呈团块状分布。有文化广场 1 处、文化大院 1 处、农家书屋 1 处、图书室 1 处。经济以种植业为主，主要农作物为粮食。有益春养殖股份有限公司等企业。有公路经此。

西赵疃 370682–A02–H14

[Xīzhàotuǎn]

在市驻地城厢街道西南方向 10.0 千米。古柳街道辖自然村。人口 2 800。明万历年间建村于赵疃之西，称西赵疃。聚落呈团块状分布。有文化广场 1 处、文化大院 1 处、农家书屋 1 处、图书室 1 处、幼儿园 2 处。经济以种植业为主，主要农作物为粮食。有巨力化工有限公司、富川化工有限公司等企业。有公路经此。

左家夼 370682–A02–H15

[Zuǒjiākuǎng]

在市驻地城厢街道西南方向 7.0 千米。

古柳街道辖自然村。人口 1 500。明朝初期建村，原名作家匼，清朝初期左姓来此，改名为左家夼。聚落呈团块状分布。有文化广场 1 处、文化大院 1 处、农家书屋 1 处、图书室 1 处。经济以种植业为主，主要农作物为粮食。有公路经此。

纪格庄 370682-A03-H01
[Jìgézhuāng]

在市驻地城厢街道东南方向 8.0 千米。龙旺庄街道辖自然村。人口 1 900。明末清初，纪姓在此居住，起村名纪格庄。聚落呈团块状分布。有文化广场 3 处、文化大院 1 处、农家书屋 1 处、图书室 1 处。经济以种植业为主。有龙大食品、吉龙食品、朝日绿源等企业。有公路经此。

洞仙庄 370682-A03-H02
[Dòngxiānzhuāng]

在市驻地城厢街道东南方向 9.1 千米。龙旺庄街道辖自然村。人口 700。清初鞠姓建村，取名鞠家庄。后以烽火山后的一个天然洞改村名窟窿后，又以名胜“洞仙春晓”改为洞仙庄。聚落呈团块状分布。经济以商贸业、种植业为主，主要农作物有草莓、梨。有龙翔食品厂等企业。有公路经此。

北官庄 370682-A03-H03
[Běiguānzhuāng]

在市驻地城厢街道东南方向 6.2 千米。龙旺庄街道辖自然村。人口 1 600。据记载，明朝初期形成聚落，始名勇庄。因有二村，本村居北，称北勇庄。明中叶改名北官庄。聚落呈团块状分布。有文化广场 1 处、文化大院 1 处、农家书屋 1 处、图书室 1 处。经济以商贸业、种植业为主，主要农作物有板栗。有弘泰食品、有路食品、龙大肉食等企业。有公路经此。

北龙旺庄 370682-A03-H04
[Běilóngwàngzhuāng]

在市驻地城厢街道东南方向 9.6 千米。龙旺庄街道辖自然村。人口 1 100。因龙湾河得名龙湾庄，后建有龙旺庙，改名北龙旺庄。聚落呈团块状分布。有文化广场 1 处、文化大院 1 处、农家书屋 1 处、图书室 1 处、幼儿园 1 处、小学 1 处、中学 1 处。经济以种植业为主。有新方食品、恒全冷藏厂等企业。有公路经此。

止凤 370682-A03-H05
[Zhǐfèng]

在市驻地城厢街道东南方向 15.0 千米。龙旺庄街道辖自然村。人口 800。相传凤凰曾落于村后山上，故名。聚落呈团块状分布。有图书室 1 处。经济以种植业为主，种植苹果、桃子、玉米、麦子等。有公路经此。

倪家店 370682-A03-H06
[Níjiādiàn]

在市驻地城厢街道东方向 10.0 千米。龙旺庄街道辖自然村。人口 700。明代中期，有倪姓来此开店，逐渐形成村落，故取名倪家店。聚落呈团块状分布。有文化广场 3 处、文化大院 1 处、农家书屋 1 处。经济以商贸业、种植业为主。有公路经此。

桃源庄 370682-A04-H01
[Táoyuánzhuāng]

在市驻地城厢街道西南方向 7.1 千米。冯格庄街道辖自然村。人口 2 000。明末聚成村落，根据陶渊明之《桃花源记》之意命名为桃源庄。聚落呈团块状分布。有文化广场 2 处、文化大院 1 处、农家书屋 1 处。经济以商贸业为主。有民兴玻璃、鸿达筑路机械、昌阳木业等企业。有公路经此。

将军顶 370682-A04-H02
[Jiāngjūndǐng]

在市驻地城厢街道东南方向 7.0 千米。冯格庄街道辖自然村。人口 500。因山得名。聚落呈团块状分布。有文化广场 1 处、农家书屋 1 处、图书室 1 处。经济以种植业为主，主要农作物有红薯。有公路经此。

旧店 370682-A04-H03
[Jiùdiàn]

在市驻地城厢街道南方向 5.2 千米。冯格庄街道辖自然村。人口 1 000。明末清初建村，因村中有九家店铺而得名九店，后演为旧店。聚落呈团块状分布。有图书室 1 处。经济以种植业为主，主要农作物有桃子。有公路经此。

大黑石埠 370682-A04-H04
[Dàhēishíbù]

在市驻地城厢街道西北方向 12.5 千米。冯格庄街道辖自然村。人口 1 300。明初形成村落，因村周围有许多貌似小山丘的埠头，且石头为黑色，故取名为大黑石埠。聚落呈团块状分布。有文化广场 1 处、文化大院 1 处、农家书屋 1 处。经济以种植业为主。有新豪工艺家具厂等企业。有公路经此。

后大埠 370682-A04-H05
[Hòudàbù]

在市驻地城厢街道东南方向 13.5 千米。冯格庄街道辖自然村。人口 1 100。明初形成村落，因村所处位置是疆，故取名为埠。又因在前大埠东北部，故名后大埠。聚落呈团块状分布。有文化广场 1 处、文化大院 1 处、农家书屋 1 处。经济以种植业为主。有公路经此。

石桥泊 370682-A04-H06
[Shíqiáopō]

在市驻地城厢街道西方向 6.3 千米。冯格庄街道辖自然村。人口 700。清乾隆年间形成聚落，因地处平川沟地，前有跨河石桥，故取名石桥泊。聚落呈团块状分布。有文化广场 1 处、文化大院 1 处、农家书屋 1 处。经济以种植业为主。有公路经此。

天桥屯 370682-A04-H07
[Tiānqiáotún]

在市驻地城厢街道东南方向 7.0 千米。冯格庄街道辖自然村。人口 1 100。因在村东有一座小桥而得名。聚落呈团块状分布。有文化广场 1 处、农家书屋 1 处。经济以商贸业为主。有荣顺鞋业、汽车制造厂、天斯鞋业等企业。有公路经此。

西官庄 370682-A04-H08
[Xīguānzhuāng]

在市驻地城厢街道西北方向 8.5 千米。冯格庄街道辖自然村。人口 1 700。西汉时司马迁带兵打仗途经此地，命名司马官庄，中华人民共和国成立后命名为南官庄。后因重名，遂改名为西官庄。聚落呈团块状分布。有文化广场 1 处、文化大院 1 处、农家书屋 1 处。经济以种植业为主，主要农作物有西红柿、甜瓜。有公路经此。

柏林庄 370682-A05-H01
[Bǎilínzhuāng]

在市驻地城厢街道西北方向 4.1 千米。柏林庄街道辖自然村。人口 1 800。明朝末年，有米姓、林姓在此建村，因古为柏树之林，故取名柏林庄。有文化广场 1 处、农家书屋 1 处、图书室 1 处、幼儿园 2 处、小学 1 处、中学 1 处等。经济以种植业为主。有公路经此。

白藤口 370682-A05-H02
[Báiténgkǒu]

在市驻地城厢街道西北方向 8.5 千米。柏林庄街道辖自然村。人口 1 800。因在大顶子山和燕儿山山口之处有一棵开白花的藤萝，故起名为白藤口。聚落呈团块状分布。有幼儿园 1 处、小学 1 处、文化广场 1 处、文化大院 1 处、农家书屋 1 处、图书室 1 处。经济以种植业为主。有公路经此。

北侯家夼 370682-A05-H03
[Běihóujiākuǎng]

在市驻地城厢街道西北方向 8.8 千米。柏林庄街道辖自然村。人口 1 200。明末侯姓迁来建村，取名后家夼，后以方位演变为北侯家夼。聚落呈团块状分布。有文化广场 3 处、农家书屋 1 处、图书室 1 处。经济以种植业为主。有公路经此。

北李家庄 370682-A05-H04
[Běilǐjiāzhuāng]

在市驻地城厢街道西北方向 6.9 千米。柏林庄街道辖自然村。人口 800。明初李姓兄弟来此定居，取村名李家庄。后因有同名村，故根据方位改名为北李家庄。聚落呈团块状分布。有文化广场 1 处、文化大院 1 处。经济以种植业为主。有公路经此。

北汪家疃 370682-A05-H05
[Béiwāngjiātuǎn]

在市驻地城厢街道西北方向 4.4 千米。柏林庄街道辖自然村。人口 600。明成化年间汪姓居此，取名大汪家疃。后有南、北二村，本村按方位称北汪家疃。聚落呈团块状分布。有文化广场 1 处、农家书屋 1 处、图书室 1 处。经济以种植业为主。有兴润食品厂、明辰玻璃厂等企业。有公路经此。

北闫家庄 370682-A05-H06
[Běiyánjiāzhuāng]

在市驻地城厢街道西南方向 6.9 千米。柏林庄街道辖自然村。人口 1 100。明成化年间，顾姓来此，取名顾家庄。后闫姓来到本村，一段时间后两姓产生矛盾，顾姓搬走，村庄遂改名为闫家庄，后以方位称北闫家庄。聚落呈团块状分布。有文化广场 1 处、文化大院 1 处、农家书屋 1 处、图书室 1 处。经济以种植业为主。有公路经此。

褚家疃 370682-A05-H07
[Chǔjiātuǎn]

在市驻地城厢街道西北方向 5.0 千米。柏林庄街道辖自然村。人口 1 500。明初，褚姓由云南迁此建村，取名褚家疃。聚落呈团块状分布。有文化广场 1 处、文化大院 1 处、农家书屋 1 处、图书室 1 处。经济以种植业为主。有公路经此。

东枣行 370682-A05-H08
[Dōngzǎoháng]

在市驻地城厢街道西北方向 7.0 千米。柏林庄街道辖自然村。人口 400。因周边全是枣树，故取名谢家枣行村。后因同名村在村西，故又改名为东枣行。聚落呈团块状分布。有文化广场 1 处、农家书屋 1 处、图书室 1 处。经济以种植业为主。有公路经此。

黄花沟 370682-A05-H09
[Huánghuāgōu]

在市驻地城厢街道西北方向 8.3 千米。柏林庄街道辖自然村。人口 300。明末有一黄姓大户人家落户此地，且因此地开满黄花，故名黄花沟。聚落呈团块状分布。有文化广场 2 处、农家书屋 1 处、图书室 1 处。经济以种植业为主。有公路经此。

柳古庄 370682–A05–H10
[Lǐugǔzhuāng]

在市驻地城厢街道西北方向 5.8 千米。柏林庄街道辖自然村。人口 1 200。明初由柳、嵇两姓建村，取名柳嵇庄。后因村西树林中有两棵古老的柳树，故改名为柳古庄。聚落呈团块状分布。有文化广场 1 处、文化大院 1 处、农家书屋 1 处、图书室 1 处。经济以商贸业、种植业为主。有公路经此。

南小平 370682–A05–H11
[Nánxiǎopíng]

在市驻地城厢街道西北方向 7.8 千米。柏林庄街道辖自然村。人口 900。原坐落于群山之中的小平地上，取名小平。因有两村，本村居南，故改名为南小平。聚落呈团块状分布。有文化广场 1 处、农家书屋 1 处、图书室 1 处。经济以种植业为主，主要农作物有小米、秋月梨。有福琪果蔬厂等企业。有公路经此。

南臧家疃 370682–A05–H12
[Nánzāngjiātuǎn]

在市驻地城厢街道西南方向 2.8 千米。柏林庄街道辖自然村。人口 800。臧姓建村，因有南、北二村，本村居南，故取名南臧家疃。聚落呈团块状分布。有文化广场 1 处、农家书屋 1 处、图书室 1 处。经济以种植业为主。有公路经此。

桑家夼 370682–A05–H13
[Sāngjiākuǎng]

在市驻地城厢街道西北方向 10.7 千米。柏林庄街道辖自然村。人口 900。明末清初建村，因周边桑树较多，且四周环山，处于洼地，故名桑树夼，后更名为桑家夼。聚落呈团块状分布。有文化广场 1 处、文化大院 1 处。经济以种植业和养殖业为主。有公路经此。

视家楼 370682–A05–H14
[Shìjiālóu]

在市驻地城厢街道西南方向 4.7 千米。柏林庄街道辖自然村。人口 700。清朝进士赵未彤执教 50 余年，晚年回到莱阳故居，修建宅第，取名为视稼楼，村以此得名，后演变为视家楼。聚落呈团块状分布。有文化广场 1 处、文化大院 1 处、农家书屋 1 处、图书室 1 处。经济以种植业为主。有公路经此。

西马山 370682–A05–H15
[Xīmǎshān]

在市驻地城厢街道西北方向 2.9 千米。柏林庄街道辖自然村。人口 800。明末咸姓建村，取名咸家庄。后因坐落于马山埠后西侧，故取名西马山埠后，又演变为西马山。聚落呈团块状分布。有文化广场 1 处、文化大院 1 处、农家书屋 1 处、图书室 1 处。经济以商贸业、种植业为主。有公路经此。

于家店 370682–A05–H16
[Yújiādiàn]

在市驻地城厢街道西南方向 3.8 千米。柏林庄街道辖自然村。人口 1 200。明思宗年间，于姓从文登大水泊徒步迁来立村，取名玉嘉。因有游者过宿，形成宿店，故改名玉嘉店，后演变为于家店。聚落呈团块状分布。有文化广场 1 处、文化大院 1 处、农家书屋 1 处、图书室 1 处。有市级文物保护单位于家店古人类遗址。经济以种植业为主。有公路经此。

转曲莲 370682–A05–H17
[Zhuǎnqǔlián]

在市驻地城厢街道西北方向 10.7 千米。柏林庄街道辖自然村。人口 700。明初，王姓建村，因地处山丘，形似转曲之莲，取村名转曲莲。聚落呈团块状分布。有文化广场 1 处、图书室 1 处。经济以种植业为主。有新六和厂等企业。有公路经此。

沐浴店 370682-B01-H01

[Mùyùdiàn]

沐浴店镇人民政府驻地。在市驻地城厢街道东北方向 11.0 千米。人口 1 600。明初建村，因沐浴村人在此开店得名。聚落呈散状分布。有中小学、幼儿园。有明代懋第墓。经济以种植业为主，主要农作物有小麦、玉米、苹果。有公路经此。

北崔格庄 370682-B01-H02

[Běicuīgézhuāng]

在市驻地城厢街道东北方向 17.0 千米。沐浴店镇辖自然村。人口 1 200。明末张姓建村，以村中观音殿神像腹中银条上的“萃”字命村名萃格庄，后演变为崔格庄。1982 年地名普查时因重名，遂更名为北崔格庄。聚落呈团块状分布。有文化广场 1 处、文化大院 1 处、农家书屋 1 处。经济以种植业为主，主要农作物有苹果。有公路经此。

老树夼 370682-B01-H03

[Lǎoshùkuǎng]

在市驻地城厢街道东北方向 20.0 千米。沐浴店镇辖自然村。人口 600。明初朱姓建村于山夼之中，因村南有棵老松树，故取村名老树夼。聚落呈团块状分布。有文化广场 1 处、文化大院 1 处、农家书屋 1 处。经济以种植业为主，主要农作物有苹果、板栗等。有公路经此。

我乐村 370682-B01-H04

[Wǒlècūn]

在市驻地城厢街道东北方向 21.0 千米。沐浴店镇辖自然村。人口 600。明末孙姓建村，因村前沟中曾卧一龙而得名卧龙村，后演变为我乐村。聚落呈团块状分布。有文化广场 1 处、文化大院 1 处、农家书屋 1 处。经济以种植业为主，主要农作物有苹果。有公路经此。

西蒲格庄 370682-B01-H05

[Xīpúgézhuāng]

在市驻地城厢街道东北方向 22.0 千米。沐浴店镇辖自然村。人口 600。明中叶，韩、马两姓建村于蒲格庄之西，因地势比蒲格庄低，故取名下蒲格庄。后因在中蒲格庄之西，又称西蒲格庄。聚落呈带状分布。有文化广场 1 处、文化大院 1 处、农家书屋 1 处。经济以种植业为主，主要农作物有苹果。有公路经此。

中旺 370682-B01-H06

[Zhōngwàng]

在市驻地城厢街道东北方向 16.0 千米。沐浴店镇辖自然村。人口 1 300。明初王姓建村于杏山旺之东，取名杏山旺。后在其南北建有两村，此村居中，故称中旺。聚落呈团块状分布。有文化广场 1 处、文化大院 1 处、农家书屋 1 处。经济以种植业为主，主要农作物有苹果。有公路经此。

钟家院 370682-B01-H07

[Zhōngjiāyuàn]

在市驻地城厢街道东北方向 28.0 千米。沐浴店镇辖自然村。人口 900。明初王、姜两姓建村，后因钟姓居多，修了寺院，故取村名钟家院。有文化广场 1 处、文化大院 1 处、农家书屋 1 处。经济以种植业为主，主要农作物有苹果。有公路经此。

东团旺 370682-B02-H01

[Dōngtuánwàng]

团旺镇人民政府驻地。在市驻地城厢街道西南方向 28.0 千米。人口 1 400。明初建村于洼地上，取村名塘洼，后称潭汪。

民国初期，取团结兴旺之意，改名团旺。后按方位分为五村，本村称东团旺。聚落呈团块状分布。有省级文物保护单位前河前墓群。经济以种植业为主，主要农作物有小麦、玉米、花生等。有公路经此。

崔疃 370682-B02-H02
[Cuītuǎn]

在市驻地城厢街道西南方向30.0千米。团旺镇辖自然村。人口 2 200。元末，崔姓建村，取村名崔疃。聚落呈团块状分布。有文化大院、文化广场、农家书屋、图书室。经济以种植业为主。有自然爱宠物食品有限公司、永祥专业有限公司等企业。有公路经此。

大李格庄 370682-B02-H03
[Dàlǐgézhuāng]

在市驻地城厢街道西南方向25.0千米。团旺镇辖自然村。人口 1 600。明朝末年，有位李姓进士隐居此地，形成聚落，故取名大李格庄。聚落呈团块状分布。有文化大院、文化广场、农家书屋。经济以种植业为主。有公路经此。

东后寨 370682-B02-H04
[Dōnghòuzhài]

在市驻地城厢街道西南方向35.0千米。团旺镇辖自然村。人口 600。明末建村，因村坐落于小河之东，称东后寨。聚落呈团块状分布。有幼儿园、文化大院、文化广场、农家书屋、图书室。经济以种植业为主。有润浩食品有限公司等企业。有公路经此。

东吉林夼 370682-B02-H05
[Dōngjílínkuǎng]

在市驻地城厢街道西南方向38.0千米。团旺镇辖自然村。人口 800。据传，村子于明洪武年间建立，因当时位于低洼地段，周围都是荆棘林，所以取名棘林夼，后改为吉林夼。现分东、西两村，本村居东，称为东吉林夼。聚落呈团块状分布。有文化大院 1 处、文化广场 1 处、农家书屋 1 处。经济以种植业为主。有经运果蔬有限公司等企业。有公路经此。

东马家泊 370682-B02-H06
[Dōngmǎjiāpō]

在市驻地城厢街道西南方向37.0千米。团旺镇辖自然村。人口 2 100。据传，因此处为道教名师马丹阳之庄地，故取名马占泊，又改为马家泊。后分两村，本村称东马家泊。聚落呈团块状分布。有文化大院 1 处、文化广场 1 处、农家书屋 1 处。经济以种植业为主。有公路经此。

东南岩 370682-B02-H07
[Dōngnányán]

在市驻地城厢街道西南方向38.0千米。团旺镇辖自然村。人口 900。明万历三十七年（1609）建村于巨岩之南，取村名南岩。后分东、西两村，本村居东，称东南岩。经济以种植业为主。有幼儿园 1 处、文化广场 1 处、农家书屋 1 处、图书室 1 处。有公路经此。

光山 370682-B02-H08
[Guāngshān]

在市驻地城厢街道西南方向38.0千米。团旺镇辖自然村。人口 2 600。明初建村于光山之前，故名。聚落呈团块状分布。有文化大院、文化广场、农家书屋、图书室、幼儿园、小学。经济以种植业为主，主要农作物有莱阳梨。有公路经此。

韩家白庙 370682-B02-H09
[Hánjiābáimiào]

在市驻地城厢街道西南方向35.0千米。

团旺镇辖自然村。人口 700。建村时取名白庙，后因韩姓居先，故称韩家白庙。聚落呈团块状分布。有文化大院 1 处、文化广场 1 处、农家书屋 1 处。经济以种植业为主。有公路经此。

后李牧庄 370682-B02-H10

[Hòulǐmùzhuāng]

在市驻地城厢街道西南方向 31.0 千米。团旺镇辖自然村。人口 700。据传，当时有人在此露营守墓，后定居于此，取名露墓庄，后称李墓庄。后嫌"墓"字不吉，故改为李牧庄。又分前、后两村，本村居后，称后李牧庄。聚落呈团块状分布。有文化广场 1 处、农家书屋 1 处。经济以种植业为主。有公路经此。

南李格庄 370682-B02-H11

[Nánlǐgézhuāng]

在市驻地城厢街道西南方向 30.0 千米。团旺镇辖自然村。人口 1 300。明末清初由李姓建村，因坐落于大李格庄南边，故称南李格庄。聚落呈团块状分布。有文化广场 1 处、农家书屋 1 处。经济以种植业为主。有公路经此。

牛北城庄 370682-B02-H12

[Niúběichéngzhuāng]

在市驻地城厢街道西南方向 26.0 千米。团旺镇辖自然村。人口 1 200。明初建村，当时村人烧石灰，打出一石，形状如牛，故取名石牛村，后更名牛北城庄。聚落呈团块状分布。有文化广场 1 处、文化大院 1 处、农家书屋 1 处、图书室 1 处。经济以种植业为主。有公路经此。

前埠后 370682-B02-H13

[Qiánbùhòu]

在市驻地城厢街道西南方向 26.0 千米。团旺镇辖自然村。人口 1 500。明初建村于埠山之后，取名埠后。后分前、中、后三村，本村居前，称前埠后。聚落呈团块状分布。有文化广场 1 处、农家书屋 1 处。经济以种植业为主。有帝源建材有限公司、兴家建筑装饰有限公司等企业。有公路经此。

前河前 370682-B02-H14

[Qiánhéqián]

在市驻地城厢街道西南方向 36.0 千米。团旺镇辖自然村。人口 1 700。明万历年间，建村于五龙河前，取村名河前。后分二村，本村居前，称前河前。聚落呈团块状分布。有文化广场 1 处、文化大院 1 处、农家书屋 1 处、图书室 1 处。经济以种植业为主。有公路经此。

西后寨 370682-B02-H15

[Xīhòuzhài]

在市驻地城厢街道西南方向 35.0 千米。团旺镇辖自然村。人口 500。明末建村，据传，曾有两军作战于保驾山，设后营（寨）于此，故取村名后寨。后分东、西两村，本村为西后寨。聚落呈散状分布。有文化广场 1 处、文化大院 1 处、农家书屋 1 处。经济以种植业为主。有公路经此。

西流泉 370682-B02-H16

[Xīliúquán]

在市驻地城厢街道西南方向 39.0 千米。团旺镇辖自然村。人口 800。明初建村，因此处有一泉水西流，故取名西流泉。聚落呈团块状分布。有文化广场 1 处、文化大院 1 处、农家书屋 1 处、图书室 1 处。经济以种植业为主。有公路经此。

西龙河头 370682-B02-H17

[Xīlónghétóu]

在市驻地城厢街道西南方向 36.0 千米。

团旺镇辖自然村。人口 1 000。明永乐年间建村于龙虎山西、嵯阳河前，取村名西龙河头。聚落呈团块状分布。有文化广场、文化大院、农家书屋。经济以种植业为主。有公路经此。

徐疃庄 370682-B02-H18

[Xútuǎnzhuāng]

在市驻地城厢街道西南方向33.0千米。团旺镇辖自然村。人口 1 600。明初徐姓迁此定居，取村名徐疃庄。聚落呈团块状分布。有文化广场 1 处、文化大院 1 处、农家书屋 1 处、图书室 1 处。经济以种植业为主，特色产品有草莓。有优惠果蔬有限公司等企业。有公路经此。

杨家白庙 370682-B02-H19

[Yángjiābáimiào]

在市驻地城厢街道西南方向34.0千米。团旺镇辖自然村。人口 800。唐王征东时，一白马将军战死于此，后在村西山上建了白马将军庙，建村时以此取名白庙。因杨姓先居，故称杨家白庙。聚落呈团块状分布。有文化广场 1 处、文化大院 1 处、农家书屋 1 处、图书室 1 处、幼儿园 1 处。经济以种植业为主。有公路经此。

云南 370682-B02-H20

[Yúnnán]

在市驻地城厢街道西南方向35.0千米。团旺镇辖自然村。人口 500。明清时期，此处为中荆村高姓人的田地。从中荆村到此处大概有五六里路，在古代的交通条件下，来回一趟，耗时颇久，远得就像去云南一样，久而久之，村民就将此处称作云南。聚落呈团块状分布。有文化广场 1 处、农家书屋 1 处、图书室 1 处。经济以种植业为主。有公路经此。

穴坊王家 370682-B03-H01

[Xuéfāngwángjiā]

穴坊镇人民政府驻地。在市驻地城厢街道南方向 33.5 千米。人口 2 100。隋前已成聚落，名歇凤庄。后以地势低洼潮湿，手工业作坊甚多之意更名穴坊庄。民国时曾改名学坊庄。后以姓氏命名分四村，本村为穴坊王家。聚落呈团块状分布。经济以种植业为主，主要农作物有小麦、玉米、苹果和甜瓜。省道莱青公路经此。

程格庄 370682-B03-H02

[Chénggézhuāng]

在市驻地城厢街道西南方向39.0千米。穴坊镇辖自然村。人口 1 700。明朝初期吕姓由河南省青谷堆五沙卫迁徙至此，初来时曾小憩于吕仙庄，后再向西行一程至此，故名程格庄。聚落呈团块状分布。有小学 1 处、文化广场 1 处、文化大院 1 处、农家书屋 1 处、图书室 1 处。经济以种植业为主。有公路经此。

东富山 370682-B03-H03

[Dōngfùshān]

在市驻地城厢街道南方向 42.0 千米。穴坊镇辖自然村。人口 2 700。明初孙氏弟兄在富山前定居，取名富山。后发展为两村，本村居东，称东富山。聚落呈团块状分布。有文化广场 1 处、文化大院 1 处、农家书屋 1 处、图书室 1 处、幼儿园 1 处。经济以种植业、养殖业为主。有公路经此。

东教格庄 370682-B03-H04

[Dōngjiàogézhuāng]

在市驻地城厢街道西南方向45.0千米。穴坊镇辖自然村。人口 1 300。因先有娇姓居住，故名娇家庄。清乾隆年间，以教种庄稼之意将村名改为教稼庄，后演变为教格庄。因有东、西二村，本村居东，称东教格庄。聚落呈团块状分布。有文化大院 1 处、农家书屋 1 处、图书室 1 处。经济以种植业为主。有懋华石材厂等企业。有公路经此。

东蒲 370682–B03–H05

[Dōngpú]

在市驻地城厢街道南方向 45.0 千米。穴坊镇辖自然村。人口 1 400。明初，建村于海边，盛产蒲子，渔民常在此搭铺住宿，取名蒲里。分三村，本村居东，称东蒲里，后演变为东蒲。聚落呈团块状分布。有文化大院 1 处、农家书屋 1 处、图书室 1 处。经济以种植业为主。有盛祥木器厂、皮具厂等企业。有公路经此。

东桃疃 370682–B03–H06

[Dōngtáotuǎn]

在市驻地城厢街道西南方向 54.0 千米。穴坊镇辖自然村。人口 800。明中叶建村，取名五里庄。后因战乱，村人外逃。战乱平息后，人们回来重建家园，改名逃疃，后演变为桃疃。后分两村，本村居东，名东桃疃。聚落呈团块状分布。有文化大院 1 处、农家书屋 1 处、图书室 1 处。经济以种植业为主。有公路经此。

东贤友 370682–B03–H07

[Dōngxiányǒu]

在市驻地城厢街道东南方向 49.0 千米。穴坊镇辖自然村。人口 1 500。因山似卧牛，故称陷牛岛，后演变为仙游。又因重名，该村居东，演为东贤友。聚落呈团块状分布。有幼儿园 1 处、小学 1 处、文化大院 1 处、农家书屋 1 处、图书室 1 处。经济以种植业为主。有公路经此。

黄格庄 370682–B03–H08

[Huánggézhuāng]

在市驻地城厢街道东南方向 45.0 千米。穴坊镇辖自然村。人口 1 900。明初黄姓建村，取村名黄家庄，清初改为黄格庄。聚落呈团块状分布。有文化大院 1 处、农家书屋 1 处、图书室 1 处。经济以种植业为主。有公路经此。

龙潭庄 370682–B03–H09

[Lóngtánzhuāng]

在市驻地城厢街道西南方向 45.0 千米。穴坊镇辖自然村。人口 600。据记载，明朝初年形成聚落，高姓迁此，因地处岭搆，故取名搆格庄。后谭姓移居于此，村名演变为姜格庄。1982 年地名普查时改村名为龙潭庄。聚落呈团块状分布。有文化大院 1 处、农家书屋 1 处、图书室 1 处。经济以种植业为主。有公路经此。

芦山 370682–B03–H10

[Lúshān]

在市驻地城厢街道西南方向 43.0 千米。穴坊镇辖自然村。人口 200。据传，建村前有官家在山下建炉烧窑，故其山称炉山后，后演变为芦山。聚落呈团块状分布。有文化大院 1 处、农家书屋 1 处、图书室 1 处。经济以种植业为主。有俊升饮料厂等企业。有公路经此。

吕仙庄 370682–B03–H11

[Lǚxiānzhuāng]

在市驻地城厢街道西南方向 42.0 千米。穴坊镇辖自然村。人口 800。明永乐年间吕姓建村，据传，吕洞宾在此落脚，取名吕仙庄。聚落呈团块状分布。有文化大院 1 处、农家书屋 1 处、图书室 1 处。经济以种植业为主。有公路经此。

南李家庄 370682-B03-H12

[Nánlǐjiāzhuāng]

在市驻地城厢街道南方向46.0千米。穴坊镇辖自然村。人口200。明万历年间李姓迁入本地，名李家庄子，后以方位改为今名。聚落呈团块状分布。有文化大院1处、农家书屋1处、图书室1处。经济以种植业为主。有公路经此。

南山后 370682-B03-H13

[Nánshānhòu]

在市驻地城厢街道南方向43.0千米。穴坊镇辖自然村。人口1 100。因地处金牛山之北，故取名山后，后因与其他村庄重名，故更名为南山后。聚落呈团块状分布。有文化大院1处、农家书屋1处、图书室1处。经济以种植业为主。有公路经此。

南唐家庄 370682-B03-H14

[Nántángjiāzhuāng]

在市驻地城厢街道西南方向55.0千米。穴坊镇辖自然村。人口500。清初，唐姓家族迁徙至此建村，后人繁衍生息，聚集于此，取名唐家庄。1982年地名普查时因重名，更名为南唐家庄。聚落呈团块状分布。有文化大院1处、农家书屋1处、图书室1处。经济以种植业为主。有公路经此。

谭家 370682-B03-H15

[Tánjiā]

在市驻地城厢街道南方向41.0千米。穴坊镇辖自然村。人口1 800。因姓氏而得名。聚落呈团块状分布。有幼儿园1处、小学1处、文化大院1处、农家书屋1处、图书室1处。经济以种植业为主。有鑫诚制冷设备有限公司等企业。有公路经此。

卧虎庄 370682-B03-H16

[Wòhǔzhuāng]

在市驻地城厢街道西南方向41.0千米。穴坊镇辖自然村。人口400。清初，王姓建村于泊地，取名泊子。1982年地名普查，因重名，更名为卧虎庄。聚落呈团块状分布。有文化大院1处、农家书屋1处、图书室1处。经济以种植业为主。有公路经此。

蚬子湾 370682-B03-H17

[Xiǎnziwān]

在市驻地城厢街道南方向46.0千米。穴坊镇辖自然村。人口3 100。元末，始祖由莱西泊南迁至刘家庄村西河畔，因经常被五龙河水淹，湾内多现蛤，故起名蚬子湾。聚落呈团块状分布。有文化大院1处、农家书屋1处、图书室1处。经济以种植业为主。有公路经此。

鸭儿沟 370682-B03-H18

[Yā'érgōu]

在市驻地城厢街道南方向38.0千米。穴坊镇辖自然村。人口1 900。明初，程增、程珣兄弟二人由莱西天井山迁来定居，久之聚成村落。当时人烟稀少，野鸭子朝出暮落，觅食嬉戏于沟中，久而久之，定名为鸭儿沟。聚落呈团块状分布。有幼儿园1处、文化大院1处、农家书屋1处、图书室1处。经济以种植业为主。有公路经此。

朱崔 370682-B03-H19

[Zhūcuī]

在市驻地城厢街道西南方向53.0千米。穴坊镇辖自然村。人口1 500。村名来历不可考。聚落呈团块状分布。有幼儿园1处、文化大院1处、农家书屋1处、图书室1处。经济以种植业为主。有公路经此。

羊郡集 370682-B04-H01

[Yángjùnjí]

羊郡镇人民政府驻地。在市驻地城厢街道南方向15.0千米。人口900。明初建村，原名阳郡。后以村北山上的岩石似群卧羊，改名羊郡。后因此处有大集，改今名。聚落呈团块状分布。有文化广场1处、文化大院1处、农家书屋1处、图书室1处、小学1处、中学1处。经济以种植业为主，主要农作物有小麦、玉米、花生等。省道青石公路经此。

桥头 370682-B04-H02

[Qiáotóu]

在市驻地城厢街道东南方向34.8千米。羊郡镇辖自然村。人口1 700。因五龙河上的观音桥得名桥头。聚落呈团块状分布。有文化广场1处、文化大院1处、农家书屋1处、图书室1处。经济以种植业为主。省道青石公路经此。

垛埠店 370682-B04-H03

[Duǒbùdiàn]

在市驻地城厢街道东南方向34.4千米。羊郡镇辖自然村。人口600。明末建村，因村坐落在大垛山、小垛山脚下，此处有人开过店，故取村名垛埠店。聚落呈团块状分布。有文化广场1处、文化大院1处、农家书屋1处、图书室1处。经济以种植业为主。省道青石公路经此。

滩港 370682-B04-H04

[Tāngǎng]

在市驻地城厢街道东南方向37.5千米。羊郡镇辖自然村。人口1 700。元末隋姓迁来定居，因坐落于海滩港口上，取名滩港。聚落呈团块状分布。有文化广场1处、文化大院1处、农家书屋1处、图书室1处。经济以种植业、水产养殖业为主。特色产品有大虾、螃蟹。青威高速公路经此。

东朱皋 370682-B04-H05

[Dōngzhūgāo]

在市驻地城厢街道东南方向36.5千米。羊郡镇辖自然村。人口2 200。因村南有靠水的红色高地，故取名朱皋。后分东、西两村，本村居东，称东朱皋。聚落呈团块状分布。有文化广场1处、文化大院1处、农家书屋1处、图书室1处、幼儿园1处。经济以种植业为主。有昌隆混凝土公司、鲁花包装有限公司等企业。青威高速、省道青石公路经此。

王家滩 370682-B04-H06

[Wángjiātān]

在市驻地城厢街道东南方向37.3千米。羊郡镇辖自然村。人口300。清初，王姓建村于海滩上，取名王家滩。聚落呈团块状分布。有文化广场1处、文化大院1处、农家书屋1处、图书室1处。经济以种植业为主。青威高速公路经此。

东羊郡 370682-B04-H07

[Dōngyángjùn]

在市驻地城厢街道东南方向36.5千米。羊郡镇辖自然村。人口700。明初建村，取名阳郡。后以村北山上的岩石似卧羊，改名羊郡。又因本村居东，称东羊郡。聚落呈团块状分布。有文化广场1处、文化大院1处、农家书屋1处、图书室1处。经济以种植业为主。省道青石公路经此。

姜疃 370682-B05-H01

[Jiāngtuǎn]

姜疃镇人民政府驻地。在市驻地城厢街道南方向25.0千米。人口2 500。明中叶建村，因地势低凹，喻为江底，取名江疃。

清因村常受水灾，改名姜疃。聚落呈团块状分布。经济以种植业为主，主要农作物有小麦、玉米、花生等。莱高公路、大郭公路经此。

濯村 370682-B05-H02
[Zhuócūn]

在市驻地城厢街道南方向 22.0 千米。姜疃镇辖自然村。人口 4 000。元末于姓建村，因受水害迁村于王宝山下，取名挪村，后取清洁美好之意，改名濯村。聚落呈环状分布。经济以种植业为主。有公路经此。

凤头 370682-B05-H03
[Fèngtóu]

在市驻地城厢街道东南方向 24.9 千米。姜疃镇辖自然村。人口 2 000。因位于凤翥山（凤头峰之下）而得名凤头。聚落呈团块状分布。有文化大院、农家书屋、图书室。经济以种植业为主。有果滋果味有限公司等企业。有公路经此。

地北头 370682-B05-H04
[Dìběitóu]

在市驻地城厢街道东南方向 20.2 千米。姜疃镇辖自然村。人口 1 100。原以村后一片梅林取名梅岭村，后又因处于一南北地的北头，按方位称为地北头。聚落呈团块状分布。有文化广场、文化大院、图书室。经济以种植业为主。有公路经此。

北黄 370682-B05-H05
[Běihuáng]

在市驻地城厢街道东南方向 20.7 千米。姜疃镇辖自然村。人口 1 300。元末辛、黄两姓建村，辛姓居南，黄姓居北，取村名为辛黄。后无辛姓，故演变为北黄。聚落呈团块状分布。有文化广场 1 处。经济以种植业为主。有公路经此。

大庄子 370682-B05-H06
[Dàzhuāngzi]

在市驻地城厢街道南方向 20.7 千米。姜疃镇辖自然村。人口 1 000。清初盖姓迁来居住，改名盖家庄子，后演变为大庄子。聚落呈团块状分布。有幼儿园、文化大院、文化广场、图书室。经济以种植业为主。有公路经此。

东梁子口 370682-B05-H07
[Dōngliángzikǒu]

在市驻地城厢街道西南方向 17.3 千米。姜疃镇辖自然村。人口 1 100。明初建村，因村西五龙河渡口是设梁子捕鱼的地方，故村名梁子口。又因处于大梁子口东侧，故称东梁子口。聚落呈团块状分布。有文化广场、农家书屋。经济以种植业为主。有公路经此。

东马家庄 370682-B05-H08
[Dōngmǎjiāzhuāng]

在市驻地城厢街道东南方向 18.0 千米。姜疃镇辖自然村。人口 400。明初建村，因村东有一马状土丘，村前是片泊地，故取村名马家泊。后分东、西两村，本村居东，称东马家泊。1982 年地名普查时因重名，更名东马家庄。聚落呈团块状分布。有文化广场、农家书屋、图书室。经济以种植业为主。有公路经此。

东森埠庄 370682-B05-H09
[Dōngsēnbùzhuāng]

在市驻地城厢街道东南方向 19.8 千米。姜疃镇辖自然村。人口 700。明中叶盖姓建村于森埠庄之前，根据方位，称东森埠庄。聚落呈团块状分布。有文化大院、农家书屋、图书室。经济以种植业为主。有公路经此。

东宅 370682-B05-H10

[Dōngzhái]

在市驻地城厢街道东南方向20.8千米。姜疃镇辖自然村。人口1 500。明洪武年间修姓建村，因村西有一大水塘，周围是一片沼泽，故取村名东泽上，后演变为东宅。聚落呈团块状分布。有幼儿园1处、农家书屋1处。经济以种植业为主。有公路经此。

后森埠庄 370682-B05-H11

[Hòusēnbùzhuāng]

在市驻地城厢街道东南方向19.2千米。姜疃镇辖自然村。人口1 100。明初参、皮两姓迁来定居建村，取名参皮庄，后演变为森埠庄。因重名，本村居后，称后森埠庄。聚落呈团块状分布。有文化大院、文化广场、农家书屋、图书室。经济以种植业为主。有公路经此。

南姜格庄 370682-B05-H12

[Nánjiānggézhuāng]

在市驻地城厢街道西南方向18.1千米。姜疃镇辖自然村。人口1 600。明初姜姓家族迁徙至此建村定居，故取村名姜格庄。1982年地名普查时因重名，更名为南姜格庄。聚落呈团块状分布。有文化大院、文化广场、农家书屋、图书室。经济以种植业为主。有公路经此。

陶格庄 370682-B05-H13

[Táogézhuāng]

在市驻地城厢街道西南方向20.5千米。姜疃镇辖自然村。人口900。始建于元末，陶姓家族迁徙至此建村定居，取村名陶格庄。聚落呈团块状分布。有文化大院、文化广场、农家书屋、图书室。经济以种植业为主。有公路经此。

西韩格庄 370682-B05-H14

[Xīhángézhuāng]

在市驻地城厢街道西南方向14.2千米。姜疃镇辖自然村。人口1 100。明末韩姓建村，取名韩格庄。1982年地名普查时因重名，故更名为西韩格庄。聚落呈团块状分布。有文化大院、文化广场、农家书屋、图书室。经济以种植业为主。有公路经此。

西路格庄 370682-B05-H15

[Xīlùgézhuāng]

在市驻地城厢街道东南方向22.4千米。姜疃镇辖自然村。人口900。明初建村，鲁姓先来定居，取名鲁格庄，后演变为路格庄。有东、西、北三村，本村居西，称西路格庄。聚落呈团块状分布。有文化大院、文化广场、农家书屋、图书室。经济以种植业为主。有公路经此。

西马家庄 370682-B05-H16

[Xīmǎjiāzhuāng]

在市驻地城厢街道东南方向18.1千米。姜疃镇辖自然村。人口1 900。明初建村，因村东有一马状土丘，村前是片泊地，取村名马家泊。后分东、西两村，本村居西，为西马家泊。1982年地名普查时，因重名，更名为西马家庄。聚落呈团块状分布。有文化大院、文化广场、图书室。经济以种植业为主。有公路经此。

西石水头 370682-B05-H17

[Xīshíshuǐtóu]

在市驻地城厢街道东南方向15.2千米。姜疃镇辖自然村。人口1 100。明初，建村于周围石头多、水源足的地方，取村名石水头。村分三处，本村居西，故名西石水头。聚落呈团块状分布。有文化大院、文化广场、农家书屋、图书室。经济以种植业为主。有公路经此。

院上 370682-B05-H18
[Yuànshàng]

在市驻地城厢街道西南方向22.2千米。姜疃镇辖自然村。人口400。始建于清嘉庆年间，初姓迁来定居，以龙泉院庙取村名院上。聚落呈团块状分布。有文化大院、文化广场、农家书屋、图书室。经济以种植业为主。有公路经此。

院庄 370682-B05-H19
[Yuànzhuāng]

在市驻地城厢街道东南方向16.6千米。姜疃镇辖自然村。人口700。明末孔姓先来建村，取名孔家店。清初迟姓又迁来落户，改名元庄，后演变为院庄。聚落呈团块状分布。有文化大院、文化广场、农家书屋、图书室。经济以种植业为主。有公路经此。

前万第 370682-B06-H01
[Qiánwàndì]

万第镇人民政府驻地。在市驻地城厢街道东南方向17.0千米。人口1 400。明初建村于玩山堪前，取村名玩底，后演变为万第。后以位置分为三村，本村居前，称前万第。聚落呈团块状分布。有小学。古迹有胶东军区讨伐军阀赵保原的“万第战役”遗址。经济以种植业为主，主要农作物有小麦、玉米、花生等。省道小莱公路经此。

护驾崖 370682-B06-H02
[Hùjiàyá]

在市驻地城厢街道东南方向28.5千米。万第镇辖自然村。人口1 000。明嘉靖年间梁姓在山崖下建村，传说唐太宗征东时在此遇险，因有人护驾而得救，据此取村名护驾崖。 聚落呈团块状分布。有文化广场1处、文化大院1处、农家书屋1处。经济以种植业为主，主要农作物为果蔬。有公路经此。

赤山 370682-B06-H03
[Chìshān]

在市驻地城厢街道东南方向24.0千米。万第镇辖自然村。人口1 800。明嘉靖年间建村，因地处赤色山丘，故取村名赤山。聚落呈团块状分布。有文化广场1处、文化大院1处、农家书屋1处、幼儿园1处、小学1处、中学1处。经济以种植业为主，主要农作物为果蔬。有润丰食品有限公司、源元食品有限公司、艺泰服装有限公司等企业。有公路经此。

梁家夼 370682-B06-H04
[Liángjiākuǎng]

在市驻地城厢街道东南方向24.5千米。万第镇辖自然村。人口1 000。明洪武二年(1369)建村，村中以梁姓为主，由此得村名。聚落呈团块状分布。有文化广场1处、文化大院1处、农家书屋1处。经济以种植业为主，主要农作物为果蔬。有公路经此。

马喊口 370682-B06-H05
[Mǎhǎnkǒu]

在市驻地城厢街道东南方向23.5千米。万第镇辖自然村。人口800。传说明朝中叶时期，富水河洪水成灾，百姓受灾严重，民不聊生，一马突然疾驰而出，在河中叫喊三声而水退，故取村名马喊口以示纪念。聚落呈团块状分布。有文化广场1处、文化大院1处、农家书屋1处。经济以种植业为主，主要农作物为果蔬。有公路经此。

大河口 370682-B06-H06
[Dàhékǒu]

在市驻地城厢街道东南方向20.0千米。万第镇辖自然村。人口1 300。明末建村，始名庙儿口，后于姓居多，因“庙”“猫”近音，“于”“鱼”同音，为避鱼入猫口之讳，取鱼必栖水之意，改名大河口。聚落呈团块状分布。有文化广场1处、文化大院1处、农家书屋1处。经济以种植业为主，主要农作物为果蔬。有公路经此。

小院 370682-B06-H07

[Xiǎoyuàn]

在市驻地城厢街道东南方向21.0千米。万第镇辖自然村。人口900。因村庄坐落于山坡之上，后面房屋院落高于前面房屋院落檐口而名院上。后因院子较小，故名小院。聚落呈团块状分布。有文化广场1处、文化大院1处、农家书屋1处。经济以种植业为主，主要农作物为果蔬。有公路经此。

北石础 370682-B06-H08

[Běishíchǔ]

在市驻地城厢街道东南方向22.5千米。万第镇辖自然村。人口1 600。明中叶建村于石础（即石桩）之北，取村名北石础。聚落呈团块状分布。有文化广场1处、文化大院1处、农家书屋1处。经济以种植业为主，主要农作物为果蔬。有公路经此。

黄金沟 370682-B06-H09

[Huángjīngōu]

在市驻地城厢街道东南方向21.0千米。万第镇辖自然村。人口900。因村西有条黄泥沟，下雨天泥硬，土质貌似黄金色，故名黄金沟。聚落呈团块状分布。有文化广场1处、文化大院1处、农家书屋1处。经济以种植业为主，主要农作物为果蔬。有公路经此。

水口 370682-B06-H10

[Shuǐkǒu]

在市驻地城厢街道东南方向19.5千米。万第镇辖自然村。人口1 000。明中叶，村民由大小泊迁此建村，为寄托对老家的思念取村名水口。聚落呈团块状分布。有文化广场1处、文化大院1处、农家书屋1处。经济以种植业为主，主要农作物为果蔬。有公路经此。

小店 370682-B06-H11

[Xiǎodiàn]

在市驻地城厢街道东南方向25.0千米。万第镇辖自然村。人口700。清初建村，有夫妇在南石础开店，后迁到龙虎山后定居，取名小店。聚落呈团块状分布。有文化广场1处、文化大院1处、农家书屋1处。经济以种植业为主，主要农作物为果蔬。有公路经此。

胡留 370682-B06-H12

[Húliú]

在市驻地城厢街道东南方向26.0千米。万第镇辖自然村。人口800。明初，胡姓兄弟三人从此路过，其中一人留此建村，取名胡留。聚落呈团块状分布。有文化广场1处、文化大院1处、农家书屋1处。经济以种植业为主，主要农作物为果蔬。有田业食品有限公司等企业。有公路经此。

三合泊 370682-B06-H13

[Sānhépō]

在市驻地城厢街道东南方向26.5千米。万第镇辖自然村。人口100。清初建村，本村三面环水，属风水当中典型的三合（即龙合水、水合向）风水宝地，故起名三合泊。亦有天、地、人三才合一之意。聚落呈团块状分布。有文化广场1处、文化大院1处、农家书屋1处。经济以种植业为主，主要农作物为果蔬。有公路经此。

南崔格庄 370682-B06-H14

[Náncuīgézhuāng]

在市驻地城厢街道东南方向27.0千米。万第镇辖自然村。人口1 200。元至元年间，崔氏卜居于此，渐成村落，取名崔家庄。民国初年更名崔格庄，后以方位称南崔格庄。聚落呈团块状分布。有文化广场1处、文化大院1处、农家书屋1处。经济以种植业为主，主要农作物为果蔬。有公路经此。

后石庙 370682-B06-H15

[Hòushímiào]

在市驻地城厢街道东南方向25.5千米。万第镇辖自然村。人口1 300。清代星石山上建有庙宇，村落处于山后，因此取名后石庙。聚落呈团块状分布。有文化广场1处、文化大院1处、农家书屋1处。经济以种植业为主，主要农作物为果蔬。有公路经此。

石龙沟 370682-B06-H16

[Shílónggōu]

在市驻地城厢街道东南方向23.0千米。万第镇辖自然村。人口500。明中叶形成聚落，因此地沟多石硼，沟形弯曲似龙，故取名石龙沟。聚落呈团块状分布。有文化广场1处、文化大院1处、农家书屋1处。经济以种植业为主，主要农作物为果蔬。有公路经此。

王宋 370682-B06-H17

[Wángsòng]

在市驻地城厢街道东南方向24.0千米。万第镇辖自然村。人口2 100。明成化年间，王、宋两姓建村，取名王宋。聚落呈团块状分布。有文化广场1处、文化大院1处、农家书屋1处。经济以种植业为主，主要农作物有黄金梨、秋月梨。有公路经此。

儒林泊 370682-B06-H18

[Rúlínpō]

在市驻地城厢街道东方向25.0千米。万第镇辖自然村。人口900。明初建村，过去沿河曾有大片榆树林，因此取名榆林泊，清初雅化为儒林泊。聚落呈团块状分布。有文化广场1处、文化大院1处、农家书屋1处。经济以种植业为主，主要农作物为果蔬。有源丰抽纱有限公司等企业。有公路经此。

前照旺庄 370682-B07-H01

[Qiánzhàowàngzhuāng]

照旺庄镇人民政府驻地。在市驻地城厢街道南方向8.0千米。人口1 000。清初建村，原是外号赵阎王的人的庄园，名赵旺庄，别名阎王庄。后因坐落于后照旺庄前，改称前照旺庄。聚落呈团块状分布。有中学、小学。省道莱羊公路经此。

大陶漳 370682-B07-H02

[Dàtáozhāng]

在市驻地城厢街道东南方向13.0千米。照旺庄镇辖自然村。人口2 500。明洪武二年（1369），王姓建村于漳河（清水河）前，因附近泥土宜烧陶器，故取名陶漳。有两村，本村较大，称大陶漳。聚落呈团块状分布。有文化广场1处。经济以种植业为主，主要农作物有莱阳梨。有莱阳市爱陶漳有限公司等企业。有公路经此。

芦儿港 370682-B07-H03

[Lú'érgǎng]

在市驻地城厢街道南方向8.8千米。照旺庄镇辖自然村。人口1 600。因建村时此地多芦苇，故取村名芦儿港。聚落呈团块状分布。有农家书屋1处、图书室1处。经济以种植业为主，主要农作物有莱阳梨和蔬菜。企业有莱阳市泰龙食品。有公路经此。

东五龙 370682-B07-H04

[Dōngwǔlóng]

在市驻地城厢街道南方向 13.0 千米。照旺庄镇辖自然村。人口 1 100。元末，于姓由文登大水泊、董氏由蒿城迁来建村，因村处在富水、墨水、蚬河、白龙、清水五条河的交汇处，取村名五龙。后分两村，本村居东，称东五龙。聚落呈团块状分布。有文化广场 1 处、图书室 1 处。经济以种植业为主，主要农作物有丰水梨。有公路经此。

河马崖 370682-B07-H05

[Hémǎyá]

在市驻地城厢街道东南方向 25.0 千米。照旺庄镇辖自然村。人口 2 300。明初薛姓建村于富水河畔，因三面环水，取村名薛家岛。曾以村后虎岩崖更村名虎岩崖。后又取"龙马负图，神龟出于河水"之义，改村名为河马崖。聚落呈团块状分布。有文化广场 1 处、图书室 1 处。经济以种植业为主。有公路经此。

五处渡 370682-B07-H06

[Wǔchùdù]

在市驻地城厢街道东南方向 23.0 千米。照旺庄镇辖自然村。人口 1 500。明初，吕、刘、张、石、孙五姓先后移民建村，因村庄五处环水，出行均需渡船，因此取名为五处渡。聚落呈团块状分布。有文化广场 1 处、图书室 1 处。经济以种植业为主。有公路经此。

西赵格庄 370682-B07-H07

[Xīzhàogézhuāng]

在市驻地城厢街道东南方向 18.0 千米。照旺庄镇辖自然村。人口 1 400。明初赵姓建村，取名赵格庄。后分东、西二村，本村居西，称西赵格庄。聚落呈团块状分布。有文化广场 1 处、图书室 1 处。经济以种植业为主，主要农作物有苹果。有公路经此。

黄埠寨 370682-B07-H08

[Huángbùzhài]

在市驻地城厢街道东南方向 22.0 千米。照旺庄镇辖自然村。人口 1 300。明初，刘、徐、贾、王四姓先后移民建村，因村庄属于黄土丘陵，故取名黄埠寨。聚落呈团块状分布。有文化广场 1 处、图书室 1 处。经济以种植业为主。有公路经此。

谭格庄 370682-B08-H01

[Tángézhuāng]

谭格庄镇人民政府驻地。在市驻地城厢街道西北方向 27.0 千米。人口 2500。明末谭姓建村，取名谭格庄。聚落呈团块状分布。有文化大院、小学。经济以种植业为主，主要农作物有小麦、玉米、花生、苹果。有公路经此。

鹤山泊 370682-B08-H02

[Hèshānpō]

在市驻地城厢街道西北方向 25.0 千米。谭格庄镇辖自然村。人口 600。刘姓建村于明末清初，因松鹤落山泊得名。聚落呈团块状分布。有文化广场 1 处、文化大院 1 处、农家书屋 1 处、图书室 1 处。经济以种植业为主，主要农作物有苹果。有公路经此。

西留 370682-B08-H03

[Xīliú]

在市驻地城厢街道西北方向 22.0 千米。谭格庄镇辖自然村。人口 1 900。赵姓建村于明末，清初，因村西沿河柳树成荫，能将人留住，故而得名。聚落呈团块状分布。有文化广场 1 处、文化大院 1 处、农家书屋 1 处、图书室 1 处、幼儿园 2 处。经济以种植业为主，主要农作物有苹果。有利辉果蔬、惠源果蔬等企业。有公路经此。

朱省 370682–B08–H04
[Zhūshěng]

在市驻地城厢街道西北方向 21.0 千米。谭格庄镇辖自然村。人口 1 500。因马姓居此建一小楼，取名马家楼。马姓迁走后，夏姓迁此；后夏姓迁走，朱姓迁来。因在马姓、夏姓建村的基础上，朱姓建村省工省材，故名。有文化广场 1 处、文化大院 1 处。经济以种植业为主，主要农作物有苹果、梨。有公路经此。

安里 370682–B08–H05
[Ānlǐ]

在市驻地城厢街道西北方向 19.0 千米。谭格庄镇辖自然村。人口 1 200。戴姓建村于元朝末年，因村东有一座姑子庵，故取名庵里，后演变为安里。有文化广场 1 处、文化大院 1 处、农家书屋 1 处。经济以种植业为主，主要农作物有秋月梨、草莓。有公路经此。

上孙家 370682–B08–H06
[Shàngsūnjiā]

在市驻地城厢街道西北方向 17.0 千米。谭格庄镇辖自然村。人口 1 300。孙姓建村于明末，因地处白龙河上源而得名。有文化大院 1 处、图书室 1 处。经济以种植业为主，主要农作物有水果。有公路经此。

苗家 370682–B08–H07
[Miáojiā]

在市驻地城厢街道西北方向 22.0 千米。谭格庄镇辖自然村。人口 1 600。苗姓建村于清末，因姓氏得名。聚落呈团块状分布。有文化广场 1 处、农家书屋 1 处。经济以种植业为主，主要农作物有秋月梨、草莓。有公路经此。

花沟 370682–B08–H08
[Huāgōu]

在市驻地城厢街道西北方向 26.0 千米。谭格庄镇辖自然村。人口 700。赵姓建村于明朝，因所在地周围和后沟多刺茉菊花，故取名花儿沟，后演变为花沟。有文化广场 1 处、文化大院 1 处、农家书屋 1 处、图书室 1 处。经济以种植业为主，主要农作物有苹果。有公路经此。

北染房 370682–B08–H09
[Běirǎnfáng]

在市驻地城厢街道西北方向 23.0 千米。谭格庄镇辖自然村。人口 200。柳姓建村于明末，因村人开染房而得村名染房。后分为南、北二村，本村称北染房。有文化广场 1 处、农家书屋 1 处。经济以种植业为主，主要农作物有秋月梨、草莓。有公路经此。

不动山 370682–B08–H10
[Bùdòngshān]

在市驻地城厢街道西北方向 20.0 千米。谭格庄镇辖自然村。人口 900。刘姓建村于明朝，因此处有座团团山，传说杨二郎赶山填海到此处，团团山丝毫不动，故名。有文化广场 1 处、文化大院 1 处、图书室 1 处。经济以种植业为主。有公路经此。

河洛 370682–B09–H01
[Héluò]

河洛镇人民政府驻地。在市驻地城厢街道北方向 3.0 千米。人口 1 100。明初李姓建村，以河与山麓取村名河麓，后演变为河洛。聚落呈带状分布。有小学。经济以种植业为主，主要农作物有小麦、玉米、花生，特产桑葚。有公路经此。

闹沟头 370682-B09-H02
[Nàogōutóu]

在市驻地城厢街道北方向 7.1 千米。河洛镇辖自然村。人口 900。明初，荀姓建村，因由莱阳城去旌旗山的山沟到此止，故取名沟到头，后演变为闹沟头。聚落呈团块状分布。有文化广场 1 处。经济以种植业为主。有公路经此。

泊麦口 370682-B09-H03
[Pōmàikǒu]

在市驻地城厢街道西北方向 11.0 千米。河洛镇辖自然村。人口 800。元末，徐、唐等姓迁此定居，因地处山口前，有泊地宜种小麦，故取村名泊麦口。聚落呈团块状分布。有文化广场 1 处。经济以种植业为主。有公路经此。

大山后 370682-B09-H04
[Dàshānhòu]

在市驻地城厢街道西北方向 13.0 千米。河洛镇辖自然村。人口 500。先有赵姓迁此定居，明中叶张姓徙居于此，因地处大山之后，故取村名大山后。聚落呈团块状分布。有文化广场 1 处。经济以种植业为主。有公路经此。

杏花 370682-B09-H05
[Xìnghuā]

在市驻地城厢街道西北方向 13.0 千米。河洛镇辖自然村。人口 200。清中叶姜姓由姜家庄迁来建村，因村前涝洼多水，取村名涝泊。1982 年地名普查时，因县内重名，更名杏花。聚落呈团块状分布。有文化广场 1 处。经济以种植业为主，特产苹果。有公路经此。

贺家沟 370682-B09-H06
[Hèjiāgōu]

在市驻地城厢街道东北方向 6.4 千米。河洛镇辖自然村。人口 1 000。明洪武年间贺姓迁此定居，因地处山沟，故取村名贺家沟。聚落呈团块状分布。有文化广场 1 处、文化大院 1 处、图书室 1 处。经济以种植业为主。有裕恒食品有限公司、春茂食品有限公司等企业。有公路经此。

冶房 370682-B09-H07
[Yěfáng]

在市驻地城厢街道西北方向 4.3 千米。河洛镇辖自然村。人口 1 300。宋初形成聚落，有几户铁匠居此冶制铁器，故取村名冶坊。曾名野房，后改为冶房。聚落呈团块状分布。有文化广场 1 处、文化大院 1 处、农家书屋 1 处、图书室 1 处、幼儿园 1 处。经济以种植业为主。有恒润食品有限公司、建逸混凝土有限公司等企业。有公路经此。

吕格庄 370682-B10-H01
[Lǚgézhuāng]

吕格庄镇人民政府驻地。在市驻地城厢街道西南方向 16.0 千米。人口 1 600。明成化年间吕姓建村，取名吕格庄。聚落呈团块状分布。有小学。经济以种植业为主，主要农作物有小麦、玉米、花生、苹果。有公路经此。

大梁子口 370682-B10-H02
[Dàliángzikǒu]

在市驻地城厢街道西南方向 20.2 千米。吕格庄镇辖自然村。人口 1 600。因三面环山，东有五龙河环绕，在河中筑有梁子，中间留口，下面布有荆条等物，供村民定期拾鱼而用，故取名大梁子口。聚落呈团块状分布。有文化广场 1 处、农家书屋 1 处。

经济以种植业为主，主要农作物有大樱桃等。有金凯有色金属有限公司、安泰石墨加工厂等企业。有公路经此。

大野头 370682-B10-H03
[Dàyětóu]

在市驻地城厢街道西南方向18.4千米。吕格庄镇辖自然村。人口2 500。明永乐年间建村于嵯峨山阴沟壑之中，取名野头，后称大野头。聚落呈团块状分布。有文化广场1处、农家书屋1处。经济以种植业为主，特色农产品有大樱桃、小樱桃。有公路经此。

江汪庄 370682-B10-H04
[Jiāngwāngzhuāng]

在市驻地城厢街道西南方向17.4千米。吕格庄镇辖自然村。人口2 200。清乾隆年间建村于大沟之北，村后有一片大洼，雨时村南沟里大水倾注，大洼汪洋如海，取名汪海庄，后演变为江汪庄。聚落呈团块状分布。有文化广场1处、农家书屋1处、幼儿园1处。经济以种植业为主。有瑞禾源农牧有限公司等企业。有公路经此。

荆山后 370682-B10-H05
[Jīngshānhòu]

在市驻地城厢街道西南方向16.0千米。吕格庄镇辖自然村。人口1 000。明末建村于荆山之后，故名。聚落呈团块状分布。有文化广场1处、农家书屋1处。经济以种植业为主。有公路经此。

牛百口 370682-B10-H06
[Niúbǎikǒu]

在市驻地城厢街道西南方向19.5千米。吕格庄镇辖自然村。人口1 300。明初徐姓建村于荆山东麓，取名东寨口。后村人养牛99头到荆山放牧时，查牛有100头，为弄清楚原因，牧者回家在每头牛的牛角上系上红布，到山里后发现一头没有标记的牛，牧者举棍打落其一只角，然后此牛就不见了，人们说这是一头金牛，从此更名为牛百口。聚落呈团块状分布。有文化广场1处、农家书屋1处。经济以种植业为主。

响水沟 370682-B10-H07
[Xiǎngshuǐgōu]

在市驻地城厢街道西南方向17.0千米。吕格庄镇辖自然村。人口2 000。明初建村，因村有两条沟，流水叮咚，取名响水沟。聚落呈团块状分布。有文化广场1处、农家书屋1处。经济以种植业为主。有公路经此。

刘海寺 370682-B10-H08
[Liúhǎisì]

在市驻地城厢街道西南方向19.7千米。吕格庄镇辖自然村。人口300。清康熙四十年（1701）建村于刘海寺旁，取名刘海寺。聚落呈团块状分布。有农家书屋1处。经济以种植业为主。有公路经此。

金岗口 370682-B10-H09
[Jīngǎngkǒu]

在市驻地城厢街道西南方向14.9千米。吕格庄镇辖自然村。人口2 300。明初建村于山岗上，因村西沟中曾出过金子，取村名金岗口。聚落呈团块状分布。有文化广场1处、农家书屋1处。经济以种植业为主。有鲁花矿泉水有限公司等企业。有公路经此。

北高格庄 370682-B11-H01
[Běigāogézhuāng]

高格庄镇人民政府驻地。在市驻地城厢街道南方向35.0千米。人口2 500。据传邹、王、任、丁四姓建村，后梁姓于明初迁此，因地势较高，称高格庄。后分三村，本村按方位称北高格庄。聚落呈团块状分布。有文化广场1处、农家书屋1处、幼儿园1处、小学1处、中学1处。经济以种植业为主，主要农作物有小麦、玉米等。有公路经此。

大泊子 370682−B11−H02
[Dàpōzi]

在市驻地城厢街道东南方向25.5千米。高格庄镇辖自然村。人口2 300。沙姓建村，原名沙家泊子。明初张姓迁此定居，改名张家泊子，后称大泊子。聚落呈团块状分布。有文化广场1处、农家书屋1处。经济以种植业为主。有公路经此。

大薛 370682−B11−H03
[Dàxuē]

在市驻地城厢街道东南方向31.0千米。高格庄镇辖自然村。人口2 800。明初薛姓由薛家岛迁此建村，取名薛村。后分三村，本村居中，称大薛。聚落呈团块状分布。有文化广场1处、农家书屋1处。经济以种植业为主。有公路经此。

东大策 370682−B11−H04
[Dōngdàcè]

在市驻地城厢街道东南方向28.3千米。高格庄镇辖自然村。人口1 300。明初，粘姓定居。本姓有人在朝为官，为防不测，改姓年，后回家认宗时粘姓不认，说明实情后，被赞为大策，故取村名大策，后因方位称东大策。聚落呈团块状分布。有文化广场1处、农家书屋1处。经济以种植业为主。有公路经此。

东曲坊 370682−B11−H05
[Dōngqǔfǎng]

在市驻地城厢街道南方向32.0千米。高格庄镇辖自然村。人口1 300。明初赵姓建村，因开作坊的人爱唱歌曲，故取村名曲坊，后以方位称东曲坊。聚落呈团块状分布。有文化广场1处、农家书屋1处。经济以种植业为主，特产有草莓。有公路经此。

后孙家鲍村 370682−B11−H06
[Hòusūnjiābàocūn]

在市驻地城厢街道东南方向30.5千米。高格庄镇辖自然村。人口700。鲍姓先来此地定居，明初李、盖两姓由云南迁此定居，称上鲍村。后孙姓渐多，演变为孙家鲍村。后分两村，本村居后，称后孙家鲍村。聚落呈团块状分布。有文化广场1处、农家书屋1处。经济以种植业为主。有公路经此。

胡城 370682−B11−H07
[Húchéng]

在市驻地城厢街道南方向29.6千米。高格庄镇辖自然村。人口2 800。据传，唐朝胡敬德曾在富崖扎营，取村名胡城。聚落呈团块状分布。有文化广场1处、农家书屋1处。经济以种植业为主，特产莱胡参。有三合生物有限公司等企业。有公路经此。

夼里 370682−B11−H08
[Kuǎngli]

在市驻地城厢街道东南方向28.7千米。高格庄镇辖自然村。人口700。明初王姓由高格庄迁此定居，取名王家夼，1945年改名夼里。聚落呈团块状分布。有文化广场1处、农家书屋1处。经济以种植业为主，特产莱胡参。有公路经此。

龙湾泊 370682−B11−H09
[Lóngwānpō]

在市驻地城厢街道东南方向27.0千米。高格庄镇辖自然村。人口1 400。因之前村有一大湾，时显长蛇之影，湾西为一片平泊，故名龙湾泊。聚落呈团块状分布。有文化广场1处、农家书屋1处。经济以种植业为主。有佳诺饲料有限公司等企业。有公路经此。

前大策 370682-B11-H10

[Qiándàcè]

在市驻地城厢街道东南方向27.4千米。高格庄镇辖自然村。人口900。明初，张姓建村于大策之前，取名前大策。聚落呈团块状分布。有文化广场1处、农家书屋1处。经济以种植业为主。

乔家鲍 370682-B11-H11

[Qiáojiābào]

在市驻地城厢街道东南方向30.4千米。高格庄镇辖自然村。人口700。据传，鲍姓先来此地定居，取名鲍村。明初任姓迁此居住，称里鲍村。后分为两村，因本村乔姓居多，故称乔家鲍。聚落呈团块状分布。有文化广场1处、农家书屋1处。经济以种植业为主。有公路经此。

邱家鲍 370682-B11-H12

[Qiūjiābào]

在市驻地城厢街道东南方向30.6千米。高格庄镇辖自然村。人口700。鲍姓先来此地定居，取名鲍村。明初邱姓由云南迁此居住，称邱家鲍。聚落呈团块状分布。有文化广场1处、农家书屋1处。经济以种植业为主。有公路经此。

西薛 370682-B11-H13

[Xīxuē]

在市驻地城厢街道东南方向30.8千米。高格庄镇辖自然村。人口300。明初薛姓由薛家岛迁此建村，取名薛村。后分为三村，本村居西，称西薛。聚落呈团块状分布。有文化广场1处、农家书屋1处。经济以种植业为主。有公路经此。

西大策 370682-B11-H14

[Xīdàcè]

在市驻地城厢街道东南方向28.2千米。高格庄镇辖自然村。人口900。明中叶盖姓由凤头村迁来建村于大策之西，取名西大策。聚落呈团块状分布。有文化广场1处、农家书屋1处。经济以种植业为主。有润恺玩具有限公司等企业。有公路经此。

湾头 370682-B11-H15

[Wāntóu]

在市驻地城厢街道东南方向31.5千米。高格庄镇辖自然村。人口1 100。明初赵姓建村于大湾边，取村名湾头。聚落呈团块状分布。有文化广场1处、农家书屋1处。经济以种植业为主，特产水果萝卜。有公路经此。

金岭 370682-B11-H16

[Jīnlǐng]

在市驻地城厢街道东南方向28.7千米。高格庄镇辖自然村。人口300。清道光年间张姓建村于金岭之南，取村名岭南头。1982年地名普查时因重名，更名为金岭。聚落呈团块状分布。有文化广场1处、农家书屋1处。经济以种植业为主。有公路经此。

大夼 370682-B12-H01

[Dàkuǎng]

大夼镇人民政府驻地。在市驻地城厢街道东南方向25.0千米。人口2 100。元末建村，原名大桥村，后因村西是西庙山，村东是东庙山，中间是沟夼，改名大夼。聚落呈环状分布。有文化广场1处、文化大院1处、农家书屋1处、图书室1处。有明代古建筑黄金庵。经济以种植业为主，主要农作物有小麦、玉米、苹果、核桃。有公路经此。

郭格庄 370682-B12-H02

[Guōgézhuāng]

在市驻地城厢街道东南方向29.5千米。大夼镇辖自然村。人口500。明洪武二年（1369），郭姓居民迁入此处居住，取名郭格庄。聚落呈团块状分布。有文化广场1处、文化大院1处。经济以种植业为主，特产金银花等。有公路经此。

北苟格庄 370682-B12-H03

[Běigǒugézhuāng]

在市驻地城厢街道东南方向29.2千米。大夼镇辖自然村。人口1 600。元末明初苟姓建村，因在巨峰河以北，故名北苟格庄。聚落呈团块状分布。有文化广场1处、文化大院1处。经济以种植业为主。有公路经此。

羊儿山后 370682-B12-H04

[Yáng'érshānhòu]

在市驻地城厢街道东南方向28.5千米。大夼镇辖自然村。人口1 700。明朝初期建于巨峰山后，取名巨峰山后。因巨峰山像一只羊的形状，清朝时又更名为羊儿山后。聚落呈团块状分布。有文化广场1处、文化大院1处。经济以种植业为主，特产树莓等。有公路经此。

杜家泊 370682-B12-H05

[Dùjiāpō]

在市驻地城厢街道东南方向25.5千米。大夼镇辖自然村。人口1 200。明初张姓建村。祖先曾在河南做官，为督促后人，取名督家泊，后演变为杜家泊。聚落呈团块状分布。有文化广场1处、文化大院1处。经济以种植业为主。有公路经此。

南姜家 370682-B12-H06

[Nánjiāngjiā]

在市驻地城厢街道东南方向27.5千米。大夼镇辖自然村。人口300。明初姜龙由海阳县黄涧沟（今万第镇黄金沟村）迁来定居，取名姜家庄。1982年地名普查时更名为南姜家。聚落呈团块状分布。有文化广场1处、文化大院1处。经济以种植业为主。有公路经此。

韶格庄 370682-B12-H07

[Sháogézhuāng]

在市驻地城厢街道东南方向27.8千米。大夼镇辖自然村。人口1 300。元末形成聚落，初名小格庄，后取美好之义改名为韶格庄。聚落呈团块状分布。有文化广场1处、文化大院1处。经济以种植业为主。有公路经此。

南汪格庄 370682-B12-H08

[Nánwānggézhuāng]

在市驻地城厢街道东南方向34.5千米。大夼镇辖自然村。人口900。因处于玉岱河上游，元初汪姓建村，取名汪格庄，亦称大汪格庄，后以方位改称南汪格庄。聚落呈团块状分布。有文化广场1处、文化大院1处。经济以种植业为主，主要农作物有大樱桃、桃子等。有公路经此。

南王家庄 370682-B12-H09

[Nánwángjiāzhuāng]

在市驻地城厢街道东南方向33.5千米。大夼镇辖自然村。人口300。明末王姓迁来，后有崔姓从海阳行村迁来，名王家庄。1982年地名普查时，因重名，改名为南王家庄。聚落呈团块状分布。有文化广场1处、文化大院1处。经济以种植业为主。有公路经此。

东韩格庄 370682-B12-H10

[Dōnghángézhuāng]

在市驻地城厢街道东南方向34.5千米。大夼镇辖自然村。人口700。明初韩姓建村，取名韩格庄。1982年地名普查时因重名，更名为东韩格庄。聚落呈团块状分布。有文化广场1处、文化大院1处。经济以种植业为主。有公路经此。

横岭口 370682-B12-H11

[Hénglǐngkǒu]

在市驻地城厢街道东南方向32.5千米。大夼镇辖自然村。人口1 600。因坐落于塔山向西延伸的两条横岭口旁，遂取村名横岭口。聚落呈团块状分布。有文化广场1处、文化大院1处。经济以种植业为主，特产核桃等。有公路经此。

牟格庄 370682-B12-H12

[Mùgézhuāng]

在市驻地城厢街道东南方向29.5千米。大夼镇辖自然村。人口1 100。明初建村，因有古钟铸有"穆家寨"字样，故名穆格庄，后演变为牟格庄。聚落呈团块状分布。有文化广场1处、文化大院1处。经济以种植业为主。有公路经此。

邀驾岭 370682-B12-H13

[Yāojiàlǐng]

在市驻地城厢街道东南方向33.6千米。大夼镇辖自然村。人口400。明末建村。因有一张姓官员在此拜过明思宗朱由检，后来张姓官员的后人定居此地，故得名邀驾岭。聚落呈团块状分布。有文化广场1处、文化大院1处。经济以种植业为主。有公路经此。

山前店 370682-B13-H01

[Shānqiándiàn]

山前店镇人民政府驻地。在市驻地城厢街道东北方向18.0千米。人口2 100。明万历年间，建村于官顶山前，有人在此开过店，故取村名山前店。聚落呈带状分布。经济以种植业为主，主要农作物有小麦、玉米、花生、苹果。蓝烟铁路、青荣城际铁路、204国道经此。

豹础铺 370682-B13-H02

[Bàochǔpù]

在市驻地城厢街道西方向20.0千米。山前店镇辖自然村。人口900。宋末建村于龙门山下，因有一豹形岩石，所以取名为豹础铺。聚落呈团块状分布。有文化大院、文化广场、农家书屋、图书室。经济以商贸业、种植业为主。有公路经此。

南务 370682-B13-H03

[Nánwù]

在市驻地城厢街道西北方向18.0千米。山前店镇辖自然村。人口1 700。明初接姓从河南迁来定居，初分天井、北屋、南屋三村，后并为一村，定名南屋，又演变为南务。聚落呈团块状分布。有文化广场1处、农家书屋1处。经济以商贸业、种植业为主。有公路经此。

龙盘山 370682-B13-H04

[Lōngpánshǎn]

在市驻地城厢街道西北方向27.0千米。山前店镇辖自然村。人口400。明初建村于土台子的旁边，取村名坞边头（曾作屋边头）。1990年，以龙盘山火车站改村名为龙盘山。聚落呈团块状分布。有农家书屋1处、图书室1处。经济以商贸业、种植业为主。有公路经此。

凤凰庄 370682-B13-H05
[Fènghuángzhuāng]

在市驻地城厢街道西方向 19.0 千米。山前店镇辖自然村。人口 900。元末，建村于祈雨顶山下的土埠之前，取名埠前。1982 年地名普查时因重名，更名为凤凰庄。聚落呈团块状分布。有文化大院、文化广场、农家书屋、图书室。经济以商贸业、种植业为主。有龙兴食品有限公司等企业。有公路经此。

东崖后 370682-B13-H06
[Dōngyáhòu]

在市驻地城厢街道西北方向 19.0 千米。山前店镇辖自然村。人口 700。据记载，明中叶建村于陡崖之后，取名崖后。1982 年地名普查时因重名，更名为东崖后。聚落呈团块状分布。有文化大院、文化广场、农家书屋、图书室。经济以商贸业、种植业为主。有公路经此。

北野鸡泊 370682-B13-H07
[Běiyějīpō]

在市驻地城厢街道西北方向 28.5 千米。山前店镇辖自然村。人口 800。因所处地方野鸡多，且村西、村后有泊地，得名野鸡泊。有南、北两村，本村位于北面，故名。聚落呈团块状分布。有文化大院 1 处、文化广场 1 处、农家书屋 1 处。经济以商贸业、种植业为主。有公路经此。

李家窑 370682-B13-H08
[Lǐjiāyáo]

在市驻地城厢街道西方向 21.0 千米。山前店镇辖自然村。人口 400。明末建村，原名小窑，以烧祚炭而得名。后李姓较多，改名李家窑。聚落呈团块状分布。有图书室 1 处。经济以商贸业、种植业为主。有公路经此。

北夏格庄 370682-B13-H09
[Běixiàgézhuāng]

在市驻地城厢街道西北方向 27.0 千米。山前店镇辖自然村。人口 1 300。明中叶夏姓建村，取名夏格庄。后有两村，本村居北，称北夏格庄。聚落呈团块状分布。有文化大院、文化广场、农家书屋、图书室。经济以商贸业、种植业为主。有公路经此。

西朱宅 370682-B13-H10
[Xīzhūzhái]

在市驻地城厢街道西北方向 24.5 千米。山前店镇辖自然村。人口 700。明初建村，因在村内挖出一块类似猪形状的石头，故取村名石猪泽，后演变为西朱宅。聚落呈团块状分布。有小学 1 处、幼儿园 1 处、文化大院 1 处、农家书屋 1 处、图书室 1 处。经济以商贸业、种植业为主。有公路经此。

南张夼 370682-B13-H11
[Nánzhāngkuǎng]

在市驻地城厢街道西北方向 24.0 千米。山前店镇辖自然村。人口 1 000。张姓建村，因村坐落在山夼里，故取名张夼。后有两村，据方位，本村称南张夼。聚落呈团块状分布。有文化广场 1 处、农家书屋 1 处、图书室 1 处。经济以商贸业、种植业为主。有春帆漆业有限公司等企业。有公路经此。

莱州市

农村居民点

西南隅 370683-A01-H01
[Xīnányú]

在市驻地文昌路街道南方向 0.7 千米。文昌路街道辖自然村。人口 1 200。因位于旧城西南部，故名西南隅。聚落呈带状分布。经济以种植业为主，种植小麦、玉米。有五金厂、木器厂、模具厂等。有公路经此。

西北隅 370683-A01-H02
[Xīběiyú]

在市驻地文昌路街道北方向 0.2 千米。文昌路街道辖自然村。人口 700。因位于旧城西北部，故名西北隅。聚落呈团块状分布。经济以种植业为主，种植小麦、玉米、苹果等。有公路经此。

西三岭子 370683-A01-H03
[Xīsānlǐngzǐ]

在市驻地文昌路街道东南方向 2.4 千米。文昌路街道辖自然村。人口 500。明中期，刘姓由四川迁此立村。因村东有一土岭，俗称三岭子，故取村名西三岭子。聚落呈团块状分布。经济以种植业为主，种植小麦、玉米。有公路经此。

北关 370683-A01-H04
[Běiguān]

在市驻地文昌路街道北方向 0.6 千米。文昌路街道辖自然村。人口 2 300。因位于旧城北门外，故名北关。聚落呈带状分布。经济以种植业为主，种植小麦、玉米。有公路经此。

南关 370683-A01-H05
[Nánguān]

在市驻地文昌路街道南方向 1.2 千米。文昌路街道辖自然村。人口 2 900。因位于旧城南门外，故名南关。聚落呈带状分布。经济以种植业为主，种植小麦、玉米。有万通集贸市场。有公路经此。

东北隅 370683-A01-H06
[Dōngběiyú]

在市驻地文昌路街道东北方向 1.1 千米。文昌路街道辖自然村。人口 1 600。因位于旧城东北部，故名东北隅。聚落呈带状分布。经济以种植业为主，种植小麦、玉米。有公路经此。

东关 370683-A01-H07
[Dōngguān]

在市驻地文昌路街道东方向 1.0 千米。文昌路街道辖自然村。人口 2 300。因位于旧城东门外，故名东关。聚落呈带状分布。经济以种植业为主，种植小麦、玉米。有公路经此。

西庄头 370683-A01-H08
[Xīzhuāngtóu]

在市驻地文昌路街道东北方向 2.3 千米。文昌路街道辖自然村。人口 400。明中期，解姓由四川迁此立村，并守庄收粮，故得名解家庄头。1940 年后，误写为咸家庄头。1958 年合并为庄头村。1960 年由庄头分出，以方位定名西庄头。聚落呈带状分布。经济以种植业为主，种植小麦、玉米。有公路经此。

东庄头 370683-A01-H09
[Dōngzhuāngtóu]

在市驻地文昌路街道东北方向 1.8 千米。文昌路街道辖自然村。人口 400。明中期，毛姓由四川迁此立村，以姓氏取名毛家庄头。1958 年合并为庄头。1960 年由庄头分出，以方位定名东庄头。聚落呈带状分布。经济以种植业为主，种植小麦、玉米。有公路经此。

塔埠 370683-A01-H10
[Tǎbù]

在市驻地文昌路街道东方向 2.1 千米。

文昌路街道辖自然村。人口 900。明初，曹姓由洪沟头迁此立村，因村北高埠顶上有三座塔而得名塔埠。聚落呈团块状分布。经济以种植业为主，种植小麦、玉米。有公路经此。

亭子 370683-A02-H01
[Tíngzǐ]

在市驻地文昌路街道西方向 1.5 千米。永安路街道辖自然村。人口 1 500。明洪武年间，满姓由四川迁此立村。村中有一座亭，名亚禄山亭，故取村名满家亭子。1945 年后，简称亭子。聚落呈带状分布。经济以种植业为主，种植小麦、玉米、苹果。有草制品加工厂。有公路经此。

西关 370683-A02-H02
[Xīguān]

在市驻地文昌路街道西方向 0.6 千米。永安路街道辖自然村。人口 2 400。因位于旧城西门外，故名西关。聚落呈团块状分布。经济以种植业为主，种植小麦、玉米。有永昌公司等企业。有公路经此。

花园北流 370683-A02-H03
[Huāyuánběiliú]

在市驻地文昌路街道西北方向 2.4 千米。永安路街道辖自然村。人口 1 000。明洪武二年（1369），宋姓由四川迁此立村，因村西临南阳河，河水北流，宋姓又擅长种植花木，故得名花园北流。1958 年简称花园。因重名，1982 年恢复原名花园北流。聚落呈团块状分布。经济以种植业为主，种植小麦、玉米、花生等。有公路经此。

前北流 370683-A02-H04
[Qiánběiliú]

在市驻地文昌路街道西北方向 1.9 千米。永安路街道辖自然村。人口 2 100。明洪武二年（1369），周姓由四川迁此立村，因村西临南阳河，河水北流，故得名周家北流。1958 年后简称北流。1998 年 5 月更名前北流。聚落呈团块状分布。经济以种植业为主，种植小麦、玉米、花生、苹果、山楂。有棉织厂。有公路经此。

海庙姜家 370683-A02-H05
[Hǎimiàojiāngjiā]

在市驻地文昌路街道西北方向 6.8 千米。永安路街道辖自然村。人口 1 600。明洪武二年（1369），姜姓由四川迁此立村，因村北有一座海庙而得名海庙姜家。1955 年简称姜家。因重名，1982 年恢复原名海庙姜家。聚落呈团块状分布。东海神庙遗址坐落于村西北。经济以种植业、水产养殖业为主，种植小麦、玉米、花生。有冷藏厂。有公路经此。

海庙于家 370683-A02-H06
[Hǎimiàoyújiā]

在市驻地文昌路街道西北方向 7.0 千米。永安路街道辖自然村。人口 900。明初，于姓由四川迁此立村，因村北有一座海庙而得名海庙于家。聚落呈带状分布。经济以种植业、水产养殖业为主，种植小麦，玉米、花生等。有轻烧煤厂。有公路经此。

海庙孙家 370683-A02-H07
[Hǎimiàosūnjiā]

在市驻地文昌路街道西北方向 6.8 千米。永安路街道辖自然村。人口 800。明洪武二年（1369），孙姓由四川迁此立村，因村北有一座海庙而得名海庙孙家。聚落呈团块状分布。经济以种植业为主，种植小麦、玉米、花生、苹果。有公路经此。

三山岛 370683-A03-H01
[Sānshāndǎo]

在市驻地文昌路街道北方向25.2千米。三山岛街道辖自然村。人口6 600。明洪武二年（1369），施姓渔民自上海崇明岛迁此立村，取名三山岛。聚落呈带状分布。历史遗迹有海神庙、烈士纪念碑。经济以种植业、渔业为主，种植小麦、玉米、花生、地瓜、大豆等，渔业以捕捞对虾、螃蟹和各种鱼类为主。有捕捞队、海产品加工厂、网具厂、三山岛金矿、东方港储、金平物流、热力公司等。有公路经此。

过西 370683-A03-H02
[Guòxī]

在市驻地文昌路街道北方向17.2千米。三山岛街道辖自然村。人口2 000。公元前694年，方、国二姓居此立村。据《掖县全志》载："过亭，城北四十里，夏寒浞子浇封地。今乡名过西，临过以此。"聚落呈团块状分布。经济以种植业、机械加工业为主，种植小麦、玉米、水果，生产汽车配件、塑钢门窗等。有涂料厂。有公路经此。

龙泉 370683-A03-H03
[Lóngquán]

在市驻地文昌路街道东北方向19.4千米。三山岛街道辖自然村。人口1 000。因此地有龙泉祠、龙泉河，故名龙泉。聚落呈带状分布。经济以种植业为主，种植小麦、玉米、苹果等。有养殖场。有公路经此。

西北 370683-A03-H04
[Xīběi]

在市驻地文昌路街道东北方向21.7千米。三山岛街道辖自然村。人口1 100。明洪武二年（1369），吴、唐二姓由四川迁此立村，分别取名为吴家街、唐家街。1941年，因位于西由片村西北部而更名为西北。聚落呈团块状分布。经济以种植业为主，种植小麦、玉米、苹果。有养殖场。有公路经此。

新合 370683-A03-H05
[Xīnhé]

在市驻地文昌路街道东北方向20.9千米。三山岛街道辖自然村。人口1 500。明洪武二年（1369），王、梁二姓由四川迁此，王姓立村，取名王家；梁姓建村于一沟旁，取名梁家沟。1941年两村合并，定名为新合。聚落呈团块状分布。经济以种植业为主，种植小麦、玉米、苹果等。有机械加工厂、养殖场、保鲜库。有公路经此。

东北 370683-A03-H06
[Dōngběi]

在市驻地文昌路街道东北方向21.9千米。三山岛街道辖自然村。人口1 300。明洪武二年（1369），王、盛二姓由四川迁此立村。因此处有一片柳树，故取名柳树里头，后因方位更名为东北。聚落呈带状分布。经济以种植业、养殖业为主，种植小麦、玉米、苹果等。有养猪场、油坊、建筑企业。疏港高速公路经此。

东南 370683-A03-H07
[Dōngnán]

在市驻地文昌路街道东北方向21.8千米。三山岛街道辖自然村。人口1 300。明洪武二年（1369），李、韩二姓由四川迁此，分别立村李家疃、韩家庄。清道光年间，两村合并，因方位更名东南。聚落呈团块状分布。经济以种植业为主，种植小麦、玉米、苹果等。有公路经此。

单山 370683-A03-H08
[Shànshān]

在市驻地文昌路街道东北方向22.6千

米。三山岛街道辖自然村。人口 2 600。明洪武二年（1369），张、王、原诸姓由四川迁此立村。村北有一座孤山，名单山，村因山名。聚落呈带状分布。山上有烟台历史文化遗址龙头孝德碑。经济以种植业、畜牧养殖业、海水养殖业、建筑安装业为主，种植小麦、玉米、苹果、葡萄。有单山村油坊、单山村冷藏厂、单山村养殖场、单山村建安公司、单山村压件厂等。荣乌高速公路经此。

后邓 370683–A03–H09
[Hòudèng]

在市驻地文昌路街道东北方向 20.1 千米。三山岛街道辖自然村。人口 1 900。明洪武二年（1369），邓姓父子由四川迁此各自立村，其父建村在北，称后邓。聚落呈带状分布。经济以种植业为主，种植小麦、玉米、苹果。有山东登海种业有限公司、莱州金海种业有限公司。有公路经此。

腰王 370683–A03–H10
[Yāowáng]

在市驻地文昌路街道东北方向 19.8 千米。三山岛街道辖自然村。人口 400。明洪武二年（1369），郝、邵、王诸姓由四川迁此立村，因位于前邓与后邓之间，且王姓居多，故名腰王。聚落呈带状分布。经济以种植业为主，种植小麦、玉米、苹果。有公路经此。

王贾 370683–A03–H11
[Wángjiǎ]

在市驻地文昌路街道东北方向 17.2 千米。三山岛街道辖自然村。人口 1 700。明洪武二年（1369），王、贾二姓由四川迁此立村，以姓氏取村名。聚落呈带状分布。经济以种植业为主，种植小麦、玉米、大姜。有民营企业。有公路经此。

光明 370683–A03–H12
[Guāngmíng]

在市驻地文昌路街道东北方向 18.1 千米。三山岛街道辖自然村。人口 1 200。明洪武二年（1369），杨、李、张三姓由四川迁此，在一条大沟两旁分别立村，杨、李二姓立村取名沟东，张姓立村取名沟西。1978 年两村合并，定名光明。聚落呈带状分布。有沟东会议旧址。经济以种植业、加工业为主，种植小麦、玉米、水果，生产铅笔芯等。有公路经此。

后吕 370683–A03–H13
[Hòulǚ]

在市驻地文昌路街道东北方向 18.8 千米。三山岛街道辖自然村。人口 1 400。明洪武二年（1369），徐、戴、谢、李、王等姓由四川迁此建村，因位于吕家村之北，故名后吕。聚落呈团块状分布。经济以种植业为主，种植小麦、玉米、水果。有粉末冶金业、机械加工业、化工业等，生产高压电器配件。有公路经此。

诸冯 370683–A03–H14
[Zhūféng]

在市驻地文昌路街道东北方向 17.7 千米。三山岛街道辖自然村。人口 2 600。明洪武二年（1369），高、宋、季、柳等姓由四川迁此立村，诸姓洽商，定名诸冯。聚落呈带状分布。经济以种植业为主，种植小麦、玉米、大姜。有莱州市诸冯绝缘材料厂。有公路经此。

朱旺 370683–A04–H01
[Zhūwàng]

在市驻地文昌路街道西北方向 9.0 千米。城港路街道辖自然村。人口 4 000。明洪武二年（1369），杨姓由四川成都府大槐树底下铁碓臼迁此立村，为吉利而取名朱旺。聚落呈带状分布。有省级文物保护单位海草房文化遗址。经济以种植业为主，种植小麦、玉米、花生、苹果。有电器厂、眼镜厂、织布厂等。有公路经此。

海心庄 370683-A04-H02
[Hǎixīnzhuāng]

在市驻地文昌路街道西北方向 7.9 千米。城港路街道辖自然村。人口 800。清康熙三十二年（1693），孙、李、王三姓迁此立村，临海而居，故得名海新庄，2011 年更名海心庄。聚落呈团块状分布。经济以种植业为主，种植小麦、玉米、花生、苹果，兼有海上捕捞业和养殖业。有公路经此。

军寨址 370683-A04-H03
[Jūnzhàizhǐ]

在市驻地文昌路街道东北方向 7.9 千米。城港路街道辖自然村。人口 700。据传，附近曾有一位武官统兵在此安营扎寨，故取村名军寨址。聚落呈团块状分布。经济以种植业为主，种植小麦、玉米、花生、苹果、大姜。有莱州市食品有限公司、烟台鸿海锦扬物流有限公司、瑞福公司等。206 国道经此。

碾头 370683-A04-H04
[Niǎntóu]

在市驻地文昌路街道东北方向 6.5 千米。城港路街道辖自然村。人口 600。明洪武二年（1369），史、黄二姓由四川迁此立村。相传有人拉石碾路过此地，在此休息一会儿后，想继续拉石碾向前走，却再难以拉动，便以为是天意，遂以“石碾到头”之意而取村名碾头。聚落呈团块状分布。经济以种植业为主，种植小麦、玉米、花生、苹果。有面粉厂、机械加工等企业。有公路经此。

邱家官庄 370683-A04-H05
[Qiūjiāguānzhuāng]

在市驻地文昌路街道东北方向 6.4 千米。城港路街道辖自然村。人口 300。明万历三年（1575），邱姓由四川迁此立村，村西有座观音庙，俗称“关”，故取村名邱家关庄。1945 年后，演变为邱家官庄。聚落呈团块状分布。经济以种植业为主，种植小麦、玉米、花生、桃。有家庭农场。有公路经此。

官庄 370683-A04-H06
[Guānzhuāng]

在市驻地文昌路街道东北方向 6.5 千米。城港路街道辖自然村。人口 400。明洪武二年（1369），阚、于二姓由四川丰都县迁此立村，村东有座道观，故以谐音及方位取村名西关。1945 年后，演变为西官庄。因重名，1982 年更名官庄。聚落呈团块状分布。经济以种植业为主，种植小麦、玉米、花生、苹果、梨。有公路经此。

林家官庄 370683-A04-H07
[Línjiāguānzhuāng]

在市驻地文昌路街道东北方向 6.5 千米。城港路街道辖自然村。人口 100。明洪武三年（1370），林姓由四川迁此立村，村西有座观音庙，俗称“关”，故取村名林家关庄。1945 年后演变为林家官庄。聚落呈团块状分布。经济以种植业为主，种植小麦、玉米、花生、苹果。有公路经此。

连郭庄 370683-A04-H08
[Liánguōzhuāng]

在市驻地文昌路街道东北方向 7.1 千米。城港路街道辖自然村。人口 1 400。明洪武二年（1369），梁、郭二姓由四川迁此立村，以姓氏取名梁郭庄。明末，许多姓氏迁此落户，村名遂改为连郭庄。聚落呈团块状分布。经济以种植业为主，种植小麦、玉米、黄瓜、西红柿。有公路经此。

二十里堡 370683−A04−H09

[Èrshílǐpù]

在市驻地文昌路街道东北方向 7.8 千米。城港路街道辖自然村。人口 900。明洪武三年（1370），史姓由四川迁此立村。古时凡驿道每十里设一堡，立石墩为记。该村距掖县城二十里，故取村名二十里堡。聚落呈带状分布。经济以种植业为主，种植小麦、玉米、花生、苹果等。有冶炼厂。206 国道经此。

西朱杲 370683−A04−H10

[Xīzhūgǎo]

在市驻地文昌路街道西北方向 6.8 千米。城港路街道辖自然村。人口 1 000。明洪武三年（1370），朱普良由四川迁此立村，为吉祥而取村名朱杲。后村庄逐渐扩大，称大朱杲。1941 年分为两村，该村居西，名西朱杲。聚落呈团块状分布。经济以种植业为主，种植小麦、玉米、花生、地瓜。有公路经此。

东朱杲 370683−A04−H11

[Dōngzhūgǎo]

在市驻地文昌路街道西北方向 6.5 千米。城港路街道辖自然村。人口 1 200。明洪武三年（1370），朱普良由四川迁此立村，为吉祥而取村名朱杲。后村庄逐渐扩大，称大朱杲。1941 年分为两村，该村居东，名东朱杲。聚落呈带状分布。经济以种植业为主，种植小麦、玉米、花生、地瓜。有机床零件加工厂、玻璃厂。大莱龙铁路、莱海路经此。

路个庄 370683−A04−H12

[Lùgèzhuāng]

在市驻地文昌路街道西北方向 4.9 千米。城港路街道辖自然村。人口 2 100。明洪武二年（1369），芦、郭二姓由四川迁此立村，以姓氏取名芦郭庄。清初，演变为路个庄。聚落呈团块状分布。经济以种植业为主，种植小麦、玉米。有彩印厂。有公路经此。

林家北流 370683−A04−H13

[Línjiāběiliú]

在市驻地文昌路街道西北方向 3.3 千米。城港路街道辖自然村。人口 1 200。明末，林江迁此立村，村西临河，河水北流，故取村名林家北流。聚落呈团块状分布。经济以种植业为主，种植小麦、玉米。206 国道经此。

西郎子埠 370683−A04−H14

[Xīlángzibù]

在市驻地文昌路街道北方向 3.0 千米。城港路街道辖自然村。人口 1 600。明洪武二年（1369），王姓由四川成都府迁此立村。村西北有一埠子，埠顶有一座玉皇庙，此庙只有南北廊房而没有东西廊房，故称庙的东西两临村为东西廊房，即东、西郎子，该村居西，称西郎子埠。聚落呈带状分布。有烟台理工学校、中学 1 处、小学 1 处、幼儿园 1 处。有烈士陵园等。经济以工商业为主。有公路经此。

路宿郑家 370683−A04−H15

[Lùsùzhèngjiā]

在市驻地文昌路街道东北方向 13.0 千米。城港路街道辖自然村。人口 900。明洪武二年（1369），郑刚携四子由掖县城迁此立村，因邻近路宿而得名路宿郑家。聚落呈带状分布。经济以种植业为主，种植小麦、玉米、大姜、草莓等。有汽车运输等企业。有公路经此。

霍旺 370683-A04-H16
[Huòwàng]

在市驻地文昌路街道北方向 11.3 千米。城港路街道辖自然村。人口 500。明洪武二年（1369），秦士显由四川迁此立村。村南临苏郭河，当地人称河为河汪，故取村名河汪。后为吉利，取“迅速兴旺”之意而改名霍旺。聚落呈团块状分布。经济以种植业为主，种植小麦、玉米、花生、韭菜等。有学坤机械有限公司。有公路经此。

大朱石 370683-A04-H17
[Dàzhūshí]

在市驻地文昌路街道东北方向 8.4 千米。城港路街道辖自然村。人口 1 000。明洪武二年（1369），张姓由四川迁此立村，附近有一座大诸寺，村因寺名。清末，演变为大朱石。聚落呈团块状分布。经济以种植业为主，种植小麦、玉米、花生、苹果。有红日铸造厂，主要产品为生铁铸件。有公路经此。

南十里堡 370683-A05-H01
[Nánshílǐpù]

在市驻地文昌路街道西南方向 5.5 千米。文峰路街道辖自然村。人口 800。明中期，夏姓由四川迁此立村，以姓氏取名夏家。清初，官府在此设堡，夏家与邻近大道的几家店铺合并，因距掖县城十里，故称南十里堡。聚落呈团块状分布。经济以种植业为主，种植小麦、玉米、花生、地瓜、苹果、葡萄。有磁粉离合器厂。218 省道经此。

大吉林头 370683-A05-H02
[Dàjílíntóu]

在市驻地文昌路街道西南方向 3.4 千米。文峰路街道辖自然村。人口 500。明初，周、程二姓由四川成都府大槐树底下铁碓臼迁此立村，因村西有一片棘林而得名棘林头。清末，为区别于邻村小棘林头（今小吉林头）而更名大棘林头。1945 年后，演变为大吉林头。聚落呈团块状分布。经济以种植业为主，种植小麦、玉米、花生、地瓜、苹果、樱桃、车轴梨、桃子。有公路经此。

仲家洼子 370683-A05-H03
[Zhòngjiāwāzi]

在市驻地文昌路街道西南方向 2.9 千米。文峰路街道辖自然村。人口 300。清初，仲姓由掖县城迁此立村，村北地势较洼，故取村名仲家洼子。聚落呈团块状分布。经济以种植业为主，种植小麦、玉米、苹果。有公路经此。

八蜡庙 370683-A05-H04
[Bālàmiào]

在市驻地文昌路街道南方向 2.3 千米。文峰路街道辖自然村。人口 400。明成化二十二年（1486），莱州知府戴瑶在此设置迎送处，并修建庄稼庙，后逐渐发展成村。明嘉靖三年（1524），知府郭玉常以此庙形似南方的八蜡庙而更村名为八蜡庙。聚落呈团块状分布。经济以种植业为主，种植小麦、玉米、花生、地瓜、葡萄。有工艺品厂。有公路经此。

三里河子 370683-A05-H05
[Sānlǐhézǐ]

在市驻地文昌路街道南方向 3.0 千米。文峰路街道辖自然村。人口 400。明洪武二年（1369），杨姓由四川迁此立村，因村南临三里河而得村名三里河子。聚落呈团块状分布。经济以种植业为主，种植小麦、玉米、花生、地瓜、苹果、葡萄。有莱州市锻压件厂。206 国道、218 省道经此。

姜家疃 370683–A05–H06
[Jiāngjiātuǎn]

在市驻地文昌路街道东南方向 3.0 千米。文峰路街道辖自然村。人口 400。明末，姜姓由火神庙（今柞村镇火神庙）迁此立村，以姓氏取名姜家疃。聚落呈团块状分布。经济以种植业为主，种植小麦、玉米、花生、地瓜、苹果。206 国道经此。

蒜园子 370683–A05–H07
[Suànyuánzi]

在市驻地文昌路街道东南方向 1.9 千米。文峰路街道辖自然村。人口 600。清康熙年间，韩姓由掖城南关（原莱州镇南关）迁此立村，取名韩家疃。清末，此地以种蒜而闻名，遂更名蒜园子。聚落呈团块状分布。经济以种植业为主，种植小麦、玉米、花生、地瓜、苹果等。有公路经此。

万家 370683–A05–H08
[Wànjiā]

在市驻地文昌路街道东南方向 2.8 千米。文峰路街道辖自然村。人口 600。元末，万姓由青州迁此立村，以姓氏取名万家疃。1945 年后，简称万家。聚落呈团块状分布。经济以种植业为主，种植小麦、玉米、花生、地瓜、苹果、葡萄。有公路经此。

赵家 370683–A05–H09
[Zhàojiā]

在市驻地文昌路街道东南方向 2.4 千米。文峰路街道辖自然村。人口 300。明洪武二年（1369），赵姓由四川成都府迁此立村，以姓氏取名赵家。聚落呈团块状分布。经济以种植业为主，种植小麦、玉米、花生、地瓜、苹果、葡萄。有公路经此。

杨家 370683–A05–H10
[Yángjiā]

在市驻地文昌路街道东南方向 3.0 千米。文峰路街道辖自然村。人口 600。明初，杨姓由四川成都府迁此立村，以姓氏取名杨家。聚落呈团块状分布。有中学 1 处、小学 1 处。经济以种植业为主，种植小麦、玉米、花生。有公路经此。

彭家疃 370683–A05–H11
[Péngjiātuǎn]

在市驻地文昌路街道东南方向 3.9 千米。文峰路街道辖自然村。人口 300。明初，彭姓由四川迁此立村，村北有一条河，名七里河子，故取村名七里河子彭家疃。1940 年简称彭家，后因重名，更名彭家疃。聚落呈团块状分布。经济以种植业为主，种植小麦、玉米、花生、地瓜、苹果、樱桃、核桃等。206 国道经此。

王家楼 370683–A05–H12
[Wángjiālóu]

在市驻地文昌路街道东南方向 4.1 千米。文峰路街道辖自然村。人口 400。明末，王姓由掖县城迁此立村。村北有一条小河，名七里河子，故取村名七里河子王家疃。后王姓做了官，娶外地人为妻，盖楼一座，为其妻望故乡之用，村名遂改为七里河子望家楼，后演变为七里河子王家。1940 年，简称王家楼。聚落呈团块状分布。经济以种植业为主，种植小麦、玉米、花生、地瓜等。有金都牧业。206 国道经此。

铁民 370683–A05–H13
[Tiěmín]

在市驻地文昌路街道西南方向 6.6 千

米。文峰路街道辖自然村。人口 200。明中期，李姓由雷沟（原神堂镇雷沟）迁此立村，以姓氏取名李家。清初，因属神山乡曹村庄而更名曹村李家。1945 年，为纪念在平南山上村（今平度市山上村）战役中牺牲的原胶东军区南海十五团政治部主任李铁民同志而命名为铁民。聚落呈团块状分布。有红色教育基地。经济以种植业为主，种植小麦、玉米、花生、地瓜等。荣乌高速公路经此。

槽碾 370683–A05–H14

[Cáoniǎn]

在市驻地文昌路街道西南方向 5.4 千米。文峰路街道辖自然村。人口 300。明初，曹姓由四川成都府迁此立村，村中有一石碾，底呈槽形，故取村名槽碾。聚落呈团块状分布。经济以种植业为主，种植小麦、玉米、花生、地瓜、苹果。有公路经此。

杏园 370683–A05–H15

[Xìngyuán]

在市驻地文昌路街道西南方向 7.3 千米。文峰路街道辖自然村。人口 600。明末，李姓由四川迁此立村，因村东有一个杏树园而取名杏园。聚落呈团块状分布。经济以种植业为主，种植小麦、玉米、花生、地瓜、苹果。有公路经此。

凤凰岭 370683–A06–H01

[Fènghuánglǐng]

在市驻地文昌路街道北方向 23.3 千米。金仓街道辖自然村。人口 400。清光绪六年（1880），刘姓由西南庄（原西由镇西南庄）迁此立村。据传说曾有凤凰在此栖息，故取村名凤凰岭。聚落呈团块状分布。经济以种植业为主，种植小麦、玉米、花生等，兼有捕捞业、冷藏加工业及海水养殖业。有公路经此。

汪里 370683–A06–H02

[Wānglǐ]

在市驻地文昌路街道西北方向 21.0 千米。金仓街道辖自然村。人口 600。清咸丰年间，逃荒难民居此立村，因村东北有一处水湾，俗称“汪”，故取名汪里。聚落呈团块状分布。经济以种植业、海水养殖业和渔船捕捞业为主，种植小麦、玉米、花生、地瓜等，有养虾场。有公路经此。

崔家 370683–A06–H03

[Cuījiā]

在市驻地文昌路街道西北方向 17.1 千米。金仓街道辖自然村。人口 2 700。明宣德五年（1430），崔姓由四川迁此立村，以姓氏取名崔家。聚落呈团块状分布。经济以种植业为主，种植小麦、玉米、花生、苹果等。有冷藏厂、养虾场、建筑公司等。有公路经此。

马坊 370683–A06–H04

[Mǎfáng]

在市驻地文昌路街道西北方向 16.5 千米。金仓街道辖自然村。人口 400。隋大业七年（611），此处曾喂养过役马。隋大业十一年（615），孟姓居此立村，取名马坊。聚落呈团块状分布。经济以种植业为主，种植小麦、玉米、花生、韭菜、苹果。有冷藏厂、养鸡场。有公路经此。

徐家 370683–A06–H05

[Xújiā]

在市驻地文昌路街道西北方向 15.3 千米。金仓街道辖自然村。人口 1 800。南宋淳熙七年（1180），徐姓由四川迁此立村，以姓氏取名徐家。聚落呈团块状分布。经济以种植业为主，种植小麦、玉米、花生、大豆、苹果等。有食品厂、养虾场。有公路经此。

仓南 370683-A06-H06
[Cāngnán]

在市驻地文昌路街道北方向22.3千米。金仓街道辖自然村。人口1 700。据传，宋太祖赵匡胤曾在此建有仓房贮存粮草，取名仓上。1984年改设四个村，本村为仓南。聚落呈团块状分布。有文化广场。经济以种植业为主，种植小麦、玉米、花生等。

和平 370683-B01-H01
[Hépíng]

沙河镇人民政府驻地。在市驻地文昌路街道西南方向21.0千米。人口1 500。明洪武二年（1369），李、张、曲三姓分别由四川、掖县城迁此立村，因沙河流经村北而得村名沙河。后分五个村，本村以嘉言命名为和平。聚落呈团块状分布。有幼儿园2处。经济以种植业为主，种植小麦、玉米、甜菜、山药等。有汽车修配厂。烟汕公路经此。

凤凰庄 370683-B01-H02
[Fènghuángzhuāng]

在市驻地文昌路街道西南方向18.1千米。沙河镇辖自然村。人口300。明洪武二年（1369），刘姓由四川迁此立村。传说此地当时有一棵大槐树，曾有凤凰栖息，故取村名凤凰庄。聚落呈带状分布。经济以种植业为主，种植小麦、玉米、花生。有公路经此。

西河崖 370683-B01-H03
[Xīhéyá]

在市驻地文昌路街道西南方向18.1千米。沙河镇辖自然村。人口900。明末，韩姓由四川迁此立村，因东临沙河而得名河崖。因重名，1982年以其位于沙河村西而更名西河崖。聚落呈带状分布。经济以种植业为主，种植小麦、玉米。有公路经此。

岳里 370683-B01-H04
[Yuèlǐ]

在市驻地文昌路街道西南方向22.3千米。沙河镇辖自然村。人口1 400。明洪武二年（1369），宿姓由四川迁此立村，以姓氏取名宿村。明末，该村四周修筑围墙，村内修建了泰山岳母庙，由此改名岳里。聚落呈团块状分布。经济以种植业为主，种植小麦、玉米。有公路经此。

小曲家 370683-B01-H05
[Xiǎoqūjiā]

在市驻地文昌路街道西南方向24.2千米。沙河镇辖自然村。人口200。明末，曲姓由四川迁此立村，因村庄较小而得名小曲家。聚落呈团块状分布。经济以种植业为主，种植小麦、玉米。有公路经此。

蒋家 370683-B01-H06
[Jiǎngjiā]

在市驻地文昌路街道西南方向24.5千米。沙河镇辖自然村。人口1 100。明洪武二年（1369），蒋、韩、李、姚四姓由四川迁此立村，因蒋姓人数较多而得名蒋家。聚落呈带状分布。经济以种植业、机械制造业为主，种植小麦、玉米。有山东同洲机械厂、山东金龙液压机械有限公司。有公路经此。

驿塘 370683-B01-H07
[Yìtáng]

在市驻地文昌路街道西南方向25.7千米。沙河镇辖自然村。人口1 000。清初，谢姓由四川迁此立村。村西北角有泉，长流成塘（湾），官府在此设有驿站，故取村名驿塘。聚落呈团块状分布。经济以种植业为主，种植小麦、玉米。有公路经此。

院西 370683-B01-H08

[Yuànxī]

在市驻地文昌路街道西南方向 16.3 千米。沙河镇辖自然村。人口 300。明洪武二年（1369），李姓由四川迁此立村，因村东有一处庙院而得名院西。聚落呈团块状分布。经济以种植业为主，种植小麦、玉米。有公路经此。

院上 370683-B01-H09

[Yuànshàng]

在市驻地文昌路街道西南方向 25.4 千米。沙河镇辖自然村。人口 1 600。明末，杜、邱二姓由四川迁此立村，村中有一座寺院，故名院上。聚落呈团块状分布。经济以种植业为主，种植小麦、玉米。有公路经此。

留车 370683-B01-H10

[Liúchē]

在市驻地文昌路街道西南方向 19.9 千米。沙河镇辖自然村。人口 600。明洪武二年（1369），王姓兄弟三人由四川迁此立村，后兄弟三人分家，其兄分得一辆大车留居此地，取名留车。聚落呈带状分布。经济以种植业为主，种植小麦。有公路经此。

周杨 370683-B01-H11

[Zhōuyáng]

在市驻地文昌路街道西南方向 19.7 千米。沙河镇辖自然村。人口 400。明末，周、杨二姓由四川迁此立村，以姓氏取名周杨。聚落呈带状分布。经济以种植业为主，种植小麦、玉米等。206 国道经此。

大杨家 370683-B01-H12

[Dàyángjiā]

在市驻地文昌路街道西南方向 20.2 千米。沙河镇辖自然村。人口 900。明洪武年间，杨姓由四川迁此立村，以姓氏取名杨家。清末，以其大于邻村周杨而更名大杨家。聚落呈团块状分布。经济以种植业为主，种植小麦、玉米、大姜。有建筑机械制造、化工机械、草艺品制作等产业。有建国化工有限公司。206 国道经此。

李家庄 370683-B01-H13

[Lǐjiāzhuāng]

在市驻地文昌路街道西南方向 23.8 千米。沙河镇辖自然村。人口 700。明末，李姓由四川迁此立村，以姓氏取名李家庄。聚落呈带状分布。经济以种植业为主，种植小麦、玉米。有建筑机械制造业，有莱州市虎跃机械有限公司、鲁宇重工有限公司。308 省道经此。

小王家 370683-B01-H14

[Xiǎowángjiā]

在市驻地文昌路街道西南方向 23.9 千米。沙河镇辖自然村。人口 700。明初，罗、王二姓由四川迁此立村，因罗姓人数居多而取名罗家。清初，罗姓逐渐减少，更名王家。1959 年，因村庄较小而改称小王家。聚落呈带状分布。经济以种植业为主，种植小麦、玉米。有公路经此。

南赵家 370683-B01-H15

[Nánzhàojiā]

在市驻地文昌路街道西南方向 21.3 千米。沙河镇辖自然村。人口 200。明末，赵姓由掖县城迁此立村，因地势较洼而得名赵家洼子。后因村庄较小而更名小赵家。因重名，1982 年以其位于掖县南部而更名南赵家。聚落呈带状分布。经济以种植业为主，种植小麦、玉米。荣乌高速公路经此。

国家村 370683-B01-H16
[Guójiācūn]

在市驻地文昌路街道西南方向 21.0 千米。沙河镇辖自然村。人口 1 400。明洪武二年（1369），国姓由四川迁此立村，以姓氏取名国家村。聚落呈带状分布。经济以种植业为主，种植小麦、玉米。有石材加工、机械制造等产业，有莱州诚鑫石业有限公司、莱州市明辉机械制造有限公司。308 省道经此。

战家 370683-B01-H17
[Zhànjiā]

在市驻地文昌路街道西南方向 20.5 千米。沙河镇辖自然村。人口 700。明洪武二年（1369），战姓由四川迁此立村，以姓氏取名战家。聚落呈带状分布。经济以种植业、石材加工业为主，种植小麦、玉米等。有莱州市石源石材厂、莱州市长泰石材厂。308 省道经此。

黑羊山 370683-B01-H18
[Hēiyángshān]

在市驻地文昌路街道西南方向 25.4 千米。沙河镇辖自然村。人口 1 700。明洪武二年（1369），汪、尹、邱三姓由四川迁此立村，因南临黑羊山而得名。聚落呈带状分布。有小学 1 处。有黑羊山商周遗址。经济以种植业为主，种植小麦、玉米等。荣乌高速公路经此。

南尼家 370683-B01-H19
[Nánníjiā]

在市驻地文昌路街道西南方向 20.8 千米。沙河镇辖自然村。人口 500。明洪武二年（1369），尼姓由四川迁此立村，以姓氏取名尼家。因重名，1982 年以其位于沙河南岸而更名南尼家。聚落呈团块状分布。经济以种植业为主，种植小麦、玉米。有公路经此。

南新庄 370683-B01-H20
[Nánxīnzhuāng]

在市驻地文昌路街道西南方向 21.8 千米。沙河镇辖自然村。人口 300。明洪武二年（1369），新姓由四川迁此立村，以姓氏取村名新庄，后演变为辛庄。1982 年，因重名，以方位更名为南辛庄，1991 年改为南新庄。聚落呈带状分布。经济以种植业为主，种植小麦、玉米。有公路经此。

楚家 370683-B01-H21
[Chǔjiā]

在市驻地文昌路街道西南方向 27.3 千米。沙河镇辖自然村。人口 600。明洪武二年（1369），楚姓由四川迁此立村，以姓氏取名楚家。聚落呈带状分布。经济以种植业为主，种植小麦、玉米。有公路经此。

前邱家 370683-B01-H22
[Qiánqiūjiā]

在市驻地文昌路街道西南方向 28.0 千米。沙河镇辖自然村。人口 600。明初，邱姓由掖城西关（今永安路街道西关）迁此立村，以姓氏取名邱家。因重名，1982 年因其位于掖县南部而更名前邱家。聚落呈团块状分布。经济以种植业为主，种植小麦、玉米。有公路经此。

杨家庄 370683-B01-H23
[Yángjiāzhuāng]

在市驻地文昌路街道西南方向 26.4 千米。沙河镇辖自然村。人口 600。明末，杨姓由四川迁此立村，以姓氏取名杨家庄。聚落呈团块状分布。经济以种植业为主，种植小麦、玉米、大姜。荣乌高速公路经此。

大珍珠 370683-B01-H24

[Dàzhēnzhū]

在市驻地文昌路街道西南方向 17.8 千米。沙河镇辖自然村。人口 1 700。明洪武二年（1369），李姓兄弟二人由四川大珍珠迁此立村，为不忘原籍，仍名村大珍珠。聚落呈团块状分布。经济以种植业、机械加工业、铸铁业为主，种植小麦、玉米、花生。有庚辰球磨铸铁有限公司。有公路经此。

小东庄 370683-B01-H25

[Xiǎodōngzhuāng]

在市驻地文昌路街道西南方向 20.4 千米。沙河镇辖自然村。人口 400。明洪武二年（1369），韩姓由四川迁此立村，因东临大东庄而取村名小东庄。聚落呈带状分布。经济以种植业为主，种植小麦、玉米。有公路经此。

墩坊李家 370683-B01-H26

[Dūnfānglǐjiā]

在市驻地文昌路街道西南方向 20.8 千米。沙河镇辖自然村。人口 200。明洪武二年（1369），李姓由四川迁此立村，因当时村北有许多土墩而取村名墩坊李家。聚落呈带状分布。经济以种植业为主，种植小麦、玉米。有公路经此。

墩坊韩家 370683-B01-H27

[Dūnfānghánjiā]

在市驻地文昌路街道西南方向 20.5 千米。沙河镇辖自然村。人口 200。明洪武二年（1369），韩姓由四川迁此立村，因当时村北有许多土墩而取村名墩坊韩家。聚落呈团块状分布。经济以种植业为主，种植小麦、玉米。有公路经此。

徐刘 370683-B01-H28

[Xúliú]

在市驻地文昌路街道西南方向 17.9 千米。沙河镇辖自然村。人口 800。明以前，王姓居此。明洪武二年（1369），徐、刘、杨三姓由四川迁此定居，取名徐刘杨王。1958 年，简称徐刘。聚落呈团块状分布。经济以种植业为主，种植小麦、玉米。有五金厂。有公路经此。

海郑 370683-B01-H29

[Hǎizhèng]

在市驻地文昌路街道西南方向 16.1 千米。沙河镇辖自然村。人口 1 500。明洪武二年（1369），李姓由四川迁此立村，临海而居，且北临郑村，故取名海郑。1920 年前后，北郑村搬迁，此地交通便利，集市繁荣，故改名海镇。民国初期，为避战乱而恢复原名海郑。聚落呈带状分布。有幼儿园 1 处。经济以种植业为主，种植小麦、玉米。有公路经此。

朱桥 370683-B02-H01

[Zhūqiáo]

朱桥镇人民政府驻地。在市驻地文昌路街道东北方向 25.0 千米。人口 2 500。明洪武二年（1369），杨姓由四川迁此立村，取名杨家庄。清初，因村建有红石桥，更名朱桥。聚落呈团块状分布。有学校 2 处、幼儿园 1 处。经济以种植业、机械加工业为主，种植小麦、玉米、花生、苹果。有三力公司、诚远公司。206 国道经此。

朱郭李家 370683-B02-H02

[Zhūguōlǐjiā]

在市驻地文昌路街道东北方向 28.0 千米。朱桥镇辖自然村。人口 900。明洪武二年（1369），李姓由四川迁此立村，因此地有一座朱郭寺而得村名朱郭李家。聚落呈团块状分布。经济以种植业为主，种植小麦、玉米、花生、苹果等。206国道经此。

大冢坡 370683-B02-H03
[Dàzhǒngpō]

在市驻地文昌路街道东北方向27.9千米。朱桥镇辖自然村。人口800。明洪武二年（1369），郭姓由四川成都府德阳县城子疃迁此立村，因南临汉朝疑冢林园而得名林家庄。清乾隆五十年（1785），林园毁于战乱，村名遂更名大冢坡。聚落呈团块状分布。经济以种植业为主，种植小麦、玉米、苹果、梨。有焦家金矿。206国道经此。

西刘 370683-B02-H04
[Xīliú]

在市驻地文昌路街道东北方向23.2千米。朱桥镇辖自然村。人口700。明崇祯年间，刘姓由四川迁此立村，以姓氏取名小刘家。1958年，为区别于邻村刘家（今东刘），以其方位更名西刘。聚落呈团块状分布。经济以种植业为主，种植小麦、玉米、花生等。有私营养殖户。有公路经此。

午城彭家 370683-B02-H05
[Wǔchéngpéngjiā]

在市驻地文昌路街道东北方向25.0千米。朱桥镇辖自然村。人口300。明洪武年间，彭姓由四川迁此立村，因临近午城而取名午城彭家。聚落呈团块状分布。经济以种植业为主，种植小麦、玉米、花生、苹果、苗木、蔬菜。有公路经此。

可门庄头 370683-B02-H06
[Kěménzhuāngtóu]

在市驻地文昌路街道东北方向23.5千米。朱桥镇辖自然村。人口400。明洪武年间，王姓由四川迁此立村，因位于“午城十八村”之南而取名庄头。因重名，1982年更名庄头彭家。1988年，以其曾属可门乡所辖而更名可门庄头。聚落呈团块状分布。经济以种植业为主，种植小麦、玉米、花生、苹果等。有公路经此。

午城大任 370683-B02-H07
[Wǔchéngdàrén]

在市驻地文昌路街道东北方向24.9千米。朱桥镇辖自然村。人口700。明成化年间，任姓由四川迁来立村，以姓氏取名任家。明成化年间，胡姓由四川迁此立村，因其大于邻村胡家而得名大胡家。1961年，任家、大胡家两村合并，成立任胡生产大队。1984年撤队建村，定名任胡。1993年5月更名为午城大任。聚落呈团块状分布。经济以种植业为主，种植小麦、玉米、花生、苹果等。有公路经此。

盛王 370683-B02-H08
[Shèngwáng]

在市驻地文昌路街道东北方向24.9千米。朱桥镇辖自然村。人口1 300。明洪武年间，盛、王二姓由四川迁此立村，以姓氏取名盛王。聚落呈团块状分布。经济以种植业为主，种植小麦、玉米、花生等。有个体私营企业20多家。有公路经此。

前杨家 370683-B02-H09
[Qiányángjiā]

在市驻地文昌路街道东北方向25.0千米。朱桥镇辖自然村。人口300。明成化年间，杨姓由邻村杨家（今后杨家）迁此立村，以姓氏取名杨家。因重名，1945年后，以其方位更名前杨家。聚落呈团块状分布。经济以种植业为主，种植小麦、玉米、花生、苹果等。有公路经此。

前郝家 370683-B02-H10
[Qiánhǎojiā]

在市驻地文昌路街道东北方向 22.0 千米。朱桥镇辖自然村。人口 300。金天德四年（1152），郝姓由四川迁此立村，以姓氏取名郝家。明初，为区别于后郝家而更名前郝家。聚落呈团块状分布。经济以种植业为主，种植小麦、玉米、花生、苹果、大姜等。荣乌高速公路经此。

寺庄 370683-B02-H11
[Sìzhuāng]

在市驻地文昌路街道东北方向 26.7 千米。朱桥镇辖自然村。人口 1 200。明洪武二年（1369），王姓由四川迁此立村，因当时村中有一座大寺庙而得村名寺庄。聚落呈团块状分布。经济以种植业为主，种植小麦、玉米、花生、大姜等。有建筑、粮食加工等产业。有石子厂、汽车铸件厂。206 国道经此。

大兰邱家 370683-B02-H12
[Dàlánqiūjiā]

在市驻地文昌路街道东北方向 27.4 千米。朱桥镇辖自然村。人口 700。明永乐三年（1405），邱姓由四川顺庆府岳池县迁此立村，因村西临大兰沟而得名大兰邱家。聚落呈团块状分布。经济以种植业为主，种植小麦、玉米、花生、葡萄，有葡萄生产合作社。有公路经此。

山上贾家 370683-B02-H13
[Shānshàngjiǎjiā]

在市驻地文昌路街道东北方向 27.7 千米。朱桥镇辖自然村。人口 300。明宣德年间，贾姓由四川迁此立村，因其位于米山山坡而得名山上贾家。聚落呈团块状分布。经济以种植业为主，种植小麦、玉米、花生、杏、桃、柿子。有木材加工厂。有公路经此。

可门埠上 370683-B02-H14
[Kěménbùshàng]

在市驻地文昌路街道东北方向 23.3 千米。朱桥镇辖自然村。人口 1 100。明洪武二年（1369），李姓由四川成都府枣阳李家迁此立村，因位于可门（即午城西门）附近的土埠上而得名可门埠上。聚落呈团块状分布。经济以种植业为主，种植小麦、玉米、花生、葡萄。有公路经此。

招贤 370683-B02-H15
[Zhāoxián]

在市驻地文昌路街道东北方向 21.9 千米。朱桥镇辖自然村。人口 1 200。明洪武二年（1369），陈、文、张诸姓由四川迁此立村。明末，卜姓由卜家（今土山镇卜家）迁此落户，此人较有文才，且卜姓为孔子七十二贤徒之一，故得村名招贤。聚落呈团块状分布。经济以种植业为主，种植小麦、玉米、花生。有公路经此。

岔里刘家 370683-B02-H16
[Chàlǐliújiā]

在市驻地文昌路街道东北方向 23.4 千米。朱桥镇辖自然村。人口 200。明洪武二年（1369），刘姓由四川丰都县铁碓臼刘家迁此立村，因地处回龙岗与卧龙岗两土岭交界处而得名岔里刘家。聚落呈团块状分布。经济以种植业为主，种植小麦、玉米、花生、苹果等。有莱州诚远机械。有公路经此。

卧龙 370683-B02-H17
[Wòlóng]

在市驻地文昌路街道东北方向 24.0 千米。朱桥镇辖自然村。人口 300。明洪武年间，孙姓由四川迁此立村，因地处回龙岗与卧龙岗两土岭交界处而得名岔里孙家，1993 年更名卧龙。聚落呈团块状分布。经济以种植业为主，种植小麦、玉米、花生等。有公路经此。

岔里杨家 370683-B02-H18

[Chàlǐyángjiā]

在市驻地文昌路街道东北方向 23.1 千米。朱桥镇辖自然村。人口 100。明洪武年间，杨姓由四川迁至午城后杨家（今朱桥镇后杨家），再迁至此地立村，因地处回龙岗与卧龙岗两岭交界处而得名岔里杨家。聚落呈团块状分布。经济以种植业为主，种植小麦、玉米、花生、苹果等。有公路经此。

欣木 370683-B02-H19

[Xīnmù]

在市驻地文昌路街道东北方向 24.7 千米。朱桥镇辖自然村。人口 500。明嘉靖年间，杨姓由四川迁此立村，因村中有一片桑树园而得名桑园村。1947 年，为纪念在潍北战役中牺牲的原胶东军区西海敌工站站长杨欣木烈士，村名更为欣木。聚落呈团块状分布。经济以种植业为主，种植小麦、玉米、花生、苹果等。有公路经此。

童家 370683-B02-H20

[Tóngjiā]

在市驻地文昌路街道东北方向 25.8 千米。朱桥镇辖自然村。人口 100。明嘉靖年间，童姓由四川迁此立村，以姓氏取名童家。聚落呈团块状分布。经济以种植业为主，种植小麦、玉米、花生等。有公路经此。

山上杨家 370683-B02-H21

[Shānshàngyángjiā]

在市驻地文昌路街道东北方向 27.0 千米。朱桥镇辖自然村。人口 700。明弘治十三年（1500），杨姓由招远市蚕庄迁此立村，因东临灵山，地势较高，故取村名山上杨家。聚落呈团块状分布。经济以种植业为主，种植小麦、玉米、花生、地瓜、苹果。有公路经此。

大琅琊 370683-B02-H22

[Dàlángyá]

在市驻地文昌路街道东北方向 22.2 千米。朱桥镇辖自然村。人口 700。明洪武年间，王姓由四川迁此立村，在琅琊岭上分两处立村，该村较大，故名大琅琊。聚落呈团块状分布。经济以种植业为主，种植小麦、玉米、花生、苹果、葡萄等。有公路经此。

南滕家 370683-B02-H23

[Nánténgjiā]

在市驻地文昌路街道东北方向 22.4 千米。朱桥镇辖自然村。人口 100。清初，滕姓由柳园滕家迁此立村，因村东有一条小沟而得名小沟滕家。2006 年 11 月，更名为南滕家。聚落呈团块状分布。经济以种植业为主，种植小麦、玉米、花生等。有公路经此。

大战家 370683-B02-H24

[Dàzhànjiā]

在市驻地文昌路街道东北方向 24.2 千米。朱桥镇辖自然村。人口 400。明成化年间，战、孙、鞠三姓由四川迁此立村，以战姓户数较多而取名大战家。聚落呈团块状分布。经济以种植业为主，种植小麦、玉米、花生、苹果等。有公路经此。

鞠埃张家 370683-B02-H25

[Jū'āizhāngjiā]

在市驻地文昌路街道东北方向 24.4 千米。朱桥镇辖自然村。人口 400。明洪武二年（1369），鞠、张二姓由四川丰都县铁碓臼迁此立村，彼此友善，和睦相处，故名鞠埃张家。聚落呈团块状分布。经济以种植业为主，种植小麦、玉米、花生等。有公路经此。

刘家 370683-B02-H26

[Liújiā]

在市驻地文昌路街道东北方向 22.5 千米。朱桥镇辖自然村。人口 1 000。明洪武二年（1369），刘姓由四川迁此立村，以姓氏取名刘家。聚落呈团块状分布。经济以种植业为主，种植小麦、玉米、花生、苹果等。有公路经此。

小郎家 370683-B02-H27

[Xiǎolángjiā]

在市驻地文昌路街道东北方向 26.2 千米。朱桥镇辖自然村。人口 600。郎姓从志由大郎家迁此立村，故取名小郎家。聚落呈团块状分布。经济以种植业为主，种植小麦、玉米、花生、苹果、大姜。有公路经此。

孟家 370683-B02-H28

[Mèngjiā]

在市驻地文昌路街道东北方向 26.7 千米。朱桥镇辖自然村。人口 200。明万历年间，孟姓由曲阜迁此立村，以姓氏取名孟家。聚落呈团块状分布。经济以种植业为主，种植小麦、玉米、花生、苹果、大姜。有公路经此。

耿家 370683-B02-H29

[Gěngjiā]

在市驻地文昌路街道东北方向 26.1 千米。朱桥镇辖自然村。人口 300。明洪武二年（1369），耿姓由四川迁此立村，以姓氏取名耿家。聚落呈团块状分布。经济以种植业为主，种植小麦、玉米、花生、杏。有公路经此。

郭家店 370683-B03-H01

[Guōjiādiàn]

郭家店镇人民政府驻地。在市驻地文昌路街道东南方向 24.3 千米。人口 1 900。清康熙十九年（1680），郭姓迁此立村并开店，故名。聚落呈团块状分布。有幼儿园、小学、中学。经济以种植业为主，种植小麦、玉米、花生、地瓜、苹果、西瓜。有公路经此。

西庙埠河 370683-B03-H02

[Xīmiàobùhé]

在市驻地文昌路街道东南方向 14.4 千米。郭家店镇辖自然村。人口 200。清康熙年间，叶姓由后河迁至今庙埠河水库一带立村，村南临河，河南土埠顶上有座庙，故取村名庙埠河。1971 年修水库时，村庄搬迁，分为两村，该村在西，称西庙埠河。聚落呈带状分布。经济以种植业为主，种植小麦、玉米、花生、地瓜、苹果等。有公路经此。

涧里 370683-B03-H03

[Jiànlǐ]

在市驻地文昌路街道东南方向 15.8 千米。郭家店镇辖自然村。人口 400。清康熙十九年（1680），张姓由张家坡子迁此立村，因地处山涧而得名涧里。聚落呈团块状分布。经济以种植业为主，种植小麦、玉米、花生、地瓜、苹果等。有公路经此。

南胡家 370683-B03-H04

[Nánhújiā]

在市驻地文昌路街道东南方向 16.5 千米。郭家店镇辖自然村。人口 600。明万历年间，胡姓由四川迁此立村，以姓氏取名胡家。因重名，1982 年以其方位更名南胡家。聚落呈团块状分布。经济以种植业为主，种植小麦、玉米、花生、地瓜、苹果等。有公路经此。

高埠 370683-B03-H05

[Gāobù]

在市驻地文昌路街道东南方向 18.2 千

米。郭家店镇辖自然村。人口 300。清康熙年间，高姓由四川迁此立村，因位于土埠之上而得村名高埠。聚落呈带状分布。经济以种植业为主，种植小麦、玉米、花生、地瓜、苹果等。有公路经此。

官后 370683–B03–H06

[Guānhòu]

在市驻地文昌路街道东南方向 16.3 千米。郭家店镇辖自然村。人口 400。清康熙年间，陈姓由四川迁此立村，因村南有座三官庙而得名官后。聚落呈带状分布。经济以种植业为主，种植小麦、玉米、花生、地瓜、苹果等。有公路经此。

洛庄 370683–B03–H07

[Luòzhuāng]

在市驻地文昌路街道东南方向 17.0 千米。郭家店镇辖自然村。人口 300。清雍正年间，宋姓、彭姓、池姓先后迁此定居，此地三面环岭，一面临水，地势较低，故取村名窝洛子。1982 年，因重名而更名洛庄。聚落呈带状分布。经济以种植业为主，种植小麦、玉米、花生、地瓜、苹果等。有公路经此。

小庙后 370683–B03–H08

[Xiǎomiàohòu]

在市驻地文昌路街道东南方向 19.2 千米。郭家店镇辖自然村。人口 300。清康熙十九年（1680），赵姓由淇水迁此立村。南临大庙后，故取名小庙后。聚落呈带状分布。经济以种植业为主，种植小麦、玉米、花生、地瓜、苹果等。有公路经此。

返岭子 370683–B03–H09

[Fǎnlǐngzi]

在市驻地文昌路街道东南方向 15.9 千米。郭家店镇辖自然村。人口 300。明隆庆年间，宋姓由邻村老草沟迁此立村，因途经一座土岭，故取村名返岭子。聚落呈带状分布。经济以种植业为主，种植小麦、玉米、花生、地瓜、苹果等。有公路经此。

北村 370683–B03–H10

[Běicūn]

在市驻地文昌路街道东南方向 16.9 千米。郭家店镇辖自然村。人口 300。清康熙年间，王姓由四川迁此立村。村南有一山洞，传说宋太祖赵匡胤曾在此洞避难，故名掩龙窝；又因村南临河，故得村名北掩龙窝。1946 年，更名北村。聚落呈带状分布。经济以种植业为主，种植小麦、玉米、花生、地瓜、苹果等。有公路经此。

蒋家疃 370683–B03–H11

[Jiǎngjiātuǎn]

在市驻地文昌路街道东南方向 18.7 千米。郭家店镇辖自然村。人口 700。明洪武二年（1369），蒋姓由四川迁此立村，以姓氏取名蒋家。1968 年，更名胜利。因重名，1982 年更名蒋家疃。聚落呈带状分布。经济以种植业为主，种植小麦、玉米、花生、地瓜、苹果等。有公路经此。

小草沟 370683–B03–H12

[Xiǎocǎogōu]

在市驻地文昌路街道东南方向 19.4 千米。郭家店镇辖自然村。人口 700。明万历年间，宋姓由老草沟迁此立村，取名小草沟。聚落呈带状分布。经济以种植业为主，种植小麦、玉米、花生、地瓜、苹果、银杏。有公路经此。

小栾家 370683–B03–H13

[Xiǎoluánjiā]

在市驻地文昌路街道东南方向 19.8 千米。郭家店镇辖自然村。人口 300。清乾隆年间，齐、邵二姓由四川迁此立村。齐姓生有二女，名大栾、小栾；邵姓生有一子。大栾嫁与邵姓之子迁居栾家洼（今大栾家），小栾留居此地，取村名小栾家。聚落呈带状分布。经济以种植业为主，种植小麦、玉米、花生、地瓜、苹果等。有公路经此。

古村 370683-B03-H14
[Gǔcūn]

在市驻地文昌路街道东南方向 23.7 千米。郭家店镇辖自然村。人口 800。南宋淳熙年间，宋姓由掖城北关迁此立村。村东有一座庙，庙碑上刻有“古有村”三字，由此取村名古村。聚落呈团块状分布。经济以种植业为主，种植小麦、玉米、花生、地瓜、苹果等。有公路经此。

嘴头 370683-B03-H15
[Zuǐtóu]

在市驻地文昌路街道东南方向 24.6 千米。郭家店镇辖自然村。人口 400。清雍正年间，张姓由平度城迁此立村。村东有一土岭，其南端突出，俗称“土嘴子”，故取村名嘴头。聚落呈团块状分布。经济以种植业为主，种植小麦、玉米、花生、地瓜、苹果等。有公路经此。

马台石 370683-B03-H16
[Mǎtáishí]

在市驻地文昌路街道东南方向 21.7 千米。郭家店镇辖自然村。人口 1 700。宋初，王姓由平度迁此立村。村西路边有一块长条石，据传说宋太祖赵匡胤曾路经此地，在此踏石上马，由此取村名马台石。聚落呈带状分布。经济以种植业为主，种植小麦、玉米、花生、地瓜、苹果、西瓜。有公路经此。

林格庄 370683-B03-H17
[Língézhuāng]

在市驻地文昌路街道东南方向 23.3 千米。郭家店镇辖自然村。人口 800。明嘉靖九年（1530），王姓由掖县城迁此立村，村庄四周树木环绕，故取村名林格庄。聚落呈带状分布。经济以种植业为主，种植小麦、玉米、花生、地瓜、苹果等。有公路经此。

大河南 370683-B03-H18
[Dàhénán]

在市驻地文昌路街道东南方向 23.9 千米。郭家店镇辖自然村。人口 1 000。南宋淳熙七年（1180），孙姓由即墨县城楼里迁此立村，因位于小沽河南岸，取名河南。后有僧者化缘于东北诸省，在此修建佛爷庙一座，村名由此改称佛爷庙河南。1938 年，定名大河南。聚落呈带状分布。有小学。经济以种植业为主，种植小麦、玉米、花生、地瓜、苹果、西瓜。有公路经此。

七里岚 370683-B03-H19
[Qīlǐlán]

在市驻地文昌路街道东南方向 24.6 千米。郭家店镇辖自然村。人口 800。明建文二年（1400），姜姓由莱阳城迁此立村，此地一片山岚荒地，绵延七里，故名七里岚。聚落呈带状分布。经济以种植业为主，种植小麦、玉米、花生、地瓜、苹果等。有公路经此。

钓鱼台 370683-B03-H20
[Diàoyútái]

在市驻地文昌路街道东南方向 26.0 千米。郭家店镇辖自然村。人口 400。此地地势较高，传说唐太宗李世民曾在此临河垂钓。明万历八年（1580），郑姓由四川迁此立村，取名钓鱼台。聚落呈团块状分布。经济以种植业为主，种植小麦、玉米、花生、地瓜、苹果等。有公路经此。

凤凰寨 370683–B03–H21
[Fènghuángzhài]

在市驻地文昌路街道东南方向 26.1 千米。郭家店镇辖自然村。人口 800。明万历年间，仲姓由四川迁此立村，传说曾有凤凰在此栖息，故取村名凤凰庄。因重名，1982 年更名凤凰寨。聚落呈团块状分布。经济以种植业为主，种植小麦、玉米、花生、地瓜、苹果等。有公路经此。

柴棚 370683–B03–H22
[Cháipéng]

在市驻地文昌路街道东南方向 23.9 千米。郭家店镇辖自然村。人口 900。明初，崔姓由海庙孙家迁此立村，为避风寒，用柴木搭棚而居住，故取村名柴棚。聚落呈团块状分布。经济以种植业为主，种植小麦、玉米、花生、地瓜、苹果等。有公路经此。

罗家庄子 370683–B03–H23
[Luójiāzhuāngzi]

在市驻地文昌路街道东北方向 25.6 千米。郭家店镇辖自然村。人口 400。明洪武二年（1369），罗姓由四川迁此立村，以姓氏取名罗家庄子。聚落呈团块状分布。经济以种植业为主，种植小麦、玉米、花生、苹果等。有公路经此。

马石夼 370683–B03–H24
[Mǎshíkuǎng]

在市驻地文昌路街道东北方向 28.2 千米。郭家店镇辖自然村。人口 200。清初，王姓由驿道迁此立村。据传，清代东阁大学士刘墉巡视山东，路经此地时，曾在此地山沟里脚踏一巨石上马，当地人称山沟为夼，故村取名马石夼。聚落呈带状分布。经济以种植业为主，种植小麦、玉米、花生、苹果等。有公路经此。

于家河 370683–B03–H25
[Yújiāhé]

在市驻地文昌路街道东南方向 18.2 千米。郭家店镇辖自然村。人口 400。明洪武二年（1369），于姓由四川迁此立村，村东有一条小清河，故取村名于家河。聚落呈带状分布。经济以种植业为主，种植小麦、玉米、花生、苹果等。有公路经此。

上堡 370683–B03–H26
[Shàngpù]

在市驻地文昌路街道东南方向 27.8 千米。郭家店镇辖自然村。人口 700。清乾隆十四年（1749），王姓由大原家迁此立村，因距掖城七十里，故取名七十里堡。1945 年后，改称上堡。聚落呈带状分布。经济以种植业为主，种植小麦、玉米、花生、地瓜、苹果等。有面粉加工厂。有公路经此。

葛城 370683–B03–H27
[Gěchéng]

在市驻地文昌路街道东南方向 18.6 千米。郭家店镇辖自然村。人口 700。清康熙年间，史姓由西郎子埠迁此立村，因此处葛麻遍野而得名葛场，后名葛城。聚落呈带状分布。经济以种植业为主，种植小麦、玉米、花生、苹果、板栗、桃、杏。有公路经此。

滕南 370683–B04–H01
[Téngnán]

金城镇人民政府驻地。在市驻地文昌路街道东北方向 30.6 千米。人口 700。明洪武二年（1369），滕姓由四川迁此立村，因有一柳树园林，取村名柳园滕家。1958

年，简称滕家。后分为两村，本村以方位改称滕南。聚落呈团块状分布。有中学。经济以种植业为主，种植小麦、玉米、苹果。有橡胶机械配件厂。有公路经此。

城子 370683-B04-H02
[Chéngzǐ]

在市驻地文昌路街道东北方向 29.4 千米。金城镇辖自然村。人口 700。明洪武二年（1369），冯满喜兄弟三人由四川迁此立村，因东临曲城而得村名城子。聚落呈团块状分布。经济以种植业为主，种植小麦、玉米、花生。有制钉厂。文三公路经此。

石虎嘴 370683-B04-H03
[Shíhǔzuǐ]

在市驻地文昌路街道东北方向 33.0 千米。金城镇辖自然村。人口 300。清光绪三年（1877），张美林等由邻村后坡迁此立村。海岸港口系石头岸，停泊船只常被风浪打碎，故得村名石虎嘴。聚落呈带状分布。经济以种植业、海上养殖业和捕捞业为主，种植小麦、玉米、花生、苹果等。有公路经此。

城后曲家 370683-B04-H04
[Chénghòuqūjiā]

在市驻地文昌路街道东北方向 34.6 千米。金城镇辖自然村。人口 300。清康熙十九年（1680），曲姓由招远迁此立村，因位于新城之北而得名城后曲家。1945 年后，简称曲家。因重名，1982 年恢复原名城后曲家。聚落呈带状分布。有文化广场 2 处。经济以种植业、海上养殖业和捕捞业为主，种植小麦、玉米、花生、苹果等。有公路经此。

城后张家 370683-B04-H05
[Chénghòuzhāngjiā]

在市驻地文昌路街道东北方向 35.1 千米。金城镇辖自然村。人口 400。明洪武二年（1369），张姓由四川迁此立村，以姓氏取名张家。清初，因该村位于新城之北，故更名城后张家。1945 年后简称张家。因重名，1982 年恢复原名城后张家。聚落呈团块状分布。经济以种植业为主，种植小麦、玉米、花生、苹果等。有公路经此。

城后王家 370683-B04-H06
[Chénghòuwángjiā]

在市驻地文昌路街道东北方向 34.7 千米。金城镇辖自然村。人口 1 300。明洪武二年（1369），王姓由四川迁此立村，取名王家。清初，因该村位于新城之北，故更名城后王家。聚落呈带状分布。经济以种植业为主，种植小麦、玉米、花生、苹果等。有烟台金鸿建材厂、金鸿建筑分公司。206 国道经此。

新城 370683-B04-H07
[Xīnchéng]

在市驻地文昌路街道东北方向 33.9 千米。金城镇辖自然村。人口 1 100。明嘉靖四十年（1561），为防倭寇侵扰，官府在今金城镇城后万家村北海岸筑一土城，名王徐寨，驻兵防守。清初，因土城被风沙所埋，遂南移于今地，取名新城。聚落呈团块状分布。经济以种植业为主，种植小麦、玉米、花生、苹果等。有新城金矿、鑫源铸造厂、建筑公司、装卸队、服装厂等。烟潍公路经此。

海北嘴 370683-B04-H08
[Hǎiběizuǐ]

在市驻地文昌路街道东北方向 28.3 千米。金城镇辖自然村。人口 400。明洪武二年（1369），有两个文武官员因被官府通缉逃避于此，筑一土城，名曰土城子。清光绪二十六年（1900），李姓迁此立村。

1952 年，更名新立村。1991 年，因其北邻海北嘴，故名。聚落呈团块状分布。经济以种植业、海上养殖业和捕捞业为主，种植小麦、玉米、花生、苹果等。有公路经此。

埠西 370683-B04-H09
[Bùxī]

在市驻地文昌路街道东北方向 29.8 千米。金城镇辖自然村。人口 1 400。明洪武二年（1369），刘姓由四川迁此立村，因村东有一土埠而取名埠西。聚落呈团块状分布。有小学 1 处。有刘仁政故居。经济以种植业、海上养殖业和捕捞业为主，种植小麦、玉米、花生、苹果等。有公路经此。

后坡 370683-B04-H10
[Hòupō]

在市驻地文昌路街道东北方向 31.1 千米。金城镇辖自然村。人口 2 000。明洪武二年（1369），张、郭二姓迁此立村，因地处土丘北坡而得村名后坡。聚落呈带状分布。经济以种植业为主，种植小麦、玉米、花生、苹果等。有公路经此。

北觉孙家 370683-B04-H11
[Běijuésūnjiā]

在市驻地文昌路街道东北方向 30.3 千米。金城镇辖自然村。人口 600。清乾隆四十五年（1780），孙姓由招远市蚕庄镇前孙家迁此立村，因村北有一座北觉寺，故得村名北觉孙家。聚落呈带状分布。经济以种植业为主，种植小麦、玉米、花生、苹果、桃等。有公路经此。

西草坡 370683-B04-H12
[Xīcǎopō]

在市驻地文昌路街道东北方向 32.3 千米。金城镇辖自然村。人口 300。明洪武二年（1369），张姓由四川迁此，在一处草坡上分东、西两地立村，取名东、西草坡。1975 年，两村合并，名草坡。因重名，1982 年定名西草坡。聚落呈带状分布。经济以种植业为主，种植小麦、玉米、花生、苹果、大樱桃。有公路经此。

金城吕家 370683-B04-H13
[Jīnchénglǚjiā]

在市驻地文昌路街道东北方向 31.6 千米。金城镇辖自然村。人口 400。明崇祯十六年（1643），吕姓由乌盆吕家迁此立村，以淘金为业，故名金城吕家。聚落呈团块状分布。经济以种植业为主，种植小麦、玉米、花生、苹果等。有金美欧（莱州）有限公司、莱州天极金属制品有限公司。206 国道经此。

冷家 370683-B04-H14
[Lěngjiā]

在市驻地文昌路街道东北方向 32.9 千米。金城镇辖自然村。人口 600。明万历元年（1573），冷姓由招远迁此为一个寨主看守茔地，后居此立村，取名冷家庄子。1945 年后，简称冷家。聚落呈团块状分布。经济以种植业为主，种植小麦、玉米、花生、苹果等。有公路经此。

红布 370683-B04-H15
[Hóngbù]

在市驻地文昌路街道东北方向 32.6 千米。金城镇辖自然村。人口 500。明洪武二年（1369），王、赵二姓由四川迁此立村。村中设店，以悬挂红布做幌子，故取村名红布店子。1945 年后，简称红布。聚落呈团块状分布。有省级文物保护单位曲松龄旧居。经济以种植业为主，种植小麦、玉米、花生、苹果等。有山东天承矿业集团有限公司。206 国道经此。

原家 370683-B04-H16

[Yuánjiā]

在市驻地文昌路街道东北方向 27.8 千米。金城镇辖自然村。人口 2 400。明初，原姓由四川成都府大十字口迁此立村，以姓氏取名原家。聚落呈团块状分布。有幼儿园、文化大院。经济以种植业、海上养殖业和捕捞业为主，种植小麦、玉米、花生、苹果等。有冷藏厂。有公路经此。

大西庄 370683-B04-H17

[Dàxīzhuāng]

在市驻地文昌路街道东北方向 28.7 千米。金城镇辖自然村。人口 500。以其位于沙岭之西而取村名大西庄。聚落呈团块状分布。有历史遗迹王氏宗祠。经济以种植业为主，种植小麦、玉米、花生、苹果等。有化工厂。有公路经此。

桂村贾家 370683-B04-H18

[Guìcūnjiǎjiā]

在市驻地文昌路街道东北方向 30.5 千米。金城镇辖自然村。人口 300。明洪武二年（1369），贾姓由四川迁此立村，再移至村西约 200 米处，后迁回此处，故取村名回村贾家。后桂姓由四川迁此落户，村名改为桂村贾家。1955 年，简称贾家。因重名，1982 年恢复原名桂村贾家。聚落呈团块状分布。经济以种植业为主，种植小麦、玉米、花生、苹果等。有莱索公司、金城变电所等企业，圣泉光伏农业发展有限公司项目、山金新城金矿竖井坐落该村。有公路经此。

龙埠 370683-B04-H19

[Lóngbù]

在市驻地文昌路街道东北方向 31.5 千米。金城镇辖自然村。人口 800。明洪武二年（1369），唐姓由四川迁此立村，因村东望儿山西坡有一巨石突出，形似蛟龙，故取村名龙埠。聚落呈团块状分布。有国家级非物质文化遗产蓝关戏。经济以种植业为主，种植小麦、玉米、花生、苹果等。有金矿、仿古刺绣厂等。有公路经此。

大官庄 370683-B04-H20

[Dàguānzhuāng]

在市驻地文昌路街道东北方向 26.6 千米。金城镇辖自然村。人口 700。明初，于姓由四川迁此立村，弘治年间，村中出了一个翰林，故取村名大官庄。聚落呈带状分布。经济以种植业为主，种植小麦、玉米、花生。有公路经此。

大沙岭 370683-B04-H21

[Dàshālǐng]

在市驻地文昌路街道东北方向 27.5 千米。金城镇辖自然村。人口 700。明嘉靖年间，王进贤兄弟四人由四川迁此立村，因村北有一沙岭而得村名大沙岭。聚落呈带状分布。经济以种植业为主，种植小麦、玉米、花生、苹果等。有公路经此。

马塘 370683-B04-H22

[Mǎtáng]

在市驻地文昌路街道东北方向 28.9 千米。金城镇辖自然村。人口 600。明洪武年间，朱、冷二姓由四川成都府铁碓臼张家迁此立村，取名朱冷庄。后因村附近有一水塘，明末曾在此设驿站，故改名马塘甸子。1958 年，简称马塘。聚落呈带状分布。经济以种植业为主，种植小麦、玉米、花生。有公路经此。

焦家 370683-B04-H23

[Jiāojiā]

在市驻地文昌路街道东北方向 30.0 千

米。金城镇辖自然村。人口 400。明嘉靖元年（1522），焦姓由平度市蓼兰镇焦家寨迁此立村，以姓氏取名焦家。聚落呈带状分布。经济以种植业为主，种植小麦、玉米、花生、苹果等。有建筑公司。206 国道经此。

平里店 370683–B05–H01
[Pínglǐdiàn]

平里店镇人民政府驻地。在市驻地文昌路街道东北方向 15.5 千米。人口 900。传邻村婴里系春秋时齐国大夫晏婴（字平仲）故里，人们为纪念他，在此修长亭，后逐渐发展成村，又居官道边，有店，故名村平仲故里店，明末改今名。聚落呈团块状分布。有学校。经济以种植业为主，种植小麦、玉米、花生、苹果、大姜。有冶金厂。有公路经此。

麻后 370683–B05–H02
[Máhòu]

在市驻地文昌路街道东北方向 12.1 千米。平里店镇辖自然村。人口 900。明初，姜姓由四川迁此立村，因位于麻渠村后而得名麻渠后村。1958 年，简称麻后。聚落呈带状分布。经济以种植业为主，种植小麦、玉米、花生、苹果等。有花炮厂。有公路经此。

麻前 370683–B05–H03
[Máqián]

在市驻地文昌路街道东北方向 11.2 千米。平里店镇辖自然村。人口 600。明洪武年间，姜姓由四川迁此立村，因位于麻渠村前而得名麻渠前村。1958 年，简称麻前。聚落呈带状分布。经济以种植业为主，种植小麦、玉米、花生、苹果等。有铸造厂。有公路经此。

淳于 370683–B05–H04
[Chúnyú]

在市驻地文昌路街道东北方向 15.5 千米。平里店镇辖自然村。人口 2 000。战国时，赵姓由青州迁此立村，因该地有齐国大臣淳于髡之墓而得村名淳于。聚落呈带状分布。经济以种植业为主，种植小麦、玉米、花生、苹果、桃。有铝制品厂，主要生产铝合金门窗等。另有汽车配件厂、电器厂、肉食鸡厂。有公路经此。

贾邓杨家 370683–B05–H05
[Jiǎdèngyángjiā]

在市驻地文昌路街道东北方向 16.8 千米。平里店镇辖自然村。人口 800。明末，杨姓由午城杨家迁此立村，以姓氏取名杨家。清末，因其属贾邓社辖而更名贾邓杨家。聚落呈带状分布。经济以种植业为主，种植小麦、玉米、花生、苹果等。有升山储备物流公司、液化气站、华润纺织厂、鲁兴橡胶厂等。有公路经此。

贾邓战家 370683–B05–H06
[Jiǎdèngzhànjiā]

在市驻地文昌路街道东北方向 16.4 千米。平里店镇辖自然村。人口 800。明洪武二年（1369），战姓由四川迁此定居，取名贾邓。清初，因战姓户数占多数而更名贾邓战家。聚落呈带状分布。经济以种植业为主，种植小麦、玉米、花生、苹果、大姜等。有砖厂。有公路经此。

婴里 370683–B05–H07
[Yīnglǐ]

在市驻地文昌路街道东北方向 14.0 千米。平里店镇辖自然村。人口 1 500。战国时期，即有人在此居住。据传，此地系齐国宰相晏婴故里，故名婴里。聚落呈带状分布。经济以种植业为主，种植小麦、玉米、花生、苹果、大姜。有机械厂。有公路经此。

大沟崖 370683-B05-H08
[Dàgōuyá]

在市驻地文昌路街道东北方向 14.2 千米。平里店镇辖自然村。人口 400。元末，梁、赵二姓由青州迁此立村。村东临沟，沟旁为大土崖，故取村名大沟崖。聚落呈带状分布。经济以种植业为主，种植小麦、玉米、花生、苹果、草莓、大姜。有丝织厂。有公路经此。

店王 370683-B05-H09
[Diànwáng]

在市驻地文昌路街道东北方向 15.0 千米。平里店镇辖自然村。人口 700。明中期，王姓由四川迁此立村，取名王家疃。1940 年，因与邻村平里店连成一片而更名店王。聚落呈带状分布。经济以种植业为主，种植小麦、玉米、花生、苹果等。有胶管厂、机件加工厂、养猪场、养鸡场。有公路经此。

洼徐家 370683-B05-H10
[Wāxújiā]

在市驻地文昌路街道东北方向 15.9 千米。平里店镇辖自然村。人口 600。明中期，徐姓由邻村店东迁此立村，因地势低洼而得名洼徐家。聚落呈带状分布。经济以种植业为主，种植小麦、玉米、花生、苹果、大姜等。有活性炭厂。有公路经此。

张家埠 370683-B05-H11
[Zhāngjiābù]

在市驻地文昌路街道东北方向 16.5 千米。平里店镇辖自然村。人口 300。清乾隆年间，张姓由王贾迁此立村，村西有一土埠，故取村名张家埠。聚落呈带状分布。经济以种植业为主，种植小麦、玉米、花生、苹果等。有公路经此。

后曹家埠 370683-B05-H12
[Hòucáojiābù]

在市驻地文昌路街道东北方向 12.6 千米。平里店镇辖自然村。人口 200。明初，曹姓由四川迁此立村，村西有一处土埠，故取村名曹家埠。明末，村庄发展扩大，分为两村，该村居北，称后曹家埠。聚落呈带状分布。经济以种植业为主，种植小麦、玉米、花生、苹果等。有纸箱厂。有公路经此。

杨家坡子 370683-B05-H13
[Yángjiāpōzi]

在市驻地文昌路街道东北方向 14.0 千米。平里店镇辖自然村。人口 500。清中期，杨姓由邻村西北障迁此立村，因地处土坡而得名杨家坡子。聚落呈带状分布。经济以种植业为主，种植小麦、玉米、花生、苹果、大姜等，饲养肉食鸡。有公路经此。

西北障 370683-B05-H14
[Xīběizhàng]

在市驻地文昌路街道东北方向 14.7 千米。平里店镇辖自然村。人口 1 900。春秋时期，此地北面有一屏障岭，故取村名北障。民国初，更名西北障。聚落呈带状分布。经济以种植业为主，种植小麦、玉米、花生、苹果、大姜等。有麻纺厂。有公路经此。

城子埠 370683-B05-H15
[Chéngzibù]

在市驻地文昌路街道东北方向 18.9 千米。平里店镇辖自然村。人口 1 200。明洪武二年（1369），綦姓由四川迁此立村。此地地势较高，据传，唐初时，官府曾在此修建城池，后因土质不适而废，故取村名城子埠。聚落呈团块状分布。经济以种植业为主，种植小麦、玉米、花生、苹果、葡萄、大姜等。有漆包线厂、制刷厂、文教用品厂。有公路经此。

河西宋家 370683-B05-H16
[Héxīsòngjiā]

在市驻地文昌路街道东北方向 15.8 千米。平里店镇辖自然村。人口 200。明洪武二年（1369），宋姓由四川成都府迁此立村，以其位于王河之西而得名河西宋家。聚落呈带状分布。经济以种植业为主，种植小麦、玉米、花生、苹果、大姜等。有公路经此。

战家洼 370683-B05-H17
[Zhànjiāwā]

在市驻地文昌路街道东北方向 12.4 千米。平里店镇辖自然村。人口 400。清道光二十年（1840），战姓由四川迁此立村，因地处洼地而得名战家洼。聚落呈带状分布。经济以种植业为主，种植小麦、玉米、花生、苹果、山楂。有预制件厂。有公路经此。

西障郑家 370683-B05-H18
[Xīzhàngzhèngjiā]

在市驻地文昌路街道东北方向 13.3 千米。平里店镇辖自然村。人口 1 100。明洪武二年（1369），郑姓由四川成都府迁此立村，村东有一屏障岭，故名西障郑家。聚落呈带状分布。经济以种植业为主，种植小麦、玉米、花生、苹果、大姜等。有公路经此。

诸流 370683-B05-H19
[Zhūliú]

在市驻地文昌路街道东北方向 14.6 千米。平里店镇辖自然村。人口 1 900。明洪武二年（1369），周姓由四川迁此立村，村东南有一个水湾，水呈红色，故取村名朱流。1924 年，改为诸流。聚落呈带状分布。经济以种植业为主，种植小麦、玉米、花生、苹果、大姜。有造纸厂、钟厂。有公路经此。

石姜 370683-B05-H20
[Shíjiāng]

在市驻地文昌路街道东北方向 10.6 千米。平里店镇辖自然村。人口 700。明洪武年间，姜姓由四川迁此立村，因靠近石柱栏而得名石柱栏姜家，后简称石姜。聚落呈带状分布。经济以种植业为主，种植小麦、玉米、花生、苹果、大姜。有砖厂。有公路经此。

石于 370683-B05-H21
[Shíyú]

在市驻地文昌路街道东北方向 10.6 千米。平里店镇辖自然村。人口 400。明洪武年间，于姓由四川迁此立村，因靠近石柱栏而得名石柱栏于家，后简称石于。聚落呈带状分布。经济以种植业为主，种植小麦、玉米、花生、苹果等。有公路经此。

石东 370683-B05-H22
[Shídōng]

在市驻地文昌路街道东北方向 12.0 千米。平里店镇辖自然村。人口 200。清光绪七年（1881），邹、于二姓由邻村石柱栏迁此立村，取名小石柱栏。1958 年后，以其位于石柱之东而更名石东。聚落呈带状分布。经济以种植业为主，种植小麦、玉米、苹果等。有公路经此。

小矫家 370683-B05-H23
[Xiǎojiǎojiā]

在市驻地文昌路街道东北方向 18.8 千米。平里店镇辖自然村。人口 200。清中期，矫姓迁此立村，取名矫家庄子。1945 年后，以其小于邻村矫家而更名小矫家。聚落呈带状分布。经济以种植业为主，种植小麦、玉米、花生、苹果等。有制刷厂。有公路经此。

王河庄子 370683-B05-H24
[Wánghézhuāngzi]

在市驻地文昌路街道东北方向 18.3 千米。平里店镇辖自然村。人口 500。明洪武年间，有一位王姓和尚由招远迁此立村，取村名王和尚庄子。清初，演变为王河庄子。聚落呈团块状分布。经济以种植业为主，种植小麦、玉米、花生、苹果、桃。有木器厂、笔刷厂。有公路经此。

西尹 370683-B05-H25
[Xīyǐn]

在市驻地文昌路街道东北方向 19.2 千米。平里店镇辖自然村。人口 300。明洪武二年（1369），尹姓兄弟二人由四川迁此分别立村，其弟建村于土岭之西，取名西尹。聚落呈团块状分布。经济以种植业为主，种植小麦、玉米、花生、苹果等。有公路经此。

东赵 370683-B06-H01
[Dōngzhào]

驿道镇人民政府驻地。在市驻地文昌路街道东北方向 25.5 千米。人口 2 000。明末，郭姓由四川迁此立村，以姓氏取名郭家庄。清末，因赵姓户数居多，以其位于集市驿道之东而更名集东赵家。1958 年后，简称东赵。聚落呈团块状分布。有学校。经济以种植业为主，种植小麦、玉米、花生、苹果、大姜等。有公路经此。

集后 370683-B06-H02
[Jíhòu]

在市驻地文昌路街道东北方向 20.9 千米。驿道镇辖自然村。人口 500。元至大年间，侯姓由邻村北侯迁此立村，因位于农贸集市驿道村北而得名集后。聚落呈团块状分布。经济以种植业为主，种植小麦、玉米、花生、苹果、大姜等。有公路经此。

神水院 370683-B06-H03
[Shénshuǐyuàn]

在市驻地文昌路街道东北方向 23.9 千米。驿道镇辖自然村。人口 300。明末，刘姓由驿道迁此立村，此地当时有一座佛爷庙，庙院之西有泉，常年流水，故取村名神水院。聚落呈带状分布。经济以种植业为主，种植小麦、玉米、花生、苹果等。有公路经此。

朱汉 370683-B06-H04
[Zhūhàn]

在市驻地文昌路街道东北方向 18.3 千米。驿道镇辖自然村。人口 1 400。明洪武年间，王姓由四川迁此立村，此处当时有一座关帝庙，庙内有一磬，上刻“诸韩”二字，故取村名诸韩。清初，演变为朱汉。聚落呈团块状分布。经济以种植业为主，种植小麦、玉米、花生、苹果、大姜。有线杆厂。有公路经此。

王庄 370683-B06-H05
[Wángzhuāng]

在市驻地文昌路街道东北方向 20.2 千米。驿道镇辖自然村。人口 300。三国魏文帝时，王姓由青州府迁此立村，以姓氏取名王家庄子。因重名，1982 年更名王庄。聚落呈团块状分布。经济以种植业为主，种植小麦、玉米、花生、苹果、大姜。有公路经此。

东狼虎埠 370683-B06-H06
[Dōnglánghǔbù]

在市驻地文昌路街道东北方向 21.8 千米。驿道镇辖自然村。人口 300。汉元狩年间，毛姓由济南郡迁此立村，村西有个形状似虎的石埠，经常有狼出没，故取村名东狼虎埠。聚落呈团块状分布。经济以种植业为主，种植小麦、玉米、花生、苹果、大姜。有公路经此。

车栾庄 370683-B06-H07

[Chēluánzhuāng]

在市驻地文昌路街道东北方向 21.5 千米。驿道镇辖自然村。人口 500。元朝时，王姓由四川迁此立村，以加工制作木车轴为业，故名车轴王家。后村出英雄拦夺皇车，由此改名车拦庄，为避官府追究，复改为车栾庄。聚落呈团块状分布。经济以种植业为主，种植小麦、玉米、花生、苹果、大姜。有公路经此。

邢胡 370683-B06-H08

[Xínghú]

在市驻地文昌路街道东北方向 23.0 千米。驿道镇辖自然村。人口 600。明洪武二年（1369），邢万秋、胡京文由四川迁此立村，以姓氏取名邢胡。聚落呈团块状分布。经济以种植业为主，种植小麦、玉米、花生、苹果、大姜。有公路经此。

花园 370683-B06-H09

[Huāyuán]

在市驻地文昌路街道东北方向 22.7 千米。驿道镇辖自然村。人口 200。明末，李习昌由沟李家迁此立村，此处当时遍野是金针菜，黄花盛开，故名花园。聚落呈团块状分布。经济以种植业为主，种植小麦、玉米、花生、苹果等。有公路经此。

东周廷 370683-B06-H10

[Dōngzhōutíng]

在市驻地文昌路街道东北方向 18.1 千米。驿道镇辖自然村。人口 1 400。明洪武二年（1369），刘、王、肖三姓由四川迁此立村。王河绕村而过，岸边有亭子一座，村庄位于河东岸，故取村名东周亭。1945 年后，演变为东周廷。聚落呈团块状分布。经济以种植业为主，种植小麦、玉米、花生、苹果等。有粉丝厂。有公路经此。

河套杨家 370683-B06-H11

[Hétàoyángjiā]

在市驻地文昌路街道东北方向 18.3 千米。驿道镇辖自然村。人口 300。明洪武年间，杨姓由四川迁此立村，因村西有两处洼地而得名双洼。明末，村南王河河套里杨树成林，遂更名河套杨家。聚落呈团块状分布。经济以种植业为主，种植小麦、玉米、花生、苹果等。有公路经此。

邱家 370683-B06-H12

[Qiūjiā]

在市驻地文昌路街道东北方向 22.3 千米。驿道镇辖自然村。人口 700。明洪武二年（1369），邱姓由四川迁此立村，以姓氏取名邱家。聚落呈带状分布。经济以种植业为主，种植小麦、玉米、花生、苹果等。有公路经此。

费现 370683-B06-H13

[Fèixiàn]

在市驻地文昌路街道东北方向 23.7 千米。驿道镇辖自然村。人口 1 300。唐末，张姓由临淄迁此立村。传说曾有凤凰栖身于此，人们认为是吉祥之兆，意欲在此修建县城，后因凤凰飞走乃止，由此取村名飞县，后演变为费现。聚落呈带状分布。经济以种植业为主，种植小麦、玉米、花生、苹果、大姜。有公路经此。

西赵 370683-B06-H14

[Xīzhào]

在市驻地文昌路街道东北方向 18.6 千米。驿道镇辖自然村。人口 500。明末，赵姓由西北障迁此立村。村北有一烽火墩，故取村名墩上赵家。1958年后，为区别于集东赵家，以其方位更名西赵。聚落呈团块状分布。经济以种植业为主，种植小麦、玉米、花生、苹果、大姜。有公路经此。

草沟徐家 370683–B06–H15
[Cǎogōuxújiā]

在市驻地文昌路街道东北方向19.1千米。驿道镇辖自然村。人口200。清初，徐应奎由徐村院迁此立村，村南有一条大沟，沟内杂草丛生，故取村名草沟徐家。1958年，简称徐家。因重名，1982年恢复原名草沟徐家。聚落呈团块状分布。经济以种植业为主，种植小麦、玉米、花生、苹果、大姜。有公路经此。

南侯家 370683–B06–H16
[Nánhóujiā]

在市驻地文昌路街道东北方向21.9千米。驿道镇辖自然村。人口300。元至大年间，侯姓由邻村北侯迁此立村，以其方位取名南侯家。聚落呈团块状分布。经济以种植业为主，种植小麦、玉米、花生、苹果、大姜。有公路经此。

新李家 370683–B06–H17
[Xīnlǐjiā]

在市驻地文昌路街道东北方向22.4千米。驿道镇辖自然村。人口300。明洪武年间，李福由飞县迁此立村，因村址建在长满枣树的大沟之旁而取名枣行李家。1945年后，枣树伐尽，遂改名沟李家。因重名，1982年更名新李家。聚落呈带状分布。经济以种植业为主，种植小麦、玉米、花生、苹果等。有公路经此。

唐家 370683–B06–H18
[Tángjiā]

在市驻地文昌路街道东北方向22.8千米。驿道镇辖自然村。人口400。明洪武二年（1369），唐姓由四川迁此立村，以姓氏取名唐家。聚落呈带状分布。经济以种植业为主，种植小麦、玉米、花生，有草莓种植基地和肉牛养殖基地。有公路经此。

台上 370683–B06–H19
[Táishàng]

在市驻地文昌路街道东北方向23.6千米。驿道镇辖自然村。人口400。明嘉靖年间，张姓由四川迁此立村，因村址建在土台之上而取名台上。聚落呈带状分布。经济以种植业为主，种植小麦、玉米、花生、苹果、山楂、大姜。有砖瓦厂。有公路经此。

东小夼 370683–B06–H20
[Dōngxiǎokuǎng]

在市驻地文昌路街道东北方向18.7千米。驿道镇辖自然村。人口300。明洪武二年（1369），姜姓汉臣、朝臣兄弟二人由四川迁至现址之西卧牛沟崖上立村，取名小夼。1959年修赵家水库时，村庄搬迁，分为两村，该村在东，称东小夼。聚落呈带状分布。经济以种植业为主，种植小麦、玉米、花生、苹果、大姜。有公路经此。

沙现 370683–B06–H21
[Shāxiàn]

在市驻地文昌路街道东北方向20.0千米。驿道镇辖自然村。人口1 100。明洪武二年（1369），汪姓由四川迁此立村，因位于沙沟之旁而取名沙现。聚落呈带状分布。经济以种植业为主，种植小麦、玉米、花生、苹果等。有砖瓦厂。有公路经此。

南圈子 370683–B06–H22
[Nánquānzi]

在市驻地文昌路街道东北方向20.4千米。驿道镇辖自然村。人口300。明洪武年间，王姓由四川迁此立村。村四周地势较高，且位于庙山之南，故取村名南圈子。聚落呈团块状分布。经济以种植业为主，种植小麦、玉米、花生、苹果等。有公路经此。

庙山 370683-B06-H23

[Miàoshān]

在市驻地文昌路街道东北方向 20.7 千米。驿道镇辖自然村。人口 400。明洪武年间，王姓由四川迁此立村，北倚庙山，村因山名。聚落呈带状分布。经济以种植业为主，种植小麦、玉米、花生、苹果等。有公路经此。

崮山坡子 370683-B06-H24

[Gùshānpōzi]

在市驻地文昌路街道东北方向 17.9 千米。驿道镇辖自然村。人口 400。清康熙年间，张姓由吕村迁此立村，因地处山坡而得名坡子。因重名，1982 年，以其南临崮山而更名崮山坡子。聚落呈团块状分布。经济以种植业为主，种植小麦、玉米、花生、苹果等。有公路经此。

韩家 370683-B06-H25

[Hánjiā]

在市驻地文昌路街道东方向 18.6 千米。驿道镇辖自然村。人口 400。清康熙年间，韩姓由招远迁此立村，以姓氏取名韩家。聚落呈团块状分布。经济以种植业为主，种植小麦、玉米、花生、苹果等。有公路经此。

庄李家 370683-B06-H26

[Zhuānglǐjiā]

在市驻地文昌路街道东南方向 19.2 千米。驿道镇辖自然村。人口 700。明崇祯年间，李姓由平里店迁此立村，取名庄李家。聚落呈带状分布。经济以种植业为主，种植小麦、玉米、花生、苹果等。有公路经此。

东程 370683-B07-H01

[Dōngchéng]

程郭镇人民政府驻地。在市驻地文昌路街道东北方向 7.0 千米。人口 1 000。明洪武二年（1369），程姓由四川迁此立村。因属沙丘城外围村庄，驻有卫城军队，故得名程郭。清初，村庄扩大，分为两村，该村在东，称东程。聚落呈团块状分布。有学校。经济以种植业为主，种植小麦、玉米、花生、地瓜、苹果。有泡花碱厂、烟台优谷食品有限公司。省道莱海公路经此。

后苏 370683-B07-H02

[Hòusū]

在市驻地文昌路街道东北方向 10.0 千米。程郭镇辖自然村。人口 1 600。明洪武二年（1369），唐姓由四川迁此立村，村前有一土阁，名曰苏阁，故得村名苏阁唐家。1958 年，与邻村苏阁栾家（今前苏）同时更名，该村在北，称后苏。2010 年后苏、苏郭孟家两村合并，命名为后苏。聚落呈团块状分布。经济以种植业为主，种植小麦、玉米、花生、地瓜、苹果、桃、杏、大姜。有莱州广诚化工有限公司。烟潍公路经此。

罗家营 370683-B07-H03

[Luójiāyíng]

在市驻地文昌路街道东北方向 10.5 千米。程郭镇辖自然村。人口 300。明洪武年间，盛姓由四川迁此立村，传说隋朝末年，罗成率军打登州、闹莱州时，曾在此安营扎寨，故得村名罗成营，后改称罗家营。聚落呈团块状分布。经济以种植业为主，种植小麦、玉米、花生、大姜、苹果等。省道莱海路经此。

前苏 370683-B07-H04

[Qiánsū]

在市驻地文昌路街道东北方向 9.0 千

米。程郭镇辖自然村。人口 800。明洪武二年（1369），栾姓由四川迁此立村。此地当时有一土阁，名曰苏阁，故得村名苏阁栾家。1958 年，与邻村苏阁唐家（今后苏）同时更名，该村在南，称前苏。聚落呈带状分布。经济以种植业为主，种植小麦、玉米、花生、大姜、苹果等。烟潍路经此。

高家庄子 370683-B07-H05
[Gāojiāzhuāngzǐ]

在市驻地文昌路街道东北方向 8.3 千米。程郭镇辖自然村。人口 200。明洪武三年（1370），高姓由四川迁此立村，以姓氏取名高家庄子。聚落呈带状分布。经济以种植业为主，种植小麦、玉米、花生、大姜、苹果等。有公路经此。

侯家 370683-B07-H06
[Hóujiā]

在市驻地文昌路街道东北方向 8.0 千米。程郭镇辖自然村。人口 200。明洪武三年（1370），焦姓由四川迁此立村，取名焦家庄子。1912 年，掖城侯姓在此修建墓地，村名由此改为侯家。聚落呈带状分布。经济以种植业为主，种植小麦、玉米、花生、大姜、苹果等。有公路经此。

西程 370683-B07-H07
[Xīchéng]

在市驻地文昌路街道东北方向 6.7 千米。程郭镇辖自然村。人口 1 100。明洪武二年（1369），程姓由四川迁此立村，因属沙丘城外围村庄，驻有卫城军队，故得名程郭。清初，村庄扩大，分为两村，该村在西，称西程。聚落呈带状分布。经济以种植业为主，种植小麦、玉米、花生、地瓜、大姜、苹果等。有莱州固特玻璃有限公司、莱州大源混凝土有限公司。省道莱海路经此。

五佛刘家 370683-B07-H08
[Wǔfóliújiā]

在市驻地文昌路街道东北方向 8.9 千米。程郭镇辖自然村。人口 600。明洪武二年（1369），刘姓由四川迁此立村。因村南有一座庙，内供五尊佛像，故得村名五佛刘家。聚落呈带状分布。经济以种植业为主，种植小麦、玉米、花生、地瓜、大姜、苹果等。省道莱海路经此。

五佛蒋家 370683-B07-H09
[Wǔfójiǎngjiā]

在市驻地文昌路街道东北方向 8.7 千米。程郭镇辖自然村。人口 700。明洪武二年（1369），蒋姓由四川迁此立村。村西有一座庙，内供五尊佛像，故得村名五佛蒋家。聚落呈带状分布。经济以种植业为主，种植小麦、玉米、花生、地瓜、苹果等。有烟台东一粉末冶金有限公司、莱州伟辰汽车配件有限公司、六合饲料股份有限公司莱州分公司。省道莱海路经此。

沙埠庄 370683-B07-H10
[Shābùzhuāng]

在市驻地文昌路街道东北方向 10.5 千米。程郭镇辖自然村。人口 800。明洪武四年（1371），王姓由四川成都府迁此立村，因村南有一大沙埠子而得村名沙埠庄。聚落呈带状分布。经济以种植业为主，种植小麦、玉米、花生、地瓜、大姜、苹果等。有公路经此。

西武官 370683-B07-H11
[Xīwǔguān]

在市驻地文昌路街道东北方向 6.1 千米。程郭镇辖自然村。人口 1 000。明洪武五年（1372），孙姓由四川迁此定居，村西岭上有明朝武官之墓，其官职较大武官刘将军小，故得村名小武官。1945 年后，更名西武官。聚落呈带状分布。经济以种植业为主，种植小麦、玉米、花生、地瓜、大姜、苹果等。有公路经此。

后王门 370683–B07–H12

[Hòuwángmén]

在市驻地文昌路街道东北方向 6.5 千米。程郭镇辖自然村。人口 500。明洪武二年（1369），宋姓由四川迁此立村。村北有一座王母宫，故取村名王母门前。清初，简称王门。1945 年后，因重名，该村在北，称后王门。聚落呈带状分布。经济以种植业为主，种植小麦、玉米、花生、地瓜、大姜、苹果、杏、桃。有公路经此。

前王门 370683–B07–H13

[Qiánwángmén]

在市驻地文昌路街道东北方向 6.8 千米。程郭镇辖自然村。人口 200。明洪武二年（1369），宋姓由四川迁此立村，因位于王母宫门前而取名王母门前。清初，简称王门。1945 年后，因重名，该村居南，称前王门。聚落呈带状分布。经济以种植业为主，种植小麦、玉米、花生、地瓜、大姜、苹果等。有公路经此。

清明沟 370683–B07–H14

[Qīngmínggōu]

在市驻地文昌路街道东北方向 9.1 千米。程郭镇辖自然村。人口 500。明末清初，张姓由后王门、程姓由柳林头、王姓由四川分别迁此在一条大沟两旁立村，取名清明沟。聚落呈带状分布。经济以种植业为主，种植小麦、玉米、花生、地瓜、大姜、苹果等。荣乌高速公路经此。

后武官 370683–B07–H15

[Hòuwǔguān]

在市驻地文昌路街道东北方向 8.9 千米。程郭镇辖自然村。人口 500。明洪武七年（1374），有一位刘姓大武官葬于此地，守墓人李姓居此立村，取村名大武官。清末，村庄发展扩大，分为两村，该村居北，称后武官。聚落呈带状分布。经济以种植业为主，种植小麦、玉米、花生、地瓜、大姜、苹果等。有公路经此。

前武官 370683–B07–H16

[Qiánwǔguān]

在市驻地文昌路街道东北方向 8.9 千米。程郭镇辖自然村。人口 800。明洪武七年（1374），有一位刘姓大武官葬于此地，守墓人李姓居此立村，取村名大武官。清末，村庄发展扩大，分为两村，该村居南，称前武官。聚落呈带状分布。经济以种植业为主，种植小麦、玉米、花生、地瓜、大姜、苹果等。有公路经此。

桥头 370683–B07–H17

[Qiáotóu]

在市驻地文昌路街道东方向 7.2 千米。程郭镇辖自然村。人口 1 000。明洪武年间，于姓由四川迁此立村，以姓氏取名于家疃。清末，因村北建有一座石桥而更名桥头。聚落呈带状分布。经济以种植业为主，种植小麦、玉米、花生、地瓜、大姜、苹果等。荣乌高速公路经此。

下董 370683–B07–H18

[Xiàdǒng]

在市驻地文昌路街道东方向 9.6 千米。程郭镇辖自然村。人口 800。明洪武二年（1369），董姓由四川成都府迁此分南、北两地立村，该村地势较低，称下董。聚落呈团块状分布。经济以种植业为主，种植小麦、玉米、花生、地瓜、大姜、苹果等。有公路经此。

上董 370683-B07-H19
[Shàngdǒng]

在市驻地文昌路街道东方向10.3千米。程郭镇辖自然村。人口500。明洪武二年（1369），董姓由四川成都府迁此分南、北两处立村，该村地势较高，故名上董。聚落呈团块状分布。经济以种植业为主，种植小麦、玉米、花生、地瓜、姜、苹果等。有公路经此。

西石桥 370683-B07-H20
[Xīshíqiáo]

在市驻地文昌路街道东方向10.8千米。程郭镇辖自然村。人口200。明洪武三年（1370），韩姓由四川迁此立村，因村东有一座石桥而得名石桥韩家。清末，村庄扩大，分为两村，该村居西，称西石桥。聚落呈团块状分布。经济以种植业为主，种植小麦、玉米、花生、地瓜、大姜、苹果等。有公路经此。

谷口 370683-B07-H21
[Gǔkǒu]

在市驻地文昌路街道东南方向10.8千米。程郭镇辖自然村。人口300。明洪武二年（1369），赵姓由四川迁此立村，因位于山谷入口处而得村名谷口。聚落呈团块状分布。经济以种植业为主，种植小麦、玉米、花生、地瓜、大姜、苹果等。有公路经此。

谷口唐家 370683-B07-H22
[Gǔkǒutángjiā]

在市驻地文昌路街道东南方向11.4千米。程郭镇辖自然村。人口200。明洪武二年（1369），唐姓由四川迁此立村，因位于山谷入口处而得村名谷口唐家。聚落呈团块状分布。经济以种植业为主，种植小麦、玉米、花生、地瓜、大姜、苹果、梨。有公路经此。

曲家 370683-B07-H23
[Qūjiā]

在市驻地文昌路街道东北方向14.6千米。程郭镇辖自然村。人口900。北宋元丰年间，曲姓由青州迁此立村，以姓氏取名曲家。聚落呈团块状分布。有幼儿园1处。经济以种植业为主，种植小麦、玉米、花生、地瓜、大姜、苹果等。有公路经此。

张家坡子 370683-B07-H24
[Zhāngjiāpōzi]

在市驻地文昌路街道东北方向10.6千米。程郭镇辖自然村。人口700。明初，张姓由四川迁此立村，因位于坡岭之上而得名张家坡子。1945年后，简称坡子。因重名，1982年，恢复原名张家坡子。聚落呈团块状分布。经济以种植业为主，种植小麦、玉米、花生、地瓜、大姜、苹果等。有公路经此。

东圈子 370683-B07-H25
[Dōngquānzi]

在市驻地文昌路街道东北方向16.3千米。程郭镇辖自然村。人口300。明洪武年间，张姓由四川迁此立村，村西九曲河环绕而过，故名圈子。因重名，1958年，以其方位更名东圈子。聚落呈带状分布。经济以种植业为主，种植小麦、玉米、花生、大姜、苹果等。有公路经此。

神堂 370683-B08-H01
[Shéntáng]

虎头崖镇人民政府驻地。在市驻地文昌路街道西北方向8.6千米。人口1 000。明初建村，因村有关帝庙，故名神堂。聚落呈带状分布。有学校。经济以渔业为主，主产海肠、鱼类、竹蛏、文蛤、车虾、海参、牡蛎、杂蛤等。有食品加工、水产品加工等厂。有海参、牡蛎等养殖场。烟汕公路经此。

小沟 370683-B08-H02
[Xiǎogōu]

在市驻地文昌路街道西北方向 7.5 千米。虎头崖镇辖自然村。人口 1 800。明洪武二年（1369），李、姜二姓由四川迁此立村。村中有一条较深的小沟，故取村名小沟。聚落呈带状分布。经济以种植业、渔业、海水养殖业为主，种植小麦、玉米、花生、苹果等。有公路经此。

庄头 370683-B08-H03
[Zhuāngtóu]

在市驻地文昌路街道西北方向 7.4 千米。虎头崖镇辖自然村。人口 500。明成化年间，地方官吏委派钱姓在此设庄收取税租，后逐渐发展形成村庄，取名庄头。聚落呈团块状分布。经济以种植业为主，种植小麦、玉米、花生、苹果等。有公路经此。

西崔家 370683-B08-H04
[Xīcuījiā]

在市驻地文昌路街道西方向 7.0 千米。虎头崖镇辖自然村。人口 300。明洪武二年（1369），崔姓由四川迁此立村，以姓氏取名崔家。因重名，1982 年，以其位于掖城之西而更名西崔家。聚落呈带状分布。有小学 1 处。经济以种植业为主，种植小麦、玉米、花生、苹果、樱桃。有公路经此。

北邓家 370683-B08-H05
[Běidèngjiā]

在市驻地文昌路街道西北方向 6.1 千米。虎头崖镇辖自然村。人口 300。清乾隆年间，邓姓由掖县城迁此立村，以姓氏取名邓家。1958 年，以其位于原神堂镇沟邓家之北而更名北邓家。聚落呈带状分布。经济以种植业、副食品加工业为主，种植小麦、玉米、花生、苹果等。有公路经此。

山上孙家 370683-B08-H06
[Shānshàngsūnjiā]

在市驻地文昌路街道西北方向 6.0 千米。虎头崖镇辖自然村。人口 400。明洪武二年（1369），孙姓由四川成都府铁碓臼孙家迁此立村，村东临山，地势较高，故得村名山上孙家，后简称孙家。因重名，1982 年，恢复原名山上孙家。聚落呈团块状分布。经济以种植业为主，种植小麦、玉米、花生、苹果等。有公路经此。

尹家 370683-B08-H07
[Yǐnjiā]

在市驻地文昌路街道西方向 6.0 千米。虎头崖镇辖自然村。人口 800。明洪武二年（1369），尹兴、尹伦兄弟二人由四川迁此立村，以姓氏取名尹家。聚落呈带状分布。经济以种植业为主，种植小麦、玉米、花生。有建材厂。有公路经此。

小刘家 370683-B08-H08
[Xiǎoliújiā]

在市驻地文昌路街道西方向 5.9 千米。虎头崖镇辖自然村。人口 200。明洪武二年（1369），刘姓由四川迁此立村，因户数较小而得名小刘家。聚落呈带状分布。经济以种植业为主，种植小麦、玉米、花生。有轻烧窑、滑石粉厂等。有公路经此。

东大刘 370683-B08-H09
[Dōngdàliú]

在市驻地文昌路街道西方向 5.5 千米。虎头崖镇辖自然村。人口 700。明洪武二年（1369），刘姓由四川迁此立村，以姓氏取名大刘家。1962年分为两村，该村居东，称东大刘。聚落呈带状分布。经济以种植业、矿产品加工业为主，种植小麦、玉米、花生等。有山东镁矿、山东五矿和莱州玉石矿等企业。有公路经此。

西大刘 370683-B08-H10

[Xīdàliú]

在市驻地文昌路街道西方向6.1千米。虎头崖镇辖自然村。人口600。明洪武二年（1369），刘姓由四川迁此立村，以姓氏取名大刘家。1962年分为两村，该村居西，称西大刘。聚落呈带状分布。经济以种植业为主，种植小麦、玉米、花生等。有滑石粉厂。有公路经此。

前上庄 370683-B08-H11

[Qiánshàngzhuāng]

在市驻地文昌路街道西方向6.8千米。虎头崖镇辖自然村。人口300。明万历年间，掖县城里的官吏为收租方便，在此设立两处庄园，后逐渐发展成村，该村在南，称前上庄。聚落呈带状分布。经济以种植业为主，种植小麦、玉米、花生、苹果等。有公路经此。

彭家 370683-B08-H12

[Péngjiā]

在市驻地文昌路街道西方向5.6千米。虎头崖镇辖自然村。人口400。明洪武二年（1369），彭姓由四川成都府华阳县铁碓臼彭家迁此立村，以姓氏取名彭家。聚落呈团块状分布。经济以种植业为主，种植小麦、玉米、花生等。有公路经此。

宁家 370683-B08-H13

[Nìngjiā]

在市驻地文昌路街道西南方向5.4千米。虎头崖镇辖自然村。人口600。明建文四年（1402），宁姓由四川成都府东关迁此立村，以姓氏取名宁家。聚落呈团块状分布。经济以种植业为主，种植小麦、玉米、花生、苹果等。有镁石粉、滑石粉等加工企业。有公路经此。

沟李家 370683-B08-H14

[Gōulǐjiā]

在市驻地文昌路街道西南方向5.5千米。虎头崖镇辖自然村。人口200。明洪武二年（1369），李姓由四川迁此立村，村南临沟，故名沟李家。聚落呈团块状分布。经济以种植业为主，种植小麦、玉米、花生、大樱桃等。有公路经此。

沟邓家 370683-B08-H15

[Gōudèngjiā]

在市驻地文昌路街道西南方向4.5千米。虎头崖镇辖自然村。人口400。明洪武二年（1369），邓姓由四川迁此立村，村庄四周临沟，故名沟里邓家，后简称沟邓家。聚落呈带状分布。经济以种植业为主，种植小麦、玉米、花生。有滑石粉厂和轻烧窑等。有公路经此。

山前朱家 370683-B08-H16

[Shānqiánzhūjiā]

在市驻地文昌路街道西南方向4.9千米。虎头崖镇辖自然村。人口200。明洪武二年（1369），朱姓兄弟三人由四川迁此立村，以姓氏取名朱家。因重名，1982年，以其位于粉子山之南而更名山前朱家。聚落呈带状分布。经济以种植业为主，种植小麦、玉米、花生、苹果、杏、樱桃。有公路经此。

滕哥坡子 370683-B08-H17

[Ténggēpōzi]

在市驻地文昌路街道西南方向6.1千

米。虎头崖镇辖自然村。人口 300。明洪武二年（1369），王姓由四川迁此立村，村东有一土坡，村西与滕哥庄为邻，故取村名滕哥坡子。清末，简称坡子。因重名，1982 年，恢复原名滕哥坡子。聚落呈团块状分布。经济以种植业为主，种植小麦、玉米、花生等。有宏兴机械附件厂、宏源铸造厂等。有公路经此。

西滕 370683-B08-H18
[Xīténg]

在市驻地文昌路街道西南方向 7.0 千米。虎头崖镇辖自然村。人口 900。明洪武二年（1369），王姓由四川迁此分东、西两处立村，弟居西，取村名西滕哥庄。1958 年，简称西滕。聚落呈带状分布。经济以种植业为主，种植小麦、玉米、花生、苹果等。有公路经此。

东滕 370683-B08-H19
[Dōngténg]

在市驻地文昌路街道西南方向 6.6 千米。虎头崖镇辖自然村。人口 600。明洪武二年（1369），滕姓弟兄二人由四川迁此分东、西两处立村，兄在东，取村名东滕哥庄。1955 年，简称东滕。聚落呈带状分布。经济以种植业为主，种植小麦、玉米、花生、苹果等。有铸造厂。有公路经此。

留村 370683-B08-H20
[Liúcūn]

在市驻地文昌路街道西南方向 12.0 千米。虎头崖镇辖自然村。人口 1 500。明洪武二年（1369），四川移民迁至此地，多数人都不愿在此定居，继续东行，唯有姜、李、张三姓留此立村，取名留村。聚落呈团块状分布。经济以种植业为主，种植小麦、玉米、花生、苹果、梨、大樱桃。有编织厂。有公路经此。

金庄 370683-B08-H21
[Jīnzhuāng]

在市驻地文昌路街道西南方向 10.4 千米。虎头崖镇辖自然村。人口 300。清光绪年间，邹、孙二姓由邻村郎村、南张村迁此立村，以吉祥言取名新庄。因重名，1982 年，以嘉言更名金庄。聚落呈带状分布。经济以种植业为主，种植小麦、玉米、花生、樱桃、苹果。有公路经此。

西葛家 370683-B08-H22
[Xīgějiā]

在市驻地文昌路街道西南方向 9.5 千米。虎头崖镇辖自然村。人口 300。宋政和年间，葛姓由临淄迁此立村，以姓氏取名葛家。因重名，1958 年，以其方位更名西葛家。聚落呈团块状分布。经济以种植业为主，种植小麦、玉米、花生、苹果等。有公路经此。

西高家 370683-B08-H23
[Xīgāojiā]

在市驻地文昌路街道西南方向 11.9 千米。虎头崖镇辖自然村。人口 600。明洪武二年（1369），高姓兄弟三人由四川迁此立村，以姓氏取名高家。因重名，1982 年，以其方位更名西高家。聚落呈团块状分布。经济以种植业为主，种植小麦、玉米、花生、苹果等。有塑料厂、化工机械厂、金属加工厂、服装厂等。有公路经此。

丰于 370683-B08-H24
[Fēngyú]

在市驻地文昌路街道西南方向 11.3 千米。虎头崖镇辖自然村。人口 300。清乾隆年间，于姓由沙河迁此立村，以姓氏取名于家。1982 年，因重名而以嘉言更名丰于。聚落呈带状分布。经济以种植业为主，种植小麦、玉米、花生、大姜。有公路经此。

姚家 370683-B08-H25
[Yáojiā]

在市驻地文昌路街道西南方向 11.4 千米。虎头崖镇辖自然村。人口 400。明洪武二年（1369），姚姓由四川迁此立村，以姓氏取名姚家。聚落呈带状分布。经济以种植业为主，种植小麦、玉米、花生、苹果、大樱桃、梨等。有保鲜厂、纸箱厂、机械加工厂。有公路经此。

埠孙 370683-B08-H26
[Bùsūn]

在市驻地文昌路街道西南方向 10.3 千米。虎头崖镇辖自然村。人口 600。明洪武二年(1369)，孙姓由四川迁此立村，因村东、南皆为土埠，且村址地势高于土埠，故取村名埠上孙家。1958 年，简称埠孙。聚落呈团块状分布。经济以种植业为主，种植小麦、玉米、花生。有塑料厂。有公路经此。

十字口 370683-B09-H01
[Shízìkǒu]

柞村镇人民政府驻地。在市驻地文昌路街道南方向 5.0 千米。人口 700。明洪武十三年(1380)，高、张两姓由四川迁此立村，东临麒麟山，登山远眺村似凤凰，故名村凤凰庄。清末，村分为四，此村居十字街口，故名。聚落呈团块状分布。有学校。经济以种植业为主，种植小麦、玉米、花生、苹果、大樱桃等。有石材加工企业。省道三城公路经此。

大庄子 370683-B09-H02
[Dàzhuāngzi]

在市驻地文昌路街道东南方向 11.9 千米。柞村镇辖自然村。人口 500。明洪武元年（1368），孙姓兄弟二人由四川迁此，各自立村，取名大庄子、小庄子，后村庄逐渐连成一片，统称大庄子。聚落呈团块状分布。经济以种植业、石材加工业为主，种植小麦、玉米、花生、地瓜、苹果，有石材加工企业 20 多家。省道三城公路经此。

前张家 370683-B09-H03
[Qiánzhāngjiā]

在市驻地文昌路街道东南方向 13.4 千米。柞村镇辖自然村。人口 700。明洪武十三年(1380)，高、张二姓由四川迁此立村。东临麒麟山，登山望村，村似凤凰，故取名凤凰庄。清末，因张家多聚居在村前半部，遂单独立村，取名前张家。聚落呈团块状分布。经济以种植业为主，种植小麦、玉米、花生、地瓜、苹果等，有石材加工企业 20 多家。有公路经此。

东官庄 370683-B09-H04
[Dōngguānzhuāng]

在市驻地文昌路街道西南方向 8.7 千米。柞村镇辖自然村。人口 300。清康熙十九年（1680），孙姓由四川迁此立村，因西临官庄而取村名东官庄。聚落呈团块状分布。经济以种植业为主，种植小麦、玉米、花生、地瓜、苹果、大樱桃等。有私营石材加工企业。有公路经此。

西朱旺 370683-B09-H05
[Xīzhūwàng]

在市驻地文昌路街道东南方向 8.5 千米。柞村镇辖自然村。人口 700。明万历八年（1580），朱、王二姓由四川迁此立村，以姓氏取名朱王。后为吉利而改名朱旺。清咸丰年间，村庄发展扩大，分为两村，该村居西，称西朱旺。聚落呈团块状分布。经济以种植业为主，种植小麦、玉米、花生、地瓜、苹果等。有石材加工企业。有公路经此。

中朱旺 370683-B09-H06
[Zhōngzhūwàng]

在市驻地文昌路街道东南方向 8.1 千米。柞村镇辖自然村。人口 600。明万历八年（1580），朱、王二姓由四川迁此立村，以姓氏取名朱王，后为吉利改为朱旺。清咸丰年间，村庄扩大，分为东朱旺、西朱旺。1962 年，由东朱旺分出一部分居民单独立村，取名朱旺。后因重名，1982 年，以其方位更名为中朱旺。聚落呈团块状分布。经济以种植业为主，种植小麦、玉米、花生、苹果、葡萄、山楂等。有公路经此。

东朱旺 370683-B09-H07
[Dōngzhūwàng]

在市驻地文昌路街道东南方向 8.2 千米。柞村镇辖自然村。人口 600。明万历八年（1580），朱、王二姓由四川迁此立村，以姓氏取名朱王。后为吉利而改名朱旺。咸丰年间，村庄发展扩大，分为两村，该村在东，称东朱旺。聚落呈团块状分布。经济以种植业为主，种植小麦、玉米、花生、地瓜、苹果等。有石材加工企业。有公路经此。

临疃河 370683-B09-H08
[Líntuǎnhé]

在市驻地文昌路街道东南方向 8.9 千米。柞村镇辖自然村。人口 1 200。明洪武二年（1369），林姓由四川迁此立村，因临河而居，故名临疃河。聚落呈团块状分布。经济以种植业为主，种植小麦、玉米、花生、地瓜、苹果、葡萄等。有公路经此。

小屋 370683-B09-H09
[Xiǎowū]

在市驻地文昌路街道西南方向 10.0 千米。柞村镇辖自然村。人口 600。明洪武六年（1373），任姓由掖县城迁此，以种菜为业，后逐渐发展成村，因曾住有两间小屋，故取村名小屋。聚落呈团块状分布。经济以种植业为主，种植小麦、玉米、花生、地瓜、苹果、葡萄等。有公路经此。

郭家庄子 370683-B09-H10
[Guōjiāzhuāngzi]

在市驻地文昌路街道西南方向 9.5 千米。柞村镇辖自然村。人口 300。明崇祯五年（1632），郭姓由掖县城迁此为官府经营庄子地，后立村，名郭家庄子。聚落呈团块状分布。有省级文物保护单位四角埠古墓群。经济以种植业为主，种植小麦、玉米、花生、地瓜、苹果等。有公路经此。

西马驿 370683-B09-H11
[Xīmǎyì]

在市驻地文昌路街道西南方向 10.7 千米。柞村镇辖自然村。人口 500。明万历六年（1578），潘姓由邻村大马驿迁此立村，以其方位取名马驿西疃。1951 年，改称西马驿。聚落呈团块状分布。经济以种植业为主，种植小麦、玉米、花生、地瓜、苹果、葡萄等。有公路经此。

火神庙 370683-B09-H12
[Huǒshénmiào]

在市驻地文昌路街道东南方向 10.4 千米。柞村镇辖自然村。人口 700。明洪武三年（1370），蔡姓由四川迁此立村，村南有一座火神庙，村因庙名。聚落呈团块状分布。经济以种植业为主，种植小麦、玉米、花生、地瓜、苹果、葡萄。有公路经此。

洼子 370683-B09-H13
[Wāzi]

在市驻地文昌路街道东南方向 9.8 千

米。柞村镇辖自然村。人口 400。明崇祯十七年（1644），王姓由四川迁此立村。该地地势四周高、中间低，故名洼子。聚落呈团块状分布。经济以种植业为主，种植小麦、玉米、花生、地瓜、苹果等。有公路经此。

大周家 370683-B09-H14
[Dàzhōujiā]

在市驻地文昌路街道东南方向 9.6 千米。柞村镇辖自然村。人口 500。明洪武元年（1368），周姓由四川迁此立村，以姓氏取名大周家。聚落呈团块状分布。经济以种植业为主，种植小麦、玉米、花生、地瓜、苹果等。有公路经此。

葛家 370683-B09-H15
[Gějiā]

在市驻地文昌路街道东南方向 10.1 千米。柞村镇辖自然村。人口 500。明末，葛姓由四川迁此立村，以姓氏取名葛家。聚落呈团块状分布。经济以种植业为主，种植小麦、玉米、花生、地瓜、苹果、葡萄。有公路经此。

南庙 370683-B09-H16
[Nánmiào]

在市驻地文昌路街道东南方向 11.7 千米。柞村镇辖自然村。人口 700。明隆庆四年（1570），王姓由掖县城迁此立村，因位于掖县城之南，且此地当时有一座古庙，故取村名南庙。聚落呈团块状分布。经济以种植业为主，种植小麦、玉米、花生、地瓜、苹果、葡萄。有公路经此。

姚疃 370683-B09-H17
[Yáotuǎn]

在市驻地文昌路街道东南方向 10.9 千米。柞村镇辖自然村。人口 400。明成化十六年（1480），姚姓由四川迁此立村，以姓氏取名姚疃。聚落呈团块状分布。经济以种植业为主，种植小麦、玉米、花生、苹果等。有公路经此。

郝家 370683-B09-H18
[Hǎojiā]

在市驻地文昌路街道东南方向 11.7 千米。柞村镇辖自然村。人口 300。元至正二十二年（1362），霍姓由四川迁此立村，以姓氏取名霍家。后因霍姓绝户，村名演变为郝家。聚落呈团块状分布。经济以种植业为主，种植小麦、玉米、花生、大豆、谷子、苹果、葡萄。有公路经此。

高山 370683-B09-H19
[Gāoshān]

在市驻地文昌路街道东南方向 11.2 千米。柞村镇辖自然村。人口 1 100。明洪武十三年（1380），翟、马、姚三姓由四川迁此立村，因四周环沟，中间较高，以“翟、马上高山”之意而取村名高山。聚落呈团块状分布。经济以种植业为主，种植小麦、玉米、花生、苹果、葡萄。有公路经此。

上马家 370683-B09-H20
[Shàngmǎjiā]

在市驻地文昌路街道东南方向 11.6 千米。柞村镇辖自然村。人口 400。清顺治三年（1646），马姓由邻村高山迁此立村，因位于高山村之东，地势较高，故取名上马家。聚落呈团块状分布。经济以种植业为主，种植小麦、玉米、花生、苹果、葡萄。有公路经此。

小河圈 370683-B09-H21
[Xiǎohéquān]

在市驻地文昌路街道西南方向 13.7 千米。柞村镇辖自然村。人口 500。明万历四年（1576），邻村大河圈王姓为避洪水之灾而迁此立村，取名小河圈。聚落呈团块状分布。经济以种植业为主，种植小麦、玉米、花生、苹果、葡萄。有公路经此。

黄山后 370683-B09-H22
[Huángshānhòu]

在市驻地文昌路街道东南方向 16.9 千米。柞村镇辖自然村。人口 1 500。明末，张、王、韩三姓分别迁此立村，因南临黄山而得名黄山后。聚落呈团块状分布。经济以种植业为主，种植小麦、玉米、花生、地瓜、苹果、葡萄。有石材开采加工等产业。有公路经此。

西臧家 370683-B09-H23
[Xīzāngjiā]

在市驻地文昌路街道东南方向 16.4 千米。柞村镇辖自然村。人口 200。清康熙十九年（1680），臧姓居此立村，因村东河中有一块形似卧龙的黑石而取村名卧龙臧家。1958 年，以其方位更名西臧家。聚落呈团块状分布。经济以种植业为主，种植小麦、玉米、花生、地瓜、苹果等。有公路经此。

夏北 370683-B10-H01
[Xiàběi]

夏邱镇人民政府驻地。在市驻地文昌路街道南方向 25.0 千米。人口 1 900。唐末，夏、邱二姓由平度迁此立村。古时官府每十里设一堡，此地距掖县城四十里，故称四十里堡。清初，改称夏邱堡。1961 年，夏邱堡分为三个村，本村以其方位名夏北。聚落呈团块状分布。有中小学。经济以种植业为主，种植小麦、玉米等。工副业主要以石材加工、工艺雕刻为主。有明宇机械公司、刚磊石材公司等企业。省道三城公路经此。

卸甲庵 370683-B10-H02
[Xièjiǎ'ān]

在市驻地文昌路街道西南方向 11.2 千米。夏邱镇辖自然村。人口 300。此地原有一处尼姑庵，相传宋太祖赵匡胤率军作战到此，曾在庵旁卸甲休息，故取村名卸甲庵。聚落呈团块状分布。有佛迎寺、古村落遗址。经济以种植业为主，种植苹果、樱桃、小米、地瓜等，盛产茶叶，名优特产有豆腐、黄酒、白酒烧锅。荣乌高速公路经此。

大初家 370683-B10-H03
[Dàchūjiā]

在市驻地文昌路街道西南方向 19.1 千米。夏邱镇辖自然村。人口 600。明洪武二年（1369），初姓兄弟二人由四川迁此立村，后兄弟分居，其兄在此，取名大初家。聚落呈团块状分布。经济以种植业为主，种植小麦、玉米、花生。有石材加工企业。有公路经此。

北段家 370683-B10-H04
[Běiduànjiā]

在市驻地文昌路街道西南方向 12.5 千米。夏邱镇辖自然村。人口 500。明初，段姓由四川迁此立村，以姓氏取名段家，后为区别于邻村南段家而更名北段家。聚落呈团块状分布。经济以种植业为主，种植小麦、玉米、花生。有公路经此。

埠口 370683-B10-H05
[Bùkǒu]

在市驻地文昌路街道西南方向 14.2 千米。夏邱镇辖自然村。人口 900。明洪武二年（1369），赵姓由四川迁此立村，此地东、西、北三面皆临土埠，村庄坐落于南面的出口处，故名埠口。聚落呈带状分布。经济以种植业为主，种植小麦、玉米、花生。有公路经此。

官家 370683–B10–H06
[Guānjiā]

在市驻地文昌路街道西南方向 15.6 千米。夏邱镇辖自然村。人口 700。明洪武二年（1369），官姓由四川迁此立村，以姓氏取名官家。聚落呈团块状分布。经济以种植业为主，种植小麦、玉米、花生。有公路经此。

响湾头 370683–B10–H07
[Xiǎngwāntóu]

在市驻地文昌路街道西南方向 14.2 千米。夏邱镇辖自然村。人口 300。清乾隆年间，张姓由掖县迁此立村，传说，村西水湾里有一只乌龟，晚间经常出来活动，每次出湾，都发出很大的响声，故取村名响湾头。聚落呈团块状分布。经济以种植业为主，种植小麦、玉米、花生。有公路经此。

翟家庄 370683–B10–H08
[Zháijiāzhuāng]

在市驻地文昌路街道西南方向 13.2 千米。夏邱镇辖自然村。人口 300。清初，翟强由槔林丁家前往掖县，路经此地，见一喜鹊与蛇相战——龙凤斗，以为吉兆，遂迁此定居，取名翟家庄。聚落呈团块状分布。经济以种植业为主，种植小麦、玉米、花生。有公路经此。

姜家庄 370683–B10–H09
[Jiāngjiāzhuāng]

在市驻地文昌路街道西南方向 13.5 千米。夏邱镇辖自然村。人口 300。明洪武二年（1369），姜姓由四川迁此立村，以姓氏取名姜家庄。聚落呈团块状分布。经济以种植业为主，种植小麦、玉米、花生。有公路经此。

干涝洼 370683–B10–H10
[Gànlàowā]

在市驻地文昌路街道西南方向 14.4 千米。夏邱镇辖自然村。人口 300。清乾隆年间，由路响分出部分居民迁此立村，因地势低洼而得名路响涝洼。后因村西北有一龙头土岗，西北在八卦中为乾方，故更名乾涝洼，后演变为干涝洼。聚落呈团块状分布。经济以种植业为主，种植小麦、玉米、花生。有公路经此。

溪家 370683–B10–H11
[Xījiā]

在市驻地文昌路街道西南方向 14.6 千米。夏邱镇辖自然村。人口 400。明洪武二年（1369），奚姓由四川迁此立村，以姓氏取名奚家。1991 年 10 月，以其村西临溪而更名溪家。聚落呈团块状分布。经济以种植业为主，种植小麦、玉米、花生。有公路经此。

南段家 370683–B10–H12
[Nánduànjiā]

在市驻地文昌路街道西南方向 14.2 千米。夏邱镇辖自然村。人口 1 000。明初，王姓由邻村北段家迁此立村，以方位取名南段家。聚落呈团块状分布。经济以种植业为主，种植小麦、玉米、花生。有公路经此。

白沙 370683–B10–H13
[Báishā]

在市驻地文昌路街道西南方向 14.5 千米。夏邱镇辖自然村。人口 1 200。明洪武二年（1369），杨姓由四川迁此立村，因村南临白沙河而得名白沙。聚落呈团块状分布。经济以种植业为主，种植小麦、玉米、花生。有公路经此。

寇家 370683-B10-H14
[Kòujiā]

在市驻地文昌路街道西南方向 16.0 千米。夏邱镇辖自然村。人口 700。明洪武二年（1369），寇姓由四川迁此立村，以姓氏取名寇家。聚落呈带状分布。经济以种植业为主，种植小麦、玉米、花生。有公路经此。

驸马茔 370683-B10-H15
[Fùmǎyíng]

在市驻地文昌路街道西南方向 16.8 千米。夏邱镇辖自然村。人口 300。元初，有一位岳姓驸马在此病故，崔姓居此看守坟墓，后逐渐发展成村，取名驸马茔。聚落呈团块状分布。经济以种植业为主，种植小麦、玉米、花生。有公路经此。

屯里 370683-B10-H16
[Túnlǐ]

在市驻地文昌路街道西南方向 15.8 千米。夏邱镇辖自然村。人口 600。明洪武二年（1369），倪姓由四川迁此立村。村中曾有一人在永乐皇帝部下做军师，功绩显赫，永乐皇帝下诏赐此村名为护卫屯。后因诏书被县令骗去，遂改为屯里。聚落呈团块状分布。经济以种植业为主，种植小麦、玉米、花生。有公路经此。

西草 370683-B10-H17
[Xīcǎo]

在市驻地文昌路街道西南方向 15.7 千米。夏邱镇辖自然村。人口 400。明洪武二年（1369），姜姓由四川迁此立村，因村东北沟里有一座草苫的菩萨庙而得名西草庙头。清末，简称西草。聚落呈带状分布。经济以种植业为主，种植小麦、玉米、花生。有公路经此。

东草 370683-B10-H18
[Dōngcǎo]

在市驻地文昌路街道西南方向 15.8 千米。夏邱镇辖自然村。人口 200。明洪武二年（1369），王姓由四川迁此立村，因村西有一座草苫的菩萨庙而得名东草庙头。清末，简称东草。聚落呈团块状分布。经济以种植业为主，种植小麦、玉米、花生。有公路经此。

路响 370683-B10-H19
[Lùxiǎng]

在市驻地文昌路街道西南方向 16.7 千米。夏邱镇辖自然村。人口 1 000。明洪武二年（1369），张姓由四川迁此立村，此地碎石较多，行路带响，故名路响。聚落呈带状分布。经济以种植业为主，种植小麦、玉米、花生。有公路经此。

槐树 370683-B10-H20
[Huáishù]

在市驻地文昌路街道西南方向 16.3 千米。夏邱镇辖自然村。人口 300。明洪武二年（1369），孙姓由四川迁此立村。此地当时有一座庙，庙院内有棵大槐树，树杈上可容四人打牌、八人看牌，故取村名槐树里头。清中期，简称槐树。聚落呈团块状分布。经济以种植业为主，种植小麦、玉米、花生。有石材加工企业 10 余家。有公路经此。

李金 370683-B10-H21
[Lǐjīn]

在市驻地文昌路街道西南方向 15.8 千米。夏邱镇辖自然村。人口 1 900。1961 年，李哥庄与金庄子两村合并，名李金。聚落呈团块状分布。经济以种植业为主，种植小麦、玉米、花生。有石材加工企业。有公路经此。

邢家庄 370683-B10-H22
[Xíngjiāzhuāng]

在市驻地文昌路街道西南方向 18.8 千米。夏邱镇辖自然村。人口 400。明末，邢姓由四川迁此立村，以姓氏取名邢家庄。聚落呈团块状分布。经济以种植业为主，种植小麦、玉米、花生。有公路经此。

草阁傅家 370683-B10-H23
[Cǎogéfùjiā]

在市驻地文昌路街道西南方向 17.4 千米。夏邱镇辖自然村。人口 400。明洪武二年（1369），傅姓由四川迁此立村，因邻村有一座草苫的阁楼而得名草阁傅家。1945 年后，简称傅家。因重名，1982 年，恢复原名草阁傅家。聚落呈团块状分布。经济以种植业为主，种植小麦、玉米、花生。有公路经此。

后魏家 370683-B10-H24
[Hòuwèijiā]

在市驻地文昌路街道南方向 15.3 千米。夏邱镇辖自然村。人口 300。明洪武二年（1369），魏姓由四川迁此立村，以姓氏取名魏家。清中期，村庄扩大，以村中三条大街为界分为三村，该村居后，称后魏家。聚落呈带状分布。经济以种植业为主，种植小麦、玉米、花生。有石材加工企业。有公路经此。

中魏家 370683-B10-H25
[Zhōngwèijiā]

在市驻地文昌路街道西南方向 15.6 千米。夏邱镇辖自然村。人口 300。明洪武二年（1369），魏姓由四川迁此立村，以姓氏取名魏家。清中期，村庄扩大，以村中三条大街为界分为三村，该村居中，称中魏家。聚落呈带状分布。经济以种植业为主，种植小麦、玉米、花生。有石材加工企业。有公路经此。

留驾 370683-B10-H26
[Liújià]

在市驻地文昌路街道西南方向 18.5 千米。夏邱镇辖自然村。人口 2 200。此地原有一座玉泉寺，相传宋太祖赵匡胤曾在寺中留宿，并在寺旁用鞭杆搅井一眼，以取水饮马。明洪武二年（1369），王姓兄弟二人由四川迁此立村，取村名留驾。聚落呈团块状分布。经济以种植业为主，种植小麦、玉米、花生。有公路经此。

土山 370683-B11-H01
[Tǔshān]

土山镇人民政府驻地。在市驻地文昌路街道西南方向 30.0 千米。人口 1 800。明末邱姓在土坡上建村，故名。聚落呈团块状分布。有学校。经济以种植业为主，种植小麦、玉米。有盐场、化工厂、机械制造、新能源等企业。308 省道经此。

潘家 370683-B11-H02
[Pānjiā]

在市驻地文昌路街道西南方向 26.7 千米。土山镇辖自然村。人口 1 300。清乾隆年间，潘姓由草阁潘家迁此立村，以姓氏取名潘家。聚落呈团块状分布。经济以种植业为主，种植小麦、玉米。有钢瓶厂、煤气用具厂、盐场、化工、机械制造等企业。308 省道经此。

娄家 370683-B11-H03
[Lóujiā]

在市驻地文昌路街道西南方向 23.8 千米。土山镇辖自然村。人口 700。明洪武二年（1369），娄姓由四川成都府迁此立村，以姓氏取名娄家。聚落呈带状分布。经济以种植业为主，种植小麦、玉米、花生。有机械制造等企业。有公路经此。

皂里于家 370683-B11-H04

[Zàolǐyújiā]

在市驻地文昌路街道西南方向 23.7 千米。土山镇辖自然村。人口 1 100。明洪武二年（1369），于姓由四川迁此立村，旧时官府纳粮有大粮、皂粮之分，该村纳皂粮，故得村名皂里于家。聚落呈带状分布。经济以种植业为主，种植小麦、玉米、花生。有盐场、预制件加工厂、橡胶厂等。有公路经此。

大任家 370683-B11-H05

[Dàrénjiā]

在市驻地文昌路街道西南方向 22.9 千米。土山镇辖自然村。人口 1 200。明初，任姓由西原迁此立村，以吉祥言取名大任家。聚落呈带状分布。经济以种植业为主，种植小麦、玉米、花生。有盐场、机械制造、化工厂、水产养殖等企业。有公路经此。

曲家庄 370683-B11-H06

[Qūjiāzhuāng]

在市驻地文昌路街道西南方向 22.8 千米。土山镇辖自然村。人口 300。清光绪十八年（1892），曲姓由郑村迁此立村，以姓氏取名曲家庄。聚落呈团块状分布。经济以种植业为主，种植小麦、玉米、花生。有盐场。有公路经此。

陈家墩 370683-B11-H07

[Chénjiādūn]

在市驻地文昌路街道西南方向 22.2 千米。土山镇辖自然村。人口 500。明洪武二年（1369），陈姓由四川迁此立村，因村西有一个土墩而取村名陈家墩。聚落呈带状分布。经济以种植业为主，种植小麦、玉米等。有盐场。有公路经此。

土山李家 370683-B11-H08

[Tǔshānlǐjiā]

在市驻地文昌路街道西南方向 25.8 千米。土山镇辖自然村。人口 1 400。清乾隆二十七年（1762），李姓由李家庄迁此立村，以姓氏取名李家。因重名，1982 年，以其南临土山而更名山后李家。1993 年 5 月，更名土山李家。聚落呈团块状分布。经济以种植业为主，种植小麦、玉米。有盐场、机械制造、草艺品等企业。有公路经此。

北徐家 370683-B11-H09

[Běixújiā]

在市驻地文昌路街道西南方向 25.0 千米。土山镇辖自然村。人口 600。明洪武二年（1369），徐姓由四川迁此立村，以姓氏取名徐家。1958 年，为区别于寨里徐家而以其方位更名北徐家。聚落呈带状分布。经济以种植业为主，种植小麦、玉米。有公路经此。

北刘家 370683-B11-H10

[Běiliújiā]

在市驻地文昌路街道西南方向 25.5 千米。土山镇辖自然村。人口 500。明中期，刘姓由湾头迁此立村，以姓氏取名刘家。1958 年，为区别于小刘家而以其方位更名北刘家。聚落呈带状分布。经济以种植业为主，种植小麦、玉米。有盐化、机械制造、草艺品等企业。有公路经此。

东薛 370683-B11-H11

[Dōngxuē]

在市驻地文昌路街道西南方向 20.9 千米。土山镇辖自然村。人口 1 900。明洪武二年（1369），薛姓由四川迁此立村，以姓氏取名薛村。明末，村庄扩大，分为两村，该村居东，称东薛。聚落呈团块状分布。经济以种植业为主，种植小麦、玉米、花生、苹果等。有盐场、化工、机械制造、草艺品等企业。有公路经此。

谭家 370683–B11–H12
[Tánjiā]

在市驻地文昌路街道西南方向 21.2 千米。土山镇辖自然村。人口 700。明弘治三年（1490），谭姓由四川迁此立村，以姓氏取名谭家。聚落呈团块状分布。有幼儿园2处。经济以种植业为主，种植小麦、玉米、花生、苹果等。有印染厂、机械厂、艺品厂、编织厂等。有公路经此。

西孙家 370683–B11–H13
[Xīsūnjiā]

在市驻地文昌路街道西南方向 27.3 千米。土山镇辖自然村。人口 2 100。清顺治十一年（1654），孙姓由大泥河迁此立村，以姓氏取名孙家。因重名，1958 年，以其位于土山之西而更名西孙家。聚落呈团块状分布。经济以种植业为主，种植小麦、玉米、花生。有盐场、橡塑厂、机械制造、化工等企业。有公路经此。

土山杨家 370683–B11–H14
[Tǔshānyángjiā]

在市驻地文昌路街道西南方向 27.1 千米。土山镇辖自然村。人口 1 000。明后期，杨早、杨尧由平度市杨家坡子迁此立村，以姓氏取名杨家。因重名，1982 年，以其临近土山而更名土山杨家。聚落呈带状分布。经济以种植业为主，种植小麦、玉米、花生。有盐场、机械制造等企业。有公路经此。

魏山 370683–B11–H15
[Wèishān]

在市驻地文昌路街道西南方向 25.1 千米。土山镇辖自然村。人口 200。清道光二十五年（1845），李姓由邻村李家迁此立村。附近有一座小山，以言其小而取山名无影山，村因山名。清末，更名微山。1958 年后，演变为魏山。聚落呈带状分布。经济以种植业为主，种植小麦、玉米、花生。有润滑油制造等企业。有公路经此。

西洼子 370683–B11–H16
[Xīwāzi]

在市驻地文昌路街道西南方向 24.9 千米。土山镇辖自然村。人口 1 200。元末明初，方姓居此立村。村西有一片涝洼地，故取名洼子。因重名，1982 年，以其位于掖城之西而更名为西洼子。聚落呈团块状分布。经济以种植业为主，种植小麦、玉米、花生、苹果等。有机械制造、草艺品、橡胶等企业。308 省道经此。

雷埠马家 370683–B11–H17
[Léibùmǎjiā]

在市驻地文昌路街道西南方向 23.9 千米。土山镇辖自然村。人口 800。明洪武二年（1369），马姓由四川迁此立村，因地处由风沙垒成的沙埠之上而得名垒埠马家，后演变为雷埠马家。聚落呈带状分布。有文化广场 1 处。经济以种植业为主，种植小麦、玉米。有机械制造等企业。有公路经此。

顾家 370683–B11–H18
[Gùjiā]

在市驻地文昌路街道西南方向 24.3 千米。土山镇辖自然村。人口 500。明洪武二年（1369），顾姓由四川迁此立村，以姓氏取名顾家。聚落呈散状分布。经济以种植业为主，种植小麦、玉米。有机械制造、草艺品加工等企业。308 省道经此。

栾家 370683-B11-H19

[Luánjiā]

在市驻地文昌路街道西南方向 24.0 千米。土山镇辖自然村。人口 1 400。明洪武二年（1369），栾姓由四川迁此立村，因与垒埠马家为邻而得名垒埠栾家，后演变为雷埠栾家。1945 年后，简称栾家。聚落呈带状分布。经济以种植业为主，种植小麦、玉米。有橡塑、机械制造等企业。308 省道经此。

方杨 370683-B11-H20

[Fāngyáng]

在市驻地文昌路街道西南方向 25.5 千米。土山镇辖自然村。人口 1 300。1962 年，方家村与东杨家两村合并，名方杨。聚落呈团块状分布。经济以种植业为主，种植小麦、玉米等。有橡塑、机械制造等企业。有公路经此。

海沧刘家 370683-B11-H21

[Hǎicāngliújiā]

在市驻地文昌路街道西南方向 32.8 千米。土山镇辖自然村。人口 400。明洪武二年（1369），刘姓由四川迁此立村，因户数较小而取村名小刘家。因重名，1982 年，以其北临海沧而更名海沧刘家。聚落呈团块状分布。经济以种植业为主，种植小麦、玉米、棉花等。有盐场。有公路经此。

寨里徐家 370683-B11-H22

[Zhàilǐxújiā]

在市驻地文昌路街道西南方向 25.5 千米。土山镇辖自然村。人口 1 700。明洪武二年（1369），徐姓由四川迁此立村，此地当时有一个土围子，人们称此为“寨”，故取村名寨里徐家。聚落呈散状分布。经济以种植业为主，种植小麦、玉米。有机械制造等企业。有公路经此。

杨王 370683-B11-H23

[Yángwáng]

在市驻地文昌路街道西南方向 25.9 千米。土山镇辖自然村。人口 1 100。1962 年，西杨家与王家庄两村合并，名杨王。聚落呈团块状分布。有国家级非遗项目莱州草编。经济以种植业为主，种植小麦、玉米。有机械制造、橡塑等企业。有公路经此。

中杨家 370683-B11-H24

[Zhōngyángjiā]

在市驻地文昌路街道西南方向 25.4 千米。土山镇辖自然村。人口 700。明洪武四年（1371），杨姓兄弟三人由四川迁此各自立村，其弟居中，取名中杨家。聚落呈带状分布。经济以种植业为主，种植小麦、玉米。有草艺品、橡塑等企业。有公路经此。

蓬莱市

农村居民点

遇驾沟 370684-A01-H01

[Yùjiàgou]

在市驻地登州街道西南方向 2.0 千米。登州街道辖自然村。人口 600。644 年，李世民东征高句丽，路过此地，村民有幸遇驾，故名遇驾沟。聚落呈散状分布。有文化活动中心。经济以种植业为主，种植葡萄、蔬菜。有公路经此。

韩家疃 370684-A01-H02

[Hánjiātuǎn]

在市驻地登州街道南方向 2.0 千米。登州街道辖自然村。人口 1 000。明洪武年间，刘姓兄弟三人由上海移民而来，韩姓由小云南迁来，因韩姓兴旺，故取名韩家疃。

聚落呈团块状分布。有文化广场。经济以种植业为主，种植蔬菜。有公路经此。

三里沟 370684-A01-H03
[Sānlǐgōu]

在市驻地登州街道南方向 4.0 千米。登州街道辖自然村。人口 600。唐神龙三年（707），姜姓从小云南迁来定居，因村庄距蓬莱城三华里，又位于沟里，故得名三里沟。聚落呈散状分布。有文化活动中心。有古槐、古井、古桥、古庙、古墓。经济以种植业为主，种植苹果、葡萄等。有公路经此。

史家沟 370684-A02-H01
[Shǐjiāgōu]

在市驻地登州街道南方向 6.3 千米。紫荆山街道辖自然村。人口 400。明万历年间，史姓由山东汶上县汶河迁来，因村庄坐落在沟里，故名史家沟。聚落呈散状分布。有文化活动中心。经济以种植业为主，种植地瓜等。有公路经此。

马家泊 370684-A02-H02
[Mǎjiāpō]

在市驻地登州街道南方向 3.3 千米。紫荆山街道辖自然村。644 年，唐太宗李世民东征高句丽，部下在此放过马，此地又是山坡，故名马家坡，后来演变成马家泊。聚落呈散状分布。有文化活动中心。经济以种植业为主，种植花生、玉米、小麦、红薯等。有公路经此。

刘家旺 370684-A03-H01
[Liújiāwàng]

在市驻地登州街道东方向 21.0 千米。新港街道辖自然村。人口 900。明崇祯年间，刘姓由山西小云南迁来此地定居，为使刘姓兴旺，故取名刘家旺。聚落呈团块状分布。有农家书屋。经济以养殖业、渔业为主。有公路经此。

中村 370684-A03-H02
[Zhōngcūn]

在市驻地登州街道东方向 14.0 千米。新港街道辖自然村。人口 900。1645 年，宋姓从江苏徐海县二马宋家迁来定居，以原村名取为马格庄。后分为三个村，本村为中村。聚落呈团块状分布。有农家书屋。经济以种植业为主，种植苹果、梨、葡萄等。有公路经此。

景家 370684-A03-H03
[Jǐngjiā]

在市驻地登州街道东方向 9.0 千米。新港街道辖自然村。人口 300。明末清初，因村子坐落在西沟边，村民以景姓居多，故取名西沟景家，后改名景家。聚落呈团块状分布。有农家书屋。经济以种植业、海水养殖业、加工业为主，种植玉米、苹果、山楂，养殖海参，加工海米。有公路经此。

许马 370684-A03-H04
[Xǔmǎ]

在市驻地登州街道东方向 7.7 千米。新港街道辖自然村。人口 600。明末，许、马二姓由外地迁来，因村庄位于睡虎山西沟的西边，故取名西沟许家和西沟马家。后两村合一，取名许马。聚落呈团块状分布。有农家书屋。有小鸭集团、海洋生物、金创集团等。有公路经此。

矫格庄 370684-A03-H05
[Jiǎogézhuāng]

在市驻地登州街道东方向 7.8 千米。新港街道辖自然村。人口 1 300。原有矫姓在此地居住，得名矫格庄。聚落呈团块状分布。

有农家书屋。经济以种植业、养殖业为主。有公路经此。

北八甲 370684-A05-H01

[Běibājiǎ]

在市驻地登州街道东南方向 6.5 千米。南王街道辖自然村。人口 700。以保甲法加序数命名。聚落呈散状分布。经济以种植业为主，种植小麦、玉米、花生、大樱桃、苹果。有公路经此。

北王 370684-A05-H02

[Běiwáng]

在市驻地登州街道东南方向 5.3 千米。南王街道辖自然村。人口 900。唐贞观十八年（644），唐朝李世民征东高句丽，路经此地安营扎寨，各有一王将带领分南北居住，此寨在北，故得名北王。聚落呈散状分布。有戏台、文化室。经济以种植业为主，种植小麦、玉米、花生、大樱桃、苹果。228 国道经此。

大王家 370684-A05-H03

[Dàwángjiā]

在市驻地登州街道东南方向 5.8 千米。南王街道辖自然村。人口 600。明成化年间，王姓兄弟二人由小云南迁来，几年后，兄弟分居，老大在北，取名大王家。聚落呈散状分布。经济以种植业为主，种植大樱桃、苹果。有公路经此。

大宁家 370684-A05-H04

[Dànìngjiā]

在市驻地登州街道东南方向 6.6 千米。南王街道辖自然村。人口 200。明成化年间，宁姓兄弟二人迁此立村，取名宁家。后兄弟分居，老大居原村，名大宁家。聚落呈散状分布。经济以种植业为主，种植大樱桃、苹果。有公路经此。

位吴 370684-A05-H05

[Wèiwú]

在市驻地登州街道东南方向 6.6 千米。南王街道辖自然村。人口 200。清乾隆四十七年（1782），连下大雨，山洪暴发，牛山南庙被冲毁倒塌，庙里大钟随水而下，至此而住，定于其位。吴姓由云南迁来，故名村位钟院吴家，简称位吴。聚落呈散状分布。经济以种植业为主，种植小麦、玉米、花生、大樱桃、苹果。有公路经此。

七里庄 370684-A05-H06

[Qīlǐzhuāng]

在市驻地登州街道南方向 6.5 千米。南王街道辖自然村。人口 700。明洪武年间，裴、姜二姓从小云南迁来，以蓬莱城至此七华里而得名七里庄。聚落呈散状分布。经济以种植业为主，种植小麦、玉米、花生、大樱桃。有公路经此。

枣林店 370684-A05-H07

[Zǎolíndiàn]

在市驻地登州街道南方向 6.5 千米。南王街道辖自然村。人口 200。清代，李姓由本县沙河大李家迁来居住，在此开店谋生，为过路行人提供食宿，因此处周围尽是枣树，故被称为枣林店。聚落呈散状分布。经济以种植业为主，种植苹果、樱桃。有公路经此。

磕刘 370684-A05-H08

[Kēliú]

在市驻地登州街道南方向 11.0 千米。南王街道辖自然村。人口 400。唐贞观十八年（644），唐太宗李世民东征高句丽，路经此地，马失前蹄，跪倒崖石上，此地有刘姓定居，由此得名磕头崖刘家，简称磕刘。聚落呈散状分布。经济以种植业为主，种植葡萄。有中粮山谷高尔夫球场。有公路经此。

牛山杨家 370684-A05-H09

[Niúshānyángjiā]

在市驻地登州街道南方向 8.0 千米。南王街道辖自然村。人口 500。清朝初期，杨姓从云南迁居牛山脚下定居，后发展成村，根据地理位置和姓氏得名牛山杨家。聚落呈散状分布。有戏台、文化室等。名胜有桃沟神水。经济以种植业为主，种植樱桃。有公路经此。

邢家 370684-A05-H10

[Xíngjiā]

在市驻地登州街道南方向 3.7 千米。南王街道辖自然村。人口 600。明朝初年，革姓居此，得名革家庄。清乾隆年间，邢姓从本县寺夼迁此，更名为邢家。聚落呈散状分布。经济以种植业为主，种植大樱桃、苹果和葡萄。228 国道经此。

寨里 370684-A05-H11

[Zhàilǐ]

在市驻地登州街道东南方向 6.8 千米。南王街道辖自然村。人口 300。唐贞观十八年（644），李世民东征高句丽时，路经此地，安营扎寨，故取名寨里。聚落呈散状分布。经济以种植业为主，种植苹果、樱桃、葡萄。有公路经此。

泥河 370684-A05-H12

[Níhé]

在市驻地登州街道东南方向 5.7 千米。南王街道辖自然村。人口 300。清康熙年间，刘姓由青州府东关迁来，因村东有一条河，河床淤积，不见沙石，由此得村名泥河。聚落呈散状分布。经济以种植业为主，种植小麦、玉米、花生、大樱桃、苹果。有公路经此。

刘家沟 370684-B01-H01

[Liújiāgōu]

刘家沟镇人民政府驻地。在市驻地登州街道东南方向 12.0 千米。人口 1 600。明洪武元年（1368），刘姓兄弟三人自青州府鸭儿湾村迁此地定居，坐落在沟的东西两侧，由此得名。聚落呈团块状分布。有省级文物保护单位刘家沟遗址。经济以种植业为主，种植小麦、玉米、花生。有中粮长城葡萄酒（烟台）有限公司和 2 500 亩葡萄观光基地。206 国道、228 国道经此。

安香于家 370684-B01-H02

[Ānxiāngyújiā]

在市驻地登州街道东方向 12.0 千米。刘家沟镇辖自然村。人口 800。清顺治二年（1645），邹姓在此居住，因该村坐落在安香寺的东边，故名安香邹家。后于氏两兄弟迁来此地，更名安香于家。聚落呈团块状分布。有幼儿园。经济以种植业为主，种植小麦、玉米、花生。228 国道经此。

南吴家 370684-B01-H03

[Nánwújiā]

在市驻地登州街道东南方向 18.0 千米。刘家沟镇辖自然村。人口 900。明嘉靖年间，吴姓从小云南（今山西省）迁来定居，与高姓同住一村。后因吴姓发展兴旺，且村位于木基河东南方，故名木基南吴家，后简称南吴家。聚落呈团块状分布。经济以种植业为主，种植小麦、玉米、花生。有水产养殖加工、交通运输等产业。228 国道经此。

三赵 370684-B01-H04

[Sānzhào]

在市驻地登州街道东南方向 18.0 千米。刘家沟镇辖自然村。人口 400。明万历年间，赵德才兄弟三人自河南汝南槐树底下大赵家村迁居此地，后老大、老二下落不明，只剩下老三居住此地，故以兄弟三人姓氏取名三赵。聚落呈散状分布。经济以种植业为主，种植小麦、玉米、花生。有公路经此。

古梓庄 370684–B01–H05
[Gǔzǐzhuāng]

在市驻地登州街道东南方向 12.0 千米。刘家沟镇辖自然村。人口 200。清康熙年间，叶姓从栖霞县藏家庄迁来定居，因该村位于尼姑庵旁，又有尼姑坟墓，故取名姑子庄。20 世纪初期，以谐音改村名为古梓庄。聚落呈团块状分布。经济以种植业为主，种植小麦、玉米、花生。有中粮长城君顶葡萄酒庄园。有公路经此。

李茂庄 370684–B01–H06
[Lǐmàozhuāng]

在市驻地登州街道东南方向 12.0 千米。刘家沟镇辖自然村。人口 200。清康熙年间，李姓、毛姓迁来定居，以姓氏取名为毛李庄。后毛姓外迁，20 世纪初改名为李茂庄。聚落呈散状分布。经济以种植业为主，种植小麦、玉米、花生。有公路经此。

乌沟张家 370684–B01–H07
[Wūgōuzhāngjiā]

在市驻地登州街道东南方向 15.0 千米。刘家沟镇辖自然村。人口 400。明万历年间，张姓兄弟二人自云南河北花园张家迁居此地，因该村位于乌沟河的东岸，故名乌沟张家。聚落呈散状分布。经济以种植业为主，种植小麦、玉米、花生。有公路经此。

乌沟沈家 370684–B01–H08
[Wūgōushěnjiā]

在市驻地登州街道东南方向 16.0 千米。刘家沟镇辖自然村。人口 400。明朝初年，宋姓由山西小云南迁居此地，因村坐落在乌沟的东岸，故名乌沟宋家。清康熙年间，沈姓二兄弟也自山西小云南迁居此地，取名为乌沟沈家，形成一村两名。1954 年正式定名为乌沟沈家。聚落呈散状分布。经济以种植业为主，种植小麦、玉米、花生。有公路经此。

向阳 370684–B01–H09
[Xiàngyáng]

在市驻地登州街道东南方向 20.0 千米。刘家沟镇辖自然村。人口 100。因该村坐落在望珠堐的南坡，背风朝阳，故取名为向阳。聚落呈团块状分布。经济以种植业为主，种植小麦、玉米、花生。有公路经此。

木基迟家 370684–B01–H10
[Mùjīchíjiā]

在市驻地登州街道东南方向 17.0 千米。刘家沟镇辖自然村。人口 1 100。明嘉靖年间，高姓兄弟四人从山西小云南迁来定居，迟国显从登州府迟基弄迁至此地，分别以姓氏取名为高家和迟家，形成一村两名。后因村南河名木基河，且迟姓兴旺，故定名木基迟家。聚落呈团块状分布。经济以种植业为主，种植小麦、玉米、花生。228 国道经此。

安香台子 370684–B01–H11
[Ānxiāngtáizi]

在市驻地登州街道东南方向 12.0 千米。刘家沟镇辖自然村。人口 100。清光绪年间，刘姓从蓬莱城迁来此地定居，因该村地势比邻村高，且每到夏天发洪水时该村从来不进水，故称台子。又因处在安香寺的东侧，故取“安香”二字，喻“安奉香火”和“安祥”之意，命名为安香台子。聚落呈团块状分布。经济以种植业为主，种植小麦、玉米、花生。有公路经此。

潮水三村 370684-B02-H01
[Cháoshuǐsāncūn]

潮水镇人民政府驻地。在市驻地登州街道东南方向 23.3 千米。人口 800。明永乐年间建村，因靠海边，时有海水上潮，故名潮水。1946 年分为四个村，本村为三村，故名。聚落呈团块状分布。经济以种植业为主，种植苹果、葡萄、大樱桃、花生、玉米、小麦。有公路经此。

范家 370684-B02-H02
[Fànjiā]

在市驻地登州街道东南方向 18.1 千米。潮水镇辖自然村。人口 200。明朝末年，范姓迁来定居，故以姓氏取名范家。聚落呈散状分布。经济以种植业为主，种植小麦、玉米、花生。有公路经此。

马家沟 370684-B02-H03
[Mǎjiāgōu]

在市驻地登州街道东南方向 16.5 千米。潮水镇辖自然村。人口 600。明朝末年，马姓由小云南迁至此地定居，故名。聚落呈团块状分布。经济以种植业为主，种植小麦、玉米、花生。有公路经此。

磩里 370684-B02-H04
[Xūlǐ]

在市驻地登州街道东南方向 21.6 千米。潮水镇辖自然村。人口 1 500。明万历年间，赵姓由云南迁至本县抹直口，后来又迁至此地，因靠大海，海边有一礁石，名为磩里，故以礁石命名为磩里。聚落呈团块状分布。经济以种植业、水产养殖业为主，种植小麦、玉米、花生。228 国道经此。

朱家庄 370684-B02-H05
[Zhūjiāzhuāng]

在市驻地登州街道东南方向 20.9 千米。潮水镇辖自然村。人口 400。因朱姓迁此定居，故以姓氏取名为朱家庄。聚落呈散状分布。经济以种植业、水产养殖业为主，种植小麦、玉米、花生。有公路经此。

接夼司家 370684-B02-H06
[Jiēkuǎngsījiā]

在市驻地登州街道东南方向 19.7 千米。潮水镇辖自然村。人口 200。清嘉庆年间，司姓从蓬莱城沙家庄迁此地定居，因村庄坐落在沟夼里，且这条沟夼里沟村相连，村村相通，故名接夼司家。聚落呈散状分布。经济以种植业为主，种植小麦、玉米、花生。有公路经此。

张家窑 370684-B02-H07
[Zhāngjiāyáo]

在市驻地登州街道东南方向 22.0 千米。潮水镇辖自然村。人口 500。明嘉靖年间，张姓由蓬莱城花市街迁来，命名张家庄，后因烧窑闻名，又得名张家窑。聚落呈散状分布。经济以种植业为主，种植葡萄、苹果。有公路经此。

庄头泊 370684-B02-H08
[Zhuāngtóupō]

在市驻地登州街道东南方向 24.9 千米。潮水镇辖自然村。人口 100。南宋年间，张姓由小云南迁至此地定居，因村周围是平原泊地，故取名庄头泊。聚落呈团块状分布。经济以种植业为主，种植葡萄、苹果。有公路经此。

费东 370684-B02-H09
[Fèidōng]

在市驻地登州街道东南方向 20.4 千米。潮水镇辖自然村。人口 900。明万历年间，宋姓由本县母官都迁此定居，因位于费县东部，故取名费县东村，简称费东。聚落呈团块状分布。经济以种植业为主，种植苹果、大樱桃、花生、玉米、小麦。省道龙淳公路经此。

庄官 370684–B02–H10

[Zhuāngguān]

在市驻地登州街道东南方向23.9千米。潮水镇辖自然村。人口700。明永乐年间，刘姓由本县黄泥川迁至此地定居，因本村刘姓做官的多，故取名庄官刘家，后简称庄官。聚落呈团块状分布。经济以种植业为主，种植苹果、大樱桃、花生、玉米、小麦。有公路经此。

崔家 370684–B02–H11

[Cuījiā]

在市驻地登州街道东南方向24.2千米。潮水镇辖自然村。人口800。明永乐年间，崔姓由小云南迁至此地定居，取名崔家。聚落呈团块状分布。经济以种植业为主，种植花生、玉米、小麦、果树。有公路经此。

平畅魏家 370684–B02–H12

[Píngchàngwèijiā]

在市驻地登州街道东南方向24.3千米。潮水镇辖自然村。人口200。明万历年间，魏姓由本县龙山店魏家迁至此地定居，因位于平畅河西岸，故取名平畅魏家。聚落呈团块状分布。经济以种植业为主，种植苹果、花生、玉米、小麦。228国道经此。

上营 370684–B02–H13

[Shàngyíng]

在市驻地登州街道东南方向21.2千米。潮水镇辖自然村。人口400。644年，唐太宗李世民东征路经此地，此地为上营。明永乐年间，孙姓由云南迁至此地定居，用上营命名。聚落呈团块状分布。经济以种植业为主，种植苹果、葡萄、大樱桃、花生、玉米、小麦。有公路经此。

六十里堡 370684–B02–H14

[Liùshílǐpù]

在市驻地登州街道东南方向22.1千米。潮水镇辖自然村。人口300。明崇祯年间，李姓由本公社平畅河李家迁至此地定居，当时以十里为一堡，此地离蓬莱城六十华里，故取名六十里堡。聚落呈团块状分布。经济以种植业为主，种植苹果、粮食。228国道经此。

大柳行 370684–B03–H01

[Dàliǔháng]

大柳行镇人民政府驻地。在市驻地登州街道东南方向34.2千米。人口1 500。明宣德年间建村，因此地柳树茂密成行，故名大柳行。聚落呈团块状分布。有中小学、幼儿园。经济以种植业为主，种植小麦、玉米、花生、苹果。304省道经此。

道头 370684–B03–H02

[Dàotóu]

在市驻地登州街道东南方向28.6千米。大柳行镇辖自然村。人口1 000。644年，唐太宗李世民曾狩猎于此，有河阻拦去路，无路可去，故名到头。1958年公社化后，因大队的印章刻为“道头”，故改为道头。聚落呈散状分布。经济以种植业、养殖业为主，种植苹果、葡萄等。304省道经此。

卧鹿 370684–B03–H03

[Wòlù]

在市驻地登州街道东南方向29.8千米。大柳行镇辖自然村。人口600。明正德年间，张姓由栖霞燕地迁来此地定居，当时此地曾卧着一只鹿，故取名卧鹿。聚落呈散状分布。经济以种植业、养殖业为主，种植小麦、玉米、花生、苹果、葡萄。304省道经此。

觅鹿夼 370684-B03-H04

[Mìlùkuǎng]

在市驻地登州街道东南方向30.3千米。大柳行镇辖自然村。人口900。明成化年间，姜姓由牟平万户姜家迁至此定居，在村南有一座庙，庙前有一墓碑上画着一只鹿，有天这只鹿忽然不见了，为找到这只鹿，故取村名为觅鹿夼。聚落呈散状分布。经济以种植业、养殖业为主，种植葡萄等。304省道经此。

水沟 370684-B03-H05

[Shuǐgōu]

在市驻地登州街道东南方向34.0千米。大柳行镇辖自然村。人口400。明末赵姓由小云南迁至此地，建村时有一条山沟，沟内常有水流，故取名水沟。聚落呈散状分布。经济以种植业、养殖业为主，种植花生、玉米。有公路经此。

东流院 370684-B03-H06

[Dōngliúyuàn]

在市驻地登州街道东南方向29.9千米。大柳行镇辖自然村。人口500。明万历年间，董、刘二姓由小云南迁来，当时这里有座寺院，名曰清泉寺，故根据姓氏和寺院取名董刘院，后叫成东流院。聚落呈散状分布。经济以种植业、养殖业为主，种植小麦、玉米、花生、苹果。304省道经此。

门楼 370684-B03-H07

[Ménlóu]

在市驻地登州街道东南方向33.0千米。大柳行镇辖自然村。人口1 700。明宣德年间，周姓由小云南迁此定居，落户时因村东有一大石崖子，看起来像门楼一样，故取村名门楼。聚落呈散状分布。经济以种植业、养殖业为主，种植小麦、玉米、花生、苹果。304省道经此。

小门家 370684-B04-H01

[Xiǎoménjiā]

小门家镇人民政府驻地。在市驻地登州街道南方向21.7千米。人口1 500。北宋太宗年间建村，门姓居此，因村西北坡花草四季茂盛，故取名花山门家，后更名小门家。聚落呈团块状分布。有学校、幼儿园。经济以种植业为主，种植花生、玉米、葡萄、苹果。有果品销售加工、储存、保鲜等产业。有公路经此。

会文 370684-B04-H02

[Huìwén]

在市驻地登州街道南方向14.8千米。小门家镇辖自然村。人口1 000。有位道士路经此地，看到此地山清水秀，人人会文会武，故命村名会文。聚落呈散状分布。经济以种植业为主，种植苹果、玉米、花生。有公路经此。

陡山 370684-B04-H03

[Dǒushān]

在市驻地登州街道南方向20.8千米。小门家镇辖自然村。人口500。唐贞观十八年（644），唐太宗李世民征东路过此地西岗时，马打了一个前绊，李世民说："好陡的山！"从此这个小岗就叫陡山。刘姓在此居住，取村名陡山。聚落呈团块状分布。经济以种植业为主，种植玉米、花生、苹果。有公路经此。

巨山沟 370684-B04-H04

[Jùshāngōu]

在市驻地登州街道南方向17.5千米。小门家镇辖自然村。人口800。因附近有座大山叫巨山，村坐落在沟里，故名巨山沟。聚落呈散状分布。经济以种植业为主，种植苹果、玉米、花生。有公路经此。

野王家 370684-B04-H05
[Yěwángjiā]

在市驻地登州街道南方向 17.7 千米。小门家镇辖自然村。人口 500。明洪武年间，王姓在此定居建村，村西边有个小土丘，形状像野猪，故名村野王家。聚落呈散状分布。经济以种植业为主，种植苹果、樱桃、葡萄、玉米、小麦、花生。有公路经此。

杏山 370684-B04-H06
[Xìngshān]

在市驻地登州街道南方向 15.0 千米。小门家镇辖自然村。人口 500。明天启三年（1623），张姓由山西小云南迁至杏山脚下居住，取村名杏山。聚落呈散状分布。经济以种植业为主。有公路经此。

卧龙 370684-B04-H07
[Wòlóng]

在市驻地登州街道南方向 20.8 千米。小门家镇辖自然村。人口 1 000。因村庄坐落在山洼里，故名窝落。1945 年，因村北有一条岭岗，形像卧龙，故更名卧龙。聚落呈散状分布。经济以种植业为主，种植玉米、花生、苹果。有公路经此。

转山张家 370684-B04-H08
[Zhuànshānzhāngjiā]

在市驻地登州街道南方向 23.6 千米。小门家镇辖自然村。人口 300。村民原来住在山后，后来绕山一周到了山前居住，因此得名转山张家。聚落呈散状分布。经济以种植业为主，种植苹果、玉米、葡萄、花生。有公路经此。

炉上 370684-B04-H09
[Lúshàng]

在市驻地登州街道南方向 18.2 千米。小门家镇辖自然村。人口 400。清康熙年间，踪姓、国姓在此地居住，以铸钟打铁为主，称踪国炉，故取村名炉上。聚落呈散状分布。经济以种植业为主，种植苹果、花生、玉米、小麦。有公路经此。

山西杨家 370684-B04-H10
[Shānxīyángjiā]

在市驻地登州街道南方向 18.8 千米。小门家镇辖自然村。人口 200。清乾隆年间，杨姓由云南迁到此地定居，因位于巨山西脚下，故取名山西杨家。聚落呈散状分布。经济以种植业为主，种植苹果、玉米、花生、樱桃。有公路经此。

岳家圈 370684-B04-H11
[Yuèjiāquān]

在市驻地登州街道南方向 21.9 千米。小门家镇辖自然村。人口 600。明永乐年间，岳姓来此地居住。村南有一条小河，围村东南西转了一圈，故名岳家圈。聚落呈散状分布。经济以种植业为主，种植苹果。省道牟黄路经此。

柞树庄 370684-B04-H12
[Zuòshùzhuāng]

在市驻地登州街道南方向 18.0 千米。小门家镇辖自然村。人口 1000。明天启年间，李姓由小云南迁来定居，此地遍地柞树，故取名柞树庄。聚落呈散状分布。经济以种植业为主，种植苹果、玉米、花生。有公路经此。

大辛店三村 370684-B05-H01
[Dàxīndiànsāncūn]

大辛店镇人民政府驻地。在市驻地登州街道东南方向 22.5 千米。人口 1 000。明宣德年间，辛姓由云南迁此定居、开店，取名辛店。后分为四村，此村称大辛店三村。聚落呈团块状分布。有学校、幼儿园等。经济以种植业为主，种植小麦、玉米、花生、苹果、樱桃等。有果蔬包装生产、家具加工出售等产业。有公路经此。

木兰沟 370684-B05-H02
[Mùlángōu]

在市驻地登州街道东南方向25.8千米。大辛店镇辖自然村。人口300。因此地有一片木根花树，又是沟夼，故取名木兰沟。聚落呈带状分布。经济以种植业为主，种植葡萄、苹果、桃、花生、玉米。有公路经此。

遇驾夼 370684-B05-H03
[Yùjiàkuǎng]

在市驻地登州街道东南方向30.5千米。大辛店镇辖自然村。人口1 000。唐武德年间，王姓从小云南迁至此地居住。唐贞观十八年（644），唐太宗李世民东征时本村居民在此遇驾，故名。聚落呈散状分布。有幼儿园1处、小学1处。经济以种植业为主，种植苹果。有公路经此。

夏侯 370684-B05-H04
[Xiàhóu]

在市驻地登州街道东南方向28.1千米。大辛店镇辖自然村。人口2 100。明嘉靖年间，本村叫一甲。清康熙年间，张姓由河北兴济迁此定居，取名兴村。1942年该村有一名烈士夏侯苏民在高密战争中牺牲，为纪念，1947年改村名为夏侯。聚落呈散状分布。经济以种植业为主，种植苹果、梨、桃子、樱桃。有公路经此。

河西 370684-B05-H05
[Héxī]

在市驻地登州街道东南方向16.9千米。大辛店镇辖自然村。人口500。吴姓由小云南迁至此地定居，因住在河西岸，故名。聚落呈散状分布。经济以种植业为主，种植苹果、花生、玉米。有公路经此。

郭家庄 370684-B05-H06
[Guōjiāzhuāng]

在市驻地登州街道东南方向20.9千米。大辛店镇辖自然村。人口200。明洪武年间，郭姓由龙山店迁来此地定居，故名。聚落呈散状分布。经济以种植业为主，种植苹果、玉米、花生。206国道经此。

院后 370684-B05-H07
[Yuànhòu]

在市驻地登州街道东南方向21.9千米。大辛店镇辖自然村。人口200。明洪武年间，此地有一座观法寺。明崇祯年间，王姓迁至寺后居住，故名院后。聚落呈散状分布。经济以种植业为主，种植苹果。206国道、228国道经此。

兰西 370684-B05-H08
[Lánxī]

在市驻地登州街道东南方向23.4千米。大辛店镇辖自然村。人口300。因位于兰荫李家西边，故称作兰荫李家西村，1984年改为兰西。聚落呈散状分布。经济以种植业为主，种植苹果、花生、玉米。有公路经此。

战家 370684-B05-H09
[Zhànjiā]

在市驻地登州街道东南方向23.8千米。大辛店镇辖自然村。人口700。明洪武年间，战姓由小云南迁来定居，故名战家。聚落呈散状分布。经济以种植业为主。有公路经此。

王太沟 370684-B05-H10
[Wángtàigōu]

在市驻地登州街道东南方向28.0千米。大辛店镇辖自然村。人口700。清雍正年间，王姓由栖霞县尉夼村迁到此沟南坡落户，因地朝阳，比较暖和，故名。聚落呈散状分布。经济以种植业为主，种植玉米、花生、苹果。有公路经此。

战家庄 370684-B05-H11
[Zhànjiāzhuāng]

在市驻地登州街道东南方向24.2千米。大辛店镇辖自然村。人口400。清雍正八年（1730），战姓由本县村里集大赵家迁此定居，因位于官道附近，故取名官道战家庄，后改称战家庄。聚落呈散状分布。经济以种植业为主，种植苹果、桃、梨、玉米、花生。有公路经此。

官道于庄 370684-B05-H12
[Guāndàoyúzhuāng]

在市驻地登州街道东南方向24.6千米。大辛店镇辖自然村。人口100。清光绪年间，于姓由文登大水泊迁此落户，因位于官道周围，故取名官道于家庄村。1980年地名普查时，因名称字数太多，故更名官道于庄。聚落呈散状分布。经济以种植业为主，种植玉米、花生、苹果。有公路经此。

大泊子 370684-B05-H13
[Dàpōzi]

在市驻地登州街道东南方向23.5千米。大辛店镇辖自然村。人口600。元至正十年（1350），张姓由小云南迁至此地定居，因住处为一片平泊，村又比小泊子大，故名。聚落呈散状分布。经济以种植业为主，种植苹果、花生、小麦、玉米。有公路经此。

皂户于家 370684-B05-H14
[Zàohùyújiā]

在市驻地登州街道东南方向21.6千米。大辛店镇辖自然村。人口500。明万历年间，于姓东至从文登大水泊迁至此处建村，后出一人在朝为官，领出一张皂户名片，故取村名皂户于家。聚落呈散状分布。经济以种植业为主，种植苹果、花生、玉米。有公路经此。

汤家 370684-B05-H15
[Tāngjiā]

在市驻地登州街道东南方向21.8千米。大辛店镇辖自然村。人口200。清康熙年间，汤姓由龙山店公社黄泥川汤家迁来落户，故名。聚落呈散状分布。经济以种植业为主，种植苹果、樱桃、玉米。有公路经此。

崮寺店 370684-B05-H16
[Gùsìdiàn]

在市驻地登州街道东南方向25.9千米。大辛店镇辖自然村。人口1 200。明永乐年间，此地有一座孤寺，并有一个姑嫂二人开的酒店，故名孤寺店，后习惯写为崮寺店。聚落呈散状分布。经济以种植业为主，种植苹果、花生、玉米。有公路经此。

三甲 370684-B05-H17
[Sānjiǎ]

在市驻地登州街道东南方向25.3千米。大辛店镇辖自然村。人口700。明洪武年间，汪姓在此居住，后为便于统治，实行保甲制，一村为一甲，该村为三甲，故名。聚落呈散状分布。经济以种植业为主，种植苹果、玉米、花生。有公路经此。

柳家 370684-B05-H18
[Liǔjiā]

在市驻地登州街道东南方向29.2千米。

大辛店镇辖自然村。人口 900。明洪武年间，柳姓由栖霞县大庄庆迁居此地定居，故名。聚落呈散状分布。经济以种植业为主，种植玉米、花生。有公路经此。

仙人罗家 370684-B05-H19
[Xiānrénluójiā]

在市驻地登州街道东南方向 28.1 千米。大辛店镇辖自然村。人口 1 100。清康熙年间，罗姓由云南迁至此地，因位于仙人脚山下，故取名仙人脚罗家。1980 年地名普查时因字数太多，故改名仙人罗家。聚落呈散状分布。经济以种植业为主，种植苹果、玉米、花生。有公路经此。

大呼家 370684-B05-H20
[Dàhūjiā]

在市驻地登州街道东南方向 22.9 千米。大辛店镇辖自然村。人口 900。明成化年间，呼姓由云南迁至此地定居，为吉利，故以姓氏命名。聚落呈散状分布。经济以种植业为主，种植苹果、葡萄、玉米、花生。304 省道经此。

东宫家庄 370684-B05-H21
[Dōnggōngjiāzhuāng]

在市驻地登州街道东南方向 25.4 千米。大辛店镇辖自然村。人口 400。明成化年间，大宫家宫姓叔侄至此地看守祖坟，后居住此地，因位于大宫家东而得名东宫家庄。聚落呈散状分布。经济以种植业为主，种植苹果、小麦、玉米。有公路经此。

乐地 370684-B05-H22
[Lèdì]

在市驻地登州街道东南方向 26.8 千米。大辛店镇辖自然村。人口 200。清康熙年间，张姓逃荒路过此地，看到人欢马叫，认为此地是欢乐的地方，即在此定居，取名为乐地。聚落呈散状分布。经济以种植业为主，种植苹果、玉米、小麦。有公路经此。

龙山店 370684-B05-H23
[Lōngshāndiàn]

在市驻地登州街道东南方向 14.5 千米。大辛店镇辖自然村。人口 1 300。元至元年间，马姓从小云南迁来此地，因位于蓬莱城东南 40 华里，故得名四十里墩。清乾隆年间，因村西有个龙山，本村又有个开店的，故更名为龙山店。聚落呈散状分布。经济以种植业为主，种植苹果。有公路经此。

东解家 370684-B05-H24
[Dōngxièjiā]

在市驻地登州街道东南方向 17.1 千米。大辛店镇辖自然村。人口 400。644 年，唐太宗李世民征东路过此地，遇到下雨，把甲淋湿，在此地晒甲，故取名晒甲。清康熙年间，解姓居民由山西小云南迁来，取名解家庄。1982 年地名普查时，因重名，更名东解家。聚落呈散状分布。经济以种植业为主，种植苹果、樱桃、花生。有公路经此。

正晌 370684-B05-H25
[Zhèngshǎng]

在市驻地登州街道东南方向 16.8 千米。大辛店镇辖自然村。人口 300。唐贞观十八年（644），唐太宗李世民征东走至此地，正好晌午。李姓由本县大院迁来，以传说取名正晌。聚落呈散状分布。经济以种植业为主，种植苹果、玉米、花生。有公路经此。

驻驾庄 370684-B05-H26
[Zhùjiàzhuāng]

在市驻地登州街道东南方向 24.5 千米。大辛店镇辖自然村。人口 200。唐贞观十八年（644），唐太宗李世民征东走至此地，住了一宿。清康熙年间，梁姓由小云南迁此定居，故名。聚落呈散状分布。经济以种植业为主，种植苹果、花生、玉米。有公路经此。

三十里堡 370684-B05-H27

[Sānshílǐpù]

在市驻地登州街道东南方向15.0千米。大辛店镇辖自然村。人口700。明成化年间，张姓由本县石门张家迁此定居，因此地距蓬莱三十华里，故取名三十里堡。聚落呈散状分布。经济以种植业为主，种植小麦、玉米、苹果、桃子。有公路经此。

响李 370684-B05-H28

[Xiǎnglǐ]

在市驻地登州街道东南方向10.7千米。大辛店镇辖自然村。人口300。清康熙年间，李姓由小云南迁至此地，因位于响水湾下，故取名响水湾李家。1980年地名普查时，因名称字数太多，故改名响李。聚落呈散状分布。经济以种植业为主，种植玉米、小麦、苹果。有公路经此。

井湾周家 370684-B05-H29

[Jǐngwānzhōujiā]

在市驻地登州街道东南方向12.2千米。大辛店镇辖自然村。人口200。明成化年间，周姓由小云南迁此定居，因此沟中有一水湾，故名。聚落呈散状分布。经济以种植业为主，种植苹果、玉米、花生。有公路经此。

石门张家 370684-B05-H30

[Shíménzhāngjiā]

在市驻地登州街道东南方向10.9千米。大辛店镇辖自然村。人口500。明朝初期，张姓从云南迁来此地定居，往蓬莱城的方向开了一条大道，形似石门，故名。聚落呈散状分布。经济以种植业为主，种植苹果、花生。有公路经此。

川李 370684-B05-H31

[Chuānlǐ]

在市驻地登州街道东南方向17.7千米。大辛店镇辖自然村。人口1 100。唐贞观十八年（644），唐太宗李世民途经此地，迷失方向，因此地有糊迷川的传说，故名黄泥川。元朝初期，李姓从小云南来此地定居，以传说取名黄泥川李家。1980年地名普查时，因字数多，取名川李。聚落呈散状分布。经济以种植业为主，种植苹果、花生、玉米。206国道、228国道经此。

槐树庄 370684-B05-H32

[Huáishùzhuāng]

在市驻地登州街道东南方向31.0千米。大辛店镇辖自然村。人口1 000。明末，李姓由小云南迁至此地定居，村西有一棵大槐树，故名。聚落呈散状分布。经济以种植业为主，种植玉米、花生。有公路经此。

榛子沟 370684-B05-H33

[Zhenzigōu]

在市驻地登州街道南方向26.5千米。大辛店镇辖自然村。人口300。清乾隆年间，李姓由青州临淄县迁来定居，周围有很多榛子，故名。聚落呈散状分布。经济以种植业为主，种植苹果。有公路经此。

村里集 370684-B06-H01

[Cūnlǐjí]

村里集镇人民政府驻地。在市驻地登州街道南方向31.0千米。人口2 500。明洪武年间隋姓迁此，因村庄坐落在沟旁，取名隋家沟。清朝末年因村里有集市，更名村里集。聚落呈带状分布。有学校、幼儿园。

有省级文物保护单位村里集墓群（含古城墙）。经济以果业生产、销售为主，产苹果、梨、葡萄、核桃、干果等，是农副产品集散地。有公路经此。

温石汤 370684–B06–H02

[Wēnshítāng]

在市驻地登州街道南方向 26.8 千米。村里集镇辖自然村。人口 1 700。明洪武年间，黄姓从小云南迁来定居，因村内有温泉，故取名温石汤。聚落呈散状分布。经济以果品生产、销售为主，主要作物和特产有苹果、梨、葡萄、核桃、干果等。有公路经此。

战驾庄 370684–B06–H03

[Zhàngjiàzhuāng]

在市驻地登州街道南方向 28.8 千米。村里集镇辖自然村。人口 600。唐贞观十八年（644），唐太宗李世民东征时和盖苏文在此地打仗，故称战驾庄。聚落呈散状分布。经济以果品生产、销售为主，主要作物和特产有苹果、梨、葡萄、核桃。有公路经此。

上王家 370684–B06–H04

[Shàngwángjiā]

在市驻地登州街道南方向 29.0 千米。村里集镇辖自然村。人口 900。明洪武年间，王姓由莱阳亭山迁来此地定居，位于黄水河的上游，故取名上王家。聚落呈散状分布。经济以果品生产、销售为主，主要作物和特产有苹果、梨、葡萄、核桃、干果等。有公路经此。

大崔家 370684–B06–H05

[Dàcuījiā]

在市驻地登州街道南方向 27.4 千米。村里集镇辖自然村。人口 900。明嘉靖年间，崔姓父子由营州西关迁至此地，老三在此定居，故取名大崔家。聚落呈散状分布。经济以果品生产、销售为主，主要作物和特产有苹果、梨、葡萄、核桃、干果等。有公路经此。

古城李家 370684–B06–H06

[Gǔchénglǐjiā]

在市驻地登州街道南方向 31.2 千米。村里集镇辖自然村。人口 900。明成化年间，李姓由栖霞三九村迁至此地定居，因位于古城墙南边，故名古城李家。聚落呈散状分布。经济以果品生产、销售为主，主要作物和特产有苹果、梨、葡萄、核桃、干果等。有公路经此。

石门口 370684–B06–H07

[Shíménkǒu]

在市驻地登州街道南方向 29.0 千米。村里集镇辖自然村。人口 1 300。明洪武年间，石姓由山西小云南迁至此地定居，因石姓房屋门楼修得很好，后又有方、王二姓迁来居住，都称石家大门口，后村庄也取名石门口。聚落呈散状分布。经济以果品生产、销售为主，主要作物和特产有苹果、梨、葡萄、核桃、干果等。有公路经此。

辛旺集 370684–B06–H08

[Xīnwàngjí]

在市驻地登州街道南方向 33.1 千米。村里集镇辖自然村。人口 1 300。明洪武年间，张姓由山西小云南迁来此地定居，取名辛旺集。聚落呈散状分布。经济以果品生产、销售为主，主要作物和特产有苹果、梨、葡萄、核桃、干果等。有公路经此。

柳格庄 370684–B06–H09

[Liǔgézhuāng]

在市驻地登州街道南方向 32.5 千米。村里集镇辖自然村。人口 1 100。明洪武年间，于姓从文登大水泊迁来定居，因位于空山脚下，取名空山于家。清康熙年间，因此地柳树多，故更名柳格庄。聚落呈散状分布。经济以果品生产、销售为主，主要作物和特产有苹果、梨、葡萄、核桃、干果等。有公路经此。

南花夼 370684-B06-H10
[Nánhuākuǎng]

在市驻地登州街道南方向 33.6 千米。村里集镇辖自然村。人口 800。清康熙年间，李姓从招远迁来，因位于北花夼村南，故称南花夼。聚落呈散状分布。经济以果品生产、销售为主，主要作物和特产有苹果、梨、葡萄、核桃、干果等。有公路经此。

北沟二村 370684-B07-H01
[Běigōu'èrcūn]

北沟镇人民政府驻地。在市驻地登州街道西南方向 14.4 千米。人口 800。明洪武二年（1369），杨姓由潍坊迁至此，定居沟北，名村北沟。后分三村，本村为北沟二村。聚落呈散状分布。有学校、幼儿园等。经济以种植业为主，种植葡萄、苹果、无花果、玉米等。228 国道经此。

北林院 370684-B07-H02
[Běilínyuàn]

在市驻地登州街道西南方向 13.4 千米。北沟镇辖自然村。人口 900。明洪武年间，车姓从小云南迁至此地定居，因当时此地东面、北面有柏树林，有人在此地北面修了一座柏林寺，后因“柏”“北”二字音同，故称村北林院。聚落呈散状分布。经济以种植业为主，种植无花果、苹果、葡萄、玉米，出产星落石等名石。228 国道经此。

北王绪 370684-B07-H03
[Běiwángxù]

在市驻地登州街道西南方向 14.2 千米。北沟镇辖自然村。人口 2 900。唐贞观十八年（644），唐太宗李世民东征时，部下两王子分别在此建南王墅、北王墅，后梁姓由小云南迁来定居，因位于北王墅周围，故取名北王墅，后以谐音改写为北王绪。聚落呈散状分布。经济以种植业为主，种植无花果、小麦、玉米、葡萄。有公路经此。

西正李家 370684-B07-H04
[Xīzhènglǐjiā]

在市驻地登州街道西南方向 17.0 千米。北沟镇辖自然村。人口 600。唐太宗李世民征东曾在此落过脚，由于人们崇敬天子，故叫西正。李姓迁来后，改为西正李家。聚落呈散状分布。经济以种植业、养殖业为主，种植小麦、玉米、樱桃、葡萄。有公路经此。

港里 370684-B07-H05
[Gǎnglǐ]

在市驻地登州街道西南方向 11.7 千米。北沟镇辖自然村。人口 900。此地北面有一个港口，港口南面有几处茅屋，名叫港里。明正德年间，林姓由福建迁来此地定居，故以港里为名。聚落呈散状分布。经济以种植业为主，种植无花果、苹果、葡萄。228 国道经此。

聂家 370684-B07-H06
[Nièjiā]

在市驻地登州街道西南方向 16.7 千米。北沟镇辖自然村。人口 1 800。明洪武五年（1372），聂姓由小云南迁来此地定居，以姓氏取名聂家。聚落呈散状分布。经济以种植业为主，种植无花果、小麦、玉米、葡萄。有国电蓬莱发电厂。228 国道经此。

栾家口 370684-B07-H07
[Luánjiākǒu]

在市驻地登州街道西南方向13.6千米。北沟镇辖自然村。人口3 000。明洪武年间，栾姓由小云南迁至此地定居，后因此地位于沿海，有一海口，故取名栾家口。聚落呈散状分布。经济以养殖业、商贸业为主。228国道经此。

上口姜家 370684-B07-H08
[Shàngkǒujiāngjiā]

在市驻地登州街道西南方向10.3千米。北沟镇辖自然村。人口400。明洪武年间，姜姓由小云南迁来定居。此地两边有两条沟，叫上口沟，因位于上口沟北岸，故取名上口姜家。聚落呈散状分布。经济以种植业为主，种植无花果、苹果、葡萄。228国道经此。

解家 370684-B07-H09
[Xièjiā]

在市驻地登州街道西南方向15.8千米。北沟镇辖自然村。人口500。明朝末年，解姓由小云南迁至此地定居，以姓氏取名解家。聚落呈散状分布。经济以种植业为主，种植小麦、玉米、花生、无花果、葡萄。有公路经此。

两铭 370684-B07-H10
[Liǎngmíng]

在市驻地登州街道西南方向20.5千米。北沟镇辖自然村。人口800。清朝初期，因村西黄县有村西张家，本村故名东张家。清末因与外村打仗，被叫为野张家，后又改为冶张家。1920年前后，以北宋时诗人张载所著“东铭、西铭”两文章，更名两铭。聚落呈散状分布。经济以种植业为主，种植小麦、玉米、花生、无花果、葡萄。有公路经此。

红山马家 370684-B07-H11
[Hóngshānmǎjiā]

在市驻地登州街道西南方向15.0千米。北沟镇辖自然村。人口300。明万历年间，殷姓由北沟迁到此地定居，后又有马姓来住，因马姓户数多，且南有一小山，故取名红山马家。聚落呈散状分布。经济以种植业为主，种植小麦、玉米、花生、无花果、葡萄。有公路经此。

孙陶 370684-B07-H12
[Sūntáo]

在市驻地登州街道西南方向17.5千米。北沟镇辖自然村。人口900。清康熙年间，陶姓由蓬莱登州迁至此地定居，取名陶家庄。1956年，与孙家合并为孙陶。聚落呈散状分布。经济以种植业为主，种植小麦、玉米、花生、无花果、葡萄。有公路经此。

舒郝 370684-B07-H13
[Shūhǎo]

在市驻地登州街道西南方向14.5千米。北沟镇辖自然村。人口600。清康熙年间，舒、郝二姓由小云南迁至此地定居，取名舒家、郝家。1945年，两村合并，取名舒郝。聚落呈散状分布。经济以种植业为主，种植玉米、苹果、小麦、花生、葡萄。有公路经此。

河润村 370684-B07-H14
[Hérùncūn]

在市驻地登州街道西南方向19.2千米。北沟镇辖自然村。人口500。清朝初期，张姓由小云南迁至此地定居，以烧窑谋生，故取名张家窑。民国初，因村南有一条小河，改名为河北崖。1950年，经过几年的土壤整理，土质滋润，作物产量逐年增加，广大群众愿由穷变富，故改名河润村。聚落呈散状分布。经济以种植业为主，种植小麦、玉米、花生、无花果、葡萄。有公路经此。

招远市

城市居民点

公园区 370685-I01
[Gōngyuán Qū]

在县级市市区中部。600 户。总面积 0.9 公顷。因建成时小区东有招远第一个公园玲珑园，故称公园区。1983 年始建，1984 年正式使用。建筑总面积 38 000 平方米，多层住宅楼 9 栋，中式建筑特点。有公园等配套设施。通公交车。

文化区 370685-I02
[Wénhuà Qū]

在县级市市区中部。7 687 户。总面积 25 公顷。因南与招远一中、招远十六中、招远县实验小学相邻，处文化路以北，故称文化区。1985 年始建，1994 年正式使用。建筑总面积 154 500 平方米，多层住宅楼 71 栋，中式建筑特点。有幼儿园、诊所、文化大院等配套设施。通公交车。

花园区 370685-I03
[Huāyuán Qū]

在县级市市区中部。780 户。总面积 5.3 公顷。因为小区北和小区东沿路布置为花园，故名花园区。1988 年始建，1991 年正式使用。建筑总面积 53 900 平方米，多层住宅楼 26 栋，中式建筑特点。有小学、篮球场等配套设施。通公交车。

城南区 370685-I04
[Chéngnán Qū]

在县级市市区南部。2 800 户。总面积 23 公顷。因为建设时处招远城区南部，故称城南区。1990 年始建，1997 年正式使用。建筑总面积 240 000 平方米，多层住宅楼 72 栋，中式建筑特点。有小学、中学、商店、银行、农贸市场等配套设施。通公交车。

城东区 370685-I05
[Chéngdōng Qū]

在县级市市区东南部。2 500 户。总面积 17.4 公顷。因为建设时地处城区东部，故称城东区。1992 年始建，2000 年正式使用。建筑总面积 178 000 平方米，多层住宅楼 74 栋，中式建筑特点。有温泉公园、温泉洗浴、市场等配套设施。通公交车。

金都花园 370685-I06
[Jīndū Huāyuán]

在县级市市区北部。1 200 户。总面积 1.2 公顷。因为建设时招远市被命名为中国金都，该小区为打造招远最高档小区，故以金都命名。2000 年始建，2002 年正式使用。建筑总面积 220 000 平方米，住宅楼 29 栋，其中高层 2 栋，多层 27 栋，中式建筑特点。有幼儿园、酒店、会所、超市等配套设施。通公交车。

金晖花园 370685-I07
[Jīnhuī Huāyuán]

在县级市市区东部。800 户。总面积 18.7 公顷。是由金晖房地产开发公司建设的高档花园式小区，故名。2000 年始建，2003 年正式使用。建筑总面积 180 000 平方米，住宅楼 30 栋，其中高层 4 栋、多层 26 栋，中式建筑特点。绿化率 35%。有学校等配套设施。通公交车。

金凤花园 370685-I08

[Jīnfèng Huāyuán]

在县级市市区东部。1 800 户。总面积 19.2 公顷。因为小区南为凤凰岭公园，故名金凤花园。2001 年始建，2008 年正式使用。建筑总面积 150 000 平方米，住宅楼 66 栋，其中高层 2 栋、多层 64 栋，中式建筑特点。绿化率 35%。有商贸区、学校、公园、文化大院等配套设施。通公交车。

玲珑和园 370685-I09

[Línglóng Héyuán]

在县级市市区东北部。934 户。总面积 7.8 公顷。为玲珑轮胎集团打造的职工住宅区，又居玲珑路南，故称玲珑和园。2010 年始建，2012 年正式使用。多层住宅楼 28 栋，中式建筑特点。绿化率 35%。有幼儿园等配套设施。通公交车。

格林小镇 370685-I10

[Gélín Xiǎozhèn]

在县级市市区东部。2 000 户。总面积 17.1 公顷。由山东金潮股份有限公司地产公司打造，依托金龙河打造异域风情的别墅式建筑，故名格林小镇。2011 年始建，2014 年正式使用。建筑总面积 256 000 平方米，住宅楼 40 栋，其中高层 28 栋、多层 12 栋，中式建筑特点，别墅 12 栋。有幼儿园、湿地公园等配套设施。通公交车。

福溪居 370685-I11

[Fúxī Jū]

在县级市市区中部。1 495 户。总面积 11.2 公顷。寓意幸福的日子像河流一样源源不断，所以命名为福溪居。2008 年始建，2011 年正式使用。建筑总面积 92 783 平方米，高层住宅楼 33 栋，中式建筑特点。绿化率 35%。有学校、幼儿园等配套设施。通公交车。

春雨花园 370685-I12

[Chūnyǔ Huāyuán]

在县级市市区东部。330 户。总面积 8.8 公顷。以山东春雨集团命名。2004 年始建，2006 年正式使用。建筑总面积 75 000 平方米，住宅楼 13 栋，其中高层 3 栋、多层 10 栋，中式建筑特点。绿地面积 19 000 平方米。有活动中心、书画院、展览馆、健身广场、课外学校等配套设施。通公交车。

龙馨佳苑 370685-I13

[Lóngxīn Jiāyuàn]

在县级市市区西北部。1 600 户。总面积 30.6 公顷。以吉言嘉意取名龙馨佳苑。2008 年始建，2010 年正式使用。建筑总面积 425 000 平方米，住宅楼 82 栋，其中高层 3 栋、多层 79 栋，中式建筑特点。绿地面积 180 000 平方米。有篮球场、健身器材、银行、幼儿园、学校等配套设施。通公交车。

农村居民点

横掌温家 370685-A01-H01

[Héngzhǎngwēnjiā]

在市驻地温泉街道西北方向 5.3 千米。温泉街道辖自然村。人口 1 200。明初，温姓从山口温家分枝散叶，一支徙居此地，因地处横掌河畔的横掌大洼，故名横掌温家。聚落呈团块状分布。有文化广场 1 处、文化大院 1 处、图书室 1 处、幼儿园 1 处、学校 1 处。有文君山文化公园。有粮油生产、黄金开采、建筑、商贸等产业，主要工业产品有黄金、水泥，有山东鸿福集团。有公路经此。

芮里 370685-A01-H02

[Ruìlǐ]

在市驻地温泉街道北方向 4.4 千米。温泉街道辖自然村。人口 1 800。相传唐朝以前，村名叫黄花坡，村子周围是河畔凹地，长满芦苇。唐王东征兵马到此，村人躲进芦苇中偷窥，弄得芦苇瑟瑟抖动，唐王骑在高头大马上用马鞭一指，问曰："内里有人吗？"十几个随从立即拈弓搭箭，指向芦苇丛，唐王怕伤人，一举马鞭阻止了。此后，村民感念唐王仁慈，把村名改为内里。明朝以后，张姓、闫姓先后迁入，因村子处于草洼丛中，故改称芮里。聚落呈团块状分布。有文化大院 1 处。经济以制造业为主，有玲珑轮胎工业园。有公路经此。

杨家大沟 370685-A01-H03
[Yángjiādàgōu]

在市驻地温泉街道西北方向 0.6 千米。温泉街道辖自然村。人口 700。明万历年间，杨天周由城北原疃迁至此定居，因处滚泉山东麓大沟旁，取名杨家大沟。聚落呈团块状分布。有文化大院、学校、幼儿园。经济以房产开发为主。有公路经此。

岔河 370685-A01-H04
[Chàhé]

在市驻地温泉街道东方向 0.8 千米。温泉街道辖自然村。人口 1 600。明嘉靖年间，王氏祖由掖县寺庄王家迁此定居，因处单家河、五里河、转山河交汇河汊旁，故取村名岔河。聚落呈团块状分布。有文化大院 1 处。经济以鞭炮烟花生产为主。有公路经此。

五里庄 370685-A01-H05
[Wǔlǐzhuāng]

在市驻地温泉街道东南方向 1.9 千米。温泉街道辖自然村。人口 2 800。明万历年间，宋姓由年头宋家迁五里梁家南定居，取名五里宋家；邢姓迁五里宋家南，称五里邢家。后他姓相继入居，合称五里庄。聚落呈团块状分布。有文化大院 3 处。经济以粮油生产和果业为主。有公路经此。

埠后 370685-A01-H06
[Bùhòu]

在市驻地温泉街道西北方向 3.1 千米。温泉街道辖自然村。人口 1 400。明永乐年间，孙姓由瓦里村迁此定居，以姓氏命名为孙家疃。至清朝初期孙姓徙绝，闫、李等姓迁入，因村庄居土埠北面，易名埠后。聚落呈散状分布。有文化大院 1 处。经济以建筑业、商贸业为主。有公路经此。

姚格庄 370685-A01-H07
[Yáogézhuāng]

在市驻地温泉街道东北方向 6.8 千米。温泉街道辖自然村。人口 1 300。北宋咸平年间，姚氏由黄县城迁此定居，取名姚家庄，后演变为姚格庄。聚落呈团块状分布。有文化大院 1 处、图书室 1 处。经济以种植业为主，种植大樱桃。另有黄金采选业和其他工副业。有公路经此。

冷家庄子 370685-A01-H08
[Lěngjiāzhuāngzi]

在市驻地温泉街道西北方向 2.0 千米。温泉街道辖自然村。人口 1 300。清康熙年间，因冷氏人丁兴旺，故名冷家庄子。聚落呈团块状分布。有文化大院 1 处。经济以温泉洗浴服务为主。有公路经此。

城里 370685-A02-H01
[Chénglǐ]

在市驻地温泉街道西北方向 2.9 千米。罗峰街道辖自然村。人口 700。在老招远城的城墙以内，故取名城里。聚落呈团块状分布。有图书室 1 处。有纪念北宋状元王俊民的状元坊。经济以商贸业为主，有文化区市场和 3 条商业街。有公路经此。

南关西 370685-A02-H02

[Nánguānxī]

在市驻地温泉街道西北方向 2.8 千米。罗峰街道辖自然村。人口 800。因处旧城南门外，俗称南关。1945 年分为两村，居西者称南关西。聚落呈团块状分布。有文化大院。经济以建筑业为主，有金海集团，主要从事建筑和餐饮服务。有公路经此。

北关西 370685-A02-H03

[Běiguānxī]

在市驻地温泉街道西北方向 3.1 千米。罗峰街道辖自然村。人口 1 000。以其处老城墙北门外，俗称北关。1945 年分为两村，居西者称北关西。聚落呈团块状分布。有学校 1 处和文化大院。经济以种植业、餐饮业、商贸业为主，有建筑、机械制造、乳胶生产等产业，有金府实业集团公司。有公路经此。

丁家庄子 370685-A02-H04

[Dīngjiāzhuāngzi]

在市驻地温泉街道西北方向 3.4 千米。罗峰街道辖自然村。人口 1 500。南北朝时即有多姓杂居，初姓人丁兴旺，取名初家屯。明嘉靖庚戌年（1550），丁希孔中进士，以势更村名为丁家庄子。聚落呈团块状分布。有小学、中学、文化大院。经济以建筑业、制造业、商贸业为主，有新亚集团公司。有公路经此。

郭家埠 370685-A02-H05

[Guōjiābù]

在市驻地温泉街道西南方向 5.6 千米。罗峰街道辖自然村。人口 1 200。元朝末年，郭姓迁此定居，取名郭家宅科。继而于姓、隋姓迁入，取名于家圈、隋家疃。随着人口发展，各居民点融合，因村庄位于高埠上，以人口大姓更名郭家埠。聚落呈散状分布。有文化大院 1 处、小学 1 处。经济以果业生产和粮油作物种植为主。有公路经此。

石门孟家 370685-A02-H06

[Shíménmèngjiā]

在市驻地温泉街道西南方向 8.1 千米。罗峰街道辖自然村。人口 400。明嘉靖年间，孟姓由孟格庄迁此定居，因地处山口，两侧悬崖对峙形似石门，故名石门孟家。聚落呈散状分布。有文化大院、民俗展览馆。经济以粮油生产和葡萄种植为主，为无核葡萄种植专业村，有葡萄生产合作社。有公路经此。

大曹家 370685-A02-H07

[Dàcáojiā]

在市驻地温泉街道西南方向 2.9 千米。罗峰街道辖自然村。人口 800。唐武德年间，曹姓由河南道曹州迁此定居，取名曹家。明末曹姓一支迁村东建村，称小曹家，此处改称大曹家。聚落呈团块状分布。有文化大院 1 处。经济以粮油种植、餐饮服务为主。有公路经此。

龙王庙下 370685-A02-H08

[Lóngwángmiàoxià]

在市驻地温泉街道西方向 5.3 千米。罗峰街道辖自然村。人口 1 200。明成化年间，李姓由后花园迁此定居，因居龙王庙东下坡，故名龙王庙下村。1958 年修建水库，村庄成为库区，西移新建村庄，易村名为新建，意为是新建的社会主义农村。1992 年复名龙王庙下。聚落呈散状分布。有文化大院。有龙王庙、龙王湖风景区、架旗山游乐园。经济以粮油生产、果业生产为主，产桃、杏。有公路经此。

东关 370685-A03-H01

[Dōngguān]

在市驻地温泉街道西北方向 2.5 千米。泉山街道辖自然村。人口 800。因处城墙东门外，故名东关。聚落呈团块状分布。有文化大院、幼儿园、中学。有东关街、小猪市街等历史遗迹。有金城集团、招远市商贸中心、山东金城温泉大酒店、金城股份有限公司、清韵家纺有限公司，著名产品有“丝宝宝”牌龙口粉丝、“梅花牌”网扣。有公路经此。

北关东 370685-A03-H02

[Běiguāndōng]

在市驻地温泉街道西北方向 2.8 千米。泉山街道辖自然村。人口 800。因处旧城北门外，俗称北关。1945 年分为两村，此处居东，称北关东。聚落呈团块状分布。有文化大院 1 处。有魁星公园和魁星阁。经济以商业、服务业为主，村东建有文化市场和花鸟专业市场。有公路经此。

汤上 370685-A03-H03

[Tāngshàng]

在市驻地温泉街道西北方向 1.9 千米。泉山街道辖自然村。人口 1 800。因地处滚泉山西麓，临近温泉汤池，俗称汤上。聚落呈团块状分布。有文化大院 2 处。经济以建筑业、商贸业为主。为招远温泉洗浴中心区，有河东农贸市场。有公路经此。

郭家庄子 370685-A03-H04

[Guōjiāzhuāngzi]

在市驻地温泉街道西方向 1.9 千米。泉山街道辖自然村。人口 1 000。明弘治年间，郭姓由官地村迁此定居，取名郭家庄子。聚落呈团块状分布。有文化大院 1 处。经济以制造业为主，电线电缆为主要产品。有山东鑫汇集团。有公路经此。

北坞党 370685-A03-H05

[Běiwùdǎng]

在市驻地温泉街道西南方向 3.4 千米。泉山街道辖自然村。人口 1 000。元初，王姓定居坞塘以北，称北坞塘。正德初年，村民张谦义在京结交大太监刘瑾，被刘瑾收为义子，仗势改塘为党，故名北坞党。聚落呈散状分布。有文化大院 1 处。经济以种植业为主，种植苹果和粮油作物。有公路经此。

西宋 370685-A04-H01

[Xīsòng]

在市驻地温泉街道西北方向 5.4 千米。梦芝街道辖自然村。人口 300。明永乐年间，宋姓迁入，宋氏人丁兴盛，又居城西，故村名城西宋家。1995 年更名为西宋。聚落呈团块状分布。有文化大院 1 处、农家书屋 1 处。经济以种植业为主。有正和集团，有电器生产、电焊机生产、日用化工和黄金采选等产业。有公路经此。

后夼 370685-A04-H02

[Hòukuǎng]

在市驻地温泉街道西北方向 5.9 千米。梦芝街道辖自然村。人口 700。原名樗林夼。清康熙年间，孙氏兄弟迁此，清道光年间，其后裔孙梦桃中举，曾任浙江临安知县和杭州知府，依其祖籍瓦里为方位，改樗林夼为后夼。聚落呈团块状分布。有文化大院1处。经济以种植业、制造业为主，有果业、粮油生产、灯具制造等产业，有山东天城工贸集团。有公路经此。

梦芝 370685-A04-H03

[Mèngzhī]

在市驻地温泉街道西北方向 4.1 千米。梦芝街道辖自然村。人口 600。明宣德年间，郭氏迁居此地，曾夜梦灵芝草，故取村名梦芝。明万历年间，张星迁至梦芝村南建店，因居旧城三里，故名三里店。1956 年并为一村，名梦芝。聚落呈团块状分布。有文化大院 1 处。经济以制造业、商贸业为主，有城北农贸市场和商业一条街。有公路经此。

张画山头 370685－A04－H04

[Zhānghuàshāntóu]

在市驻地温泉街道西北方向 8.1 千米。梦芝街道辖自然村。人口 2 100。元至元年间，赵姓由招远城迁此定居，以山取名张画山头。聚落呈团块状分布。有文化大院 3 处。“张画先春”为旧时招远八大景之一。经济以种植业为主。有公路经此。

十里铺 370685－A04－H05

[Shílǐpù]

在市驻地温泉街道西北方向 6.0 千米。梦芝街道辖自然村。人口 1 500。金天会九年（1131）招远建县后，在现村北头设立急递铺，距县城十里，故易村名为十里铺。聚落呈团块状分布。有文化大院 1 处。经济以种植业为主。有公路经此。

柳甲沟 370685－A04－H06

[Liǔjiāgōu]

在市驻地温泉街道西方向 7.1 千米。梦芝街道辖自然村。人口 200。元至正年间，刘姓由栖霞迁入，因处沟旁，以姓氏和地形取名刘家沟。清康熙年间，杨氏后人因守墓迁入，刘姓迁走，杨姓认为村名不符，以谐音易名柳甲沟。聚落呈散状分布。有文化大院 1 处。经济以种植业为主，有林果业和小型机电产业。有公路经此。

黄土崖 370685－A04－H07

[Huángtǔyá]

在市驻地温泉街道西方向 6.1 千米。梦芝街道辖自然村。人口 1 100。因地处黄土坡下，故名黄土崖。聚落呈团块状分布。有文化大院 1 处。经济以种植业为主，种植粮油作物和水果，有机械制造业。有公路经此。

山口温家 370685－A04－H08

[Shānkǒuwēnjiā]

在市驻地温泉街道西北方向 6.1 千米。梦芝街道辖自然村。人口 600。元至正年间，温姓兄弟由四川背父灵东迁于此，居雾云山东麓岭脉交汇的山口处，故名山口温家。聚落呈散状分布。有文化大院 1 处。经济以粮油生产和果业为主。有公路经此。

大秦家 370685－A05－H01

[Dàqínjiā]

在市驻地温泉街道东北方向 2.2 千米。大秦家街道辖自然村。人口 2 100。明洪武二年（1369），秦氏兄弟三人从掖县保旺秦家迁招远，老二秦兴定居于此，因村前河流芦苇丛生，取名苇都秦家，后简化为大秦家。聚落呈散状分布。有学校、幼儿园。经济以种植业为主，有果业种植、粮油生产、化工生产和粉丝生产等。有公路经此。

朱范 370685－A05－H02

[Zhūfàn]

在市驻地温泉街道东北方向 3.5 千米。大秦家街道辖自然村。人口 1 300。元至正年间，朱、范两姓由栖霞城迁此定居，取名朱范。聚落呈团块状分布。有文化大院 1 处。经济以粮油生产和果业为主，有朱范酿造厂。有公路经此。

沙埠 370685－A05－H03

[Shābù]

在市驻地温泉街道东北方向 3.4 千米。大秦家街道辖自然村。人口 400。康姓建村，原名康家。明弘治年间，刘、李姓迁入，康姓徙绝，因地处罗山河与单家河三角交汇地带，积沙成埠，改名沙埠。聚落呈散状分布。有文化大院1处。经济以粮油生产和果业为主。有公路经此。

苇都解家 370685-A05-H04
[Wěidūxièjiā]

在市驻地温泉街道东北方向3.5千米。大秦家街道辖自然村。人口500。明永乐年间，解姓由黄县城南关迁此定居，故取名解家。清末民初属苇都社，易名为苇都解家，后又简化为解家。1980年地名普查，因与阜山公社解家重名，复称苇都解家。聚落呈散状分布。有文化大院1处。经济以粮油生产和果业为主，生产粉丝。有公路经此。

苇都梁家 370685-A05-H05
[Wěidūliángjiā]

在市驻地温泉街道东北方向5.4千米。大秦家街道辖自然村。人口500。明洪武年间，梁姓迁此定居，取名梁家。后步、高两姓入居，至清末因属苇都社，改名苇都梁家，后简称梁家。1980年地名普查，因重名恢复原名苇都梁家。聚落呈散状分布。有文化大院1处。经济以种植业、林果业为主。有公路经此。

堡子 370685-A05-H06
[Pùzi]

在市驻地温泉街道东南方向5.2千米。大秦家街道辖自然村。人口700。明万历年间，此地设有急递铺，旧时多以驻军堡垒为驿站递铺，地名上“铺”“堡”通用，遂更村名为堡子。聚落呈散状分布。有文化大院1处。经济以粮油生产和果业为主，种植红富士苹果。有公路经此。

苏格庄 370685-A05-H07
[Sūgézhuāng]

在市驻地温泉街道东南方向2.0千米。大秦家街道辖自然村。人口400。明洪武年间，苏姓建村，故名苏格庄。聚落呈团块状分布。有文化大院1处。经济以种植业为主。有公路经此。

小杨家 370685-A05-H08
[Xiǎoyángjiā]

在市驻地温泉街道东北方向4.5千米。大秦家街道辖自然村。人口300。明末清初，杨姓由原疃迁入，人丁兴旺，易村名为小杨家。聚落呈团块状分布。有文化大院、图书室，有民俗主题公园。经济以种植业为主。有公路经此。

转山堡 370685-A05-H09
[Zhuànshānpù]

在市驻地温泉街道东南方向3.6千米。大秦家街道辖自然村。人口700。明朝初期，陈姓由四川省资阳迁此定居，因处转山脚下急递铺旁，旧时多以驻军堡垒为驿站递铺，地名上“铺”“堡”通用，故名转山堡。聚落呈散状分布。有文化大院2处。有市级非物质文化遗产柳编传统生产技艺。经济以种植业为主，种植苹果和粮油作物。有公路经此。

祁格庄 370685-A05-H10
[Qígézhuāng]

在市驻地温泉街道东南方向4.6千米。大秦家街道辖自然村。人口2 100。明永乐年间，祁姓居此，取名祁格庄。聚落呈散状分布。有文化大院1处。经济以种植业为主。有公路经此。

杜家沟 370685-A05-H11

[Dùjiāgōu]

在市驻地温泉街道东南方向 6.3 千米。大秦家街道辖自然村。人口 400。明初，杜姓由四川迁此沟定居，故取名杜家沟。聚落呈带状分布。有文化大院 1 处。有道头阻击战许世友指挥所遗址。经济以种植业为主。有公路经此。

辛庄 370685-B01-H01

[Xīnzhuāng]

辛庄镇人民政府驻地。在市驻地温泉街道西北方向 24.1 千米。人口 3 600。西周时就有人类在此生息。两汉时期，辛氏在此建村，取名辛庄。聚落呈散状分布。有镇文化站、影剧院，有文化大院 4 处、幼儿园 1 处、学校 1 处、职业中专 1 处。有省级文物保护单位辛庄古墓群。经济以种植业、林果业、渔业、餐饮服务业为主。有农贸集市。有公路经此。

高家庄子 370685-B01-H02

[Gāojiāzhuāngzi]

在市驻地温泉街道西北方向 24.4 千米。辛庄镇辖自然村。人口 1 200。西汉末年，高姓徙居此地，取名高家庄子。聚落呈团块状分布。有文化大院 1 处。有传统京剧演出。有县级文物保护单位传统民居；尚存汉武帝年间修建的镇龙庵及清时修建的部分夯土城墙、清时修建的关帝庙，并有大片清朝旅京商人留下的京式建筑。为中国传统村落、中国历史文化名村。经济以种植业、渔业、餐饮服务业为主。有公路经此。

大涝洼 370685-B01-H03

[Dàlàowā]

在市驻地温泉街道西北方向 23.9 千米。辛庄镇辖自然村。人口 400。明洪武年间，李氏兄弟由四川徙居此地建村，因地势较低洼，故取名涝洼。明成化年间，至村北建村小涝洼，该村改称大涝洼。聚落呈团块状分布。有文化广场 1 处。有大片清朝京式古建筑。为山东省历史文化名村、中国传统村落。经济以果业、食品加工业、养殖业为主。有公路经此。

孟格庄 370685-B01-H04

[Mènggézhuāng]

在市驻地温泉街道西北方向 23.9 千米。辛庄镇辖自然村。人口 700。元初，孟氏在此建村，取名孟格庄。聚落呈团块状分布。有文化大院 1 处。秧歌“橛官”远近闻名。有大量保存完好的清朝精美住宅。为山东省历史文化名村、中国传统村落。经济以种植业、养殖业、旅游业为主，有砖瓦厂。有公路经此。

徐家疃 370685-B01-H05

[Xújiātuǎn]

在市驻地温泉街道西北方向 25.5 千米。辛庄镇辖自然村。人口 600。北宋开宝年间，高密县大河村王兴在莱州市新城一带经商，娶妻徐氏，徐家陪嫁一处海滩。二人在此定居，取名徐家滩，后演变为徐家疃。聚落呈团块状分布。有文化大院 1 处。有红色文化展览馆、明清精美建筑。是山东省传统村落、中国传统村落。经济以种植业、海水养殖业为主。有公路经此。

磁口 370685-B01-H06

[Cíkǒu]

在市驻地温泉街道西北方向 24.3 千米。辛庄镇辖自然村。人口 700。元末郭姓迁此建村，因处瓷窑和诸流河入海口，民间“瓷”“磁”不分，故名磁口。聚落呈散状分布。有文化大院 1 处。有大量清朝精美民居，是山东省传统村落。经济以种植业、渔业为主，是园林育苗专业村。有公路经此。

西上庄 370685–B01–H07

[Xīshàngzhuāng]

在市驻地温泉街道西北方向 24.0 千米。辛庄镇辖自然村。人口 500。原名上庄。1980 年，因重名，且在市区西，更名为西上庄。聚落呈散状分布。有文化大院 1 处。经济以种植业为主，有黄金采选业。有公路经此。

东良 370685–B01–H08

[Dōngliáng]

在市驻地温泉街道西北方向 25.0 千米。辛庄镇辖自然村。人口 3 000。南北朝北齐天保年间，吴、王、李三姓在此以方位建立南疃、北疃、东南疃三村。隋朝此处洪门寺寺僧为非作歹，被东莱郡官兵剿灭。官府为便于统治，将三村合并，命村名为东良，寓意东莱郡东部之良民。聚落呈团块状分布。有村影剧院 1 处、文化大院 1 处、图书室 1 处、小学 1 处、幼儿园 1 处。经济以种植业、渔业为主，种植葡萄、大梨和园林育苗，渔业以海水养殖为主。有造纸、通讯铁塔和食品生产等产业，乳皮花生为部优产品。有公路经此。

马连沟 370685–B01–H09

[Mǎliángōu]

在市驻地温泉街道西北方向 23.3 千米。辛庄镇辖自然村。人口 900。北宋年间，唐、李两姓在此建村，因处沟旁，盛产马兰，故名马兰沟。明万历年间，刘、郝两姓相继迁入，村名以谐音演变为马连沟。聚落呈团块状分布。有图书室 1 处、幼儿园 1 处。经济以种植业为主，有粮油生产和果业生产、海水养殖、家禽养殖等产业，有饲料厂，为养鸡生产专业村。有公路经此。

湖汪 370685–B01–H10

[Húwāng]

在市驻地温泉街道西北方向 24.7 千米。辛庄镇辖自然村。人口 1 400。东汉时三姓在此建三村，明末动荡时三村合并，因处大水泊旁，水势汪汪形如湖，故名湖汪。聚落呈团块状分布。有文化大院 1 处、图书室 1 处。有秧歌“抬阁”项目。村南大型汉墓中出土有精美石刻画像。经济以种植业、渔业为主。有公路经此。

洼孙家 370685–B01–H11

[Wāsūnjiā]

在市驻地温泉街道西北方向 21.9 千米。辛庄镇辖自然村。人口 1 100。明永乐年间李姓建村，因处河畔尘洼地，取名洼李家。成化年间，孙姓迁入，到万历年间孙姓兴旺，改村名为洼孙家。聚落呈散状分布。有文化大院 1 处。经济以种植业、林果业为主，有黄金采选和其他工副业。有公路经此。

石虎孙家 370685–B01–H12

[Shíhǔsūnjiā]

在市驻地温泉街道西北方向 23.9 千米。辛庄镇辖自然村。人口 400。明永乐年间，孙姓由槐树庄迁此定居，取名孙家。嘉靖年间，孙姓集资修建关帝庙，庙门前凿有一对石虎，遂以石虎为标志改称石虎孙家。聚落呈散状分布。有文化大院 1 处。经济以粮油生产和果业为主。有公路经此。

北侯家 370685–B01–H13

[Běihóujiā]

在市驻地温泉街道西北方向 23.7 千米。辛庄镇辖自然村。人口 400。明洪武年间侯姓建村，取名侯家。1980 年地名普查时，因重名，以处市区北，更名为北侯家。聚落呈团块状分布。有文化大院 1 处。经济以种植业为主，有果林业。有公路经此。

老店 370685-B01-H14
[Lǎodiàn]

在市驻地温泉街道西北方向26.0千米。辛庄镇辖自然村。人口800。唐中期，刚、马两姓居此，分别建立刚家沟、马家寨，因处古驿道旁，两姓合资开店，人称老店，逐步演变成为村名。聚落呈团块状分布。有文化大院1处。有龙山至战国时期文化遗址。经济以种植业和海产捕捞、养殖为主，有果林业。有公路经此。

水盘 370685-B01-H15
[Shuǐpán]

在市驻地温泉街道西北方向22.5千米。辛庄镇辖自然村。人口900。明永乐年间，刘姓由黄县状元坡迁此定居，因东临界河，西有清水沟环绕，村居其中，形如圆盘，故名水盘。聚落呈团块状分布。有文化大院1处。有市级非物质文化遗产水盘芝麻糖制作工艺。经济以种植业为主，为专业制糖村，有知名地域品牌水盘芝麻糖。有公路经此。

五截 370685-B01-H16
[Wǔjié]

在市驻地温泉街道西北方向18.0千米。辛庄镇辖自然村。人口1 000。此地原是大刘家地主刘永昌的庄园，称北庄子。明嘉靖十一年（1532），刘氏迁居此地，因距原住地大刘家五截地（五段地），取名为五截。聚落呈散状分布。有传统戏剧、狮子舞以及民间武术。经济以种植业为主，有果林业，有机草莓远近闻名。有公路经此。

朱宋 370685-B01-H17
[Zhūsòng]

在市驻地温泉街道西北方向23.9千米。辛庄镇辖自然村。人口900。北宋年间，朱、宋两姓居此建村，以姓氏取名朱宋。聚落呈散状分布。有文化大院1处、民俗公园1处。有传统京剧文化。有徐刘两姓宗祠、北宋年间古墓群。经济以种植业为主，兼有工商业，有招远西北乡最大的集市，有采金业。大莱龙铁路、国道烟潍公路经此。

蚕庄 370685-B02-H01
[Cánzhuāng]

蚕庄镇人民政府驻地。在市驻地温泉街道西方向17.0千米。人口1 500。两汉时期，梁、齐两姓在此定居，以养蚕为生。汉曲成县官府在此设庄收购蚕茧蚕丝，故名蚕庄。聚落呈散状分布。有镇文化站、影剧院、文化大院、图书室，有小学2处、幼儿园1处。经济以种植业、畜牧养殖、商贸业为主，雪龙黑牛养殖远近闻名。地下黄金矿藏丰富，有黄金采选和浅海开发业。有公路经此。

东曲城 370685-B02-H02
[Dōngqǔchéng]

在市驻地温泉街道西北方向21.5千米。蚕庄镇辖自然村。人口800。明洪武年间，杨姓于汉曲成县古城旁定居，取名曲城。明宣德年间，杨氏一支徙居村东，建东曲城。聚落呈团块状分布。有文化大院1处。有国家级文物保护单位汉曲成县城遗址。有大量清朝古民居，为山东省传统文化村落。经济以种植业为主，有大理石开采和黄金采选业。有公路经此。

河东王家 370685-B02-H03
[Hédōngwángjiā]

在市驻地温泉街道西北方向23.0千米。蚕庄镇辖自然村。人口300。明初，黄、王二姓至万深河畔弯曲之地建村，取名圈黄家。后王姓人丁兴旺，因居万深河河东，易村名为河东王家。聚落呈团块状分布。有文化大院1处。有中国红富士苹果博物馆。有大量明清时建筑，为山东省传统文化村落。经济以种植业和黄金采选业为主，为传统果业村，是中国红富士苹果最早繁育地。有公路经此。

山后冯家 370685-B02-H04
[Shānhòuféngjiā]

在市驻地温泉街道西北方向 21.5 千米。蚕庄镇辖自然村。人口 400。清顺治年间，冯姓建村，因居金华山北，故名山后冯家。聚落呈散状分布。有文化大院 1 处。有杨氏祠堂、白家土楼等大量清时建筑，为山东省传统村落。经济以种植业为主，为黄金富集区，有黄金采选业。有公路经此。

西山王家 370685-B02-H05
[Xīshānwángjiā]

在市驻地温泉街道西方向 17.0 千米。蚕庄镇辖自然村。人口 500。清康熙年间，王氏兄弟由陆家迁此居住，因处灵山脚下，故名灵山王家，后改名西山王家。聚落呈散状分布。有文化大院 1 处。有灵山采金局遗址、胶东抗大开学地遗址、八路军十四团团部遗址、灵山战斗遗址、明末二品大员杨觐光钦赐祭葬地遗址、灵山寺遗址。经济以种植业为主，生产小米，有"灵山金米"品牌。有公路经此。

西沟 370685-B02-H06
[Xīgōu]

在市驻地温泉街道西方向 18.0 千米。蚕庄镇辖自然村。人口 300。清康熙年间，刘登杰携四子由蚕庄村迁至河西岸沟旁安疃定居，地处诸流河西岸，村东南有一河沟常年有水，故定名为西沟。聚落呈团块状分布。有文化大院、学校。经济以果业、轮胎制修为主。有公路经此。

前孙家 370685-B02-H07
[Qiánsūnjiā]

在市驻地温泉街道西方向 20.0 千米。蚕庄镇辖自然村。人口 800。明洪武年间，孙氏由四川迁此建村，因处土岭前坡，故名前孙家。聚落呈团块状分布。有文化大院 1 处。经济以果业和金矿采选业为主。有公路经此。

山后傅家 370685-B02-H08
[Shānhòufùjiā]

在市驻地温泉街道西方向 22.0 千米。蚕庄镇辖自然村。人口 300。明洪武年间林姓建村，称小林家。明成化年间，因傅姓人丁兴盛，又处望儿山后，更名为山后傅家。聚落呈团块状分布。有文化大院 1 处。经济以种植业为主，有黄金采选业。有公路经此。

大诸流 370685-B02-H09
[Dàzhūliú]

在市驻地温泉街道西北方向 19.0 千米。蚕庄镇辖自然村。人口 1 000。明洪武二年（1369），王姓由四川华阳县迁来定居，因四面环河，诸流汇集，取名大诸流。聚落呈散状分布。有文化大院 1 处。经济以种植业、果业为主。有公路经此。

林家 370685-B02-H10
[Línjiā]

在市驻地温泉街道西北方向 15.0 千米。蚕庄镇辖自然村。人口 1 400。明洪武年间，林姓由四川成都府华阳县迁此定居，取名林家。聚落呈团块状分布。有文化大院 1 处。有中将林虎故居。经济以种植业为主，有粮油种植、果业生产、粉丝加工等产业。有公路经此。

马埠胡家 370685-B02-H11
[Mǎbùhújiā]

在市驻地温泉街道西方向 18.5 千米。蚕庄镇辖自然村。人口 200。因村多胡姓，地处马埠岭上，故名马埠胡家。聚落呈散状分布。有文化大院 1 处。经济以粮油生产和果业为主，产马埠桃。有公路经此。

拉格庄 370685-B02-H12
[Lāgézhuāng]

在市驻地温泉街道西方向 17.5 千米。蚕庄镇辖自然村。人口 600。明洪武年间，郭姓由掖县城里徙此大腊树旁建村，取名腊格庄。清时张、杨、徐等姓迁入，村名演变为拉格庄。聚落呈散状分布。有文化大院 1 处。经济以粮油生产和林果业为主。有公路经此。

柳杭 370685-B02-H13
[Liǔháng]

在市驻地温泉街道西方向 15.0 千米。蚕庄镇辖自然村。人口 1 000。明成化年间孙姓建村，因此地有一大片柳树林，取名柳行。后刘姓迁来，因此地依山傍水，西有石鼓山，东有诸流河，风景优美，有“小杭州”之美称，故改名柳杭。聚落呈散状分布。有文化大院 1 处。经济以种植业、果业为主，有集贸市场。有公路经此。

陆家 370685-B02-H14
[Lùjiā]

在市驻地温泉街道西方向 15.5 千米。蚕庄镇辖自然村。人口 400。明末，陆姓由昌邑徙此定居，取名陆家窝垛。后王姓由柳杭迁入，村名简化为陆家。聚落呈散状分布。有文化大院 1 处。经济以种植业、果业为主。有公路经此。

灵山盛家 370685-B02-H15
[Língshānshèngjiā]

在市驻地温泉街道西方向 21.0 千米。蚕庄镇辖自然村。人口 700。明洪武年间，盛刚由四川成都府徙居招远灵山北麓，取名灵山盛家。聚落呈散状分布。有文化大院 1 处。经济以种植业、果业、养殖业为主。有公路经此。

囫囵河 370685-B02-H16
[Húlúnhé]

在市驻地温泉街道西方向 21.0 千米。蚕庄镇辖自然村。人口 300。清康熙年间，王姓由大诸流村迁此定居，村西五条山岭延伸至村边，像五龙聚首于诸流河畔，故称村内河流为五龙河，以谐音演变为囫囵河，以河名定村名。聚落呈散状分布。有文化大院 1 处。经济以果林业为主。有公路经此。

牟家 370685-B02-H17
[Mùjiā]

在市驻地温泉街道西方向 15.0 千米。蚕庄镇辖自然村。人口 700。明天顺年间于姓在此建村，取名于家。正德年间，牟氏兄弟由栖霞蛇窝泊迁入，于姓徙绝，易村名为牟家。聚落呈散状分布。有文化大院 1 处。经济以种植业、果业为主，有黄金采选业。有公路经此。

老翅张家 370685-B02-H18
[Lǎochìzhāngjiā]

在市驻地温泉街道西方向 15.5 千米。蚕庄镇辖自然村。人口 700。明建文年间，张氏兄弟由掖县马塘店迁此定居，取名张家。因地形如老鹰翅膀，清时以此设老翅社，村名演变为老翅张家。聚落呈散状分布。有文化大院 1 处。经济以种植业、果业为主。有公路经此。

塔山原家 370685–B02–H19
[Tǎshānyuánjiā]

在市驻地温泉街道西南方向 14.5 千米。蚕庄镇辖自然村。人口 800。明嘉靖年间，原姓由银山后迁此定居，因处塔山西麓，故名塔山原家。聚落呈散状分布。有文化大院 1 处。有抗战时期八路军兵工厂旧址。经济以种植业、果业为主。有公路经此。

洼子 370685–B02–H20
[Wāzi]

在市驻地温泉街道西方向 20.5 千米。蚕庄镇辖自然村。人口 700。明永乐年间，孙姓由城西北瓦里村迁此定居，因处低洼平坦地带，故名洼子。聚落呈散状分布。有文化大院 1 处。有国家级文物保护单位汉曲成县城古遗址、县级文物保护单位西周至汉代文化遗址。经济以粮油种植和林果业为主。有公路经此。

坡石山 370685–B02–H21
[Pōshíshān]

在市驻地温泉街道西方向 13.0 千米。蚕庄镇辖自然村。人口 400。清康熙年间，张姓从柳杭村东小滩村迁入老虎卧背后定居，因山坡石头裸露，多乱石，故名坡石山。聚落呈散状分布。有文化大院 1 处。经济以种植业、果业为主。有公路经此。

山后白家 370685–B02–H22
[Shānhòubáijiā]

在市驻地温泉街道西北方向 22.0 千米。蚕庄镇辖自然村。人口 200。明初，王姓由四川迁此定居，因处望儿山北麓，故名山后王家。清嘉庆年间，村民白聚元考取秀才，易村名为山后白家。聚落呈散状分布。有文化大院 1 处。经济以种植业、果业为主。有公路经此。

路格庄 370685–B02–H23
[Lùgézhuāng]

在市驻地温泉街道西方向 15.0 千米。蚕庄镇辖自然村。人口 300。清康熙年间，李三安在此设店招徕客商，招远城里李、刘二商人路过此地弃商建村，取名路过庄，后演变为路格庄。聚落呈散状分布。有文化广场 1 处。有民间秧歌和戏剧。经济以种植业、果业为主。有公路经此。

中村 370685–B03–H01
[Zhōngcūn]

金岭镇人民政府驻地。在市驻地温泉街道西北方向 12.6 千米。人口 1 500。西汉钟离时在此建村，取名钟离村。明永乐年间于姓等迁入，取古村名“钟”字定名钟村，后演变为中村。聚落呈团块状分布。有镇影剧院、文化大院、文化站。有粉丝博物馆 1 处、小学 1 处、幼儿园 1 处。经济以种植业、果业为主。有公路经此。

大户陈家 370685–B03–H02
[Dàhùchénjiā]

在市驻地温泉街道西南方向 15.0 千米。金岭镇辖自然村。人口 1 300。元末，徐姓由本县高家庄子迁此定居，取名徐家屯。明初，陈国治由四川迁居此地，后陈姓人丁兴旺，成为大户，易村名为大户陈家。聚落呈散状分布。有小学 1 处。有文化大院、民俗展览馆、村史展览馆。经济以种植业、果业、旅游业、化工业为主，主要生产化学农药、交通涂料、精细化工产品。有公路经此。

原疃 370685–B03–H03
[Yuántuǎn]

在市驻地温泉街道西北方向 7.0 千米。金岭镇辖自然村。人口 1 900。明朝杨氏建村，在招远城西北三迁其居，最后仍回原地，故名原疃。聚落呈散状分布。有文化大院1处。经济以采金、粉丝加工和果业为主，有果品加工厂。有公路经此。

山上李家 370685-B03-H04
[Shānshànglǐjiā]

在市驻地温泉街道西方向8.5千米。金岭镇辖自然村。人口900。明天顺年间，李姓由本县草沟头迁此定居，因处雾云山西南麓，故名山上李家。有文化大院1处。经济以种植业、果业、工副业为主，盛产大樱桃，板栗高接换头技术曾被农业农村部推广。工副业以化工产品、机械加工、针织加工为主。有公路经此。

赵书策 370685-B03-H05
[Zhàoshūcè]

在市驻地温泉街道西南方向12.0千米。金岭镇辖自然村。人口300。明万历年间赵姓于此处沟旁建村，取名赵家沟。1943年9月该村自卫团长赵书策为保卫北海银行及八路军兵工厂转移英勇殉国，为褒扬烈士，1945年以烈士名字为村名。聚落呈散状分布。有文化大院1处。有抗战时期胶东大众报社、北海银行、八路军某部兵工厂遗址，有赵书策烈士纪年碑。经济以种植业为主。有公路经此。

官庄 370685-B03-H06
[Guānzhuāng]

在市驻地温泉街道西北方向11.0千米。金岭镇辖自然村。人口1 000。明初，王、柳两姓徙钟离河东岸建村，因处官田旁，租种官田，故名官庄。聚落呈散状分布。有文化大院1处。经济以种植业为主，有粉丝加工业。有公路经此。

古宅 370685-B03-H07
[Gǔzhái]

在市驻地温泉街道西南方向10.5千米。金岭镇辖自然村。人口1 100。明嘉靖年间，李、刘姓迁入建村，因居古村落废墟中，故名古宅。聚落呈散状分布。有文化大院1处。经济以种植业、果业为主。有公路经此。

小河头 370685-B03-H08
[Xiǎohétóu]

在市驻地温泉街道西方向10.0千米。金岭镇辖自然村。人口300。明永乐年间，周、王两姓分别由本县西埠上、黄泥沟迁此定居，因处钟离河支流源头，与村南大河头村对应，取名小河头。聚落呈团块状分布。有文化大院1处。有地方戏蓝关腔。经济以种植业、果业为主，有农机加工业。有公路经此。

掉钟头 370685-B03-H09
[Diàozhōngtóu]

在市驻地温泉街道西北方向10.5千米。金岭镇辖自然村。人口1 200。元至元年间，栾、张、马、谢、梁等姓先后在此地附近建栾家营、张家岭、马家地、谢家营、梁家沟等居民点。明洪武年间，诸姓氏协商并为一村，取名掉庄头，寓意是掉转旧庄，重新安庄，后以谐音演变为掉钟头。聚落呈散状分布。有文化大院1处。经济以种植业为主，兼有矿山机械加工业。有苗木培育基地。有公路经此。

黄泥沟 370685-B03-H10
[Huángnígōu]

在市驻地温泉街道西北方向8.5千米。金岭镇辖自然村。人口600。明洪武年间王姓在此建村，因村南有烽火台，取名烽火庄。明成化年间，杨姓由原疃迁此，因村旁有一条黄泥沟，易村名为黄泥沟。聚落呈散状分布。有文化大院1处。有黄泥沟武校。经济以种植业、果业为主，有化工产品、工艺品加工和黄金采选业。有公路经此。

皂户王家 370685-B03-H11
[Zàohùwángjiā]

在市驻地温泉街道西方向13.0千米。金岭镇辖自然村。人口500。明万历年间，王朝兴由玲珑王家迁此设灶煮盐建村，民间将灶户讹为皂户，取名皂户王家。聚落呈散状分布。有文化大院1处。经济以种植业、果业为主。有公路经此。

南截 370685-B03-H12
[Nánjié]

在市驻地温泉街道西北方向12.5千米。金岭镇辖自然村。人口1 200。元至元年间，王姓兄弟在钟离河畔建村，民间传说有一年春天发大水，百川灌河，大钟从海上逆流而上，沿河村民拦截，所以有了南截之名。聚落呈散状分布。有文化大院1处。有市级文物保护单位新石器时代至汉代遗址。经济以种植业、果业为主。有公路经此。

员外沟 370685-B03-H13
[Yuánwàigōu]

在市驻地温泉街道西方向10.5千米。金岭镇辖自然村。人口500。明弘治年间，杨延魁三子杨维峰由本县草沟头迁此定居，因村南沟旁旧有地，名员外茔，故称为员外沟。聚落呈散状分布。有文化大院1处。经济以种植业、果业为主。有公路经此。

山里陈家 370685-B03-H14
[Shānlǐchénjiā]

在市驻地温泉街道西方向6.5千米。金岭镇辖自然村。人口500。明永乐年间，陈启兴由黄县陈家徙居此地，因地处雾云山南群峰之中，故名山里陈家。聚落呈散状分布。有民俗博物馆1处、文化大院1处。有秧歌表演和戏剧演出。经济以种植业、果业、旅游业为主，着力开发乡村旅游和果业采摘，为省级旅游示范村。有公路经此。

上华山 370685-B03-H15
[Shànghuáshān]

在市驻地温泉街道西方向13.0千米。金岭镇辖自然村。人口400。明初刘氏兄弟建村，因山中盛开海棠花，故称花山。因地势险峻，形如西岳华山，村名和山名均演变为华山。随着人丁兴旺，村庄一分为三，东边最高者称上华山。聚落呈散状分布。有文化大院1处。经济以种植业、果业为主，种植红富士苹果。有公路经此。

唐家 370685-B03-H16
[Tángjiā]

在市驻地温泉街道西北方向11.5千米。金岭镇辖自然村。人口300。明洪武年间，唐福、唐明兄弟二人由山西省徙此定居，取名唐家。聚落呈散状分布。有文化大院1处。有传统小戏和秧歌，“嘟嘟马”远近闻名。经济以种植业、果业为主。有公路经此。

寨里 370685-B03-H17
[Zhàilǐ]

在市驻地温泉街道西北方向10.0千米。金岭镇辖自然村。人口1 000。明洪武年间，邵聚由四川成都府徙此定居，因此地古称礼仪之乡，故名载礼，后演变为寨里。聚落呈散状分布。有文化大院1处。经济以种植业、果业为主，有粉丝加工业。有公路经此。

毕郭 370685-B04-H01
[Bìguō]

毕郭镇人民政府驻地。在市驻地温泉街道东南方向20.5千米。人口3 400。唐初，毕姓、郭姓迁至兴国寺旁定居，故名。聚落呈团块状分布。有小学、幼儿园、中学、文化站、村级活动文化中心等。经济以种植业为主，种植小麦、玉米、葡萄、西瓜等。有化工、机械、葡萄酒等厂。省路海莱路、蓬水路经此，设有汽车站。

玲珑沟上 370685–B05–H01
[Línglónggōushàng]

玲珑镇人民政府驻地。在市驻地温泉街道东北方向 8.0 千米。人口 800。北宋初年，季、郝两姓建村，因附近沟旁多马莲，故名马莲沟。后郝姓迁至小沟北崖，取名沟上郝家。郝姓徙绝后，改名沟上。1985 年罗山乡改为玲珑镇，易名玲珑沟上。聚落呈散状分布。有文化广场 1 处、文化大院 1 处、小学 1 处、中学 1 处、幼儿园 1 处。经济以种植业、果业为主，有粉丝加工厂、彩砖厂。有农贸集市。有公路经此。

欧家夼 370685–B05–H02
[Ōujiākuǎng]

在市驻地温泉街道东北方向 11.0 千米。玲珑镇辖自然村。人口 2 600。元至元年间，戴姓由栖霞迁此定居，取名戴家沟。明永乐年间，欧姓由山西洪洞县大槐树移民此地。戴姓徙绝后，欧氏兴盛，易村名为欧家夼。聚落呈团块状分布。有文化广场 1 处、文化大院 1 处、图书室 1 处、革命之路招远红色文化展览馆 1 处。经济以采金业、化工业、建材业和旅游服务业为主，有粮油作物种植和林果业。有公路经此。

吕格庄 370685–B05–H03
[Lǚgézhuāng]

在市驻地温泉街道东北方向 9.5 千米。玲珑镇辖自然村。人口 800。明永乐年间，吕姓由大疃（原周家疃）迁此建村，取名吕格庄。聚落呈团块状分布。有文化大院 1 处、幼儿园 1 处。经济以种植业为主，有采金业和矿山机械生产业。有公路经此。

鲁格庄 370685–B05–H04
[Lǔgézhuāng]

在市驻地温泉街道东北方向 7.4 千米。玲珑镇辖自然村。人口 1 400。金明昌五年（1194），鲁姓由胶州迁此定居，取名鲁格庄。聚落呈带状分布。有文化大院 1 处。有秧歌、高跷等群众文化活动。经济以种植业为主，果林业发达，有黄金采选、粉丝加工等产业。有公路经此。

大蒋家 370685–B05–H05
[Dàjiǎngjiā]

在市驻地温泉街道东北方向 12.1 千米。玲珑镇辖自然村。人口 800。北宋景祐年间，蒋氏因采金定居于此，取名蒋家。明崇祯年间，由此析出小蒋家，此村改称大蒋家。聚落呈散状分布。有文化大院 1 处。有日伪军炮楼等遗迹。经济以采金业为主。有公路经此。

潘家集 370685–B05–H06
[Pānjiājí]

在市驻地温泉街道东北方向 8.5 千米。玲珑镇辖自然村。人口 1 000。宋时，潘美督采黄金时居此筑城御寇，设号收金，成为集市。潘姓世居，取名潘家集。聚落呈团块状分布。有文化大院 1 处、中学 1 处。经济以种植业为主，有黄金采选业。设有集市。有公路经此。

前花园 370685–B05–H07
[Qiánhuāyuán]

在市驻地温泉街道东北方向 7.9 千米。玲珑镇辖自然村。人口 1 200。因村北为古花园，相传潘美督金筑潘家城时所建，故名前花园。聚落呈团块状分布。有文化大院 1 处。经济以种植业、果业为主。有公路经此。

玲珑台上 370685-B05-H08

[Línglóngtáishàng]

在市驻地温泉街道东北方向 13.0 千米。玲珑镇辖自然村。人口 1 300。元末明初，招远最大一支李氏迁徙招远，因地势高出，故名台上。1980 年地名普查时，因重名，以处玲珑山南麓，更名为玲珑台上。聚落呈散状分布。有文化大院 1 处。经济以黄金生产为主，有种植业和林果业。有公路经此。

睦邻庄 370685-B05-H09

[Mùlínzhuāng]

在市驻地温泉街道东北方向 9.2 千米。玲珑镇辖自然村。人口 400。清雍正年间，乔姓因避水灾迁移至招远，经官府批准定居于此，为感皇恩称皇恩庄。清同治年间，因邻村越界侵夺庄稼、强伐山林，被迫诉之登州，胜诉后官府改村名为宪恩庄，以示国法恩威。因其诉状中自称小民，民间一直称为小民庄。1980 年地名普查，因村名不雅，更名为睦邻庄。聚落呈散状分布。有文化大院 1 处。为山区古村落，保存许多清时古建筑。经济以种植业和林果业为主。有公路经此。

疃补庄 370685-B05-H10

[Tuǎnbǔzhuāng]

在市驻地温泉街道东北方向 4.4 千米。玲珑镇辖自然村。人口 900。明永乐年间，中庄院僧人勾结邻村万马刘家豪绅造反，中庄院和万马刘家均被明军焚毁。成化年间，王姓由本县官庄迁至万马刘家废墟西建村，李氏由后花园迁至万马刘家废墟东建村，以补空缺，分别取名西疃补庄和东疃补庄，合称疃补庄。聚落呈团块状分布。有文化大院 2 处。经济以种植业和果林业为主，有化工生产等企业。有公路经此。

官家河 370685-B05-H11

[Guānjiāhé]

在市驻地温泉街道东北方向 6.9 千米。玲珑镇辖自然村。人口 900。明永乐年间，官姓在小河西岸建村，取名官家河。聚落呈散状分布。有文化大院 1 处。有清朝孝子官居正墓地和孝子碑。经济以种植业和果林业为主，有黄金生产等产业。有公路经此。

柳家 370685-B05-H12

[Liǔjiā]

在市驻地温泉街道东北方向 5.0 千米。玲珑镇辖自然村。人口 1 300。唐武德年间，柳姓由罗峰镇治迁此建村，取名柳家。后李姓两支于村东建村东柳家，此地称西柳家。1957 年，东、西柳家合并统称柳家。聚落呈团块状分布。有文化大院 1 处。经济以种植业、果业为主，有粉丝加工等产业。有公路经此。

龙泉庄 370685-B05-H13

[Lóngquánzhuang]

在市驻地温泉街道东北方向 7.0 千米。玲珑镇辖自然村。人口 400。明洪武年间，郝姓在此建村，取名小郝家。1980 年地名普查时重名，因村东有罗山水库灌渠，弯曲如龙，更名为龙泉庄。聚落呈散状分布。有文化大院 1 处。经济以果林业和粮油生产为主。有公路经此。

寨子 370685-B05-H14

[Zhàizi]

在市驻地温泉街道东北方向 4.2 千米。玲珑镇辖自然村。人口 800。相传宋金征战之际，宋军曾在此安营扎寨。早年有郑姓来此居住，以古营寨取名寨子。聚落呈团块状分布。有文化大院 1 处。经济以种植业、果业为主，有橡胶厂和化工厂等。有公路经此。

张星 370685-B06-H01

[Zhāngxīng]

张星镇人民政府驻地。在市驻地温泉街道西北方向 12.0 千米。人口 2 000。隋开皇年间，张姓由本县东店迁此建村，传此地曾落有陨石（俗称“星”），故名张星。聚落呈散状分布。有镇文化站、影剧院，有文化大院 2 处、学校 1 处、幼儿园 1 处。经济以种植业、果业为主，有粉丝加工业。有公路经此。

徐家 370685-B06-H02

[Xújiā]

在市驻地温泉街道东北方向 15.5 千米。张星镇辖自然村。人口 500。明成化年间，徐姓由本县前柳行迁此定居，因处垛石山口后，故名口后徐家，后简化为徐家。聚落呈散状分布。有文化大院 1 处，有民俗展览馆、徐氏老祠堂、招北鲁迅小学遗址。有多处清朝精美建筑，为山东省历史文化名村、中国传统村落。经济以种植业、果业为主，特产金丰板栗、口后柿子，有粉丝生产业。有公路经此。

北栾家河 370685-B06-H03

[Běiluánjiāhé]

在市驻地温泉街道北方向 15.5 千米。张星镇辖自然村。人口 2 000。明成化年间，栾氏祖由黄县槐树栾家迁此定居建村，因处河畔，故名栾家河。1984 年，因重名，以方位易名北栾家河。聚落呈团块状分布。有文化大院 1 处。有老家庙、500 年古槐、清朝时期石圩墙及拐子胡同，为山东省传统村落、中国传统村落。经济以种植业为主，有粉丝加工业，老字号“聚兴昌”粉庄为洪泰家族龙口粉丝粉庄分支。有公路经此。

川里林家 370685-B06-H04

[Chuānlǐlínjiā]

在市驻地温泉街道东北方向 15.5 千米。张星镇辖自然村。人口 800。明万历年间，林姓由本县老翅林家迁此定居，因处罗山北麓的山川河谷中，故名川里林家。聚落呈带状分布。有文化大院 1 处。有 600 多年的古槐 2 棵。为六合螳螂拳发源地，尚存民国初年老拳房。是山东省传统村落、中国传统村落。经济以种植业、果业为主，盛产柿子、山楂、大杏。有公路经此。

丛家 370685-B06-H05

[Cóngjiā]

在市驻地温泉街道东北方向 15.0 千米。张星镇辖自然村。人口 2 200。明万历年间，丛朝礼由东莱郡丛家岘迁此定居，取名丛家。聚落呈团块状分布。有文化大院 1 处。山石文化丰富，有竹林寺遗址及周边多处第四纪冰川时期形成的古山洞，清朝山神庙完好保存，为中国传统村落。有八路军兵工厂遗址。传统京剧历史悠久，传统石匠、中医、面塑、根雕均有传承。经济以石材开发业为主，有黄金、粉丝生产、粮油生产等产业，特产柿子、板栗。有公路经此。

界沟姜家 370685-B06-H06

[Jiègōujiāngjiā]

在市驻地温泉街道东北方向 17.5 千米。张星镇辖自然村。人口 400。明洪武年间，姜姓由四川大柳树村徙居徐家北河，后移居井眼店西北，因村东北沟是招远、黄县两县分界线，故名界沟姜家。聚落呈团块状分布。有文化大院 1 处。有姜仁义故居等许多清末商人故居，为山东省传统村落、中国传统村落。经济以种植业、果业为主，特产口后柿子。有公路经此。

口后王家 370685-B06-H07

[Kǒuhòuwángjiā]

在市驻地温泉街道东北方向14.5千米。张星镇辖自然村。人口300。清顺治年间，王姓由本县地北头王家迁此定居，取名王家庄。1980年地名普查时，因重名，以处垛石口子后，更名口后王家。聚落呈团块状分布。有文化大院1处。以石为主的旧街巷和旧民居保存完好，为山东省传统村落、中国传统村落。经济以种植业、果业为主，盛产柿子、大杏，口后柿子为名优土特产。有公路经此。

奶子场 370685-B06-H08

[Nǎizǐchǎng]

在市驻地温泉街道东北方向16.0千米。张星镇辖自然村。人口400。明万历年间，林姓由岖峿岛迁此定居，传说神仙周祖生于此地，老雕在此上空搭棚遮阳，老虎在此给其喂奶，故取名奶子场。聚落呈带状分布。有文化大院1处。有清末林氏祠堂、石圩墙，为山东省传统村落、中国传统村落。经济以种植业、果业为主，盛产口后柿子和大杏。有公路经此。

上院 370685-B06-H09

[Shàngyuàn]

在市驻地温泉街道东北方向12.5千米。张星镇辖自然村。人口900。明万历年间，王姓由本县圈子迁此定居，因处院里庙上方，故名上院。聚落呈散状分布。有文化大院1处。有古树、古庙、古街巷、石圩子，为山东省传统村落。经济以种植业和林果业为主，盛产苹果、大杏、柿子。有公路经此。

石棚 370685-B06-H10

[Shípéng]

在市驻地温泉街道北方向18.0千米。张星镇辖自然村。人口800。明永乐年间，史姓由山西省小云南迁此定居，因村南路口有一巨石凌空探出，状若石棚，故名石棚。聚落呈散状分布。有文化大院1处。有明朝的无梁殿（观音庙）和古戏楼等古建筑，有400年的古柏树1棵。为山东省传统村落、中国传统村落。经济以种植业为主，盛产山楂和柿子，石棚山楂为著名土特产，有石材开采加工业。有公路经此。

口后韩家 370685-B06-H11

[Kǒuhòuhánjiā]

在市驻地温泉街道东北方向15.0千米。张星镇辖自然村。人口400。明永乐年间，韩姓在此建村，因处垛石口子后，故名口后韩家，后简化为韩家，1980年地名普查时，因重名，复称口后韩家。聚落呈散状分布。有文化大院1处。有大量京式与本地相结合的三合院、四合院式民居，为山东省传统村落。经济以种植业和果业为主，盛产口后柿子、板栗、大杏、山楂等。有公路经此。

马格庄 370685-B06-H12

[Mǎgézhuāng]

在市驻地温泉街道北方向19.0千米。张星镇辖自然村。人口600。金天会年间，马姓居住于此，因地处狗山西，得名狗山西马家。元至元年间，因历年战乱，马氏徙绝，只剩下马氏营盘，人称马家葬。明后期王姓迁入，以马家葬演变为马格庄。聚落呈散状分布。有文化大院1处。有两棵600年老槐树，村中保存不少清末商人留下的精美建筑，为山东省传统村落。经济以种植业为主，有黄金、粉丝、石材加工、餐饮服务等产业。有公路经此。

仓口陈家 370685-B06-H13
[Cāngkǒuchénjiā]

在市驻地温泉街道东北方向 17.5 千米。张星镇辖自然村。人口 700。明朝末年，陈姓在此建村，因此地群山环抱，形势如仓，故名仓口陈家。聚落呈散状分布。有文化大院 1 处，有民俗展览馆。村东山有清同治元年（1862）修建的玉皇庙，村中保存多处古井、古渠、古粉坊，古柿树随处可见。为山东省传统村落、中国传统村落。经济以种植业、果业为主，盛产口后柿子和板栗、山楂。有公路经此。

杜家 370685-B06-H14
[Dùjiā]

在市驻地温泉街道西北方向 17.5 千米。张星镇辖自然村。人口 2 200。明洪武二年（1369），杜岐由四川省华阳县大槐树底下迁此建村，取名杜家。聚落呈散状分布。有文化大院 1 处、600 年古槐 2 棵。经济以种植业为主，有粉丝加工业和建材加工，设有杜家集市。有公路经此。

英里 370685-B06-H15
[Yīnglǐ]

在市驻地温泉街道东北方向 11.5 千米。张星镇辖自然村。人口 1 300。明天顺年间，杨氏由曲城迁此定居，取名杨家营。嘉靖年间杨氏绝徙，孙真由莱阳迁入，以“营地”谐音易名英里。聚落呈散状分布。有文化大院 1 处、小学 1 处、幼儿园 1 处。经济以种植业为主，有石材开采加工业、餐饮业，设有集市。有公路经此。

虎龙斗 370685-B06-H16
[Hǔlóngdòu]

在市驻地温泉街道北方向 18.5 千米。张星镇辖自然村。人口 1 300。明中期，王姓由辛庄迁此定居，因村南有山岭对峙，形如虎龙相斗，故名虎龙斗。有文化大院 1 处。经济以种植业为主，有果林业、粉丝加工业。有公路经此。

石对头 370685-B06-H17
[Shíduìtóu]

在市驻地温泉街道西北方向 7.0 千米。张星镇辖自然村。人口 3 200。明初，姜姓由四川徙此定居，村西北界河两岸有青、白两石，形如牛、羊对峙，故名石对头。聚落呈散状分布。有农民书画院 1 处、文化大院 1 处、幼儿园 1 处、小学 1 处。经济以种植业、果业为主，有粉丝加工业。有公路经此。

狗山李家 370685-B06-H18
[Gǒushānlǐjiā]

在市驻地温泉街道西北方向 17.5 千米。张星镇辖自然村。人口 1 200。村东北为著名的蹲犬山，俗称狗山。明成化年间，李姓由四川迁入，因村周围有九个圆如珠形的土丘，遂易村名为九珠李家，又因处于狗山之前，被称为狗山前小李家，后叫成小李家。1980 年地名普查时，因重名，更名为狗山李家。聚落呈散状分布。有文化大院 1 处。经济以种植业为主，有石料开采和加工业。有公路经此。

大岚 370685-B06-H19
[Dàlán]

在市驻地温泉街道西北方向 17.0 千米。张星镇辖自然村。人口 2 400。明前期，王姓由黄县王马史家迁此定居，因处大片山岚中，故名大岚。聚落呈散状分布。有文化大院 1 处。经济以种植业为主，有石材开采加工业和粉丝加工业，设有集市。有公路经此。

宅科 370685-B06-H20
[Zháikē]

在市驻地温泉街道东北方向 16.5 千米。张星镇辖自然村。人口 800。明洪武年间，张姓由四川南柳村迁至招远黄山乡川里社井眼店西居住，明天启年间遭水灾迁至苗家村西居住，此地因群山环绕形如宅院，又取“安宅登科”之意，故名宅科。聚落呈散状分布。有文化大院 1 处。有八路军兵工厂、招北县法庭、解放战争时期大龙公司旧址等革命遗址，以及药王庙遗址、清朝祠堂等，为山东省传统村落、中国传统村落。经济以种植业、果业为主，有石材开采加工业。有公路经此。

槐树庄 370685-B06-H21
[Huáishùzhuāng]

在市驻地温泉街道西北方向 16.0 千米。张星镇辖自然村。人口 1 100。孙氏徙于此地，因有古槐盘踞，取名槐树庄。聚落呈散状分布。有文化大院 1 处。经济以种植业、果业和养殖业为主，有黄金采选业和粉丝加工业。有公路经此。

段家洼 370685-B06-H22
[Duànjiāwā]

在市驻地温泉街道西北方向 14.5 千米。张星镇辖自然村。人口 400。明末清初，段姓由招远城区迁此定居，因处河畔洼地，取名洼子。1980 年地名普查时，因重名，更名为段家洼。聚落呈团块状分布。有文化大院 1 处。有举人胡同、国民党中将故居及许多明清古建筑，为省级传统村落。经济以林果业和种植业为主，有石材开采和粉丝加工业。有公路经此。

年头宋家 370685-B06-H23
[Niántóusòngjiā]

在市驻地温泉街道西北方向 13.5 千米。张星镇辖自然村。人口 1 200。明洪武年间，宋氏祖宋廷举由黄县河北宋家迁此定居，因迁徙时间是该年正月，故名年头宋家。聚落呈团块状分布。有文化大院 1 处、幼儿园 1 处。经济以种植业为主，有工艺品加工、石材加工、毡鞋加工、粉丝加工和果品烤干等工副业。有公路经此。

地北头王家 370685-B06-H24
[Dìběitóuwángjiā]

在市驻地温泉街道西北方向 14.5 千米。张星镇辖自然村。人口 1 200。明嘉靖末期，王姓由掖县城西关徙居凤凰岭北头，取名岭北头王家，后改为地北头王家。聚落呈团块状分布。有文化大院 1 处、幼儿园 1 处。经济以种植业、果业为主，出产草莓、苹果、樱桃、柿子，有粉丝加工及机械加工等。有公路经此。

北里庄 370685-B06-H25
[Běilǐzhuāng]

在市驻地温泉街道北方向 13.5 千米。张星镇辖自然村。人口 1 700。明洪武年间，王氏祖先王虎、王龙兄弟二人由四川成都府迁徙招远，卜居梁家台子，名曰南里庄。后因居住不便，北移一华里，在于家桥建村，改名北里庄。聚落呈散状分布。有文化大院 1 处。有县级文物保护单位新石器时代遗址，为可考的龙口粉丝生产发源地。经济以种植业为主，有粉丝加工业。有公路经此。

后大里 370685-B06-H26
[Hòudàlǐ]

在市驻地温泉街道北方向 10.5 千米。张星镇辖自然村。人口 600。明万历年间，于氏迁此定居，因于氏祖曾任宋朝大夫，系大夫乡里，故取名大里。清雍正年间，有村民析居村南，此地易名为后大里。聚落呈团块状分布。有文化大院1处。有县级文物保护单位新石器时代遗址。经济以种植业为主。有公路经此。

傅家 370685-B06-H27

[Fùjiā]

在市驻地温泉街道西北方向10.5千米。张星镇辖自然村。人口1 300。隋大业年间，张姓由东店迁此定居，取名张家庄。明成化年间，张姓招黄县楼子庄傅姓入赘。至明末，傅姓人丁兴旺，改名傅家。聚落呈散状分布。有文化大院1处。有传统戏剧和秧歌活动。经济以种植业、养殖业为主，有粉丝和石材加工。有公路经此。

纪山纪家 370685-B06-H28

[Jìshānjìjiā]

在市驻地温泉街道北方向8.5千米。张星镇辖自然村。人口900。明嘉靖年间，纪姓由四川兰陵县迁此定居，取名纪家。1980年地名普查时重名，因处纪山东北麓，更名为纪山纪家。聚落呈团块状分布。经济以种植业为主，盛产大樱桃。有公路经此。

盖岭 370685-B06-H29

[Gàilǐng]

在市驻地温泉街道西北方向11.0千米。张星镇辖自然村。人口300。明初，王姓由登州府徙此定居，因村北有一条三华里长的土盖岭，故名盖岭。聚落呈散状分布。有文化大院、县办农校旧址。经济以种植业为主，有粉丝加工业。有公路经此。

唐埠曲家 370685-B06-H30

[Tángbùqūjiā]

在市驻地温泉街道西北方向8.5千米。张星镇辖自然村。人口500。南北朝时，曲姓在此居住，取名曲家。相传，唐贞观年间，大将张亮率军路过此地，在村北土埠上休整，故改名为唐埠曲家，后又简化为曲家。因重名，1980年恢复原名唐埠曲家。聚落呈团块状分布。有文化大院1处。经济以种植业、果业为主，有粉丝加工业。有公路经此。

新村 370685-B07-H01

[Xīncūn]

夏甸镇人民政府驻地。在市驻地温泉街道西南方向19.0千米。人口1 400。1958年修建勾山水库时，陡崖曹家部分曹、孙、李、张姓和栾格庄全村村民迁居此地建村，因为是新建村庄，故名新村。聚落呈带状分布。有镇文化站，有文学大院2处、幼儿园1处、学校1处、职业中专1处。经济以种植业为主，设有集市，商业发达。有公路经此。

夏甸 370685-B07-H02

[Xiàdiàn]

在市驻地温泉街道西南方向28.5千米。夏甸镇辖自然村。人口3 200。北魏皇兴四年（470），夏姓由河北潞县迁此定居，因处荒草甸子，故名夏甸。聚落呈散状分布。有文化大院4处、幼儿园1处、小学1处。经济以种植业为主，有果林业和集市贸易。有公路经此。

东庄 370685-B07-H03

[Dōngzhuāng]

在市驻地温泉街道西南方向20.0千米。夏甸镇辖自然村。人口1 600。明永乐年间，崔孟文、崔孟武兄弟二人由掖县崔家迁居仓石山东麓，分两个居民点，以地势分称上东庄和下东庄，合称东庄。聚落呈散状分布。有文化大院2处、幼儿园1处、小学 1 处。经济以种植业为主，设有集市，服务业发达。有公路经此。

勾下店 370685-B07-H04
[Gōuxiàdiàn]

在市驻地温泉街道西南方向 18.0 千米。夏甸镇辖自然村。人口 900。位于勾山东北麓古驿道旁，最初黄姓始在此建村，取名黄家庄子。金大定年间，徐姓由四川迁此开店，元代至元年间黄姓徙绝，以处勾山下易名勾下店。聚落呈散状分布。有文化大院 1 处。经济以种植业和林果业为主。有公路经此。

金城 370685-B07-H05
[Jīnchéng]

在市驻地温泉街道南方向 17.5 千米。夏甸镇辖自然村。人口 300。明洪武年间，蒋姓由大蒋家迁此定居，以采金为业，取名金城。又传此地为大宋时期黄金交易地，故称金城。聚落呈散状分布。有文化大院 1 处。经济以种植业为主，有陶器烧制和果林业。有公路经此。

曹家洼 370685-B07-H06
[Cáojiāwā]

在市驻地温泉街道西南方向 18.5 千米。夏甸镇辖自然村。人口 700。明成化年间，曹姓由城南曹家迁此定居，因居河畔洼地，故名曹家洼。聚落呈散状分布。有文化广场 1 处。经济以种植业为主，有黄金采选业，有曹家洼金矿。有公路经此。

陡崖曹家 370685-B07-H07
[Dǒuyácáojiā]

在市驻地温泉街道西南方向 20.0 千米。夏甸镇辖自然村。人口 1 000。明成化年间，曹姓由城南曹家迁此定居，因建村于勾山东麓陡峭土崖之上，故名陡崖曹家。聚落呈散状分布。有文化大院 1 处。经济以粮油作物种植和果林业为主。有公路经此。

打油王家 370685-B07-H08
[Dǎyóuwángjiā]

在市驻地温泉街道西南方向 23.0 千米。夏甸镇辖自然村。人口 200。清乾隆年间，王姓由道头迁狼庄顶后坡定居，取名狼庄。至民国初年村东北兴建一座油坊，打油工出门抬头就见到该村，戏谑称为“打油望见”，后取其谐音，易村名为打油王家。聚落呈团块状分布。有文化大院 1 处。经济以粮油生产和果林业为主。有公路经此。

车元口 370685-B07-H09
[Chēyuánkǒu]

在市驻地温泉街道南方向 21.0 千米。夏甸镇辖自然村。人口 400。明万历年间，邱姓迁此定居，因地形似车辕，故名车辕口，后演变为车元口。聚落呈散状分布。有文化大院 1 处。经济以果林业为主。有公路经此。

禾木程家 370685-B07-H10
[Hémùchéngjiā]

在市驻地温泉街道南方向 22.5 千米。夏甸镇辖自然村。人口 400。北宋咸平年间，程氏由平度挪头迁此定居，以姓氏偏旁“禾”加姓“程”，取名禾木程家。聚落呈散状分布。有文化大院 1 处。经济以粮油生产和果林业为主。有公路经此。

青龙夼 370685-B07-H11
[Qīnglóngkuǎng]

在市驻地温泉街道西南方向 26.5 千米。夏甸镇辖自然村。人口 700。明万历年间，刘智同、刘智兴兄弟二人由掖县迁此定居，因处青龙背的山夼中，故名青龙夼。聚落呈散状分布。有知青博物馆、文化大院。

经济以粮油生产和果林业为主。有公路经此。

留仙庄 370685-B07-H12
[Liúxiānzhuāng]

在市驻地温泉街道西南方向24.0千米。夏甸镇辖自然村。人口1 500。明洪武年间，于姓由文登市大水泊迁此定居，因一道士传教寄宿于此，群众敬仰留之，故名留仙庄。聚落呈散状分布。有文化大院1处。有华东野战军第十三纵队成立遗址。经济以粮油生产和果林业为主。有公路经此。

高山洼 370685-B07-H13
[Gāoshānwā]

在市驻地温泉街道南方向24.5千米。夏甸镇辖自然村。人口600。明万历年间，李姓由后花园迁此定居，因处高山南麓低洼地带，故名高山洼。聚落呈散状分布。有文化大院1处。有中共招远第一任特支书记李厚生故居。经济以粮油生产和果林业为主。有公路经此。

姜家窑 370685-B07-H14
[Jiāngjiāyáo]

在市驻地温泉街道西南方向25.5千米。夏甸镇辖自然村。人口600。清康熙年间，姜姓由上店迁此定居，以烧制砖瓦为业，故名姜家窑。聚落呈散状分布。有文化大院1处。经济以种植业为主，有果林业和黄金采选业，有姜家窑金矿。有公路经此。

臧家 370685-B07-H15
[Zāngjiā]

在市驻地温泉街道南方向26.5千米。夏甸镇辖自然村。人口500。明万历年间，臧姓由莱阳县仙庄迁此定居，取名臧家。聚落呈团块状分布。有文化大院1处。经济以种植业、果林业为主，为烟台市蔬菜种植十大专业村之一，臧家草莓为中国地理标志产品。有公路经此。

曹孟 370685-B07-H16
[Cáomèng]

在市驻地温泉街道南方向25.0千米。夏甸镇辖自然村。人口1 600。元至正年间，曹、孟两姓分别由城南曹家和孟格庄迁此定居，取名曹孟。聚落呈散状分布。有文化大院1处、幼儿园1处、小学1处。经济以种植业为主，有木器加工和果林业。有公路经此。

臧述庄 370685-B07-H17
[Zāngshùzhuāng]

在市驻地温泉街道南方向20.0千米。夏甸镇辖自然村。人口1 000。明景泰年间，史姓为避水灾由广饶县迁此定居，取名史家。明末臧姓迁入。抗日战争中，该村臧述任胶东十三团排长，1945年2月在莱阳万第战役中牺牲，为褒扬先烈，1947年，以烈士姓名易村名为臧述庄。聚落呈团块状分布。有文化大院1处。经济以粮油生产和果林业为主。有公路经此。

老甲沟 370685-B07-H18
[Lǎojiǎgōu]

在市驻地温泉街道南方向25.5千米。夏甸镇辖自然村。人口300。明万历年间，于姓由留仙庄迁居此地淘金，因村西小沟旧时淘过沙金，故名老金沟。清朝末年，巨姓由庙前迁入，村名沿用。1945年，以吉言嘉意易村名为老甲沟。聚落呈带状分布。经济以果林业为主。有公路经此。

西芝下 370685-B07-H19
[Xīzhīxià]

在市驻地温泉街道西南方向28.5千米。夏甸镇辖自然村。人口600。元至元年间，郈姓由张郈堡迁此定居，因处芝山下，东有东芝下（属莱西），取名西芝下。聚落呈散状分布。有文化大院1处。经济以粮油生产和果林业为主。有公路经此。

白石顶 370685-B07-H20
[Báishídǐng]

在市驻地温泉街道南方向19.5千米。夏甸镇辖自然村。人口300。清康熙年间，张姓由岭上迁此定居，取名白设庄，意为不缴纳皇粮国税。后因山顶出产白色石英石，易名为白石顶。聚落呈散状分布。有文化大院1处。经济以粮油生产和果林业为主。有公路经此。

官里庄 370685-B07-H21
[Guānlǐzhuāng]

在市驻地温泉街道西南方向27.0千米。夏甸镇辖自然村。人口600。明崇祯年间，姜姓由枣林姜家迁此建村，因居荒山野坡多山兔处，故称兔子窝。清道光年间，一秀才赶考路过，得村民相助，及第为官后赠村名官里庄。聚落呈散状分布。有文化大院1处。经济以粮油生产和果林业为主。有公路经此。

栾家河 370685-B08-H01
[Luánjiāhé]

阜山镇人民政府驻地。在市驻地温泉街道东北方向15.0千米。人口1 400。汉代马氏定居于此，取名马家寨。明洪武年间，栾氏由黄县簸箕栾家析居此地。永乐年间，马姓徙绝，栾氏人丁兴盛，以村前小河冠以姓氏，易村名为栾家河。聚落呈散状分布。有影剧院、文化大院，有幼儿园1处。经济以种植业为主，有果林业和采金业。有公路经此。

九曲蒋家 370685-B08-H02
[Jiǔqǔjiǎngjiā]

在市驻地温泉街道东北方向17.5千米。阜山镇辖自然村。人口900。清康熙年间蒋姓建村，因处九曲山涧中，故名九曲蒋家。聚落呈团块状分布。有文化大院1处、图书馆1处、影剧院1处。有国家级非遗黄金堆石砌灶冶炼技艺展示区。经济以黄金生产业为主，有春雨集团。有公路经此。

栾家沟 370685-B08-H03
[Luánjiāgōu]

在市驻地温泉街道东北方向20.0千米。阜山镇辖自然村。人口800。明万历年间，栾姓由栾家河迁此定居，因处沟旁，取名栾家沟。聚落呈散状分布。有文化大院1处、图书室1处。经济以黄金采选业为主，有种植业和林果业。有公路经此。

栾家店 370685-B08-H04
[Luánjiādiàn]

在市驻地温泉街道东北方向19.5千米。阜山镇辖自然村。人口600。明朝中期，栾姓由栾家河村迁此设店，取名栾家店。聚落呈散状分布。有文化大院1处。经济以种植业、果业为主，有黄金采选业。有公路经此。

南院庄 370685-B08-H05
[Nányuànzhuāng]

在市驻地温泉街道东南方向13.0千米。阜山镇辖自然村。人口1 800。北宋开宝年间，节姓迁此定居，因处寺院以南，故名南院庄。聚落呈散状分布。有文化大院1处、幼儿园1处。经济以种植业、果业为主，设有集市。有公路经此。

大疃 370685-B08-H06
[Dàtuǎn]

在市驻地温泉街道东南方向15.0千米。阜山镇辖自然村。人口1 400。唐初，周、吕两姓居此，取名周家疃。明永乐年间，任姓迁入，逐步发展为大族，与周、吕两姓不睦，周、吕两姓被逼迁走，故名夺疃。清末民初，为使村名文明，改名大疃。聚落呈散状分布。有文化大院1处。经济以种植业、果业、餐饮服务业为主。有公路经此。

北院庄 370685-B08-H07
[Běiyuànzhuāng]

在市驻地温泉街道东南方向11.0千米。阜山镇辖自然村。人口1 700。明洪武年间，刘姓由山东武定府蒲台县迁此定居，因处寺院旁和南院庄北，故名北院庄。聚落呈散状分布。有文化大院1处、小学1处。经济以种植业、果业为主，设有集市。有公路经此。

九曲 370685-B08-H08
[Jiǔqū]

在市驻地温泉街道东北方向16.0千米。阜山镇辖自然村。人口2 200。元大德年间，王姓由官庄迁此定居，因处九曲山涧，故名九曲。聚落呈散状分布。有文化大院1处、幼儿园1处，有图书馆、影剧院、电影放映队、业余文艺宣传队。有中共招远县委诞生地和中共胶东特委采金委员会诞生地遗址。经济以黄金采选业、粮油生产和林果业为主，有玲珑金矿矿区和黄金矿业公司。有公路经此。

吕家 370685-B08-H09
[Lǚjiā]

在市驻地温泉街道东北方向19.0千米。阜山镇辖自然村。人口1 100。明崇祯年间，吕姓由现庙后吕家（时称吕家）迁此定居，以祖居地称为吕家。聚落呈散状分布。有文化大院1处、文化俱乐部1处、幼儿园1处。经济以种植业、果业和黄金采选业为主。有公路经此。

乐土夼 370685-B08-H10
[Lètǔkuǎng]

在市驻地温泉街道东北方向22.5千米。阜山镇辖自然村。人口1 000。北宋天圣年间，乐姓由四川平羌县迁此定居，以姓氏结合《诗经》“适彼乐土”一句取名乐土夼。聚落呈散状分布。有文化大院1处。经济以种植业、果业为主。有公路经此。

东李家庄 370685-B08-H11
[Dōnglǐjiāzhuāng]

在市驻地温泉街道东北方向18.0千米。阜山镇辖自然村。人口1 200。明万历年间，李姓由黄县李埠疃迁此定居，取名李家庄。1980年地名普查，因重名，又处县城东，以方位更名为东李家庄。聚落呈散状分布。有文化大院1处。为黄金产地，经济以种植业、果业、黄金采选业为主。有公路经此。

东观阵庄 370685-B08-H12
[Dōngguānzhènzhuāng]

在市驻地温泉街道东方向15.0千米。阜山镇辖自然村。人口300。据传唐王征东曾在此操练兵马，设台观阵。明永乐年间，刘、郝两姓由黄县迁此定居，取名观阵庄。明末清初，村名演变为官里庄。1980年地名普查时因重名，更名为东观阵庄。聚落呈散状分布。有文化大院1处。经济以种植业、果业为主。有公路经此。

张邴堡 370685-B08-H13
[Zhāngbǐngpù]

在市驻地温泉街道东方向 11.5 千米。阜山镇辖自然村。人口 1 200。元至正年间，邴姓在此地急递铺内当差，定居于此。明成化年间，张姓迁入，因处急递铺旁，民间“铺”“堡”通用，与原住户邴姓商定取名张邴堡。聚落呈散状分布。有文化大院 1 处。经济以种植业、果业为主。有公路经此。

百尺堡 370685-B08-H14
[Bǎichǐpù]

在市驻地温泉街道东方向 15.5 千米。阜山镇辖自然村。人口 900。明洪武年间，王拳由招城迁此定居，因距村西“急递铺”百尺，民间“铺”“堡”通用，故名百尺堡。聚落呈散状分布。经济以种植业、果业为主。有公路经此。

庙后吕家 370685-B08-H15
[Miàohòulǚjiā]

在市驻地温泉街道东南方向 10.5 千米。阜山镇辖自然村。人口 1 700。明成化年间，吕姓由大疃村迁此，取名吕家。清康熙年间，村南万寿山上修玉皇庙戏楼后，逐渐被称为庙后吕家。聚落呈散状分布。有文化大院 1 处、中学 1 处。经济以种植业、果业为主。有公路经此。

草店 370685-B08-H16
[Cǎodiàn]

在市驻地温泉街道东南方向 17.0 千米。阜山镇辖自然村。人口 1 000。据传，明永乐年间，百尺堡王氏兄弟为劳动管理方便，在村东南数里处山坡上垛草成屋。因处交通要道，逐渐变成卖饭开店，来往行人客商赠名草店。聚落呈散状分布。有文化大院 1 处。经济以种植业、果业为主。有公路经此。

东马家 370685-B08-H17
[Dōngmǎjiā]

在市驻地温泉街道东南方向 16.0 千米。阜山镇辖自然村。人口 500。明万历年间，马姓由下观堡迁此定居，取名马家。1980 年地名普查，因重名，易名为东马家。聚落呈散状分布。有文化大院 1 处。经济以种植业、果业为主。有公路经此。

牟疃 370685-B08-H18
[Mùtuǎn]

在市驻地温泉街道东南方向 13.0 千米。阜山镇辖自然村。人口 800。隋开皇年间，牟姓由栖霞迁此定居，取名牟疃。聚落呈散状分布。有文化大院 1 处。有中共招远第一任县委书记刘儒英故居。经济以种植业、果业为主。有公路经此。

下观堡 370685-B08-H19
[Xiàguānpù]

在市驻地温泉街道东南方向 15.5 千米。阜山镇辖自然村。人口 500。明万历年间，李氏由招远城东门里迁此定居，因居纯阳观下方和急递铺旁，民间“铺”“堡”通用，故名下观堡。聚落呈散状分布。有文化大院 1 处。为河谷平洼地带，经济以种植业、果业为主，生产粉丝。有公路经此。

老马思家 370685-B08-H20
[Lǎomǎsījiā]

在市驻地温泉街道东南方向 12.5 千米。阜山镇辖自然村。人口 100。明中期，孙姓在此地建村南孙家。清初，陈姓由转山堡迁入，孙姓徙走，而陈姓卖的一匹老马去而复返，故易名为老马思家。聚落呈散状分布。有文化大院 1 处。经济以种植业、果业为主。有公路经此。

闫家 370685-B08-H21

[Yánjiā]

在市驻地温泉街道东南方向 13.5 千米。阜山镇辖自然村。人口 1 000。元至元年间，闫姓由招远城里迁此定居，取名闫家。聚落呈散状分布。有文化大院 1 处、幼儿园 1 处、小学 1 处。经济以种植业、果业为主，盛产铁把甜瓜。有公路经此。

西罗家 370685-B08-H22

[Xīluójiā]

在市驻地温泉街道东南方向 14.0 千米。阜山镇辖自然村。人口 900。明弘治年间，罗均、罗衡兄弟二人由河北省迁此定居，罗衡居西，取名西罗家。聚落呈散状分布。有文化大院 1 处。经济以种植业、果业为主，西罗家铁把瓜为中国地理标志产品。有公路经此。

六合庄 370685-B08-H23

[Liùhézhuāng]

在市驻地温泉街道东南方向 18.0 千米。阜山镇辖自然村。人口 400。明崇祯年间，杨姓由招远城里迁至河岸柳林旁定居，取名柳河庄。后，冯、王、孟、温、战等姓相继迁入，经诸姓商定，以六大姓易名六合庄。聚落呈散状分布。有文化大院 1 处。经济以种植业、果业为主，盛产红富士苹果。有公路经此。

迟家 370685-B08-H24

[Chíjiā]

在市驻地温泉街道东南方向 15.0 千米。阜山镇辖自然村。人口 500。明永乐年间，迟席、迟河由山西洪洞县贾村大槐树底下迁来，定居大沽河畔，取迟姓安村和居家平安之意名迟家安，后人以顺口简称迟家。聚落呈散状分布。有文化大院 1 处。经济以林果业为主。有公路经此。

刘家疃 370685-B08-H25

[Liújiātuǎn]

在市驻地温泉街道东南方向 19.0 千米。阜山镇辖自然村。人口 200。清光绪年间，刘、栾两姓由莱阳林格庄、朱江迁入，因此地是黄县丁姓地主的庄田，称黄县庄。后因刘姓居多，改名为刘家疃。聚落呈散状分布。有文化大院 1 处。经济以种植业、果业为主。有公路经此。

道头 370685-B09-H01

[Dàotóu]

齐山镇人民政府驻地。在市驻地温泉街道西南方向 13.5 千米。人口 2 100。隋末唐初，肖氏在此建村，因居唐家岭南伸岭脉尽头，取名到头。后因此地是古驿道枢纽，易名道头。聚落呈散状分布。有镇文化站，有文化大院 2 处、幼儿园 1 处、小学 1 处、中学 1 处。经济以种植业、果业生产、商贸业为主。有公路经此。

大尹格庄 370685-B09-H02

[Dàyǐngézhuāng]

在市驻地温泉街道西南方向 16.0 千米。齐山镇辖自然村。人口 1 700。明洪武年间，朝中尹姓天官致仕，看中此地，与弟迁居此地，兄住此地，取名大尹格庄。聚落呈团块状分布。有文化大院 1 处、幼儿园 1 处、小学 1 处。经济以种植业和果业为主，生产蔬菜。有国营大尹格庄金矿。有公路经此。

状元头 370685-B09-H03

[Zhuàngyuántóu]

在市驻地温泉街道西南方向 14.0 千米。齐山镇辖自然村。人口 600。五代时，庄、王两姓定居于聚灵岭头，取村名为庄王头。北宋嘉祐年间，状元王俊民暴病身亡，灵柩返籍葬于聚灵岭下，村以此易名状元头。聚落呈散状分布。有文化大院1处。经济以粮油生产和果业为主。有公路经此。

铁夼 370685-B09-H04
[Tiěkuǎng]

在市驻地温泉街道西南方向8.0千米。齐山镇辖自然村。人口600。北宋开宝年间，泽姓建村于沟夼中，取名泽夼。明嘉靖年间，于、马两姓先后迁入，泽姓徙绝，因处古铁矿（今查明是铜砂）遗址的山夼中，易村名铁夼。聚落呈散状分布。有文化大院1处。经济以粮油生产和果业为主。有公路经此。

雀头孙家 370685-B09-H05
[Quètóusūnjiā]

在市驻地温泉街道西南方向9.0千米。齐山镇辖自然村。人口800。明弘治年间，孙姓由招远县城北关迁此定居，因处孔雀山下，故名雀头孙家，后简化为孙家。1980年地名普查时重名，故恢复原名。聚落呈散状分布。有文化大院1处。经济以粮油生产和果业为主。有公路经此。

贾家沟 370685-B09-H06
[Jiǎjiāgōu]

在市驻地温泉街道西南方向14.0千米。齐山镇辖自然村。人口800。明嘉靖年间，贾姓由十里铺迁此定居，因处蟹子顶和高顶子两山沟旁，故名贾家沟。聚落呈散状分布。有文化大院1处。有八路军被服厂遗址。经济以粮油生产和果业为主，盛产板栗。有公路经此。

北马驻埠 370685-B09-H07
[Běimǎzhùbù]

在市驻地温泉街道东南方向7.5千米。齐山镇辖自然村。人口300。明万历年间，张姓于此建村张家庄。崇祯年间，因村南土阜草木茂盛，是天然的牧马场，古称马驻埠，以方位易名为北马驻埠。聚落呈散状分布。有文化大院1处。经济以粮油生产和果业为主，盛产蜜薯。有公路经此。

张秀家 370685-B09-H08
[Zhāngxiùjiā]

在市驻地温泉街道东南方向11.0千米。齐山镇辖自然村。人口500。明崇祯年间，一张姓兽医由张格庄行医至此，生意兴隆，定居于此，人称张兽爷村。后因村名不雅，以其谐音改名为张秀家。聚落呈散状分布。有文化大院1处。经济以粮油生产和果业为主。有公路经此。

孙家夼 370685-B09-H09
[Sūnjiākuǎng]

在市驻地温泉街道西南方向12.0千米。齐山镇辖自然村。人口800。明万历年间，孙姓由槐树庄迁此定居，因处山涧沟夼，取名孙家夼。聚落呈散状分布。有文化大院1处。有招远最大的地主孙凤岐旧宅。经济以粮油生产和苹果种植为主。有公路经此。

朱疃 370685-B09-H10
[Zhūtuǎn]

在市驻地温泉街道东南方向15.5千米。齐山镇辖自然村。人口500。明嘉靖年间，朱姓由朱家庄迁此定居，因小河东岸石岭中间有一石凸子，形似圆珠，人称“龙戏珠”，故名珠疃。后因朱姓建村，改为朱疃。聚落呈散状分布。有文化大院。经济以粮油生产和果业为主，盛产齐山蜜薯。有公路经此。

玉甲 370685-B09-H11
[Yùjiǎ]

在市驻地温泉街道西南方向14.5千米。齐山镇辖自然村。人口1 300。元末，于姓在此建村，取名于家。明时，杨姓、王姓先后入居，村名沿袭。清同治年间，王姓发展成大户，于姓迁出，谐其音易村名玉甲。聚落呈散状分布。有文化大院1处。经济以粮油生产和苹果种植为主。有公路经此。

松岚子 370685-B09-H12
[Sōnglánzi]

在市驻地温泉街道西南方向15.5千米。齐山镇辖自然村。人口400。清康熙年间，王姓由道口村迁此定居，因处松岚旁，故名松岚子。聚落呈散状分布。有文化大院1处。经济以粮油种植和苹果种植为主。有公路经此。

大吴家 370685-B09-H13
[Dàwújiā]

在市驻地温泉街道南方向13.0千米。齐山镇辖自然村。人口1 000。明万历年间，吴氏兄弟二人由蓬莱南关徙居吴家咀，后兄移居此地，取名大吴家。聚落呈散状分布。有文化大院1处、幼儿园1处。经济以种植业、果业、制造业、商贸业为主，生产玻璃钢，有集市。有公路经此。

岔道 370685-B09-H14
[Chàdào]

在市驻地温泉街道东南方向14.0千米。齐山镇辖自然村。人口1 400。北宋时期，李姓在此建村，因处大道口，故名岔道。聚落呈散状分布。有文化大院1处。经济以粮油种植和果业为主，设有集市。有公路经此。

立甲疃 370685-B09-H15
[Lìjiǎtuǎn]

在市驻地温泉街道西南方向14.5千米。齐山镇辖自然村。人口1 100。唐初，李、路、党、孟诸姓定居此地，因村多李姓，取名李家疃。至清同治年间，李、路等姓徙绝，王福元、王福成、王元增成为大地主，以谐音易村名为立甲疃。聚落呈团块状分布。有文化大院1处。有抗日战争时期政府办公旧址、招远二中成立旧址。经济以粮油生产和苹果种植为主。有公路经此。

齐山店 370685-B09-H16
[Qíshāndiàn]

在市驻地温泉街道南方向14.5千米。齐山镇辖自然村。人口900。金大定年间，殷姓由黄县殷家店徙居招远齐山北麓大道旁开店，以山取名齐山店。聚落呈散状分布。有文化大院1处。有齐山抗战殉国烈士纪念塔。经济以粮油生产和苹果种植为主。有公路经此。

下林庄 370685-B09-H17
[Xiàlínzhuāng]

在市驻地温泉街道东南方向14.5千米。齐山镇辖自然村。人口900。明嘉靖年间，张治中、张治云兄弟二人由张家庄迁此定居，因处西北塂树林和上林庄以下，故名下林庄。聚落呈团块状分布。有文化大院1处、小学1处。经济以粮油生产和苹果种植为主。有公路经此。

汪家院 370685-B09-H18
[Wāngjiāyuàn]

在市驻地温泉街道南方向17.5千米。齐山镇辖自然村。人口700。明万历年间，汪姓由汪家迁此定居，因处古庙齐山院东侧，村西建有村庄孙家院，故名汪家院。聚落呈团块状分布。有文化大院 1 处。经济以粮油生产和苹果种植为主。有公路经此。

庙西 370685－B09－H19

[Miàoxī]

在市驻地温泉街道西南方向 13.5 千米。齐山镇辖自然村。人口 500。明成化年间，李姓由后花园迁此定居，因处古庙以西，附近有小庙西村，故名大庙西。1959 年小庙西村址修建水库，村民迁入大庙西，两村合并，改称庙西。聚落呈散状分布。有文化大院 1 处。经济以粮油生产和苹果种植为主。有公路经此。

车家坡 370685－B09－H20

[Chējiāpō]

在市驻地温泉街道西南方向 10.5 千米。齐山镇辖自然村。人口 700。元至正年间，车氏兄弟龙、虎、豹三人，由关西一带迁居此地，以处山坡上，以姓氏取名车家坡。聚落呈散状分布。有文化大院 1 处。经济以粮油生产和苹果种植为主。有公路经此。

半壁店 370685－B09－H21

[Bànbìdiàn]

在市驻地温泉街道西南方向 15.0 千米。齐山镇辖自然村。人口 1 500。明永乐年间，刘姓由北关迁居此地开店，因店内间壁是半截壁子，过往客商称为半壁店，繁衍成村后以此为村名。聚落呈散状分布。有文化大院 1 处。经济以粮油生产和蔬菜生产为主。有公路经此。

梁家 370685－B09－H22

[Liángjiā]

在市驻地温泉街道西南方向 12.5 千米。齐山镇辖自然村。人口 1 400。唐代建村，原名于家店。明成化年间，梁姓文明、文举兄弟二人由十里铺迁入，人丁兴旺，又因梁氏开辟南三犁沟、北三犁沟排涝治村有功，故改村名为梁家。聚落呈团块状分布。有文化大院 1 处。经济以粮油生产和苹果种植为主。有公路经此。

栖霞市

城市居民点

金苹果绿苑 370686－I01

[Jīnpíngguǒ Lǜyuàn]

在县级市市区中部。人口 2 960。总面积 8.1 公顷。栖霞特产苹果，小区以苹果命名，突出了地域特色。2007 年始建，2009 年正式使用。建筑总面积 120 000 平方米，住宅楼 13 栋，其中高层 10 栋、多层 3 栋，现代建筑特点。绿化率 31.19%。有医院、文化广场、公园等配套设施。通公交车。

安泰小区 370686－I02

[Āntài Xiǎoqū]

在县级市市区中部。人口 20 000。总面积 18 公顷。由著名企业安泰公司命名，以“美则安，善致泰”为宗旨，故名。2001 年始建，2001 年正式使用。建筑总面积 360 000 平方千米，住宅楼 76 栋，其中高层 13 栋、多层 63 栋，现代建筑特点。绿化率 30%。有购物中心、小学等配套设施。通公交车。

农村居民点

古镇都 370686－A01－H01

[Gǔzhèndū]

在市驻地庄园街道南方向 2.5 千米。庄园街道辖自然村。人口 1 200。因这里有过古镇，故取名古镇都。聚落呈散状分布。

有中学 1 处。有国家级文物保护单位牟氏庄园。经济以种植业为主，盛产苹果、花生、板栗等，有人造皮革、印刷等厂。有公路经此。

小石岭 370686-A01-H02
[Xiǎoshílǐng]

在市驻地庄园街道南方向 4.5 千米。庄园街道辖自然村。人口 200。因村南有一小山，山上有一条石牙岭，呈东西走向，故名小石岭。聚落呈带状分布。有图书室。经济以种植业为主，种植玉米、花生、地瓜，盛产苹果。有公路经此。

黄夼吕家 370686-A01-H03
[Huángkuǎnglǚjiā]

在市驻地庄园街道南方向 3.2 千米。庄园街道辖自然村。人口 400。因吕姓由山西洪洞县移民来住，故名吕家。因重名，1995 年更名为黄夼吕家。聚落呈带状分布。有非遗项目丘处机传说。经济以种植业为主，种植玉米、花生、地瓜，盛产苹果。有中节能热力公司。

河口 370686-A01-H04
[Hékǒu]

在市驻地庄园街道西南方向 4.0 千米。庄园街道辖自然村。人口 200。因处白洋河沟口，故名。聚落呈团块状分布。经济以种植业为主，种植玉米、花生、地瓜，盛产苹果。有公路经此。

十里铺 370686-A01-H05
[Shílǐpù]

在市驻地庄园街道西方向 1.1 千米。庄园街道辖自然村。人口 700。因距县城十华里，故名十里铺。聚落呈团块状分布。经济以种植业为主，种植玉米、花生、地瓜，盛产苹果。有公路经此。

宫后 370686-A01-H06
[Gōnghóu]

在市驻地庄园街道东方向 1.7 千米。庄园街道辖自然村。人口 200。因处滨都宫的后面，故名。聚落呈散状分布。经济以种植业为主，种植玉米、花生、地瓜，盛产苹果。有公路经此。

北岩子口 370686-A01-H07
[Běiyánzikǒu]

在市驻地庄园街道西方向 2.1 千米。庄园街道辖自然村。人口 300。牟钶由蛇窝泊牟家疃迁来定居，以北山口子命名北岩子口。聚落呈带状分布。有太虚宫。经济以种植业为主，种植玉米、花生、地瓜，盛产苹果。有公路经此。

高家 370686-A01-H08
[Gāojiā]

在市驻地庄园街道西方向 5.5 千米。庄园街道辖自然村。人口 300。高泰自山东省青州府迁至栖霞城西北建房落居，取名黄夼高家，后称高家。聚落呈散状分布。有图书室。经济以种植业为主，种植玉米、花生、地瓜、蘑菇，盛产苹果。

路家 370686-A01-H09
[Lùjiā]

在市驻地庄园街道西方向 3.7 千米。庄园街道辖自然村。人口 200。这里原是北岩子口村牟钶的一个庄子，原名牟家庄。清道光元年（1821），小路家村路凤携妻子全家五口人来此居住，给牟钶的后裔当佃户，路凤种地时挖到了 11 个银元宝，买下了牟家房屋 40 间、耕地 500 亩、山岚 200 亩，遂易名黄夼路家，后称路家。聚落呈带状分布。经济以种植业为主，种植玉米、花生、地瓜，盛产苹果。

小卧龙 370686–A01–H10
[Xiǎowòlóng]

在市驻地庄园街道东方向 0.4 千米。庄园街道辖自然村。人口 100。弘治年间，于姓由文登大水泊迁来，老大定居大窝落，老二定居小窝落。清道光年间，范姓由十里铺迁入，因与大卧龙相近，且村小，故改名小卧龙。聚落呈带状分布。有图书角。经济以种植业为主，种植玉米、花生、地瓜，盛产苹果。有公路经此。

观东 370686–A01–H11
[Guàndōng]

在市驻地庄园街道东方向 0.3 千米。庄园街道辖自然村。人口 1 000。因位于滨都宫清虚观以东，故名观东。聚落呈带状分布。有图书角。经济以种植业为主，种植玉米、花生、地瓜，盛产苹果。有公路经此。

北张家沟 370686–A01–H12
[Běizhāngjiāgōu]

在市驻地庄园街道东北方向 1.8 千米。庄园街道辖自然村。人口 400。张姓由莱阳双山村迁来定居，故名张家沟。因重名，1982 年更名北张家沟。聚落呈散状分布。经济以种植业为主，种植玉米、花生、地瓜，盛产苹果。有公路经此。

后夼 370686–A01–H13
[Hòukuǎng]

在市驻地庄园街道东南方向 3.2 千米。庄园街道辖自然村。人口 1 200。因位于老灵山北麓，地势较平，故称后灵山夼，后简称后夼。聚落呈团块状分布。经济以种植业为主，种植玉米、花生、地瓜，盛产苹果。有山城金矿。有公路经此。

上宋家 370686–A01–H14
[Shàngsòngjiā]

在市驻地庄园街道东南方向 5.0 千米。庄园街道辖自然村。人口 500。因村处前灵山夼的上沟头，故名上宋家。聚落呈散状分布。有文化广场。经济以种植业为主，种植玉米、花生、地瓜，盛产苹果。

城关 370686–A02–H01
[Chéngguān]

在市驻地庄园街道南方向 4.3 千米。翠屏街道辖自然村。人口 4 900。因位于城门附近，得名城关。聚落呈团块状分布。有明正德年间开凿的翠屏洞等遗址，有唐朝时期的古槐树 3 株。经济以工副业为主，有印染、建材、建筑、选矿、药剂等产业。有公路经此。

大雾滋夼 370686–A02–H02
[Dàwùzīkuǎng]

在市驻地庄园街道南方向 5.2 千米。翠屏街道辖自然村。人口 300。因树木茂密，云雾笼罩，取诗经“树德务滋”一句，命名雾滋夼。后因村落扩大，分为两村，本村为大雾滋夼。聚落呈散状分布。经济以种植业为主，盛产苹果。有公路经此。

万家沟 370686–A02–H03
[Wànjiāgōu]

在市驻地庄园街道南方向 5.7 千米。翠屏街道辖自然村。人口 300。因万姓迁此安居，且地处沟内，取名万家沟。聚落呈散状分布。经济以种植业为主，盛产苹果。有公路经此。

枣行 370686–A02–H04
[Zǎoháng]

在市驻地庄园街道南方向 4.7 千米。翠屏街道辖自然村。人口 1 000。因当时此处有成片枣树林，故名枣行。聚落呈散状分布。经济以种植业、运输业、加工业为主。有公路经此。

林家亭 370686–A02–H05
[Línjiātíng]

在市驻地庄园街道南方向 4.7 千米。翠屏街道辖自然村。人口 500。因林璇迁来西亭居住，故名西亭，后改名林家亭。聚落呈散状分布。经济以种植业为主，种植玉米、花生、地瓜，盛产苹果。有公路经此。

石家庄 370686–A02–H06
[Shíjiāzhuāng]

在市驻地庄园街道南方向 6.6 千米。翠屏街道辖自然村。人口 400。清初潘氏来此建村，取名潘家岭。清中叶，石姓徙入，后改名石家庄。聚落呈带状分布。经济以种植业为主，种植玉米、花生、地瓜，盛产苹果。有公路经此。

五里后 370686–A02–H07
[Wǔlǐhòu]

在市驻地庄园街道南方向 6.8 千米。翠屏街道辖自然村。人口 300。因距县城五华里，且村东头有一个记里程的堠子，故名五里堠，后简化为五里后。聚落呈散状分布。经济以种植业为主，种植玉米、花生、地瓜，盛产苹果。有公路经此。

南七里庄 370686–A02–H08
[Nánqīlǐzhuāng]

在市驻地庄园街道南方向 7.4 千米。翠屏街道辖自然村。人口 500。因距县城南七华里，故名南七里庄。聚落呈散状分布。经济以种植业为主，种植玉米、花生、地瓜，盛产苹果。有公路经此。

榆林庄 370686–A02–H09
[Yúlínzhuāng]

在市驻地庄园街道南方向 10.1 千米。翠屏街道辖自然村。人口 400。因当时是一片榆树林，故名榆林头。因重名，1982 年更名为榆林庄。聚落呈散状分布。经济以种植业为主，种植玉米、花生、地瓜，盛产苹果。有公路经此。

郭落庄 370686–A02–H10
[Guōluòzhuāng]

在市驻地庄园街道西南方向 8.6 千米。翠屏街道辖自然村。人口 500。因村东有一座郭落山，以山命名为郭落庄。聚落呈散状分布。经济以种植业为主，种植玉米、花生、地瓜，盛产苹果。有公路经此。

大霞址 370686–A02–H11
[Dàxiázhǐ]

在市驻地庄园街道西南方向 5.9 千米。翠屏街道辖自然村。人口 400。传说空中有朵彩云逐渐向西移动，至该村上空渐渐消失，由此命名西霞止，后“止”演变为“址”。又因重名，更名大霞址。聚落呈散状分布。经济以种植业为主，种植玉米、花生、地瓜，盛产苹果。有公路经此。

大流口 370686–A02–H12
[Dàliúkǒu]

在市驻地庄园街道南方向 4.4 千米。翠屏街道辖自然村。人口 400。村前有一条小河流过，形似流水的口子，故名大流口。聚落呈散状分布。经济以种植业为主，种植玉米、花生、地瓜，盛产苹果。有公路经此。

南石岔 370686–A02–H13
[Nánshíchà]

在市驻地庄园街道南方向 6.1 千米。翠屏街道辖自然村。人口 300。因燕子经常聚集此地，故名燕子夼。清末，因村南河中有一石岗，使水流分岔，故名南石岔。聚落呈散状分布。经济以种植业为主，种植玉米、花生、地瓜，盛产苹果。有公路经此。

东富源 370686-A02-H14
[Dōngfùyuán]

在市驻地庄园街道南方向 10.2 千米。翠屏街道辖自然村。人口 500。因在距县城十五里的土坛东侧，故名东十五里堠，后演变为东十五里后。取吉祥意，1995 年更名东富源。聚落呈散状分布。经济以种植业为主，种植玉米、花生、地瓜，盛产苹果。有公路经此。

黄燕底 370686-A02-H15
[Huángyàndǐ]

在市驻地庄园街道东南方向 8.9 千米。翠屏街道辖自然村。人口 600。因村北的石崖子上栖居着一窝黄色的燕子，故名黄燕底。聚落呈散状分布。经济以种植业为主，种植玉米、花生、地瓜，盛产苹果，特产小米，曾为贡米。有公路经此。

衣家泊子 370686-A02-H16
[Yījiāpōzi]

在市驻地庄园街道东南方向 7.3 千米。翠屏街道辖自然村。人口 300。因建村在泊地上，故名衣家泊子。聚落呈散状分布。经济以种植业为主，种植玉米、花生、地瓜，盛产苹果。有公路经此。

前阳窝 370686-A02-H17
[Qiányángwō]

在市驻地庄园街道东南方向 9.2 千米。翠屏街道辖自然村。人口 800。因村立于山后，阳光由山前映射而来，故名前映阳窝，后简化为前阳窝。聚落呈散状分布。经济以种植业为主，种植玉米、花生、地瓜，盛产苹果。有公路经此。

釜甑 370686-A02-H18
[Fǔzèng]

在市驻地庄园街道南方向 10.0 千米。翠屏街道辖自然村。人口 1 000。因村东有一座圆锥形状的大山，村以山命名。聚落呈散状分布。经济以种植业为主，种植玉米、花生、地瓜，盛产苹果。有公路经此。

松山 370686-A03-H01
[Sōngshān]

在市驻地庄园街道北方向 8.8 千米。松山街道辖自然村。人口 2 900。因东山是一片松林，有人在此开店，故名松山店，后简称松山。聚落呈团块状分布。有文化大院、图书阅览室，有中学 1 处。经济以种植业为主，种植玉米、花生、地瓜，盛产苹果。有公路经此。

公山后 370686-A03-H02
[Gōngshānhòu]

在市驻地庄园街道北方向 3.9 千米。松山街道辖自然村。人口 400。因地处公山后，故名。聚落呈团块状分布。有文化大院、图书阅览室。经济以种植业为主，种植玉米、花生、地瓜，盛产苹果。209 省道经此。

庵里 370686-A03-H03
[Ānlǐ]

在市驻地庄园街道北方向 3.9 千米。松山街道辖自然村。人口 700。因有尼姑庵一处，故名。聚落呈团块状分布。有文化大院、图书阅览室。经济以种植业为主，种植玉米、花生、地瓜，盛产苹果。有公路经此。

赤巷口 370686–A03–H04

[Chìxiàngkǒu]

在市驻地庄园街道北方向 4.4 千米。松山街道辖自然村。人口 500。王扶刚从店西沟迁来定居，取名赤巷口。聚落呈带状分布。有文化大院、图书阅览室。经济以种植业为主，种植玉米、花生、地瓜，盛产苹果。有公路经此。

兴利 370686–A03–H05

[Xīnglì]

在市驻地庄园街道北方向 4.4 千米。松山街道辖自然村。人口 400。贾姓由庵里来此建村，取名贾家庄。因重名，1982 年更名兴利。聚落呈团块状分布。有文化大院、图书阅览室。经济以种植业为主，种植玉米、花生、地瓜，盛产苹果。有公路经此。

朱元沟 370686–A03–H06

[Zhūyuángōu]

在市驻地庄园街道北方向 5.4 千米。松山街道辖自然村。人口 800。传说元末朱元璋在此地避过难，故名藏主沟。朱元璋执政后，改名朱元沟。聚落呈团块状分布。有文化大院、图书阅览室。经济以种植业为主，种植玉米、花生、地瓜，盛产苹果。有公路经此。

虎龙口 370686–A03–H07

[Hǔlóngkǒu]

在市驻地庄园街道北方向 6.9 千米。松山街道辖自然村。人口 500。因村坐落在两山之间，南山如虎，北山似龙，村似居虎龙之口，故名虎龙口。聚落呈团块状分布。有文化大院、图书阅览室。经济以种植业为主，种植玉米、花生、地瓜，盛产苹果。有公路经此。

龙村 370686–A03–H08

[Lóngcūn]

在市驻地庄园街道北方向 8.1 千米。松山街道辖自然村。人口 1 400。因村西的南北岭背形状似龙，故名龙村。聚落呈散状分布。经济以种植业为主，种植玉米、花生、地瓜，盛产苹果。有公路经此。

下紫现头 370686–A03–H09

[Xiàzǐxiàntóu]

在市驻地庄园街道北方向 5.8 千米。松山街道辖自然村。人口 700。因古时有个紫建庙，村处下游，故名下紫现头。聚落呈散状分布。有文化大院、图书阅览室。经济以种植业为主，种植玉米、花生、地瓜，盛产苹果。有公路经此。

母山后 370686–A03–H10

[Mǔshānhòu]

在市驻地庄园街道北方向 4.4 千米。松山街道辖自然村。人口 500。因地处母山后，故名。聚落呈散状分布。有文化大院、图书阅览室。经济以种植业为主，种植玉米、花生、地瓜，盛产苹果。有公路经此。

郝家楼 370686–A03–H11

[Hǎojiālóu]

在市驻地庄园街道北方向 5.7 千米。松山街道辖自然村。人口 1 000。高姓由栖霞城西北的黄夼高家迁此建村，故名高家庄。明末，栖霞城官宦人家郝晋在此建了两座楼，故易名郝家楼。民国年间曾易名来兮园，后恢复旧名郝家楼。聚落呈团块状分布。有文化大院、图书阅览室。经济以种植业为主，种植玉米、花生、地瓜，盛产苹果。有公路经此。

艾山汤 370686-A03-H12
[Àishāntāng]

在市驻地庄园街道北方向 8.7 千米。松山街道辖自然村。人口 1 400。因依艾山温泉，故名艾山汤。聚落呈散状分布。经济以种植业为主，种植玉米、花生、地瓜，盛产苹果。有公路经此。

后铺 370686-A03-H13
[Hòupù]

在市驻地庄园街道北方向 11.5 千米。松山街道辖自然村。人口 700。因位于龙窝北，故名后龙窝铺，后简化为后铺。聚落呈团块状分布。经济以种植业为主，种植玉米、花生、地瓜，盛产苹果。有公路经此。

金山 370686-A03-H14
[Jīnshān]

在市驻地庄园街道北方向 6.7 千米。松山街道辖自然村。人口 400。以产金得名。聚落呈团块状分布。经济以种植业为主，种植玉米、花生、地瓜，盛产苹果。有公路经此。

南寨 370686-A03-H15
[Nánzhài]

在市驻地庄园街道北方向 7.4 千米。松山街道辖自然村。人口 900。因唐二主征东时，曾在这四个村安营扎寨，分别叫东、西、南、北寨，后三寨消亡，只剩下南寨。聚落呈带状分布。经济以种植苹果为主。有公路经此。

百里店 370686-A03-H16
[Bǎilǐdiàn]

在市驻地庄园街道北方向 8.7 千米。松山街道辖自然村。人口 500。因蓬莱王氏兄弟在此开店，距蓬莱 100 里地，故名百里店。聚落呈团块状分布。有文化大院、图书阅览室。经济以种植业为主，种植玉米、花生、地瓜，盛产苹果。有公路经此。

隋家集 370686-A03-H17
[Suíjiājí]

在市驻地庄园街道北方向 6.9 千米。松山街道辖自然村。人口 700。因古时隋姓搬迁至此，赶过集，故名隋家集。聚落呈带状分布。有图书阅览室。经济以果业为主。有公路经此。

东南庄 370686-B01-H01
[Dōngnánzhuāng]

观里镇人民政府驻地。在市驻地庄园街道西南方向 21.3 千米。人口 1 000。因地处大疃东南，故名东南庄。聚落呈团块状分布。有幼儿园、文化大院和腰鼓队文艺团体。有国家级非物质文化遗产保护项目螳螂拳（小架螳螂）。经济以苹果种植为主。有圣格亚酒厂、爱高卡夫特公司、果蔬冷藏厂等。有公路经此。

观里 370686-B01-H02
[Guànlǐ]

在市驻地庄园街道西南方向 21.1 千米。观里镇辖自然村。人口 3 900。因村后有一清泉，取村名玉泉观。明万历年间，大盗于奎横行乡里，被驱逐，遂更名观里。聚落呈团块状分布。有文化大院、幼儿园、小学、中学。经济以种植业为主，种植玉米、花生、地瓜，盛产苹果。有公路经此。

小观 370686-B01-H03
[Xiǎoguàn]

在市驻地庄园街道西南方向 21.9 千米。观里镇辖自然村。人口 1 800。范姓由县城北十里铺迁此立村，初名范家庄。史姓从县城迁入，更名史家疃。因村后老母猪堆与村名连起来，音译不吉，更名小罐，后演变成小观。聚落呈团块状分布。有文化大院、图书阅览室。经济以种植业为主，种植玉米、花生、地瓜，盛产苹果。有公路经此。

慕家店 370686-B01-H04
[Mùjiādiàn]

在市驻地庄园街道西南方向19.9千米。观里镇辖自然村。人口900。五代时期有位历史人物叫慕容彦超，因其忠于后汉反后周遭灭门，其子慕容篆从济北逃难徙胶东方山隐居建村，改慕容为慕姓，取村名归仁里，后更名为慕家寨。后因这里为毕郭通栖霞城的大道，衣文行、衣晓光父子二人在大道旁开店，故村易名慕家店。聚落呈团块状分布。有文化大院、图书阅览室。经济以种植业为主，种植玉米、花生、地瓜，盛产苹果。有公路经此。

王太后 370686-B01-H05
[Wángtàihòu]

在市驻地庄园街道西南方向23.3千米。观里镇辖自然村。人口500。因站在村西的大顶山向西望去，盼望太后的到来，故名望太后，后演变为王太后。聚落呈团块状分布。有文化大院、图书阅览室。经济以种植业为主，种植玉米、花生、地瓜，盛产苹果。有公路经此。

巨屋 370686-B01-H06
[Jùwū]

在市驻地庄园街道西南方向22.9千米。观里镇辖自然村。人口1 300。因农闲时村人来此设局赌博，据此取村名局屋，后演变为巨屋。聚落呈团块状分布。有文化大院、图书阅览室。经济以种植业为主，种植玉米、花生、地瓜，盛产苹果。有公路经此。

化山东 370686-B01-H07
[Huàshāndōng]

在市驻地庄园街道西南方向17.9千米。观里镇辖自然村。人口400。因王姓迁此搭了个小棚子，从事捞纸行当，建村后取名纸房。因与寺口的纸房重名，1982年以处化山堐之东，更名化山东。聚落呈团块状分布。有文化大院、图书阅览室。经济以种植业为主，种植玉米、花生、地瓜，盛产苹果。有公路经此。

大山口 370686-B01-H08
[Dàshānkǒu]

在市驻地庄园街道西南方向17.5千米。观里镇辖自然村。人口500。因地处方山出口处，故名大山口。聚落呈团块状分布。经济以种植业为主，种植玉米、花生、地瓜，盛产苹果。有公路经此。

大疃 370686-B01-H09
[Dàtuǎn]

在市驻地庄园街道西南方向18.9千米。观里镇辖自然村。人口800。因沙峨村和黄县雀山姜家的两户姜姓居民迁来现址东建村，取名小庄。后因人口繁衍较快，更名大疃。聚落呈团块状分布。经济以种植业为主，种植玉米、花生、地瓜，盛产苹果。有公路经此。

大刘家 370686-B01-H10
[Dàliújiā]

在市驻地庄园街道西南方向18.3千米。观里镇辖自然村。人口500。因家业兴旺，养马千匹，取名万马刘家，后更名为大刘家。聚落呈团块状分布。经济以种植业为主，种植玉米、花生、地瓜，盛产苹果。有公路经此。

郭格庄 370686-B01-H11
[Guōgézhuāng]

在市驻地庄园街道西南方向16.5千米。观里镇辖自然村。人口700。因董姓与小庄哨上村董姓争老谱，该村董姓便把老谱放在树上搁藏起来，故取村名搁格庄，后演变为郭格庄。聚落呈团块状分布。有文化大院、图书阅览室。经济以种植业为主，种植玉米、花生、地瓜，盛产苹果。有公路经此。

大寨 370686-B01-H12
[Dàzhài]

在市驻地庄园街道西南方向14.0千米。观里镇辖自然村。人口900。因地处方山脚下，东西都是大山，似山寨，故名大寨。聚落呈团块状分布。经济以种植业为主，种植玉米、花生、地瓜，盛产苹果。有公路经此。

小寨 370686-B01-H13
[Xiǎozhài]

在市驻地庄园街道西南方向13.2千米。观里镇辖自然村。人口400。因仅有八户人家，故名八家寨，后更名小寨。聚落呈团块状分布。经济以种植业为主，种植玉米、花生、地瓜，盛产苹果。有公路经此。

院西庄 370686-B01-H14
[Yuànxīzhuāng]

在市驻地庄园街道西南方向12.4千米。观里镇辖自然村。人口400。因村址建在大佛山院西侧，故名院西庄。聚落呈团块状分布。经济以种植业为主，种植玉米、花生、地瓜，盛产苹果。有公路经此。

阱后 370686-B01-H15
[Jǐnghòu]

在市驻地庄园街道西南方向16.1千米。观里镇辖自然村。人口600。因村前有一石碃，取名碃后，后更名阱后。聚落呈团块状分布。有文化大院、图书阅览室。经济以种植业为主，种植玉米、花生、地瓜，盛产苹果。有公路经此。

山后泊 370686-B01-H16
[Shānhòupō]

在市驻地庄园街道西南方向16.4千米。观里镇辖自然村。人口500。因村处于响山北麓的一片平泊地里，故名山后泊。聚落呈团块状分布。有文化大院、图书阅览室。经济以种植业为主，种植玉米、花生、地瓜，盛产苹果。有公路经此。

蛇窝泊 370686-B02-H01
[Shéwōpō]

蛇窝泊镇人民政府驻地。在市驻地庄园街道南方向22.3千米。人口2 200。南宋绍兴年间隋姓建村。传村处诸河汇流坪泊地，西山根有一大蛇洞（窝），故名。聚落呈团块状分布。有幼儿园、文化大院和锣鼓队文艺团体。有烟台市级非物质文化遗产保护项目抢花灯。经济以种植业为主，有蛇窝泊果蔬批发市场、达隆实业总公司、果品冷藏库、纸箱厂等。省道海阳—莱州公路经此。

牟家疃 370686-B02-H02
[Mùjiātuǎn]

在市驻地庄园街道南方向23.0千米。蛇窝泊镇辖自然村。人口1 000。因刘姓兴旺，时称万马刘家。后牟时俊生八子，读书兴家，振兴家业，刘姓迁走，遂更名牟家疃。聚落呈团块状分布。有文化大院、图书阅览室。经济以种植业为主，种植玉米、花生、地瓜，盛产苹果。有果袋厂、冷风库等企业。有公路经此。

荷叶 370686-B02-H03
[Héyè]

在市驻地庄园街道南方向 22.4 千米。蛇窝泊镇辖自然村。人口 1 600。传说当年有人梦见村东大湾里盛开荷花，叶大而美，遂得名荷叶，后演变为河崖。因重名，1982 年恢复原名。聚落呈团块状分布。有文化大院、图书阅览室，有中学 1 处。经济以种植业为主，种植玉米、花生、地瓜，盛产苹果。有果袋厂、冷风库等企业。有公路经此。

文石 370686-B02-H04
[Wénshí]

在市驻地庄园街道南方向 17.7 千米。蛇窝泊镇辖自然村。人口 1 400。因有一块大石头，冬天不存雪，人称温石，村以石名。清道光年间，村中相继出了几位举人、秀才，文风兴盛，遂改为文石。聚落呈团块状分布。有文化大院、图书阅览室。经济以种植业为主，种植玉米、花生、地瓜，盛产苹果。有公路经此。

唐山 370686-B02-H05
[Tángshān]

在市驻地庄园街道南方向 21.2 千米。蛇窝泊镇辖自然村。人口 1 900。因起初此处没有主山，后期聚起一个土山，遂村名小主山，后演变为唐山。聚落呈散状分布。有文化大院、图书阅览室。有烈士纪念碑 1 座。经济以种植业为主，种植玉米、花生、地瓜，盛产苹果，有果园合作社。有公路经此。

木兰夼 370686-B02-H06
[Mùlánkuǎng]

在市驻地庄园街道南方向 22.3 千米。蛇窝泊镇辖自然村。人口 200。明洪武二年（1369），王姓由云南起兵到此安村，因村小，又坐落于山沟里，历史上几朝动乱，都没乱到这里，故名没乱夼，后雅化为木兰夼。聚落呈团块状分布。有文化大院、图书阅览室。经济以种植业为主，种植玉米、花生、地瓜，盛产苹果。有公路经此。

牟家河西 370686-B02-H07
[Mùjiāhéxī]

在市驻地庄园街道南方向 23.7 千米。蛇窝泊镇辖自然村。人口 1 100。因处蛇窝泊河西岸，故名河西。因重名，1982 年更名牟家河西。聚落呈散状分布。有文化大院、图书阅览室。经济以种植业为主，种植玉米、花生、地瓜，盛产苹果。有冷风库 1 座。有公路经此。

南榆疃 370686-B02-H08
[Nányútuǎn]

在市驻地庄园街道南方向 25.9 千米。蛇窝泊镇辖自然村。人口 1 200。牟敬由湖北省公安县来栖霞任主簿，卸任后落户于此，名牟家宅窠。又因榆树成林，命名为榆林沟。后因在北、中两个榆疃之南，故更名南榆疃。聚落呈带状分布。有文化大院、图书阅览室。经济以种植业为主，种植玉米、花生、地瓜，盛产苹果。有冷风库。有公路经此。

水晶泊 370686-B02-H09
[Shuǐjīngpō]

在市驻地庄园街道东南方向 20.0 千米。蛇窝泊镇辖自然村。人口 100。因原系蛇窝泊村林姓的庄子，故称林家庄子。传说，早年有一个讨饭人，讨来一袋黄豆，因携带不便，将黄豆投到村西一个大湾。回家后，发现袋里的两粒黄豆变成了金豆。他重返大湾寻找黄豆，惊见大湾变成了宫殿，人称水晶宫。据此，加之村处泊地，取村名水晶泊。聚落呈团块状分布。有文化大院、图书阅览室。经济以种植业为主，种植玉米、花生、地瓜，盛产苹果。有公路经此。

观泊 370686-B02-H10

[Guānpō]

在市驻地庄园街道东南方向 20.2 千米。蛇窝泊镇辖自然村。人口 400。因当时此地南、北各有一座大庙，中间有个小平原，有坐庙观泊之说，故名观泊。聚落呈团块状分布。有文化大院、图书阅览室。经济以种植业为主，种植玉米、花生、地瓜，盛产苹果。有公路经此。

下范家沟 370686-B02-H11

[Xiàfànjiāgōu]

在市驻地庄园街道东南方向 16.9 千米。蛇窝泊镇辖自然村。人口 900。因朝内范国老住在此地，后范遭奸臣陷害，家被抄毁。人们为纪念他，在涝洼滩南北一里地处各建一个村，本村以方位取名下范家沟。聚落呈带状分布。有文化大院、图书阅览室。经济以种植业为主，种植玉米、花生、地瓜，盛产苹果，有冷风库 1 座。有公路经此。

朱留 370686-B02-H12

[Zhūliú]

在市驻地庄园街道东南方向 4.7 千米。蛇窝泊镇辖自然村。人口 1 600。因村东有一株石榴树，以树取名株榴，后演变为朱留。聚落呈团块状分布。有文化大院、图书阅览室。经济以种植业为主，种植玉米、花生、地瓜，盛产苹果，有网套厂。有公路经此。

后撞 370686-B02-H13

[Hòuzhuàng]

在市驻地庄园街道东南方向 16.3 千米。蛇窝泊镇辖自然村。人口 900。一人到唐家泊西三叫村落居，因不如意，又迁居此地，想撞到哪里就在哪里安居，故取村名撞里，后更名为后撞。聚落呈团块状分布。有文化大院、图书阅览室。经济以种植业为主，种植玉米、花生、地瓜，盛产苹果，有果品冷风库。有公路经此。

院头窑 370686-B02-H14

[Yuàntóuyáo]

在市驻地庄园街道东南方向 18.1 千米。蛇窝泊镇辖自然村。人口 800。明洪武年间，因村建在寺庙院子前，故名院头。后因有陶器窑，故更名院头窑。聚落呈团块状分布。有文化大院、图书阅览室。经济以种植业为主，种植玉米、花生、地瓜，盛产苹果。有公路经此。

禾家庄 370686-B02-H15

[Héjiāzhuāng]

在市驻地庄园街道东南方向 18.3 千米。蛇窝泊镇辖自然村。人口 400。明初，此地是郝姓的一个庄，时名郝家庄。后郝姓迁走，牟姓改村名为禾家庄。聚落呈团块状分布。有文化大院、图书阅览室。经济以种植业为主，种植玉米、花生、地瓜，盛产苹果。有公路经此。

口子 370686-B02-H16

[Kǒuzi]

在市驻地庄园街道东南方向 11.7 千米。蛇窝泊镇辖自然村。人口 400。因处山口的前面，南山顶岩石像一垛石头，得名垛石口子，1958 年更名口子。聚落呈团块状分布。有文化大院、图书阅览室。经济以种植业为主，种植玉米、花生、地瓜，盛产苹果。有公路经此。

道西 370686-B02-H17

[Dàoxī]

在市驻地庄园街道东南方向 12.0 千米。蛇窝泊镇辖自然村。人口 300。因处通往烟台大道的西侧，故名道西。聚落呈团块状分布。有文化大院、图书阅览室。经济以种植业为主，种植玉米、花生、地瓜，盛产苹果。有公路经此。

安子夼 370686–B02–H18
[Ānzǐkuǎng]

在市驻地庄园街道东南方向12.5千米。蛇窝泊镇辖自然村。人口400。因村东北处有马皮沟，沟北沿有一条小岭背似马形，头东尾西，腰背上有一处岩石露出地面，远看像马鞍子扣在背上，众称鞍子石、马鞍石，以此名村鞍子夼，后演变为安子夼。聚落呈散状分布。有文化大院、图书阅览室。经济以种植业为主，种植玉米、花生、地瓜，盛产苹果。有公路经此。

辇头 370686–B02–H19
[Niǎntóu]

在市驻地庄园街道东南方向12.5千米。蛇窝泊镇辖自然村。人口400。因唐二主征东时，乘辇到过鸡冠山头，故取村名辇头。聚落呈带状分布。有文化大院、图书阅览室。经济以种植业为主，种植玉米、花生、地瓜，盛产苹果。有公路经此。

河西夼 370686–B02–H20
[Héxīkuǎng]

在市驻地庄园街道东南方向12.5千米。蛇窝泊镇辖自然村。人口100。因处河西岸的一条夼内，故名河西夼。聚落呈带状分布。有文化大院、图书阅览室。经济以种植业为主，种植玉米、花生、地瓜，盛产苹果。有公路经此。

町夼 370686–B02–H21
[Tǐngkuǎng]

在市驻地庄园街道东南方向10.7千米。蛇窝泊镇辖自然村。人口300。因此地山脉纵横如同田界，取名町夼。聚落呈团块状分布。有文化大院、图书阅览室。经济以种植业为主，种植玉米、花生、地瓜，盛产苹果。有公路经此。

南崮山 370686–B02–H22
[Nángùshān]

在市驻地庄园街道东南方向12.8千米。蛇窝泊镇辖自然村。人口200。因四面山峦环绕，取名崮山，后更名南崮山。聚落呈带状分布。有文化大院、图书阅览室。经济以种植业为主，种植玉米、花生、地瓜，盛产苹果。有公路经此。

砖园 370686–B02–H23
[Zhuānyuán]

在市驻地庄园街道东南方向14.8千米。蛇窝泊镇辖自然村。人口800。因建砖窑，烧砖出名，故名砖园。聚落呈带状分布。有文化大院、图书阅览室。经济以种植业为主，种植玉米、花生、地瓜，盛产苹果。有公路经此。

大榆家夼 370686–B02–H24
[Dàyújiākuǎng]

在市驻地庄园街道东南方向15.6千米。蛇窝泊镇辖自然村。人口800。因山沟里的榆树较多，故名大榆家夼。聚落呈带状分布。有文化大院、图书阅览室。经济以种植业为主，种植玉米、花生、地瓜，盛产苹果。有公路经此。

连家庄 370686–B02–H25
[Liánjiāzhuāng]

在市驻地庄园街道东南方向22.7千米。蛇窝泊镇辖自然村。人口600。明洪武年间，刁、于二姓建村，故名刁于庄。后连姓迁至刁于庄安居，改村名连家庄。聚落呈团块状分布。有文化大院、图书室、阅览室、幼儿园、小学。经济以种植业为主，种植玉米、花生、地瓜，盛产苹果，有纸箱厂、果袋厂、冷风库等企业。有公路经此。

大咽喉 370686-B02-H26

[Dàyānhóu]

在市驻地庄园街道东南方向21.9千米。蛇窝泊镇辖自然村。人口700。因村处两山相扼之地，形如咽喉，故名大咽喉。聚落呈团块状分布。有文化大院、图书阅览室。经济以种植业为主，种植玉米、花生、地瓜，盛产苹果。有公路经此。

大帽顶 370686-B02-H27

[Dàmàodǐng]

在市驻地庄园街道东南方向19.9千米。蛇窝泊镇辖自然村。人口1 000。因村北有三座小山，远望似三顶乌纱帽，得名仨帽顶，村以山名。后演变为大帽顶。聚落呈带状分布。有文化大院、图书阅览室。经济以种植业为主，种植玉米、花生、地瓜，盛产苹果。有公路经此。

西荆夼 370686-B02-H28

[Xījīngkuǎng]

在市驻地庄园街道东南方向22.0千米。蛇窝泊镇辖自然村。人口1 200。因村西有一块大青石，取名青石坡。后因处荆山之西夼，改名西荆夼。聚落呈团块状分布。有文化大院、图书阅览室。经济以种植业为主，种植玉米、花生、地瓜，盛产苹果。有公路经此。

荆山后 370686-B02-H29

[Jīngshānhòu]

在市驻地庄园街道东南方向21.6千米。蛇窝泊镇辖自然村。人口500。因地处荆山之后，故名荆山后。聚落呈团块状分布。有文化大院、图书阅览室。经济以种植业为主，种植玉米、花生、地瓜，盛产苹果。有公路经此。

东荆夼 370686-B02-H30

[Dōngjīngkuǎng]

在市驻地庄园街道东南方向22.3千米。蛇窝泊镇辖自然村。人口700。因居荆山之前，故名荆山前。明末，林钟祥由栖霞城迁此定居，更名为东荆夼。聚落呈团块状分布。有文化大院、图书阅览室。经济以种植业为主，种植玉米、花生、地瓜，盛产苹果。有公路经此。

清河口 370686-B02-H31

[Qīnghékǒu]

在市驻地庄园街道东南方向23.1千米。蛇窝泊镇辖自然村。人口600。因此地山高丛林，凤凰旺陡如赤壁，且又是河水出口处，故名赤港口。后因地处清水河滩，改名清江口。1941年更名大河北。因重名，1982年更名为清河口。聚落呈带状分布。有文化大院、图书阅览室。经济以种植业为主，种植玉米、花生、地瓜，盛产苹果。有公路经此。

凤彩前 370686-B02-H32

[Fèngcǎiqián]

在市驻地庄园街道东南方向22.8千米。蛇窝泊镇辖自然村。人口200。因处凤凰旺和凤彩顶两山之间清水河的出口处，故名清港口，后改为小河北。因重名，1982年更名为凤彩前。聚落呈散状分布。有文化大院、图书阅览室。经济以种植业为主，种植玉米、花生、地瓜，盛产苹果。有公路经此。

西凰跳 370686-B02-H33

[Xīhuángtiào]

在市驻地庄园街道东南方向22.3千米。

蛇窝泊镇辖自然村。人口 800。因有凤凰落过此地，故名凰跳村。因刘家迁河东岸建东凰跳，本村遂更名为西凰跳。聚落呈散状分布。有文化大院、图书阅览室。经济以种植业为主，种植玉米、花生、地瓜，盛产苹果。有公路经此。

唐家泊 370686-B03-H01
[Tángjiāpō]

唐家泊镇人民政府驻地。在市驻地庄园街道东南方向 17.7 千米。人口 1 300。明万历年间，唐姓由云南迁此定居，因处一片泊地之中，故名唐家泊。聚落呈团块状分布。有幼儿园、文化大院和舞蹈队、锣鼓队等文艺团体。有国家级非物质文化遗产保护项目螳螂拳。经济以种植业为主，种植玉米、花生、地瓜，盛产苹果、大樱桃等。省道文登—三山岛公路经此。

泽头 370686-B03-H02
[Zétóu]

在市驻地庄园街道东南方向 18.7 千米。唐家泊镇辖自然村。人口 900。李廷富、李廷贵、李廷荣由莱阳野头村迁来定居，初名宅科。后因西头是一片沼泽地，更名泽头。聚落呈带状分布。有文化大院、图书阅览室。经济以种植业为主，种植玉米、花生、地瓜，盛产苹果。有公路经此。

上牛蹄夼 370686-B03-H03
[Shàngniútíkuǎng]

在市驻地庄园街道东南方向 19.9 千米。唐家泊镇辖自然村。人口 500。因村西北的大石硼上有两个形如牛蹄印的痕迹，地势东高西低，村处东边，故名上牛蹄夼。聚落呈团块状分布。经济以种植业为主，种植玉米、花生、地瓜，盛产苹果。有公路经此。

下牛蹄夼 370686-B03-H04
[Xiàniútíkuǎng]

在市驻地庄园街道东南方向 18.3 千米。唐家泊镇辖自然村。人口 500。因村东的大石硼上有两个形如牛蹄印的痕迹，地势东高西低，村处西边，故名下牛蹄夼。聚落呈团块状分布。经济以种植业为主，种植玉米、花生、地瓜，盛产苹果。有公路经此。

东宋庄 370686-B03-H05
[Dōngsòngzhuāng]

在市驻地庄园街道东南方向 17.8 千米。唐家泊镇辖自然村。人口 200。因原是宋姓地主的一个庄子，故名东宋庄。聚落呈团块状分布。经济以种植业为主，种植玉米、花生、地瓜，盛产苹果。有公路经此。

河东崖 370686-B03-H06
[Hédōngyá]

在市驻地庄园街道东南方向 17.8 千米。唐家泊镇辖自然村。人口 300。因村坐落在清水河的东岸，故名河东崖。聚落呈带状分布。经济以种植业为主，种植玉米、花生、地瓜，盛产苹果。有公路经此。

庙嶈 370686-B03-H07
[Miàojiǎng]

在市驻地庄园街道东南方向 17.7 千米。唐家泊镇辖自然村。人口 200。因村东有一山神庙，此村建于嶈上，故名庙嶈。聚落呈团块状分布。经济以种植业为主，种植玉米、花生、地瓜，盛产苹果。有公路经此。

十八间 370686-B03-H08
[Shíbājiān]

在市驻地庄园街道东南方向 17.7 千米。唐家泊镇辖自然村。人口 200。因共有房子十八间，故名。聚落呈团块状分布。经济以种植业为主，种植玉米、花生、地瓜，盛产苹果。有公路经此。

下张家 370686-B03-H09
[Xiàzhāngjiā]

在市驻地庄园街道东南方向16.4千米。唐家泊镇辖自然村。人口800。因村处沟河下游，故名下张家。聚落呈带状分布。经济以种植业为主，种植玉米、花生、地瓜，盛产苹果。有公路经此。

东孙家 370686-B03-H10
[Dōngsūnjiā]

在市驻地庄园街道东南方向15.5千米。唐家泊镇辖自然村。人口300。孙姓由蛇窝泊荷叶村搬来定居，命名孙家，后更名东孙家。聚落呈团块状分布。经济以种植业为主，种植玉米、花生、地瓜，盛产苹果。有公路经此。

北马家 370686-B03-H11
[Běimǎjiā]

在市驻地庄园街道东南方向14.7千米。唐家泊镇辖自然村。人口200。明末，马姓从下张家村迁此建村，因坐落在原村北，故名。聚落呈团块状分布。经济以种植业为主，种植玉米、花生、地瓜，盛产苹果。有公路经此。

尹家庄 370686-B03-H12
[Yǐnjiāzhuāng]

在市驻地庄园街道东南方向15.7千米。唐家泊镇辖自然村。人口600。尹姓由栖霞城迁来定居，故名尹家庄。聚落呈带状分布。经济以种植业为主，种植玉米、花生、地瓜，盛产苹果。有公路经此。

中三叫 370686-B03-H13
[Zhōngsānjiào]

在市驻地庄园街道东南方向18.1千米。唐家泊镇辖自然村。人口300。因传说有一只凤凰飞来，在此处三个山头上各叫了三声，因村居中，故名中三叫。聚落呈带状分布。经济以种植业为主，种植玉米、花生、地瓜，盛产苹果。有公路经此。

西三叫 370686-B03-H14
[Xīsānjiào]

在市驻地庄园街道东南方向18.3千米。唐家泊镇辖自然村。人口500。因传说有一只凤凰飞来，在三个山头上各叫了三声，村位于西山下，故名西三叫。聚落呈团块状分布。经济以种植业为主，种植玉米、花生、地瓜，盛产苹果。有公路经此。

东八田 370686-B03-H15
[Dōngbātián]

在市驻地庄园街道东南方向19.8千米。唐家泊镇辖自然村。人口700。因北埠有八亩地，村居八亩地东侧，故名东八田。聚落呈带状分布。经济以种植业为主，种植玉米、花生、地瓜，盛产苹果。有公路经此。

生木树后 370686-B03-H16
[Shēngmùshùhòu]

在市驻地庄园街道东南方向19.3千米。唐家泊镇辖自然村。人口200。因此地南埠有生木树，村居生木树后，故名。聚落呈带状分布。经济以种植业为主，种植玉米、花生、地瓜，盛产苹果。

西八田 370686-B03-H17
[Xībātián]

在市驻地庄园街道东南方向19.5千米。唐家泊镇辖自然村。人口300。因居东八田之西，故名。聚落呈团块状分布。经济以种植业为主，种植玉米、花生、地瓜，盛产苹果。有公路经此。

上八田 370686-B03-H18

[Shàngbātián]

在市驻地庄园街道东南方向18.4千米。唐家泊镇辖自然村。人口300。因此地北堐有八亩地，村居东八田之上，故名。聚落呈带状分布。经济以种植业为主，种植玉米、花生、地瓜，盛产苹果。有公路经此。

东楼底 370686-B03-H19

[Dōnglóudǐ]

在市驻地庄园街道东南方向24.4千米。唐家泊镇辖自然村。人口600。因当时村中有一简陋的小楼，故名楼底。因与小庄、庙后的楼底重名，1982年更名东楼底。聚落呈团块状分布。经济以种植业为主，种植玉米、花生、地瓜，盛产苹果。有公路经此。

柳连河 370686-B03-H20

[Liǔliánhé]

在市驻地庄园街道东南方向24.4千米。唐家泊镇辖自然村。人口600。因建村于河岸，柳树成行，连成一片，故名柳连河。聚落呈团块状分布。经济以种植业为主，种植玉米、花生、地瓜，盛产苹果。有公路经此。

东三叫 370686-B03-H21

[Dōngsānjiào]

在市驻地庄园街道东南方向19.0千米。唐家泊镇辖自然村。人口500。因传说有一只凤凰飞来，在临近三个山头上各叫了三声，村在东山脚下，故名东三叫。聚落呈团块状分布。有古恐龙化石遗址，人民公社时期蚕房保存完好。经济以种植业为主，种植苹果。有公路经此。

桃村 370686-B04-H01

[Táocūn]

桃村镇人民政府驻地。在市驻地庄园街道东南方向32.3千米。人口5 700。明成化十四年（1478），孙氏由江苏桃花坞迁来建村，为念家乡取名桃村。聚落呈团块状分布。有幼儿园、文化大院、图书室、文体活动室等。有省级非物质文化遗产保护项目胶东花饽饽。经济以种植业为主，种植玉米、花生和地瓜，盛产苹果、大梨。有山东三行集团。蓝烟铁路、青荣城际铁路、204国道、省道文登—三山岛公路经此，有桃村站。

上桃 370686-B04-H02

[Shàngtáo]

在市驻地庄园街道东南方向30.7千米。桃村镇辖自然村。人口2 100。因在桃村河上游，统称上桃。聚落呈团块状分布。有文化广场。经济以种植业为主，种植玉米、花生、地瓜，盛产苹果。有针织加工厂、机械配件加工厂。206国道经此。

大楚留 370686-B04-H03

[Dàchǔliú]

在市驻地庄园街道东南方向31.6千米。桃村镇辖自然村。人口900。因靠大河，故名大水流，后以谐音演变为大楚留。聚落呈团块状分布。有文化广场、阅览室。经济以种植业为主，种植玉米、花生、地瓜，盛产苹果。有针织加工厂、铜材加工厂。204国道经此。

元庄 370686-B04-H04

[Yuánzhuāng]

在市驻地庄园街道东南方向26.2千米。桃村镇辖自然村。人口400。因有一座永昌院庙，故名院庄，后演变为元庄。聚落呈团块状分布。有文化广场。经济以种植业为主，种植玉米、花生、地瓜，盛产苹果。有公路经此。

西草埠 370686-B04-H05
[Xīcǎobù]

在市驻地庄园街道东南方向29.0千米。桃村镇辖自然村。人口1 100。因地处土埠，杂草丛生，取名草埠，后以方位更名西草埠。聚落呈团块状分布。有文化广场、图书阅览室。经济以种植业为主，种植玉米、花生、地瓜，盛产苹果。有公路经此。

石剑铺 370686-B04-H06
[Shíjiànpù]

在市驻地庄园街道东南方向30.6千米。桃村镇辖自然村。人口800。因此处东南有块石头像剑，故名石剑铺。聚落呈团块状分布。有文化广场、图书阅览室、幼儿园。经济以种植业为主，种植玉米、花生、地瓜，盛产苹果。有针织加工厂、机械配件加工厂、铸造厂、食品加工厂、冷链存储等企业。204国道、210省道、蓝烟铁路、青荣城际铁路经此，设桃村北站。

西庄 370686-B04-H07
[Xīzhuāng]

在市驻地庄园街道东南方向29.8千米。桃村镇辖自然村。人口1 500。崔氏从云南迁来定居，取名崔家宅窠，后改称崔家寨。今村无崔姓，因位于桃村以西，更名西庄。聚落呈团块状分布。有文化广场。经济以种植业为主，种植玉米、花生、地瓜，盛产苹果。有公路经此。

接官亭 370686-B04-H08
[Jiēguāntíng]

在市驻地庄园街道东南方向29.4千米。桃村镇辖自然村。人口800。因镇压于七起义，血流成河，村名血灌亭，后恢复原名接官亭。聚落呈团块状分布。有文化广场。经济以种植业为主，种植玉米、花生、地瓜，盛产苹果。有公路经此。

石字线 370686-B04-H09
[Shízìxiàn]

在市驻地庄园街道东南方向27.8千米。桃村镇辖自然村。人口1 000。因村北有一石门楼，有一条青石线通向村内，故名石字线。聚落呈团块状分布。有文化广场、图书阅览室。经济以种植业为主，种植玉米、花生、地瓜，盛产苹果。蓝烟铁路、青荣城际铁路、204国道、206国道经此。

营盘 370686-B04-H10
[Yíngpán]

在市驻地庄园街道东南方向25.9千米。桃村镇辖自然村。人口1 100。王子敬从兖州迁来定居，取名营盘。聚落呈团块状分布。有文化广场、图书阅览室。经济以种植业为主，种植玉米、花生、地瓜，盛产苹果。206国道经此。

白马庄 370686-B04-H11
[Báimǎzhuāng]

在市驻地庄园街道东南方向25.9千米。桃村镇辖自然村。人口800。孙姓由蛇窝泊砖园迁来建村，命村名白马庄。聚落呈团块状分布。有文化广场。经济以种植业为主，种植玉米、花生、地瓜，盛产苹果。有公路经此。

贾家沟 370686-B04-H12
[Jiǎjiāgōu]

在市驻地庄园街道东南方向27.1千米。桃村镇辖自然村。人口400。原名贾家沟，赵氏买了贾氏仅有的两间小房，村改名赵家庄，后仍称贾家沟。聚落呈团块状分布。

有文化广场、图书阅览室。经济以种植业为主，种植玉米、花生、地瓜，盛产苹果。有公路经此。

水有兰 370686-B04-H13
[Shuǐyǒulán]

在市驻地庄园街道东南方向27.6千米。桃村镇辖自然村。人口600。因村中有一水塘，兰草丛生，故名水有兰。聚落呈团块状分布。有文化广场、图书阅览室。经济以种植业为主，种植玉米、花生、地瓜，盛产苹果。有公路经此。

老树夼 370686-B04-H14
[Lǎoshùkuǎng]

在市驻地庄园街道东南方向28.0千米。桃村镇辖自然村。人口300。因村中一棵古老槐树而得名。聚落呈团块状分布。有文化广场、图书阅览室。经济以种植业为主，种植玉米、花生、地瓜，盛产苹果。204国道经此。

铁口 370686-B04-H15
[Tiěkǒu]

在市驻地庄园街道东南方向35.3千米。桃村镇辖自然村。人口1 600。因夜间村中怪石狂叫三声，城墙倒塌。民间有“铁口叫，城墙倒”的典故，故名铁口。聚落呈团块状分布。有文化广场。经济以种植业为主，种植玉米、花生、地瓜，盛产苹果。204国道、蓝烟铁路经此。

艾子夼 370686-B04-H16
[Àizǐkuǎng]

在市驻地庄园街道东南方向36.2千米。桃村镇辖自然村。人口300。因当时此地艾蒿丛生，故名艾子夼。聚落呈团块状分布。有文化广场。经济以种植业为主，种植玉米、花生、地瓜，盛产苹果。有公路经此。

峨山庄 370686-B04-H17
[Éshānzhuāng]

在市驻地庄园街道东南方向34.2千米。桃村镇辖自然村。人口2 100。邹姓建村，故名邹家庄。后刘姓迁入，改为峨道夼。因村建在老峨顶山南，1941年更名峨山庄。聚落呈团块状分布。有文化广场。经济以种植业为主，种植玉米、花生、地瓜，盛产苹果。有公路经此。

荆子埠 370686-B04-H18
[Jīngzibù]

在市驻地庄园街道东南方向33.7千米。桃村镇辖自然村。人口1 200。因村后山上长满茂盛的荆条，建村地点较高，有较厚的泥层，故名荆子埠。聚落呈团块状分布。有文化广场。经济以种植业为主，种植玉米、花生、地瓜，盛产苹果。有广发建材厂。蓝烟铁路、青荣城际铁路、204国道经此。

芝麻岭沟 370686-B04-H19
[Zhīmalǐnggōu]

在市驻地庄园街道东南方向31.1千米。桃村镇辖自然村。人口200。因村前有一岭名叫芝麻岭，故名芝麻岭沟。聚落呈团块状分布。有文化广场。经济以种植业为主，种植玉米、花生、地瓜，盛产苹果。有公路经此。

迎旭埠 370686-B04-H20
[Yíngxùbù]

在市驻地庄园街道东南方向33.4千米。桃村镇辖自然村。人口200。因村址地势较高，房子朝向东南，迎旭日东升，故名迎旭埠。聚落呈团块状分布。有文化广场。经济以种植业为主，种植玉米、花生、地瓜，盛产苹果。有公路经此。

宋家埠 370686-B04-H21
[Sòngjiābù]

在市驻地庄园街道东南方向32.4千米。桃村镇辖自然村。人口400。宋姓由荆子埠搬来建村，取名宋家埠。聚落呈团块状分布。有文化广场。经济以种植业为主，种植玉米、花生、地瓜，盛产苹果。206国道经此。

肖灵夼 370686-B04-H22
[Xiāolíngkuǎng]

在市驻地庄园街道东南方向31.9千米。桃村镇辖自然村。人口800。村南有座庙名叫霄灵观，村以此得名。聚落呈团块状分布。有文化广场。经济以种植业为主，种植玉米、花生、地瓜，盛产苹果。有机械配件加工厂、冷链存储企业。204国道经此。

大白马夼 370686-B04-H23
[Dàbáimǎkuǎng]

在市驻地庄园街道东南方向29.9千米。桃村镇辖自然村。人口1 700。柳姓由大庄头迁来建村，因村后有白马坟、白马庙，故名大白马夼。聚落呈团块状分布。有文化广场、图书阅览室。经济以种植业为主，种植玉米、花生、地瓜，盛产苹果。有公路经此。

清香崮 370686-B04-H24
[Qīngxiānggù]

在市驻地庄园街道东南方向22.7千米。桃村镇辖自然村。人口900。因此地有棵大清香树，长在巍峨的西山上，故名清香崮。聚落呈团块状分布。有文化广场。经济以种植业为主，种植玉米、花生、地瓜，盛产苹果。有公路经此。

窑夼 370686-B04-H25
[Yáokuǎng]

在市驻地庄园街道东南方向30.5千米。桃村镇辖自然村。人口6 700。因有砖瓦窑、石灰窑，故名窑夼。聚落呈团块状分布。有文化广场、图书阅览室。经济以种植业为主，种植玉米、花生、地瓜，盛产苹果。有石子厂。210省道经此。

国路夼 370686-B04-H26
[Guólùkuǎng]

在市驻地庄园街道东南方向30.2千米。桃村镇辖自然村。人口2 300。因元末孙氏从小云南迁来建村，村以山名，故名峪山卢夼。1975年另建一新村，名新建村。两村合称为峪山卢夼，1995年更名国路夼。聚落呈带状分布。有文化广场、图书阅览室。历史遗迹有保存完好的百年民居、石砌街巷、胶东门楼、塔山阻击战遗址及部分烈士墓。经济以种植业、旅游业为主，种植苹果、大樱桃，有烟台国路夼旅游有限公司、栖霞市国路夼乡村旅游服务专业合作社。有公路经此。

小芹子夼 370686-B04-H27
[Xiǎoqínzikuǎng]

在市驻地庄园街道东南方向28.0千米。桃村镇辖自然村。人口500。因建村时此地迎春怒放，取村名迎春庄。后因村坐落在一条小夼内，当地生长一种药草叫芹芝，故名芹芝夼，后演变为芹子夼。为区别于大芹子夼，更名为小芹子夼。聚落呈团块状分布。有文化广场。经济以种植业为主，种植玉米、花生、地瓜，盛产苹果。210省道经此。

大庄头 370686-B04-H28
[Dàzhuāngtóu]

在市驻地庄园街道东南方向26.6千米。桃村镇辖自然村。人口1 300。曾叫多庄头，后因多庄相接，故名大庄头。聚落呈团块状分布。有文化广场。经济以种植业为主，种植玉米、花生、地瓜，盛产苹果。210 省道经此。

虎鹿夼 370686-B04-H29

[Hǔlùkuǎng]

在市驻地庄园街道东南方向 24.6 千米。桃村镇辖自然村。人口 300。因东西环山，西山形似虎头，东山形似鹿头，村坐落在两山低洼之处，故名虎鹿夼。聚落呈团块状分布。有文化广场。经济以种植业为主，种植玉米、花生、地瓜，盛产苹果。有公路经此。

上崖头 370686-B04-H30

[Shàngyátóu]

在市驻地庄园街道东南方向 24.7 千米。桃村镇辖自然村。人口 900。因此地东头有一个大石崖子，进村必上崖，故名上崖头。聚落呈团块状分布。有文化广场、图书阅览室。经济以种植业为主，种植玉米、花生、地瓜，盛产苹果。有公路经此。

原有夼 370686-B04-H31

[Yuányǒukuǎng]

在市驻地庄园街道东南方向 26.7 千米。桃村镇辖自然村。人口 100。因处于荒山野坡，初名野鸡夼，后变为原有夼。聚落呈团块状分布。有文化广场。经济以种植业为主，种植玉米、花生、地瓜，盛产苹果。有公路经此。

嵎头夼 370686-B04-H32

[Yútóukuǎng]

在市驻地庄园街道东南方向 26.1 千米。桃村镇辖自然村。人口 400。因村建于山弯儿尽头的低洼处，故名嵎头夼。聚落呈团块状分布。有文化广场。经济以种植业为主，种植玉米、花生、地瓜，盛产苹果。210 省道有公路经此。

雀刘家 370686-B04-H33

[Quèliújiā]

在市驻地庄园街道东南方向 27.2 千米。桃村镇辖自然村。人口 600。因此地西北山形如雀头，故名雀头刘家，后更名为雀刘家。聚落呈团块状分布。有文化广场。经济以种植业为主，种植玉米、花生、地瓜，盛产苹果。有冷链存储企业。210 省道经此。

杏家庄 370686-B05-H01

[Xìngjiāzhuāng]

亭口镇人民政府驻地。在市驻地庄园街道东方向 15.1 千米。人口 1 200。明代，邢氏迁此建村，名邢家庄，后因杏树多，改今名。聚落呈团块状分布。有幼儿园、文化大院。有省级非物质文化遗产保护项目棒槌花边。经济以种植业为主，种植玉米、地瓜、花生，盛产苹果、大樱桃。有杏源工贸公司、民俗旅游区。有公路经此。

前亭口 370686-B05-H02

[Qiántíngkǒu]

在市驻地庄园街道东北方向 15.2 千米。亭口镇辖自然村。人口 1 600。村建于涝洼口处，有一片螺丝亭草，故取名螺丝亭口，简称亭口，后改为前亭口。聚落呈团块状分布。有文化广场、文化大院、图书阅览室。经济以种植业为主，种植玉米、花生、地瓜，盛产苹果。有公路经此。

黄土壤 370686-B05-H03

[Huángtǔrǎng]

在市驻地庄园街道东北方向 18.4 千米。亭口镇辖自然村。人口 1 000。因立村黄土崖上，取名黄土壤。聚落呈团块状分布。经济以种植业为主，种植玉米、花生、地瓜，盛产苹果。有公路经此。

徐村 370686-B05-H04
[Xúcūn]

在市驻地庄园街道东北方向17.2千米。亭口镇辖自然村。人口1 300。因村东有一片杨柳树林，取名树村，后演变为徐村。聚落呈团块状分布。有文化广场。经济以种植业为主，种植玉米、花生、地瓜，盛产苹果。有隆鑫冷库。有公路经此。

石口子 370686-B05-H05
[Shíkǒuzi]

在市驻地庄园街道东北方向16.5千米。亭口镇辖自然村。人口300。因该村西有个大石头棚，路人皆绕石而行，人称石山口子，村以此得名。聚落呈团块状分布。经济以种植业为主，种植玉米、花生、地瓜，盛产苹果。有公路经此。

下门楼 370686-B05-H06
[Xiàménlóu]

在市驻地庄园街道东北方向15千米。亭口镇辖自然村。人口1 000。村东有庵，村西有寺，村北有火神庙，建有大门楼，故名门楼村。上门楼建村后，改称下门楼。聚落呈团块状分布。经济以种植业为主，种植玉米、花生、地瓜，盛产苹果。有公路经此。

上石佛 370686-B05-H07
[Shàngshífó]

在市驻地庄园街道东方向11.5千米。亭口镇辖自然村。人口200。因村东有座石佛像，村居石佛的上边，故名。聚落呈团块状分布。经济以种植业为主，种植玉米、花生、地瓜，盛产苹果。有公路经此。

前炉房 370686-B05-H08
[Qiánlúfáng]

在市驻地庄园街道东北方向14.3千米。亭口镇辖自然村。人口500。因村在炉前，故名前炉上，后改称前炉房。聚落呈团块状分布。经济以种植业为主，种植玉米、花生、地瓜，盛产苹果。有公路经此。

上瑶沟 370686-B05-H09
[Shàngyáogōu]

在市驻地庄园街道东方向11.7千米。亭口镇辖自然村。人口500。因村民在沟的上头烧窑，故名窑沟，后改为上瑶沟。聚落呈团块状分布。经济以种植业为主，种植玉米、花生、地瓜，盛产苹果。有公路经此。

上塞口 370686-B05-H10
[Shàngsàikǒu]

在市驻地庄园街道东北方向16.3千米。亭口镇辖自然村。人口300。村居塞口之上，故名。聚落呈团块状分布。经济以种植业为主，种植玉米、花生、地瓜，盛产苹果。有公路经此。

洛土相 370686-B05-H11
[Luòtǔxiàng]

在市驻地庄园街道东北方向19.7千米。亭口镇辖自然村。人口200。因早年有宫姓牵着骆驼相面，故村名骆驼相，别名骆驼象，1938年更名洛土相。聚落呈团块状分布。经济以种植业为主，种植玉米、花生、地瓜，盛产苹果。有公路经此。

凤山 370686-B05-H12
[Fèngshān]

在市驻地庄园街道东方向14.0千米。亭口镇辖自然村。人口800。因赵姓来此建村，命名赵家沟。因与唐家泊的赵家沟重名，以处凤山脚下，1982年更名为凤山。聚落呈团块状分布。经济以种植业为主，种植玉米、花生、地瓜，盛产苹果。有公路经此。

引驾夼 370686-B05-H13
[Yǐnjiàkuǎng]

在市驻地庄园街道东方向 15.4 千米。亭口镇辖自然村。人口 600。因尹氏由云南迁此定居，取名尹家夼。后因蒋氏父子为官，改村名为引驾夼。聚落呈团块状分布。经济以种植业为主，种植玉米、花生、地瓜，盛产苹果。有公路经此。

大杨家 370686-B05-H14
[Dàyángjiā]

在市驻地庄园街道东方向 14.9 千米。亭口镇辖自然村。人口 600。因杨姓由云南迁此定居，取名大杨家。聚落呈团块状分布。经济以种植业为主，种植玉米、花生、地瓜，盛产苹果。有公路经此。

下杏家 370686-B05-H15
[Xiàxìngjiā]

在市驻地庄园街道东方向 15.9 千米。亭口镇辖自然村。人口 200。因村立于上杏家之下，故名下杏家。聚落呈团块状分布。经济以种植业为主，种植玉米、花生、地瓜，盛产苹果。有公路经此。

泉水夼 370686-B05-H16
[Quánshuǐkuǎng]

在市驻地庄园街道东方向 15.8 千米。亭口镇辖自然村。人口 900。因村南沟有一个泉水眼，故名泉水夼。聚落呈团块状分布。经济以种植业为主，种植玉米、花生、地瓜，盛产苹果。有公路经此。

南佛家 370686-B05-H17
[Nánfójiā]

在市驻地庄园街道东方向 14.9 千米。亭口镇辖自然村。人口 600。因栾、富二姓由云南迁此建村，取名栾富家，后更名为南佛家。聚落呈团块状分布。经济以种植业为主，种植玉米、花生、地瓜，盛产苹果。有公路经此。

峨夼 370686-B05-H18
[Ékuǎng]

在市驻地庄园街道东方向 15.1 千米。亭口镇辖自然村。人口 100。因此处蛾多，故名蛾夼，后更名为峨夼。聚落呈团块状分布。经济以种植业为主，种植玉米、花生、地瓜，盛产苹果。有公路经此。

野芝口 370686-B05-H19
[Yězhīkǒu]

在市驻地庄园街道东方向 14.5 千米。亭口镇辖自然村。人口 400。因村南有一座猪嘴山，取村名野猪口，后改为野芝口。聚落呈团块状分布。经济以种植业为主，种植玉米、花生、地瓜，盛产苹果。有公路经此。

中村 370686-B05-H20
[Zhōngcūn]

在市驻地庄园街道东方向 14.6 千米。亭口镇辖自然村。人口 200。因亭口向北至石珠子有九个山口，人称九龙口，村以此为名。后因户数少，怕压不住九龙，以村处亭口、塞口、野芝口之间，改称中村。聚落呈团块状分布。有小学 1 处。经济以种植业为主，种植玉米、花生、地瓜，盛产苹果。有公路经此。

臧家庄 370686-B06-H01
[Zāngjiāzhuāng]

臧家庄镇人民政府驻地。在市驻地庄园街道北方向 18.5 千米。人口 2 700。明成化年间，臧姓由云南徙此，因村建于高台之上，故名臧家台。后因遭到火灾，迁居此庄子安村，得名臧家庄。聚落呈团块状分布。有幼儿园、文化大院、图书室等。

有省级非物质文化遗产保护项目剪纸。经济以种植业为主，种植玉米、花生、地瓜、苹果，为栖霞、蓬莱、福山3市（区）交会处农副产品集散地。沈海高速、206国道经此。

西林 370686-B06-H02
[Xīlín]

在市驻地庄园街道东北方向21.0千米。臧家庄镇辖自然村。人口1 200。本村李氏唐裔，字硕果，号西林，任兵部员外郎中、礼科给事中，村人遂改村名为西林。聚落呈团块状分布。有县级文物保护单位李唐裔墓。经济以种植业为主，种植玉米、花生、地瓜，盛产苹果。有公路经此。

松岚 370686-B06-H03
[Sōnglán]

在市驻地庄园街道东北方向20.2千米。臧家庄镇辖自然村。人口500。因当时村南是一片坟地，长满松林，村东花园内有松树，故名松岚。聚落呈团块状分布。经济以种植业为主，种植玉米、花生、地瓜，盛产苹果。有公路经此。

店子观 370686-B06-H04
[Diànziguàn]

在市驻地庄园街道东北方向17.1千米。臧家庄镇辖自然村。人口700。清康熙初年，王姓由泰安太泉迁此定居，村以庙命名，名颠倒观。清康熙五十一年（1712），范姓由瓮留范家迁来，改名店子观。聚落呈团块状分布。经济以种植业为主，种植玉米、花生、地瓜，盛产苹果。有公路经此。

南瓮 370686-B06-H05
[Nánwèng]

在市驻地庄园街道东北方向19.3千米。臧家庄镇辖自然村。人口600。因当时北瓮、东瓮早已建村，故以该村所处的地理位置命名为南瓮留窑，后简化为南瓮。聚落呈团块状分布。有幼儿园1处。经济以种植业为主，种植玉米、花生、地瓜，盛产苹果。有公路经此。

马陵冢 370686-B06-H06
[Mǎlíngzhǒng]

在市驻地庄园街道东北方向17.7千米。臧家庄镇辖自然村。人口800。相传村北有三国五虎将马超的陵墓，故名马陵冢。聚落呈团块状分布。有文化广场。有省级文物保护单位李氏庄园、县级文物保护单位马陵冢古墓群。经济以种植业为主，种植玉米、花生、地瓜，盛产苹果。有公路经此。

仙人埠 370686-B06-H07
[Xiānrénbù]

在市驻地庄园街道东北方向15.8千米。臧家庄镇辖自然村。人口600。因村北蛇腰石硼上有脚印，传说是仙人经此所留，故名仙人步，后演变为仙人埠。聚落呈团块状分布。经济以种植业为主，种植玉米、花生、地瓜，盛产苹果。有公路经此。

瓮留范家 370686-B06-H08
[Wèngliúfànjiā]

在市驻地庄园街道东北方向17.6千米。臧家庄镇辖自然村。人口1 000。因范氏到瓮留张家买了大量土地，故名范家，后改名瓮留范家。聚落呈团块状分布。经济以种植业为主，种植玉米、花生、地瓜，盛产苹果。有公路经此。

前相格庄 370686-B06-H09
[Qiánxiànggézhuāng]

在市驻地庄园街道东北方向18.0千米。臧家庄镇辖自然村。人口600。因有相士居此，死后葬村前，名相士茔，故村名相格庄。

后村落扩大，孙氏迁一支到村南安村，以前后方位区别，得名前相格庄。聚落呈团块状分布。经济以种植业为主，种植玉米、花生、地瓜，盛产苹果。有公路经此。

后相格庄 370686–B06–H10
[Hòuxiànggézhuāng]

在市驻地庄园街道东北方向18.4千米。臧家庄镇辖自然村。人口200。因有相士居此，死后葬村前，名相士茔，故村名相格庄。后村落扩大，孙氏迁一支到村南安村，以前后方位区别，更名为后相格庄。聚落呈团块状分布。经济以种植业为主，种植玉米、花生、地瓜，盛产苹果。有公路经此。

义庄范家 370686–B06–H11
[Yìzhuāngfànjiā]

在市驻地庄园街道东北方向18.4千米。臧家庄镇辖自然村。人口500。因范姓从北十里铺迁此建村，命名小范家，后改为义庄范家。聚落呈团块状分布。经济以种植业为主，种植玉米、花生、地瓜，盛产苹果。有公路经此。

北花园 370686–B06–H12
[Běihuāyuán]

在市驻地庄园街道东北方向21.4千米。臧家庄镇辖自然村。人口200。因此处有湾，周围长满茂盛的蜡菊花，故名花园。因重名，1982年更名为北花园。聚落呈团块状分布。经济以种植业为主，种植玉米、花生、地瓜，盛产苹果。有公路经此。

寨里 370686–B06–H13
[Zhàilǐ]

在市驻地庄园街道东北方向15.5千米。臧家庄镇辖自然村。人口1 900。因山上庙里的和尚常到村里闹事，故村移到此地，取名再离，后演变为寨里。聚落呈团块状分布。有图书室、文化广场，有小学1处、幼儿园1处。经济以种植业为主，种植玉米、花生、地瓜，盛产苹果。有公路经此。

百佛院 370686–B06–H14
[Bǎifóyuàn]

在市驻地庄园街道东北方向15.7千米。臧家庄镇辖自然村。人口1 300。因村北有大庙称百佛院，故名。聚落呈团块状分布。经济以种植业为主，种植玉米、花生、地瓜，盛产苹果。有公路经此。

衣家洛汤 370686–B06–H15
[Yījiāluòtāng]

在市驻地庄园街道东北方向13.4千米。臧家庄镇辖自然村。人口300。因周围邻村都冠“洛汤”二字，故名衣家洛汤。聚落呈团块状分布。经济以种植业为主，种植玉米、花生、地瓜，盛产苹果。有公路经此。

洛汤地 370686–B06–H16
[Luòtāngdì]

在市驻地庄园街道东北方向13.1千米。臧家庄镇辖自然村。人口300。因地处南洛汤之北，称北汤地。但北汤与白淌同言，不吉，改称洛汤地。聚落呈团块状分布。经济以种植业为主，种植玉米、花生、地瓜，盛产苹果。有公路经此。

南洛汤 370686–B06–H17
[Nánluòtāng]

在市驻地庄园街道东北方向12.6千米。臧家庄镇辖自然村。人口500。因村南西小天出了温泉，又退去，故命村名南洛汤。聚落呈团块状分布。经济以种植业为主，种植玉米、花生、地瓜，盛产苹果。有公路经此。

丰粟 370686-B06-H18
[Fēngsù]

在市驻地庄园街道东北方向 12.3 千米。臧家庄镇辖自然村。人口 1 300。杨家庄、李家庄两村人团结筑堤治水，粮食丰收，故两村合为一村，名丰粟。聚落呈团块状分布。有图书室、文化广场，有幼儿园 1 处。经济以种植业为主，种植玉米、花生、地瓜，盛产苹果。有公路经此。

泉水西店 370686-B06-H19
[Quánshuǐxīdiàn]

在市驻地庄园街道东北方向 12.5 千米。臧家庄镇辖自然村。人口 800。因村中有一水湾，内有泉水，且村有旅店，故称泉水店。后村落扩大，分为两村，本村在沟西，故名泉水西店。聚落呈团块状分布。经济以种植业为主，种植玉米、花生、地瓜，盛产苹果。有公路经此。

岚子前 370686-B06-H20
[Lánziqián]

在市驻地庄园街道东北方向 12.5 千米。臧家庄镇辖自然村。人口 300。因村后是一片柞树岚子，故名岚子前。聚落呈团块状分布。经济以种植业为主，种植玉米、花生、地瓜，盛产苹果。有公路经此。

路旺 370686-B06-H21
[Lùwàng]

在市驻地庄园街道东北方向 13.8 千米。臧家庄镇辖自然村。人口 1 400。因村南有一庙，门上书名“路旺观”，借此得村名。聚落呈团块状分布。有幼儿园 1 处。经济以种植业为主，种植玉米、花生、地瓜，盛产苹果。有公路经此。

策里高家 370686-B06-H22
[Cèlǐgāojiā]

在市驻地庄园街道东北方向 14.8 千米。臧家庄镇辖自然村。人口 400。因与坐地户不和，村民被驱逐至此，为记被驱赶之耻，命名策里高家。聚落呈团块状分布。经济以种植业为主，种植玉米、花生、地瓜，盛产苹果。有公路经此。

策里于家 370686-B06-H23
[Cèlǐyújiā]

在市驻地庄园街道东北方向 14.9 千米。臧家庄镇辖自然村。人口 400。因邻村村名冠“策里”二字，顺称策里于家。聚落呈团块状分布。经济以种植业为主，种植玉米、花生、地瓜，盛产苹果。有公路经此。

骚志 370686-B06-H24
[Sāozhì]

在市驻地庄园街道东北方向 21.2 千米。臧家庄镇辖自然村。人口 300。动乱中崔学士来此高山沟避难，命名骚志。聚落呈带状分布。经济以种植业为主，种植玉米、花生、地瓜，盛产苹果。有公路经此。

东山庄 370686-B06-H25
[Dōngshānzhuāng]

在市驻地庄园街道东北方向 18.9 千米。臧家庄镇辖自然村。人口 800。明成化年间，孙氏自庙后孙家庄徙此，因处东山庄和西山庄中间，故名中山庄。后东山庄因人丁不旺迁走，中山庄借“中”“东”近音，又因居五龙山东麓，易名东山庄。聚落呈团块状分布。经济以种植业为主，种植玉米、花生、地瓜，盛产苹果。有公路经此。

西山庄 370686-B06-H26
[Xīshānzhuāng]

在市驻地庄园街道东北方向 18.1 千米。

臧家庄镇辖自然村。人口 600。因东有东山庄，故名西山庄。聚落呈团块状分布。经济以种植业为主，种植玉米、花生、地瓜，盛产苹果。有公路经此。

东尹家 370686-B06-H27

[Dōngyǐnjiā]

在市驻地庄园街道东北方向 17.8 千米。臧家庄镇辖自然村。人口 500。因尹姓由云南迁此建村，故名尹家。西尹家、南尹家建村后，清雍正年间改名东尹家。聚落呈团块状分布。经济以种植业为主，种植玉米、花生、地瓜，盛产苹果。有公路经此。

南尹家 370686-B06-H28

[Nányǐnjiā]

在市驻地庄园街道东北方向 17.0 千米。臧家庄镇辖自然村。人口 400。以居尹家庄之南，故名南尹家。聚落呈团块状分布。经济以种植业为主，种植玉米、花生、地瓜，盛产苹果。有公路经此。

栾家沟 370686-B06-H29

[Luánjiāgōu]

在市驻地庄园街道东北方向 22.5 千米。臧家庄镇辖自然村。人口 800。因该地是栾姓所占，村中心有一条大河沟，故名栾家沟。聚落呈带状分布。经济以种植业为主，种植玉米、花生、地瓜，盛产苹果。有公路经此。

董家沟 370686-B06-H30

[Dǒngjiāgōu]

在市驻地庄园街道东北方向 22.3 千米。臧家庄镇辖自然村。人口 900。明崇祯二年（1629），董姓从庙后楼底迁此建村，故名董家沟。聚落呈团块状分布。有文化健身广场。经济以种植业为主，种植玉米、花生、地瓜，盛产苹果。有公路经此。

寺口 370686-B07-H01

[Sìkǒu]

寺口镇人民政府驻地。在市驻地庄园街道西方向 18.7 千米。人口 2 000。明万历年间，柳姓由大庄头村迁来定居，因处金龙寺东沟口，故名寺口。聚落呈团块状分布。有幼儿园、文化大院、图书室等。有市级非物质文化遗产保护项目锔艺。经济以种植业为主，种植玉米、花生、地瓜，盛产苹果。省道文三公路经此。

连家夼 370686-B07-H02

[Liánjiākuǎng]

在市驻地庄园街道西南方向 19.8 千米。寺口镇辖自然村。人口 300。因处沟夼，又与柳姓诸村相连，故名连家夼。聚落呈带状分布。有文化大院、图书室、阅览室。经济以种植业为主，种植玉米、花生、地瓜、蓝莓，盛产苹果。有公路经此。

大榆庄 370686-B07-H03

[Dàyúzhuāng]

在市驻地庄园街道西南方向 16.8 千米。寺口镇辖自然村。人口 800。因村旁有株大榆树，以树命村，称大榆庄。聚落呈散状分布。经济以种植业为主，种植玉米、花生、地瓜，盛产苹果。有公路经此。

邴家 370686-B07-H04

[Bǐngjiā]

在市驻地庄园街道西南方向 17.6 千米。寺口镇辖自然村。人口 600。因邴姓由莱阳县草撮迁来建村，故名邴家。聚落呈团块状分布。有文化大院、图书室、阅览室。经济以种植业为主，种植玉米、花生、地瓜，盛产苹果。有公路经此。

院上 370686-B07-H05

[Yuànshàng]

在市驻地庄园街道西南方向13.2千米。寺口镇辖自然村。人口400。因山顶上起了一个小土堆，村子在寺院附近，故名堆子院，后简称院上。聚落呈带状分布。有文化大院、图书室、阅览室。经济以种植业为主，种植玉米、花生、地瓜，盛产苹果。有公路经此。

崔家庄 370686-B07-H06

[Cuījiāzhuāng]

在市驻地庄园街道西南方向15.5千米。寺口镇辖自然村。人口1 000。因崔姓由松山村搬来建村，故名崔家庄。聚落呈散状分布。有文化大院、图书室、阅览室。经济以种植业为主，种植玉米、花生、地瓜，盛产苹果。有公路经此。

张家沟 370686-B07-H07

[Zhāngjiāgōu]

在市驻地庄园街道西南方向15.2千米。寺口镇辖自然村。人口700。因张姓由张家口迁来定居建村，故名张家沟。聚落呈散状分布。有文化大院、图书室、阅览室。经济以种植业为主，种植玉米、花生、地瓜，盛产苹果。有公路经此。

纸房 370686-B07-H08

[Zhǐfáng]

在市驻地庄园街道西北方向19.4千米。寺口镇辖自然村。人口1 200。因以造纸为业，故名纸房。聚落呈带状分布。有文化大院、图书室、阅览室。经济以种植业为主，种植玉米、花生、地瓜，盛产苹果。有公路经此。

富金夼 370686-B07-H09

[Fùjīnkuǎng]

在市驻地庄园街道西北方向19.5千米。寺口镇辖自然村。人口200。因处战家村北的一条沟内，故名战家北沟。后因村立于河北边，河内岩石含金量多，故更名富金夼。聚落呈团块状分布。有文化大院、图书室、阅览室。经济以种植业为主，种植玉米、花生、地瓜，盛产苹果。有公路经此。

南横沟 370686-B07-H10

[Nánhénggōu]

在市驻地庄园街道西方向21.9千米。寺口镇辖自然村。人口700。因村东北将军庙顶前坡有一条横沟，村处沟南，故名横沟南，后改称南横沟。聚落呈带状分布。有文化大院、图书室、阅览室。经济以种植业为主，种植玉米、花生、地瓜，盛产苹果。有公路经此。

下王格庄 370686-B07-H11

[Xiàwánggézhuāng]

在市驻地庄园街道西南方向19.3千米。寺口镇辖自然村。人口800。王姓建村，取名王格庄。因重名，1982年更名为下王格庄。聚落呈带状分布。有文化大院、图书室、阅览室。经济以种植业为主，种植玉米、花生、地瓜，盛产苹果。有公路经此。

苏家店 370686-B08-H01

[Sūjiādiàn]

苏家店镇人民政府驻地。在市驻地庄园街道西北方向18.0千米。人口1 900。明末清初，苏姓由云南迁来建村并开小店，故名。聚落呈团块状分布。有幼儿园、文体活动中心等。有市级非物质文化遗产保护项目栖霞民歌。经济以种植业为主，种植玉米、花生、地瓜等，盛产苹果。有公路经此。

荆林埠 370686-B08-H02
[Jīnglínbù]

在市驻地庄园街道西北方向24.1千米。苏家店镇辖自然村。人口500。因地处土埠，荆条丛生，故名荆子埠。因重名，1982年更名荆林埠。聚落呈环状分布。有文化大院、图书室。经济以种植业为主，种植玉米、花生、地瓜，盛产苹果。有公路经此。

苏家庄 370686-B08-H03
[Sūjiāzhuāng]

在市驻地庄园街道西北方向23.5千米。苏家店镇辖自然村。人口1 200。苏姓由招远毕郭吴家村迁来定居，故名苏家庄。聚落呈散状分布。经济以种植业为主，种植玉米、花生、地瓜，盛产苹果。有公路经此。

榆林头 370686-B08-H04
[Yúlíntóu]

在市驻地庄园街道西北方向23.3千米。苏家店镇辖自然村。人口900。因本村文人多，故名儒林头，后演变为榆林头。聚落呈带状分布。有文化大院、图书室、阅览室。经济以种植业为主，种植玉米、花生、地瓜，盛产苹果。有公路经此。

百吉庄 370686-B08-H05
[Bǎijízhuāng]

在市驻地庄园街道西北方向24.0千米。苏家店镇辖自然村。人口400。因白姓由云南槐树底迁此建村，取名白马庄。后白姓绝户，张、王氏相继迁入，为取吉祥意，更名百吉庄。聚落呈团块状分布。有文化大院、图书室、阅览室。经济以种植业为主，种植玉米、花生、地瓜，盛产苹果。有公路经此。

西山院 370686-B08-H06
[Xīshānyuàn]

在市驻地庄园街道西北方向22.3千米。苏家店镇辖自然村。人口700。因处山阳院铜佛寺西边，故名西山阳院，后演变为西山院。聚落呈团块状分布。经济以种植业为主，种植玉米、花生、地瓜，盛产苹果。有公路经此。

东山院 370686-B08-H07
[Dōngshānyuàn]

在市驻地庄园街道西北方向22.2千米。苏家店镇辖自然村。人口200。因处山阳院铜佛寺东边，故名东山阳院，后更名为东山院。聚落呈团块状分布。经济以种植业为主，种植玉米、花生、地瓜，盛产苹果。有公路经此。

集后 370686-B08-H08
[Jíhòu]

在市驻地庄园街道西北方向21.6千米。苏家店镇辖自然村。人口1 000。因处赵庄集的后边，故名集后高家。后因范姓由城北十里铺村迁入，更名集后。聚落呈团块状分布。有文化大院、图书室、阅览室。经济以种植业为主，种植玉米、花生、地瓜，盛产苹果。有公路经此。

赵格庄 370686-B08-H09
[Zhàogézhuāng]

在市驻地庄园街道西北方向21.6千米。苏家店镇辖自然村。人口1 700。因赵姓来此建村，故名赵家庄，后更名为赵格庄。聚落呈环状分布。有文化大院、图书室、阅览室。有清末的一品老百姓院、王家祠堂、潘家祠堂等。经济以种植业为主，种植玉米、花生、地瓜，盛产苹果。有公路经此。

杨家桥 370686-B08-H10
[Yángjiāqiáo]

在市驻地庄园街道西北方向 19.5 千米。苏家店镇辖自然村。人口 300。因赵格庄张四学在此安庄，故名张家庄。后黄城集杨氏在村西修一座桥，为纪念此人，改名杨家桥。聚落呈带状分布。经济以种植业为主，种植玉米、花生、地瓜，盛产苹果。有公路经此。

杨家 370686-B08-H11
[Yángjiā]

在市驻地庄园街道西北方向 18.7 千米。苏家店镇辖自然村。人口 300。因此处南北两山中且有南北两沟，沟边各有一对臼，两沟之间有一石桥相连，故名对桥杨家，又名石桥杨家，后改为杨家。聚落呈带状分布。经济以种植业为主，种植玉米、花生、地瓜，盛产苹果。有公路经此。

林家 370686-B08-H12
[Línjiā]

在市驻地庄园街道西北方向 17.2 千米。苏家店镇辖自然村。人口 600。林氏由本县林家亭迁此建村，取名林家。聚落呈团块状分布。有解放战争时期民主政府和胶东公学旧址。经济以种植业为主，种植玉米、花生、地瓜，盛产苹果。有公路经此。

前寨 370686-B08-H13
[Qiánzhài]

在市驻地庄园街道西北方向 16.7 千米。苏家店镇辖自然村。人口 300。因该村在前，故名前寨。聚落呈带状分布。有文化大院。经济以种植业、旅游业为主，种植苹果，依托天崮山景区资源打造“崮山牌”苹果商标；依托马珠菜、荠菜、苦菜等特产，打造农家乐民俗旅游品牌。有公路经此。

后寨 370686-B08-H14
[Hòuzhài]

在市驻地庄园街道西北方向 18.9 千米。苏家店镇辖自然村。人口 600。因该村在后，故名后寨。聚落呈环状分布。有文化大院。有国家级非物质文化遗产八卦鼓、市级非物质文化遗产抡花灯。有胶东抗战革命纪念馆，胶东第一兵工厂、被服厂遗址。经济以种植业、旅游业为主，种植玉米、花生、地瓜，盛产苹果。有天崮山旅游公司。有公路经此。

曹高家 370686-B08-H15
[Cáogāojiā]

在市驻地庄园街道西北方向 15.8 千米。苏家店镇辖自然村。人口 500。因山外有人前来造访，问之：去谁家？答：曹高家。故得村名曹高家。聚落呈带状分布。经济以种植业为主，种植玉米、花生、地瓜，盛产苹果。有公路经此。

石古庵 370686-B08-H16
[Shígǔ'ān]

在市驻地庄园街道西北方向 15.9 千米。苏家店镇辖自然村。人口 100。因此地有一尼姑庵，庵于石穴之中，故村名石古庵。聚落呈散状分布。经济以种植业为主，种植玉米、花生、地瓜，盛产苹果。有公路经此。

大蔡家 370686-B08-H17
[Dàcàijiā]

在市驻地庄园街道西北方向 26.5 千米。苏家店镇辖自然村。人口 1 000。原名蔡家，后有分支迁蚕山东麓，命名大蔡家。聚落呈带状分布。有幼儿园、小学、中学。有蔡氏祠堂 1 处。经济以种植业为主，种植玉米、花生、地瓜，盛产苹果。有公路经此。

苗家 370686-B08-H18
[Miáojiā]

在市驻地庄园街道西北方向26.5千米。苏家店镇辖自然村。人口1 100。苗姓由四川迁栖霞蚕山东建村，命名小苗家。后有人分居徙此，命名苗家。聚落呈散状分布。经济以种植业为主，种植玉米、花生、地瓜，盛产苹果。有公路经此。

杨础 370686-B09-H01
[Yángchǔ]

杨础镇人民政府驻地。在市驻地庄园街道南方向17.4千米。人口2 700。明洪武年间，解姓由栖霞城东关迁此建村，村西有小河，传说有杨、柞树从河中石缝出，当地“础”“柞”同音，故名杨础。聚落呈团块状分布。有幼儿园、舞蹈队、锣鼓队等。有省级非物质文化遗产保护项目棒槌花边。经济以种植业为主，种植玉米、花生、大豆，盛产苹果。烟青公路、海莱公路经此。

杨家圈 370686-B09-H02
[Yángjiāquān]

在市驻地庄园街道南方向15.7千米。杨础镇辖自然村。人口700。因村南有荆山堆，山顶有五块石头圈住一块巨石，名曰五虎圈羊，故名杨家圈。聚落呈团块状分布。经济以种植业为主，种植玉米、花生、地瓜，盛产苹果。有公路经此。

太平庄 370686-B09-H03
[Tàipíngzhuāng]

在市驻地庄园街道南方向20.6千米。杨础镇辖自然村。人口300。此地荒山野岭，没有人烟，臻沟一带劫路谋财频繁，为了人民安生，规定不缴皇粮国税，不出差服役，从此，该地平安无事，故名太平庄。聚落呈团块状分布。经济以种植业为主，种植玉米、花生、地瓜，盛产苹果。有公路经此。

上渔稼沟 370686-B09-H04
[Shàngyújiàgōu]

在市驻地庄园街道南方向22.0千米。杨础镇辖自然村。人口400。明嘉靖年间，于氏迁此立村，因坐落在南河上游，得名上于家沟；另说渔氏由小云南迁此立村。明中期，易名上渔稼沟，寓意通过打鱼、种植使生活富足。聚落呈团块状分布。经济以种植业为主，种植玉米、花生、地瓜，盛产苹果。有公路经此。

文口 370686-B09-H05
[Wénkǒu]

在市驻地庄园街道南方向21.5千米。杨础镇辖自然村。人口500。因清水河流经这一带，拐弯较多，河道窄，水流急，唯有流经村前这一段河床较宽，水流平稳，故名稳口，后更名文口。聚落呈团块状分布。经济以种植业为主，种植玉米、花生、地瓜，盛产苹果。有公路经此。

阳谷 370686-B09-H06
[Yánggǔ]

在市驻地庄园街道南方向19.0千米。杨础镇辖自然村。人口300。取日出的地方之意命名暘谷，由于“暘字”生僻，后改写成阳谷。聚落呈团块状分布。有文化大院、图书室、阅览室。经济以种植业为主，种植玉米、花生、地瓜，盛产苹果。有公路经此。

沙峨 370686-B09-H07
[Shā'é]

在市驻地庄园街道南方向18.0千米。杨础镇辖自然村。人口800。因朔风劲吹，河东卷起细沙，聚成沙丘。沙土是姜的生长良地，故取名沙窝，后演变为沙峨。聚落呈团块状分布。有文化大院、图书室、阅览室。经济以种植业为主，种植玉米、花生、地瓜，盛产苹果。有公路经此。

中马家沟 370686-B09-H08
[Zhōngmǎjiāgōu]

在市驻地庄园街道南方向 17.1 千米。杨础镇辖自然村。人口 600。因马姓人财两旺，加之有牧马之地，故名马家沟。后因处东、西马家沟之中，称中马家沟。聚落呈团块状分布。有文化大院、图书室、阅览室。经济以种植业为主。有公路经此。

杜家黄口 370686-B09-H09
[Dùjiāhuángkǒu]

在市驻地庄园街道南方向 15.2 千米。杨础镇辖自然村。人口 700。因处风凉口黄土岭背上，故名黄口，后更名杜家黄口。聚落呈团块状分布。经济以种植业为主，种植玉米、花生、地瓜，盛产苹果。有公路经此。

芦子泊 370686-B09-H10
[Lúzǐpō]

在市驻地庄园街道南方向 14.2 千米。杨础镇辖自然村。人口 400。因村南泊有一个芦苇塘，故名芦子泊。聚落呈团块状分布。经济以种植业为主，种植玉米、花生、地瓜，盛产苹果。有公路经此。

二十里堡 370686-B09-H11
[Èrshílǐpù]

在市驻地庄园街道南方向 12.6 千米。杨础镇辖自然村。人口 500。因村在栖霞通往莱阳的大道旁，距城二十里，设堡于此，故名二十里堡。聚落呈团块状分布。经济以种植业为主，种植玉米、花生、地瓜，盛产苹果。有公路经此。

马耳崖 370686-B09-H12
[Mǎ'ěryá]

在市驻地庄园街道南方向 13.1 千米。杨础镇辖自然村。人口 300。因寺右边山崖下是马厩，整天马鸣不绝，取名马鸣崖。后徐、马、高姓迁此建村，改名马耳崖。聚落呈团块状分布。经济以种植业为主，种植玉米、花生、地瓜，盛产苹果。有公路经此。

东柳 370686-B09-H13
[Dōngliǔ]

在市驻地庄园街道南方向 14.0 千米。杨础镇辖自然村。人口 800。因在岭背东坡，故名东柳家。明洪武二年（1369），李姓迁来，改为东柳。聚落呈团块状分布。经济以种植业为主，种植玉米、花生、地瓜，盛产苹果。有公路经此。

佛落顶 370686-B09-H14
[Fóluòdǐng]

在市驻地庄园街道南方向 13.4 千米。杨础镇辖自然村。人口 400。因处方山东佛落顶下，故名。聚落呈团块状分布。经济以种植业为主，种植玉米、花生、地瓜，盛产苹果。有家具厂、农机修造厂、预制厂、金属制品厂、沙石厂。有公路经此。

小庄 370686-B10-H01
[Xiǎozhuāng]

西城镇人民政府驻地。在市驻地庄园街道西方向 9.0 千米。人口 300。清嘉庆年间，姜姓由苏家店姜家徙此，因比周围村小，故名小庄。聚落呈团块状分布。有幼儿园、文化大院、图书室等。有省级非物质文化遗产保护项目剪纸。经济以种植业为主，种植玉米、花生、地瓜，盛产苹果。沈海高速公路、文三公路经此。

马疃 370686-B10-H02
[Mǎtuǎn]

在市驻地庄园街道西南方向 10.6 千米。西城镇辖自然村。人口 800。因张姓住西边，以养骆为业，取名张家骆疃；杜姓住东边，以养马为业，取名杜家马疃。后杜姓绝户，张姓迁杜姓处，故名马疃。聚落呈团块状分布。有文化大院、图书室、阅览室。经济以种植业为主，种植玉米、花生、地瓜，盛产苹果。有公路经此。

马嘶庄 370686-B10-H03
[Mǎsīzhuāng]

在市驻地庄园街道西南方向 9.4 千米。西城镇辖自然村。人口 800。因唐二主征东路过此地时，战马嘶叫，故名马嘶庄。聚落呈团块状分布。有文化大院、图书室、阅览室。经济以种植业为主，种植玉米、花生、地瓜，盛产苹果。有公路经此。

小河南 370686-B10-H04
[Xiǎohénán]

在市驻地庄园街道西南方向 8.6 千米。西城镇辖自然村。人口 1 100。因村处小庄河南岸，故名小河南。聚落呈团块状分布。有文化大院、图书室、阅览室。经济以种植业为主，种植玉米、花生、地瓜，盛产苹果。有公路经此。

十里堡 370686-B10-H05
[Shílǐpù]

在市驻地庄园街道西南方向 6.9 千米。西城镇辖自然村。人口 300。因村处栖霞城西十华里，旧时赴济南府西大道设堡于此，故名十里堡。聚落呈团块状分布。有文化大院、图书室、阅览室。经济以种植业为主，种植玉米、花生、地瓜，盛产苹果。有公路经此。

庙东夼 370686-B10-H06
[Miàodōngkuǎng]

在市驻地庄园街道西南方向 7.6 千米。西城镇辖自然村。人口 200。因村西有座尼姑庙，故名姑庵村，后因在庙东之小河北岸，改名庙东夼。聚落呈团块状分布。有文化大院、图书室、阅览室。经济以种植业为主，种植玉米、花生、地瓜，盛产苹果。有公路经此。

小庙前 370686-B10-H07
[Xiǎomiàoqián]

在市驻地庄园街道西南方向 8.5 千米。西城镇辖自然村。人口 100。因处玉皇庙前，故名小庙前。聚落呈团块状分布。有文化大院、图书室、阅览室。经济以种植业为主，种植玉米、花生、地瓜，盛产苹果。有机砖厂、针织厂。有公路经此。

蓬夼窑 370686-B10-H08
[Péngkuǎngyáo]

在市驻地庄园街道西方向 8.1 千米。西城镇辖自然村。人口 200。因在西北沟有一座烧花盆的窑，故取名盆花窑，后更名为蓬夼窑。聚落呈团块状分布。有文化大院、图书室、阅览室。经济以种植业为主，种植玉米、花生、地瓜，盛产苹果。有公路经此。

下岘 370686-B10-H09
[Xiàxiàn]

在市驻地庄园街道西北方向 8.0 千米。西城镇辖自然村。人口 200。村在山丘间，因处上岘村下，故名下岘。聚落呈团块状分布。有文化大院、图书室、阅览室。经济以种植业为主，种植玉米、花生、地瓜，盛产苹果。有公路经此。

回兵崖 370686-B10-H10

[Huíbīngyá]

在市驻地庄园街道西北方向 9.1 千米。西城镇辖自然村。人口 900。村以崖得名。聚落呈团块状分布。有文化大院、图书室、阅览室。经济以种植业为主，种植玉米、花生、地瓜，盛产苹果。有公路经此。

笏山 370686-B10-H11

[Hùshān]

在市驻地庄园街道西方向 10.8 千米。西城镇辖自然村。人口 1 000。村北有一土丘，因上有一个大石硼，石硼东侧夹一石板，形状像笏板，人称北笏山。村以山名，命名笏山。聚落呈团块状分布。有文化大院、图书室、阅览室。经济以种植业为主，种植玉米、花生、地瓜，盛产苹果。有公路经此。

任留 370686-B10-H12

[Rénliú]

在市驻地庄园街道西南方向 12.3 千米。西城镇辖自然村。人口 800。因传说任姓无儿女，有一孙姓在此路过，被留住，故名任留。聚落呈团块状分布。有文化大院、图书室、阅览室。经济以种植业为主，种植玉米、花生、樱桃、地瓜，盛产苹果。有公路经此。

遇家 370686-B10-H13

[Yùjiā]

在市驻地庄园街道西南方向 12.9 千米。西城镇辖自然村。人口 300。因清政府要诛灭于氏九族，遂改姓遇，易名遇家。聚落呈团块状分布。有文化大院、图书室、阅览室。经济以种植业为主，种植玉米、花生、地瓜，盛产苹果。有公路经此。

哨上 370686-B10-H14

[Shàoshàng]

在市驻地庄园街道西方向 13.9 千米。西城镇辖自然村。人口 900。因此村先民老家四川常遭水灾，来此选了处分水岭安村，故取名梢上。后因有防卫哨点，故演变为哨上。聚落呈团块状分布。有文化大院、图书室、阅览室。经济以种植业为主，种植玉米、花生、地瓜，盛产苹果。有公路经此。

百家宅夼 370686-B10-H15

[Bǎijiāzháikuǎng]

在市驻地庄园街道西方向 12.9 千米。西城镇辖自然村。人口 500。因有房屋近百座，遂名百家宅夼。聚落呈团块状分布。有文化大院、图书室、阅览室。经济以种植业为主，种植玉米、花生、地瓜，盛产苹果。有公路经此。

官道 370686-B11-H01

[Guāndào]

官道镇人民政府驻地。在市驻地庄园街道西南方向 24.4 千米。人口 400。明嘉靖十一年（1532），邹姓由阜梅头迁此建村，因在官府修筑的大道旁，故名官道。聚落呈团块状分布。有幼儿园等。有烟台市级非物质文化遗产保护项目岗山传说。经济以种植业为主，种植玉米、花生、地瓜，盛产苹果。省道海莱公路经此。

庙后 370686-B12-H01

[Miàohòu]

庙后镇人民政府驻地。在市驻地庄园街道东方向 20.8 千米。人口 1 400。明万历年间，王姓由四川迁来建村，因村在南观庙之后，故名。聚落呈团块状分布。有幼儿园、图书室、文化大院等。有国家级非物质文化遗产保护项目八卦鼓。经济以种植业为主，盛产大樱桃、苹果。有滑石粉厂。有公路经此。

下邺夼 370686-B12-H02
[Xiàyèkuǎng]

在市驻地庄园街道东北方向24.9千米。庙后镇辖自然村。人口300。因此村地势较低，故名下埜夼，后林书堂改“埜”字为“邺”，名下邺夼。聚落呈散状分布。有文化大院。经济以种植业为主，种植玉米、花生、地瓜，盛产苹果、大樱桃。有滑石粉厂。有公路经此。

楼底 370686-B12-H03
[Lóudǐ]

在市驻地庄园街道东北方向24.4千米。庙后镇辖自然村。人口800。林姓从城里迁入，在楼的下边建村，村名中林家，后改为楼底。聚落呈散状分布。有文化大院。经济以种植业为主，种植玉米、花生、地瓜，盛产苹果、大樱桃。有公路经此。

上林家 370686-B12-H04
[Shànglínjiā]

在市驻地庄园街道东北方向23.1千米。庙后镇辖自然村。人口1 500。因在今楼底村之上，居民多林氏，故名上林家。聚落呈团块状分布。有文化大院。经济以种植业为主，种植玉米、花生、地瓜，盛产苹果、大樱桃。有公路经此。

李博士夼 370686-B12-H05
[Lǐbóshìkuǎng]

在市驻地庄园街道东北方向21.1千米。庙后镇辖自然村。人口800。因李姓从黄县李博士疃搬来定居，为怀念故乡，取名李博士夼。聚落呈散状分布。有文化大院。经济以种植业为主，种植玉米、花生、地瓜，盛产苹果、大樱桃。有公路经此。

祝家夼 370686-B12-H06
[Zhùjiākuǎng]

在市驻地庄园街道东北方向20.0千米。庙后镇辖自然村。人口1 500。因村在山夼之中，故名祝家夼。聚落呈散状分布。有文化大院。经济以种植业为主，种植玉米、花生、地瓜，盛产苹果、大樱桃。有公路经此。

骂阵口 370686-B12-H07
[Màzhènkǒu]

在市驻地庄园街道东北方向20.6千米。庙后镇辖自然村。人口1 000。因有唐朝官兵与匪徒骂阵之事，以此得名骂阵口。聚落呈散状分布。有文化大院。经济以种植业为主，种植玉米、花生、地瓜，盛产苹果、大樱桃。有公路经此。

虎斑石 370686-B12-H08
[Hǔbānshí]

在市驻地庄园街道东方向18.6千米。庙后镇辖自然村。人口300。因村东巨石有虎皮状斑纹，故取名虎斑石。聚落呈散状分布。有文化大院。经济以种植业为主，种植玉米、花生、地瓜，盛产苹果、大樱桃。有公路经此。

回龙夼 370686-B12-H09
[Huílóngkuǎng]

在市驻地庄园街道东北方向20.6千米。庙后镇辖自然村。人口700。因村后有一类似巨龙的山脉，蜿蜒曲折，迂回村外，故名回龙夼。聚落呈团块状分布。有文化大院。经济以种植业为主，种植玉米、花生、地瓜，盛产苹果、大樱桃。有公路经此。

蒋家 370686-B12-H10
[Jiǎngjiā]

在市驻地庄园街道东方向21.5千米。庙后镇辖自然村。人口300。因蒋姓从牟平半城村迁来定居，故名。聚落呈带状分布。有文化大院。经济以种植业为主，种植玉米、花生、地瓜，盛产苹果、大樱桃。有公路经此。

上孙家庄 370686–B12–H11
[Shàngsūnjiāzhuāng]

在市驻地庄园街道东北方向23.6千米。庙后镇辖自然村。人口300。以地势高低分上下两庄，该村称上孙家庄。聚落呈散状分布。有文化大院。经济以种植业为主，种植玉米、花生、地瓜，盛产苹果、大樱桃。有公路经此。

上林家岘 370686–B12–H12
[Shànglínjiāxiàn]

在市驻地庄园街道东方向23.2千米。庙后镇辖自然村。人口400。因村处林家旺，村南有两座山相隔很近，两山相见称为“岘”，故名林家岘子。后来村下又安了一村，名下林家岘，该庄遂称为上林家岘。聚落呈散状分布。有文化大院。经济以种植业为主，种植玉米、花生、地瓜，盛产苹果、大樱桃。有公路经此。

海阳市

城市居民点

罗兰枫景 370687–I01
[Luólán Fēngjǐng]

在县级市市区北部。400户。总面积3公顷。“罗兰”取自11世纪歌曲《罗兰之歌》，此歌中第一次出现“法兰西”一词，故以“罗兰”为名体现该小区的法式建筑特色。2013年始建。建筑总面积70 000平方米，住宅楼16栋，其中高层6栋、多层10栋，法式现代建筑特点。绿化率21%。通公交车。

海映郦景 370687–I02
[Hǎiyìng Lìjǐng]

在县级市市区北部。总面积1公顷。小区名寓意在海面上倒映出美丽的生活风景。2012年始建，2014年正式使用。建筑总面积30 000平方米，中式现代建筑特点。通公交车。

农村居民点

北八里庄 370687–A01–H01
[Běibālǐzhuāng]

在市驻地东村街道北方向4.1千米。东村街道辖自然村。人口300。清嘉庆年间，杨姓从丁家夼村迁到羊角沟村南边建村居住，因位于县城北八里处，故名。聚落呈团块状分布。有文化广场1处。经济以种植业为主，种植小麦、玉米、花生、大豆等。有公路经此。

北才苑 370687–A01–H02
[Běicáiyuàn]

在市驻地东村街道西北方向0.9千米。东村街道辖自然村。人口200。明永乐四年（1406），李拙政从山西省长治县迁此建村，取“才冠之苑”之义，命名才苑。1961年分成两村，该村居北，遂称北才苑。聚落呈团块状分布。有文体活动广场1处。企业有海源冷藏厂。有公路经此。

北倪家 370687–A01–H03
[Běiníjiā]

在市驻地东村街道西北方向3.2千米。东村街道辖自然村。人口200。1958年，修建才苑水库时，部分居民由倪家迁来建村，因位于水库之北，故名北倪家。聚落呈团块状分布。经济以种植业为主，种植小麦、玉米、花生、大豆等。有公路经此。

城北 370687-A01-H04
[Chéngběi]

在市驻地东村街道北方向 1.9 千米。东村街道辖自然村。人口 3 800。明洪武年间，建村于莺儿山之东山沟，因沟旁棘子丛生，故取村名棘林沟。清宣统年间，迁村于沟上平坦处，更名台上。因重名，且地处县城之北，更名城北。聚落呈团块状分布。有文化广场 1 处、幼儿园 1 处。有海阳市鑫源建筑工程有限公司、城北福利修配厂、海阳市城北房地产开发公司、海阳市城北农贸综合批发市场、海阳市城北物业管理有限公司。有公路经此。

初格庄 370687-A01-H05
[Chūgézhuāng]

在市驻地东村街道西方向 1.8 千米。东村街道辖自然村。人口 500。明崇祯年间，初姓在此建村，故名初格庄。聚落呈团块状分布。有健身文化广场 1 处。经济以种植业为主，种植小麦、玉米、花生、大豆等。有公路经此。

大丛家 370687-A01-H06
[Dàcóngjiā]

在市驻地东村街道西北方向 8.1 千米。东村街道辖自然村。人口 300。明崇祯年间，丛姓先祖由文登迁来建村，以姓命村名丛家沟。后为与小丛家相区别，改称大丛家。有文化广场 1 处。经济以种植业为主，种植小麦、玉米、花生、大豆等。有公路经此。

大磊石 370687-A01-H07
[Dàlěishí]

在市驻地东村街道西北方向 8.5 千米。东村街道辖自然村。人口 1 400。明洪武三十一年（1398），于姓自文登大水泊来此处定居建村，因村北天门山有三块巨石相压，形似“磊”字，故名大磊石。聚落呈团块状分布。有文化广场 2 处、小学 1 处。经济以种植业为主，种植小麦、玉米、花生、大豆、大樱桃、桃等。有公路经此。

垛兰 370687-A01-H08
[Duòlán]

在市驻地东村街道南方向 4.3 千米。东村街道辖自然村。人口 900。因姜姓建村于柞树岚附近，故命村名柞岚。继因村周围野兰甚多，又改称垛兰。聚落呈团块状分布。有阅览室、文化广场等。经济以种植业为主，种植小麦、玉米、花生、大豆等。有公路经此。

黑石埠河 370687-A01-H09
[Hēishíbùhé]

在市驻地东村街道西南方向 2.1 千米。东村街道辖自然村。人口 700。清康熙年间建村，因村东河中有一突出的黑色大石崮，故命名为黑石埠河。聚落呈团块状分布。村内有清朝汪姓家宅 1 栋。经济以种植业为主，种植花生、玉米。有帝阁门业、鼎立养鸡场。有公路经此。

前辛治 370687-A01-H10
[Qiánxīnzhì]

在市驻地东村街道南方向 3.9 千米。东村街道辖自然村。人口 1 000。明朝末年，辛姓来此定居，取治山治水治理家园之意，命村名为辛治。清康熙年间，本村迁出一部分人在村北 0.5 千米处另建一村，为相互区分，本村称前辛治。聚落呈团块状分布。有文化广场等。经济以种植业为主，种植小麦、玉米、花生、蔬菜、地瓜、茶叶等。有公路经此。

石剑 370687-A01-H11
[Shíjiàn]

在市驻地东村街道北方向 8.9 千米。东村街道辖自然村。人口 2 200。明万历年间建村，因村坐落在形状似剑的石柱之南，故名石剑。聚落呈带状分布。有文化广场 2 处。经济以种植业为主，种植樱桃，有海阳市石剑果蔬种植专业合作社。有公路经此。

院西 370687–A01–H12
[Yuànxī]

在市驻地东村街道北方向 0.3 千米。东村街道辖自然村。人口 300。唐贞观八年（634），阎姓先祖阎辅华自山西省洪洞县迁来设寨建村，以姓命名阎福庄。明正统十四年（1449），阎姓绝户，因村位于洪门寺之西，故名院西。聚落呈团块状分布。有文体活动广场 2 处、幼儿园 1 处。有双赢冷库等企业。有公路经此。

榆林涧 370687–A01–H13
[Yúlínjiàn]

在市驻地东村街道西北方向 6.1 千米。东村街道辖自然村。人口 1 000。清顺治年间，马姓从里口村的胡家营迁居此处，因村处山涧之侧，涧旁榆树成林，故命村名榆林涧。聚落呈散状分布。有文化广场 2 处。有马氏祠堂。经济以种植业为主，特色农产品有樱桃、核桃等。有公路经此。

车村 370687–A02–H01
[Chēcūn]

在市驻地东村街道东北方向 4.7 千米。方圆街道辖自然村。人口 2 200。明万历六年（1578），先居者外出，暴病于途，遇车氏相救，故取村名车恩村，后演变成车村。聚落呈团块状分布。经济以种植业为主，种植小麦、花生、蔬菜，养殖鸡、猪。有公路经此。

里口 370687–A02–H02
[Lǐkǒu]

在市驻地东村街道北方向 6.1 千米。方圆街道辖自然村。人口 2 200。明嘉靖年间，程姓建村，村处两山深处，故名里口。聚落呈散状分布。有幼儿园 1 处。经济以种植业为主，种植玉米、花生。有公路经此。

西哲阳 370687–A02–H03
[Xīzhéyáng]

在市驻地东村街道东方向 2.1 千米。方圆街道辖自然村。人口 2 700。清康熙五年（1666），高宁国从山西省太谷县迁此，建村于折水岸之柘树林前，故名柘阳。乾隆二年（1737）取“贤折阳生”之兆，改称哲阳。1931 年以河为界，分成两村，该村居西，遂名西哲阳。聚落呈团块状分布。有幼儿园 1 处。经济以建筑业为主。有公路经此。

北城阳 370687–A02–H04
[Běichéngyáng]

在市驻地东村街道东北方向 8.7 千米。方圆街道辖自然村。人口 2 200。明崇祯年间建村，坐落在一土丘（城子顶）之北的较低处，每逢雨季，洪水泛滥，汪洋一片，故名北城洋，后演变为北城阳。聚落呈团块状分布。有幼儿园 2 处。有省级文物保护单位城子顶。经济以种植业为主，种植小麦、花生、玉米、大豆、地瓜。有公路经此。

西石兰沟 370687–A02–H05
[Xīshílángōu]

在市驻地东村街道东北方向 8.9 千米。方圆街道辖自然村。人口 1 000。明嘉靖年间建村，坐落在坡陡流急、石头成堆的河西，故名石磊沟。因重名，于清初更名为西石磊沟，后演变为西石兰沟。聚落呈散状分布。经济以种植业为主，种植小麦、玉米，养殖羊、猪、鸡等。有公路经此。

它山泊 370687-A02-H06
[Tāshānpō]

在市驻地东村街道西北方向 5.4 千米。方圆街道辖自然村。人口 1 000。明万历年间建村，坐落在掩山之北，且水塘较多，故名掩山泊，后演变为它山泊。聚落呈散状分布。有幼儿园 1 处。经济以种植业为主，种植大豆、花生、玉米、地瓜，盛产苹果、桃，养殖生猪。有青山农业科技发展有限公司。有公路经此。

秋林头 370687-A02-H07
[Qiūlíntóu]

在市驻地东村街道东北方向 4.8 千米。方圆街道辖自然村。人口 1 500。明洪武年间，建村于楸树林之东头，易“楸”为“秋”，故名秋林头。聚落呈散状分布。有小学 1 处、幼儿园 1 处。经济以种植业为主，种植玉米、花生。有公路经此。

道南 370687-A02-H08
[Dàonán]

在市驻地东村街道东北方向 4.4 千米。方圆街道辖自然村。人口 700。清顺治年间建村，坐落在大道之南，故名道南。聚落呈团块状分布。经济以种植业为主，种植花生、玉米、地瓜，养殖猪、牛、羊。有公路经此。

杨家泊 370687-A02-H09
[Yángjiāpō]

在市驻地东村街道东方向 5.4 千米。方圆街道辖自然村。人口 800。清光绪年间，杨姓在一片平泊地建村，故名杨家泊。聚落呈团块状分布。经济以种植业为主，种植小麦、玉米、花生等。有北方机械、新诚制衣等企业。有公路经此。

龙塘埠 370687-A02-H10
[Lóngtángbù]

在市驻地东村街道东方向 4.1 千米。方圆街道辖自然村。人口 1 800。明建文元年（1399），袁全福从河北省承德县迁此建村，此处有温水潭，故名龙潭阜，因“阜”“埠”音近，后改称龙塘埠。聚落呈团块状分布。经济以种植业为主，种植小麦、玉米、地瓜、大豆、蔬菜、苹果等。有公路经此。

南修家 370687-A02-H11
[Nánxiūjiā]

在市驻地东村街道东方向 3.6 千米。方圆街道辖自然村。人口 1 200。清光绪年间，修姓建村，故名修家庄。因重名，后来改称南修家。聚落呈团块状分布。经济以种植业为主，种植小麦、花生、玉米。有东方建筑公司等企业。有公路经此。

平顶 370687-A02-H12
[Píngdǐng]

在市驻地东村街道东方向 2.8 千米。方圆街道辖自然村。人口 800。清嘉庆年间，胡姓从本县凤城迁此建村，村处一小山坡，取名侧流坡。后因此名不雅，村又向平地扩建，故改称平顶。聚落呈团块状分布。经济以种植业为主，种植小麦、玉米、地瓜、花生等。有公路经此。

埠南 370687-A02-H13
[Bùnán]

在市驻地东村街道东南方向 3.8 千米。方圆街道辖自然村。人口 1 300。明万历年间建村，坐落在龙塘埠的村南，故名埠南。聚落呈团块状分布。经济以种植业为主，种植玉米、花生、大豆、地瓜，有建筑、运输、加工等相关企业。有公路经此。

陂子头 370687-A03-H01
[Pízitóu]

在市驻地东村街道东南方向12.6千米。凤城街道辖自然村。人口1 000。明洪武年间建村，因村子坐落在一条名为陂水的小溪旁，故名陂水头，后演变为陂子头。聚落呈团块状分布。有文化广场1处、图书室1处。经济以种植业为主，种植西红柿、网纹瓜等。有羊毛衫工业。有公路经此。

东迟格庄 370687-A03-H02
[Dōngchígézhuāng]

在市驻地东村街道东南方向9.8千米。凤城街道辖自然村。人口1 200。明洪武年间建村，历史上曾有人在此地一条沟内淘金，因村建在沟东，故称东出金庄，后演变成东迟格庄。有文化广场2处、革命烈士纪念碑1座。经济以种植业、畜牧业为主，种植小麦、玉米、花生、大豆、芋头、银杏、板栗。有公路经此。

来家洼 370687-A03-H03
[Láijiāwā]

在市驻地东村街道东南方向12.7千米。凤城街道辖自然村。人口200。明初来姓在此建村，因村子坐落在低洼处，故名来家洼。聚落呈团块状分布。经济以种植业为主，种植小麦、花生、玉米、地瓜、大豆等。有公路经此。

两甲 370687-A03-H04
[Liǎngjiǎ]

在市驻地东村街道东南方向12.1千米。凤城街道辖自然村。人口500。明崇祯年间，梁姓在此建村，故名梁家。后因重名，当时又属竹金社二甲，故更名两甲。聚落呈团块状分布。有文化广场1处。经济以种植业为主，种植小麦、玉米、地瓜、大豆、花生等。有盈硕毛衣厂。有公路经此。

马明庄 370687-A03-H05
[Mǎmíngzhuāng]

在市驻地东村街道东南方向10.4千米。凤城街道辖自然村。人口200。明崇祯年间，马姓来此建村，故名马家庄。1980年地名普查时，因重名，更名为马明庄。聚落呈团块状分布。有文化广场1处、图书室1处。经济以种植业为主，种植白黄瓜、网纹瓜、西红柿等。有公路经此。

石人泊 370687-A03-H06
[Shírénpō]

在市驻地东村街道东南方向6.5千米。凤城街道辖自然村。人口2 100。元至元十七年（1280），张鲁从山西省迁此建村，因村南有巨石似人，故名石人北，后遭兵灾，村成废墟。明洪武八年（1375）成钰孟从安徽省太和县迁此，建村于形如人状巨石之北，故名石人北。后因该村三面有水泊，更名石人泊。聚落呈团块状分布。有学校1处。经济以种植业为主，种植小麦、玉米、花生，有羊毛衫加工业。有公路经此。

西大滩 370687-A03-H07
[Xīdàtān]

在市驻地东村街道南方向6.5千米。凤城街道辖自然村。人口1 700。明洪武年间，村子坐落在大嵩卫城西部的一片大海滩上，故名西大滩。聚落呈团块状分布。有幼儿园1处。经济以种植业为主，种植花生、玉米。有公路经此。

西河崖 370687-A03-H08
[Xīhéyá]

在市驻地东村街道东南方向8.7千米。凤城街道辖自然村。人口1 100。明嘉靖年间，浙江省杭州邓中随戚继光平倭驻大嵩卫，后定居于河边，因处大河东岸，故名西河崖，清雍正十三年（1735）改称河崖。后因重名，复名西河崖。聚落呈团块状分布。经济以种植业、轻工业为主，种植小麦、玉米，有羊毛衫纺织业，西河崖大集坐落于此。有公路经此。

斜角洼 370687–A03–H09

[Xiéjiǎowā]

在市驻地东村街道东南方向 12.3 千米。凤城街道辖自然村。人口 200。清光绪年间建村，因村坐落在一条土岭与海岸形成斜角的低洼处，故名斜角洼。聚落呈团块状分布。经济以种植业、海上捕捞为主，种植玉米、花生、地瓜。有公路经此。

窑上 370687–A03–H10

[Yáoshàng]

在市驻地东村街道东南方向 9.2 千米。凤城街道辖自然村。人口 1 000。建村时，此处有一古庙，庙内铁钟上铸“逍遥”二字，故名逍遥村。后村南建一砖瓦窑，更名窑上。聚落呈团块状分布。经济以种植业为主，种植玉米、地瓜，盛产小麦、花生，有羊毛衫加工业，有海阳市三圆房地产开发有限公司。有公路经此。

芝芳 370687–A03–H11

[Zhīfāng]

在市驻地东村街道东南方向 8.2 千米。凤城街道辖自然村。人口 900。元元统二年（1334），高姓从山西省蒲县迁此建村，开设造纸作坊，故名纸坊，后嫌不雅，改称芝坊。清光绪二十五年（1899），取“芝兰同芳”之义，更名芝芳。聚落呈团块状分布。经济以种植业为主，种植玉米、小麦、大豆、花生等，有养鸡场，有海阳市圆德商砼有限公司、千百卉等企业。有公路经此。

石前庄 370687–A04–H01

[Shíqiánzhuāng]

在市驻地东村街道西南方向 5.9 千米。龙山街道辖自然村。人口 900。明崇祯年间，贾姓建村于巨石之前，故名石前庄。聚落呈团块状分布。经济以种植业为主，种植小麦、玉米、花生、苹果、蔬菜等。有公路经此。

崂峙埠 370687–A04–H02

[Láozhìbù]

在市驻地东村街道西南方向 14.4 千米。龙山街道辖自然村。人口 600。清顺治年间，建村于地势较高处，此地有一水池，形如煮盐之鳌，故名鳌池埠，后演变成崂峙埠。聚落呈团块状分布。经济以种植业为主，种植小麦、玉米、花生、大豆、地瓜等。有公路经此。

河宝 370687–A04–H03

[Hébǎo]

在市驻地东村街道西南方向 14.4 千米。龙山街道辖自然村。人口 700。因建村于河畔，故择“河中取宝”之吉，命名河宝。后因河水改流村南，更称河北。因重名，1981 年恢复原名河宝。聚落呈团块状分布。经济以种植业为主，种植小麦、玉米、大豆、花生、地瓜等。有公路经此。

台子上 370687–A04–H04

[Táizishàng]

在市驻地东村街道南方向 7.5 千米。龙山街道辖自然村。人口 1 600。明代中叶建村，此处地势中高周低，故名台子上，后简称台子。因重名，1981 年恢复原名台子上。聚落呈团块状分布。有幼儿园 1 处。经济以种植业为主，种植小麦、地瓜、花生等，饲养猪、羊、貂，副业为羊毛衫加工。有公路经此。

西沽头 370687-A04-H05

[Xīgūtóu]

在市驻地东村街道西南方向 14.7 千米。龙山街道辖自然村。人口 1 000。明嘉靖三十年（1551），由洪才、由洪文弟兄二人从莱阳城南关迁此建村。其父由建德曾在戚继光部下专任司鼓督进之职，死后，戚赐其“掌鼓良佐”头衔。为志先父之功，遂取村名鼓头，后演变成沽头。此村为次支所建，遂称小沽头。后因地处大沽头村西，改称西沽头。聚落呈团块状分布。经济以种植业为主，种植花生、小麦、玉米、大豆等。有公路经此。

潮里 370687-A04-H06

[Cháolǐ]

在市驻地东村街道西南方向 15.5 千米。龙山街道辖自然村。人口 3 400。明洪武十年（1377），包五从安徽省合肥县上党村迁来建村，因建村处南有黄海，涨潮时三面环水，故命名潮里。经济以种植业为主，种植小麦、玉米、大豆、花生等，副业为海水养殖。有公路经此。

斜山 370687-A04-H07

[Xiéshān]

在市驻地东村街道西南方向 7.9 千米。龙山街道辖自然村。人口 900。明崇祯年间，于姓来此建村于山陵斜坡，故名斜山。聚落呈团块状分布。经济以种植业为主，种植小麦、玉米、花生、苹果等。有公路经此。

庄上 370687-A04-H08

[Zhuāngshàng]

在市驻地东村街道西南方向 14.1 千米。龙山街道辖自然村。人口 1 600。明永乐年间，潮里包姓地主建佃户庄于此，繁衍成村，取名庄上。聚落呈团块状分布。经济以种植业为主，种植小麦、玉米、花生、大豆等，副业为海水养殖。有公路经此。

朝阳庄 370687-A04-H09

[Cháoyángzhuāng]

在市驻地东村街道西南方向 11.1 千米。龙山街道辖自然村。人口 300。明永乐年间，阎家村包姓来此看坟而繁衍成村，为与阎家村相区别，故命村名小阎家。后有杨姓、倪姓自外地迁来，因村民嫌“小”字不雅，且村中又无阎姓，以村处黄山之阳，更名朝阳庄。聚落呈团块状分布。经济以种植业为主，种植小麦、花生、玉米、大豆、地瓜等。有公路经此。

大阎家 370687-A04-H10

[Dàyánjiā]

在市驻地东村街道西南方向 10.3 千米。龙山街道辖自然村。人口 3 400。明永乐五年（1407），阎姓从河南省杞县迁此建村，命名阎家，后建小阎家，该村改名大阎家。聚落呈团块状分布。有幼儿园 1 处、小学 1 处、中学 1 处。经济以种植业为主，种植小麦、花生、玉米、大豆等。有公路经此。

海丰 370687-A04-H11

[Hǎifēng]

在市驻地东村街道西南方向 8.9 千米。龙山街道辖自然村。人口 2 300。清顺治年间，建村于小片碱滩，故名小滩。后因重名，以渔民海产丰收之兆，更名海丰。聚落呈团块状分布。经济以种植业为主，种植小麦、花生、玉米、大豆、地瓜等。有公路经此。

鲁古埠 370687-A04-H12

[Lǔgǔbù]

在市驻地东村街道南方向 8.6 千米。龙山街道辖自然村。人口 2 300。明洪武四年（1371），刘姓从徐州迁此建村，因靠近卤水沟，故名卤沟埠，后演变成鲁古埠。聚落呈团块状分布。有幼儿园 1 处、小学 1 处、中学 1 处。经济以种植业为主，种植小麦、玉米、花生等，养殖羊、虾，副业为羊毛衫加工。有公路经此。

潮外 370687-A04-H13

[Cháowài]

在市驻地东村街道西南方向 12.4 千米。龙山街道辖自然村。人口 2 400。明永乐年间，周、刘、谭、包、徐等姓来此定居并建村，因涨潮时潮水至村头，故命名为潮外。聚落呈团块状分布。经济以种植业为主，种植小麦、玉米、大豆、花生、地瓜等，副业为海水养殖。有公路经此。

留格庄 370687-B01-H01

[Liúgézhuāng]

留格庄镇人民政府驻地。在市驻地东村街道东方向 12.3 千米。人口 3 600。明洪熙元年（1425），王毓华从河南省开封府迁此建村，因夙慕包拯之名，故命村名龙图庄。清乾隆年间，河水泛滥成灾，本村幸免，乡民喜曰“留个庄”，遂以此为名，后演为今名。聚落呈散状分布。有文化广场 2 处、幼儿园 3 处、中学 1 处、小学 1 处。经济以种植业为主，种植小麦、玉米、花生等，特色农产品为网纹瓜，有多家制衣厂。有公路经此。

八甲 370687-B01-H02

[Bājiǎ]

在市驻地东村街道东南方向 15.5 千米。留格庄镇辖自然村。人口 400。明永乐二年（1404），李姓先祖从江苏常州府无锡县迁来此定居，因建村处有天子冢，遂命村名天子冢。清朝年间，官府为了便于管理，将周围村庄划为十个甲，本村按顺序排列为八甲，故名。经济以种植业为主，种植西红柿、黄瓜、韭菜等，已成立多个蔬菜专业合作社。有公路经此。

步鹤 370687-B01-H03

[Bùhè]

在市驻地东村街道东方向 9.8 千米。留格庄镇辖自然村。人口 600。清康熙年间，沙姓来此定居建村，因村西南岭叫傲子埠，村居其后，故命村名埠后。后传说有鹤飞来岭顶踱步，遂改称步鹤。聚落呈团块状分布。经济以种植业为主，种植小麦、玉米、花生等，有旭耕农场。有公路经此。

彩春泊 370687-B01-H04

[Cǎichūnpō]

在市驻地东村街道东方向 11.5 千米。留格庄镇辖自然村。人口 1 100。1945 年，为纪念胶东军区特等劳动模范王彩春烈士，故村名彩春泊。聚落呈团块状分布。经济以种植业为主，种植小麦、玉米、花生及黄瓜、西红柿等。有公路经此。

徽村 370687-B01-H05

[Huīcūn]

在市驻地东村街道东方向 11.2 千米。留格庄镇辖自然村。人口 2 800。明朝年间，高文明从浙江省会稽县迁此，建村于蕙兰丛生处，遂命名为蕙村。明万历二十六年（1598），进士高出取“美好吉兆”之意，改称徽村。聚落呈团块状分布。经济以种植业为主，种植小麦、玉米、地瓜、大豆、花生、苹果、蔬菜等。有公路经此。

大沟店 370687-B01-H06

[Dàgōudiàn]

在市驻地东村街道东方向 16.7 千米。留格庄镇辖自然村。人口 500。明成化年间建村于沟旁，当时此地有庙，庙内有大殿，以此命名大沟殿，后演变成大沟店。聚落呈团块状分布。经济以种植业为主，种植姜、苹果、韭菜、卷心菜、洋芋等。有公路经此。

大辛家 370687-B01-H07

[Dàxīnjiā]

在市驻地东村街道东南方向19.1千米。留格庄镇辖自然村。人口3 200。明洪武三年（1370），辛姓先祖自襄阳府迁来建村定居，以姓命村名辛家。后为区别于小辛家，更名大辛家。聚落呈团块状分布。有明代小山堡遗址、清代大辛家村石围遗址。经济以种植业为主，种植小麦、玉米、花生、薯类。有公路经此。

环岱庵 370687-B01-H08

[Huándài'ān]

在市驻地东村街道东方向25.8千米。留格庄镇辖自然村。人口900。清乾隆三年（1738），赵姓从凤城迁来，在尼姑庵附近建村，村被群山环绕，故名环岱庵。聚落呈团块状分布。经济以种植业为主，种植小麦、玉米、花生、地瓜，副业为渔业。有公路经此。

霞河头 370687-B01-H09

[Xiáhétóu]

在市驻地东村街道东南方向16.7千米。留格庄镇辖自然村。人口1 200。明嘉靖年间，张胡老从安徽省祁门县张家盖迁入此地建村，因村位于留格庄大河下游，故命名下河头；后因“霞”字光彩，演变为霞河头。另一说，清康熙年间，因村处霞河之畔，故取名霞河头。聚落呈团块状分布。有省级文物保护单位霞河头道台府及庄园旧址。经济以种植业为主，种植小麦、玉米、大豆、花生。有公路经此。

窑家庄 370687-B01-H10

[Yáojiāzhuāng]

在市驻地东村街道东方向10.6千米。留格庄镇辖自然村。人口400。清雍正年间，先居者从徽村迁此建村，以烧窑为业，故名窑家庄。经济以种植业为主，种植小麦、玉米、花生、苹果等。有公路经此。

桃源 370687-B01-H11

[Táoyuán]

在市驻地东村街道东方向26.4千米。留格庄镇辖自然村。人口1 300。清顺治年间，隋姓从方里村迁来建村，因建村处多桃林，环境幽静，景色如同“桃花源”，故名。聚落呈团块状分布。经济以种植业、海洋捕捞业和海水养殖业为主，种植地瓜、小麦、玉米、花生等，有海阳市富强冷藏加工厂。有公路经此。

外岛 370687-B01-H12

[Wàidǎo]

在市驻地东村街道东南方向19.3千米。留格庄镇辖自然村。人口400。清顺治年间，隋姓从原居住的岛上迁出，在岛的外面建村，故命村名外岛。聚落呈团块状分布。经济以海水养殖、捕捞为主，特产海参、车虾、梭子蟹、南美虾等。有公路经此。

窑头 370687-B01-H13

[Yáotóu]

在市驻地东村街道东南方向18.6千米。留格庄镇辖自然村。人口1 100。明嘉靖年间，先居者建村于砖瓦窑旁，居民以烧砖瓦为生，故命名为窑头。聚落呈团块状分布。有广播站1处。经济以种植业为主，种植苹果、冬瓜、芹菜、茴香、番茄等。有公路经此。

盘石店 370687-B02-H01
[Pánshídiàn]

盘石店镇人民政府驻地。在市驻地东村街道东北方向 12.9 千米。人口 3 600。明永乐三年（1405），王文英从河南开封县迁此建村，以开店为业，店前有一磐石，取“安若磐石”之意，命名磐石店，后演为今名。聚落呈团块状分布。有中学 1 处、小学 1 处、农家书屋 1 处等。经济以种植业为主，种植小麦、花生、玉米、杂粮等，土特产品有草莓、葡萄、苹果等，有化工原料、毛织品等厂。有公路经此。

北鲁家 370687-B02-H02
[Běilǔjiā]

在市驻地东村街道东北方向 15.4 千米。盘石店镇辖自然村。人口 400。明正德年间，鲁姓由栖霞县朱留村迁来建村，取名大鲁家，后改称北鲁家。聚落呈团块状分布。经济以种植业为主，种植小麦、玉米、花生、杂粮等，盛产大樱桃、伏把梨，畜牧业以养猪、羊为主。有公路经此。

北山后 370687-B02-H03
[Běishānhòu]

在市驻地东村街道东北方向 18.0 千米。盘石店镇辖自然村。人口 800。该村建于明万历年间，村处白玉山之北，取名白玉山后，后演变成北山后。聚落呈团块状分布。有农家书屋 1 处。经济以种植业、畜牧业为主，种植小麦、玉米、花生等，畜牧业以养鸡为主。有公路经此。

金银崮 370687-B02-H04
[Jīnyíngù]

在市驻地东村街道东北方向 13.3 千米。盘石店镇辖自然村。人口 200。明崇祯年间，村子坐落处有一石崮形似牛，取名金牛崮，后取吉利之义，命名金银崮。聚落呈团块状分布。经济以种植业为主，种植小麦、玉米、花生、芋头、苹果等。有公路经此。

井家沟 370687-B02-H05
[Jǐngjiāgōu]

在市驻地东村街道东北方向 12.2 千米。盘石店镇辖自然村。人口 200。明万历年间建村，因村处四面环山的山沟内，似居井中，故名井家沟。聚落呈团块状分布。经济以种植业为主，种植苹果、玉米、花生、地瓜等。有公路经此。

平岚 370687-B02-H06
[Pínglán]

在市驻地东村街道东北方向 22.1 千米。盘石店镇辖自然村。人口 300。清嘉庆年间，建村于山陵平坡，此处群峰环绕，岚气霭霭，故名平岚。聚落呈团块状分布。经济以种植业、畜牧业为主，种植小麦、玉米、花生、地瓜和杂粮，养鸡、猪。有公路经此。

松岩庄 370687-B02-H07
[Sōngyánzhuāng]

在市驻地东村街道东北方向 14.4 千米。盘石店镇辖自然村。人口 600。清康熙年间建村，坐落在长有一棵松树的高崖下，取名松崖里头，后更名为松岩庄。聚落呈团块状分布。经济以种植业、畜牧业为主，种植苹果、小麦、玉米、花生、地瓜等。有石材加工厂 3 个，大理石开采场 1 处。有公路经此。

炭岚 370687-B02-H08
[Tànlán]

在市驻地东村街道东北方向 12.2 千米。盘石店镇辖自然村。人口 100。建于清嘉庆年间，坐落在柞树岚旁，村民以柞炭为生，故名炭岚。聚落呈团块状分布。经济以种植业、畜牧业为主，种植小麦、玉米、花生、地瓜和杂粮等，畜牧业以养猪、羊为主。有公路经此。

徐家泊 370687–B02–H09

[Xújiāpō]

在市驻地东村街道东北方向16.4千米。盘石店镇辖自然村。人口1 600。明万历年间，徐姓在此建村，坐落在平坦地，故名徐家泊。聚落呈团块状分布。经济以种植业、畜牧业为主，种植小麦、玉米、花生、大豆、芋头等，有养猪场、养牛场、养貂场、养鸡场、粉丝厂。有公路经此。

野口 370687–B02–H10

[Yěkǒu]

在市驻地东村街道东北方向15.9千米。盘石店镇辖自然村。人口1 000。明万历十一年（1583），刘姓兄弟三人从诸城迁此建村，当时人烟稀少，野狗成群，故名野狗村，后演变成野口。聚落呈团块状分布。经济以种植业为主，种植小麦、玉米、花生、地瓜和杂粮等，盛产桃子。有公路经此。

朱兰夼 370687–B02–H11

[Zhūlánkuǎng]

在市驻地东村街道东北方向20.8千米。盘石店镇辖自然村。人口800。明嘉靖年间，村民从乳山县迁来建村，村坐落在四周有土、沙、泥堆和石羊，形似猪的山夼中，取吉祥之意命名朱兰夼。聚落呈团块状分布。经济以种植业为主，种植小麦、玉米、花生、大豆等，盛产西瓜、草莓，副业有针织、养猪。有公路经此。

嘴子后 370687–B02–H12

[Zuǐzihòu]

在市驻地东村街道东北方向16.6千米。盘石店镇辖自然村。人口800。该村建于明天顺年间，村坐落在一小山嘴之北，故名嘴子后。聚落呈团块状分布。经济以种植业为主，种植小麦、花生、玉米、大豆等，畜牧业以养猪、养鸡为主。有公路经此。

仙人盆 370687–B02–H13

[Xiānrénpén]

在市驻地东村街道北方向14.1千米。盘石店镇辖自然村。人口400。明天启年间建村，村子坐落处有一石崮似盆形，有人传曾被仙人用过，故名仙人盆。聚落呈团块状分布。经济以种植业为主，种植小麦、花生、玉米、地瓜、杂粮等，特色农产品有樱桃、长把梨。有公路经此。

郭城 370687–B03–H01

[Guōchéng]

郭城镇人民政府驻地。在市驻地东村街道北方向22.4千米。人口3 300。明洪武四年（1371），于江从文登县大水泊迁此建村，因唐武德初年曾在此设廓定县城，故名廓城。永乐九年（1411），改名郭城。聚落呈散状分布。有中学1处、小学1处、幼儿园1处、文化广场5处。郭城为摔面发祥地，距今有300余年的历史。经济以种植业为主，特色农产品有红富士苹果、茌梨、姜家小米、核桃、板栗等，有蚕丝、纯净水、化肥等厂。有公路经此。

璋夼 370687–B03–H02

[Zhāngkuǎng]

在市驻地东村街道北方向27.2千米。郭城镇辖自然村。人口800。明末清初，于姓从多英村迁于此地，建村于沟夼，因夼内樟树茂密，故命名樟夼。后取同音字，演变为璋夼。聚落呈团块状分布。有文化广场1处。经济以种植业为主，种植花生、玉米、小麦、苹果等。有公路经此。

宅家夼 370687-B03-H03

[Zháijiākuǎng]

在市驻地东村街道北方向 21.8 千米。郭城镇辖自然村。人口 900。明万历年间，倪姓建村。因四面山寨较多，且村处群子寨山沟夼，故命村名寨家夼，后演变为宅家夼。聚落呈团块状分布。有文化广场 1 处。经济以种植业为主，种植花生、玉米、小麦。有公路经此。

择善 370687-B03-H04

[Zéshàn]

在市驻地东村街道北方向 25.8 千米。郭城镇辖自然村。人口 300。明万历年间，孙姓来此建村定居，取宅处善地之意，命村名宅善，后演变为宅上村。1921 年，村民于敬南以《论语》中“择其善者而从之”一句，改村名为择善。聚落呈团块状分布。有文化广场 1 处。经济以种植业为主，种植花生、小麦、玉米，盛产苹果。有公路经此。

下十字夼 370687-B03-H05

[Xiàshízìkuǎng]

在市驻地东村街道北方向 24.7 千米。郭城镇辖自然村。人口 800。明朝年间建村，因地处沟夼，夼内石子较多，且地势较低，故命村名为石子夼。明崇祯年间，村东建上石子夼，本村遂改称下石子夼。后因村中有十字形街道，又改称下十字夼。聚落呈团块状分布。有文化广场 1 处。经济以种植业为主，种植花生、玉米、小麦、苹果。有公路经此。

西楼子 370687-B03-H06

[Xīlóuzi]

在市驻地东村街道北方向 29.4 千米。郭城镇辖自然村。人口 900。明万历年间，因建村于一古楼之西，故命村名西楼子。聚落呈团块状分布。有文化广场 1 处。经济以种植业为主，种植花生、玉米、小麦、苹果。有公路经此。

西古现 370687-B03-H07

[Xīgǔxiàn]

在市驻地东村街道北方向 36.5 千米。郭城镇辖自然村。人口 1 700。明永乐三年（1405），于彰彬从郭城迁此处建村，先居者发现一石，上镌钟鼎古字“青阳”，因其历史悠久，故命村名古县，后演变为古现。明万历年间，村东建小古现村，本村遂改称大古现，后更名西古现。聚落呈团块状分布。有小学 1 处、幼儿园 1 处。经济以种植业为主，种植花生、玉米、小麦，盛产苹果。村内有冷库、建筑公司。有公路经此。

松树夼 370687-B03-H08

[Sōngshùkuǎng]

在市驻地东村街道北方向 27.4 千米。郭城镇辖自然村。人口 1 000。明朝年间，姜姓由桐岭村来此建村，因居住地两面环山，山夼之中松树茂密，故名。聚落呈团块状分布。有文化广场 1 处。经济以种植业为主，种植花生、玉米、小麦，盛产苹果、板栗。有公路经此。

史家 370687-B03-H09

[Shǐjiā]

在市驻地东村街道北方向 30.6 千米。郭城镇辖自然村。人口 400。明崇祯年间，史姓、姜姓来此定居，后刘姓经姜姓引荐也迁居此地，因史姓人口较多，故命村名为史家。聚落呈团块状分布。有文化广场 1 处。经济以种植业为主，种植花生、玉米、小麦、苹果。有公路经此。

山角 370687-B03-H10
[Shānjiǎo]

在市驻地东村街道北方向 26.0 千米。郭城镇辖自然村。人口 800。明天启年间，姜姓从宁海州来此建村定居。因建村于林寺山西南山脚下，故命名山角。聚落呈团块状分布。有文化广场 1 处。经济以种植业为主，种植有花生、玉米、小麦、苹果。有公路经此。

龙口 370687-B03-H11
[Lóngkǒu]

在市驻地东村街道北方向 33.2 千米。郭城镇辖自然村。人口 900。明万历年间，刘姓在此建村，因此处四面环山，内有一块巨石，上下分离，形若龙口，故名。聚落呈团块状分布。有文化广场 1 处。有武举大院 1 处。经济以种植业为主，种植花生、玉米、小麦、苹果。有公路经此。

晶泉 370687-B03-H12
[Jīngquán]

在市驻地东村街道北方向 35.0 千米。郭城镇辖自然村。人口 900。明嘉靖年间，姜姓建村定居，传说村南山一巨石上有仙女足迹，为王母娘娘所留，故命名为母仙村。1964 年，因村名带有迷信色彩，根据村南有晶山，山下有泉水，遂更名晶泉。聚落呈团块状分布。有文化广场 1 处。经济以种植业为主，种植花生、玉米、小麦、苹果。有公路经此。

河南 370687-B03-H13
[Hénán]

在市驻地东村街道北方向 30.6 千米。郭城镇辖自然村。人口 1 100。明万历四年（1576），于智琛从郭城迁此建村，后孙、任等姓自外地迁来定居，因地处大河南岸，故命村名河南。聚落呈团块状分布。有文化广场 1 处。经济以种植业为主，种植小麦、玉米、花生、苹果。有山东烟台鑫泰黄金矿业有限责任公司。有公路经此。

肖家庄 370687-B03-H14
[Xiāojiāzhuāng]

在市驻地东村街道北方向 35.5 千米。郭城镇辖自然村。人口 400。明末，肖姓来此定居建村，以姓命村名肖家庄。聚落呈团块状分布。有文化广场 1 处。为山东省传统村落。经济以种植业为主，种植花生、玉米、小麦、苹果等。有公路经此。

北朱 370687-B03-H15
[Běizhū]

在市驻地东村街道北方向 30.3 千米。郭城镇辖自然村。人口 700。明天启年间，朱姓建村，以姓命村名朱村。1981 年地名普查时，因重名，遂改为北朱。聚落呈团块状分布。有文化广场 1 处。为山东省传统村落。经济以种植业为主，种植花生、玉米、小麦、苹果。有公路经此。

徐家店 370687-B04-H01
[Xújiādiàn]

徐家店镇人民政府驻地。在市驻地东村街道北方向 36.7 千米。人口 3 300。原名兰家店，是通往宁海驿路的急递铺。元至正年间，有徐姓人在此开设客店，故名徐家店。聚落呈团块状分布。有幼儿园 2 处、中学 1 处、小学 1 处、农家书屋 1 处等。经济以种植业为主，种植小麦、玉米、花生等，特产苹果，有家具厂、木板厂、金制品厂、汽车配件公司、建筑材料厂等。有公路经此。

矮槐树 370687-B04-H02
[Ǎihuáishù]

在市驻地东村街道北方向 47.9 千米。徐家店镇辖自然村。人口 600。明洪武年间，高姓来此定居建村，因建村于两株矮槐树旁，故命名矮槐树。聚落呈散状分布。经济以种植业为主，主要农产品有小麦、玉米、花生、大豆，畜牧业以养猪为主。有公路经此。

安家楼底 370687-B04-H03
[Ānjiālóudǐ]

在市驻地东村街道北方向 39.7 千米。徐家店镇辖自然村。人口 900。建于明洪武年间，因当初是孙家油坊村地主的佃户庄，地主曾在此修建过楼基，故取名孙家楼底。清朝初期，安姓又迁来建村，取名安家楼底。聚落呈团块状分布。有幼儿园 1 处。经济以种植业为主，种植小麦、玉米、花生，盛产苹果。有公路经此。

北野夼 370687-B04-H04
[Běiyěkuǎng]

在市驻地东村街道北方向 45.1 千米。徐家店镇辖自然村。人口 400。元大德元年（1297），先居者从文登迁此，建村于山夼，当时是一片荒野，故名野夼。明崇祯年间，建南野夼，该村改称北野夼。聚落呈团块状分布。经济以种植业为主，种植小麦、玉米等，盛产苹果、板栗，有石材加工厂。有公路经此。

宫家苇夼 370687-B04-H05
[Gōngjiāwěikuǎng]

在市驻地东村街道北方向 41.3 千米。徐家店镇辖自然村。人口 400。该村建于清朝初期，因村子坐落在一条芦苇较多的山沟里，建村者姓宫，故名宫家苇夼。聚落呈团块状分布。经济以种植业为主，种植小麦、玉米、花生、苹果等。有公路经此。

古堆山 370687-B04-H06
[Gǔduīshān]

在市驻地东村街道北方向 39.6 千米。徐家店镇辖自然村。人口 400。该村建于明洪武三年（1370），建村时，此地有两个长满松树的山头，故取名古对山，后因松树伐光，形成秃山，改称古堆山。聚落呈团块状分布。经济以种植业为主，特色农产品有红富士苹果、丰水梨、秋月梨、蓝莓等，烟台市金奥环保科技有限公司在该村建有厂房。有公路经此。

核桃树 370687-B04-H07
[Hétáoshù]

在市驻地东村街道北方向 43.1 千米。徐家店镇辖自然村。人口 400。明洪武十三年（1380），王姓由古堆山村迁来建村，因村处北榆山之阳的一片核桃树旁，故取名核桃树。聚落呈团块状分布。经济以种植业为主，种植苹果、草莓、蓝莓等。有公路经此。

姜家秋口 370687-B04-H08
[Jiāngjiāqiūkǒu]

在市驻地东村街道北方向 41.4 千米。徐家店镇辖自然村。人口 600。明洪武年间，姜姓从莱阳县迁来此地定居，时值秋后，取名姜家秋后。清朝初期，以村处老寨和小寨两山之间，改称姜家秋口。聚落呈团块状分布。经济以种植业为主，主要农产品有苹果、草莓等。烟台华赢涂料有限公司、博严服装厂位于该村。有公路经此。

岚店 370687-B04-H09
[Lándiàn]

在市驻地东村街道北方向 41.5 千米。

徐家店镇辖自然村。人口 1 200。明洪武十三年（1380），王姓在北榆山前坡松岚附近开设一座小店，故取名松岚店，后来改为岚店。聚落呈团块状分布。经济以种植业为主，种植小麦、玉米、花生、大豆。有公路经此。

柳林堡 370687-B04-H10

[Liǔlínpù]

在市驻地东村街道北方向 37.4 千米。徐家店镇辖自然村。人口 100。明洪武年间建村，此处系官村驿站（也称堡），村子坐落在柳林丛中，故名柳林堡。聚落呈团块状分布。经济以种植业为主，种植小麦、玉米，盛产花生。有公路经此。

南留 370687-B04-H11

[Nánliú]

在市驻地东村街道北方向 49.5 千米。徐家店镇辖自然村。人口 600。明嘉靖年间，孙氏欲择地而居，路经栖霞县，友人留其在桃村落户，孙氏谢绝，行至此地建村，为念友情，命名难留，后因处桃村之南，改称南留。聚落呈团块状分布。经济以种植业为主，种植小麦、玉米、花生、苹果等。有公路经此。

孙家油坊 370687-B04-H12

[Sūnjiāyóufáng]

在市驻地东村街道北方向 41.3 千米。徐家店镇辖自然村。人口 500。明洪武年间，孙纲由云南逃荒路过此地落户，当时这里古树参天，环境极为幽静，故以姓氏和环境取名孙家幽芳，后演变为孙家油坊。聚落呈团块状分布。经济以种植业为主，种植小麦、玉米、花生、苹果等。有公路经此。

燕翅山 370687-B04-H13

[Yànchìshān]

在市驻地东村街道北方向 39.6 千米。徐家店镇辖自然村。人口 600。该村建于明泰昌年间，建村时此地有三座相连的小山头，形似燕子，故取名燕子山，后演变成燕翅山。聚落呈团块状分布。经济以种植业为主，种植苹果，金奥环保科技有限公司位于该村。有公路经此。

发城 370687-B05-H01

[Fāchéng]

发城镇人民政府驻地。在市驻地东村街道西北方向 19.2 千米，人口 2 400。西汉之长广、东魏之观阳县治均设于此，几经裁置，唐贞观元年（627）废，不再设县，故名废城。清初，秀才王枫取发达昌盛意更名发城。聚落呈团块状分布。有幼儿园 1 处、中学 1 处、小学 1 处、文化室 1 处。有东魏兴和年间的玉皇庙、明崇祯年间修建的财神庙、原清代督捕右侍郎李赞元墓群。经济以种植业为主，种植小麦、玉米、花生等，苹果、葡萄等果品种植为特色产业，企业有水泥厂、果品厂等。有公路经此。

北槐树底 370687-B05-H02

[Běihuáishùdǐ]

在市驻地东村街道西北方向 23.9 千米。发城镇辖自然村。人口 1 000。明洪武年间，建村于大槐树附近，故名槐树底。因重名，以方位更名北槐树底。聚落呈团块状分布。有文化广场 1 处、文化室 1 处。村内有 620 年之久的古藤攀杨。经济以种植业为主，种植小麦、玉米、花生、苹果等。有公路经此。

北楼底 370687-B05-H03

[Běilóudǐ]

在市驻地东村街道西北方向 20.2 千米。

发城镇辖自然村。人口 800。明洪武年间建村，此处原有古楼残基，故称楼底。因重名，以方位更名北楼底。聚落呈团块状分布。有文化广场 1 处、文化室 1 处。经济以种植业为主，种植小麦、玉米、花生、苹果等。有公路经此。

东坊坞 370687-B05-H04
[Dōngfángwù]

在市驻地东村街道西北方向 27.9 千米。发城镇辖自然村。人口 800。明洪武年间建村，汉代曾设访务于此，故名访务，演变成坊坞。后村西建西坊，该村改成东坊坞。聚落呈团块状分布。有文化室 1 处。经济以种植业为主，种植小麦、玉米、花生、苹果等，有冷藏厂。有公路经此。

东夏屋庄 370687-B05-H05
[Dōngxiàwūzhuāng]

在市驻地东村街道西北方向 26.8 千米。发城镇辖自然村。人口 300。元至元十七年（1280），在河流下游同建五庄，称下五庄，明末搬迁合并，只余一村，取《诗经》“於我乎，夏屋渠渠”之义更名夏屋庄。清乾隆年间分成三村，该村居东，故名。聚落呈团块状分布。有文化广场 1 处、文化室 1 处。经济以种植业为主，种植小麦、玉米、花生、苹果等。有公路经此。

多英 370687-B05-H06
[Duōyīng]

在市驻地东村街道北方向 25.5 千米。发城镇辖自然村。人口 900。明洪武四年（1371）建村，希冀子孙多出英杰良才，保国益民，光宗耀祖，故名多英。聚落呈团块状分布。有文化室 1 处。经济以种植业为主，种植小麦、玉米、花生、苹果等。有公路经此。

古家兰 370687-B05-H07
[Gǔjiālán]

在市驻地东村街道西北方向 26.2 千米。发城镇辖自然村。人口 1 000。元至元年间，顾姓建村，取名顾家兰，后演变成古家兰。聚落呈团块状分布。有文化广场 1 处、文化室 1 处。经济以种植业为主，种植小麦、玉米、花生、苹果等，有冷藏厂。有公路经此。

黄龙夼 370687-B05-H08
[Huánglóngkuǎng]

在市驻地东村街道西北方向 28.9 千米。发城镇辖自然村。人口 600。明正德年间建村，建村处多系黄土，沟岭蜿蜒起伏，如苍龙盘旋，坐落在低洼处，故名黄龙夼。聚落呈团块状分布。有文化室 1 处。经济以种植业为主，种植苹果、玉米、花生等。有公路经此。

龙庄沟 370687-B05-H09
[Lóngzhuānggōu]

在市驻地东村街道西北方向 30.2 千米。发城镇辖自然村。人口 200。该村建于明崇祯年间，因村位于山沟，附近有一土岭形似龙爪，故命村名龙爪沟，后演变成龙庄沟。聚落呈团块状分布。有文化广场 1 处、文化室 1 处。经济以种植业为主，种植小麦、玉米、花生、苹果等。有公路经此。

铁口 370687-B05-H10
[Tiěkǒu]

在市驻地东村街道西北方向 20.7 千米。发城镇辖自然村。人口 1 000。因建村人夜梦一仙，自称“铁嘴道人”，预卜此处为人财两旺之宝地，为应仙家吉言，命名铁口。聚落呈团块状分布。有文化广场 1 处、文化室 1 处。经济以种植业为主，种植小麦、玉米、花生、大豆、芋头、苹果等。有公路经此。

上上都 370687-B05-H11
[Shàngshàngdū]

在市驻地东村街道西北方向30.1千米。发城镇辖自然村。人口400。元至元十七年（1280），先居者从安徽省太和县迁此建村。此处曾为汉代长广县商贾汇聚之所，故名商都，后演变为上都。明洪武年间，建村下上都，该村改称上上都。聚落呈团块状分布。有文化室1处。村内有古银杏树1棵，树龄约600年，为山东省24株古树之一。经济以种植业为主，种植花生、苹果、桃子、樱桃等。有公路经此。

现子口 370687-B05-H12
[Xiànzikǒu]

在市驻地东村街道北方向25.4千米。发城镇辖自然村。人口400。该村建于明崇祯年间，坐落于山口之南，昌水河穿流其山口间，每逢汛期，河水湍急，形势险要，故名险子口，后演变成现子口。聚落呈团块状分布。有文化室1处。经济以种植业为主，种植苹果、桃、杏等。有公路经此。

长宇 370687-B05-H13
[Chángyǔ]

在市驻地东村街道西北方向26.2千米。发城镇辖自然村。人口900。明洪武四年（1371）建村，取《国语》中“昔先王之有天下也，使各有宁宇”之义，择常居宁宇吉兆，遂名常宇，后演变成长宇。有文化室1处。有戏舞社。经济以种植业为主，种植玉米、花生、苹果等。有公路经此。

小纪 370687-B06-H01
[Xiǎojì]

小纪镇人民政府驻地。在市驻地东村街道西方向12.3千米。人口3 400。明洪武四年（1371），肖敏之、纪悦信自晋地蒲邑迁此，以两姓命名肖纪，后演变为小纪。聚落呈团块状分布。经济以种植业为主，种植小麦、玉米、地瓜等，盛产大樱桃，有皮鞋厂、染织厂等。有公路经此。

安夼 370687-B06-H02
[Ānkuǎng]

在市驻地东村街道西方向23.7千米。小纪镇辖自然村。人口500。明末，邢国忠弟兄二人从本县邢家迁此，建村山夼，取“安居山夼”之吉，命名安夼。聚落呈团块状分布。经济以种植业为主，种植小麦、花生、玉米、地瓜、芋头等。有公路经此。

北斗山 370687-B06-H03
[Běidǒushān]

在市驻地东村街道西方向15.3千米。小纪镇辖自然村。人口900。该村建于清顺治年间，坐落在布局好似北斗星的七个小山顶之南，故名北斗山。聚落呈团块状分布。经济以种植业为主，种植小麦、玉米、花生、地瓜等。有公路经此。

大金碃 370687-B06-H04
[Dàjīnqìng]

在市驻地东村街道西北方向14.3千米。小纪镇辖自然村。人口400。明嘉靖年间，孙姓建村，先者见斧头山和马儿山之石青中金光闪耀，故名大金碃。聚落呈团块状分布。经济以种植业为主，种植小麦、大豆，盛产玉米、花生。畜牧业有养猪、养鸡。有公路经此。

东野口 370687-B06-H05
[Dōngyěkǒu]

在市驻地东村街道西方向11.8千米。小纪镇辖自然村。人口800。建于清顺治年间，先居者拳术高强，常常试武，被人们视为“野”，村处山口，得名中野口。不久，村西建一村称西野口，该村改称东野口。

聚落呈团块状分布。经济以种植业为主，主要农产品有小麦、玉米、花生等。有公路经此。

石马疃头 370687-B06-H06
[Shímǎtuǎntóu]

在市驻地东村街道西方向 18.1 千米。小纪镇辖自然村。人口 1 700。该村建于清顺治年间，此地河边有两石形似蛤蟆，村坐落在小河边，故名石蟆滩头。后又依据村东有一天然石马，改称石马疃头。聚落呈团块状分布。有幼儿园 1 处。经济以种植业为主，种植小麦、玉米、花生，盛产苹果。有公路经此。

书院 370687-B06-H07
[Shūyuàn]

在市驻地东村街道西方向 19.1 千米。小纪镇辖自然村。人口 1 100。明末，辛姓建村于一寺院附近，院中生长高大的楮树，名楮院。后寺院改为学校，故村改称书院。聚落呈团块状分布。幼儿园 1 处。经济以种植业为主，种植大豆、杂粮，盛产小麦、玉米、花生，畜牧业有养猪、养羊。有公路经此。

司马官庄 370687-B06-H08
[Sīmǎguānzhuāng]

在市驻地东村街道西方向 23.4 千米。小纪镇辖自然村。人口 1 300。清康熙年间，宋宽从云南迁此建村，村里有一人娶崖后孙姓官宦人家之女为妻，故名孙母官庄，后因一姓司马的将官葬此，遂改称司马官庄。聚落呈团块状分布。有幼儿园 1 处。经济以种植业为主，种植小麦、玉米、杂粮，盛产花生，畜牧业有养鸡、养猪、养羊。有公路经此。

亭儿崖 370687-B06-H09
[Tíng'éryá]

在市驻地东村街道西北方向 17.6 千米。小纪镇辖自然村。人口 400。明万历年间建村，汉高祖刘邦埋葬纪信时，曾在山崖处停过灵，村处崖下，得名停灵崖，后演变成亭儿崖。聚落呈团块状分布。经济以种植业为主，种植小麦、玉米、花生、地瓜，畜牧业以养猪为主。有公路经此。

崖后 370687-B06-H10
[Yáhòu]

在市驻地东村街道西方向 23.1 千米。小纪镇辖自然村。人口 1 100。明洪武二年（1369），孙栋从安徽省迁此建村，原名东庙，几年后，村向西扩建，村处山崖之北，故名崖后。聚落呈团块状分布。经济以种植业为主，种植小麦、玉米、花生、地瓜等。有公路经此。

子推后 370687-B06-H11
[Zǐtuīhòu]

在市驻地东村街道西北方向 17.9 千米。小纪镇辖自然村。人口 800。该村建于明正统年间，村坐落在介子推庙之北，故名子推后。聚落呈团块状分布。经济以种植业为主，种植小麦、玉米、花生等。有公路经此。

新庄头 370687-B06-H12
[Xīnzhuāngtóu]

在市驻地东村街道西方向 16.3 千米。小纪镇辖自然村。人口 1 000。清康熙年间，先居者以本县西寨头迁来建村，建村处有几个土堆似“心”字状，取名心状头，后改为新庄头。聚落呈团块状分布。经济以种植业为主，种植小麦、花生、玉米、大豆、地瓜等。有公路经此。

下碾头 370687-B06-H13
[Xiàniǎntóu]

在市驻地东村街道西北方向12.8千米。小纪镇辖自然村。人口700。清顺治末年，于姓兄弟二人由桃林村迁此建村，因以做石碾谋生，故命村名碾头。后因大哥居下，名下碾头。聚落呈团块状分布。经济以种植业为主，种植小麦、玉米、花生、地瓜等。有公路经此。

行村 370687-B07-H01
[Xíngcūn]

行村镇人民政府驻地。在市驻地东村街道西南方向19.4千米。人口5 300。西汉太始三年（前94），昌阳县令择白沙河南0.5千米处建衡村，至唐永徽年间，河水泛滥，村沦为泽国，村民啼离故土，南移立闾。因“移者，行也”，“行”谐“衡”韵，故名。聚落呈团块状分布。有幼儿园2处、中学1处、小学1处。经济以水产养殖业、捕捞业为主，养殖杂色蛤、黄蛤、蛏蛏等，有粉丝厂、服装厂等。有公路经此。

东寨头 370687-B07-H02
[Dōngzhàitóu]

在市驻地东村街道西方向17.8千米。行村镇辖自然村。人口1 000。明崇祯年间，建村于白沙河东岸，古代曾有军旅扎寨于此，故名东寨头。聚落呈团块状分布。经济以种植业为主，种植小麦、玉米、地瓜、花生、苹果等。有胶东水产品批发市场。有公路经此。

鲁岛 370687-B07-H03
[Lǔdǎo]

在市驻地东村街道西南方向24.7千米。行村镇辖自然村。人口900。明永乐年间，于姓从本县桃林迁出建村小岛，因处桃林之南，故名小南岛。清光绪十六年（1890），取以鱼度日之意，改称鲁岛。聚落呈团块状分布。经济以浅海养殖业为主。有公路经此。

瑞宇 370687-B07-H04
[Ruìyǔ]

在市驻地东村街道西方向18.6千米。行村镇辖自然村。人口1 000。清康熙年间，村处宽广之地，易于扩建，故名瑞宇。聚落呈团块状分布。经济以种植业为主，种植小麦、玉米、地瓜、花生、苹果等。有公路经此。

三里庄 370687-B07-H05
[Sānlǐzhuāng]

在市驻地东村街道西南方向25.2千米。行村镇辖自然村。人口400。清康熙年间，本县沟里村杨姓地主建佃户庄于此，命名杨家庄。因重名，1981年以距行村三里，更名三里庄。聚落呈团块状分布。经济以种植业为主，种植小麦、玉米、大豆、花生等。有公路经此。

上夼 370687-B07-H06
[Shàngkuǎng]

在市驻地东村街道西方向15.8千米。行村镇辖自然村。人口400。清康熙年间，建村于山夼高处，命名上夼。聚落呈团块状分布。经济以种植业为主，种植小麦、玉米、大豆、地瓜、花生、苹果等。有公路经此。

庶村 370687-B07-H07
[Shùcūn]

在市驻地东村街道西南方向24.0千米。行村镇辖自然村。人口2 000。明永乐二年（1404），建村于西汉之昌阳城遗址北，因在古寺中发现一石额上刻“戊村”，遂以此名村，后演变成庶村。聚落呈团块状分布。有幼儿园1处。有庶村汉代昌阳古城遗址、庶村司马台遗址，以及汉代墓群遗址。经济以种植业为主，种植西红柿、黄瓜、茄子、五彩椒、草莓、香瓜、桃等，是烟台市大棚蔬菜标准示范园，建有海阳绿丰蔬菜批发市场。有公路经此。

寺头 370687-B07-H08
[Sìtóu]

在市驻地东村街道西南方向23.2千米。行村镇辖自然村。人口700。元皇庆二年（1313），王常稔从河南省孟津县迁此建村，因村之西有一寺院，故名寺头。聚落呈团块状分布。经济以种植业为主，种植小麦、玉米、大豆、花生、草莓等。有公路经此。

西小滩 370687-B07-H09
[Xīxiǎotān]

在市驻地东村街道西南方向26.2千米。行村镇辖自然村。人口1 800。明末建村，居者以烧盐为业，故名烧滩，后演变成小滩，因重名，且处重名村之西，1981年更名西小滩。聚落呈团块状分布。有幼儿园1处。经济以种植业为主，种植小麦、玉米、大豆、花生、地瓜等。有公路经此。

祥东 370687-B07-H10
[Xiángdōng]

在市驻地东村街道西南方向27.8千米。行村镇辖自然村。人口1 200。明嘉靖十年（1531），先居者从湖南省衡东县迁此建村，取故省简称“湘”字和旧县末字“东”，命名湘东，后演变成祥东。聚落呈团块状分布。有古建筑孙氏宗祠1处。经济以种植业为主，种植小麦、玉米、大豆、花生、草莓等。有公路经此。

杏家庄 370687-B07-H11
[Xìngjiāzhuāng]

在市驻地东村街道西方向16.3千米。行村镇辖自然村。人口700。清道光年间建村，原系邢姓的庄子，本县西寨头兄弟四人买下此庄定居，命名邢家庄，后演变成杏家庄。聚落呈团块状分布。经济以种植业为主，主要农产品有小麦、玉米、大豆、地瓜、花生、水果等。有公路经此。

英武店 370687-B07-H12
[Yīngwǔdiàn]

在市驻地东村街道西南方向22.2千米。行村镇辖自然村。人口1 100。明末，吕姓来此开店，店内养鹦鹉，人称鹦鹉店，村以此得名，后演变成英武店。聚落呈团块状分布。经济以种植业为主，主要农产品有小麦、玉米、大豆、芋头、花生、辣椒等。有公路经此。

赵疃 370687-B07-H13
[Zhàotuǎn]

在市驻地东村街道西方向19.9千米。行村镇辖自然村。人口2 100。明正统元年（1436），赵冕从本县孙家夼迁出，建村赵疃。聚落呈团块状分布。有中学1处、小学1处、幼儿园1处。有国家级文物保护单位赵疃地雷战遗址。经济以种植业为主，特色农产品有白黄瓜、大芋头等。有公路经此。

辛安 370687-B08-H01
[Xīn'ān]

辛安镇人民政府驻地。在市驻地东村街道西南方向15.7千米。人口3 000。明宣德二年（1427），于启春从本县桃林迁此建村，取新村久安之意命名新安，后演变成辛安。聚落呈团块状分布。有幼儿园3处、中学1处、小学1处等。有特色民俗活动海阳大秧歌。经济以种植业为主，种植小麦、玉米、大豆、花生、苹果、桑等，土特产品有桑葚、草莓等，附近滩涂养殖对虾，有制衣厂、针织公司、针织服装厂等。有公路经此。

草泊 370687-B08-H02

[Cǎopō]

在市驻地东村街道西南方向14.6千米。辛安镇辖自然村。人口400。明建文年间建村，因先居者初搭草棚居住，故名村草铺，后演变成草泊。聚落呈团块状分布。经济以种植业为主，种植小麦、玉米、地瓜、花生、白黄瓜、西红柿等。有公路经此。

床子头 370687-B08-H03

[Chuángzǐtóu]

在市驻地东村街道西南方向18.2千米。辛安镇辖自然村。人口500。清康熙年间，徐姓从北廒子村迁此建村，命村名太平庄。后因一盲人落井溺死，遂取床头平安之意，改名床子头。聚落呈团块状分布。经济以种植业为主，主要农产品有小麦、玉米、大豆、花生等，另有浅海养殖特色产业，有针织厂。有公路经此。

大山所 370687-B08-H04

[Dàshānsuǒ]

在市驻地东村街道西南方向22.5千米。辛安镇辖自然村。人口2 900。明成化十九年（1483），为防御倭寇入侵，在近大山处设大山备御千户所，由官府委派位、宣、张、王、陆、龙、马等姓千户来此驻守，其后代发展成村，命村名大山所。聚落呈团块状分布。有小学1处、中学1处。有特色文化习俗大秧歌。经济以种植业为主，主要农作物有小麦、玉米、花生、苹果、蔬菜等，特色农产品有草莓、蓝莓、大樱桃。有公路经此。

古庄头 370687-B08-H05

[Gǔzhuāngtóu]

在市驻地东村街道西南方向22.0千米辛安镇辖自然村。人口800。清康熙年间，鲁口村一地主在此设庄子，王姓从行村迁来定居，李姓从鲁口村迁来定居。先居者在劳作中挖掘出一古庄旧址，遂南移建村，命村名古庄头。聚落呈团块状分布。经济以种植业为主，主要农产品是桑葚，特色产业是针织，有汉平针织厂。有公路经此。

海头 370687-B08-H06

[Hǎitóu]

在市驻地东村街道西南方向27.9千米。辛安镇辖自然村。人口1 900。明洪武三年（1370），迟姓自云南乌沙威牛角胡同迁来建村，因建村于丁字湾西岸，三面环海，故名村海头。聚落呈团块状分布。经济以渔业、种植业为主，种植玉米、大豆、花生、地瓜、小麦，养殖家禽，有虾池。有公路经此。

黄埠崖 370687-B08-H07

[Huángbùyá]

在市驻地东村街道西南方向22.8千米。辛安镇辖自然村。人口900。清康熙年间徐姓建村，因村处黄埠山西麓，故命村为黄埠崖。聚落呈团块状分布。特色文化有大秧歌。经济以种植业为主，种植小麦、玉米、大豆、花生等，针织是特色产业。有公路经此。

鲁口 370687-B08-H08

[Lǔkǒu]

在市驻地东村街道西南方向24.6千米。辛安镇辖自然村。人口2 600。明永乐年间，李姓建村于大山西口外的鲁尔庙旁，故命村名鲁尔口，后演变成鲁口。聚落呈团块状分布。文化习俗有大秧歌。经济以渔业为主，主要海产品有蟹子、对虾、色虾、鲷鱼、鲅鱼等。有公路经此。

茂梓集 370687-B08-H09
[Màozǐjí]

在市驻地东村街道西南方向15.4千米。辛安镇辖自然村。人口2 000。明洪武年间建村。因村东南的古庙中有一棵根深叶茂的大梓树，故命名茂梓。清初村中设立集市，改称茂梓集。聚落呈团块状分布。文化习俗有大秧歌。经济以种植业为主，种植小麦、玉米、大豆、地瓜、花生、蔬菜等，特色产业是西红柿种植。有公路经此。

木桥夼 370687-B08-H10
[Mùqiáokuǎng]

在市驻地东村街道西南方向20.1千米。辛安镇辖自然村。人口2 100。明成化年间，于姓来此建村定居。因建村于山夼之中，且夼中的河上有一座木头桥，故名木桥夼。聚落呈团块状分布。经济以种植业为主，种植小麦、玉米、大豆、地瓜、花生、蔬菜等。有公路经此。

徐家铺 370687-B08-H11
[Xújiāpù]

在市驻地东村街道西南方向20.4千米。辛安镇辖自然村。人口300。明崇祯年间建村，因徐姓建村时在此搭草铺暂居，故命村名徐家铺。聚落呈团块状分布。经济以渔业、种植业为主，种植玉米、小麦，养殖虾、螃蟹。有公路经此。

朱村 370687-B08-H12
[Zhūcūn]

在市驻地东村街道西南方向20.8千米。辛安镇辖自然村。人口800。明永乐年间，朱、秦二姓建村，以两姓命名朱秦。明成化年间，秦姓绝嗣，遂改称朱村。聚落呈团块状分布。有文化习俗大秧歌。经济以种植业为主，主要农作物是小麦、玉米、花生等。威青高速经此。

卓格庄 370687-B08-H13
[Zhuógézhuāng]

在市驻地东村街道西南方向24.6千米。辛安镇辖自然村。人口1 300。明朝年间建村，迟姓由山西省迁来建村定居，因建村处西北部有一片茂密的柞树林，故命村名柞格庄。后取卓越之义，更名为卓格庄。聚落呈团块状分布。有文化习俗大秧歌。经济以种植业为主，种植小麦、玉米、大豆、花生、蔬菜等，特色产业是水产养殖，主要有对虾、基围虾、螃蟹等。有公路经此。

岚前坡 370687-B09-H01
[Lánqiánpō]

二十里店镇人民政府驻地。在市驻地东村街道西方向5.3千米。人口1 200。清雍正年间，修姓从本县凉山后迁此，建村于松岚前坡，故名岚前坡。聚落呈团块状分布。有幼儿园1处、文化书屋1处。经济以黄瓜、西红柿种植为主，茶叶、白黄瓜为主要土特产品，有食品公司、石材厂等。有公路经此。

半社乡 370687-B09-H02
[Bànshèxiāng]

在市驻地东村街道西北方向9.9千米。二十里店镇辖自然村。人口600。该村建于明洪武年间，此地石板甚多，故取名板石乡。明崇祯年间，由当时长涧社的二十一个村在引修建庙宇一座，建庙费用由该村承担一半，庙建成后，村名改称半社乡。聚落呈团块状分布。有文化广场1处。经济以种植业为主，农作物有小麦、玉米、花生、苹果等。有公路经此。

东花崖 370687-B09-H03
[Dōnghuāyá]

在市驻地东村街道西北方向 9.6 千米。二十里店镇辖自然村。人口 400。明崇祯年间建村于野花盛开的山涧两侧，取名花崖里头。为便于管理，1961 年分为两村，该村居东，故名东花崖。聚落呈团块状分布。有文化广场 1 处。经济以种植业为主，特色农产品有桃、大樱桃等。有公路经此。

后店 370687-B09-H04
[Hòudiàn]

在市驻地东村街道西南方向 8.2 千米。二十里店镇辖自然村。人口 1 000。明洪武十七年（1384），蔡姓兄弟二人在此开设两个店，后各发展成村，统称店上集。清康熙年间，因本村东距东村 20 华里，西距茂梓集 20 华里，遂改称二十里后店，后简称后店。聚落呈团块状分布。有文化广场 1 处、小学 1 处、中学 1 处。经济以种植业为主，种植小麦、花生、玉米，盛产大棚蔬菜。有公路经此。

靠山 370687-B09-H05
[Kàoshān]

在市驻地东村街道西南方向 12.3 千米。二十里店镇辖自然村。人口 1 800。明成化年间建村，此处离海二十里，距山二里，远近对比，故名靠山。聚落呈团块状分布。有文化广场 1 处。经济以种植业为主，种植黄瓜、西红柿、大樱桃。有鑫顺风光伏等企业。有公路经此。

炉上 370687-B09-H06
[Lúshàng]

在市驻地东村街道西北方向 9.1 千米。二十里店镇辖自然村。人口 600。明洪武二年（1369），先居者兄弟三人从莱阳城迁此建村，以打铁为业，故名炉上。聚落呈团块状分布。有文化广场 1 处。经济以种植业为主，种植小麦、花生、玉米、蔬菜。有公路经此。

齐沟崖 370687-B09-H07
[Qígōuyá]

在市驻地东村街道西南方向 12.3 千米。二十里店镇辖自然村。人口 700。明隆庆年间，先居者从莱阳市迁来，建村于陡峭如齐的悬崖上，故名齐沟崖。聚落呈团块状分布。有文化广场 1 处。经济以种植业为主，特色农产品有黄瓜、西红柿等。有公路经此。

上于朋 370687-B09-H08
[Shàngyúpéng]

在市驻地东村街道西北方向 8.1 千米。二十里店镇辖自然村。人口 800。明崇祯年间，马姓建村于山夼上方，此处有一淡蓝色石硼，质地细洁，人以为玉，故名上玉硼，后演变成上于朋。聚落呈团块状分布。有文化广场 1 处。经济以种植业为主，种植小麦、玉米、花生、苹果、蔬菜。有公路经此。

邵伯 370687-B09-H09
[Shàobó]

在市驻地东村街道西方向 11.5 千米。二十里店镇辖自然村。人口 1 200。明洪武年间建村，此处有一山，松柏苍翠，苕草丛生，故名苕柏，后演变成邵伯。聚落呈团块状分布。有文化广场 1 处。有百年古树流苏树。经济以种植业为主，种植小麦、玉米、花生，特色农产品有软枣、猕猴桃。有公路经此。

西岚口 370687-B09-H10
[Xīlánkǒu]

在市驻地东村街道西北方向 9.1 千米。

二十里店镇辖自然村。人口 1 000。明永乐年间建村于山口之西，山上松岚茂密，故名西岚口。聚落呈团块状分布。有文化广场1处。经济以种植业为主，种植小麦、玉米、花生。有公路经此。

朱坞 370687-B09-H11

[Zhūwù]

在市驻地东村街道西南方向 11.6 千米。二十里店镇辖自然村。人口 2 000。明洪武四年（1371），先居者从江西省九江县迁此建村，此处有土丘五个，其形若珠，故名五珠，时人戏曰“五猪”，遂村称珠五，后演变成朱坞。聚落呈团块状分布。有文化广场 1 处、幼儿园 1 处。经济以种植业为主，主要农产品有西红柿、黄瓜。有公路经此。

西上庄 370687-B09-H12

[Xīshàngzhuāng]

在市驻地东村街道西方向 8.2 千米。二十里店镇辖自然村。人口 700。明永乐年间建村于西岚口村北，原系地主之佃户村，命名上庄。后以河为界，分成两村，该村居西，改称西上庄。聚落呈团块状分布。有文化广场 1 处。经济以种植业为主，种植小麦、玉米、花生等。有公路经此。

沙子埠 370687-B09-H13

[Shāzibù]

在市驻地东村街道西方向 4.8 千米。二十里店镇辖自然村。人口 600。明万历年间建村于河畔沙滩处，故名沙子埠。聚落呈团块状分布。有文化广场 1 处。经济以种植业为主，主要农产品有小麦、玉米、西红柿、黄瓜。有公路经此。

朱吴 370687-B10-H01

[Zhūwú]

朱吴镇人民政府驻地。在市驻地东村街道北方向 4.1 千米。人口 2 800。明洪武四年（1371），朱德浩、吴毓信从山西省洪洞县迁此建村，以两姓命名为朱吴。聚落呈团块状分布。有幼儿园 1 处、中学 1 处、小学 1 处。经济以种植业为主，种植苹果、板栗、桃，有桑园，有纸制品、群山铸造等工厂。有公路经此。

宝玉石 370687-B10-H02

[Bǎoyùshí]

在市驻地东村街道北方向 12.8 千米。朱吴镇辖自然村。人口 700。清乾隆年间，乐畎村孙姓迁此建村，后大磊石村于姓来此居住，因村西山洼北坡有一块大石头，色白质细，在清晨的太阳照射下闪闪发光，好似一块璀璨玉石，故命村名宝玉石。聚落呈团块状分布。有文化广场 1 处。经济以种植业为主，种植花生、玉米、小麦、小樱桃等。有公路经此。

大桃口 370687-B10-H03

[Dàtáokǒu]

在市驻地东村街道北方向 18.2 千米。朱吴镇辖自然村。人口 800。明崇祯年间，程姓自吴家沟村迁此建村，因村坐落于沟口，周围桃树成林，故命村名桃口沟，后改名大桃口。聚落呈团块状分布。有文化广场 1 处。经济以种植业为主，种植小米、玉米、花生、板栗、银杏、桃、柿子等。有公路经此。

东石现 370687-B10-H04

[Dōngshíxiàn]

在市驻地东村街道北方向 21.7 千米。朱吴镇辖自然村。人口 500。明万历年间，于姓兄弟老二于海建村，因建村处有一大石硼显现地面，故命村名为石现。不久老三于宝在村西又建一村，为区别，本村改称东石现。后又分为三村，因本村居东，仍称东石现。聚落呈团块状分布。有文化广场1处。经济以种植业为主，种植小麦、玉米、地瓜、大豆、花生等。有公路经此。

湖河头 370687-B10-H05
[Húhétóu]

在市驻地东村街道西北方向14.0千米。朱吴镇辖自然村。人口700。明末清初，李姓兄弟由云南迁此定居，因建村处四周是山，且为昌水河一支流发源地，四条山沟汇成一水潭，清澈如湖，故名湖河头。聚落呈团块状分布。有文化广场1处。经济以种植业为主，种植玉米、地瓜、花生、核桃、小麦等。有公路经此。

龙湾泊 370687-B10-H06
[Lóngwānpō]

在市驻地东村街道西北方向14.9千米。朱吴镇辖自然村。人口800。清顺治年间建村，因村北有一大湾，时显长蛇之影，湾西为一片平泊，故名龙湾泊。聚落呈团块状分布。有文化广场1处。经济以种植业为主，主要种植黄瓜、西红柿等。有公路经此。

七寨 370687-B10-H07
[Qīzhài]

在市驻地东村街道西北方向17.4千米。朱吴镇辖自然村。人口1 300。因建村于七子连峰的七寨山山麓，故命村名七寨。聚落呈团块状分布。有文化广场1处。经济以种植业为主，种植小麦、玉米、花生、苹果等。有公路经此。

前山中涧 370687-B10-H08
[Qiánshānzhōngjiàn]

在市驻地东村街道北方向12.6千米。朱吴镇辖自然村。人口200。清光绪年间，杨姓从沟杨家村迁来建村，因此处群山环绕，有河流穿村而过，故名山中涧村。1962年分为两村，因本村居河南岸，遂称前山中涧。聚落呈团块状分布。有文化广场1处。经济以种植业为主，种植地瓜、花生、大豆、樱桃、蜜桃等。有公路经此。

清泉夼 370687-B10-H09
[Qīngquánkuǎng]

在市驻地东村街道西北方向18.1千米。朱吴镇辖自然村。人口800。明洪武年间，唐姓由小云南迁至此地居住，后孙姓在村北后井口处居住，命名井口孙。继之，孙姓被唐姓请进村居住，改村名为水夼。建村后打井数眼，水量均小，后一道士在村西指地挖井，井水很旺，村人认为是神仙赐水，遂更村名为神水夼。1965年，因原村名有迷信色彩，改名为清泉夼。聚落呈团块状分布。有文化广场1处。经济以种植业为主，种植花生、玉米、小麦、苹果等。有公路经此。

上碾头 370687-B10-H10
[Shàngniǎntóu]

在市驻地东村街道西北方向11.9千米。朱吴镇辖自然村。人口1 100。清顺治年间，于姓兄弟二人从桃林村迁此建村，因以制作石碾为生，为这一带制碾之始，故命村名为碾头。后兄弟分居，又建一村，本村因居白沙河上游，遂称上碾头。有文化广场1处。经济以种植业为主，种植花生、玉米、小麦、芋头、蔬菜等。有公路经此。

杨格庄 370687-B10-H11
[Yánggézhuāng]

在市驻地东村街道西北方向14.2千米。朱吴镇辖自然村。人口700。明初，先居者建村于锦羊口山以北，山上一石，其形如羊，故名羊望庄。清初，山村之间又建一村，本村改称羊隔庄，后演变成杨格庄。聚落呈团块状分布。有文化广场1处。经济以种植业为主，种植花生、玉米、小麦、芋头、苹果、梨、板栗等。有公路经此。

宅夼 370687-B10-H12
[Zháikuǎng]

在市驻地东村街道北方向18.6千米。朱吴镇辖自然村。人口100。清顺治三年（1646），姜万胜从北槐树底村迁来，建村于山口。因古时此处曾设军寨，故命村名为寨口，后演变成宅夼。聚落呈团块状分布。有文化广场1处。经济以种植业为主，种植花生、玉米、小麦、地瓜、苹果等。有公路经此。

张家兰 370687-B10-H13
[Zhāngjiālán]

在市驻地东村街道西北方向13.5千米。朱吴镇辖自然村。人口200。清朝年间，张姓建村于野兰盛开处，故命名张家兰。聚落呈团块状分布。有文化广场1处。经济以种植业为主，种植玉米、小麦、花生等。有公路经此。

长岛县

农村居民点

山前 370634-A01-H01
[Shānqián]

在县驻地南长山街道东南方向3.4千米。南长山街道辖自然村。人口300。因该村位于峰山之南而得名。聚落呈团块状分布。经济以海水养殖业为主。有公路经此。

王沟 370634-A01-H02
[Wánggōu]

在县驻地南长山街道东方向1.1千米。南长山街道辖自然村。人口800。相传唐王东征路过长岛，因去竹山游玩，被风浪阻隔不能回返，留在岛上的文武官员每日到该村东面的海边眺望唐王是否归来，村因而得名望驾沟，后演成王家沟，简称王沟。聚落呈团块状分布。经济以海水养殖业为主。有公路经此。

南城 370634-A01-H03
[Nánchéng]

在县驻地南长山街道北方向0.3千米。南长山街道辖自然村。人口900。该村在唐代修夯土城一座，与北长山乡北城村土城对峙，此村在南，故名。聚落呈团块状分布。经济以海水养殖业为主。有公路经此。

后沟 370634-A01-H04
[Hòugōu]

在县驻地南长山街道东南方向2.2千米。南长山街道辖自然村。人口500。因位于朝海寺北，且在黄山与北山之间的沟中而得名。聚落呈团块状分布。经济以种植业、海水养殖业为主。有公路经此。

连城 370634-A01-H05
[Liánchéng]

在县驻地南长山街道北方向 1.6 千米。南长山街道辖自然村。人口 200。因南有南城村，北有北城村，此村为二村来往必经之地，更名连城，取其连接南北两城之意。聚落呈团块状分布。经济以种植业、海水养殖业为主。有公路经此。

荻沟 370634-A01-H06
[Dígōu]

在县驻地南长山街道南方向 0.9 千米。南长山街道辖自然村。人口 800。因村南沟中生长荻子草，得名荻子沟，后简称荻沟。聚落呈团块状分布。经济以商贸业、海水养殖业为主。有公路经此。

黑石嘴 370634-A01-H07
[Hēishízuǐ]

在县驻地南长山街道北方向 0.9 千米。南长山街道辖自然村。人口 500。因西北端有一片向海中延伸的黑色岩石而得名。聚落呈团块状分布。经济以种植业、海水养殖业为主。有公路经此。

乐园 370634-A01-H08
[Lèyuán]

在县驻地南长山街道东北方向 2.4 千米。南长山街道辖自然村。人口 1 000。该村原名寺后，因村南曾建有朝海寺而得名。1958 年以“幸福乐园”之意而更今名。聚落呈团块状分布。经济以种植业、海水养殖业为主。有公路经此。

鹊咀 370634-A01-H09
[Quèzuǐ]

在县驻地南长山街道南方向 2.0 千米。南长山街道辖自然村。人口 400。因西海边有三条沙岗，两边长中间短，形似喜鹊嘴而得名。聚落呈团块状分布。经济以种植业、海水养殖业为主。有公路经此。

孙家 370634-A01-H10
[Sūnjiā]

在县驻地南长山街道东南方向 2.7 千米。南长山街道辖自然村。人口 200。明天启年间，孙姓从招远北庄马家迁来建村，命名为孙家。聚落呈带状分布。经济以种植业、海水养殖业为主。有公路经此。

赵王 370634-A01-H11
[Zhàowáng]

在县驻地南长山街道东南方向 3.2 千米。南长山街道辖自然村。人口 300。以合并赵家、王家两村而得名。聚落呈团块状分布。经济以种植业、海水养殖业为主。有公路经此。

大口东山 370634-B01-H01
[Dàkǒudōngshān]

砣矶镇人民政府驻地。在县驻地南长山街道东北方向 27.0 千米。人口 900。因位于大口村东部且东部倚山，故名东山村，1980 年更今名。聚落呈带状分布。经济以种植业、水产养殖业为主，主要农作物有小麦、玉米等。有公路经此。

大口西村 370634-B01-H02
[Dàkǒuxīcūn]

在县驻地南长山街道北方向 26.2 千米。砣矶镇辖自然村。人口 800。因位于大口村的西部而得名。聚落呈带状分布。经济以种植业、水产养殖业为主，主要农作物有小麦、玉米等。有公路经此。

大口中村 370634-B01-H03
[Dàkǒuzhōngcūn]

在县驻地南长山街道北方向 25.8 千米。

砣矶镇辖自然村。人口 700。因位于大口村的中部而得名。聚落呈团块状分布。经济以种植业、水产养殖业为主。有公路经此。

后口 370634-B01-H04
[Hòukǒu]

在县驻地南长山街道北方向 27.4 千米。砣矶镇辖自然村。人口 1 200。因坐落在砣矶镇最北端而得名。聚落呈团块状分布。古迹有后口古遗址。经济以水产养殖业为主。有公路经此。

磨石嘴 370634-B01-H05
[Móshízuǐ]

在县驻地南长山街道北方向 25.2 千米。砣矶镇辖自然村。人口 1 700。因盛产磨石而得名。聚落呈团块状分布。经济以水产养殖业、捕捞业为主。有公路经此。

井口 370634-B01-H06
[Jǐngkǒu]

在县驻地南长山街道北方向 25.7 千米。砣矶镇辖自然村。人口 1 000。因村庄聚落似井状而名。聚落呈团块状分布。古迹有东北口遗址。经济以水产养殖业、捕捞业为主。有公路经此。

吕山口 370634-B01-H07
[Lǚshānkǒu]

在县驻地南长山街道北方向 25.7 千米。砣矶镇辖自然村。人口 700。因南北部都临海口，呈吕字形而得名。聚落呈团块状分布。经济以种植业为主，主要种植小麦、玉米等。有公路经此。

大口北村 370634-B01-H08
[Dàkǒuběicūn]

在县驻地南长山街道北方向 26.1 千米。砣矶镇辖自然村。人口 600。因位于大口村的北部而得名。聚落呈带状分布。经济以种植业、水产养殖业、捕捞业为主，主要种植小麦、玉米等。有公路经此。

北城 370634-C01-H01
[Běichéng]

北长山乡人民政府驻地。在县驻地南长山街道西北方向 5.0 千米。人口 1 300。因与南长山岛的土城相对峙，得名北城。聚落呈团块状分布。有幼儿园。经济以种植业、水产养殖业、捕捞业为主。有公路经此。

店子 370634-C01-H02
[Diànzi]

在县驻地南长山街道西北方向 6.4 千米。北长山乡辖自然村。人口 900。因该村址原是一片大草甸子，而名北甸子，后演绎成北店子，简称店子。聚落呈带状分布。经济以海水养殖、近海捕捞和旅游业为主。有公路经此。

花沟 370634-C01-H03
[Huāgōu]

在县驻地南长山街道西北方向 4.6 千米。北长山乡辖自然村。人口 900。因位于山坳之中，且山麓多桃树，盛开时桃花遍布坳中而得名。聚落呈团块状分布。经济以海水养殖、近海捕捞和旅游业为主。有公路经此。

嵩前 370634-C01-H04
[Sōngqián]

在县驻地南长山街道北方向 5.1 千米。北长山乡辖自然村。人口 500。因村西有嵩山而得名。聚落呈带状分布。经济以海水养殖、近海捕捞和旅游业为主。有公路经此。

庙岛 370634-C01-H05

[Miàodǎo]

在县驻地南长山街道西北方向 3.9 千米。北长山乡辖自然村。人口 300。该村以庙岛而得名。聚落呈带状分布。经济以海水养殖和旅游业为主。有公路经此。

庙岛山前村 370634-C01-H06

[Miàodǎoshānqiáncūn]

在县驻地南长山街道西方向 4.4 千米。北长山乡辖自然村。人口 100。因位于庙岛主峰凤凰山的南面而得名。聚落呈团块状分布。经济以海水养殖和旅游业为主。有公路经此。

北庄 370634-C02-H01

[Běizhuāng]

黑山乡人民政府驻地。在县驻地南长山街道西北方向 11.0 千米。人口 500。因位于大山北，相对于南庄而得名。聚落呈团块状分布。有国家级文物保护单位北庄遗址。经济以海水养殖、种植业为主，主要农作物有小麦、玉米、苹果。有公路经此。

南庄 370634-C02-H02

[Nánzhuāng]

在县驻地南长山街道西北方向 9.4 千米。黑山乡辖自然村。人口 400。因位于大山南，相对北庄而得名。聚落呈团块状分布。经济以海水养殖、近海捕捞、种植业为主，主要农作物有小麦、玉米。有公路经此。

土岛 370634-C02-H03

[Tǔdǎo]

在县驻地南长山街道西北方向 10.4 千米。黑山乡辖自然村。人口 200。为纪念先民的反抗精神，取名纛岛，因“纛”与“土”音近，后演变成土岛。聚落呈团块状分布。经济以海水养殖、近海捕捞、种植业为主，主要农作物有小麦、玉米。有公路经此。

大濠 370634-C02-H04

[Dàháo]

在县驻地南长山街道西方向 10.6 千米。黑山乡辖自然村。人口 100。因位于两山之间的濠沟而得名。聚落呈团块状分布。经济以海水养殖、近海捕捞、种植业为主，主要农作物有小麦、玉米。有公路经此。

西濠 370634-C02-H05

[Xīháo]

在县驻地南长山街道西北方向 11.6 千米。黑山乡辖自然村。人口 100。因位于两山之间的濠沟中，且在大濠村西，故名。聚落呈带状分布。经济以海水养殖、近海捕捞、种植业为主，主要农作物有小麦、玉米。有公路经此。

小濠 370634-C02-H06

[Xiǎoháo]

在县驻地南长山街道西方向 10.1 千米。黑山乡辖自然村。人口 100。因村北有一条濠沟，相对大濠而得名。聚落呈团块状分布。经济以海水养殖、近海捕捞、种植业为主，主要农作物有小麦、玉米。有公路经此。

小黑山 370634-C02-H07

[Xiǎohēishān]

在县驻地南长山街道西北方向 7.8 千米。黑山乡辖自然村。人口 200。该村因小黑山岛而名。聚落呈带状分布。经济以海水养殖、种植业为主，主要农作物有小麦、玉米。有公路经此。

船旺 370634-C02-H08

[Chuánwàng]

在县驻地南长山街道西方向 10.5 千米。

黑山乡辖自然村。人口100。因村东海域宽阔，水深底平，大风无浪，自古为过往船只避风锚地而得名。聚落呈团块状分布。经济以海水养殖、近海捕捞、种植业为主，主要农作物有小麦、玉米。有公路经此。

北村 370634-C03-H01
[Běicūn]

大钦岛乡人民政府驻地。在县驻地南长山街道东北方向42.0千米。人口1 100。位于大钦岛北部，相对南村而名。聚落呈团块状分布。有幼儿园1处、小学1处。经济以海水养殖业为主。有公路经此。

东村 370634-C03-H02
[Dōngcūn]

在县驻地南长山街道东北方向42.6千米。大钦岛乡辖自然村。人口1 900。因位于大钦岛东部山沟中而得名东濠村，1949年后改名东村。聚落呈散状分布。经济以近海捕捞业为主。有公路经此。

小浩 370634-C03-H03
[Xiǎohào]

在县驻地南长山街道东北方向41.7千米。大钦岛乡辖自然村。人口600。因坐落在山沟中而名小濠村，1985年因重名而更名小浩。聚落呈团块状分布。经济以海水养殖、近海捕捞业为主。有公路经此。

南村 370634-C03-H04
[Náncūn]

在县驻地南长山街道东北方向40.8千米。大钦岛乡辖自然村。人口800。因位于大钦岛乡南部，故名。聚落呈团块状分布。经济以海水养殖业为主。有公路经此。

小钦岛 370634-C04-H01
[Xiǎoqīndǎo]

小钦岛乡人民政府驻地。在县驻地南长山街道东北方向50.0千米。人口900。因所在岛屿而名。有幼儿园1处、小学1处。经济以海水养殖业为主。有公路经此。

南隍城 370634-C05-H01
[Nánhuángchéng]

南隍城乡人民政府驻地。在县驻地南长山街道东北方向51.0千米。人口900。因所在岛屿而名。聚落呈带状分布。有幼儿园、小学。经济以捕捞业和养殖业为主，主产鲍鱼、海参、虾夷贝、海胆等海珍品。有公路经此。

山前 370634-C06-H01
[Shānqián]

北隍城乡人民政府驻地。在县驻地南长山街道东北方向52.0千米。人口1 500。因位于北山顶南而名山前。聚落呈散状分布。经济以海洋捕捞、养殖和海产品加工业为主，主产海带、夏夷扇贝、海参、鲍鱼等。有公路经此。

山后 370634-C06-H02
[Shānhòu]

在县驻地南长山街道东北方向53.6千米。北隍城乡辖自然村。人口700。因位于北山顶东北而得名。聚落呈团块状分布。经济以养殖业为主。有公路经此。

三　交通运输

烟台市

城市道路

红旗西路 370600-K01
[Hóngqí Xīlù]

在市境东北部。西起河滨东路，东至黄金顶隧道。沿线与冰轮路、化工路等相交。长 5.7 千米，宽 40 米，沥青路面。2006 年开工，2008 年建成。因由红旗中路延伸而得名。两侧有中国人民解放军第一〇七中心医院、鲁东大学等。为市区南部直贯福山、芝罘、莱山 3 区的城市交通主干道。通公交车。

红旗中路 370600-K02
[Hóngqí Zhōnglù]

在市境东北部。东起魁星楼隧道，西至黄金顶隧道。沿线与青年南路、机场路、通世路、胜利路等相交。长 4.8 千米，宽 40 米，沥青路面。1986 年建成，2002 年改扩建。两侧有鲁东大学东校区、烟台市双语实验学校、南山公园等。为市区南部直贯福山、芝罘、莱山 3 区的城市交通主干道。通公交车。

红旗东路 370600-K03
[Hóngqí Dōnglù]

在市境东北部。西起魁星楼隧道，东至观海路。沿线与南迎祥路、观海路等相交。长 2.6 千米，宽 40 米，沥青路面。2006 年开工，2007 年建成。因由红旗中路延伸而得名。为市区南部直贯福山、芝罘、莱山 3 区的城市交通主干道。通公交车。

滨海东路 370600-K04
[Bīnhǎi Dōnglù]

在市境东北部。西起海天路，东至养马岛。沿线与海天路、海兴路、海澜路、西郊路、通海路、东关路、昆嵛山路等相交。长 22.1 千米，宽 32 米，沥青路面。2001 年开工，2003 年建成。因环绕芝罘东北部海滨，故名滨海路，2003 年分段命名为滨海东路。两侧有中国地质博物馆烟台馆、烟台马山寨高尔夫俱乐部等。为市区主要滨海观光路。通公交车。

港城西大街 370600-K05
[Gǎngchéng Xīdàjiē]

在市境东北部。西起东兴路，东至通世南路。沿线与奇泉路、福海路、冰轮路、机场路、通世南路等相交。长 23 千米，宽 40 米，沥青路面。2000 年开工，同年建成，2013 年改扩建。因烟台为临海港口城市，并加以方位命名。两侧有红星美凯龙建材商场、山东省福山第一中学、烟台农业科技博览园、烟台动漫基地等。为市区南部联通南北的主要交通干道。通公交车。

港城东大街 370600-K06
[Gǎngchéng Dōngdàjiē]

在市境东北部。西起港城西大街，东至海兴路。沿线与山海路、迎春大街、观海路、海越路等相交。长 12.4 千米，宽 60 米，沥青路面。1995 年开工，1996 年建成，2011 年改扩建。因烟台为临海港口城市，并加以方位命名。两侧有烟台永铭中学、莱山区实验小学、烟台市委党校、烟台体育场、滨州医学院烟台校区、烟台国际博览中心、烟台大学等。为市区南部联通南北的主要交通干道。通公交车。

轸大路 370600-K07
[Zhěndà Lù]

在市境东北部。西起通世南路，东至轸格庄立交桥。沿线与胜利路、虎山南路、凤凰东路、莱源路等相交。长 8.5 千米，宽 50 米，沥青路面。2001 年开工，2003 年建成。两侧有曹家庄小学、初家中学、滨海中学等。为市区南部贯通莱山区南部生态新城和芝罘区的主要交通干道。通公交车。

机场路 370600-K08
[Jīchǎng Lù]

在市境东北部。北起大海阳路，南至空港路。沿线与红旗中路、蓁山路、魁玉路、港城西大街等相交。长 12.3 千米，宽 35 米，沥青路面。1930 年开工，2003 年改扩建。因纵贯世回尧镇，1981 年命名为世回尧路。2003 年因通向飞机场，更名为机场路。两侧有张裕公司、东方电子集团公司、烟台山医院南院、芝罘区公路管理局、烟台汽车南站等。为市区中部贯通南北的主要交通干道。通公交车。

山海路 370600-K09
[Shānhǎi Lù]

在市境东北部。南起港城东大街，北至南迎祥路。沿线与红旗中路等相交。长 5.8 千米，宽 40 米，沥青路面。1993 年开工，2003 年建成。取依山傍海之意命名。两侧有烟台外国语实验学校、塔山旅游风景区、烟台市老年福利服务中心等。为贯穿塔山南北的主要通道。通公交车。

观海路 370600-K10
[Guānhǎi Lù]

在市境东北部。南起西轸格庄立交桥，北至金沟寨立交桥。沿线与红旗东路、桐林路、迎春大街、银海路、港城东大街等相交。长 10.7 千米，宽 60 米，沥青路面。原为烟威一级路城区路段，1996 年扩建。因临近海边可观看海景，故名。两侧有烟台市住房和城乡建设局、东海宾馆、山东工商学院、烟台工贸技师学院、烟台广播电视台、烟台体育场、滨州医学院烟台校区等。为市区东北部连接芝罘区、莱山区及高新技术产业园区的主要交通干道。通公交车。

滨海西路 370600-K11
[Bīnhǎi Xīlù]

在市境东北部。西起虹口路，东至迎宾路。沿线与虹口路、大马路、迎宾路等相交。长 3.2 千米，宽 32 米，沥青路面。1970 年前后建成。因全路环绕芝罘东北部海滨，故名滨海路，2003 年分段命名为滨海西路。沿路有烟台国际会展中心、月亮湾、东炮台海滨旅游风景区、东方海洋大酒店、烟台栈桥等。为市区主要滨海观光路。通公交车。

滨海中路 370600-K12
[Bīnhǎi Zhōnglù]

在市境东北部。西起迎宾路，东至海天路。沿线与海韵路、观海路、银海路、海越路、海博路等相交。长 10.5 千米，宽 32 米，沥青路面。2001 年开工，2003 年建成。因环绕芝罘东北部海滨，故名滨海路，2003 年分段命名为滨海中路。两侧有东方海天酒店、烟台海昌渔人码头、烟台海水浴场、烟台大学等。为市区主要滨海观光路。通公交车。

铁路

青荣城际铁路 370600-30-A-b01

[Qīngróng Chéngjì Tiělù]

国有铁路。起自即墨北，经莱西北、莱阳、海阳北、桃村北、烟台南、牟平、威海北、威海、文登东，至荣成站。全长286千米。2010年10月正式开工，2014年8月实现铺轨贯通，2014年12月即墨至荣成段正式通车运营。正线数目为双线，设计时速250千米/小时，营运时速200千米/小时。该线路的建成畅通了山东省内陆地区与沿海城市的快速通道，对胶东半岛区域经济结构的调整、城市化战略的实现、城市群的形成以及城市、区域之间的有机结合起到重要作用。

蓝烟铁路 370600-30-A-b02

[Lányān Tiělù]

国有铁路支线。起自即墨市蓝村站，途经莱西、莱阳、海阳、桃村，止于烟台站。全长183.9千米。与胶济铁路相接，在桃村站与桃威铁路相交。1953年6月开工，1955年12月通车，2000年增建复线，2010年完成全线电气化改造。为国铁Ⅰ级双线电气化铁路，设计时速100千米/小时。铁路跨流浩河、五沽河、清水河和大沽夹河等河流。蓝烟铁路穿过胶东半岛，连接烟台、青岛两大港，是山东省重要铁路干线之一。

大莱龙铁路 370600-30-A-c01

[Dàláilóng Tiělù]

地方铁路。西起潍坊大家洼站，东至烟台龙口港站。全长175.3千米。路基工程于1999年开工，2001年8月基本结束，2005年全线竣工通车。正线数目为单线。大莱龙铁路对促进山东省北部沿海地区经济发展和黄河三角洲的开发都有重要的意义。

桃威铁路 370600-30-A-c02

[Táowēi Tiělù]

地方铁路。西起桃村站，东至威海经济技术开发区。全长138千米。1990年11月开工，1994年1月建成，1995年3月开通试运营。属于单线铁路。处半岛丘陵地区，有桥涵548座，其中特大桥3座。桃威铁路是全国第一家实现客运直通运输的地方铁路，是全国第一家开行进京旅客列车的地方铁路，是全国唯一开行集装箱“五定”班列和获得铁道部“红旗列车”称号的地方铁路，为沿线地区经济发展与振兴做出巨大贡献。

公路

荣乌高速公路 370600-30-B-a01

[Róngwū Gāosù Gōnglù]

高速公路。起自山东省荣成市，途经威海、烟台、东营、天津、霸州、朔州、鄂尔多斯，止于内蒙古自治区乌海市。全长1 820千米，烟台境内长237.59千米。1994年，烟威高速公路建成通车；2008年9月28日，山东段全线通车；2010年6月1日，荣乌高速公路全线通车。烟威段41.3千米为水泥混凝土路面，路面宽20米；其余路段为沥青混凝土路面，路面宽21.5~23.5米。路基宽28米，中设隔行带，为双向四车道高速公路。设计车速100千米/小时。与沈海高速和莱州疏港高速相连接。该路是胶东半岛北部通往内蒙古西部地区最便捷的高速公路通道。

烟海高速公路 370600-30-B-a02
[Yānhǎi Gāosù Gōnglù]

高速公路。起自烟台市莱山区滨海路街道轸格庄，止于海阳市留格庄镇王家泊村。全长80.6千米。2010年6月18日开工，2012年11月22日建成通车。公路等级为一级，路面材质为沥青，路基宽度26米。全线设置隧道1座，长835米。路线跨越的主要河流有辛安河、乳山河等。跨越的主要公路有荣乌高速公路、荣潍高速公路、威青高速公路、228国道、206国道、308国道、208省道、202省道等。它的建设对于完善山东省公路网主框架，优化山东半岛城市群区域路网布局，改善行车条件，强化青岛“龙头”辐射作用，加快山东半岛城市群和胶东半岛制造业基地的发展，适应改革开放和区域经济发展，发展旅游业，均起到很大的推动作用。

沈海高速公路 370600-30-B-a03
[Shěnhǎi Gāosù Gōnglù]

高速公路。起自辽宁省沈阳市，途经鞍山、大连、烟台、日照、连云港、南通、上海、宁波、温州、宁德、福州、厦门、漳州、潮州、汕头、深圳、广州、湛江等地，止于海南省海口市。全长3 710千米，山东段长360千米。1984年6月，沈大高速公路开工；1990年沈大高速公路建成通车；2003年3月，沈大高速公路全封闭改造，这是中国第一条八车道高速公路；2003年12月，山东段建成通车；2010年12月28日全线通车。路基宽28米，中设隔行带，为双向四车道高速公路，设计车速120千米/小时。沿线有大桥3座、中桥8座、小桥63座。该路是唯一一条贯通中国东南沿海地区的高速公路。

威青高速公路 370600-30-B-a04
[Wēiqīng Gāosù Gōnglù]

高速公路。起自威海市草庙子镇草庙子立交，止于青岛市即墨市王演庄枢纽立交。途经海阳市、莱阳市。烟台境内长70.5千米。1998年10月开工，2000年9月竣工，2002年、2005年改造。双向四车道，道路等级一、三级，沥青路面，路面宽度分别为7米、12米、24米，路基宽度分别为8米、13米、30.5米。沿途有桥梁32座、涵洞122座。该路是威海至青岛的重要通道。

荣成潍坊高速公路 370600-30-B-a05
[Róngchéng Wéifāng Gāosù Gōnglù]

高速公路。起点威海荣成，终点潍坊。烟台境内长1.68千米。1999年建成。双向四车道，路基宽28米。设特大桥1座、大桥18座、中桥38座、小桥67座、涵洞202道、通道171座、天桥48座、互通立交14处。该路是胶东半岛一条高速大通道，是山东省“五纵连四横，一环绕山东”高等级公路主框架中的重要组成部分，也是国道主干线青岛至银川、同江至三亚公路的重要连接线。

莱州港区疏港高速公路
370600-30-B-a06
[Láizhōu Gǎngqū Shūgǎng Gāosù Gōnglù]

高速公路。起于304省道，止于驿道镇朱汉村北。长18.9千米。2009年开工，2011年12月建成。公路等级一级，路基宽26米。与荣乌高速相接。此路是贯穿莱州北部的主要交通干线，为三山岛港口运输起到了重要作用。

204国道 370600-30-B-b01
[204 Guódào]

国道。起自山东省烟台市，途经福山、莱阳、即墨、黄岛、日照、连云港、阜宁、盐城、海安、常熟、太仓，止于上海市。全长 1 031 千米，山东段长 389 千米，烟台境内长 107.8 千米。烟台至青岛段建于 20 世纪 20 年代初期，是中国早期修建的公路之一；1986 年，烟台境内段建成双向四车道一级公路。路基宽 5~42 米，多为高级、次高级路面。有 2 处渡口。与小莱公路、莱青公路、荣兰公路衔接。此路是贯穿东部沿海地区南北走向的一条经济大动脉，加强了公路枢纽功能，缓解了城区交通紧张状况，提升了道路通行能力。

206 国道 370600-30-B-b02

[206 Guódào]

国道。起自山东省烟台市，途经蓬莱、莱州、潍坊、临沂、枣庄、徐州、蚌埠、淮南、合肥、安庆、景德镇、乐平、鹰潭、瑞金、兴宁、揭阳，止于汕头。全长 2 440 千米，山东段长 642 千米。烟台至潍坊段建于 20 世纪 20 年代初期；2004 年 11 月，烟台至蓬莱段建成通车。一级公路，沥青路面，宽度 23~30 米，设计时速 100 千米 / 小时。文三公路、三城公路、海莱公路、小莱公路、夏土公路、烟汕公路、黄水公路等与其衔接。该路是联系山东、江苏、安徽、江西、广东 5 省的重要干线公路。

309国道 370600 -30-B-b03

[309 Guódào]

国道。起点荣成，终点兰州。1956 年开工，1958 年通车，1976 年铺筑沥青路面，2000 年改建，2003 年加宽改造，2010 年再次改建。二级公路，路面宽 10.5 米。沿线经过莱阳群地质标准剖面区。与小莱公路、烟上公路、莱青公路衔接。该路是东西走向的国家干线公路之一，是连接各大经济中心、商品产品生产基地和港站枢纽的重要交通枢纽。

205 省道 370600-30-B-c01

[205 Shěngdào]

省道。起点为山东省烟台牟平区，终点为威海文登市泽头镇。烟台市境内长 19.3 千米。1979 年开工。公路等级为二级，沥青路面，路面宽 18 米。该路所经地段多为山岭区，是纵穿昆嵛山区的主干路，对国防建设及山区的经济发展、提高人民的生活水平有重要作用。

208 省道 370600-30-B-c02

[208 Shěngdào]

省道。起于烟台，止于乳山寨。烟台境内全长 57.7 千米。1930 年始建。烟台—黄务南路段为烟（台）徐（家店）汽车路北段；1957—1960 年，分两期建成观水镇境内的保灵山口盘山公路；1965 年冬建成埠西头南—流水头段；1966 年建成院格庄—埠西头段；1968 年建成流水头—乳山寨段。后多次分段改扩建。省级一、二、三级公路，沥青混凝土路面，路面宽 7~23 米。与文三线相连。该路为省级干线公路，是胶东半岛地区南北交通的重要公路。对促进莱山、牟平、乳山 3 地的工农业生产发展及经济文化交流起到了积极作用。

209 省道 370600-30-B-c03

[209 Shěngdào]

省道。烟台境内起点栖霞市松山，终点莱阳市林格庄。烟台境内长 54 千米。1955 年开工，1957 年建成。一、二级公路，沥青混凝土路面，路面宽度 10.5~23 米。有桥梁 21 座，其中中桥 3 座、小桥 18 座，涵洞 76 道。与 206 国道、308 省道、306 省道衔接。该路是贯穿栖霞南北的交通主动脉，加强了公路枢纽功能，提升了道路通行能力。

210 省道 370600-30-B-c04
[210 Shěngdào]

省道。起自烟台市芝罘区，途经福山、桃村，止于海阳市凤城街道。全长 116 千米。民国时期为福山与栖霞之间的县际车马路，后渐扩为行车路；1975 年，福山至海阳战场泊段建成通车；1987 年，改为福山至桃村公路；1998 年，东延芝罘，南延海阳凤城。路面宽 20~40 米，设计时速 60 千米/小时。福山、栖霞境内为二级公路，海阳境内为一级公路。有桥梁 12 座，其中中桥 5 座，小桥 7 座；涵洞 28 道。与 204 国道、206 国道衔接。该路的建成有利于提高山东半岛南北向交通运输能力，沟通福山、栖霞、海阳等地经贸往来，对推动沿线经济增长等都具有重要意义。

211省道 370600 -30-B-c05
[211 Shěngdào]

省道。烟台境内起点 206 国道方家立交桥，止点栖霞寨里。烟台境内全长 51.5 千米。1997 年开工，2011 年建成。一、二级公路，双向四车道，沥青混凝土路面，路面宽 10~24.5 米。沿途多为丘陵区。与荣乌高速、沈海高速相连。该路是连接蓬莱市区至栖霞市区的主干线，促进了蓬莱市对外交通运输能力。

212 省道 370600-30-B-c06
[212 Shěngdào]

省道。烟台境内起点莱阳市汽车站，终点莱阳、即墨界。烟台境内全长 44.9 千米。1995 年、2004 年、2008 年、2011 年分段整修。一、二级公路，路面宽度 10.5~23 米。与烟上公路、荣兰公路衔接。该路是南北走向的省内干线公路之一，增进了与青岛的区域互动，互相促进，优势互补，加快了现代化经济发展的步伐。

213 省道 370600-30-B-c07
[213 Shěngdào]

省道。起自蓬莱汽车站，止于青岛莱西市水集。烟台境内全长 91.4 千米。中华人民共和国成立前属乡村大道；1964 年改建线路；1969 年建成通车；1980 年 9 月，对石良以南至谭家村公路进行除坡裁弯改造；1987 年，黄城集至石良段拓宽至 10 米；1992—1994 年，对全线进行改造，拓宽路面。公路等级三级，沥青路面，路面宽 8~24 米。沿线穿村路段较多，南部为山岭重丘路段，北部路段为平原微丘区。成龙公路、石黄公路与其相衔接。该路是烟台境内南北走向的主要干线公路之一，也是烟台中部地区连接青岛的重要通道。

215 省道 370600-30-B-c08
[215 Shěngdào]

省道。起于龙口市黄河营，止于莱西市水集。烟台境内全长 74.8 千米。原为乡村道路；1974 年改为省道；2012 年龙口、招远段改造完工；1958 年、1966 年、1974 年、1992 年、2001 年、2002 年多次分段改扩建。一、二级公路，沥青路面，路面宽 15~38 米。206 国道、烟汕公路、成龙公路、石黄公路与其相衔接。此路是烟台境内南北走向的重要旅游干线公路，对于发展沿线旅游经济，促进烟台、青岛两市政治、经济、文化交流具有重要的意义。

263 省道 370600-30-B-c09
[263 Shěngdào]

省道。起于长岛县黑石嘴村，止于长岛县长岛影院。全长 21.8 千米。1991 年开工，2000 年改建，2004 年建成。为三级公路，水泥混凝土路面，宽度 9 米。该路是沟通长岛南北的重要公路。

302 **省道**　370600－30－B－c10
[302 Shěngdào]

省道。起自威海荣成市成山卫，途经牟平、莱山、福山、蓬莱，止于龙口。全长 232.3 千米。20 世纪五六十年代，黄县城东有经张家沟、柳家至黄城集的沙土路，黄县城西有经九里、北马、阎家店至黄山馆的二官道；1974 年东通烟台，定名烟黄公路；1984 年至 1987 年 5 月，改建为牟黄公路；1994 年重新改建，黄城集至城西头段为老路拓宽，其余均为新建路线；1997 年，更名为成龙线。为一级公路，沥青路面，宽 10.5~23 米。烟汕公路、蓬水公路、黄水公路、张新公路与其相衔接。该路的建成有利于提高山东省东西向交通运输能力，沟通荣成、烟台、龙口等地经贸往来，对推动沿线经济增长等都具有重要意义。

303 **省道**　370600－30－B－c11
[303 Shěngdào]

省道。起点为威海荣成市俚岛镇东庄，终点为烟台市牟平区东李格庄。烟台境内长 14.5 千米。2001 年 11 月建成通车。道路等级为二级，宽 10 米，沥青混凝土路面。跨越沁水河等河流，沿途有昆嵛山。该路是胶东半岛地区东西交通的重要公路之一。

304 **省道**　370600－30－B－c12
[304 Shěngdào]

省道。起于威海文登市，终于莱州市朱桥。烟台境内全长 179.6 千米。20 世纪 50 年代开工建成，1962—2014 年多次分段改扩建大修。二级公路，沥青路面，路面宽度 9~22 米。该线自东向西横贯烟台市域中部，连接所在地南北走向公路，是烟台市重要的交通枢纽。

306 **省道**　370600－30－B－c13
[306 Shěngdào]

省道。起于海阳市，止于莱州市。烟台境内全长 136.7 千米。1963 年建成通车。1978 年进行两次改建，2007 年拓宽。二级公路，沥青路面，路面宽 11 米。与朱诸公路、烟汕公路相连。该线路加强了公路枢纽功能，提升了道路通行能力。

307 **省道**　370600－30－B－c14
[307 Shěngdào]

省道。起点小纪，终点莱州。烟台境内全长 74.8 千米。1999 年大修改建，2005 年进行洒油封面，2007 年、2010 年进行了同步碎石封面。二级公路，路面宽度 12 米。与荣兰公路、烟上公路衔接。该线路是横贯烟台东西的一条重要通道，显著提高综合服务运输水平，提升了烟台市经济运行效率，增强了发展活力。

308 **省道**　370600－30－B－c15
[308 Shěngdào]

省道。东起烟台市芝罘区，途经福山、高疃、藏家庄、松山，止于栖霞市。全长 65.7 千米。1933 年建青（岛）烟（台）汽车路，1974 年烟栖段铺筑沥青路面，2005 年改建。一、二级公路，路面宽 12~24 米。与 209 省道衔接。该线路是烟台经福山往来栖霞的交通要道，加强了公路枢纽功能，提升了道路通行能力。

608 **省道**　370600－30－B－c16
[608 Shěngdào]

省道。北起龙港街道沙埠于家，南至招远市大李家村。2001 年开工，2003 年建成。一级公路，沥青路面，路面宽 22 米，路基宽度 22.5 米，共四车道。沿线为平原微丘区。与 302 省道衔接。该路是连接龙口、招远的重要通道，也是高速公路重要的连接线。

芝罘区

城市道路

北马路 370602-K01

[Běimǎ Lù]

在区境北部。西起环海路，东至解放路。沿线与胜利路、西南河路、海港路、大海阳路、青年路相交。长 2.5 千米，宽 25.0 米，沥青路面。1901 年开工，1985 年扩建。因在城区北部，故名。北马路中段是烟台港和烟台站所在地，港站广场以西多是铁路分局和港务局机关及其服务单位，东部是以渔业为主的商业街区。两侧有烟台火车站、烟台港客运站、烟台北马路汽车站、海关大厦、烟台日报社、烟台公立批发市场、大悦城等。是烟台铁路、公路、海运的客货运输集散枢纽。通公交车。

南大街 370602-K02

[Nándà Jiē]

在区境中部。西起只楚路，东至解放路。沿线与大海阳路、青年路相交。长 4.0 千米，宽 44.0 米，沥青路面。1850 年开工，以位置得名南大道，1958 年改称南大街，1967 年改名跃进路，1973 年又分为跃进东、西、中路，1986 年复名南大街。沿途多银行、商场等，是城区最繁华的工商业大街。两侧有国贸大厦、邮电大楼、劳动大厦、自来水公司、振华购物中心、亚细亚大酒店、福建会馆、工人文化宫、文化广场等。是城区交通主干道之一。通公交车。

环山路 370602-K03

[Huánshān Lù]

在区境南部。西起通世路，东至滨海路。沿线与迎祥路、胜利南路相交。长 4.0 千米，宽 22.0 米，沥青路面。1967 年开工，1975 年改扩建。因全路横跨奇山北麓，故名环山路。两侧有南山公园、烟台啤酒厂、教育学院、新闻中心、东山宾馆、烟台图书馆、烟台规划展览馆、公路大厦、华侨宾馆、市农技推广中心、区妇幼保健院等。通公交车。

大海阳路 370602-K04

[Dàhǎiyáng Lù]

在区境中部。南起机场路，北至北马路。沿线与南大街相交。长 3.0 千米，宽 26.0 米，沥青路面。清嘉庆年间开工，1958 年后几次扩建连成一条路。因在大海阳河东而得名。北段多商场，是城区重要的购物中心；南段多居住区。两侧有烟台民航大厦、烟台消防队、邮电大楼、银座购物中心、百盛商场供水大厦等。为主干道，是进出烟台站的南北重要通道。通公交车。

通世路 370602-K05

[Tōngshì Lù]

在区境南部。南起惠聪街，北至环山路。沿线与红旗中路相交。长 3.3 千米，宽 21.0 米，沥青路面。1949 年开工，1950 年建成。原名国防路，因路通世回尧，1987 年更名为通世路。两侧有芝罘区国土局、烟台市水文勘测局、烟台市中级人民法院等。是城市交通次干道。通公交车。

胜利路 370602-K06

[Shènglì Lù]

在区境中部。南起环山路，北至太平湾码头。沿线与南大街相交。长 1.6 千米，宽 30.0 米，沥青路面。清嘉庆五年（1800）开工，1920 年建成，1957 年改扩建。原有北湾、南湾、儒林、寿山等 11 条街巷，1957 年合并总称儒林街。1967 年改名反修街。1973 年更名胜利路。南段有股票市场，中段有“奇山所城”

古建筑群，北段是芝罘区政府机关驻地和太平湾旅游码头。两侧有华侨中学、万达广场、福建会馆、烟台太平洋大酒店等。为南北交通主干道之一，是通往烟台山景区的要道之一。通公交车。

特色街巷

北大街　370602-A01-L01
[Běi Dàjiē]

在向阳街道北部。长 1.4 千米，宽 7.5 米，沥青路面。开工于清乾隆十五年（1750），次年建成。因是市区北部最早的闹市街，故名北大街。在北大街中心供奉妈祖的天后宫，是烟台市区妈祖文化的起源，北大街建成后，妈祖文化活动从天后宫延伸到街上，每逢妈祖圣诞日、仙逝日以及春节、元宵节、中元节，都要举行丰富多彩的民间文化活动。1949 年后，北大街依然是烟台的商贸中心。通公交车。

桃花街　370602-A01-L02
[Táohuā Jiē]

在向阳街道东部。长 1.2 千米，宽 15 米，沥青路面。有一说：百年前桃花街住的多是招远人，有喜种桃树的风俗，桃花盛开的季节花红如火，故名桃花街。另说街侧有以做绢纸桃花而著名的百货店，老烟台人称桃花店，街以店名。19 世纪末，两侧杂货店、理发馆、澡堂等商铺林立。现汇聚各种美食，为美食街。

朝阳街　370602-A01-L03
[Cháoyáng Jiē]

在向阳街道北部。长 0.6 千米，宽 10 米，水泥路面。因处烟台山之阳，故名朝阳街。清光绪十八年（1892），烟台第一家国人开设的“山东大药房”在街北段西侧开业。1915 年实业家李东山在街南段东侧创办中国第一家钟厂宝时钟厂，后称德顺兴造钟厂，此街堪称钟表的摇篮。1985 年改建成朝阳商业街。街侧多是 2~4 层楼房，聚有亨得利钟表眼镜商店、北极星钟表展销部、朝阳眼镜店、朝阳理发店等行业老字号。是近代烟台繁华的商业街，老烟台著名的洋行、商号云集于此，工厂、商号、银行、娱乐场所的中英文招牌比比皆是。街北头路东顺昌商行造型别致，其对面的克利顿饭店因 1912 年孙中山先生在此下榻而闻名。如今街两侧多酒吧、迪厅，现代气息洋溢。

广仁路　370602-A02-L01
[Guǎngrén Lù]

在东山街道北部。长 0.5 千米，宽 7 米，水泥路面。因路侧有广仁寄柩所，故名。1913 年张润暄、王子雍创办的烟台生明电灯股份公司驻此。1914 年又建起时为烟台规模最大的东亚罐头厂。1949 年前路侧有青年会图书馆，是我市共产党地下活动的重要场所。2007 年后渐成集特色餐饮、本地特色展示、休闲娱乐为一体的时尚街区。沿途有烟台中华基督教青年会旧址、广东旅烟同乡会旧址等 40 余座建筑。

大马路　370602-A02-L02
[Dà Mǎlù]

在东山街道北部。长 1.3 千米，宽 14 米，水泥路面。因系市区东部最早、最宽道路，故名大马路。曾是老烟台花边、发网等手工艺品生产经营出口基地，时称工艺品一条街。民国初年，发网业繁荣。烟台开埠后，许多国家在此建教堂、设洋行。沿途有烟台张裕葡萄酿酒公司、滨海广场、天主教堂。通公交车。

虹口路 370602-A02-L03
[Hóngkǒu Lù]

在东山街道北部。长0.2千米，宽8.0米，沥青路面。因路基下是虹口河得名。多为旧西式居民楼、平房。通公交车。

立交桥

黄务立交桥 370602-P01
[Huángwù Lìjiāo Qiáo]

在城区中部。占地面积95 000平方米。有3层互不交叉的不同方向的城市道路在此立体相交。最高层离地面22米。2001年建成，2013年改造。因地处黄务街道，故名。为大型、苜蓿叶型全互通式立交桥。日交通流量为3万余车次，是南部城区经往福山区、莱山区、烟青一级路、荣乌高速公路等的交通枢纽。

只楚立交桥 370602-P02
[Zhǐchǔ Lìjiāo Qiáo]

在城区中部。占地面积75 300平方米。有3层互不交叉的不同方向的城市道路在此立体相交。最高层离地面24米。1997年动工，1998年建成。因地处只楚街道，故名。为大型、苜蓿叶型全互通式立交桥。日交通流量为2万余车次，在城市交通中起到解决只楚路与电厂铁路专用线、化工路交叉问题，保证交通通畅，扩大区内交通容量，缓解交通紧张的作用。

金沟寨立交桥 370602-P03
[Jīngōuzhài Lìjiāo Qiáo]

在城区东部。占地面积131 400平方米。有3层互不交叉的不同方向的城市道路在此立体相交。最高层离地面15米。1990年动工，1991年建成。因金沟寨而得名。为大型、苜蓿叶型全互通式立交桥。日交通流量为3万余车次，是烟威一级公路烟台东出口，是重要的交通枢纽。

车站

烟台火车站 370602-R01
[Yāntái Huǒchē Zhàn]

客货运一等铁路站。在芝罘区北部。老站1956年开工，2007年拆除；新站2006年开工，2007年建成。因地处烟台城市中心，故称烟台火车站。占地面积82 545平方米。烟台火车站设计规模为5台8线，有始发至北京、济南、广州、西安、九江、南京、石家庄、青岛、贵阳、枣庄、金华、菏泽、佳木斯、太原、成都、深圳、徐州等地的固定旅客列车。年发送量350万人次、货物1 500万吨。烟台火车站在城市交通中起到重要作用。

烟台汽车总站 370602-S01
[Yāntái Qìchē Zǒngzhàn]

一级汽车客运站。在芝罘区北部。新站1994年建成并投入运营。因地处烟台城市中心，故称烟台汽车总站。占地面积36 800平方米。有1个售票大厅、2个检票大厅、28个发车位及1幢16层办公楼，配有远程网络售票系统、电子导乘系统、二维条形码检票系统、危险物品检测系统和大屏幕电子显示系统等现代化设施，全面实现了站务管理自动化。总站经营客运线路200余条，营运里程达14 000千米，日发班次867个，日旅客发送量1万多人次，进站车辆560部。辐射全国15个省、自治区、直辖市的100多个县市区。烟台汽车总站在城市交通中起到重要作用，是烟台市规模最大、运力最强、班次最多的汽车客运站。

港口

烟台港 370602-30-F-a01

[Yāntái Gǎng]

海港。在山东省烟台市芝罘湾内。1861年开工。由芝罘湾港区、西港区、蓬莱港区、龙口港区四大港区组成，现有各类泊位104个，其中万吨级以上深水泊位65个，码头岸线总长20 626米。烟台港是沿海主枢纽港之一，是同江至三亚沿海南北大信道的重要结点，在全国综合运输网中居于重要地位。

灯塔

烟台山灯塔 370602-30-J01

[Yāntáishān Dēngtǎ]

在芝罘区东北部，黄海海域。设立于清光绪三十一年（1905），20世纪80年代初拆除，1988年重建。塔高49.5米。为大型航标灯塔，专为进出港口的船只进行导航之用，集导航、旅游、海上交通指挥于一体。

福山区

城市道路

福海路 370611-K01

[Fúhǎi Lù]

在区境中部。南起青龙山，北至沈海高速。沿线与港城西大街、县府街、永安街、崇文街、汇福街、天府街、永达街等相交。长5.1千米，宽35.0米，沥青路面。1976年开工，1980年后多次改扩建。取福山区至黄海岸边道路之意，命名福海路。两侧有振华购物广场、北方汽配、烟台矢崎、和平家电等。是纵贯福山城区南北交通主干道。通公交车。

河滨路 370611-K02

[Hébīn lù]

在区境东部。南起港城西大街，北至振华街。沿线与南苑街、城里街、县府街、永安街、崇文街、汇福街、永达街相交。长4.8千米，宽20.0米，沥青路面。1982年前，城里街东端以南为河堤兼用道路；1982年、1985、1988年、1996年、1998年、2000年分段改扩建。因此路在清洋河西岸，故名。两侧有福山区人民医院、区委老干部局、区市场监管局、区侨联、区房管局、河滨广场、银河广场等。是城区东部南北交通主干道。通公交车。

奇泉路 370611-K03

[Qíquán Lù]

在区境西部。南起港城西大街，北至北京南路。沿线与恒业路、云龙山路、汇福街、蒲湾街、凤凰山路、永达街相交。长7.0千米，宽24.0米，沥青路面。2000年开工，2002年建成，2007年改扩建。古时，福山八大景之一“古寺奇泉”在此路西，故名。两侧有清洋工业园、福山交警大队、福山大集农贸市场等。是纵贯福山城区西部交通主干道。通公交车。

英特尔大道 370611-K04

[Yīngtè'ěr Dàdào]

在区境南部。东起外夹河大桥，西至港城西大街。沿线与大旺路、双龙路、金凤路、福桃路、清洋河路、河滨南路、西山南路等相交。长5.3千米，宽30.0米，沥青路面。2003年开工，2005年建成。因是信息产业城内一条主要街路，故取名英特尔大道，意为福山信息产业向高端领域发展。两侧有福山宾馆、东留公小学、福山区人民检察院、福山区人民法院、福山公路管理局。是福山区南部交通主干道。通公交车。

汇福街 370611-K05

[Huìfú Jiē]

在区境中部。东起河滨路，西至奇泉路。沿线与松霞路、民阜路、民丰路、福海路、西山路、聚福路相交。长4.3千米，宽26.0米，沥青路面。1993年开工，1999年、2000年、2003年、2005年多次改扩建。取汇聚福财之意命名。两侧有银河广场、区供电公司等。是城市交通的重要干线。通公交车。

松霞路 370611-K06

[Sōngxiá Lù]

在区境东北部。南起崇文街，北至沈海高速公路。沿线与银河南路、银河街、汇福街、天府街、永达街、振华街、振中街、鑫海街相交。长2.9千米，宽20.0米，沥青路面。1993年开工，1994年建成，1995年、1997年、2009年改扩建。因原松霞村在此路西侧，故名。两侧有烟台荏原空调设备有限公司、天府中医医院、高新区福山园厂区等。是南北交通主干道。通公交车。

河滨南路 370611-K07

[Hébīn Nánlù]

在区境南部。北起港城西大街，南至东汪格庄。沿线与青龙山街、英特尔大道、杏坛路、聚贤路相交。长10.8千米，宽20.0米，沥青路面。一期工程2004年开工，2005年建成；二期工程2006年开工，2007年建成。因在河滨路南，故名。两侧有福山美食城、烟台汽车工程职业学院。是纵贯福山城区南部南北交通主干道。通公交车。

黄河路 370611-K08

[Huánghé Lù]

在区境北部。东起长江路，西至北京中路。沿线与泰山路、黄山路、香山路、华山路、嵩山路、天山路、昆仑山路、绍兴路相交。长4.3千米，宽42米，沥青路面。1987年开工，2006年建成。两侧有开发区医院、烟台华盛革制品有限公司、开发区一中、烟台税务培训中心、新时代大酒店、建设大厦、烟台西部热电有限公司、烟台天马相城客运站、维特风尚酒店等。通公交车。

长江路 370611-K09

[Chángjiāng Lù]

在区境北部。东起夹河桥，西至三亚路。沿线与泰山路、黄山路、香山路、华山路、嵩山路、天山路、昆仑山路、福州路、湘潭路相交。长17.3千米，宽56米，沥青路面。1987年开工，2002年建成。两侧有烟台经济技术开发区管委会、天地广场、高鸿数码广场、星颐广场、永旺梦乐城等。为横贯开发区最重要的主干道。通公交车。

特色街巷

县府街 370611-A01-L01

[Xiànfǔ Jiē]

在清洋街道中部。长3千米，宽14米，沥青路面。因自建县以来，县政府机关就驻此街，故名。东段多为区直机关，西段多为居民区，沿街有多家商业、金融机构。两侧有区委区政府、检察院、财政局、福山礼堂、明代福山县衙旧址等。通公交车。

桥梁、立交桥

永福园大桥 370611-N01
[Yǒngfúyuán Dàqiáo]

在福山城区东北部。桥长548.2米，桥面宽38米，最大跨度390米，桥下净高10米。2006年开工，2007年建成。因在永福园居委会东的夹河上而得名。为中型河道桥梁，结构型式为连续箱梁桥。最大载重量55吨。通公交车。

曾家庄桥 370611-N02
[Zēngjiāzhuāng Qiáo]

在福山城区东南部。桥长160米，桥面宽22米，桥下净高10.2米。旧桥1952年开工，1953年建成，2004年拆除；新桥1995年开工，同年建成，2004年扩建。因在清洋街道曾家庄居委会东而得名。为中型河道桥梁，结构型式为钢架拱桥。最大载重量55吨。通公交车。

福山立交桥 370611-P01
[Fúshān Lìjiāo Qiáo]

在福山城区西北部。占地面积500 000平方米。有3层互不交叉的不同方向的城市道路在此立体相交，最高层离地面20米。1998年动工，2000年建成，2009年改造。为福山最大的立交桥，故名。为大型、主线上跨式钢筋混凝土箱梁结构型式立交桥。日均交通流量为近2万辆，在城市交通和烟台市对外交通中起到枢纽作用。

福海路立交桥 370611-P02
[Fúhǎilù Lìjiāo Qiáo]

在福山城区北部。占地面积90 000平方米。有2层互不交叉的不同方向的城市道路在此立体相交，最高层离地面6米。2000年开工，2001年建成。因坐落在福海路上得名。为中型、钢筋混凝土连续箱梁结构型式立交桥。日均车流量1万余辆，在城市交通和烟台市对外交通中起到枢纽作用。

车站

福山汽车站 370611-S01
[Fúshān Qìchē Zhàn]

二级汽车站。在烟台市福山区港城西大街102号。1985年新建汽车站综合楼1座，面积为1967.6平方米；2014年10月车站整修一新，投入使用。以地名冠名，故名。日均发送旅客2 000多人次，日发送班次200余个。是福山区主要交通枢纽、旅客集散地。

烟台汽车西站 370611-S02
[Yāntái Qìchē Xīzhàn]

二级汽车站。在烟台开发区乐山路1号。2003年7月成立，2004年2月正式投入使用。是烟台市交通出行的西出口，故名。烟台汽车西站总占地面积70 000多平方米，日均发送旅客3 000多人次，日发送班次340余个，主要以中短途线路为主。是烟台城区西部主要交通枢纽、旅客集散中心。

牟平区

城市道路

北关大街 370612-K01
[Běiguān Dàjiē]

在区境北部。东起高尔夫路，西至金牛山路。沿线与大窑路、昆嵛山路、东关路、正阳路、通海路、牟山路、西郊路、垛山路相交。长 10 千米，宽 40 米，沥青路面。1980 年开工，同年建成。因在故城北关而得名。沿途商业金融、教育文化氛围浓厚。两侧有太平洋广场、牟平实验中学、育英艺术中学、大窑中学、牟平经济开发区、长途汽车站、宁海医院等。为烟威公路牟平城区段，是连接烟台市与威海市的重要交通干道之一，通公交车。

政府大街 370612–K02

[Zhèngfǔ Dàjiē]

在区境北部。东起沁水路，西至武五路。沿线与昆嵛山路、东关路、正阳路、通海路、牟山路、西郊路相交。长 4.5 千米，宽 24 米，沥青路面。1980 年开工，同年建成。因区政府在此街中心处北侧，故名。两侧有审计局、档案局等。是城区主干道，通公交车。

通海路 370612–K03

[Tōnghǎi Lù]

在区境北部。南起雷神庙大街，北至滨海东路。沿线与工商大街、政府大街、北关大街、宁海大街、新区大街、新城大街、金埠大街、崔山大街、三山大街相交。长 8.6 千米，宽 36 米，沥青路面。1978 年开工，1980 年建成。因向北跨海可直通养马岛，故名通海路。沿途多经济活动中心，商业金融氛围浓厚。两侧有财政大厦、商业大厦、振华商厦、新牟国际集团公司等。是城区贯通南北的主路，为进出养马岛必经要道。通公交车。

桥梁

养马岛跨海大桥 370612–N01

[Yǎngmǎdǎo Kuàhǎi Dàqiáo]

在牟平城区北部。桥长 507.1 米，桥面宽 23 米，最大跨度 100 米，桥下净高 8 米。2003 年动工，2004 年建成，2014 年大修。取纵跨陆地海岸与养马岛之意命名。为大型桥梁，结构型式为三孔下承式系杆拱桥。最大载重量 20 吨，是养马岛与外界联系的咽喉要道，通公交车。

车站

牟平长途汽车站 370612–S01

[Mùpíng Chángtúqìchē Zhàn]

长途汽车站。在牟平城区西部，北关大街与西关路相交处。1949 年开工，1986 年建成使用。以所在地及使用性质命名。建筑面积为 1 367.33 平方米，占地面积为 3 498.20 平方米。负责牟平区的长途客运与公交业务。通公交车。

港口

牟平港 370612–30–F–a01

[Mùpíng Gǎng]

海港。在牟平区北部宁海街道，西庙江南岸，与养马岛隔海相望。1985 年成立建港指挥部，1987 年开工，1992 年建成。岸线长度达 500 米，平均水深 10 米，最大水深 12 米。年设计吞吐量 30 万吨。是牟平区主要水运港口之一。

莱山区

城市道路

迎春大街 370613–K01

[Yíngchūn Dàjiē]

在区境北部。南起轸大路，北至清泉路。沿线与春晖路、银海路、港城东大街、凤凰大街、双河西路相交。长 3.5 千米，宽 60 米，沥青路面。1996 年开工，1997 年建成。取迎接春天之意命名。其南部为莱山经济开发区，北部为区行政中心。两侧有金融国际大厦、农行莱山支行、莱山银座商城等。是烟台繁华街道之一，通公交车。

澳柯玛大街 370613-K02
[Àokēmǎ Dàjiē]

在区境中部。南起莱源路，北至轸大路。沿线与广场北路、广场南路、盛泉西路相交。长 3.0 千米，宽 41 米，沥青路面。1996 年开工，同年建成。因澳柯玛集团在此落户而得名。两侧有烟台明昌电子公司、东方海洋科技公司、大境控股集团公司。通公交车。

科技大道 370613-K03
[Kējì Dàdào]

在区境东部。东起鱼鸟河，西至观海路。沿线与学院路相交。长 6.9 千米，宽 50 米，沥青混凝土路面。2008 年开工，2011 年建成。因路两侧多科技研发机构而得名。两侧有烟台职业学院、中国航天科技大厦、中国农业大学烟台分校、拓普邦生物科技有限公司、中集海洋工程研究院、东泊子小学、烟台职业学院等。通公交车。

火炬大道 370613-K04
[Huǒjù Dàdào]

在区境东部。东起金牛山路，西接观海路。沿线与博斯纳路、海兴路、海澜路、海河西路相交。长 5.6 千米，宽 29 米，沥青混凝土路面。2000 年开工，2002 年建成。以体现高新区迅速崛起，飞跃发展、进步之意而得名。两侧有清泉特钢锻造制品有限公司、中俄科技园等。通公交车。

海澜路 370613-K05
[Hǎilán Lù]

在区境东部。南起新添堡村，北至滨海东路。沿线与科技大道、航天路、创业路相交。长 4.6 千米，宽 50 米，沥青混凝土路面。2008 年开工，2010 年建成。因北通大海，以体现临海道路特色，故取“澜”字，寓天下安澜、太平。两侧有烟台职业学院、中国农业大学烟台分校、烟台市大学生创业园、烟台高新区医院等。通公交车。

海越路 370613-K06
[Hǎiyuè Lù]

在区境东部。南起航天路，北至滨海中路。沿线与港城东大街、滨海中路、科技大道、学府中路相交。长 2.5 千米，宽 60 米，沥青混凝土路面。2009 年开工，2011 年建成。因北通大海，取鲤跃龙门、越古超今之意，命名为海越路。两侧有烟台农商银行大厦。通公交车。

长安路 370613-K07
[Cháng'ān Lù]

在区境中部。南起轸大路，北至银海路。沿线与双河东路、凤凰大街、港城东大街相交。长 2.9 千米，宽 40 米，沥青路面。1996 年开工，1997 年建成。取长治久安之意命名。两侧有烟台市公安局莱山分局、烟台市公安局出入境管理分局等。通公交车。

银海路 370613-K08
[Yínhǎi Lù]

在区境北部。东起滨海中路，西至桐林路。沿线与宝源路、海普路、迎春大街、长宁路、长安路、观海路相交。长 2.9 千米，宽 40 米，沥青路面。1996 年开工，1997 年建成。地处渤海湾，取吉祥之意，故命名为银海路。两侧有永旺烟台购物中心、烟台大学等。通公交车。

航天路 370613-K09
[Hángtiān Lù]

在区境东部。东起鱼鸟河路，西至观海路。沿线与海兴路、海澜路相交。长 4.2 千米，宽 25 米，沥青混凝土路面。2009 年开工，2011 年建成。为体现航天科技区域的特点，故命名为航天路。两侧有烟台北航科技园、山东商务职业学院等。通公交车。

创业路 370613-K10
[Chuàngyè Lù]

在区境东部。东起海宁路，西至博斯纳路。沿线与经四路、海澜路相交。长 3.3 千米，宽 25 米，沥青混凝土路面。为体现高新区的发展、创业、奋斗而命名。两侧有烟台智慧城产业园、烟台泰利汽车模具公司、中行烟台高新区支行、烟台高新区医院、烟台金辉铜业公司等。通公交车。

海天路 370613-K11
[Hǎitiān Lù]

在区境东部。南起曲家洼村，西北至滨海中路。沿线与港城东大街、科技大道相交。长 3.4 千米，宽 45 米，沥青混凝土路面。2009 年开工，2011 年建成。因北通大海，以体现临海道路特色，寓海阔天空之意，故名。两侧有拓普邦生物科技园、中国航天科技大厦、泉清通信（烟台）创新大厦、烟台东方蓝天钛金衣科技公司、中集海洋工程研究院等。通公交车。

立交桥

轸格庄立交桥 370613-P01
[Zhěngézhuāng Lìjiāo Qiáo]

在莱山城区北部。占地 800 000 平方米。有 3 层互不交叉的不同方向的城市道路在此立体相交，最高层离地面 26.8 米。2010 年动工，2012 年建成。因地处莱山区轸格庄而得名。为大型、互通式枢纽立交桥。日交通流量为 1.2 万辆次。是莱山区重要交通枢纽，是烟台至威海、济南等方向的复合大立交。

机场

烟台机场 370613-30-K01
[Yāntái Jīchǎng]

在莱山区西南部。1984 年开航；1987—1988 年，机场进行第一次扩建，导航保障设施逐渐完善；1992 年，民航烟台站被国务院批准为国家对外开放货运航空口岸；1997 年，被国务院批准为国家对外开放一类航空口岸；2002 年，开始第二次扩建。是国家一类航空口岸 4D 级兼部分 4E 级机场。占地面积 18.53 平方千米，停机坪面积 12 平方千米。分为飞行区、停机坪、候机楼、航管楼、气象观测楼等。年客运量为 249.6 万人，年货运量 4.3 万吨。建有 2.06 万平方米的国内候机楼和 1 万平方米的国际候机楼及各项基础设施。目前烟台国际机场与国内 60 多个城市通航，并开通了国际货运航线。

龙口市

城市道路

港城大道 370681-K01
[Gǎngchéng Dàdào]

在市境中部。东起凤凰山路，西至渔港路。沿线与绛水河东西路、文莱街、东莱街、通海路、南山路、府东一路、府西一路、府东二路、府西二路、威龙大道、龙港路相交。长 18.4 千米，宽 26~70 米，沥青、混凝土路面。1982 年建成，2014 年改扩建。两侧有市盐务局、国土局、农机局、烟草专卖局、公安局、检察院、法院、党校、市一中等。为连通市区东西两城区的城市发展轴。通公交车。

环城北路 370681-K02
[Huánchéng Běilù]

在市境北部。东起凤凰山路，西至张招路。沿线与凤凰山路、绛水河东路、绛水河西路、东莱街、通海路、林苑路、南山路、府东二路、府西二路、威龙大道相交。长 4.5 千米，宽 30 米，沥青混凝土路面。1920 年开工，1922年建成，1988年、2002年、2003年、2005 年改（扩）建。因此路在东城区最北面而得名。两侧有龙口市质量技术监督局、龙口市人民医院、龙口市公路管理局、龙口市汽车运输公司、龙口市富龙公司、龙口市供电公司、新亚洲集团、五洲医院、齐鲁证券、威龙葡萄酒公司等。通公交车。

龙泉路 370681-K03
[Lóngquán Lù]

在市境南部。东起凤凰山路，西至泳汶河。沿线与凤凰山路、绛水河东路、绛水河西路、文莱街、东莱街、南市街、通海路、南山路、府东二路、府西二路、威龙大道相交。长 4.5 千米，宽 40 米，沥青混凝土路面。1993 年开工，1994 年建成，2005 年改（扩）建。因此路以泉水村为起点而得名。两侧有龙口市监狱、龙口市五中、龙口市罗马假日酒店、龙口市袁氏假日酒店等。通公交车。

北大街 370681-K04
[Běi Dàjiē]

在市境东北部。东起凤凰山路，西至南山路。沿线与凤凰山路、绛水河东路、绛水河西路、文莱街、东莱街、通海路、南山路相交。长 3.3 千米，宽 20 米，沥青混凝土路面。1975 年、1983 年、1994 年分段开工，1976 年、1984 年、1994 年分段建成，2002 年改（扩）建。因在原黄县城城区北而得名。两侧有龙口大酒店、农业银行等。通公交车。

花木兰街 370681-K05
[Huāmùlán Jiē]

在市境东北部。东起绛水河西路，西至通海路。沿线与绛水河西路、东市场街、文莱街、东莱街、北巷西街、通海路相交。长 2.5 千米，宽 23 米，沥青路面。1978 年开工，同年建成，1987、2002 年改（扩）建。因此路段曾设有花木兰商店，故名。两侧有妇幼保健院、博商购物中心、龙口市中医院、新华书店等。通公交车。

实验路 370681-K06
[Shíyàn Lù]

在市境东北部。东起通海路，西至南山路。沿线与通海路、林苑路、南山路相交。长 1.2 千米，宽 48.5~56 米，沥青混凝土路面。1995 年东段开工，同年建成；2002 年西段开工，同年建成。以有实验小学而得名。两侧有招商银行等。通公交车。

东莱街 370681-K07
[Dōnglái Jiē]

在市境东部。南起龙泉路，北至环城北路。沿线与龙泉路、怡园路、港城大道、南大街、花木兰街、北大街、环城北路相交。长 4.1 千米，宽 21 米，沥青混凝土路面。1978 年开工，同年建成，1986 年、1999 年改（扩）建。因原黄县曾属东莱郡得名。两侧有汇丰俱乐部、国税大厅、人民财产保险公司、实验二小、振华商厦、博商购物广场、苏宁电器、花木兰商场、同仁堂、博物馆、龙口市东城区车站、富龙车站等。通公交车。

绛水河西路 370681-K08
[Jiàngshuǐhé Xīlù]

在市境东部。南起龙泉路，北至烟潍公路。沿线与龙泉路、南围外街、港城大道、南大街、花木兰街、北大街、环城北路相交。长 2.5 千米，宽 26 米，沥青路面。1978 年开工，1979 年建成，2005 年改（扩）建。因此路在绛水河的西岸而得名。两侧有友达公司、恒源商城、五洲医院等。通公交车。

绛水河东路 370681-K09
[Jiàngshuǐhé Dōnglù]

在市境东部。南起龙泉路，北至烟潍公路。沿线与龙泉路、港城大道、林家庄街、花木兰街、北大街、环城北路相交。长 2.5 千米，宽 26 米，沥青混凝土路面。1978 年开工，1979 年建成，2005 年改（扩）建。因在绛水河东岸而得名。两侧有北海医院、技工学校等。通公交车。

凤凰山路 370681-K10
[Fènghuángshān Lù]

在市境东部。南起龙泉路，北至环城北路。沿线与龙泉路、港城大道、北大街、环城北路相交。长 2.5 千米，宽 10 米，沥青混凝土路面。2001 年开工，2004 年建成。因此路南端通往凤凰山而得名。两侧有园林管理所、龙口市监狱、木材市场等。不通公交车。

府北一路 370681-K11
[Fǔběi 1 Lù]

在市境中部。东起南山路，西至泳汶河。沿线与南山路、府东二路、府东一路、府西一路、府西二路、威龙大道相交。长 2.6 千米，宽 35 米，沥青混凝土路面。2004 年开工，同年建成。因在龙口市行政中心北侧，并加以序数命名。两侧有中允集团等。通公交车。

府东一路 370681-K12
[Fǔdōng 1 Lù]

在市境中部。北起府北一路，南至港城大道。沿线与府北一路、港城大道相交。长 0.8 千米，宽 28 米，沥青混凝土路面。2002 年开工，2003 年建成。因在龙口市行政中心东侧，并加以序数命名。两侧有人民公园等。通公交车。

府东二路 370681-K13
[Fǔdōng 2 Lù]

在市境东部。南起牟黄公路，北至烟潍公路。沿线与龙泉路、港城大道、府北一路、环城北路相交。长 3.1 千米，宽 50 米，沥青混凝土路面。2002 年开工，2003 年建成。因在府东一路东面而得名。两侧有水政监察大队等。通公交车。

府西一路 370681-K14
[Fǔxī 1 Lù]

在市境中部。南起港城大道，北至府北一路。沿线与港城大道、府北一路相交。长 0.8 千米，宽 28 米，沥青混凝土路面。

2002年开工，2003年建成。因在龙口市行政中心西侧，并加以序数命名。两侧有人民公园等。通公交车。

府西二路 370681-K15

[Fǔxī 2 Lù]

在市境西部。南起龙泉路，北至264省道。沿线与龙泉路、港城大道、府北一路、环城北路相交。长3.8千米，宽26米，沥青混凝土路面。2002年开工，2003年建成。因此路段在府西一路西面而得名。通公交车。

环海北路 370681-K16

[Huánhǎi Běilù]

在市境西部。东起石油公司，西至浅海牌坊。沿线与环海中路、电厂南路相交。长4.2千米，宽15米，水泥砼路面。1994年开工，同年建成。因临海且位北而得名。两侧有龙达木业、龙口市电器安装公司、岭南服装厂、石油公司、七星液化气公司等。通公交车。

环海中路 370681-K17

[Huánhǎi Zhōnglù]

在市境西部。南起龙中路，北至石油公司。沿线与电厂南路、工业路、新港路、金沙路、海港路、通海街、步行街、龙海路、建行北街、建行南街、渔港路、水产街、央格街、龙中路相交。长4.8千米，宽30米，沥青路面。1982年、1987年分段开工，1988年、1993年、1996年、1999年、2000年、2001年、2007年改（扩）建。因临海且位中而得名。两侧有龙口外运、水产市场、海洋与水产局、龙口港、石油公司等。通公交车。

环海南路 370681-K18

[Huánhǎi Nánlù]

在市境西部。北起龙中路，南至丰龙路。沿线与龙中路、广场南路、新龙路、丰龙路相交。长2.0千米，宽30米，沥青路面。1991年开工，同年建成，2010年改（扩）建。因临海且位南得名。两侧有海湾大酒店、龙矿中心医院等。通公交车。

渔港路 370681-K19

[Yúgǎng Lù]

在市境西部。东起和平路，西至渔港。沿线与环海中路、振兴中路、和平路、逢牟路、龙港路、港城大道相交。长0.5千米，宽20米，水泥砼路面。1985年开工，2002年改建。以渔港得名。两侧有海洋与渔业局、正仁集团、龙口工商管理所等。通公交车。

龙中路 370681-K20

[Lóngzhōng Lù]

在市境西南部。西起环海南路，东至和平路。沿线与环海中路、环海南路、海关东路、振兴中路、振兴南路、央格东路、和平路相交。长0.9千米，宽12米，沥青路面。西段1986年开工，1987年建成；东段2004年开工，同年建成；2008年改建。取龙口之“龙”字，又因在原龙口镇中部而得名。两侧有海关、工商银行。通公交车。

海港路 370681-K21

[Hǎigǎng Lù]

在市境西北部。东起龙港路，西至环海中路。沿线与龙港路、和平北路、和平路、康泰路、振兴北路、振兴中路、环海中路相交。长1千米，宽33米，沥青路面。1986年开工，同年建成，2006年改（扩）建。因通往海边和龙口港得名。两侧有龙口汽车站、港华燃气、龙口第二人民医院等。通公交车。

振兴北路 370681–K22

[Zhènxīng Běilù]

在市境西北部。南起海港路，北至新港路。沿线与海港路、金沙路、新港路、工业路相交。长 2.8 千米，宽 20 米，沥青路面。1984 年、1997 年分段开工，2004 年改（扩）建。取振兴龙口之意，且此路段位北，故名振兴北路。两侧有富联商务宾馆、百脑汇电脑城、梁家矿幼儿园、梁家医院、道恩建材公司等。通公交车。

振兴中路 370681–K23

[Zhènxīng Zhōnglù]

在市境西部。南起龙中路，北至海港路。沿线与龙中路、龙马路、水产街、云龙街、渔港路、步行街、隆基路、海港路相交。长 4.0 千米，宽 16~20 米，沥青路面。1984 年、1997 年分段开工，2001 年、2003 年、2004 年改（扩）建。取振兴龙口之意，且此路段位中，故名振兴中路。两侧有龙口市地税局龙港中心税务所、嘉元购物广场等。通公交车。

振兴南路 370681–K24

[Zhènxīng Nánlù]

在市境西部。南起 302 省道，北至龙中路。沿线与 302 省道、丰龙路、新龙路、广场南路、龙中路相交。长 2.4 千米，宽 16 米，沥青、水泥路面。1984 年、1997 年分段开工，2003 年、2004 年、2006 年、2007 年、2008 年改（扩）建。取振兴龙口之意，且此路段位南，故名振兴南路。两侧有龙矿集团工程建设公司、烟台市公安局龙海分局、龙口矿业集团公司等。通公交车。

龙港路 370681–K25

[Lónggǎng Lù]

在市境西部。南起 302 省道，北至 264 省道。沿线与 302 省道、新龙路、龙中路、龙马路、水产街、渔港路、龙海路、步行街、隆基路、264 省道相交。长 4.6 千米，宽 18 米，沥青路面。2005 年开工，2007 年建成。因在龙口市西城区，为临港城区，故名。两侧有山东鑫龙高科公司、山东龙口金龙食品公司、龙口科达化工公司、佳裕塑料公司、龙口华东气体公司等。通公交车。

通海路 370681–K26

[Tōnghǎi Lù]

在市境东部。南起石黄公路，北至市消防大队。沿线与龙泉路、怡园路、港城大道、花木兰街、实验路、北大街、庆云—淄川公路相交。长 3.2 千米，宽 60 米，沥青路面。1982 年开工，1987 年改扩建。原称环城西路，2005 年因直达渤海边而更名为通海路。两侧有电业大厦、老干部活动中心、国税局、地税局、粮食局、市场监督局、市五中等单位。为市东城区的交通主干道。通公交车。

南山路 370681–K27

[Nánshān Lù]

在市境东部。北起环城北路，南至南山南路。沿线与环城北路、北大街、实验路、港城大道、龙泉路、朗源路、星宇路、南山北路、南山南路相交。长 3.0 千米，宽 40 米，沥青混凝土路面。1992 年开工，2008 年建成。因此路南能望见多座山峰而命名。通公交车。

和平路 370681–K28

[Hépíng Lù]

在市境西北部。南起牟黄公路，北至海港路。沿线与海港路、隆基路、步行街、龙海路、渔港路、龙马路、龙中路、牟黄公路相交。长 5.1 千米，宽 30 米，沥青路面。1920 年开工，1922 年建成，1956 年、

1980年、1983年、1988年、2013年改扩建。因此路在龙港街道，以龙港人民向往安宁、和平的幸福生活而命名。通公交车。

桥梁

黄水河桥 370681-N01
[Huángshuǐhé Qiáo]

在龙口市区东部。桥长225米，桥面宽7米，最大跨度245米，桥下净高6.5米。1971年建成。因在黄水河中段，故名。结构型式为砌块石墩台钢筋混凝土板桥。最大载重量10吨。是连接烟台、蓬莱、莱州、潍坊等地的重要通道。通公交车。

车站

龙口市汽车东站 370681-S01
[Lóngkǒu Shì Qìchē Dōngzhàn]

二级汽车客运站。在市境东北部。成立于1948年10月，1986年首次改建，2002年再次改建。占地面积7 147平方米，建筑面积3 467.36平方米，车场使用面积3 500平方米。现共有始发班次90个，过往班次270余个，年旅客发送量70万人次。是重要的客运干线，开通至济南、潍坊、青岛、烟台、北京等地的线路。

龙口市汽车西站 370681-S02
[Lóngkǒu Shì Qìchē Xīzhàn]

二级汽车客运站。在市境西部。1992年1月开工，1992年12月建成。建筑面积3 044.91平方米，占地面积13 512.64平方米。年客运量50万余人。主要经营至北京、济南、青岛、烟台、潍坊、石家庄、哈尔滨、南阳、保定、苍南等地的70余条客运线路，是龙口市通往全国各地的重要周转地。

港口

龙口港 370681-30-F-a01
[Lóngkǒu Gǎng]

海港，货运港口。在龙口市市区西部，地处渤海南岸，与辽东半岛隔海相望。1914年开工，1919年在现港区北3千米处建成钢筋混凝土栈桥码头。1939年在现址建成1座突堤式码头。1984年列为一类港口对外开放。占地面积6平方千米，码头岸线1.5万余米，生产泊位30个，其中15万吨级1个、10万吨级兼顾15万吨级5个、10万吨级2个、5万吨级兼顾7万吨级5个。设有8处锚地，总面积79.7平方千米，有灯塔1座，导标2组，灯桩4个，灯浮标36座。港区库场面积330万平方米，液化品仓储能力206万立方米，粮食仓储能力26万立方米。有煤炭、铝矾土、液体化工三个千万吨级货种，百万吨货种达到9个。拥有70多条国内外航线，与世界50多个国家和地区的港口有业务往来，从此启航可直达全国各港口及世界各地。是中国最大的对非散杂货出口贸易口岸和铝矾土进口口岸，首批对台开放直航港口，国内首家拥有原油仓储资质的港口企业，国家规划建设的北煤外运装船港。

莱阳市

城市道路

马山路 370682-K001
[Mǎshān Lù]

在市境北部。西起龙门西路，东至蚬河。沿线与小莱路、军民路、旌旗西路、富水北路、五龙北路、共建路、蚬河北路、209省道相交。长3.3千米，宽15米，沥青路面。是原先潍石公路的一段，1976年开始铺成沥青路面。因境内有马山，故名。两侧有民政局旧楼、电视台转播塔等。通公交车。

昌山路 370682–K002
[Chāngshān Lù]

在市境中部。西起马山路，东至蚬河北路。沿线与蚬河路、清水路、大寺街、五龙路相交。长 1.8 千米，宽 8 米，沥青路面。1959 年开工。因境内有昌山，故名。两侧有莱阳市中心医院、莱阳工商局等。通公交车。

旌旗东路 370682–K003
[Jīngqí Dōnglù]

在市境东部。西起蚬河，东至龙门东路。沿线与蚬河路、清水路、五龙路相交。长 2.2 千米，宽 8 米，沥青路面。1986 年开工，1989 年建成。因境内有旌旗山，故加以方位命名。通公交车。

旌旗西路 370682–K004
[Jīngqí Xīlù]

在市境西部。东起白龙河，西至蚬河。沿线与马山路、小莱公路、军民路、富水北路、悦望街、大夫街、五龙北路、七星路、金水路、旌阳路、清水北路、玉带路相交。长 2.8 千米，宽 8 米，沥青路面。1971 年铺设沥青，1983 年修整。因境内有旌旗山，故加以方位命名。两侧有市政府、邮电大楼、青岛国货莱阳店、妇幼保健院等。通公交车。

龙门西路 370682–K005
[Lóngmén Xīlù]

在市境西南部。西起太平庄，东至蚬河。沿线与五龙路、富水路相交。长 14.4 千米，宽 28 米，沥青路面。1994 年建成。因境内有龙门山，故加以方位命名。通公交车。

龙门东路 370682–K006
[Lóngmén Dōnglù]

在市境东南部。西起蚬河，东至龙大集团。沿线与蚬河南（北）路、梨园路、公园路、富崖街、文昌路、黄海路、渤海路、东海路、308 国道相交。长 7.3 千米，宽 28 米，沥青路面。因境内有龙门山，故加以方位命名为龙门东路。沿途有体育场。通公交车。

丹崖东路 370682–K007
[Dānyá Dōnglù]

在市境东南部。西起蚬河，东至田格庄。沿线与蚬河南路、梨园路（英雄路）相交。长 3.5 千米，宽 12 米，沥青路面。1994 年改（扩）建。因境内有红土崖，故加以方位命名为丹崖东路。不通公交车。

鹤山路 370682–K008
[Hèshān Lù]

在市境南部。西起汾河路，东至东海路。沿线与汾河路、荆河路相交。长 15 千米，宽 15 米，沥青路面。1994 年开工。因境内有鹤山，故名。两侧有莱阳卫校、文峰学校、童心小学、富水小学、莱阳大酒店。不通公交车。

富山路 370682–K009
[Fùshān Lù]

在市境南部。东至食品工业园，西至经济开发区。沿线与莱穴路、荆河路、洛水路、白龙路、墨水路、富水路、五龙路、大寺街、清水路、蚬河路、梨园路、贤友路、巨峰街、黄海二路、黄海四路相交。长 1.5 千米，宽 14 米，沥青路面。1986 年建成。因境内有富山得名。通公交车。

大寺街 370682–K010
[Dàsì Jiē]

在市境中部。北起旌旗西路，南至龙

门西路。沿线与旌旗西路、昌山路相交。长1.3千米，宽12米，沥青路面。因此街原有佛寺兴国寺一座，故名。两侧有莱阳市民政局、宋琬故居。通公交车。

五龙北路 370682-K011
[Wǔlóng Běilù]

在市境西北部。北起旌阳路，南至岘河北路。沿线与马山路、金山路、旌旗西路、升平街、广场街、昌山路、龙门西路相交。长2千米，宽13米，沥青路面。1993年建成。因境内有五龙河，故命名为五龙北路。通公交车。

五龙南路 370682-K012
[Wǔlóng Nánlù]

在市境西南部。北起龙门西路，南至火车站。沿线与龙门西路、芦山路、望石路、金山大街、富山路、古城路、凤凰路、显龙路、龙虎路、丹崖西路相交。长4.5千米，宽12米，沥青路面。1993年建成。因境内有五龙河，故加方位命名为五龙南路。通公交车。

富水北路 370682-K013
[Fùshuǐ Běilù]

在市境西北部。北起马山路，南至龙门西路。沿线与马山路、旌旗西路、昌山路、胜利街、春阳路、龙门西路相交。长1.8千米，宽20米，沥青路面。1958年开工，1978年建成，1993年改（扩）建。因境内有富水河，故加方位命名为富水北路。通公交车。

富水南路 370682-K014
[Fùshuǐ Nánlù]

在市境西南部。北起龙门西路，南至铎山路。沿线与龙门西路、望石路、金山大街、孟山路、富山路、古城路、凤凰路、显龙路、龙虎路、丹崖西路、旌山路、铎山路相交。长5千米，宽20米，沥青路面。1993年建成。因境内有富水河，故加方位命名为富水南路。通公交车。

白龙路 370682-K015
[Báilóng Lù]

在市境西南部。北起龙门西路，南至丹崖西路。沿线与龙门西路、金山大街、富山路、古城街、凤凰路相交。长4千米，宽20米，沥青路面。1993年建成。因境内有白龙河，故名。通公交车。

旌阳路 370682-K016
[Jīngyáng Lù]

在市境中部。北起马山路，南至旌旗西路。沿线与旌旗路、金山路、梅花街、文化路、马山路相交。长1.2千米，宽12米，沥青路面。1959年开工，1973年建成，1983年改扩建。因境内有旌阳河，故名。通公交车。

岘河北路 370682-K017
[Xiǎnhé Běilù]

在市境东北部。北起马山路，南至龙门西路。沿线与旌旗路、文化路相交。长2.8千米，宽15米，沥青路面。1994年建成。因境内有岘河，故加方位命名为岘河北路。通公交车。

岘河南路 370682-K018
[Xiǎnhé Nánlù]

在市境东南部。北起龙门西路，南至丹崖西路。沿线与富山路、凤凰路、丹崖路相交。长3.5千米，宽15米，沥青路面。1993年建成。因境内有岘河，故加方位命名为岘河南路。通公交车。

共建路 370682-K019
[Gòngjiàn Lù]

在市境北部。北起河洛村，南至马山路。

沿线与马山路、后河路、204国道相交。长3.5千米，宽12米，沥青路面。1986年建成。因是与驻地部队共同建设的道路，取军民共建含义，故命名为共建路。沿途为企事业单位、居民区。通公交车。

梅花街 370682–K020
[Méihuā Jiē]

在市境东北部。西起旌阳路，东至蚬河北路。沿线与旌阳路、玉岱路相交。长0.5千米，宽9米，沥青路面。2006年建成。因境内有梅花山，故名。两侧有机关幼儿园、教体局等。通公交车。

金山路 370682–K021
[Jīnshān Lù]

在市境北部。西起五龙北路，东至蚬河北路。沿线与五龙路、旌阳路相交。长1.3千米，宽9米，沥青路面。1993年建成。因莱阳市境内有金山，故名。不通公交车。

东关街 370682–K022
[Dōngguān Jiē]

在市境东部。西起旌阳路，东至玉带路。沿线与旌阳路、盛隆路、玉带路相交。长0.5千米，宽6米，沥青路面。1986年建成。此街在东关村内，故名。两侧有东关小学。不通公交车。

升平街 370682–K023
[Shēngpíng Jiē]

在市境中部。西起五龙北路，东至盛隆路。长0.3千米，宽6米，沥青路面。1987年建成。以吉语嘉言命名为升平街。两侧有小商品批发市场、府前中学等。不通公交车。

广场街 370682–K024
[Guǎngchǎng Jiē]

在市境中部。西起五龙北路，东至清水北路。沿线与大寺街、金山路、广场街相交。长0.3千米，宽6米，沥青路面。1987年建成。此路在文化广场北侧，故命名为广场街。两侧有工人文化宫、府前中学等。不通公交车。

后司街 370682–K025
[Hòusī Jiē]

在市境中部。西起五龙北路，东至清水北路。沿线与大寺街、盛隆后街相交。长0.5千米，宽5米，沥青路面。1986年建成。因为临近兴国寺，名后寺街，后更名后司街。不通公交车。

天山路 370682–K026
[Tiānshān Lù]

在市境东部。西起清水北路，东至蚬河北路。沿线与蚬河路、玉岱路相交。长0.3千米，宽6米，沥青路面。1987年建成。以天山命名。两侧有莱阳规划设计院、自来水公司等。不通公交车。

前司街 370682–K027
[Qiánsī Jiē]

在市境中部。西起五龙北路，东至清水北路。沿线与七星路、大寺街相交。长0.4千米，宽5米，沥青路面。1986年建成。因临近兴国寺而得名。不通公交车。

胜利街 370682–K028
[Shènglì Jiē]

在市境西部。西起结核病控制中心，东至富水北路。沿线与春阳街、富水北路、大夫街相交。长0.6千米，宽6米，沥青路面。1987年建成。以吉语嘉言命名为胜利街。两侧有西关中学。不通公交车。

东园街 370682-K029
[Dōngyuán Jiē]

在市境东南部。西起大寺街，东至蚬河北路。沿线与蚬河路、清水路相交。长0.5千米，宽6米，沥青路面。1986年建成。此街在南关村东园内，故命名为东园街。不通公交车。

春阳街 370682-K030
[Chūnyáng Jiē]

在市境西南部。西起白龙路，东至富水北路。沿线与胜利街、富水北路、大夫街相交。长0.6千米，宽6米，沥青路面。1987年建成。以吉语嘉言命名为春阳街。不通公交车。

芦山路 370682-K031
[Lúshān Lù]

在市境南部。西起五龙南路，东至蚬河。沿线与蚬河路、大寺街相交。长0.8千米，宽8米，沥青路面。1994年建成。因境内有芦山，故名。沿途为体育场。不通公交车。

望石路 370682-K032
[Wàngshí Lù]

在市境南部。西起白龙路，东至城南街。沿线与富水路、墨水路、春江路、洛水路相交。长2.5千米，宽8米，沥青路面。1994年建成。因境内有望石山，故名。不通公交车。

孟山路 370682-K033
[Mèngshān Lù]

在市境西南部。西起白龙路，东至城南街。沿线与春江路、白龙路、富水南路相交。长3.4千米，宽8米，沥青路面。1994年建成。因境内有孟山，故命名为孟山路。不通公交车。

古城路 370682-K034
[Gǔchéng Lù]

在市境南部。西起白龙河，东至蚬河南路。沿线与富水南路、五龙南路相交。长5千米，宽8米，沥青路面。1993年建成。此街在古城村内，故名。不通公交车。

凤凰路 370682-K035
[Fènghuáng Lù]

在市境南部。西起白龙路，东至蚬河南路。沿线与蚬河路、清水路、大寺街、五龙路、富水路、白龙路、荆河路相交。长2.4千米，宽8米，沥青路面。1993年建成。因境内有凤凰山，故名。通公交车。

显龙路 370682-K036
[Xiǎnlóng Lù]

在市境南部。西起富水南路，东至古城小区。沿线与富水南路、五龙南路相交。。长0.8千米，宽8米，沥青路面。1993年建成。因境内有显龙山，故名。不通公交车。

龙虎路 370682-K037
[Lónghǔ Lù]

在市境东南部。西起白龙路，东至造纸厂。沿线与富水南路、五龙南路相交。长1千米，宽8米，沥青路面。1993年建成。因境内有龙虎山，故名。不通公交车。

巨峰街 370682-K038
[Jùfēng Jiē]

在市境东部。北起旌旗东路，南至龙门东路。沿线与龙门路、霞峰街、金山大街、孟山街、富山路相交。长1.5千米，宽8米，沥青路面。1987年建成。因境内有巨峰河，故名。不通公交车。

富崖街 370682–K039
[Fùyá Jiē]

在市境东部。北起旌旗东路，南至龙门东路。沿线与旌旗东路、龙门东路相交。长 1 千米，宽 10 米，沥青路面。1987 年建成。因境内有富崖山，故名。不通公交车。

贤友路 370682–K040
[Xiányǒu Lù]

在市境东部。北起吴格庄，南至富山路。沿线与旌旗东路、龙门路、富山路、凤凰路相交。长 2 千米，宽 18~28 米，沥青路面。1987 年建成。因境内有贤友河，故名。不通公交车。

公园路 370682–K041
[Gōngyuán Lù]

在市境东部。北起旌旗东路，南至龙门东路。沿线与旌旗路、龙门路相交。长 1 千米，宽 12 米，沥青路面。1987 年建成。此路在蚬河公园东侧，故名。通公交车。

梨园路 370682–K042
[Líyuán Lù]

在市境东南部。北起龙门东路，南至富山路。沿线与金山大街、富山路相交。长 1 千米，宽 12 米，沥青路面。1993 年建成。因此街过去是梨树园，故名。通公交车。

河北街 370682–K043
[Héběi Jiē]

在市境东北部。北起马山路，南至蚬河北路。沿线与马山路、蚬河北路相交。长 0.2 千米，宽 8 米，沥青路面。1993 年建成。因此街在蚬河以北，故命名为河北街。不通公交车。

玉带路 370682–K044
[Yùdài Lù]

在市境中部。北起马山路，南至龙门西路。沿线与文化路、蚬河路相交。长 2.5 千米，宽 10 米，沥青路面。1986 年建成。因境内有玉带河，故名。不通公交车。

清水北路 370682–K045
[Qīngshuǐ Běilù]

在市境东北部。北起梅花街，南至龙门西路。沿线与龙门路、芦山街、金山大街相交。长 1.3 千米，宽 12 米，沥青路面。1986 年建成。因境内有清水河，故加方位命名为清水北路。两侧有蔬菜批发市场、海鲜批发市场。不通公交车。

清水南路 370682–K046
[Qīngshuǐ Nánlù]

在市境西南部。北起龙门西路，南至迟家疃。沿线与金山大街、富山路、古城街相交。长 5 千米，宽 12 米，沥青路面。1986 年建成。因境内有清水河，故加方位命名为清水南路。两侧有水果批发市场。不通公交车。

金水路 370682–K047
[Jīnshuǐ Lù]

在市境中部。北起市政府，南至广场街。沿线与广场街、旌旗路、升平街相交。长 1.3 千米，宽 10 米，沥青路面。1993 年建成。因境内有金水河，故名。不通公交车。

七星路 370682–K048
[Qīxīng Lù]

在市境中部。北起金山路，南至龙门西路。沿线与金山路、旌旗路、升平街、广场街、昌山路、向阳街、龙门路、芦山街相交。长 5 千米，宽 15 米，沥青路面。

1993年建成。因境内有七星河，故名。不通公交车。

同心路 370682–K049

[Tóngxīn Lù]

在市境北部。北起冶房村，南至马山路。沿线与马山路相交。长2千米，宽13米，沥青路面。1993年建成。因是与驻地部队共同建设的道路，取军民同心的含义，故名。通公交车。

大夫街 370682–K050

[Dàifu Jiē]

在市境中部。北起旌旗西路，南至龙门西路。沿线与昌山路相交。长1.3千米，宽8米，沥青路面。1993年建成。因境内有齐大夫河，故名。不通公交车。

北关街 370682–K051

[Běiguān Jiē]

在市境西北部。北起凤河路，南至马山路。沿线与凤河路、马山路相交。长0.5千米，宽8米，沥青路面。1993年建成。此街在北关村内，故名。不通公交车。

凤河路 370682–K052

[Fènghé Lù]

在市境西北部。北起军民路，南至马山路。沿线与柏林路、军民路、马山路相交。长1.5千米，宽10米，沥青路面。1993年建成。因境内有凤河，故名。通公交车。

悦望南街 370682–K053

[Yuèwàng Nánjiē]

在市境西部。北起马山路，南至旌旗西路。沿线与昌山路、马山路相交。长0.5千米，宽8米，沥青路面。1993年建成。以吉语嘉言命名。不通公交车。

芝水街 370682–K054

[Zhīshuǐ Jiē]

在市境西南部。北起昌山路，南至龙门西路。沿线与富山路、古城街、凤凰路相交。长0.4千米，宽10米，沥青路面。1993年建成。因境内有芝水河，故名。不通公交车。

潴河路 370682–K055

[Zhūhé Lù]

在市境西部。北起旌旗西路，南至富山路。沿线与小莱公路、马山路、龙门西路相交。长1千米，宽12米，沥青路面。1993年建成。因境内有潴河，故名。不通公交车。

荆河路 370682–K056

[Jīnghé Lù]

在市境西南部。北起龙门西路，南至火车道。沿线与龙门西路、方山路、鹤山路、富山路、丹崖西路、荆山路相交。长6千米，宽13米，沥青路面。1994年建成。因境内有荆河，故名。通公交车。

墨水路 370682–K057

[Mòshuǐ Lù]

在市境西部。南起龙门西路，北至胜利街。沿线与龙门路、望石路、金山大街、富山路相交。长1.5千米，宽15米，沥青路面。1994年建成。因境内有墨水河，故名。不通公交车。

城南街 370682–K058

[Chéngnán Jiē]

在市境南部。北起龙门西路，南至鹤山路。长0.5千米，宽12米，沥青路面。1994年建成。因经城南村得名。不通公交车。

迎仙街 370682–K059
[Yíngxiān Jiē]

在市境西南部。东起富水北路，西至马山路。长 0.5 千米，宽 4 米，沥青路面。1986 年建成。因为莱阳是全真七子马丹阳修道的地方，古代有迎仙坊、迎仙社，故名。不通公交车。

飞马街 370682–K060
[Fēimǎ Jiē]

在市境西北部。南起马山路，北至庄子村。沿线与马山路相交。长 0.5 千米，宽 6 米，沥青路面。1986 年建成。寓意事业像飞马一样腾飞，因吉语嘉言而得名。不通公交车。

悦望街 370682–K061
[Yuèwàng Jiē]

在市境西部。北起马山路，南至旌旗西路。沿线与昌山路、马山路、军民路相交。长 0.3 千米，宽 6 米，沥青路面。1993 年建成。因吉语嘉言而得名。不通公交车。

方山路 370682–K062
[Fāngshān Lù]

在市境西南部。西起汾河路，东至荆河路。沿线与凤河路、荆河路相交。长 0.2 千米，宽 8 米，沥青路面。1987 年建成。以方山命名。不通公交车。

丹崖西路 370682–K063
[Dānyá Xīlù]

在市境西南部。西起开发区，东至蚬河。沿线与汾河路、富水南路、五龙南路、清水南路、蚬河南路相交。长 5 千米，宽 12 米，沥青路面。1994 年建成。因境内有红土崖，故加方位命名为丹崖西路。通公交车。

荆山路 370682–K064
[Jīngshān Lù]

在市境南部。西起汾河路，东至五龙南路。沿线与莱高路、莱穴路相交。长 2.5 千米，宽 12 米，沥青路面。1994 年建成。因境内有荆山，故名。通公交车。

铎山路 370682–K065
[Duóshān Lù]

在市境南部。西起富水南路，东至清水南路。沿线与清水南路相交。长 1.5 千米，宽 8 米，沥青路面。1994 年建成。因境内有铎山，故名。不通公交车。

云门路 370682–K066
[Yúnmén Lù]

在市境南部。西起姚格庄，东至汾河路。沿线与汾河路相交。长 0.2 千米，宽 8 米，沥青路面。1994 年建成。以云门山命名。不通公交车。

衡山路 370682–K067
[Héngshān Lù]

在市境南部。西起姚格庄，东至汾河路。沿线与汾河路相交。长 0.2 千米，宽 8 米，沥青路面。1987 年建成。以衡山命名。不通公交车。

华山路 370682–K068
[Huáshān Lù]

在市境东南部。西起黄海路，东至北官庄。沿线与渤海路、黄海路、东海路相交。长 1.3 千米，宽 15 米，沥青路面。1993 年建成。以华山命名。不通公交车。

黄山路 370682–K069
[Huángshān Lù]

在市境东南部。西起渤海路，东至北

官庄。沿线与黄海路、渤海路、东海路相交。长 1.5 千米，宽 15 米，沥青路面。1994 年建成。以黄山命名。不通公交车。

嵩山路 370682–K070

[Sōngshān Lù]

在市境东南部。西起渤海路，东至北官庄。沿线与渤海路、东海路相交。长 1.5 千米，宽 15 米，沥青路面。1993 年建成。以嵩山命名。不通公交车。

泰山路 370682–K071

[Tàishān Lù]

在市境东南部，西起黄海路，东至鹿格庄。沿线与渤海路、东海路相交。长 1 千米，宽 15 米，沥青路面。1994 年建成。以泰山命名。不通公交车。

东海路 370682–K072

[Dōnghǎi Lù]

在市境东南部。北起龙门东路，南至福山路。沿线与龙门东路、华山路、黄山路、嵩山路、泰山路、金山大街、富山路相交。长 2 千米，宽 50 米，沥青路面。1994 年建成。以东海命名。不通公交车。

渤海路 370682–K073

[Bóhǎi Lù]

在市境东南部。北起龙门东路，南至蓝烟铁路。沿线与金山大街、华山路、黄山路、嵩山路、泰山路、富山路相交。长 2.7 千米，宽 30 米，沥青路面。以渤海命名。不通公交车。

黄海路 370682–K074

[Huánghǎi Lù]

在市境东南部。北起龙门东路，南至富山路。沿线与龙门东路、金山大街、泰山路、富山路相交。长 2.5 千米，宽 40 米，沥青路面。1994 年建成。以黄海命名。不通公交车。

韶山路 370682–K075

[Sháoshān Lù]

在市境西部。西起九龙路，东至宫家庄。沿线与黄河北路、珠江北路、九龙路、汉水路、长江路相交。长 2 千米，宽 20 米，沥青路面。1987 年建成。以韶山命名。沿途为企事业单位、居民区。不通公交车。

汉水路 370682–K076

[Hànshuǐ Lù]

在市境西部。北起韶山路，南至龙门西路。沿线与井冈山路、韶山东路、龙门西路相交。长 0.4 千米，宽 30 米，沥青路面。1987 年建成。以汉水命名。不通公交车。

珠江路 370682–K077

[Zhūjiāng Lù]

在市境西部。北起大黑石埠，南至富山路。沿线与峨嵋路相交。长 3 千米，宽 26 米，沥青路面。1987 年建成，以珠江命名。不通公交车。

九龙路 370682–K078

[Jiǔlóng Lù]

在市境西部。北起机场油库，南至龙门西路。沿线与珠江北路、井冈山路、韶山东路、龙门西路相交。长 1 千米，宽 30 米，沥青路面。以九龙河命名。不通公交车。

春江路 370682–K079

[Chūnjiāng Lù]

在市境西部。北起龙门西路，南至富山路。沿线与龙门西路、富山路相交。长 0.5 千米，宽 15 米，沥青路面。1987 年建成，取自唐诗《春江花月夜》，以吉语嘉言命名。不通公交车。

莱山路 370682-K080
[Láishān Lù]

在市境西北部。西起北阎家庄，东至周家疃。沿线与柳江路、海河路相交。长 1 千米，宽 15 米，沥青路面。1994 年建成。以莱山命名。不通公交车。

天目路 370682-K081
[Tiānmù Lù]

在市境西北部。西起北阎家庄，东至周家疃。沿线与海河路、柳江路相交。长 0.5 千米，宽 20 米，沥青路面。1987 年建成。以天目山命名。不通公交车。

昆山路 370682-K082
[Kūnshān Lù]

在市境西北部。西起北阎家庄，东至周家疃。沿线与海河路、柳江路、汾河路相交。长 0.5 千米，宽 20 米，沥青路面。1987 年建成。以昆山命名。不通公交车。

峨嵋路 370682-K083
[Éméi Lù]

在市境西北部。西起北阎家庄，东至周家疃。沿线与海河路相交。长 0.5 千米，宽 20 米，沥青路面。1987 年建成。以峨嵋山命名。不通公交车。

雁荡路 370682-K084
[Yàndàng Lù]

在市境西北部。西起北阎家庄，东至视家楼。沿线与海河路相交。长 0.5 千米，宽 20 米，沥青路面。1987 年建成。以雁荡山命名。不通公交车。

香山路 370682-K085
[Xiāngshān Lù]

在市境西北部。西起北蜡庄，东至视家楼。沿线与海河路、柳江路相交。长 0.5 千米，宽 20 米，沥青路面。1987 年建成。以香山命名。不通公交车。

塔山路 370682-K086
[Tǎshān Lù]

在市境西北部。西起北蜡树庄，东至视家楼。沿线与海河路相交。长 0.5 千米，宽 20 米，沥青路面。1987 年建成。因境内有塔山，故名。不通公交车。

汾河路 370682-K087
[Fénhé Lù]

在市境西部。北起天府集团，南至荆山路。沿线与昆山路、南山路相交。长 1 千米，宽 40 米，沥青路面。1994 年建成。以汾河命名。不通公交车。

柳江路 370682-K088
[Liǔjiāng Lù]

在市境西部。北起旌旗西路，南至龙门西路。沿线与莱山路、天目路、塔山路、香山路、昆山路相交。长 0.3 千米，宽 15 米，沥青路面。1987 年建成。以柳江命名。不通公交车。

海河路 370682-K089
[Hǎihé Lù]

在市境西部。北起汪家疃，南至龙门西路。沿线与莱山路、天目路、塔山路、峨嵋路、雁荡路、香山路、昆山路相交。长 0.5 千米，宽 15 米，沥青路面。1987 年建成。以海河命名。通公交车。

柏于路 370682-K090
[Bǎiyú Lù]

在市境西北部。南起小莱路，北至高职。沿线与小莱路、柏凤路、强军路、回莱路相交。长 2.8 千米，宽 14 米，沥青路面。

2006年建成。因柏林庄镇政府驻于家店，故取名柏于路。通公交车。

龙寨街 370682-K091

[Lóngzhài Jiē]

在市境东北部。西起209省道，东至北姜家村。长0.5千米，宽12米，沥青路面。2006年建成。以龙门山系最高峰老寨山取名龙寨街。不通公交车。

沐水路 370682-K092

[Mùshuǐ Lù]

在市境东北部。北起巷子口村，南至鹤山后村。沿线与204国道相交。长2.2千米，宽22米，沥青路面。2006年建成。因该路在沐浴店境内，且路的北面有莱阳市最大水库沐浴水库，故名沐水路。不通公交车。

民生街 370682-K093

[Mínshēng Jiē]

在市境西北部。西起小水岔加油站，东至谭格庄供电站。沿线与民裕街相交。长3.6千米，宽12.2米，沥青路面。2007年建成。镇政府坐落在此街，寓意镇党委领导注重民生，逐步提高人民群众生活水平，故名。不通公交车。

民裕街 370682-K094

[Mínyù Jiē]

在市境西北部。南起谭格庄镇市场监督管理所，北至谭格庄液化气站。长0.7千米，宽17.7米，沥青路面。2007年建成。因是镇政府所在街，寓意镇党委领导人民群众提高生活富裕起来，故名。两侧有邮政储蓄银行、农村信用社。不通公交车。

中心街 370682-K095

[Zhōngxīn Jiē]

在市境北部。北起河洛村，南至赵家疃。沿线与共建路相交。长0.3千米，宽9米，混凝土路面。2007年建成。因在河洛镇中心，故名。不通公交车。

学前街 370682-K096

[Xuéqián Jiē]

在市境北部。西起河洛初级中学门口，东至河边。沿线与共建路相交。长0.6千米，宽8米，沙土路面。2007年建成。因在河洛镇中心中学南，故名学前街。不通公交车。

昌盛路 370682-K097

[Chāngshèng Lù]

在市境西南部。西起吕格庄，东至荆山后村。沿线209省道相交。长0.4千米，宽6米，沥青路面。2007年建成。取繁荣昌盛之意命名。不通公交车。

长江路 370682-K098

[Chángjiāng Lù]

在市境西部。北起龙门西路，南至韶山路。沿线与龙门西路、204国道相交。长3.9千米，宽66米，沥青路面。1987年建成。以长江命名为长江路。通公交车。

南山路 370682-K099

[Nánshān Lù]

在市境南部。西起柳江路，东至汾河路。长0.5千米，宽15米，沥青路面。1987年建成。以南山命名。不通公交车。

和平路 370682-K0100

[Hépíng Lù]

在市境东南部。北起龙门西路，南至悦望路。沿线与龙门西路、望石路相交。长2千米，宽12米，沥青路面。1993年建成。以吉语嘉言命名为和平路。不通公交车。

文化路 370682-K0101
[Wénhuà Lù]

在市境东北部。西起旌阳路，东至青岛农业大学海都学院。沿线与旌阳路、共建路、玉岱路、蚬河路相交。长 2 千米，宽 13 米，沥青路面。2006 年扩建。因沿路有文化教育部门和学校而得名。通公交车。

桥梁

蚬河大桥 370682-N01
[Xiǎnhé Dàqiáo]

在莱阳市区东部。桥长 100 米，桥面宽 30 米，最大跨度 25 米，桥下净高 5 米。1986 年动工，1988 年建成。因桥下蚬河得名。为中型河道桥梁，结构型式为梁式桥。最大载重量 30 吨，担负城区干道交通任务，通公交车。

红土崖大桥 370682-N02
[Hóngtǔyá Dàqiáo]

在莱阳市区南部。桥长 100 米，桥面宽 23 米，最大跨度 40 米，桥下净高 10 米。1989 年动工，1990 年建成。因在红土崖北侧而得名。为中型河道桥梁，结构型式为钢筋混凝土桥梁。最大载重量 15 吨，担负城区干道交通任务。

东关大桥 370682-N03
[Dōngguān Dàqiáo]

在莱阳市区东部。桥长 100 米，桥面宽 22 米，最大跨度 50 米，桥下净高 6 米。1982 年动工，1983 年建成。因在东关村而得名。为中型河道桥梁，结构型式是梁式桥。最大载重量 20 吨，担负城区干道交通任务，通公交车。

白龙河大桥 370682-N04
[Báilónghé Dàqiáo]

在莱阳市区西部。桥长 88 米，桥面宽 65 米，最大跨度 76 米，桥下净高 7 米。1981 年动工，1999 年重修，2000 年建成。因白龙河得名。为中型河道桥梁，结构型式为梁式桥。最大载重量 40 吨，是 204 国道城区段西侧最主要的交通要道，担负城区干道交通任务，通公交车。

凤凰路大桥 370682-N05
[Fènghuánglù Dàqiáo]

在莱阳市区南部。桥长 100 米，桥面宽 30 米，最大跨度 60 米，桥下净高 5 米。2001 年动工，2002 年建成。因凤凰路得名。为中型河道桥梁，结构型式为梁式桥。通公交车。

车站

莱阳汽车站 370682-S01
[Láiyáng Qìchē Zhàn]

二级汽车站。在五龙南路 001 号。开工于 2004 年。占地面积 13 171 平方米，大院面积约 6 490 平方米，候车厅面积 1 700 平方米，可同时容纳候车旅客 3 000 余人，车站主营旅客运输工作。乡镇始发车辆 118 部，班次 363 个；长途始发车辆 138 部，班次 240 个；过路车平均每天 30 部（包含夜班 5 部车）。车站日平均发送旅客 3 500 人次，节假日客流高峰期约发送旅客 6 000 人次。车站满足了旅客出行需求，提升了城市形象。

莱州市

城市道路

光州街 370683-K01
[Guāngzhōu Jiē]

在市境北部。西起西环路，东至东环路。沿线与东苑路、云峰北路、文昌北路、莱州北路、西苑路相交。长5.9千米，宽34米，沥青路面。1989年开工，2004年、2008年改建。因莱州古称光州而命名。沿街文化氛围浓厚。两侧有双语小学、莱州一中（新校区）、计生局、公安局等。是城区主要道路之一，通公交车。

文化街 370683-K02
[Wénhuà Jiē]

在市境北部。西起山东镁矿，东至东环路。沿线与东苑路、云峰北路、文昌北路、莱州北路、西苑路相交。长6.2千米，宽31米，沥青路面。1980年开工，1991年、2004年改扩建。两侧有莱州剧院、烟台信息工程学校、市中医院、市人民医院、大家乐食品公司、商业大厦等。是城区主要道路之一，通公交车。

文泉街 370683-K03
[Wénquán Jiē]

在市境南部。西起西环路，东至东环路。沿线与云峰南路、莱州南路相交。长2.5千米，宽19米，沥青路面。1991年开工，2004年改扩建。两侧有自来水公司、明发隔热材料厂、山水国际大厦、和平医院等。是城区主要道路之一，通公交车。

府前街 370683-K04
[Fǔqián Jiē]

在市境中部。西起莱州南路，东至文昌南路。沿线与鼓楼街相交。长0.8千米，宽15米，沥青路面。1980年开工，1984年改建，1988年建成。因此街在市政府门前而得名。两侧有雷锋广场、新华书店、质检局、安检局、市政府、信访局、府前广场、总工会、工人文化宫、经贸局等。通公交车。

桥梁

三山岛大桥 370683-N01
[Sānshāndǎo Dàqiáo]

在莱州市区北部。桥长206.7米，桥面宽28米，最大跨度206.7米，桥下净高2.5米。1982年建成。因三山岛村得名。为大型桥梁，结构型式为石拱桥。该桥对三山岛港口运输起到重要作用，为莱州的经济发展提供了重要保障。最大载重量30吨。通公交车。

王河大桥 370683-N02
[Wánghé Dàqiáo]

在莱州市区东部。桥长153米，桥面宽12.2米，最大跨度120.6米，桥下净高3.2米。1997年动工，同年建成，2012年大修。因王河得名。为大型河道桥梁，结构型式为13孔砌空腹二胶板拱桥。最大载重量13吨。通公交车。

郭家店大桥 370683-N03
[Guōjiādiàn Dàqiáo]

在莱州市区东南部。桥长60米，桥宽8米，最大跨度1.5米，桥下净高7.2米。1964年动工，同年建成。因郭家店镇得名。为大型河道桥梁，结构型式为板梁桥。最大载重量20吨。通公交车。

云峰桥 370683-N04

[Yúnfēng Qiáo]

在莱州市区东南部。桥长 47.4 米，桥面宽 36 米，最大跨度 12 米，桥下净高 8.4 米。2004 年建成。因该桥坐落于云峰南路南阳河上而得名。为小型河道桥梁，结构型式为空腹式石拱桥。城区主要桥梁之一，最大载重量为 20 吨。通公交车。

南阳河桥 370683-N05

[Nányánghé Qiáo]

在莱州市区南部。桥长 60 米，桥面宽 24 米，最大跨度 50 米，桥下净高 10 米。1956 年开工，1958 年建成，2010 年重建。因坐落于南阳河上而得名。为小型河道桥梁，结构型式为永久性石砌拱桥。是三蓝支线公路段的主桥梁，城区主要桥梁之一，最大载重量 20 吨。通公交车。

车站

莱州汽车站 370683-S01

[Láizhōu Qìchē Zhàn]

三级汽车站。在莱州市文化西路339号。1948 年开工，1978 年迁入现址。现有始发班次 93 个，过路班次 232 个，营运班次覆盖全省主要地市，跨省长途班次可至哈尔滨、长春、沈阳、苍南、温州、绍兴、北京、上海、南京、杭州、天津等城市。是莱州市班次覆盖率最高、长途班次最多的汽车客运站，是莱州市重要的交通运输环节。

港口

莱州港 370683-30-F-a01

[Láizhōu Gǎng]

海港。在莱州市三山岛北侧，地处渤海莱州湾东岸，胶东半岛、鲁东地区、鲁中平原和黄河三角洲的结合部。1992 年列入国家“八五”重点建设工程，1996 年被批准为国家一类对外开放口岸。拥有生产性泊位12个，其中 10 万吨级泊位 1 个、5 万吨级泊位 4 个、3 000 吨级以上泊位 5 个、2 万吨级通用泊位 2 个，拥有 5 万吨级、万吨级航道各 1 条，10 万吨级船舶可乘潮进出港，设计年吞吐能力 2 000 万吨。港口对促进腹地产业结构调整、优化社会物流运输成本具有重要价值，是黄河三角洲高效生态经济区发展和莱州经济建设的重要支撑。

海庙港 370683-30-F-a02

[Hǎimiào Gǎng]

海港。在莱州市永安路街道海庙后村西 11 千米。1970 年开工，1981 年建成 1 号、2 号两个 500 吨级散杂货泊位，总长 102 米，1982 年 3 月投产。2004 年建成 1 000 吨级 3 号通用散货泊位一个，3 000 吨级 4 号通用散货泊位一个，总长 225 米。每年吞吐量 200 万吨。海庙港是一座具有 40 多年历史的地方性港口，对推动当地的经济发展起到至关重要的作用。

蓬莱市

城市道路

北关路 370684-K01

[Běiguān Lù]

在区境北部。西起转盘，东至海市路。沿线与海市西路、黄海路、东关路、钟楼北路、西关路相交。长 4.5 千米，宽 40 米，沥青路面。2001 年开工，2002 年建成，2013 年改扩建。因其经过老城区北城门遗址，故名。两侧有国土局、检察院等。通公交车。

南关路 370684-K02
[Nánguān Lù]

在区境南部。西起港南路，东至沙河路。沿线与沙河路、南河路、海市路、海市西路、黄海路、登州路、东关路、钟楼南路、西关路、港南路等相交。长 6.5 千米，宽 40 米，沥青混凝土路面。2003 年开工，2004 年建成。两侧有公路局、交通局、住房和规划建设管理局、邮政局等。通公交车。

钟楼北路 370684-K03
[Zhōnglóu Běilù]

在区境中部。北起海滨路，南至钟楼东西路。沿线与钟楼东路、钟楼西路、北关路、海滨路等相交。长 1.3 千米，宽 30 米，沥青路面。1998 年开工，1999 年建成。因其在钟楼（已拆除）北侧，故名。两侧有易三小学、新一百货、利群商厦、汽车站、和平广场等。通公交车。

钟楼南路 370684-K04
[Zhōnglóu Nánlù]

在区境南部。北起钟楼东西路，南至南环路。沿线与钟楼东路、钟楼西路、南关路、南环路等相交。长 1.2 千米，宽 40 米，沥青路面。1998 年开工，1999 年建成。因在钟楼（已拆除）的南侧，故名。两侧有蓬莱宾馆等。通公交车。

登州路 370684-K05
[Dēngzhōu Lù]

在区境中部。北起蓬泉路，南至 206 国道。沿线与北关路、钟楼东路、南关路等相交。长 3.6 千米，宽 40 米，沥青路面。2013 年开工，同年建成。蓬莱古为登州府，路以此得名。两侧有市财政局、华侨宾馆、广电局、城管局等。通公交车。

特色街巷

牌坊里弄 370684-A02-L01
[Páifāng Lǐnòng]

在紫荆山街道东部。长 0.1 千米，宽 6 米，石料路面。因戚继光牌坊在其东西两端而得名。巷北为戚继光家族世居之地，巷东西两端各有牌坊 1 座，西为“父子总督”牌楼，东为“母子节孝”牌楼。明嘉靖四十四年（1565），朝廷为旌表戚氏家族而建。为古街巷，两侧多为经营传统手工艺品的店铺。通公交车。

桥梁

沙河桥 370684-N01
[Shāhé Qiáo]

在蓬莱市区东部。桥长 70 米，桥面宽 26 米，最大跨度 13 米，桥下净高 3 米。1995 年动工，1996 年建成。因其在登州街道沙河李家村，且坐落于沙河之上，故名。为中型河道桥梁，结构型式为石拱桥。担负城区干道交通任务，最大载重量 20 吨，通公交车。

车站

蓬莱汽车站 370684-S01
[Pénglái Qìchē Zhàn]

长途汽车站。在蓬莱市钟楼南路与 206 国道相交处。2013 年 5 月开工，2014 年建成。附属设施有停车场、办公楼、候车室。占地面积 63 683.2 平方米，建筑面积 26 151.26 平方米。是蓬莱市的主要枢纽、旅客集散中心，为百姓提供一个安全、便捷、舒适的客运服务环境，发挥着公路客运主枢纽的作用。

港口

烟台港栾家口港区 370684-30-F-a01
[Yāntáigǎng Luánjiākǒu Gǎngqū]

海港。在蓬莱市北沟镇栾家口村北，所在水域为蓬长水域，与长山列岛隔海相望。栾家口港历史悠久，早在新石器时代便和登州水城石港一起向辽东半岛传播龙山文化。自宋后期至明，栾家口港承接登州水城石港的商业功能，日趋繁荣。1995年4月起，栾家口港区开始大规模建设。已建成生产型泊位16个，2010年货物吞吐量达到477万吨。通往世界各地港口，开展海运客运、货运等作业。

烟台港蓬莱东港区 370684-30-F-a02
[Yāntáigǎng Pénglái Dōnggǎngqū]

海港。在蓬莱市东部新港街道，所在水域为蓬长水域。一期1992年3月开工，1995年竣工。1999年10月开工建设2个5 000吨级滚装泊位。2001年10月，开工建设3.5万吨级木材专用码头，2004年竣工。港区规划岸线约15千米。平均水深 -9米，最大水深 -15米。港区航道为5万吨级，现建有生产性泊位8个，最大吨级为5万吨级，共有门机17台，各类机械30余台，主要进出货物品种为煤炭、原木、水泥、铝矾土、铁矿石等。2010年，该港区货物吞吐量723万吨，旅客吞吐量18万人次。通往国内50个港口，通达世界30个国家和地区的41个港口，开展海运客运、货运等作业。

烟台港蓬莱西港区 370684-30-F-a03
[Yāntáigǎng Pénglái Xīgǎngqū]

海港。在山东省蓬莱市田横山西侧，所在水域为蓬长水域。1956年，蓬莱港由蓬莱水城要塞移至田横山西侧，重新建设蓬莱港（即烟台港蓬莱西港区），时称青岛海运局蓬莱港。2005年，蓬莱西港与长岛港合并。岸线长520米，平均水深 -4米，最大水深 -5米。共有8个泊位，年客运量419万人，年货运量687万吨。主要从事蓬莱至长岛间海上陆岛交通运输，现有售票大厅、旅客长廊、候船大厅等现代化服务设施，达到国家级文明客运站标准，有4万平方米的大型停车场，可以停放车辆600多台。为陆岛交通港口，以陆岛客货运输为主。

招远市

城市道路

玲珑路 370685-K01
[Línglóng Lù]

在市境北部。东起金龙路，西至后夼村。沿线与春雨路、金晖路、招金路、金源路、天府路、三和路、河东路、河西路、罗峰路、金城路等相交。长5.4千米，宽24米，沥青路面。原为20世纪70年代修建的水泥厂专用路，1988年、1990年、1999年改扩建。因直通玲珑镇而得名。两侧有梦芝街道办事处等。为招远市区北部的东西主干道。通公交车。

初山路 370685-K02
[Chūshān Lù]

在市境北部。东起天府路，西至金城路。沿线与河东路、河西路、魁星路、罗峰路等相交。长2.4千米，宽30米，沥青路面。原是人行沙土路，1989年、1994年、1998—1999年分段建成。以城西初家山得名。两侧有纺织集团、环保局、住建局等。为连接老城区和开发区的主要道路之一。通公交车。

北园路 370685-K03

[Běiyuán Lù]

在市境北部。东起河西路，西至城西山脚下。沿线与魁星路、罗峰路、金城路相交。长2.5千米，宽12米，沥青路面。1979年开工，同年建成，1989年改扩建。因街北为菜园，故名。两侧有文化区市场、房产大厦、康泰大厦等。为招远老城区主要东西向街路之一。通公交车。

府前路 370685-K04

[Fǔqián Lù]

在市境中部。东起魁星路，西至温泉路。沿线与罗峰路、金城路相交。长2.2千米，宽14米，沥青路面。原为城旧东门里街，1958年、1974年、1993—1995年改扩建。以处县政府门前而得名。为招远老城区政治、经济、文化中心。两侧有市政府原办公区、金都购物中心、人民医院、府前广场、文化博览中心、西山公园等。通公交车。

泉山路 370685-K05

[Quánshān Lù]

在市境南部。东起金龙路，西至普照路。沿线与春雨路、金晖路、招金路、天府路、河东路、河西路、迎宾路、魁星路、罗峰路、金城路相交。长6.5千米，宽30米，沥青路面。1963年开工，同年建成，1980年、1993年、1997—1998年改扩建。以东部滚泉山得名。两侧有第六地质队、原物资公司、原招远酿酒厂、泉山学校等。为联结招远老城区和开发区的东西向主要道路之一。通公交车。

河西路 370685-K06

[Héxī Lù]

在市境中部。南起普照路，北至玲珑路。沿线与泉山路、晨钟路、迎宾路、东关街、温泉路、北园路、初山路等相交。长4.2千米，宽12米，沥青路面。20世纪70年代建成，1989年、1993年、1996年、1997年、2000年改扩建。因在城东河（金泉河）西岸，故名。北段和南段主要为住宅区，中段为招远市主要商贸区，形成招远商业圈。两侧有居然之家、土产公司、金城广场、文化市场等。为贯穿招远主城区的南北向主要干道之一。通公交车。

河东路 370685-K07

[Hédōng Lù]

在市境中部。南起普照路，北至横掌温家。沿线与泉山路、迎宾路、温泉路、北园路、初山路、玲珑路等相交。长5.6米，宽14米，沥青路面。1997年、1998年、2001年、2003年分段建成。因在城东河（金泉河）东岸，故名。两侧有河东农贸易市场。为招远老城区南北向主要干道之一。通公交车。

温泉路 370685-K08

[Wēnquán Lù]

在市境中部。东起金龙路，西至西宋路口。沿线与春雨路、金晖路、招金路、金源路、天府路、河东路、河西路、魁星路、罗峰路、金城路等相交。长6.7千米，宽30米，沥青路面。原为招城北门外街，1958年、1974年、1993—1996年改扩建。为招远温泉分布区，故名。两侧有财政局、法院、商业城、玲珑园、温泉公园、金城温泉大酒店、体育公园、凤凰岭公园。为联结招远老城区和开发区的东西向主要道路。通公交车。

金城路 370685-K09

[Jīnchéng Lù]

在市境西部。南起郭家埠，北至十里铺。沿线与普照路、泉山路、晨钟路、迎宾路、府前路、温泉路、北园路、初山路、玲珑路等相交。长 9 千米，宽 38 米，沥青路面。1979 年建成，1993 年、1997 年改扩建。因当时招远对外宣传称金城天府，故名。两侧有招远供电公司、纺织集团公司等。为招远标志性城区路，是招远市区南北运输主动脉。通公交车。

罗峰路 370685-K10
[Luófēng Lù]

在市境中部。南起普照路，北至国大路。沿线与泉山路、迎宾路、温泉路、文化路、北园路、初山路、梦芝路等相交。长 6.2 千米，宽 24 米，沥青路面。1965 年、1974 年、1993 年、1995 年改扩建。为纪念罗峰古镇而得名。两侧有金都百货、农行大厦等。为招城市中心区南北主动脉。通公交车。

魁星路 370685-K11
[Kuíxīng Lù]

在市境中部。南起焦沟河，北至初山路。沿线与泉山路、迎宾路、府前路、温泉路、北园路等相交。长 2.8 千米，宽 12 米，沥青路面。1958 年、1990 年、1992 年、1995 年、1996 年改扩建。因处旧城魁星楼以东，故名。两侧有公安局办公大楼、工商银行、农商银行等。为招远老城区南北向主干道路之一。通公交车。

天府路 370685-K12
[Tiānfǔ Lù]

在市境东部。南起普照路，北至玲珑路。沿线与晨钟路、温泉路、北园东路、初山路等相交。长 5.3 千米，宽 36 米，沥青路面。20 世纪 80 年代前为过境秦化公路，1985 年、1998 年改扩建。以适应招远“金城天府”的宣传需要而得名。两侧有招远汽车总站、公交总站、城建大厦、党校大楼、体育公园。为城区东移和拉动开发区建设的南北主要干路。通公交车。

普照路 370685-K13
[Pǔzhào Lù]

在市境南部。东起黄水路，西至温泉路。沿线与金晖路、招金路、天府路、河东路、河西路、罗峰路、金城路相交。长 6.7 千米，宽 24 米，沥青路面。1994 年开工，1995 年建成。以招远旧八大景普照晨钟命名。为招远城区南部东西向主干道。通公交车。

金龙路 370685-K14
[Jīnlóng Lù]

在市境东部。南起普照路，北至玲珑路。沿线与泉山路、温泉路、初山东路相交。长 4.7 千米，宽 12 米，沥青路面。1994 年改扩建。为突出招远有黄金的特点，名金龙路。两侧有山东玲珑轮胎股份有限公司、山东金潮股份有限公司、大秦家商贸区。为招远经济技术开发区南北贯通主动脉。通公交车。

国大路 370685-K15
[Guódà Lù]

在市境北部。东起金龙路，西至金城路。沿线与膜天路、河东路、罗峰路相交。长 5.4 千米，宽 26 米，沥青路面。1985 年开工，同年建成，2005 年改扩建。以路北的国大黄金公司命名。两侧有国大黄金公司、招金砺福贵金属公司、招金膜天公司、金宝电子工业园等。是招远北部绕开城区的主干线。通公交车。

初山东路 370685-K16
[Chūshān Dōnglù]

在市境东北部。东起金龙路，西至天府路。沿线与春雨路、金晖路、招金路、金源路等相交。长 2.2 千米，宽 30 米，沥青路面。2003 年开工，2004 年建成。因西接初山路，命名为初山东路。为招远市经济技术开发区工业园承载地，两侧有康泰实业、清韵家纺、招远农商大世界。通公交车。

招金路 370685–K17
[Zhāojīn Lù]

在市境东部。南起普照路，北至横掌路。沿线与泉山路、文体路、温泉路、北园东路、聚金路、初山东路、盛泰路、青云路、玲珑路相交。长 6.1 千米，宽 24 米，沥青路面。原为连村路，2003 年改扩建。以路东有招金集团，为突出招远黄金宣传需要，故名。南端为招远皮革城，北部主要为开发区工业园区。两侧有康泰实业东厂区等。为开发区东移后提升开发区形象的南北向主干道之一。通公交车。

金晖路 370685–K18
[Jīnhuī Lù]

在市境东部。南起普照路，北至玲珑路。沿线与泉山路、文体路、温泉路、北园东路、聚金路、初山东路、盛泰路、青云路相交。长 4.3 千米，宽 24 米，沥青路面。2003 年开工，同年建成。以路中段金晖花园命名。两侧有中国金都首饰城、凤凰岭公园、广电大厦、市政府办公大楼、招远皮革城等。为招远开发区东移后最高标准的南北向主干道。通公交车。

文化路 370685–K19
[Wénhuà Lù]

在区境中部。东起原北关联中，西至金城路。沿线与罗峰路相交。长 0.8 千米，宽 10 米，沥青路面。1968 年开工，同年建成，1984 年进行沥青硬化。因沿路多有学校而得名。为招远市城区学校集中分布区。两侧有实验幼儿园、实验小学、招远第十六中学、招远一中老校、教师进修学校等。为招远老城区城市主干道路。通公交车。

迎宾路 370685–K20
[Yíngbīn Lù]

在市境中部。东起河西路，西至金城路。沿线与魁星路、罗峰路相交。长 1.5 千米，宽 12 米，沥青路面。东段原称南坝街，为旧城商业区；西段为南门外，1958 年拆除城墙拓宽为街道。1974 年硬化为沥青路面。1980 年以中心街为方位命名为南大街。1988 年，因街旁有县委招待所，命名为迎宾路。为招远市主要商贸区和医疗卫生分布区，东部主要为商贸区。两侧有金都宾馆、商业局、供销社、人民医院、疾控中心、妇幼保健院等。为招远老城区东西向主干道路之一。通公交车。

特色街巷

状元街 370685–A02–L01
[Zhuàngyuán Jiē]

在罗峰街道东南部。长 0.3 千米，宽 6 米，石料路面。因北宋嘉祐六年（1061）状元王俊民府第在此，故名。北侧建有府前广场，南侧建成城里社区商驻区，为市政治、经济、文化中心区。通公交车。

车站

招远汽车站 370685–S01
[Zhāoyuǎn Qìchē Zhàn]

长途汽车站。在天府路北首西侧。旧站 1951 年建成，新站 2014 年底建成。占地面积 5.5 公顷，建筑面积 2.8 万平方米。拥有客运线路 81 条，进站经营客运车辆 612 部，日发班次 837 个，日均发送旅客 7 500 人次。是集长途客运、农村客运、城市公交于一体的综合型客运枢纽。

栖霞市

城市道路

商业街 370686-K01
[Shāngyè Jiē]

在市境中部。北起振兴路，南至翠屏路。沿线与翠屏路、跃进路、涌泉路、民生路、山城路、金岭路、电业路相交。长 1.8 千米，宽 10 米，沥青路面。1958 年开工，1965 年建成。以商贸最集中最繁华的特色命名。沿途为有商业特色的楼房建筑群。两侧有苏宁易购等。通公交车。

霞光路 370686-K02
[Xiáguāng Lù]

在市境中部。北起庄园路，南至翠屏路。沿线与电业路、金岭路、山城路、民生路、涌泉路、跃进路相交。长 2.4 千米，宽 26 米，沥青路面。1980 年开工，1985 年、1993 年改扩建。以栖霞旧八景之一“城头朝霞”，释文“每日晓，辄有丹霞流岩”和“霞光万通”更名。两侧有牟氏庄园、悦心亭政府招待所、万家购物中心、中国银行、建设银行、邮政储蓄银行、恒丰银行、幼儿中心、人社局。通公交车。

向阳路 370686-K03
[Xiàngyáng Lù]

在市境东部。北起山城路，南至翠屏路。沿线与山城路、跃进路、翠屏路相交。长 1.0 千米，宽 20 米，沥青路面。北段 1984 年开工，1989 年建成，2011 年改扩建；南段 2005 年开工。以吉祥词“向阳”命名。沿途商业气息浓厚。两侧有凤凰岭公园、体育场、检察院、华东地质队二七三大队。通公交车。

环湖路 370686-K04
[Huánhú Lù]

在市境北部。南起审计局，北至 209 省道。沿线与盛世路、仙霞路、迎宾路相交。长 7.5 千米，宽 8~18 米，沥青路面。2009 年开工，2011 年建成。以环绕长春湖东侧得名。两侧有滨湖公园、庵里水库管理所等。

迎祥路 370686-K05
[Yíngxiáng Lù]

在市境北部。北起龙凤居委会，南至庄园路。沿线与龙凤路、凤翔路相交。长 2.4 千米，宽 31 米，沥青路面。2003 年开工，2005 年建成。以迎接祥瑞之意命名。沿途教育氛围浓厚。两侧有凤翔小学、凤翔幼儿园、气象局等。

盛世路 370686-K06
[Shèngshì Lù]

在市境北部。北起仙霞路，南至庄园路。沿线与腾飞路、庄园路相交。长 2.6 千米，宽 16 米，沥青混凝土路面。2004 年建成。以“太平盛世”命名。沿途教育氛围浓厚。两侧有庄园中学、财政局、宝华开元名都大酒店等。

翠屏路 370686-K07
[Cuìpíng Lù]

在市境中部。西起翠屏桥，东至大流口村。沿线与商业街、霞光路、文化路、向阳路相交。长 3.4 千米，宽 16~18 米，沥青路面。1976 年开工，2014 年扩建。以旧八景之一“翠屏出云”得名。两侧有南山公园、印染厂、翠屏公园、竹园阁、塔山公园等。通公交车。

跃进路 370686-K08
[Yuèjìn Lù]

在市境南部。西起老树夼，东至 209

省道。沿线与迎宾路、商业街、霞光路、文化路、向阳路、209省道相交。长5.1千米，宽12~15米，沥青路面。1958年开工，1985年扩建。以横跨白洋河的跃进大桥得名。两侧有服装集团、汽车站、万达宾馆、百货公司、天桥商厦、影剧院、法院、实验小学、教体局、文化馆、体育场等。通公交车。

民生路 370686-K09
[Mínshēng Lù]

在市境中部。西起小石岭，东至文化路。沿线与迎宾路、商业街、霞光街、文化路相交。长2.4千米，宽20米，沥青路面。1958年开工，1959年建成。路名取“关注民生”之意。沿途人文气息浓厚。两侧有庄园街道办事处、中医院、公路局、文化广场、劳动大楼、人民医院。通公交车。

山城路 370686-K10
[Shānchéng Lù]

在市境中部。西起迎宾路，东至向阳路。沿线与霞光路、文化路、商业街相交。长1.3千米，宽23米，沥青混凝土路面。1985年开工。因市区四面环山，有“山城”之称，故名。两侧有市人民医院、文化广场、公路局、中医院、亚东汽贸等。通公交车。

金岭路 370686-K11
[Jīnlǐng Lù]

在市境中部。西起商业街，东至文化路。沿线与商业街、霞光路、文化路相交。长0.9千米，宽20米，沥青路面。1985年开工。以古地名“金线岭”命名。两侧有颐中包装有限公司、烟草公司等。通公交车。

电业路 370686-K12
[Diànyè Lù]

在市境北部。西起迎宾路，东至庄园路。沿线与商业街、霞光路、文化路、棉纺厂东道路相交。长2.4千米，宽27米，沥青混凝土路面。1970年开工，1985年扩建。以途经企业得名电业路。两侧有电业局、安泰公司、自来水公司、乡镇企业局等。通公交车。

庄园路 370686-K13
[Zhuāngyuán Lù]

在市境北部。西起庄园桥，东至209省道。沿线与霞光路、文化路、209省道相交。长2.3千米，宽20米，沥青混凝土路面。1994年开工。以牟氏庄园命名。沿途旅游文化繁荣，人文气息浓厚。两侧有牟氏庄园、庄园小学、梦幻宫等。通公交车。

凤翔路 370686-K14
[Fèngxiáng Lù]

在市境北部。东起迎祥路，西至腾飞路。沿线与龙凤西路、龙凤东路、迎祥路相交。长0.6千米，宽21米，沥青混凝土路面。2005年开工，同年建成。取“凤翔云端”之意命名。两侧有党校、龙腾广场。

腾飞路 370686-K15
[Téngfēi Lù]

在市境北部。西起热力公司桥，东至行政中心。沿线与迎宾路、盛世路相交。长3.2千米，宽11~26米，沥青混凝土路面。2004年建成。两侧有行政中心、龙腾广场等。通公交车。

文化路 370686-K16
[Wénhuà Lù]

在市境中部。北起庄园路，南至东南店村。沿线与振兴路、山城路、跃进路、翠屏路、金岭路、市府路、涌泉路、锦绣路相交。长4.7千米，宽26米，沥青混凝土路面。1958年开工，同年建成。以沿路驻有多个文化教育单位而得名。沿途文化氛围浓厚。两侧有栖霞一中、教体局、大庆路学校、国土局、吕剧团、房管局、医药公司、气象局等。通公交车。

迎宾路 370686-K17
[Yíngbīn Lù]

在市境西部。北起太虚宫立交桥，南至珠江路。沿线与民生路、跃进路、腾飞路、电业路、翠屏路相交。长9.7千米，宽24米，沥青路面。1984年开工，1985年建成，同年扩建，1986年再扩建。以栖霞人民对来栖霞市区的客商和游人表示欢迎和尊重而得名。两侧有国际广场、栖霞二中、汽车站。通公交车。

桥梁

跃进桥 370686-N01
[Yuèjìn Qiáo]

在栖霞市区南部。桥长92.6米，桥面宽12米，最大跨度8米，桥下净高4.3米。1958年动工，同年建成。因1958年"大跃进"期间修建，故名跃进桥。为小型河道桥梁，结构型式为石拱桥。最大载重量15吨，担负城区干道交通任务，通公交车。

霞光桥 370686-N02
[Xiáguāng Qiáo]

在栖霞市区北部。桥长55.5米，桥面宽29.2米，最大跨度10米，桥下净高2.8米。1986年动工，同年建成，2006年拓宽改造。因在霞光路北首得名。为小型河道桥梁，结构型式为石拱桥。最大载重量100吨。担负城区干道交通任务，通公交车。

长春湖大桥 370686-N03
[Chǎngchūnhú Dàqiáo]

在栖霞市区北部。桥长371.75米，桥面宽24米，最大跨度30米，桥下净高10米。2013年建成。因跨长春湖得名。为大型河道桥梁，结构型式为10孔梁式桥。最大载重量100吨。通公交车。

榆林头大桥 370686-N04
[Yúlíntóu Dàqiáo]

在栖霞市区西北部。桥长246.6米，桥面宽12.5米，最大跨度240米，桥下净高4.7米。1977年动工，2007年改建。因该桥位于榆林头村北而得名。为大型河道桥梁，结构型式为预应力空心板梁。最大载重量49吨，通公交车。

隧道

水石岭隧道 370686-30-E01
[Shuǐshílǐng Suìdào]

在唐家泊镇。长650米，高5米，宽11.5米。2002年开工，2004年建成。因处文山线的水石岭，故名。公路隧道，洞口为翼墙式正交洞口。采用直墙式单心圆拱、钢筋混凝土材料建造。是提供运输功能的通道，连接威汕线。

十八盘隧道 370686-30-E02
[Shíbāpán Suìdào]

在蛇窝泊镇。长590米，高5米，宽11.5米。2002年开工，2004年建成。在文山线上的十八盘，故名。公路隧道，洞口为翼墙式正交洞口。采用直墙式单心圆拱、钢筋混凝土材料建造。是提供运输功能的通道，连接威汕线。

车站

桃村北站 370686-R01
[Táocūn Běizhàn]

铁路站。在烟台市栖霞桃村镇北。2014 年 12 月开通营运。站房面积为 2 500 平方米，车站设到发线 4 条（含正线），设侧式站台 2 座，还有 1 处 12 米宽的地下通道。为 2 台 4 线侧下式车站，拥有国内一线城市的站内配套设施，世界一流的动车组列车。直达北京、上海、济南、青岛、烟台、荣成，将整个胶东纳入一小时生活圈。桃村北站在城市交通中具有重要作用。

桃村火车站 370686-R02
[Táocūn Huǒchē Zhàn]

铁路站。在栖霞市桃村镇。1953 年兴建，1956 年投入运营。站房面积为 1 020 平方米，车站设到发线 8 条（含正线），设侧式站台 2 座，还有 1 处 5 米宽的地下通道。为 2 台 3 线式车站，拥有完善的站内配套设施，日接发车辆 95 辆。蓝烟铁路与桃威铁路在此相交，是桃威铁路西起点站，对桃村镇经济发展与人员流动做出巨大贡献。

栖霞汽车站 370686-S01
[Qīxiá Qìchē Zhàn]

二级汽车客运站。在栖霞市迎宾路 1010 号。1951 年，烟台交运在栖霞设置了胶东第一个县域汽车站栖霞汽车站，1963 年又在桃村设置了汽车七队，2004 年 12 月，栖霞汽车站与原桃村汽车七队合并。内设候车大厅、问讯处、售票厅、重点旅客候车室等。占地面积 1.6 万平方米，建筑面积 4 000 平方米。拥有发车位 8 个，营运车辆 120 余部，日发班次 240 余次，日均发送旅客 2 100 人左右。栖霞汽车站拥有发往北京、济南、东营、临沂、滨州、潍坊、青岛、威海、乳山、烟台及周边各县市、区内各乡镇的客运班车。

海阳市

城市道路

海阳路 370687-K01
[Hǎiyáng Lù]

在市境南部。西起西安路，东至山海路。沿线与公园街、龙山街、虎山街、榆山街等相交。长 7.4 千米，宽 25 米，沥青路面。1978 年开工，1980 年建成，1990 年扩建。以市名命名。道路横穿老城区主要商业区，沿途商业、金融氛围浓厚。两侧有金海螺商业广场、海阳人民医院、新元广场、新世纪大厦、振华商厦等。是老城区重要交通干线。通公交车。

海政路 370687-K02
[Hǎizhèng Lù]

在市境南部。西起海天路，东至东凤大道北路。沿线与公园街、龙山街、虎山街、东凤大道北路等相交。长 5.4 千米，宽 15 米，沥青路面。1981 年开工，同年建成。因路经海阳市老政府而得名。沿途商业氛围浓厚。两侧有市委党校、海阳市人民政府、海阳百货大楼、生产大厦、金海螺商业广场等。是老城区重要交通干线。通公交车。

海园路 370687-K03
[Hǎiyuán Lù]

在市境南部。西起虎山街，东至盘石店公路。沿线与文山街、榆山街、东凤大道、新元街、盛竹路相交。长 3.2 千米，宽 15 米，沥青路面。1988 年开工，2012 年改扩建。因路向西可延伸至北山公园，故名海园路。

两侧有北山公园、市交通局、市公路局、电业大酒店、晓龙大厦、金鼎葡萄酒业等。是老城区北部重要东西通道。通公交车。

东凤大道南路 370687-K04
[Dōngfèng Dàdào Nánlù]

在市境南部。北起海翔中路，南至海景路。沿线与凤翔路、凤阳路、海新中路、海滨中路相交。长 3.2 千米，宽 37.2 米，沥青路面。1994 年开工，1995 年建成。因此道路是东村至凤城的主干道而得名。两侧有凤城工业园等。为连接海阳市北部老城区与南部沿海新城区的重要交通干线。通公交车。

黄海大道中路 370687-K05
[Huánghǎi Dàdào Zhōnglù]

在市境南部。北起威青高速，南至海翔中路。沿线与温州街、烟台街、深圳街、南京街相交。长 3.1 千米，宽 25.0 米，沥青路面。2004 年开工，2006 年建成。因其所处地理位置濒临黄海而得名。两侧有天工塑胶、麦迪森建筑、广合食品、贝尔特海洋生物产业园等。通公交车。

海景路 370687-K06
[Hǎijǐng Lù]

在市境南部。东起益港路，西至阳瑞路。沿线与阳光路、阳升路、阳晖路、黄海大道南路相交。长 5.4 千米，宽 18.0 米，沥青路面。2004 年开工，同年建成。因沿路可以欣赏到绿植、沙滩、大海，美不胜收，故名海景路。两侧有海阳万米海滩浴场、观海平台、国宾海景酒店等。通公交车。

海天路 370687-K07
[Hǎitiān Lù]

在市境南部。西起岚前坡，东至岱格庄东北端。沿线与香山街、龙山街、东凤大道、山海路相交。长 10.7 千米，宽 24.5 米，沥青路面。2006 年开工，2008 年建成。为继承和保护老城区的历史地名而命名。两侧有海阳市育才小学、市疾控中心、烟台轻工业学校等。是连接东村街道、方圆街道、经济开发区、碧城工业区的重要交通干线。通公交车。

桥梁

丁字湾大桥 370687-N01
[Dīngzìwān Dàqiáo]

在海阳市区南部。桥长 3 291.6 米，桥宽 26.9 米，最大跨度 3 291.6 米，桥下净高 22.7 米。2009 年动工，2012 年建成。因在丁字湾而得名。为大型桥梁，结构型式为双塔双索面混凝土斜拉桥。该桥完善了海阳路网结构，提高综合运输效率，同时强化了与青岛的联系，促进了海阳旅游业的发展。通公交车。

车站

海阳站 370687-R01
[Hǎiyáng Zhàn]

四等铁路站。在市境北部，徐家店镇驻地。1954 年 10 月开工，1956 年 1 月 1 日开通运营，2001 年复线改造，2010 年电气化改造。根据驻地命名，时称徐家店站，1959 年 10 月 1 日更名为海阳站。占地面积约 19.2 万平方米。有客运业务列车 17 列，年发送旅客 12 万人次，到达旅客 9.6 万人次。

海阳北站 370687-R02
[Hǎiyáng Běizhàn]

铁路站。2014 年 3 月开工，2014 年 12 月 28 日通车。相对于海阳站，该站位置偏北，因而取名海阳北站。海阳北站站台规模 2 台 4 线，建筑面积 2 999 平方米。设 12 米旅客地道 1 座，车站地道楼梯扶梯 2 座，有相关道口房。站房在线路右侧，长 87.9 米，最宽处 23 米。有 32 趟列车经停，日发送旅客 600 余人。有一处出租、客运转乘一体化的公交枢纽。

海阳汽车总站 370687–S01

[Hǎiyáng Qìchē Zǒngzhàn]

二级汽车客运站。在海阳经济开发区东风大道 119 号。2012 年 1 月 9 日试运营。占地面积 1.1 公顷，建筑面积 6 600 平方米，共设 4 个售票窗口、22 个检票口和发车位。现拥有客运线路 32 条（跨区县长途线路），日发班次 263 个，年载客量 73 万人次。承担跨县以上班线的中长途运输。

港口

海阳港 370687–30–F–a01

[Hǎiyáng Gǎng]

海港。地处海阳市凤城街道办事处南侧。1976 年开工，1979 年建成投运。现已建设完成 2 个 1 万吨、1 个 5 000 吨、1 个 30 00 吨泊位，以及 1 个油品码头，年吞吐能力 170 万吨。2006 年 3 月，国家将海阳港作为烟台港作业区列入“十一五”规划，属国务院批准的临时开放口岸。

码头

海阳核电厂工程重件设备海运码头 370687–30–G–a01

[Hǎiyáng Hédiànchǎng Gōngchéng Zhòngjiàn Shèbèi Hǎiyùn Mǎtóu]

海运码头。在海阳市境东南部，留格庄镇辖区。1974 年 12 月开工，1983 年 7 月至 1984 年 6 月扩建。2009 年 6 月再次开工，2010 年 9 月完工。建成 5 000 吨级海运驳船泊位。码头工程采用重力式沉箱结构，长 145 米，宽 66.2 米，前沿顶高程为 3.8 米，底高程为 −6.5 米。平均水深 5.5 米，最大水深 6.5 米。

灯塔

千里岩灯塔 370687–30–J01

[Qiānlǐyán Dēngtǎ]

在海阳市黄海海岸线南 45.9 千米处海域。建造时间为 1957 年，初为灯桩；1979 年改建为灯塔，为红白横级石砌圆塔。塔高 10 米，灯高 84.6 米，灯质为白色光束，每 15 秒闪烁一次，射程 24 海里，遮蔽弧约 324°~332°。为各类过往船只指示方位。

长岛县

城市道路

长山路 370634–K01

[Chángshān Lù]

在县境中部。南起山前村，北至长园路。沿线与文苑路、乐园大街、县府街、迎宾街、台山街相交。长 5.6 千米，宽 13 米，混凝土路面。1978 年开工，同年建成。因长山岛而得名。沿途多企事业单位和学校，以文化教育功能为主。两侧有县医院、民政局、国税局、农林水务局、第二实验学校。是连接南长山街道南北两端的中部交通要道。通公交车。

长园路 370634-K02

[Chángyuán Lù]

在县境南部。南起县政府，北至海滨路。沿线与迎宾街、新兴街、海滨街相交。长 4.2 千米，宽 15 米，混凝土路面。1985 年开工，1986 年建成，1988 年扩建。因长园宾馆得名。两侧有县信访局、县旅游局、县发改局、商检局、望夫礁公园等。通公交车。

海滨路 370634-K03

[Hǎibīn Lù]

在县境南部。东起通海路，西至九丈崖街。沿线与鹊嘴路、新兴街、海港街、长寿街相交。长 8.8 千米，宽 22 米，混凝土路面。1978 年开工，同年建成。因西侧滨海而得名。道路沿途多酒店和企事业单位，休闲娱乐和文化旅游氛围浓厚。两侧有长岛港、长岛游客集散中心、县中医院、县住建局、气象局、中国水产科研所、文化一条街、蓬达度假酒店等。是连接岛内南北和游客进岛旅游集散的重要通道。通公交车。

海港街 370634-K04

[Hǎigǎng Jiē]

在县境南部。东起长圆路，西至海滨路。长 0.2 千米，宽 15 米，混凝土路面。1987 年开工，同年建成。因其西段尽头为长岛港而得名。两侧有长通旅运有限公司、海渔局等。

黄山路 370634-K05

[Huángshān Lù]

在县境南部。南起乐园大街，北至县府街。长 0.4 千米，宽 15 米，混凝土路面。1985 年开工，1986 年建成。因东临黄山而得名。两侧有县博物馆等。

解放路 370634-K06

[Jiěfàng Lù]

在县境南部。北起迎宾街，南至文化街。沿线与迎宾街、乐园大街相交。长 0.8 千米，宽 22.5 米，混凝土路面。1981 年开工，1985 年改建，1987 年建成。因路南段原为长岛烈士陵园所在地，为纪念解放长岛的烈士而得名。两侧有县科技局、法庭、军粮局、明珠广场等。

乐园大街 370634-K07

[Lèyuán Dàjiē]

在县境南部。东起黄山路，西至陵园路。沿线与黄山路、文苑路、通海路相交。长 1.8 千米，宽 22 米，混凝土路面。1978 年开工，同年建成，1985 年改建。因其穿越乐园村而得名。两侧有长岛中学、县医院、地税宾馆等。通公交车。

英海路 370634-K08

[Yīnghǎi Lù]

在县境南部。北起海滨路，南至英山街。长 0.4 千米，宽 7 米，混凝土路面。1978 年开工，1987 年改建。因南至烈士陵园而得名。

青年路 370634-K09

[Qīngnián Lù]

在县境南部。东起长山路，西至文化街。沿线与长山路相交。长 0.3 千米，宽 12~22 米，混凝土路面。1992 年开工，同年建成。为纪念五四青年运动而得名。两侧有长圆宾馆等。

鹊嘴路 370634-K10

[Quèzuǐ Lù]

在县境南部。北起海滨路，南至乐园大街。沿线与海滨路、市场街、县府街、乐园大街相交。长 0.5 千米，宽 19~22 米，混凝土路面。1978 年开工，同年建成，1984、1985 年分两段扩宽。因其穿越鹊咀村而得名。两侧有金鼎商贸城、新华书店、万辉大厦等。通公交车。

市场街 370634-K11
[Shìchǎng Jiē]

在县境南部。东起解放路，西至鹊嘴路。沿线与解放路、鹊嘴路相交。长 0.4 千米，宽 8 米，水泥路面。1978 年开工，同年建成，1987 年改建。因农贸市场得名。两侧有商务局、县委党校、金鼎商贸城等。

通海路 370634-K12
[Tōnghǎi Lù]

在县境南部。北起海滨路，南至文化路。沿线与乐园大街、文化街相交。长 0.8 千米，宽 32.5 米，混凝土路面。1978 年开工，同年建成，1991 年改建。因临海而得名。两侧有交通运输局、地税局、明珠广场等。通公交车。

文化街 370634-K13
[Wénhuà Jiē]

在县境南部。东起青年路，西至通海路。沿线与青年路、解放路相交。长 0.8 千米，宽 15 米，混凝土路面。1981 年开工，同年建成，1985 年改建。因街北侧多为文教单位而得名。南侧滨海，北侧多为餐厅及酒店。两侧有电信宾馆、工商宾馆、海产品交易大厅、悦海假日度假酒店等。通公交车。

文苑路 370634-K14
[Wényuàn Lù]

在县境南部。南起长山路，北至仙境源街。沿线与县府街、海港街、乐园大街相交。长 2.4 千米，宽 15 米，混凝土路面。2006 年开工，同年建成。因其穿越文教片区而得名。沿途文化氛围浓厚。两侧有第一实验学校、长岛中学等。通公交车。

县府街 370634-K15
[Xiànfǔ Jiē]

在县境南部。东起黄山路，西至鹊嘴路。沿线与黄山路、长山路、解放路相交。长 1.4 千米，宽 15 米，混凝土路面。1978 年开工，1985 年改建，1986 年建成。因县政府驻地而得名。两侧有公路局、邮政大厦、国税局、财政局、工商局等。通公交车。

新兴街 370634-K16
[Xīnxīng Jiē]

在县境南部。东起泰和小区，西至海滨路。沿线与长山路相交。长 0.2 千米，宽 14 米，混凝土路面。1985 年开工，同年建成。取兴旺发达之意命名。两侧有燕鲁宾馆等。

英山街 370634-K17
[Yīngshān Jiē]

在县境南部。东起通海路，西至陵园路。长 0.4 千米，宽 7 米，混凝土路面。1985 年开工，同年建成，1986 年改建。因此街西端接陵园路，可通英山，故名。两侧有国土局、烈士陵园、海水淡化厂等。

迎宾街 370634-K18
[Yíngbīn Jiē]

在县境南部。东起长山路，西至鹊嘴路。沿线与长山路、解放路、长园路相交。长 0.9 千米，宽 15 米，混凝土路面。1985 年开工，同年建成，1992 年改建。因北侧有长岛宾馆而得名。两侧有老干部活动中心、技术监督局、长岛宾馆等。

幸福路 370634-K19
[Xìngfú Lù]

在县境南部。南起县府街，北至迎宾街。

沿线与县府街、迎宾街相交。长 0.2 千米，宽 13 米，混凝土路面。1987 年开工，同年建成。以吉祥嘉言命名。两侧有技术监督局等。

桥梁

南北长山联岛大桥 370634-N01
[Nánběichángshān Liándǎo Dàqiáo]

在长岛县城南部。桥长 1 510 米，桥面宽 15 米，最大跨度 1 480 米，桥下净高 15 米。2012 年动工，2014 年建成。因连接南长山岛与北长山岛而得名。为大型桥梁，结构型式为梁式桥。担负城区干道交通任务。通公交车。

港口

长岛港 370634-30-F-a01
[Chángdǎo Gǎng]

海港。在长岛县南长山岛西侧中段，所在海域为渤海。长岛港分为商港和渔港，商港自 1974 年 4 月动工兴建，1976 年 10 月竣工使用；渔港自 1974 年 8 月动工，1977 年 8 月竣工使用，2005 年改扩建。设计年客运量 90 万人，年货运量 160 万。共 5 个泊位，其中有 300 吨泊位 4 个、1 000 吨泊位 1 个。是全县物资、人员进出的中枢。主要用途是客货运输。

大黑山港 370634-30-F-a02
[Dàhēishān Gǎng]

海港。在长岛县大黑山岛东侧，所在海域为渤海。1997 年 12 月开工，1998 年 5 月完工。设计年货运量 7.5 万吨，客流量 16 万人次。有 500 吨级客货运和轮渡泊位各 1 个。主要用途是陆岛交通运输和旅游，并承担岛屿居民所需生活物资运输。

小黑山港 370634-30-F-a03
[Xiǎohēishān Gǎng]

海港。在长岛县小黑山岛南侧，所在海域为渤海。2001 年 4 月开工，2001 年 8 月完工。码头总长 40 米，宽 15 米，顶高程 3.3 米，低高程 -4 米，为重力式方块结构。设计年货运量 6.8 万吨，客运量 8 万人次。有 500 吨级泊位 1 个。主要用途是陆岛交通运输和旅游，并承担岛屿居民所需生活物资运输。

庙岛港 370634-30-F-a04
[Miàodǎo Gǎng]

海港。在长岛县庙岛东部，所在海域为渤海。2000 年 6 月开工，2000 年 12 月完工。码头主体长 46.75 米，宽 16 米，顶高程 3.3 米，低高程 -3.2 米，为钢筋混凝土灌注桩结构。设计年货运量 6.2 万吨，客运量 19 万人次。有 500 吨级泊位 1 个。主要用途是陆岛交通运输和旅游，并承担岛屿居民所需生活物资运输。

砣矶岛港 370634-30-F-a05
[Tuójīdǎo Gǎng]

海港。在长岛县砣矶岛西南侧，所在海域为渤海。1989 年 8 月开工，1991 年 10 月完工。码头规模为千吨级客货运泊位，码头长 80 米，水深 -6 米，顶标高 3 米，结构型式为方块重力式码头。设计年货物吞吐量 20 万吨，年客运量 20 万人次。主要用途是陆岛交通运输和旅游，并承担岛屿居民所需生活物资运输。

大钦岛港 370634-30-F-a06
[Dàqīndǎo Gǎng]

海港。在长岛县大钦岛南侧，所在海域为渤海。1994 年 4 月开工，1995 年 9 月完工。码头长 68 米，平均水深 -5 米，登录点宽16米。东侧为半直立式护岸长50米，低高程 -2.4 米，顶高程 1 米；斜坡式护岸长 60 米。回填货场 3 500 平方米，南浇砼货场面积3 000平方米，为重力式方块结构。设计年客运量15万人，年货运量9.9万吨。有 500 吨级客货运泊位 1 个。主要用途是陆岛交通运输和旅游，并承担岛屿居民所需生活物资运输。

小钦岛港 370634-30-F-a07

[Xiǎoqīndǎo Gǎng]

海港。在长岛县小钦岛南侧，所在海域为渤海。1999 年 8 月开工，2000 年 8 月完工。主体码头长 50 米，顶标高 3.3 米，底标高 -4 米，登陆点长 13.5 米，为重力式方块结构。防波堤长 110 米，堤顶标高 4.5 米，采用斜坡式抛石勾连块体护面，护岸长 63.5 米。设计年货运量 8.3 万吨，客运量 2 万人次。有 500 吨级泊位 1 个。主要用途是陆岛交通运输和旅游，并承担岛屿居民所需生活物资运输。

南隍城港 370634-30-F-a08

[Nánhuángchéng Gǎng]

海港。在长岛县南隍城岛东北侧，所在海域为渤海。1999 年 5 月开工，2000 年 7 月完工。主体码头长 50 米，登录点长 13.5 米，底标高 -4 米，为重力式方块结构；防波堤长 170 米，堤顶标高 4.5 米，采用斜坡式抛石外护扭王字块护面，护岸长 78.5 米。设计年货运量 8.85 万吨，客运量 2 万人次。有 500 吨级轮渡泊位 1 个。主要用途是陆岛交通运输和旅游，并承担岛屿居民所需生活物资运输。

北隍城港 370634-30-F-a09

[Běihuángchéng Gǎng]

海港。在长岛县北隍城岛东南侧，所在海域为渤海。1997 年 9 月开工，1998 年 9 月完工。主体码头长 60 米，顶高程 3.2 米，登陆点 1 个，前沿宽 10 米，前沿顶高程 1 米，前沿水深均为 -4.5 米；防波堤长 110 米，堤顶高程 4.5 米，堤顶宽 5 米；护岸 20 米；港内回旋水域直径 120 米，港内航道底宽 50 米，两者设计深度均为 -5.5 米。设计年货运量 8 万吨，客流量 15 万人次。有 500 吨级货运和轮渡泊位各 1 个。主要用途是陆岛交通运输和旅游，并承担岛屿居民所需生活物资运输。

四　自然地理实体

烟台市

山

罗山 370600-21-E01
[Luó Shān]

在省境北部。东西走向。罗山古称阳丘山。相传西汉末年，渤海曾发生过大地震，当时人们正在山洞采金，忽然地动山摇，矿洞塌陷，地声四起（地声似锣音），然而人们却安然无恙。以此便将阳丘山改称锣山。至东汉以后，演变为罗山。最高海拔 757 米。名胜古迹有斑仙洞、日觉观、元太祖敕封国师丘处机的修炼遗址。气候属北温带季风型大陆性气候，气温年差较少，气候变化平缓，季风进退明显，四季分明。山体主要由古生代变质岩和玲珑混合花岗岩构成，局部夹有石英石裸露。森林覆盖率达 60%，以刺松、黑松、落叶松为主，间有刺槐。黄金矿藏丰富，东麓有金矿。省道黄水公路经此。

峼山 370600-21-E02
[Què Shān]

在省境东北部，市境西南部。东至高陵镇薛家村西，西至峼山水库大坝西侧 208 省道东，南至观水镇与乳山市崖子镇交界，北至莱山区院格庄街道交接处。南北走向。峼山南北横卧，层陵断雾，罩络群山，遥望崖壑重深，如画家之细皴，故以皵名。辗转书写，字随音变，故作峼山。一般海拔 500 米，最高海拔 653.8 米。主峰北垛。名胜古迹有玉泉寺遗址。有烟台市重要水源地外夹河和高陵水库源头水源涵养林，属湿润—半湿润气候，植被为暖温带常绿针叶林，并兼有落叶阔叶林，有刺槐、荆条、麻栎、背草等。

香炉顶 370600-21-G01
[Xiānglú Dǐng]

属牙山山脉。在省境东北部。因山形似香炉，故名。海拔 253 米。蕴藏大理石，植被覆盖率达 65% 左右，有赤松、刺槐、金钱草、车前子、荆条、葛藤、苦草等植被。

战马场 370600-21-G02
[Zhànmǎ Chǎng]

属牙山山脉。在省境东北部。因山形似马鞍，故名马鞍山，后演义为战马场。海拔 244 米。植被覆盖率达 90%。有赤树、刺槐、柞树等植被。

塔顶 370600-21-G03
[Tǎ Dǐng]

属峆嵧山脉。在省境东北部。因山势高峻，形似塔，故名。海拔 630.4 米。植被覆盖率约 80%，山上有松树、刺槐、柞树、盐肤木等，有天蓬草、金钱草、益母草、车前子、葛根、黄芩、酸枣等药材资源。有公路经此。

北大城 370600-21-G04
[Běidàchéng]

属牙山山脉。在省境东北部。清咸丰年间，官军为防捻军，在山巅构筑工事，北峰筑围墙，南峰挖战壕，南北对峙，形似城堡，故名。海拔 322.4 米。蕴藏花岗岩。植被覆盖率达 85%，有赤松、刺槐、枣树、柞树等植被。有公路经此。

三岔顶 370600-21-G05
[Sānchà Dǐng]

属牙山山脉。在省境东北部。此山为向西南、向东、向北三条山岭的汇聚处，故名。海拔 451.4 米。蕴藏大理石，植被覆盖率达 85%，有赤松、刺槐、波落、酸枣、荆条、羊胡草、野菊花、黄芩、白头翁等植被。

哈鱼顶 370600-21-G06
[Hàyú Dǐng]

属牙山山脉。在省境东北部。相传，古时山在海中，后海水退，山顶留有哈鱼化石，故名。海拔 244 米。蕴藏丰富石灰岩，植被覆盖率达 50%，有松树、刺槐、荆条等植被。省道烟凤公路经此。

磁山 370600-21-G07
[Cí Shān]

属磁山山脉。在省境东北部。因传说天上陨星降落此地，陨星含磁铁，磁铁落地成山，故名磁山。海拔 528.9 米。其山体由花岗石、变质岩、石英岩、板岩等组成，山基表面部分为风化残积物形成的棕壤性土类。山上自然植物和栽培植被共生，以自然植被为主，有黑松、赤松、栎树、刺槐、合欢等树木 30 余种，灌木 20 余种，草本类 40 余种，药材 300 余种。有公路经此。

艾山 370600-21-G08
[Ài Shān]

属艾山山脉。在省境东北部。因山上遍布艾草而得名艾山。海拔 814 米。土壤类别为棕壤。有刺槐、松树、果树、中华结缕草等植被。

雨山 370600-21-G09
[Yǔ Shān]

属艾山山脉。在省境东北部。相传，山上曾修一座雨神庙，天旱了，人们都去求雨，一求就灵，故取名雨山。海拔 400 米。有赤松、刺槐、苹果、山合欢、酸枣、荆条、野蔷薇、扁担木、花木蓝、胡枝子、华北绣线菊等植被。有公路经此。

马山 370600-21-G10
[Mǎ Shān]

属罗山山脉。在省境东北部，市境西部。因形如鞍鞯齐备、待命出征的战马，古称马鞍山；西峰犹如马匹双耳之状，称马耳山。后将马鞍山、马耳山合称马山。海拔 654 米。多花岗岩和石英石，植被多松，野杜鹃遍布。

高顶 370600-21-G11
[Gāo Dǐng]

属唐山山脉。在省境东部。因此山比周围山高，故名。海拔 273.2 米。山体多植被，有赤松、刺槐、苹果、山合欢、桑树、酸枣、荆条、紫穗槐、野蔷薇、扁担木、花木蓝、胡枝子等。

河流

大沽夹河 370600-22-A-a01
[Dàgūjiā Hé]

外流河。在省境北部，市境东部。原名大沽河，因东西两大河流汇合处呈夹子状，俗名夹河。因与莱西县大沽河重名，1984 年易今名。发源于海阳北部郭城镇，经栖霞、福山、牟平，在福山北 1 千米与清洋河（内夹河）交汇，经烟台开发区，流入黄海。于东胜利村北注入北黄海。长 83 千米，流域面积 2 293 平方千米，年径流量为6.15亿立方米。中下游建有大型水库1座、干线公路桥5座。

辛安河 370600-22-A-a02

[Xīn'ān Hé]

外流河。在省境东北部。因流经辛安村得名辛安河。发源于牟平区嵧山东，自南向北流经牟平、莱山两区，于谭家泊村北注入黄海。长43.5千米，宽100米，流域面积315平方千米，径流量1.9立方米/秒。流域中上游为低山丘陵，山脊起伏平缓，河谷较宽阔；下游多为山前平原和海积平原，河槽宽浅。辛安河段的河床及部分沿岸地带，沙金及建筑砂蕴藏量较大。是烟台市重要的工业用水和城市自来水水源地。

界河 370600-22-A-a03

[Jiè Hé]

外流河。在省境东北部，市境北部。界河之名，起源汉代，当时黄县西南部为㡉县，南临曲城县（即招远县），河的下游地段为两县交界处，以此得名。发源于尖尖山南麓，西流经龙口市黄山馆镇西南界，注入渤海。长44.5千米，宽100米，流域面积572.5平方千米。属季风雨源型河流，汛期水势骤涨，旱季断流干涸。两岸以农田为主。具有灌溉、防洪、供水等多种功能。主要支流有罗山河、金泉河、钟离河。

富水河 370600-22-A-a04

[Fùshuǐ Hé]

五龙河支流。在市境中部。因该河海阳段沿岸土地肥沃，庄稼茂盛，草木丛生，取其昌盛之意，称昌水河；水利普查时，省水利厅定其名称为富水河。发源于海阳市盘石店镇上尹家村垛鱼顶，于莱阳市万第镇儒林泊村，流入莱阳境内，流经东院西夼村、史家河村、三合泊村等村落，于西五龙村西汇入五龙河。长102千米，河床宽80~250米，流域面积948平方千米。沿河建筑物主要有拦河闸坝16处、穿堤涵管10处、穿堤涵洞4处、穿河土渠2处、桥梁30座（其中交通桥25座、漫水桥5座）、河槽内大口井8座。属于二级水功能区，在流域内主要发挥农田灌溉作用。

清洋河 370600-22-A-a05

[Qīngyáng Hé]

大沽夹河支流。在省境东北部，市境西部。此地唐初置清阳县于境，县治设清阳城，该河流自《明一统志》始称"清洋河"，为"清阳"音变"清洋"，故名。发源于栖霞市城东小灵山，由西南向东北流经栖霞市、福山区，在福山城北汇入大沽夹河。长65千米，河床宽200米，流域面积1 224平方千米。最大洪峰流量1 680立方米/秒，多年平均含沙量为0.706千克/立方米。中下游建有门楼水库。支流有豹山河、山东河、燕地河、庙后河等。

黄水河 370600-22-A-a06

[Huángshuǐ Hé]

外流河。在省境东北部。因河水浑黄得名。发源于栖霞市蚕山，北流经龙口市境注入渤海。长55.43千米，河宽150~200米，流域面积1 034.57平方千米。年径流量14 469万立方米，河道流量为4.59立方米/秒。两岸为农耕地区，种植业发达，主要种植葡萄、苹果等。上游龙口市段干流上建有一大型水库王屋水库，下游有黄水河河口湿地自然保护区。主要支流有绛水、丛林寺、鸦鹊、黄城集、莱茵、东营、黑山等河。

黄城集河 370600-22-A-a07

[Huángchéngjí Hé]

黄水河支流。在省境东北部。以流经

黄城集村得名。发源于蓬莱市艾山，向西流经龙口市石良镇，入黄水河。长31千米，平均宽度120米。沿河两岸均为农田。具有灌溉、防洪、供水等多种功能。主要支流有平里河。

清水河 370600-22-A-a08
[Qīngshuǐ Hé]

五龙河支流。在省境东部，市境西南部。因水流清浅而得名。发源于栖霞市牙山老庙顶，流经莱阳市沐浴店、山前店、龙旺庄、古柳、照旺庄五个镇街，于五龙峡口入五龙河。长73千米，河床宽70~250米，总流域面积612.25平方千米。河水深0.3~2米，不具备通航能力。流域内农业灌溉多依靠此河。主要支流有杨础河、蒲格庄河、石河头河、大明店河、朱兰河、龙湾河、龙门河。

蚬河 370600-22-A-a09
[Xiǎn Hé]

五龙河支流。在省境东部，市境北部。此河多产蚬，故名。发源于栖霞市寺口镇的黄土岭和苏家店乡马蹄夼南山的旋河，经莱阳市谭格庄、河洛、沐浴店、城厢、古柳五个镇街，汇入清水河。长71千米，河床宽80~250米，流域面积523平方千米。水深0.3~2米，不具备通航能力。主要支流有西留河、大姚格庄河、霞留河、鹤山河、旌阳河。

五龙河 370600-22-A-a10
[Wǔlóng Hé]

外流河。在省境东部，市境南部。因上游的白龙河、蚬河、清水河、墨水河、富水河五大支流于西五龙村附近的五龙峡口汇聚，故称五龙河。发源于栖霞市牙山老庙顶，流经莱阳市照旺庄、古柳、吕格庄、团旺、姜疃、高格庄、穴坊、羊郡8个镇街，最终注入黄海丁字湾。长53千米，河床宽100~400米，流域面积393.3平方千米。其上游河谷坡度大，水流湍急，水土流失严重；下游谷平流缓，河床有淤高现象，并形成若干个沙洲及河漫滩等。主要支流有白龙河、蚬河、清水河、墨水河、富水河、磋阳河、玉带河、金水河、蒙阴河。

黄家河 370600-22-A-a11
[Huángjiā Hé]

外流河。在省境东部，市境南部。发源于莱阳市羊郡镇车家疃村，流经车家疃村、东辛庄村、李家岚村、北黄家村、大黄家村，于海阳市注入黄海。长10.4千米，宽10~25米，流域面积30.57平方千米。属于农业用水区。

王河 370600-22-A-a12
[Wáng Hé]

外流河。在省境东北部，市境北部。据《史记》载，汉武帝曾来此祭祀，故名万岁河，清末改为今名。发源于招远市塔山，向西北流经驿道镇、程郭镇、平里店镇、三山岛街道、金仓街道，于三山岛南注入渤海。长50千米，河床平均宽300米，流域面积326.8平方千米。主要支流有老母猪河、九曲河、迟家河。

黄水河东支流 370600-22-A-a13
[Huángshuǐhé Dōngzhīliú]

黄水河支流。在市境南部。因所在位置而得名。发源于村里集镇宋家洼山，流经蓬莱市村里集镇、小门家镇，再经龙口市黄城集入渤海。长36千米，河道平均宽度20米，流域面积282千米。年均流量8.2立方米秒。沿线有省级文物保护单位村里集墓群。是一条具有防洪、排涝、灌溉综合效益的河道。主要支流有会文河、解庄河、陈庄河、大赵家河、炉上河。

院店河 370600-22-A-a14
[Yuàndiàn Hé]

外流河。在市境中部。因在莱阳境内流经大店、小店、小院，故称院店河。发源于海阳市朱吴镇张家兰村，自东向西流经朱吴镇、小纪镇，于小纪镇鲁家沟村流入莱阳市，最终汇入富水河。长 27 千米，流域面积 96.8 平方千米。该河在流域内主要发挥灌溉功能。

海湾

丁字湾 370600-23-B01
[Dīngzì Wān]

在市境西南部。因形如丁字，故名丁字湾。面积约 156 平方千米。从湾口到湾顶长 22 千米，最宽处（底坊滩至鲁岛附近）约 12.3 千米，最窄处（香岛附近）约 2.5 千米，湾口宽（栲栳岛至坨南嘴）约 2.8 千米。丁字湾属海洋性气候，但因受五龙河谷地及莱阳盆地影响，季节性变化较大，年平均降水量 801.6 毫米，其中 6—9 月占全年降水量的 75.5%；4—8 月多生大雾；每年 12 月至次年 2 月为冰冻季节。低潮时大部分干出，中间有长 13.5 千米、宽 1.8 千米的水道，水最深处达到 17.5 米，底质为泥沙滩，两岸多山，小型渔船可在此避风。湾内多为水产养殖区，主要海产品有蛏子、对虾、海参、海螺等。湾口建有丁字湾大桥，连接即墨市与海阳市。

芝罘区

山

烟台山 370602-21-G01
[Yāntái Shān]

在区境北部。明洪武三十一年（1398），为加强海防军事建设，防止倭寇海上侵扰，在设立“奇山守御千户所”的同时，在其北山顶建“狼烟台”，烟台山之名由此而来。海拔 45.2 米。山体突入碧海，山上树木葱茂。通公交车。

半岛

芝罘岛 370602-23-E01
[Zhīfú Dǎo]

基岩岛。东经 121°16′—121°25′，北纬 37°24′—37°38′。在区境西北部。面积 11 平方千米。芝罘岛有“灵芝”一样的形状，有“罘”一样的作用，因此称之为芝罘岛。岛岸线曲折，长达 22.5 千米，年平均气温 12.6℃，年平均降雨量 737 毫米，相对湿度 64%。岛体基岩由长石石英片岩和片麻岩构成，岛上峰峦起伏，松、柞树茂密。有两项烟台市级非物质文化遗产——磕鞭和芝罘岛民间故事。盛产海参、鲍鱼、扇贝、海带、黑鱼等各种海产品，优质海参及其他海产品远销海内外。大力发展生态旅游、医疗康养等重点产业，建设宜居、宜业、宜养、宜游的“四宜海岛”。通公交车。

福山区

山

峆嵧山 370611-21-G01
[Hélú Shān]

属峆嵧山脉。在省境东北部。“峆”“嵧”均为山形，以形容山体形态。海拔 630 米。山体主要由上太古界混合岩化黑云母片岩夹少量大理岩构成，山巅有泉。天然植被覆盖率 60% 以上，主要有赤松、落叶松、黑松等，产太子参等中药材近百种。通公交车。

胡家岘子顶 370611-21-G02
[Hújiāxiànzi Dǐng]

属牙山山脉。在省境东北部。相传，曾有胡姓在山上住过，故名。海拔 423 米。东麓有黑石河，植被覆盖率约 80%，蕴藏大理石，山上有赤松、刺槐、大鹳草、翻白草等。

盘长岭 370611-21-G03
[Páncháng Lǐng]

属嵖山山脉。在省境东北部。因此山四周多丘陵地，曾有很多蛇（当地俗语称蛇为“长虫”）盘踞，故名。海拔 136 米。蕴藏花岗岩，有松树、刺槐、合欢等植被，药材有老鹳草、车前子、金钱草等。

巫山 370611-21-G04
[Wū Shān]

属嵖山山脉。在省境东北部。因此山曾有老爷庙，常有巫婆前去烧香敬神，故名。海拔 483.4 米。蕴藏石英矿，有松树、刺槐、柞树、麻栎等植被，药材资源有黄芩、防风、荆棘、酸枣、艾子等。

狮子山 370611-21-G05
[Shīzi Shān]

属峆嵧山脉。在省境东北部。因其峰尖峭，排起如指，竖如笋苗，有狮形，故名。海拔 571 米。植被覆盖率达 85%，有松树、刺槐、葛藤、荆条、酸枣、映山红、羊胡草、黄背草等。204 国道、青荣城际铁路经此。

后庵 370611-21-G06
[Hòu'ān]

属峆嵧山脉。在省境东北部。因过去山后曾有一座山庵，故名。海拔 387.4 米。植被覆盖率达 85%，有赤松、映山红、羊胡草、黄背草等。204 国道、青荣城际铁路经此。

龙王顶 370611-21-G07
[Lóngwáng Dǐng]

属峆嵧山脉。在省境东北部。原山巅建有龙王庙，故名。海拔 320.2 米。植被覆盖率达 85%，有赤松、刺槐、山合欢、映山红、羊胡草、酸枣、荆条、山胡椒等。有公路经此。

漏金顶 370611-21-G08
[Lòujīn Dǐng]

属峆嵧山脉。在省境东北部。相传，古时山坡有坑，夏季雨后可在坑的积水底淘到沙金，后被山下贪财的夫妻扩坑，水虽不流，却再也淘不到金子，故名。海拔 187 米。有松树、刺槐、荆条等植被。有公路经此。

凤凰岭 370611-21-G09
[Fènghuáng Lǐng]

属磁山山脉。在省境东北部。相传，古时候，此山曾落过一只金凤凰，故名。海拔 182 米。花岗岩蕴藏量丰富。植被覆盖率为 80%，有松树、刺槐等。有公路经此。

东大顶 370611-21-G10
[Dōngdà Dǐng]

属磁山山脉。在省境东北部。因地处巨屯村东，山势平缓，顶较大，故名。海拔 132.9 米。植被覆盖率 70%，有松树、刺槐等。有公路经此。

夹鹿山 370611-21-G11
[Jiālù Shān]

属磁山山脉。在省境东北部。相传，古时山上松树茂密，一只鹿急跑时被两树夹住，故名。海拔 185.2 米。植被覆盖率达 80%。有松树、刺槐、麻栎等。荣乌高速公路、沈海高速公路经此。

洪钧顶 370611-21-G12
[Hóngjūn Dǐng]

属磁山山脉。在省境东北部。《辞海》辞曰“洪钧、大钧，谓天也”，因该峰是崑嵛山最高点，故名洪钧顶。海拔 357.6 米。山体由花岗岩构成，锰储量丰富。植被覆盖率为 60%，有松树、刺槐等。有公路经此。

九目山 370611-21-G13
[Jiǔmù Shān]

在省境北部，市境北部。海拔 242.58 米。山上蕴有丰富的黑云片岩、花岗岩，有黑松、刺槐、荆条、白茅等。有公路经此。

福山 370611-21-G14
[Fú Shān]

属峆嵧山脉。在省境东北部，区境西北部。相传伪齐刘豫登之称为福地，遂命名为福山。海拔 45 米。通公交车。

青龙山 370611-21-G15
[Qīnglóng Shān]

属峆嵧山脉。在省境东北部，区境南部。因被清洋河环绕，故名。海拔 44 米。植被覆盖率达 90%，有松树、柏树、芙蓉树等。通公交车。

芝阳山 370611-21-G16
[Zhīyáng Shān]

属峆嵧山脉。在省境东北部。因山体似天然灵芝，阳光下闪闪发光，故名芝阳山。海拔 69.6 米。植被覆盖率 60%。通公交车。

出山大顶 370611-21-G17
[Chūshān Dàdǐng]

属峆嵧山脉。在省境东北部。因该山中峰突出，两翼各有一山相连，从北远望形似“山”字，人们联想到山上有山，恰为“出”字，故名。海拔 233.5 米，植被覆盖率 80%，有松树、酸枣、映山红、羊胡草、荆条、刺槐、黄背草等。

太平顶 370611-21-G18
[Tàipíng Dǐng]

属峆嵧山脉。在省境东北部。传说昔日地震，其周围村庄房舍皆塌，唯山顶建筑无损，该山因此而得名。海拔 93 米。林木旺盛，以松树、刺槐、荆条为主。通公交车。

金堆山 370611-21-G19
[Jīnduī Shān]

属峆嵧山脉。在省境东北部。因山为孤堆状，产石英石，阳光下金光灿灿，像堆金子，故名。海拔 20.8 米，植被覆盖率 81%，山上果树旺盛。省道烟凤公路经此。

大洼 370611-21-G20
[Dà Wā]

属峆嵧山脉。在省境东北部。因此山南有一条很深的大沟，称大洼，以沟名为山名。海拔 176 米。植被覆盖率 60%，有赤松、刺槐、板栗、柞树等。

北寨山 370611-21-G21

[Běizhài Shān]

属峪嵧山脉。在省境东北部。清咸丰十一年（1861）9月，捻军入福山，先后在蓬莱庄西山北南二峰安营扎寨，与官军对抗，时命名北峰为北寨山。海拔 210 米。植被覆盖率 75%，有赤松、刺槐、合欢、映山红等。通公交车。

姑姑崖 370611-21-G22

[Gūgū Yá]

属峪嵧山脉。在省境东北部。因山上曾建有一尼姑庵，故名。海拔 287 米。山上林木旺盛，以松树、刺槐、荆条为主。通公交车。

刺猬顶 370611-21-G23

[Cìwei Dǐng]

属峪嵧山脉。在省境东北部。因山有巨石，形似刺猬，故名。海拔 129 米。植被覆盖率 65%，有松树、刺槐、板栗、苹果、桃子、李子、杏子等。

岗嵛山 370611-21-G24

[Gāngyú Shān]

在省境东北部。因所在地而得名。海拔 150.5 米。植被覆盖率 85%，有黑松、赤松、刺槐、柞树等，沈海高速公路、206 国道经此。

蝎子顶 370611-21-G25

[Xiēzi Dǐng]

属磁山山脉。在省境东北部。因此山蝎子多，故名。海拔 124 米。植被覆盖率 75%，有松树、刺槐等。通公交车。

大米顶 370611-21-G26

[Dàmǐ Dǐng]

属磁山山脉。在省境东北部。相传，有一樵夫见一只金鸡在飞，遂追逐至此，却迷了路，故名迷鸡山。后改为大米鸡顶，简称大米顶。海拔 235.4 米。植被覆盖率 90%，有松树、刺槐、板栗、麻栎等。省道烟栖公路经此。

小米顶 370611-21-G27

[Xiǎomǐ Dǐng]

属磁山山脉。在省境东北部。此山在大米顶旁，因相对较小故名小米顶。海拔 182 米。植被覆盖率达 85%，有松树、刺槐等。省道烟栖公路经此。

疋山 370611-21-G28

[Yǎ Shān]

属磁山山脉。在省境东北部。是镇境最大一座山，史称“大山”，转音“疋山”，故名。海拔 383.1 米。植被覆盖率 70%，有映山红、羊胡子、山胡椒、赤松、刺槐、荆条、酸枣、野葡萄等。沈海高速公路经此。

猪山 370611-21-G29

[Zhū Shān]

属磁山山脉。在省境东北部。从东北麓向上看，巨石像猪头，故名。海拔 215 米。植被覆盖率 85%，主要有松树、刺槐等。有公路经此。

天鼓岭 370611-21-G30

[Tiāngǔ Lǐng]

属磁山山脉。在省境东北部。传说此山乱石堆中有一石，击石之声，远听似鼓声，故名。海拔 169 米。植被覆盖率 85%，以松树和刺槐为主，间有柞树。有公路经此。

三雁顶 370611-21-G31

[Sānyàn Dǐng]

属磁山山脉。在省境东北部。传说此山曾落过三只大雁，故名。海拔 138.4 米。

植被覆盖率 75%，有松树、刺槐等。有公路经此。

羊虎山 370611-21-G32

[Yánghǔ Shān]

属峆嵧山脉。在省境东北部。因此山从不同角度看，形似羊，也像虎，故名。海拔 142.9 米。花岗岩蕴藏量丰富，北坡辟为采石场。植被覆盖率 70%，主要有松树、苹果、桃树、山楂、大樱桃等。省道烟栖公路经此。

黄山 370611-21-G33

[Huáng Shān]

属峼山山脉。在省境东北部。因山体石质、土质极薄，只长毛草，不长树木，古时称荒山，后“荒”谐音“黄”，故名。海拔 184 米。储铁矿石，以褐铁矿为主，并有少量方铅矿。植被覆盖率 60%，主要有毛草、官草。有公路经此。

筐顶 370611-21-G34

[Kuāng Dǐng]

属峆嵧山脉。在省境东北部。山形似筐，故名。海拔 145.4 米。植被覆盖率 60%，有松树、刺槐、柞树、麻栎、合欢等，药材资源有翻白草、金钱草、益母草、野菊花、荒蔚子、威灵仙等。兰烟铁路、204 国道经此。

眠凤山 370611-21-G35

[Miánfèng Shān]

属峆嵧山脉。在省境东北部。相传，近山村有户富豪的女子做梦，梦见有个凤凰落在此山睡觉，故名。海拔 103 米。植被覆盖率 60%，有松树、刺槐等，药材资源有车前子、荆子、茅根、白头翁等。204 国道经此。

凤凰顶 370611-21-G36

[Fènghuáng Dǐng]

属磁山山脉。在省境东北部。此山有三顶，中顶最高类同凤凰展翅，故名凤凰顶。海拔 136.4 米。有黑松、刺槐、板栗、苹果等。古张公路经此。

蓬顶 370611-21-G37

[Péng Dǐng]

属牙山山脉。在省境东北部。因周围此山最高，四面有四条小岭相连，五条山坳相间，远眺形似大帐篷，故名。海拔 288.3 米，蕴藏石灰岩、大理石。植被覆盖率达 75%，有赤松、刺槐、柞树、香椿、合欢、羊胡草等。

河流

黄金河 370611-22-A-a01

[Huángjīn Hé]

外流河。在省境东北部，市境西北部。因河沙中含金，有人在河中淘金，故名。发源于磁山和尖顶山，经三十里堡村向西北流入黄海。长 16 千米，河宽 50 米，流域面积 84 平方千米。每年 8 月雨季为河流汛期，平均流量 300 立方米 / 秒，汛期洪水暴涨暴落，含沙量大。河岸两侧大部分地区已进行城市化建设，农业价值降低，已无耕地。

九曲河 370611-22-A-a02

[Jiǔqǔ Hé]

外流河。在省境东北部，市境北部。因河道多弯曲，故名。发源于九目山西侧，流经树夼、方里，折西北经姜家、仲家、孙家村北流入黄海。长 11.4 千米，平均宽度 50 米，流域面积 40.1 平方千米。主要支流有孙家河、季柳河。

牟平区

山

昆嵛山 370612-21-E01

[Kūnyú Shān]

在省境东部，市境东部。东至锝子尖，西至辽官庵，南至泰礴顶，北至林场。东西走向。传说古代有个女子叫麻姑，汉桓帝时，她到此地修道，并成仙升天，余下这座山，故名姑余山。人们好称女子为“坤”，后用谐音名昆嵛山。一般海拔 500 米，最高海拔 922.8 米。主峰泰礴顶。名胜古迹有 5 洞 8 湾 11 庵，有泰礴顶、烟霞洞、岳姑殿等风景区。此山是汉河发源地。年降水量适中，气温较低，夏季凉爽而潮湿，冬季寒冷而湿润，属湿润—半湿润气候性质。土壤类型依次为粗骨土—普通棕壤—潮棕壤—无石灰性潮土及小面积滨海盐土和风沙土，西北部有少量淋溶褐土及普通褐土分布。植被以暖温带赤松天然林、赤松阔叶混交林为主，兼有灌草丛、栎类落叶阔叶林等，有松树、柞树等 20 多种树木，山上还生长天麻、黄芩等药材和其他野生植物 3 000 多种。有国家Ⅰ级保护鸟类 8 种、国家Ⅱ级保护鸟类 40 种。

垛山 370612-21-E02

[Duò Shān]

在省境东部，市境西北部。东至垛山庄、谭家庄、上庄沟、上费格庄、下费格庄一线，西至前柳林夼、后柳林夼一线，北至集口山，南至乳山市交界处。东西走向。因山顶有人用石头垛成许多石人，得名垛山。一般海拔 208 米，最高海拔 226 米。主峰玉皇顶。累年平均年降水量 790.4 毫米，年际变化较大，最大年降水量 1 506.7 毫米，最小年降水量 446.2 毫米。属暖温带东亚季风型大陆性气候。植被为暖温带常绿针叶林，并兼有刺槐、麻栎、荆条等。

卢山 370612-21-G01

[Lú Shān]

在省境东部，市境北部。因附近地区总称卢其，故得名卢其山，后演为卢山。海拔 422.6 米。植被为暖温带常绿针叶林，并兼有落叶阔叶林，有麻栎、刺槐、荆条、背草等。通公交车。

河流

黄垒河 370612-22-A-a01

[Huánglěi Hé]

外流河。在省境东部，市境南部。因流经黄垒村，故得名黄垒河。发源于玉林店镇黄连口，流经黄垒村，经水道镇至乳山市流入黄海。长 21.8 千米，平均宽 140 米，流域面积 161 平方千米。泥沙底质。小型渔船可通航和停泊避风，流域内建有水利设施，为牟平、乳山两地的农业灌溉水源。

泉

龙泉温泉 370612-22-I01

[Lóngquán Wēnquán]

温泉。在省境东部，市境西部。因泉水常年沸汤涌流，如蛟龙吐水，故名。水温 52℃，含氟、硫、钙、钾，水甘且清，沐浴宜人，可祛疮痍、治皮癣、疗关节和漂白衣物。明弘治年间即被利用开发，如今建有浴池和疗养院，已成为疗养胜地。通公交车。

岛屿

养马岛 370612-23-D01
[Yǎngmǎ Dǎo]

变质岩岛屿。属养马岛街道。北纬37°28′00″，东经121°37′00″。面积13.82平方千米。传秦始皇东巡时，中途曾在此养过军马，故名养马岛。地貌以丘陵为主，最高点西大山海拔108.4米。岛西部丘坡较陡，岩基出露较多；中部、东部低丘陵体浑圆。地势南缓北峭，岛前海面宽阔，风浪较小；岛后群礁嶙峋，风浪较大。东端碧水金沙，是优良浴场；西端水深浪小，是天然良港。属暖温带大陆性季风气候，年平均气温11.8℃。岛上海岸防风林面积431.7公顷。岛上建有各类宾馆、休养中心40多座，天马广场、赛马场、海滨浴场、海上世界、御笔苑等大中型综合娱乐景区点15处，形成了以海滨娱乐、度假休养为主，辅以观光浏览秦汉文化的综合性旅游度假胜地。2008年被国家旅游局批准为AAAA级旅游区。通公交车。

莱山区

山

岱王山 370613-21-G01
[Dàiwáng Shān]

在省境东北部，区境西北部。因山上有巨石矗立，巍峨如大王，故名大王山，后称为岱王山。海拔401.7米。山上有茂密的黑松林，山麓有苹果、梨等果园。

凤凰山 370613-21-G02
[Fènghuáng Shān]

在省境东北部，区境西南部。因山形似凤凰展翅，又称凤翅山，后讹传为凤凰山。海拔199.3米。山上有黑松、大叶女贞、龙柏、柿树、连翘、樱花等。有公路经此。

龙口市

山

莱山 370681-21-E01
[Lái Shān]

在省境北部，市境东南部。西隔绛山与杏花山相连，东接莱茵河，北缓至石黄公路。东北—西南走向。莱山之名自古有之，来历不可考。最高海拔619.4米。主峰莱山顶。古迹有山东省文物保护单位庙周家秦汉建筑遗址、烟台市文物保护单位真定寺古桥。是莱茵河、雅鹊河、绛水河三条河流的发源地。气候属北温带季风型大陆性气候。山体分两巅，南为南砂岗，由砂粒和黏土构成；北为北石顶，由巨石构成。多松树、刺槐、杜鹃。有野生动物、野生菌资源。有公路经此。

河流

泳汶河 370681-22-A-a01
[Yǒngwèn Hé]

外流河。在省境东北部。泳汶河之名自古有之，来历不可考。发源于龙口市与招远市交界处的罗山北麓，北流经龙口市境，注入渤海。长36千米，河宽100米，流域面积205平方千米，河道流量为345立方米/秒。两岸有农田，主要种植水果、蔬菜、小麦等，沿岸有企业、居民小区依河而建。有北邢家水库、迟家沟水库。河流具有灌溉、防洪、供水等多种功能。主要支流有南栾河。

岛

桑岛 370681-23-D01
[Sāng Dǎo]

大陆岛。属徐福街道。北纬37°46′33.6″，东经120°26′45.6″。在省境东北部，市境东北部。面积3.15平方千米。因岛上早期多植桑树得名。岛内地势平坦，四周为沙滩礁石。植被有桑树、榆树、刺槐、梧桐等。有房石、美人石、老屋石、蛤蟆石、黄石江、钓鱼台、揽马江、双子江八大景观，有百年东山灯塔、百年老屋等历史遗址和传统建筑。海产资源有鲅鱼、青鳞鱼。人工养殖对虾和石花菜、扇贝、海参。有客货船通航。

屺㟂岛 370681-23-E01
[Qǐmǔ Dǎo]

在山东半岛北缘，龙口市龙口港西北9千米，渤海海峡间。北、西、南三面临海，东有5千米海堤与陆地相连，形成半岛。面积2.25平方千米。元至顺年间，有姚、高姓居此，称木极岛。明开国功臣胡大海之子胡德山由凤阳府迁来落户，其长子胡琛（号㟂屺）弃官归故里后，以其号改为㟂屺岛，后习称屺㟂岛。西、北侧陡峭，南侧平缓。最高点海拔56.2米，有黑松、刺槐等植被。西北部山顶设有灯塔。农渔业并重，产鲅鱼、黄鱼、偏口鱼、蟹和石花菜，有海参养殖场。有公路经此。

莱阳市

山

老寨 370682-21-G01
[Lǎozhài]

属龙门群山。在省境东部。因旧时此山立过营寨，故得名老寨。海拔374.6米。山体由燕山晚期霏细岩组成。有公路经此。

黄豆顶 370682-21-G02
[Huángdòu Dǐng]

属龙门群山。在省境东部。旧称黄陡顶，后演变为黄豆顶。海拔317米。

祈雨顶 370682-21-G03
[Qíyǔ Dǐng]

属龙门群山。在省境东部。因上建龙王庙，旧时大旱周围百姓便到此求雨，故名祈雨顶。海拔324.1米。

旌旗山 370682-21-G04
[Jīngqí Shān]

属旌旗群山。在省境东部。因山形似旌旗而得名。海拔315.3米。山体由胶东群的变粒岩、斜长角闪岩及麻岩组成。

孟山 370682-21-G05
[Mèng Shān]

属嵯峨群山。在省境东部。因山高多云气，时常烟雨蒙蒙，故名雨蒙山，后演变为孟山。海拔276.4米。山体由伟晶花岗岩组成，含放射性物质。

火山 370682-21-G06
[Huǒ Shān]

属嵯峨群山。在省境东部。据传山上曾建庙，求神者燃烧香纸，火光冲天，远望像火山而得名。海拔239米。山体由花岗岩组成。

娘娘山 370682-21-G07
[Niángniang Shān]

属娘娘群山。在省境东部。因山上修有娘娘庙，故名娘娘山。海拔269米。山体由莱阳组第四段的砂砾岩、砂岩、页岩组成。

树儿山 370682-21-G08
[Shù'ér Shān]

属娘娘群山。在省境东部。相传古时山上建有房子，供游人居住，故得名墅山，后房屋失修倒塌，改名树儿山。另一说，此山为一大户所有，后分给其次子，得名庶儿山，后演变为树儿山。海拔 234.1 米。

河流

白龙河 370682-22-A-a01
[Báilóng Hé]

五龙河支流。在省境东部，市境西北部。夏季水涨急，远望去白茫茫一片，宛若游龙，故名。发源于莱阳市谭格庄，于小平水库下游汇入白龙河。长 8.2 千米，宽 20~50 米，流域面积 19.4 平方千米。流域内地貌由于地层的岩性、地质构造及河流冲积作用，形成了浅丘广谷的地形特征。属于农业用水区。主要支流有青龙河、聚龙河、小荆河。

金水河 370682-22-A-a02
[Jīnshuǐ Hé]

五龙河支流。在省境东部，市境南部。因水色如金子，故名。发源于莱阳市高格庄镇大泊子村东北，于宅科村后汇入五龙河。长 7.4 千米，宽 10~30 米，流域面积 42.5 平方千米。流域内地貌由于地层的岩性、地质构造及河流冲积作用，形成了浅丘广谷的地形特征。属于农业用水区。

交界河 370682-22-A-a03
[Jiāojiè Hé]

外流河。在省境东部，市境南部。位于与即墨交界处，故名。发源于莱阳市穴坊镇南唐家庄村南，于即墨金口村东汇入黄海。长 16.7 千米，宽 5~20 米，流域面积 60.3 平方千米。流域内农业灌溉多依靠此河，河流水质中等。水深 0.3~2 米，不具备通航能力。

贤友河 370682-22-A-a04
[Xiányǒu Hé]

外流河。在省境东部，市境南部。因流经西贤友村而得名。发源于莱阳市穴坊镇吕仙庄村北，最终注入黄海。长 22.5 千米，宽 10~25 米，流域面积 112 平方千米。地上河，常年河。流域内农业灌溉多依靠此河，水深 0.3~2 米，不具备通航能力。

玉带河 370682-22-A-a05
[Yùdài Hé]

五龙河支流。在省境东部，市境南部。因河流形似玉带，故名。发源于莱阳市大夼镇韩格庄水库，于凤头村汇入五龙河。长 23.4 千米，宽 10~30 米，流域面积 83.30 平方千米。流域内农业灌溉多依靠此河，水深 0.3~2 米，不具备通航能力。主要支流有丰台河。

羊郡河 370682-22-A-a06
[Yángjùn Hé]

外流河。在省境东部，市境东南部。因发源地而得名。发源于莱阳市羊郡镇南杨家夼村北，于南羊郡村南注入黄海。长 6.3 千米，宽 10~20 米，流域面积 6.3 平方千米。属于农业用水区。

墨水河 370682-22-A-a07
[Mòshuǐ Hé]

五龙河支流。在省境东部，市境中部。墨水河流经矿区，矿物质呈现黑色，故河底部的沙石为黑色，河流因此得名。发源于莱阳市万第镇小徐格庄村东北，于西昌山村西南汇入富水河。长 12.2 千米，河床宽 10~30 米，流域面积 10 平方千米。属于农业用水区。

巨峰河 370682-22-A-a08
[Jùfēng Hé]

外流河。在省境东部，市境东部。据历史传说得名。发源于莱阳市万第镇东村庄村，汇入芝水河。长 34 千米，流域面积 15 平方千米。流域内农业灌溉多依靠此河。不具备通航能力。

芝水河 370682-22-A-a09
[Zhīshuǐ Hé]

外流河。在省境东部，市境南部。据历史传说得名。发源于莱阳市大夼镇邀驾岭村东，汇入富水河。长 15.45 千米，宽 10~40 米，流域面积 34 平方千米。流域内农业灌溉多依靠此河，水深 0.3~2 米，不具备通航能力。主要支流有巨峰河。

磋阳河 370682-22-A-a10
[Cuōyáng Hé]

外流河。在省境东部，市境西南部。因流经嵯峨群山之阳，故名。发源于莱阳市团旺镇凤凰山西，于徐疃庄村北汇入五龙河。长 21.35 千米，宽 10~30 米，流域面积 138 平方千米。流域内农业灌溉多依靠此河。不具备通航能力。主要支流有白庙河、岔里河、王埠河、团旺河。

濯河 370682-22-A-b01
[Zhū Hé]

内陆河。在省境东部，市境北部。因河水聚集较多，得名潴河。发源于莱阳市谭格庄镇姜岭庄，于安里村南流入莱西高格庄水库。长 16.5 千米，宽 30~70 米，流域面积 85 平方千米。流域内地貌由于地层的岩性、地质构造及河流冲积作用，形成了浅丘广谷的地形特征，流域内农业灌溉多依靠此河。水深 0.3~2 米，不具备通航能力。主要支流有水岔河、罗家疃河、谭家河。

七星河 370682-22-A-b02
[Qīxīng Hé]

内陆河。在省境东部，市境西部。因为河流似七星分布状，故名。发源于莱阳市冯格庄街道马岚村北，汇入潴河。长 19.5 千米，宽 15~100 米，流域面积 95.5 平方千米。为泥沙河。流域内农业灌溉多依靠此河。不具备通航能力。

海洋岛屿

香岛 370682-23-D01
[Xiāng Dǎo]

属羊郡镇。北纬 36°36′，东经 120°48′。在省境北部，市境南部。早年岛上多生马樱、刺槐、山梨，春夏秋百花竞放，清香扑鼻，取名香花岛，后称香岛。属于典型的半日潮。温带季风气候。

莱州市

山

胡家顶 370683-21-G01
[Hújiā Dǐng]

在省境东部，市境西部。相传周朝显王年间，有一位胡姓将领兵败之后，在此占山为王，故称胡家顶。海拔 690.5 米。山上有零星树木和杂草，底部种植果树。有公路经此。

笔架山 370683-21-G02
[Bǐjià Shān]

在省境东北部。因该山从远处看去像只笔架，因此得名。海拔 305 米。山的中部有零星树木，底部已开垦为农田，种植花生、地瓜等作物。

河流

沙河 370683-22-A-a01
[Shā Hé]

外流河。在省境南部，市境西南部。因流经沙河村，故名。发源于吴家大山南麓、文昌路街道东关门村东 3 千米处，向西南复西北流经文昌路街道、柞村镇、夏邱镇、沙河镇、土山镇，注入渤海。长 45 千米，河床平均宽 300 米，流域面积 217 平方千米。主要功能为灌溉农作物。

蓬莱市

山

徐山 370684-21-G01
[Xú Shān]

在省境东北部。从高处看山的形状貌似老鼠，所以取名为鼠山，后改称徐山。海拔 180 米。主要树种有侧柏、黑松、洋槐、榆树、杏树等，植被有结缕草、酸枣等。有公路经此。

猴山 370684-21-G02
[Hóu Shān]

在省境东北部。因山峰从远处观看形似猴子，故名。海拔 228 米。植被有结缕草、酸枣等。

南王马山 370684-21-G03
[Nánwángmǎ Shān]

在省境东北部。因山体形态像一个大簸箕，便命名为簸箕山。相传每到月圆夜静之时，山上就会显现出一匹金光四射的宝马，神态极似拜月状，故改名为金马山，又因其在南王街道，后称之为南王马山。海拔 190 米。山上有松树、槐树、棉槐、山枣等。213 省道经此。

牛山 370684-21-G04
[Niú Shān]

在省境东北部。以传说、山形得名。海拔 228.9 米。植被有结缕草、酸枣等。

女王山 370684-21-G05
[Nǚwáng Shān]

在省境东北部。传说曾有一个女人带领一伙人在山上安营扎寨，故名。海拔 231 米。有松树、刺槐、野枣、茅草、黄荆等。

门楼南山 370684-21-G06
[Ménlóu Nánshān]

属磁山山脉。在省境东北部。因其所在地理位置而得名。海拔 250 米。有刺槐、板栗树、核桃树。

东大山 370684-21-G07
[Dōng Dàshān]

属磁山山脉。在省境东北部。因此山在大柳行镇齐家沟村东，山体高大，故名。海拔 290 米。有刺槐、板栗树。

燕山 370684-21-G08
[Yàn Shān]

在省境东北部。因山上的燕子非常多，故名燕山。海拔 350 米。植被有结缕草、酸枣等。

曲家唵口大王山 370684-21-G09
[Qūjiā'ǎnkǒu Dàwáng Shān]

属磁山山脉。在省境东北部。因其在大柳行镇曲家唵口村西且此山比较宽大，故名。海拔 315 米。有刺槐、板栗树、核桃树。

仙人岭 370684-21-G10
[Xiānrén Lǐng]

在省境东北部。因传说中八仙在此山居住过，故名。海拔 220 米。有刺槐、松树、果树、干果。

鹰回山 370684-21-G11
[Yīnghuí Shān]

在省境东北部。因传说古时候唐朝李世民在此山放过鹰，鹰飞走了三天后又飞回来了，故名。海拔 242 米。有刺槐、松树、果树、干果。

丘山 370684-21-G12
[Qiū Shān]

在省境东北部。传说丘处杭在此山修炼过，因此得名。海拔 243 米。有刺槐、松树、果树、干果。

石皮山 370684-21-G13
[Shípí Shān]

在省境东北部。因该山上土层浅，山体以石头为主，植被少，故名。海拔 370 米。有刺槐、松树、果树、干果。

龙山 370684-21-G14
[Lóng Shān]

在省境东北部。因从远处看去像是一条长龙，故名。海拔 396 米。有刺槐、松树、果树、干果。

西码山 370684-21-G15
[Xīmǎ Shān]

在省境东北部。因其在小门家镇石桥村西面，故名。海拔 160 米。有松树。

李家沟马山 370684-21-G16
[Lǐjiāgōu Mǎshān]

属艾崮山山脉。在省境东北部。因该山峰在村里集镇李家沟村西，且从远处看去像匹马，故名。海拔 359 米。有刺槐、松树、果树、干果。

迎口山 370684-21-G17
[Yíngkǒu Shān]

在省境东北部。因此山北迎栾家口，故名。海拔 247 米。有松树、刺槐。

羊角山 370684-21-G18
[Yángjiǎo Shān]

在省境东北部。因此山遥望形似山羊角，故名。海拔 116 米。有松树、刺槐。

黄岭 370684-21-G19
[Huáng Lǐng]

属艾崮山山脉。在省境东北部。因该山峰在村里集镇黄泥沟村。故名。海拔 473 米。有刺槐、松树、果树、干果。有公路经此。

紫牛山 370684-21-G20
[Zǐniú Shān]

在省境东北部。因该山峰从远处看像一头老牛，且山上开满了紫色的花，故得名紫牛山。海拔 567 米。有刺槐、松树、干果、酸枣、荆条、紫穗槐、野蔷薇等。

罗圈沟 370684-21-G21
[Luóquān Gōu]

在省境东北部。此地名来历查无可考。海拔 163 米。植被有松树、洋槐等。

单孤顶 370684-21-G22
[Dāngū Dǐng]

在省境东北部。因该山周围只有这一座山，故名单孤顶。海拔520米。有刺槐、松树、果树、干果。

望海岭 370684-21-G23
[Wànghǎi Lǐng]

在省境东北部。古时候有人看见一只大鸟落在此山上，像是凤凰，故取名为凤凰山。后来又有人在山上向北望去，能够看见大海，又取名望海岭。海拔340米。有刺槐、松树、果树等。

金翅岭 370684-21-G24
[Jīnchì Lǐng]

属磁山山脉。在省境东北部。传说很早以前，有人见扑鸽一翅扑在山上，金光闪闪，故名。海拔280米。有刺槐、板栗树、核桃树。

招远市

平原

毕郭大洼 370685-21-A01
[Bìguō Dàwā]

在省境东北部，招远境东南部。面积约3 000公顷。以所处区域毕郭镇命名。为大沽河上游冲积平原，水利条件较好；属暖温带大陆性季风气候，冬冷夏热，但极少严寒酷暑，春秋适宜，四季分明；土壤质地适宜，植被丰茂，多杨、柳、槐、榆等树木及芦苇、节节草、马齿苋等野草。为招远南部粮仓，有粮囤子之称。除粮食作物外，有花生和苹果，花生油加工为传统产业。省道蓬水公路、海莱公路经此。

张星大洼 370685-21-A02
[Zhāngxīng Dàwā]

在省境东北部，招远市北部。面积约2 500公顷。以所在区域张星镇命名。为界河冲积平原，水利条件好，地下水分布浅，主要靠河水、机井和池塘灌溉；气候温和，空气湿润，阳光充足；多沙壤土和粽壤土，土体深厚。为主要粮作区，以粮食生产和粉丝加工为主，有“富农囤子”之称，主产小麦、玉米和苹果。有公路经此。

横掌大洼 370685-21-A03
[Héngzhǎng Dàwā]

在省境东北部，招远市中部。面积约2 500公顷。因分布在横掌河两岸，以横掌河命名。地势东高西低，河水自东向西汇入界河，水利条件较好；气候温和；多沙壤土、河潮土，土体深厚，植被丰富，河畔多杨、柳、槐、榆等树木。为主要粮油农作区，也为龙口粉丝生产集中区，果业以苹果、樱桃为主。有公路经此。

辛庄滨海平原 370685-21-A04
[Xīnzhuāng Bīnhǎi Píngyuán]

在省境东北部，招远市西北部。面积5 560公顷。因处沿海辛庄镇得名。为界河、诸流河、淘金河等河流入海口，气候较内陆湿润，多雨雪，夏天凉爽；地面平坦，微向海倾斜，多为海成中粗砂，海相淤泥，并有大量海生贝壳碎片；沿海植被有沙参（著名土特产）、麦芽草、酸枣等，有沿海防护林，河滩多刺槐杨、榆、柳及芦苇、茅子草。为主要粮油农作区，多林木育苗。大莱龙铁路、烟潍国道经此。

山

老云头顶 370685-21-G01
[Lǎoyúntóu Dǐng]

属罗山山脉。在省境东北部，招远市东北部。因“山形高峻，上薄云汉。每日夕，即烟云四塞，山谷弥漫”，故名。海拔 719.8 米。山体主要由古生代变质岩和玲珑混合花岗岩构成，局部夹有石英石裸露。山中多松、板栗、刺槐、柞树等植被。

玲珑山 370685-21-G02
[Línglóng Shān]

属罗山山脉。在省境东北部，招远市东北部。因金而名，此山宛如长龙伏卧，故名玲珑山。海拔 470 米。是罗山金矿田的核心地带，玲珑背为著名的氧化矿地质标本，山脊背有露出地表的富矿脉，山石赤褐色。植被多松、板栗、刺槐、柞树。黄水公路经此。

灵山 370685-21-G03
[Líng Shān]

属招远西部岭脉。在省境东北部，招远市西部。相传古时大旱时期在此祈雨多有应验，故名灵山。海拔 322.8 米。基岩裸露，河沟纵横，土壤瘠薄。植被多松柏和刺槐。有公路经此。

雾云山 370685-21-G04
[Wùyún Shān]

属招远西部岭脉。在省境东北部，招远市西部。以山中多云雾的自然景色取名雾云山。海拔 412 米。山中林木丰茂，土层较厚，多松柏、刺槐。省道文三公路经此。

滚泉山 370685-21-G05
[Gǔnquán Shān]

在省境东北部，招远市中部。因山下温泉水远近闻名，似沸汤自滚，故名滚泉山。海拔 107 米。山势低矮，呈南北低丘分布。通公交车。

狗山 370685-21-G06
[Gǒu Shān]

属罗山山脉北延岭脉。在省境东北部，招远市北部。因山似犬蹲，故名。海拔 357 米。石质属花岗岩，土层单薄。山上多松、刺槐。有公路经此。

齐山 370685-21-G07
[Qí Shān]

属招远南部岭脉。在省境东北部，招远市南部。齐灵公十六年（前 566），齐将攻打莱国时路过此地，故以齐军到此命名为齐山。海拔 266.9 米。山上土层较厚，植被丰茂，多松柏、刺槐。有公路经此。

张画山 370685-21-G08
[Zhānghuà Shān]

在省境东北部，招远市中部。清因山峰美景如同画卷，故名。海拔 257.4 米。山前坡背风向阳，山体土层较厚，植被丰富，多松柏、刺槐、柞树。有公路经此。

凤喙山 370685-21-G09
[Fènghuì Shān]

属罗山山脉。在省境东北部，招远市东北部。因山巅有一巨石，形如牛心，故原名牛心山。元朝陈节斋过此，见山色秀丽，巨石突于山巅，形如凤嘴，故名凤喙山。海拔 416 米。山体岩石裸露，植被多松树。有公路经此。

架旗山 370685-21-G10
[Jiàqí Shān]

在省境东北部，招远市中部。相传，唐王征东，在此山下屯兵，山上架旗，故名架旗山。海拔 324.2 米。山体土层较厚，植被多松、柞及刺槐。有公路经此。

金华山 370685-21-G11
[Jīnhuá Shān]

属招远西部岭脉。在省境东北部，招远市西北部。原称确山，元明时期山上建碧霞元君行宫，因碧霞意为东方日光之霞，如金色光华，故名金华山。海拔 192.4 米。岩石裸露，富含黄金，为招远主要黄金产地之一。土层较薄，植被以马尾松、刺槐为主。有公路经此。

会仙山 370685-21-G12
[Huìxiān Shān]

在省境东北部，招远市东北部。相传，元世祖忽必烈入中原后，最崇道教，因常有道教徒云游此地，故称会仙山。海拔 265 米。沟壑纵横，土层较厚，植被丰茂，多松、刺槐。有公路经此。

望儿山 370685-21-G13
[Wàng'ér Shān]

属招远西部岭脉。在省境东北部，招远市西部。相传有子从戎，父登山望之，卒葬山麓，故以此得名望儿山。海拔 176 米。沟壑纵横，岩石裸露，富含黄金，为招远黄金产地之一。植被多野生赤松。有公路经此。

泉

招远温泉 370685-22-I01
[Zhāoyuǎn Wēnquán]

温泉。在省境东北部，招远市中部。因所在地得名。分布范围约 1.5 平方千米，是国内罕见的高温、高矿化度、极具医疗价值的混合型温泉。泉水出水口温度高达 97℃。已开发各种高、中、低档洗浴场所 30 余处，依托温泉建起温泉公园、露天温泉等休闲旅游设施。通公交车。

栖霞市

山

牙山 370686-21-E01
[Yá Shān]

在省境东北部，市境东部。东至桃村镇，西至唐家泊镇，南至桃村镇和唐家泊镇，北至庙后镇和亭口镇。西北—东南走向。因山脉自西向东起伏连绵，形似锯齿，故名牙山。一般海拔 600 米，最高海拔 805 米。主峰二牙。山林多赤松、落叶松、刺槐等。有公路经此。

北崮山 370686-21-E02
[Běi Gùshān]

在省境东北部，市境西北部。东至蓬莱市，西至龙口市，南至西城镇，北至蓬莱市和龙口市。东西—南北走向。四周陡峭，山顶较平，得名崮山，此山位北，故名。一般海拔 500 米，最高海拔 554 米，主峰插旗顶。重要名胜古迹有千米木栈道 1 处。山体植被茂密，植被多乔木、灌木等。有公路经此。

南崮山 370686-21-E03
[Nán Gùshān]

在省境东北部，市境西北部。东至蓬莱市，西至苏家店镇，南至西城镇，北至北崮山。南北走向。四周陡峭，山顶较平，得名崮山，此山位南，故名。一般海拔 500 米，最高海拔 567 米。主峰牸牛山。重要名胜古迹有龙兴寺，寺中尚存金代刻石多处。植被多乔木、灌木等。有公路经此。

唐山硼 370686-21-G01
[Tángshān Péng]

在省境东北部，栖霞市东南部。传唐太宗征辽驻跸于此，故名。海拔 508 米。有棉槐和松、柞、刺槐等树。有公路经此。

大岭坡 370686-21-G02
[Dàlǐng Pō]

属艾山山脉。在省境东北部。因山形似古时官服的领子，故名大领，后演义为大岭坡。海拔 253 米。植被多乔木、灌木等。有公路经此。

雨顶 370686-21-G03
[Yǔ Dǐng]

属唐山山脉。在省境东北部。因山形似鱼背，故名鱼顶，后演义为雨顶。海拔 324 米。植被多乔木、灌木等。

梭子大顶 370686-21-G04
[Suōzi Dàdǐng]

属唐山山脉。在省境东北部。因此山比周围的山大，形如梭子，故名梭子大顶。海拔 486 米。植被多乔木、灌木等。

母山 370686-21-G05
[Mǔ Shān]

属艾山山脉。在省境东北部。因此山形状似母鸡，故名。海拔 306 米。植被多乔木、灌木等。209 省道经此。

寨山 370686-21-G06
[Zhài Shān]

属艾山山脉。在省境东北部。因在公山、母山之间，似寨墙，故名。海拔 301 米。植被多乔木、灌木等。

公山 370686-21-G07
[Gōng Shān]

属艾山山脉。在省境东北部。因山的形状像公鸡，故名。海拔 313 米。白洋河支流经过。植被多乔木、灌木等。

郎当脖子 370686-21-G08
[Lángdāngbózi]

属方山山脉。在省境东北部。因像龟脖子，故名。海拔 404.4 米。植被多乔木、灌木等。

大天 370686-21-G09
[Dàtiān]

属牙山山脉。在省境东北部。因山体高大，故名。海拔 541 米。植被多乔木、灌木等。

花山 370686-21-G10
[Huā Shān]

属唐山山脉。在省境东北部。因山顶石头形似一朵花，故名。海拔 381.1 米。植被多乔木、灌木等。有公路经此。

元宝山 370686-21-G11
[Yuánbǎo Shān]

属唐山山脉。在省境东北部。因山顶形像元宝，故名。海拔 350 米。植被多乔木、灌木等。206 国道经此。

双顶子 370686-21-G12
[Shuāng Dǐngzi]

属牙山山脉。在省境东北部。因两个山峰相连，故名。海拔 223 米。植被多乔木、灌木等。有公路经此。

歪顶 370686-21-G13
[Wāi Dǐng]

属牙山山脉。在省境东北部。因山头歪斜而得名。海拔 499.3 米。植被多乔木、灌木等。

布谷崖 370686-21-G14
[Bùgǔ Yá]

在省境东北部。其山陡峭，人、兽难登，只有在悬崖上有布谷鸟筑巢，故名。海拔 575 米。植被多乔木、灌木等。

篷顶 370686-21-G15
[Péng Dǐng]

属牙山山脉。在省境东北部。因山顶平，坡缓，形如倒置的盆，故名。海拔 288.3 米。植被多乔木、灌木等。210 省道经此。

猪眼顶 370686-21-G16
[Zhūyǎn Dǐng]

属牙山山脉。在省境东北部。远望该山形如猪头，山后坡又有两个突出的石硼，形如猪眼，故名。海拔 412 米。植被多乔木、灌木等。

花岭 370686-21-G17
[Huā Lǐng]

属牙山山脉。在省境东北部。因此山很长，形如长蛇，得名蛇花岭，后来简化为花岭。海拔 447 米。植被多乔木、灌木等。

南老庙顶 370686-21-G18
[Nánlǎomiào Dǐng]

属牙山山脉。在省境东北部。因昔日山顶南边有玉皇庙，故名。海拔 451.2 米。植被多乔木、灌木等。

北老庙顶 370686-21-G19
[Běilǎomiào Dǐng]

属牙山山脉。在省境东北部。因此山有座庙，又处于村北，故名北老庙顶。海拔 451.2 米。植被多乔木、灌木等。有公路经此。

老庙顶 370686-21-G20
[Lǎomiào Dǐng]

属牙山山脉。在省境东北部。因此山下有一玉皇庙，故名。海拔 574.9 米。植被多乔木、灌木等。

楼顶 370686-21-G21
[Lóu Dǐng]

属唐山山脉。在省境东北部。因此山高险，像座楼阁，故名。海拔 336 米。植被多乔木、灌木等。

攻险顶 370686-21-G22
[Gōngxiǎn Dǐng]

属唐山山脉。在省境东北部。因山高坡陡，地势险要，故名。海拔 403 米。植被多乔木、灌木等。

黄山岭 370686-21-G23
[Huángshān Lǐng]

属蚕山山脉。在省境东北部。因此山都是黄土，故名黄土岭，后演义为黄山岭。海拔 329.6 米。植被多乔木、灌木等。有公路经此。

牛圈顶 370686-21-G24
[Niúquān Dǐng]

属牙山山脉。在省境东北部。因古今牛倌都在此山顶圈牛，所以叫牛圈顶。海拔 416 米。植被多乔木、灌木等。

金子顶 370686-21-G25
[Jīnzi Dǐng]

属牙山山脉。在省境东北部。海拔 423.1 米。植被多乔木、灌木等。

黑龙沟顶 370686-21-G26
[Hēilónggōu Dǐng]

属牙山山脉。在省境东北部。传说明朝末年，清兵将百姓赶到此地。突然狂风暴雨，如同黑夜一般，使清兵狼狈逃窜。百姓们认为是黑龙王拯救他们，修盖了庙宇作为纪念，将沟命名为黑龙沟。该山顶叫黑龙沟顶。海拔 409.6 米。植被多乔木、灌木等。

南天门 370686-21-G27
[Nán Tiānmén]

属牙山山脉。在省境东北部。因山高陡险，远望山、天相连，故名。海拔 397 米。植被多乔木、灌木等。有公路经此。

蓬硼山 370686-21-G28
[Péngpéng Shān]

属艾山山脉。在省境东北部。因山上顶峰是突出的石硼，又大部属蓬莱市，故名。海拔 230.8 米。植被多乔木、灌木等。

双甲山 370686-21-G29
[Shuāngjiǎ Shān]

属艾山山脉。在省境东北部。因山顶有两块巨石矗立，形似牛羊之双角，故名双角山，后演绎为双甲山。海拔 536 米。植被多乔木、灌木等。

插旗顶 370686-21-G30
[Chāqí Dǐng]

属艾山山脉。在省境东北部。传说李世民征东时，在此山顶插旗，故名。海拔 554 米。植被多乔木、灌木等。

老山 370686-21-G31
[Lǎo Shān]

属艾山山脉。在省境东北部。指秋天草老看季节，故名老山。海拔 451 米。植被多乔木、灌木等。

牸牛山 370686-21-G32
[Zìniú Shān]

属艾山山脉。在省境东北部。因山形如牸牛，故名。海拔 567 米。植被多乔木、灌木等。

婆婆顶 370686-21-G33
[Pópo Dǐng]

属艾山山脉。在省境东北部。因此山呈圆形，坡缓，远远望去像一静坐的老妇人，故名。海拔 236 米。植被多乔木、灌木等。

黑顶子 370686-21-G34
[Hēi Dǐngzi]

属扒山山脉。在省境东北部。因山上的石呈黑色，故名。海拔 260 米。植被多乔木、灌木等。

雷山 370686-21-G35
[Léi Shān]

属艾山山脉。在省境东北部。相传，有一青年，扛着一个墩到山顶上用力一砸，声如雷鸣，山分两半。山内有一老太婆正在纺棉花，这青年进山偷了她的线穗，却忘了拿墩，原来这墩是开山门的钥匙，此后，山再也不会开了，人们把这山取名雷山。海拔 500.7 米。植被多乔木、灌木等。

歪嘴山 370686-21-G36
[Wāizuǐ Shān]

属艾山山脉。在省境东北部。因山顶向西歪斜，故名。另一说因山顶端岩石耸立并有两石张口，形似老虎嘴扭向东北，故名。海拔 456.5 米。植被多乔木、灌木等。

婆家山 370686-21-G37
[Pójiā Shān]

属艾山山脉。在省境东北部。因山顶并立几个小山头，山头上巨石林立，高低不平，好像天破了一个角（当地人读 jiā），故名破角山，后演变为婆家山。海拔 682 米。植被多乔木、灌木等。

双角山 370686-21-G38
[Shuāngjiǎo Shān]

属艾山山脉。在省境东北部。因两峰并立，形似牛羊之双角，故名双角山。海拔 676 米。植被多乔木、灌木等。

双马石 370686-21-G39
[Shuāngmǎ Shí]

属艾山山脉。在省境东北部。因两块巨石并立，形如双马，故名。海拔 336.9 米。植被多乔木、灌木等。

釜甑山 370686-21-G40
[Fǔzèng Shān]

属唐山山脉。在省境东北部。因山顶有一石头似釜甑倒置，故名。海拔 311 米。植被多乔木、灌木等。

小唐山 370686-21-G41
[Xiǎo Tángshān]

属唐山山脉。在省境东北部。因此山比唐山硼小，而形状相似，故名。海拔 358 米。植被多乔木、灌木等。

凤凰窝 370686-21-G42
[Fènghuáng Wō]

属老寨山山脉。在省境东北部。相传，此山早年常有凤凰落居，繁殖后代，故名。海拔 258 米。植被多乔木、灌木等。

洞

雕鹘洞 370686-21-N01
[Diāohú Dòng]

花岗岩裂隙洞。在栖霞市松山街道上艾口村西北。因雕鹘常以此为巢，由此而得。洞口宽 20 余米，深 6 千米，面积 120 平方千米。所在区域是艾山旅游的主体，有一定开发条件。

河流

唐山河 370686-22-A-a01
[Tángshān Hé]

外流河。在省境东北部。因流经唐山，故名。发源于翠屏街道上曲家村北，流经栗林村、黄燕底村、唐山头村、朱留村、前泥都村，汇入清水河。长 41 千米，平均宽度 38 米，流域面积 97.3 平方千米。主要功能为承担沿河果园灌溉任务。支流有沙峨河。

海阳市

山

招虎山 370687-21-E01
[Zhāohǔ Shān]

在市境中部。相传，邑北三十五里有

招虎，概以虎伏山中，仙家训之，遂化为石，遗迹宛然，故名。最高海拔 549.7 米。主峰招虎山寨。山体为花岗岩，土壤以宗壤为主，坡陡沟深。山多松、槐、栎，间有果树。有草本植物600余种，另有狼、花面狐、金雕、中华秋沙鸭等 180 多种飞禽走兽。有公路经此。

北榆山 370687-21-G01
[Běiyú Shān]

在市境北部。该山多石少土，高大的树木不多，榆树的生命力顽强，容易在石缝中生长，故此山榆树较多，旧称榆山。后因与小纪镇榆山重名，并处该山之北，改称北榆山。海拔 400 米。土壤类型为棕壤，植被以阔叶混交林为主。蓝烟铁路、青烟威荣城际铁路、204 国道经此。

晶山 370687-21-G02
[Jīng Shān]

在市境北部。因该山有大量理石，理石晶莹光亮，故名晶山。海拔 381.2 米。土壤类型为棕壤，植被以阔叶混交林为主。

林寺山 370687-21-G03
[Līnsì Shān]

在市境北部。因山中有林木和古刹，故名。海拔 534 米。山体岩石为火成岩，棕壤与褐土呈复区并存，植被多松、柞树，有铁矿。309 国道、210 省道经此。

跑马岭 370687-21-G04
[Pǎomǎ Lǐng]

在市境中部。该山山顶平坦，石硼上又有较多的马蹄形石窟，故名跑马岭。海拔 518.1 米。土壤类型为棕壤，植被以栎类为主。

玉皇山 370687-21-G05
[Yùhuáng Shān]

在市境东部。该山山顶有玉皇庙一座，故名玉皇山。海拔 589 米。山体为花岗岩，土壤类型为棕壤，植被以阔叶混交林为主。

石人岭 370687-21-G06
[Shírén Lǐng]

在市境东部。因当初山有巨石，矗立如人，故名石人岭。海拔 380.9 米。山体为花岗岩，土壤类型为棕壤，植被以阔叶混交林为主，山上多松树。

七崮顶 370687-21-G07
[Qīgù Dǐng]

在市境东部。该山相连七个山顶，故名七崮顶。海拔 397.7 米。山多松树，亦生长有灵芝、枸杞等中草药材。有公路经此。

垛崮顶 370687-21-G08
[Duògù Dǐng]

在市境东部。因该山巨石重叠，故名垛崮顶。海拔 393 米。山体为花岗岩，土壤类型为棕壤，植被以阔叶混交林为主，山上种有黑松林。

翅岭 370687-21-G09
[Chì Lǐng]

在市境中部。因山势如鸟展翅，故名。海拔 505 米。山体为花岗岩，土壤类型为棕壤，植被以松树、刺槐为主。有公路经此。

大寨 370687-21-G10
[Dàzhài]

在市境东部。该山相传为清末一个未出嫁的大姑娘的体己山岚，故名大姑寨，后简化为大寨。海拔 404 米。山体为花岗岩，土壤类型为棕壤，植被以阔叶混交林为主。

黑崮顶 370687-21-G11

[Hēigù Dǐng]

在市境中部。因该山顶上有个黑而大的石崮，故名黑崮顶。海拔 473.8 米。山体为花岗岩，土壤类型为棕壤，该山石多土少，植被多为松树，不宜耕种。

将军寨 370687-21-G12

[Jiāngjūn Zhài]

在市境中部。相传明代一位将军带兵在此安营扎寨，故名。海拔 372 米。山体为花岗岩，土壤类型为棕壤，该山石多土少，植被多为松树，不宜耕种。有公路经此。

东斗崮 370687-21-G13

[Dōngdǒu Gù]

在市境东南部。该山有大石崮，从沟底到顶峰四周，山势陡峭，山顶较平坦，故名东陡崮，后演变成东斗崮。海拔 303 米。山体为花岗岩，土壤类型为棕壤，山上多松树、刺槐、映山红等。

河流

留格庄河 370687-22-A-a01

[Liúgézhuāng Hé]

外流河。在市境东部。因流经留格庄，故名。发源于盘石店镇仙人盆村西山和嘴子后村北山，自北向南依次流经盘石店镇、留格庄镇和凤城街道，于留格庄镇张家庄入海。长 34 千米，河宽 204 米，流域面积 247 平方千米。至入海口设计洪峰流量 1 260 立方米/秒。在流域内发挥灌溉、供水、渔业等重要作用。

东村河 370687-22-A-a02

[Dóngcūn Hé]

外流河。在市境南部。发源于朱吴镇后山中涧村东跑马岭前坡，自北向南依次流经朱吴镇和东村、方圆、凤城、龙山 4 个街道，最终于龙山街道鲁古埠村南面入海。长 33 千米，河宽 168 米，河床平均宽 75 米，流域面积 2 444 平方千米。至入海口设计洪峰流量 870 立方米 / 秒。该河流经海阳市区，沿岸建有新元广场，下游建有小孩儿口国家级城市湿地公园。该河集休闲、观光、灌溉作用于一身。

纪疃河 370687-22-A-a03

[Jìtuǎn Hé]

外流河。在市境南部。因流经纪疃村旁，故名。发源于东村街道大磊石村北山麓，自北向南流经东村街道、二十里店镇、辛安镇、龙山街道，最终于龙山街道东荆家村入海。长 36 千米，平均河宽 120 米，流域面积 253 平方千米。至入海口设计洪峰流量 1 070 立方米 / 秒。主要功能为农田灌溉和渔业养殖。

白沙河 370687-22-A-a04

[Báishā Hé]

外流河。在市境西南部。因河床沙石呈白色而得名白沙河。发源于朱吴镇翁窑头村南山黄草顶，自东北向西南依次流经朱吴、小纪、行村 3 镇，最终于行村镇南麻姑岛村东侧入海。长 41 千米，河宽 110 米，流域面积 231 平方千米。至入海口设计洪峰流量 978 立方米 / 秒。主要功能为灌溉、养殖。

郭城河 370687-22-A-a05

[Guōchéng Hé]

外流河。在市境北部。因流经郭城村而得名。发源于郭城镇黄草场村，向西流经郭城镇和发城镇，于发城镇现子口村汇入富水河。长 20 千米，流域面积 69.7 平方千米。该河在流域内主要发挥灌溉功能。

埠后河 370687-22-A-a06
[Bùhòu Hé]

外流河。在市境中部。因流经北埠后、南埠后两村而得名。发源于朱吴镇上孙家村，流经朱吴镇和发城镇，于发城镇吉林村汇入富水河。主河道长 25 千米，流域面积 89.9 平方千米。该河在流域内主要发挥灌溉功能。

城阳河 370687-22-A-a07
[Chéngyáng Hé]

外流河。在市境东南部。因流经南城阳、北城阳两村而得名。该河发源于盘石店镇缪家村，自北向南流经盘石店镇、方圆街道、碧城工业区，于碧城工业区嵩潜村汇入东村河。长 20 千米，流域面积 62.6 平方千米。该河在流域内主要发挥灌溉功能。

孙格河 370687-22-A-b01
[Sūngé Hé]

外流河。在市境南部。因流经二十里店孙格庄村，故名。发源于二十里店镇半社乡村，自北向南流经二十里店镇，于姜家庄村汇入里店水库。长 12 千米，流域面积 51.5 平方千米。该河在流域内主要发挥灌溉功能。

海湾

大埠圈 370687-23-B01
[Dàbù Quān]

在市境东南部。当初渔民在此用石头垒起铺子捉鱼，故名搭铺圈，后来演变为大埠圈。面积 13.3 平方千米。

海洋岛屿

竹岛 370687-23-D01
[Zhú Dǎo]

属海阳市管辖。东经 121°27′26.82″，北纬 36°45′。在市境东南部。面积 0.045 平方千米。因岛上生长毛竹，故名竹岛。距大陆岸线最近 0.3 千米，形状椭圆形。植物覆盖率 80%，海拔 28.9 米。无人岛，近期无开发计划。

岛子里 370687-23-D02
[Dǎozilǐ]

属留格庄镇管辖。东经 121°23′52.69″，北纬 36°42′41.55″。在市境东南部。面积 0.015 平方千米。因习惯称进岛为里，上陆为外，故名。岛体低平而专圆，高潮时与陆间隔 200 米，低潮时露出碎石路。无人岛，近期无开发计划。

千里岩 370687-23-D03
[Qiānlǐyán]

属留格庄镇管辖。东经 121°22′56.50″，北纬 36°15′44.00″。在市境南部。面积 0.2 平方千米。古时航行不便，以千里形容航程遥远的岛，故名千里岩。由南、北两山组成，岛形呈“哑铃”状，最大长度 840 米，最大宽度 466 米，近陆距离 45 930 米。岛上分布有常绿阔叶林，同时为鸟类迁徙的驿站。现岛上设有灯塔和气象站。2002 年建立海阳千里岩岛海洋生态系统省级自然保护区。

鸭岛 370687-23-D04
[Yā Dǎo]

属辛安镇管辖。东经 120°57′03.50″，北纬 36°34′35.00″。在市境西南部。面积 0.024 平方千米。《山东通志》称牙岛，《海阳县志续志》记哑岛，后传为鸭岛。近陆距离 830 米。岛屿呈长方形，当地植物有紫薇、杂草。周围海底系泥质。无人岛，近期无开发计划。

鲁岛 370687-23-D05

[Lǔ Dǎo]

属行村镇管辖。东经 120°56′03.94″，北纬 36°37′58.86″。在市境西南部。面积 0.36 平方千米。原名古芦岛，后取捕鱼度日之意，更名鲁岛。1971 年 7 月开始围海造田工程，1976 年竣工，使鲁岛成为人工陆连岛。

泥岛 370687-23-D06

[Ní Dǎo]

属辛安镇管理。东经 121°02′07.56″，北纬 36°35′21.98″。在市境西南部。面积 0.01 平方千米。该岛石头较少，泥土较多，故名泥岛。无人岛，近期无开发计划。

土埠岛 370687-23-D07

[Tǔbù Dǎo]

属辛安镇管理。在市境西南部。东经 121°03′26.50″，北纬 36°32′18.00″。面积 0.035 平方千米。该岛土壤肥沃，故名土埠岛。岛体构成为花岗岩，形状类似等腰三角形，土质肥沃，野草茂盛，覆盖率达 85%。岛上有洞，洞中有斑鸠栖身，且有水源。无人岛，近期无开发计划。

半岛

琵琶岛 370687-23-E01

[Pípa Dǎo]

在市境东南部。面积 0.05 平方千米。该岛形如琵琶，故名琵琶岛。其西北端有沙堤与陆地相连成为半岛，岛上生长野草树木，无人居住。属海洋性气候。建有海阳琵琶岛影视基地，集影视拍摄与红色旅游为一体。

岬角

半截台 370687-23-F01

[Bànjié Tái]

在市境东南部。属留格庄镇。因高出海滩约 3 米，如巨台半隐沙中，故名。此地建有渔业码头、渔船修造厂，以及海参养殖池塘。

长龙嘴 370687-23-F02

[Chánglóng Zuǐ]

在市境东南部。此处的岩石像长龙一样弯曲着向海水中延伸，故名长龙嘴。此地建有渔业码头、渔船修造厂，以及海参养殖池塘。退潮时露出弯曲石岚，生长贝类，发现少量海参。

埠岔嘴 370687-23-F03

[Bùchà Zuǐ]

在市境西南部。属辛安镇管辖。因在港岔的边沿，故名埠岔嘴。在此建有渔业码头、渔船修造厂，由此至行村镇何家村筑一长堤可行，堤东建有海水池塘。

丁字嘴 370687-23-F04

[Dīngzì Zuǐ]

在市境西南部。属海阳市管辖。因该岬角伸至丁字湾内，故名丁字嘴。在此建有一渔港码头，西侧建有海水养殖池塘。水产丰富。

长岛县

山谷

鹰窝 370634-21-C01
[Yīng Wō]

在省境北部，县境北部。西北向与峰台山相邻，东南向与信号山相依。因为鹰经常起落而命名。四季气温变化和缓，一般春季多风，气温回升晚；夏季雨量集中，气候凉爽；秋季干燥，降温缓慢；冬季多大风和寒潮，气候寒冷。土壤为褐土，植被多为黑松。有公路经此。

五道沟 370634-21-C02
[Wǔdào Gōu]

在省境北部，北长山岛西部。面积约0.15平方千米。因谷内有五道被雨水冲刷形成的小沟而命名。四季气温变化和缓，一般春季多风，气温回升晚；夏季雨量集中，气候凉爽；秋季干燥，降温缓慢；冬季多大风和寒潮，气候寒冷。土壤为褐土，沟内草木茂盛。有公路经此。

平窑沟 370634-21-C03
[Píngyáo Gōu]

在省境北部，砣矶岛北部。面积0.35平方千米。因山谷临近平窑圈海湾而命名。四季气温变化和缓，一般春季多风，气温回升晚；夏季雨量集中，气候凉爽；秋季干燥，降温缓慢；冬季多大风和寒潮，气候寒冷。土壤为褐土，植被多为黑松。有公路经此。

山

峰山 370634-21-G01
[Fēng Shān]

在省境北部，南长山街道南部。因山体特征而得名。海拔148.8米。土壤多为褐土，植被主要为黑松、刺槐。有公路经此。

半壁山 370634-21-G02
[Bànbì Shān]

在省境北部，南长山街道东部。因山东侧为海蚀断崖，山体犹如被刀劈去一半而得名。海拔74.2米。土壤多为褐土，植被主要为黑松、刺槐。有公路经此。

北山 370634-21-G03
[Běi Shān]

在省境北部，南长山街道中部。因在县政府北而得名。海拔114.3米。土壤多为褐土，植被主要为黑松、刺槐。有公路经此。

饽山 370634-21-G04
[Bō Shān]

在省境北部，长山街道北部。因山矮顶圆、坡缓似饽饽而得名。海拔100.5米。土壤多为褐土，植被主要为黑松、刺槐。有公路经此。

高山 370634-21-G05
[Gāo Shān]

在省境北部，南长山街道东北部。因山东侧为海蚀悬崖峭壁，险要高峻而得名。海拔124.1米。土壤多为褐土，植被主要为黑松、刺槐。有公路经此。

黄山 370634-21-G06
[Huáng Shān]

在省境北部，南长山街道东部。因国

防施工岩石裸露、草木稀少，山体呈黄色而名。海拔 156.1 米。土壤多为褐土，植被主要为黑松。有公路经此。

信号山 370634–21–G07
[Xìnhào Shān]

在省境北部，南长山街道西部。因山上建有信号台而得名。海拔 71.7 米。土壤多为褐土，植被主要为黑松、刺槐。有公路经此。

叶台山 370634–21–G08
[Yètái Shān]

在省境北部，南长山街道南部。因山西麓曾有叶家疃村且山顶较平坦而名。海拔 130 米。土壤多为褐土，植被主要为黑松、刺槐。有公路经此。

大王山 370634–21–G09
[Dàwáng Shān]

在省境北部，南长山街道北部。因在王沟村北而命名。海拔 98 米。土壤多为褐土，植被主要为黑松。有公路经此。

东王山 370634–21–G10
[Dōngwáng Shān]

在省境北部，南长山街道南部。因在赵王村王家的东南方向而名。海拔 110 米。土壤多为褐土，植被主要为黑松。有公路经此。

霸王山 370634–21–G11
[Bàwáng Shān]

在省境北部，砣矶镇东部。因此山在砣矶岛东部最高，又几乎占据岛东段整个北部，故命名为霸王山。海拔 174 米。土壤多为褐土，植被主要为黑松、刺槐。有公路经此。

大喇叭 370634–21–G12
[Dà Lǎbā]

在省境北部，砣矶镇东南部。因南端山脚下呈喇叭口状延伸而得名。海拔 28.8 米。土壤多为褐土，植被主要为黑松、刺槐。有公路经此。

大旺山 370634–21–G13
[Dàwàng Shān]

在省境北部，砣矶镇西南部。因山上草木旺盛而得名。海拔 140.8 米。土壤多为褐土，植被主要为黑松、刺槐。有公路经此。

东山 370634–21–G14
[Dōng Shān]

在省境北部，砣矶镇东部。因在砣矶岛南部东段而得名。海拔 94.6 千米。土壤多为褐土，植被主要为黑松、刺槐。有公路经此。

东山 370634–21–G15
[Dōng Shān]

在省境北部，大黑山岛南部。因此山在大濠村东北而得名。海拔 60 米。土壤多为褐土，植被主要为黑松。有公路经此。

黑山 370634–21–G16
[Hēi Shān]

在省境北部，砣矶镇西部。因山上有部分岩石呈黑色而得名。海拔 156.4 米。土壤多为褐土，植被主要为黑松、刺槐。有公路经此。

尽头山 370634–21–G17
[Jìntóu Shān]

在省境北部，砣矶镇北部。因在砣矶岛最北头而得名。海拔 74.1 米。土壤多为褐土，植被主要为黑松、刺槐。有公路经此。

南岭 370634-21-G18
[Nán Lǐng]

在省境北部，砣矶镇西部。因在砣矶岛主峰双顶山南而得名。海拔 133.2 米。土壤多为褐土，植被主要为黑松、刺槐。有公路经此。

穷人顶 370634-21-G19
[Qióngrén Dǐng]

在省境北部，砣矶镇中部。因山上草木稀少而得名。海拔 121.1 米。土壤多为褐土，植被主要为黑松、刺槐。有公路经此。

双顶山 370634-21-G20
[Shuāngdǐng Shān]

在省境北部，砣矶镇北部。因此山有两个明显的山顶而得名。南峰海拔 198.9 米，北峰海拔 163.9 米。土壤多为褐土，植被主要为黑松、刺槐。有公路经此。

松树山 370634-21-G21
[Sōngshù Shān]

在省境北部，砣矶镇西南部。因山上树木多为松树而得名。海拔 156.3 米。土壤多为褐土，植被主要为黑松。有公路经此。

白头顶 370634-21-G22
[Báitóu Dǐng]

在省境北部，砣矶镇西部。因南靠南岭山，故称北顶，译音白顶，后称白头顶。海拔 120 米。土壤多为褐土，植被主要为黑松。有公路经此。

北岭 370634-21-G23
[Běi Lǐng]

在省境北部，砣矶镇西部。因在松树山北而得名。海拔 151 米。土壤多为褐土，植被主要为黑松、刺槐。有公路经此。

大赵山 370634-21-G24
[Dàzhào Shān]

在省境北部，砣矶镇东部。因附近村民的习称而得名。海拔 80 米。土壤多为褐土，植被主要为黑松。有公路经此。

看船山 370634-21-G25
[Kànchuán Shān]

在省境北部，砣矶镇南部。因站在山上能清楚看到进出港湾的船只而得名。海拔 84 米。土壤多为褐土，植被主要为黑松。有公路经此。

双顶山北 370634-21-G26
[Shuāngdǐngshān Běi]

在省境北部，砣矶镇北部。因在双顶山北，相对双顶山而得名。海拔 159 米。土壤多为褐土，植被主要为黑松。有公路经此。

松树山北 370634-21-G27
[Sōngshùshān Běi]

在省境北部，砣矶镇西部。因在松树山北面，相对松树山而得名。海拔 150 米。土壤多为褐土，植被主要为黑松。有公路经此。

头山南 370634-21-G28
[Tóushān Nán]

在省境北部，砣矶镇北部。因在尽头山南，相对尽头山而得名。海拔 70 米。土壤多为褐土，植被主要为黑松。有公路经此。

北山 370634-21-G29
[Běi Shān]

在省境北部，北长山乡东部。因在北城村北而得名。海拔 118 米。土壤多为褐土，植被主要为黑松、刺槐。有公路经此。

大头山 370634-21-G30
[Dàtóu Shān]

在省境北部，北长山乡北部。因山顶浑圆似大头而得名。海拔 94.3 米。土壤多为褐土，植被主要为黑松、刺槐。有公路经此。

大西山 370634-21-G31
[Dàxī Shān]

在省境北部，北长山乡西部。因山在北长山岛最西端而得名。海拔 69.7 米。土壤多为褐土，植被主要为黑松、刺槐。有公路经此。

海螺山 370634-21-G32
[Hǎiluó Shān]

在省境北部，北长山乡南部。因山的形状远看似海螺而得名。海拔 111.6 米。土壤多为褐土，植被主要为黑松、刺槐。有公路经此。

嵩山 370634-21-G33
[Sōng Shān]

在省境北部，北长山乡西部。因此山为北长山岛最高峰，耸立于群山之上而得名。海拔 195.7 米。土壤多为褐土，植被主要为黑松、刺槐。有公路经此。

西大山 370634-21-G34
[Xī Dàshān]

在省境北部，北长山乡南部。因在北城村西而得名。海拔 147 米。土壤多为褐土，植被主要为黑松、刺槐。有公路经此。

西咀子山 370634-21-G35
[Xīzuǐzi Shān]

在省境北部，北长山乡北部。因山东、西两侧均为山间平地，此山突出似嘴，又在山前村西而得名。海拔 98 米。土壤多为褐土，植被主要为黑松、刺槐。有公路经此。

羊鼻子山 370634-21-G36
[Yángbízi Shān]

在省境北部，北长山乡北部。因山的东侧有一突出部分似羊鼻子而得名。海拔 109 米。土壤多为褐土，植被主要为黑松、刺槐。有公路经此。

长条山 370634-21-G37
[Chángtiáo Shān]

在省境北部，北长山乡西部。因山的整体如同长条一般而得名。海拔 90.1 米。土壤多为褐土，植被主要为黑松、刺槐。有公路经此。

大孤山 370634-21-G38
[Dàgū Shān]

在省境北部，北长山乡西部。因山的位置相对孤立而得名。海拔 52.9 米。土壤多为褐土，植被主要为黑松、刺槐。有公路经此。

葫芦头山 370634-21-G39
[Húlutóu Shān]

在省境北部，北长山乡北部。因远看此山似葫芦形状而得名。海拔 62.3 米。土壤多为褐土，植被主要为黑松、刺槐。有公路经此。

马头山 370634-21-G40
[Mǎtóu Shān]

在省境北部，北长山乡西部。因山呈不规则椭圆形状，远看似马头而得名。海拔 167.2 米。土壤多为褐土，植被主要为黑松、刺槐。有公路经此。

太平山 370634-21-G41
[Tàipíng Shān]

在省境北部，北长山乡南部。因山顶无峰、平坦而得名。海拔 51.4 米。土壤多为褐土，植被主要为黑松、刺槐。有公路经此。

小西山 370634-21-G42
[Xiǎo Xīshān]

在省境北部，北长山乡西北部。因相对大西山而得名。海拔 29.1 米。土壤多为褐土，植被主要为黑松、刺槐。有公路经此。

凤凰山 370634-21-G43
[Fènghuáng Shān]

在省境北部，北长山乡西南部。以吉祥嘉言命名。海拔 98.3 米。土壤多为褐土，植被主要为黑松、刺槐。有公路经此。

台山 370634-21-G44
[Tái Shān]

在省境北部，北长山乡西南部。因山顶似平台而得名。海拔 85.3 米。土壤多为褐土，植被主要为黑松。有公路经此。

北山 370634-21-G45
[Běi Shān]

在省境北部，北长山乡西南部。因在北城村北而得名。海拔 44.10 米。土壤多为褐土，植被主要为黑松。有公路经此。

安桥山 370634-21-G46
[Ānqiáo Shān]

在省境北部，黑山乡中部。因此山南、北两端高，中部内凹，形似马鞍状而得名，后演为今名。海拔 147.1 米。土壤多为褐土，植被主要为黑松、刺槐。有公路经此。

大山 370634-21-G47
[Dà Shān]

在省境北部，黑山乡中部。因山体庞大而得名。海拔 116.1 米。土壤多为褐土，植被主要为黑松、刺槐。有公路经此。

烽台山 370634-21-G48
[Fēngtái Shān]

在省境北部，黑山乡东部。据传，明朝年间，戚继光为剿倭寇屯兵于蓬莱水城，曾在此山顶部设烽火信号台，故名。海拔 112.8 米。土壤多为褐土，植被主要为黑松、刺槐。有公路经此。

孤独山 370634-21-G49
[Gūdú Shān]

在省境北部，黑山乡中部。因在众山环绕中孤独挺立而得名。海拔 110 米。土壤多为褐土，植被主要为黑松、刺槐。有公路经此。

马山 370634-21-G50
[Mǎ Shān]

在省境北部，黑山乡北部。因此山曾被马姓居民所占有而得名。海拔 106.4 米。土壤多为褐土，植被主要为黑松、刺槐。有公路经此。

五顶山 370634-21-G51
[Wǔdǐng Shān]

在省境北部，黑山乡东北部。因山有五个并排的小山顶而得名。海拔 48.2 米。土壤多为褐土，有公路经此。

庙山 370634-21-G52
[Miào Shān]

在省境北部，黑山乡东部。因庙而得名。海拔 50 米。土壤多为褐土，植被主要为黑松。有公路经此。

高崖子山 370634–21–G53
[Gāoyázi Shān]

在省境北部，黑山乡南部。据传，宋朝时期，高丽人在此取土烧窑形成一个高崖子，故名。海拔 50 米。土壤多为褐土，植被主要为黑松。有公路经此。

北台山 370634–21–G54
[Běitái Shān]

在省境北部，黑山乡西部。因该山在大黑山岛主峰老黑山北，山顶似平台，故名。海拔 110 米。土壤多为褐土，植被主要为黑松。有公路经此。

大山城 370634–21–G55
[Dàshānchéng]

在省境北部，黑山乡东部。因山顶曾建有方形石屋一座，倒塌后墙壁仍存，似城墙而得名。海拔 95.1 米。土壤多为褐土，植被主要为黑松。有公路经此。

北大山 370634–21–G56
[Běi Dàshān]

在省境北部，黑山乡东部。因在黑山岛北部，故名。海拔 62 米。土壤多为褐土，植被主要为黑松。有公路经此。

东山 370634–21–G57
[Dōng Shān]

在省境北部，小黑山岛东南部。因位置得名。海拔 65.3 米。土壤多为褐土，植被主要为黑松、刺槐。植被多为黑松、刺槐。有公路经此。

老黑山 370634–21–G58
[Lǎohēi Shān]

在省境北部，黑山乡西部。因此山顶部出露岩石玄武岩，呈黑褐色而得名。海拔 189 米。土壤多为褐土，植被主要为黑松、刺槐。有公路经此。

南山 370634–21–G59
[Nán Shān]

在省境北部，大钦岛乡东部。因位置得名。海拔 173.7 米。土壤多为褐土，植被主要为黑松、刺槐。有公路经此。

大顶王 370634–21–G60
[Dàdǐngwáng]

在省境北部，大钦岛乡东部。因是大钦岛北部最高的山而得名。海拔 167.3 米。土壤多为褐土，植被主要为黑松、刺槐。有公路经此。

大南山 370634–21–G61
[Dà Nánshān]

在省境北部，大钦岛乡南部。以相对北山的地理位置而命名。海拔 202.4 米。土壤多为褐土，植被主要为黑松、刺槐。有公路经此。

唐王顶 370634–21–G62
[Tángwáng Dǐng]

在省境北部，大钦岛乡南部。因传说李世民征东时曾登临此山而名。海拔 196.4 米。土壤多为褐土，植被主要为黑松、刺槐。有公路经此。

小浩北山 370634–21–G63
[Xiǎohào Běishān]

在省境北部，大钦岛乡中部。因地处小浩村北而得名。海拔 114 米。土壤多为褐土，植被主要为黑松、刺槐。有公路经此。

和平山 370634–21–G64
[Hépíng Shān]

在省境北部，大钦岛乡西部。因山为

两体，大小相似，寓意和平而得名。海拔39米。土壤多为褐土，植被主要为黑松、刺槐。有公路经此。

后山 370634-21-G65
[Hòu Shān]

在省境北部，大钦岛乡北部。因位置处于村落后面而得名。海拔120米。土壤多为褐土，植被主要为黑松、刺槐。有公路经此。

钦北山 370634-21-G66
[Qīnběi Shān]

在省境北部，大钦岛乡北部。因位置得名。海拔150米。土壤多为褐土，植被主要为黑松、刺槐。有公路经此。

西山 370634-21-G67
[Xī Shān]

在省境北部，大钦岛乡北部。因位置处于当地村落西面而得名。海拔117.3米。土壤多为褐土，植被主要为黑松、刺槐。有公路经此。

台子山 370634-21-G68
[Táizi Shān]

在省境北部，大钦岛乡中部。因山顶部似平台而得名。海拔140米。土壤多为褐土，植被主要为黑松、刺槐。有公路经此。

鹰铺顶 370634-21-G69
[Yīngpù Dǐng]

在省境北部，小钦岛乡中部。因每逢秋季人们常在此猎鹰，山顶建有猎鹰用的鹰铺而得名。海拔148.9米。土壤多为褐土，植被主要为黑松、刺槐。有公路经此。

鳖盖山 370634-21-G70
[Biēgài Shān]

在省境北部，小钦岛乡北部。因在鳖盖山岛上而得名。海拔42.8米。土壤多为褐土，山上岩石裸露、草木稀少。

东北顶 370634-21-G71
[Dōngběi Dǐng]

在省境北部，小钦岛乡北部东侧。因位置而得名。海拔约120米。土壤多为褐土，山上岩石裸露、草木稀少。有公路经此。

西山 370634-21-G72
[Xī Shān]

在省境北部，小钦岛乡南部。因位置处于当地村落西面而得名。海拔约60米。土壤多为褐土，植被主要为黑松、刺槐。有公路经此。

大顶山 370634-21-G73
[Dàdǐng Shān]

在省境北部，南隍乡北部。因是南隍城岛最高最大的山而得名。海拔100.9米。土壤多为褐土，植被主要为黑松、刺槐。有公路经此。

大顶山 370634-21-G74
[Dàdǐng Shān]

在省境北部，北长山乡东北部。因山顶部较大而得名。海拔125.4米。土壤多为褐土，植被主要为黑松、刺槐。有公路经此。

岭山 370634-21-G75
[Lǐng Shān]

在省境北部，南隍城乡东部。因山丘突出在海中，成孤独山岭而得名。海拔60.6米。土壤多为褐土。有公路经此。

陀佛山 370634-21-G76
[Tuófó Shān]

在省境北部，南隍城乡南部。据传，因此山曾修建佛教寺庙而得名。海拔 71.8 米。土壤多为褐土，植被主要为黑松、刺槐。有公路经此。

二顶子 370634-21-G77
[Èrdǐngzi]

在省境北部，南隍城乡北部。因相对大顶山而得名。海拔 80 米。土壤多为褐土，植被主要为黑松、刺槐。有公路经此。

大圈子 370634-21-G78
[Dàquānzi]

在省境北部，南隍城乡中部。因山呈不规则椭圆形而得名。海拔 50 米。土壤多为褐土，植被主要为黑松、刺槐。有公路经此。

炮台山 370634-21-G79
[Pàotái Shān]

在省境北部，南隍城乡中部。因山顶有石头砌的炮台而得名。海拔 81.3 米。土壤多为褐土，植被主要为黑松、刺槐。有公路经此。

锯牙山 370634-21-G80
[Jùyá Shān]

在省境北部，南隍城乡北部。因山起伏似锯齿形状而得名。海拔 50 米。土壤多为褐土，植被主要为黑松、刺槐。有公路经此。

西南山 370634-21-G81
[Xīnán Shān]

在省境北部，南隍城乡南部。因山的位置处于村落西南面而得名。海拔 60 米。土壤多为褐土，植被主要为黑松、刺槐。有公路经此。

北山顶 370634-21-G82
[Běishān Dǐng]

在省境北部，北隍城乡北部。因在岛北部且山顶部庞大而得名。南峰海拔约 155.4 米，北峰海拔 159.8 米。土壤多为褐土，植被主要为黑松、刺槐。有公路经此。

南大顶 370634-21-G83
[Nán Dàdǐng]

在省境北部，北隍城乡东南部。因在岛南部，且山顶较大而得名。海拔 131.8 米。土壤多为褐土，植被主要为黑松、刺槐。有公路经此。

西山 370634-21-G84
[Xī Shān]

在省境北部，北隍城乡西部。因位置得名。海拔 114.8 米。土壤多为褐土，植被主要为黑松、刺槐。有公路经此。

唐王城山 370634-21-G85
[Tángwángchéng Shān]

在省境北部，北隍城乡南部。据考查，因唐代曾在北隍城岛修筑土城而得名。海拔 131.8 米。土壤多为褐土，植被主要为黑松、刺槐。有公路经此。

日头窝 370634-21-G86
[Rìtóu Wō]

在省境北部，北隍城乡西部。因是太阳升起时先照到的地方而得名。海拔 55 米。土壤多为褐土，植被主要为黑松。有公路经此。

北大旺　370634-21-G87
[Běidàwàng]

在省境北部，北隍城乡西部。因山在北隍城岛西部北侧而得名。海拔 110 米。土壤多为褐土，植被主要为黑松。有公路经此。

烽台山　370634-21-G88
[Fēngtái Shān]

在省境北部，北隍城乡中部。因古时山顶建有烽火台，山因此得名。海拔 120 米。土壤多为褐土，植被主要为黑松。有公路经此。

信台山　370634-21-G89
[Xìntái Shān]

在省境北部，北隍城乡南部。因建有通信设施而名信台山。海拔 110 米。土壤多为褐土，植被主要为黑松。有公路经此。

鞍桥山　370634-21-G90
[Ānqiáo Shān]

在省境北部，北隍城乡东部。因山体似马鞍形而得名。海拔 96.2 米。土壤多为褐土，植被主要为黑松、刺槐。有公路经此。

西山西　370634-21-G91
[Xīshān Xī]

在省境北部，北隍城乡西部。因在西山的西部，相对西山而得名。海拔 49 米。土壤多为褐土，植被主要为黑松。有公路经此。

海洋岛屿、礁

南长山岛　370634-23-D01
[Nánchángshān Dǎo]

大陆岛。属南长山街道管辖。东经 120°73′，北纬 37°92′。在庙岛群岛最南端。面积 12.8 平方千米。因岛屿形状及方位而得名。岛体呈长方形，岛宏观地势东高西低，东部山岳连绵，海岸多海蚀崖、岩礁和砾石滩；西部较平坦，海岸多沙、砾；中部有南北向丘陵，将岛中、西部分割成两条狭长地带。属暖温带季风区大陆性气候，冬暖夏凉，气候湿润。山露地层主要为上元古界蓬莱群辅子夼组，部分地段有第四系黄土覆盖。土壤主要为褐土。主要树林有黑松、刺槐、泡桐等，林木覆盖率达 56%。水产资源有鲅鱼、对虾、黄鱼、黑鱼等鱼虾和海参、扇贝等海珍品。岛上设南长山街道，有林海、仙境源景区和王沟东周墓群等古迹。有公路经此。

北长山岛　370634-23-D02
[Běichángshān Dǎo]

大陆岛。属北长山乡管辖。东经 120°70′，北纬 37°94′。在庙岛群岛南部。面积 7.87 平方千米。因岛屿形状及方位而得名。北长山岛呈纺锤形，西北—东南展布，两端有尖角突出，中部庞大，岛上山多，山谷间形成“7”字形平坦地带。岛岸北部多海蚀崖，海滩多卵石；南部多为岩礁和砾石滩。属暖温带季风区大陆性气候，冬暖夏凉，气候湿润。出露地层主要为上元古界蓬莱群辅子夼组，第四系黄土堆积厚度一般在 35 米左右。土壤主要为褐土，滨海平缓地带有少量潮土分布。地表植被覆盖 100%，主要有黑松、刺槐、国槐、灌木、杂草植物。北长山岛设北长山乡。旅游资源有月牙湾、九丈崖。有公路经此。

大黑山岛　370634-23-D03
[Dàhēishān Dǎo]

大陆岛。属大黑山乡管辖。东经 120°61′，北纬 37°96′。在庙岛群岛南部西侧。面积 7.47 平方千米。因岛屿上主峰老黑山而得名。东部低平，沿岸亦多为岩礁；向西渐高，西北部尽为山岳，沿岸亦多为海蚀崖、岩礁；北端中段和西南部海岸为沙砾和卵石滩。属暖温带季风区大陆性气候，冬暖夏凉，气候湿润。出露地层主要为上远古界蓬莱群辅子夼组，有少量第三系玄武岩，局部有第四系黄土堆积，土壤主要为褐土。主要树木有黑松、刺槐、白杨等。岛上林茂草盛，森林覆盖率达到70%。名胜古迹有北庄古遗址和九门洞、龙爪山公园。水产资源有鲅鱼、对虾、黄鱼、黑鱼等鱼虾和海参、扇贝等海珍品。有公路经此。

小黑山岛 370634-23-D04

[Xiǎohēishān Dǎo]

大陆岛。属大黑山乡管辖。东经120°64′，北纬37°96′。在庙岛群岛南部。面积1.29平方千米。因大黑山岛而得名。地势东高西低，南端和西侧中部有两片较大的平坦地带，北部和西南端海岸为海蚀崖、岩礁，东、西两侧多为砾石滩，南部中段有一沙坝。属暖温带季风区大陆性气候，冬暖夏凉，气候湿润。出露地层主要为上远古界蓬莱群辅子夼组，局部有第四系黄土堆积，土壤主要为褐土。主要树木有黑松、刺槐等。岛上林茂草盛，森林覆盖率达到70%。西南部鹦鹉山建有灯桩，有小黑山古遗址等古迹。水产资源有鲅鱼、对虾、黄鱼、黑鱼等鱼虾和海参、扇贝等海珍品。有公路经此。

庙岛 370634-23-D05

[Miào Dǎo]

大陆岛。属北长山乡管辖。东经120°68′，北纬37°94′。在庙岛群岛南部。面积1.43平方千米。因宋宣和四年（1122）福建船民在此建显应宫庙而得名。岛体中部近长方形，东侧较平直，西侧伸出两尖角并有沙坝分别连接羊砣子岛和牛蛇子岛，中间形成月牙湾。岛南部东侧多山，西侧为狭长平坦地带；北部四周平坦；中间有一孤立山丘。东、西海岸多为卵石和砾石滩，南北两端有部分岩礁及海蚀崖。属暖温带季风区大陆性气候，冬暖夏凉，气候湿润。出露地层主要为上远古界蓬莱群辅子夼组，局部有第四系黄土堆积。土壤主要为褐土。主要树木有黑松、刺槐等，植被茂盛。岛上现设庙岛办事处。古迹有庙岛古庙群。水产资源有鲅鱼、对虾、黄鱼、黑鱼等鱼虾。有公路经此。

砣矶岛 370634-23-D06

[Tuójī Dǎo]

大陆岛。属砣矶镇管辖。东经120°76′，北纬38°16′。在庙岛群岛中部。面积7.05平方千米。因古称逐渐演变而得名。岛体呈直角三角形状，直角朝向西南，岛上遍布山丘，地势起伏不平，山丘间有少许平地。属暖温带季风区大陆性气候，冬暖夏凉，气候湿润。沿岸多为海蚀崖、岩礁，东侧中段和南部有部分砾石滩，出露地层主要为上元古界蓬莱群豹山口组，局部有燕山期花岗石和第四系黄土堆积，土壤主要为褐土。主要树木有黑松、刺槐，地表植被茂盛。砣矶岛上设砣矶镇，有大口、后口、井口、吕山口、磨石嘴5个自然村。古迹有后口古遗址、大口古遗址等。资源有名贵石料，其中有质地细密、柔软的磨刀石，有色青坚硬、金星闪烁的砚台石，有玲珑剔透、奇形怪状的盆景石。有公路经此。

大钦岛 370634-23-D07

[Dàqīn Dǎo]

大陆岛。属大钦岛乡管辖。东经120°81′，北纬38°30′。在胶东、辽东半岛之间，黄海、渤海交汇处，在庙岛群岛北部。面积6.44平方千米。唐代为歆岛，别说为钦岛，清代始称今名。地势呈南北高、中段低，北部人字状自西向东分布两道山岗，北端和西侧海岸多为海蚀崖，近岸遍布礁石，其余部分多为卵石滩。属暖温带季风区大陆性气候，冬暖夏凉，气候湿润。出露地层主要为上元古界蓬莱群辅子夼组，局部有第四系黄土堆积，土壤主要为褐土。主要树木有黑松、刺槐等，植被茂盛。古迹有东村古遗址等。水产资源有鲅鱼、对虾、银鲳、虾夷贝、鲍鱼、海参等海珍品。有公路经此。

小钦岛 370634-23-D08

[Xiǎoqīn Dǎo]

大陆岛。属小钦岛乡管辖。东经120°84′，北纬38°34′。在胶东、辽东半岛之间，黄海、渤海交汇处，在庙岛群岛北部。面积1.14平方千米。因相对大钦岛而得名。地表形态南端和中段较平缓，南部和北部各有一道西南走向的山岗。海岸凹凸分明，有诸多港湾，沿岸多为海蚀崖、岩礁，仅南部和西侧中段有部分卵石滩。属暖温带季风区大陆性气候，冬暖夏凉，气候湿润。出露地层主要为上古界蓬莱群辅子夼组，局部有第四系黄土堆积，土壤主要为褐土。主要树木有黑松、刺槐等，植被茂盛。古迹有小钦岛遗址等。小钦岛海域辽阔，水质肥沃，现有3 900亩海珍品养殖海区，水产资源丰富，品种多样，盛产30多种经济鱼类和200多种贝藻类水产品。有公路经此。

南隍城岛 370634-23-D09

[Nánhuángchéng Dǎo]

大陆岛。属南隍城乡管辖。东经120°90′，北纬38°35′。在庙岛群岛北部。面积1.83平方千米。因唐太宗征高丽时在此修夯土城一座，名黄城，故而名黄城岛，后音转隍城岛，并加方位命名。岛体似一具山羊骨骼状，头伸向东南，尾朝西北。东北端和中部东侧突出两条狭长地带，呈东北向延伸，中间形成一天然良好港湾。地势西高东缓，中部平坦。西侧及北端海岸多为海蚀崖、岩礁，近岸遍布砾石滩。属暖温带季风区大陆性气候，冬暖夏凉，气候湿润。岛上基岩裸露，出露地层主要为上元古界蓬莱群辅子夼组，局部有第四系黄土堆积，土壤主要为褐土。主要树木有黑松、刺槐等，植被茂盛。古迹有摩崖石刻、佛爷礁、南隍城龙王庙、南隍城天后宫等。水产资源有鱼虾和海参、鲍鱼、海胆等海珍品。有公路经此。

北隍城岛 370634-23-D10

[Běihuángchéng Dǎo]

大陆岛。属北隍城乡管辖。东经120°91′，北纬38°39′。在庙岛群岛最北端。面积2.62平方千米。因唐太宗征高丽时在此修夯土城一座，名黄城，故而名黄城岛，后音转隍城岛，并加方位命名。岛体似不规则等腰三角形，顶角向北，底边近东西向展布，底腰内凹，形成三个半月开膛港湾。地势东高西低，北部山势陡峭，南部缓冲，中部及东北部有两块平坦地片。北部海岸多为海蚀崖、岩礁，南岸多砾石滩。属暖温带季风区大陆性气候，冬暖夏凉，气候湿润。岛上基岩裸露，出露地层主要为上古界蓬莱群辅子夼组，局部有第四系黄土堆积，厚度达70米，土壤主要为褐土。主要树木有黑松、刺槐、泡桐等，植被茂盛。岛北部北山顶建有灯塔。古迹有唐王城、山前遗址、山后天后宫。水产资源有鲅鱼、对虾等鱼虾和海参、鲍鱼、海胆等海珍品。有公路经此。南部建有北隍城岛港。

猴矶岛 370634-23-D11

[Hóujī Dǎo]

大陆岛。属长岛县管辖。东经120°38′，北纬38°3′。在庙岛群岛中部偏西。

面积 0.283 平方千米。因岛体形状俯视若蜷卧之石猴而得名。南部狭小，中部和北部宽大方正，近长方形。岛体为一座低矮山丘，中部平坦，南北两端略低，有少许平地。四季气温变化和缓，一般春季多风，气温回升晚；夏季雨量集中，气候凉爽；秋季干燥，降温缓慢；冬季多大风和寒潮，气候寒冷。出露地层为上元古界蓬莱豹山口组，土壤为褐土。植被覆盖率约 40%。1987 年 8 月县政府在岛上设置开发猴矶岛管理站。岛中部顶端建有灯塔和雾笛，是长山水道的主要导航设施。水产资源有鲅鱼、对虾、海参、鲍鱼等海产品。岛西侧中段建有码头，无客船通航。

大竹山岛 370634-23-D12

[Dàzhúshān Dǎo]

大陆岛。属南长山街道管辖。东经 120°56′，北纬 38°01′。在庙岛群岛中部东端。面积 1.49 平方千米。因岛屿形状及方位而得名。岛体呈西北向展布，西北端有一尖角向北延伸。地势东高西低，大部分为高陡山峰，西北角和西南部较平缓。沿岸多为蚀崖，西侧和南侧有部分岩礁和砾石滩。四季气温变化和缓，一般春季多风，气温回升晚；夏季雨量集中，气候凉爽；秋季干燥，降温缓慢；冬季多大风和寒潮，气候寒冷。出露地层主要为上元古界蓬莱豹山口组，土壤为褐土。植被覆盖率 60%。1986 年县政府在岛上设开发无居民岛办事处，岛主峰顶端建有灯塔。水产资源有鲅鱼、对虾、海参、鲍鱼、海胆等海产品。地下水源贫乏。岛南部中段建有码头，有交通船往返于南长山岛。

小竹山岛 370634-23-D13

[Xiǎozhúshān Dǎo]

大陆岛。属南长山街道管辖。东经 120°52′，北纬 38°01′。在庙岛群岛中部偏东。面积 0.24 平方千米。因岛屿形状及方位而得名。地势南部高，北部略平缓。北部及中部海岸多为蚀崖、岩礁，南部中段为砾石滩，并有沙砾浅滩向南延伸。四季气温变化和缓，一般春季多风，气温回升晚；夏季雨量集中，气候凉爽；秋季干燥，降温缓慢；冬季多大风和寒潮，气候寒冷。出露地层主要为上元古界蓬莱群豹山口组，土壤为褐色。植被覆盖率约 40%。无居民。1987 年 8 月县政府在岛上设置开发小竹山管理站。水产资源有鲅鱼、对虾、海参、鲍鱼、海胆等海产品。岛南端建有码头，无客轮通航。中部峰顶建有灯桩。

高山岛 370634-23-D14

[Gāoshān Dǎo]

大陆岛。属砣矶镇管辖。东经 120°38 分，北纬 38°08′。在庙岛群岛中部偏西。面积 0.46 平方千米，因系庙岛群岛内海拔最高的岛而得名。岛体形状俯视似菜刀，北部尖细，中部和南部近长方形。岛体为一座孤峰，仅在南部中段山坡上有少许平地，地势南高北低。东、西、北三面海岸均为岩礁，南部是砾石滩。四季气温变化和缓，一般春季多风，气温回升晚；夏季雨量集中，气候凉爽；秋季干燥，降温缓慢；冬季多大风和寒潮，气候寒冷。出露地层为上元古界蓬莱群豹山口组，土壤为褐土，土层较浅。植被覆盖率约 70%。1987 年 8 月在岛上设置开发管理站，有神仙洞、龙头礁风景点。水产资源有鲅鱼、对虾和海参、鲍鱼、海胆等海产品。岛南部建有码头，无客船通航。

车由岛 370634-23-D15

[Chēyóu Dǎo]

大陆岛。属长岛县管辖。东经 120°51′，北纬 38°04′。在庙岛群岛中部偏东。面积 0.05 平方千米。因岛上山峰而得名。岛呈长方形，中部略宽，两端尖细，地势为中部高、两端低，没有明显的峰尖，顶部较平。四季气温变化和缓，一般春季多风，气温回升晚；夏季雨量集中，气候凉爽；秋季干燥，降温缓慢；冬季多大风和寒潮，气候寒冷。为上元古界蓬莱群豹山口组，有少量褐土土壤。植被覆盖率约 30%。1987 年 8 月在岛上设置开发管理站。水产资源有鲅鱼、对虾、海参、鲍鱼、海胆等海产品。建有码头。

犁犋把岛 370634-23-D16
[Líjùbǎ Dǎo]

大陆岛。属黑山乡管辖。北纬 37°58′，东经 120°39′，在庙岛群岛南部。面积 0.02 平方千米。因远看似犁犋而得名。岛近长方形，北宽南窄，西北—东南走向。地势北高南低，四周海岸多为海蚀崖，近岸多礁。四季气温变化和缓，一般春季多风，气温回升晚；夏季雨量集中，气候凉爽；秋季干燥，降温缓慢；冬季多大风和寒潮，气候寒冷。出露地层主要为上元古界蓬莱群辅子夼组，有少量土壤。植被覆盖率约 35%。海上奇景宝塔礁在岛北十几米处，岛西侧北端建有灯桩。水产资源有海参、牡蛎等。

牛砣子岛 370634-23-D17
[Niútuózi Dǎo]

大陆岛。属北长山乡管辖。东经 120°37′，北纬 37°55′。在庙岛群岛南部。面积 0.1 平方千米。因岛屿形状而得名。岛近似弧形，南北走向，南部狭窄，北部略宽。地势北高南低，四周海岸多为岩礁，北端有沙砾浅滩东北方向延伸连接庙岛。四季气温变化和缓，一般春季多风，气温回升晚；夏季雨量集中，气候凉爽；秋季干燥，降温缓慢；冬季多大风和寒潮，气候寒冷。出露地层主要为上元古界蓬莱群辅子夼组，土壤为褐土。植被覆盖率约 55%。岛西侧北段山顶建有灯桩。水产资源有海参、牡蛎等。

挡浪岛 370634-23-D18
[Dǎnglàng Dǎo]

大陆岛。属北长山乡管辖。东经 120°40′，北纬 37°59′。在庙岛群岛南部。面积约 0.13 平方千米。因处于珍珠门水道和宝塔门水道之间，能阻挡北来的大浪而得名。岛呈不规则“T”字形，南、北、东三端为三座低矮山丘，山丘间有少许平地。四周海岸多为砾石滩，滩外多礁；南端有一沙砾浅滩向东南延伸连接蝎子岛，北端有一道岩礁滩。四季气温变化和缓，一般春季多风，气温回升晚；夏季雨量集中，气候凉爽；秋季干燥，降温缓慢；冬季多大风和寒潮，气候寒冷。出露地层主要为上元古界蓬莱群辅子夼组，土壤为褐土。植被覆盖率约 40%。岛东端建有灯桩。水产资源有海参、牡蛎、黄鱼、黑鱼等。

砣子岛 370634-23-D19
[Tuózi Dǎo]

大陆岛。属砣矶镇管辖。东经 120°44′，北纬 38°09。在庙岛群岛中部。面积 0.05 平方千米。因岛屿形状而得名。岛呈三角形，顶角向东。岛体为一孤山，地势南高北低，北端有少许平地。四周海岸多为岩礁。四季气温变化和缓，一般春季多风，气温回升晚；夏季雨量集中，气候凉爽；秋季干燥，降温缓慢；冬季多大风和寒潮，气候寒冷。出露地层主要为上元古界蓬莱群豹山口组，土壤为褐土。植被覆盖率 70%。岛中部建有灯桩。水产资源有鲅鱼、对虾、海参、鲍鱼等海产品。

东嘴石岛 370634-23-D20
[Dōngzuǐshí Dǎo]

大陆岛。属砣矶镇管辖。东经120°47′，北纬38°09′。在庙岛群岛中部。面积约2 000平方米。因在砣矶岛东且距离较近，船只在两岛间通过，犹如进嘴而名。岛体由石英岩构成。四季气温变化和缓，一般春季多风，气温回升晚；夏季雨量集中，气候凉爽；秋季干燥，降温缓慢；冬季多大风和寒潮，气候寒冷。水产资源有海参、鲍鱼等海珍品。

鳖盖山岛 370634-23-D21
[Biēgàishān Dǎo]

大陆岛。属小钦岛乡管辖。东经120°50′，北纬38°21′。在庙岛群岛北部，面积约0.02平方千米。因岛远看形似鳖盖而得名。岛体由底部相连的两个岩峰组成，北端和东、西两侧均为陡峭海蚀崖，南坡略为平缓。四季气温变化和缓，一般春季多风，气温回升晚；夏季雨量集中，气候凉爽；秋季干燥，降温缓慢；冬季多大风和寒潮，气候寒冷。顶部有少量土壤。植被覆盖率约6%。水产资源有海参、鲍鱼、海胆等海珍品。

小高山岛 370634-23-D22
[Xiǎogāoshān Dǎo]

大陆岛。属砣矶镇管辖。东经120°38′，北纬38°07′。在庙岛群岛中部偏西。面积约800平方米。此岛相对高山岛而得名。岛体由石英岩构成，西高东低。四季气温变化和缓，一般春季多风，气温回升晚；夏季雨量集中，气候凉爽；秋季干燥，降温缓慢；冬季多大风和寒潮，气候寒冷。水产资源有海参、鲍鱼等海珍品。

羊砣子岛 370634-23-D23
[Yángtuózi Dǎo]

大陆岛。属北长山乡管辖。东经120°40′，北纬37度56′。在庙岛群岛南部。面积约0.11平方千米，因岛屿形状而得名。岛呈长条状，岛体为一座山丘，北高南低，南、北两端海岸多为海蚀崖、岩礁，东、西两侧为砾石滩。四季气温变化和缓，一般春季多风，气温回升晚；夏季雨量集中，气候凉爽；秋季干燥，降温缓慢；冬季多大风和寒潮，气候寒冷。有少量土壤，植被覆盖率约50%。水产资源有海参、牡蛎等。

螳螂岛 370634-23-D24
[Tángláng Dǎo]

大陆岛。属北长山乡管辖。东经120°40′，北纬37°58′。在庙岛群岛南部。面积约0.15平方千米。因岛呈长条状，俯视似螳螂而得名。地势北高南低，南部有少许平地。有少量地下水资源。四季气温变化和缓，一般春季多风，气温回升晚；夏季雨量集中，气候凉爽；秋季干燥，降温缓慢；冬季多大风和寒潮，气候寒冷。土壤多为褐土，植被覆盖率40%。水产资源有海参、牡蛎等。

烧饼岛 370634-23-D25
[Shāobǐng Dǎo]

大陆岛。属北长山乡管辖。东经120°41′，北纬37°57′。在庙岛群岛南部。面积约0.02平方千米。因岛形如烧饼而得名。岛体为一低矮山丘，中间高，四周低。四季气温变化和缓，一般春季多风，气温回升晚；夏季雨量集中，气候凉爽；秋季干燥，降温缓慢；冬季多大风和寒潮，气候寒冷。有少量土壤，植被覆盖率40%。水产资源有海参、牡蛎等。

南砣子岛 370634-23-D26
[Nántuózi Dǎo]

大陆岛。属黑山乡管辖。东经120°37′，北纬37°56′。在庙岛群岛南部。面积0.16平方千米。因所在山峰及大小而得名。岛呈长方形，两端庞大，中部狭小，岛体地势平缓，西端略高，南、北两侧海岸多为沙砾，东、西两端多为岩礁。四季气温变化和缓，一般春季多风，气温回升晚；夏季雨量集中，气候凉爽；秋季干燥，降温缓慢；冬季多大风和寒潮，气候寒冷。土壤为褐土，植被覆盖率60%。水产资源有海参、牡蛎等。

鱼鳞岛 370634-23-D27
[Yúlín Dǎo]

大陆岛。属黑山乡管辖。东经120°37′，北纬37°55′。在庙岛群岛南部。面积0.01平方千米。因海滩多卵石，在阳光下似鱼鳞闪闪发光而得名。岛呈卵形，地势中部略高，北部低平。西侧海岸多为岩礁，东侧多为砂砾，南、北两端分别有砾石浅滩延伸。四季气温变化和缓，一般春季多风，气温回升晚；夏季雨量集中，气候凉爽；秋季干燥，降温缓慢；冬季多大风和寒潮，气候寒冷。出露地层主要为上元古界蓬莱群辅子夼组，土壤为褐土。植被覆盖率约40%。水产资源有海参、牡蛎等海产品。

星石礁 370634-23-D28
[Xīngshí Jiāo]

干出礁。属大钦岛乡管辖。东经120°92′，北纬38°37′。在隍城水道西段南侧。干出面积约4平方米。因传说此礁系天上掉下的陨石而得名。水产资源有海参、鲍鱼等海珍品。

香炉礁 370634-23-D29
[Xiānglú Jiāo]

明礁。属南隍城乡管辖。东经120°90′，北纬38°37′。在隍城水道西段南侧。干出面积达3 000平方米。因形似香炉而得名。礁的南侧为一暗礁带与南隍城岛连接。礁上建有灯桩，是从西识别隍城水道的主要标志。水产资源有海参、鲍鱼等海珍品。

北礁 370634-23-D30
[Běi Jiāo]

暗礁。属砣矶镇管辖。东经120°77′，北纬38°23′。在北砣矶水道中段南侧。因在砣矶岛正北而得名。礁上建有灯桩。水产资源有海参、鲍鱼等海珍品。

老东礁 370634-23-D31
[Lǎo Dōngjiāo]

明礁。属砣矶镇管辖。东经120°89′，北纬38°15′。在北砣矶水道与南砣矶水道之间。因在砣矶岛东而名。礁上建有灯桩。水产资源有海参、扇贝等。

南香炉礁 370634-23-D32
[Nán Xiānglújiāo]

明礁。属砣矶镇管辖。东经120°68′，北纬37°98′。在珍珠门水道西侧。因形似香炉，原名香炉礁，地名普查中因重名而更今名。面积7 000平方米。海礁北端建有灯桩。水产资源有海参、扇贝等海珍品。

岬角

大洞尖子 370634-23-F01
[Dàdòngjiānzi]

在北隍城岛东侧中段。属北隍城乡管辖。因岬角下有一个石洞而名。海拔90米。

两侧均为海蚀崖海岸，出露岩石为石英岩和板岩互层。岬角下有近 1.5 千米的岩礁带呈东北方向延伸，在深度基准面下 3~29 米，周围水深 6~55 米。

东南嘴 370634-23-F02
[Dōngnán Zuǐ]

在北隍城岛东南端。属北隍城乡管辖。因地理位置而得名。海拔 5 米。两侧及角端均为悬崖峭壁，出露岩石为石英岩。岬角下西侧有一海蚀柱，南 400 米处有暗礁东南礓。

将军石嘴 370634-23-F03
[Jiāngjūnshí Zuǐ]

在南隍城岛北端。属南隍城乡管辖。因岬角高耸、岩石裸露，好似挺立的石将军而名。海拔 58 米。三面均为陡峭海蚀崖，出露岩石为石英岩。岬角下水深 8~10 米，东北方向约 600 米处有暗礁西南顶。

马石嘴 370634-23-F04
[Mǎshí Zuǐ]

在大黑山岛最北端。属黑山乡管辖。因与马山相连且岬角下多卵石而名。海拔约 46 米。北部略高，出露岩石主要为石英岩，三面岩岸陡峭，岬滩上多岩礁。是群岛区域最西的岬角，对船只航行有指向作用。

西北嘴 370634-23-F05
[Xīběi Zuǐ]

在北长山岛西侧北端。属北长山乡管辖。因方位而得名。海拔 69.7 米。角端建有灯桩，是船只进出珍珠门水道的重要标志。向西渐低，出露岩石主要为石英岩，尖角处为矮海蚀崖岩岸，南侧多砾石，北侧系陡峭海蚀崖九丈崖，崖下遍布礁石。

大头子 370634-23-F06
[Dàtóuzi]

在北长山岛最北端。属北长山乡管辖。因连接大头山而得名。海拔 94 米。最高点建有灯塔。自东北向西南倾斜，三面均为陡峭岩岸，海滩遍布礁石，出露岩石为石英岩和板岩互层。

螳螂沙嘴 370634-23-F07
[Tánglángshā Zuǐ]

在螳螂岛南端。属北长山乡管辖。因位置得名。海拔约 10 米。三面均平缓入水，为沙砾及卵石滩岸。岬角下有沙坝东南方向延伸 80 余米。周围水深 1~6 米。

突嘴子 370634-23-F08
[Tū Zuǐzi]

在北长山岛西侧中段。属北长山乡管辖。因岬角实体较大，突出如嘴而得名。海拔约 50 米。岬角地貌扁平，西侧为峭壁，南、北为缓坡。出露岩石为石英岩，岬角下多岩礁，三面海岸亦有砾石分布，岬角西南处有双礁。

老婆婆嘴 370634-23-F09
[Lǎopópo Zuǐ]

在北长山岛东端。属北长山乡管辖。名称来历无考。海拔约 65 米。南、北两侧均为海蚀崖，出露岩石为石英岩，岬角下为一片岩礁滩。

东北嘴子 370634-23-F10
[Dōngběi Zuǐzi]

在庙岛东北端。属北长山乡管辖。因方位而得名。海拔 44.8 米。北、东两侧均为海蚀崖，出露岩石为石英岩，岬角下遍布岩礁，周围水深 3~5 米。

马头嘴子 370634-23-F11
[Mǎtóu Zuǐzi]

在庙岛南侧。属北长山乡管辖。因俯视如马头而得名。海拔约 30 米。出露岩石为石英岩，岬角下两侧为岩礁，东北方向处有一暗礁。

避险角 370634-23-F12
[Bìxiǎn Jiǎo]

在南长山岛东端。属南长山街道管辖。名称来历无考。海拔约 30 米。南、北两侧均有断崖，出露岩石为石英岩，岬角下两侧为岩礁，东北方向处有一暗礁。

鹊嘴尖子 370634-23-F13
[Quèzuǐ Jiānzi]

在南长山岛西端。属南长山街道管辖。因在鹊咀村西而得名。海拔 30 米。岬角西端建有灯桩。出露岩石主要为石英岩，系海蚀崖海岸，南、北两侧为岩礁，岬角外有岩礁浅滩向海中延伸。

东南角 370634-23-F14
[Dōngnán Jiǎo]

在南长山岛东南端。属南长山街道管辖。因地理位置而名。海拔约 75 米。两侧均有海蚀断崖，出露岩石为石英石，岬角下两侧为岩礁，北侧多砾石，近尖角处有一海蚀岩柱。

礓头 370634-23-F15
[Jiāng Tóu]

在南长山岛最南端。属南长山街道管辖。因附近遍布石礁且在尽南头而名。海拔 50 米。出露岩石主要为石英岩，北部与山丘相连，向南渐低，平缓如水。角下有沙石浅滩向西南延伸，东、西两侧多礁石，是群岛区域最南的岬角，对船只航行有指向作用。

五　名胜古迹、纪念地和旅游地

芝罘区

重点文物保护单位

白石村遗址 370602-50-B-a01
[Báishícūn Yízhǐ]

在区境南部。以所在地而得名。发掘地为白石村而得名。新石器时代遗址。该遗址的发现，证明了烟台是中华文明发祥地之一，对确立胶东半岛新石器时代文化的序列具有重要意义，填补了胶东半岛新石器时代文化的空白。2006 年 5 月被批准为国家级文物保护单位。通公交车。

烟台福建会馆 370602-50-B-a02
[Yāntái Fújiàn Huìguǎn]

在区境中部。因原是福建船帮商贾活动的场所，故名福建会馆。清光绪十年（1884）始建，光绪三十二年（1906）落成。现馆藏文物达 1 万余件，有距今 1 万年左右的打制石器，反映胶东古国史的铭文铜器、宫廷珍宝象牙席、乾隆腰刀、乾隆御题玉瓶，以及珍贵的古代书画、精美的古代瓷器和反映烟台市近现代历史的文物等。1996 年 11 月被批准为国家级文物保护单位。通公交车。

烟台山近代建筑群 370602-50-B-a03
[Yāntáishān Jìndài Jiànzhùqún]

在区境东北部。因所在地理实体而得名。明清时期建成。烟台山近代建筑群建筑规模大且集中保存完好。有亚洲现存最早的英国殖民地“外廊式”及早期公寓式建筑、古典式建筑、中西合璧式建筑，以及北欧近代建筑、日式近代建筑等，堪称近代外国建筑的展示区。烟台山近代建筑群汇集了不同国家的不同历史文化特色，是中国近代史的缩影和见证，已成为研究中国近代建筑史、中西文化交流史和中国近代社会发展史珍贵的实物资料，具有重要的历史、艺术和科学研究价值。2006 年 5 月被批准为国家级文物保护单位。通公交车。

张裕公司酒窖 370602-50-B-a04
[Zhāngyù Gōngsī Jiǔjiào]

在区境北部。因所属公司而得名。1895 年始建，1905 年正式使用。该酒窖目前已作为张裕国际酒文化博物馆对外开放。馆内分上下两层，由综合大厅、历史厅、影视厅、珍品厅及百年地下大酒窖等部分组成。酒窖内冬暖夏凉，拱洞交错，犹如迷宫，包括“亚洲桶王”在内的上千只橡木桶整齐排列。张裕酒文化博物馆是中国第一家世界级葡萄酒专业博物馆，它以张裕 110 多年的历史为主线，通过大量文物、实物，运用高科技的表现手法向人们讲述以张裕为代表的中国民族工业的发展史，普及酒文化知识，是中国葡萄酒业和中国民族企业崛起的艰辛缩影。2013 年 3 月被批准为国家级文物保护单位。通公交车。

奇山所 370602-50-B-b01
[Qíshān Suǒ]

在区境中部。明洪武三十一年（1398），宁海卫辖区芝罘奇山北麓建立了奇山守御千户所，故名。明代遗址。奇山守御千户所的建立，对区域沿海倭寇产生了十分有力的震慑作用，芝罘沿海长时间没有发生重大倭寇侵袭事件。2006 年 12 月被批准为省级文物保护单位。

福山区

纪念地

王懿荣故居 370611-50-A-c01
[Wángyìróng Gùjū]

在古现街道东村古现街中段路南。因故居原主人而得名。清代建筑。故居为王兆琛所建，原为两进院落三排房（又说三进三院格局），共计 38 间房，建筑面积 1 300 平方米。房为五檩架，大屋檐，石砖墙，磨砖垛，铜钱垫缝，大石条托山墙，木质花格门窗，二进院设有月亮门通往临街西厢 10 余间。通公交车。

重点文物保护单位

邱家庄遗址 370611-50-B-a01
[Qiūjiāzhuāng Yízhǐ]

在门楼街道邱家庄村北土岗上。因所在地而得名。新石器时代遗址。南北长 180 米，东西宽 120 米，面积约 30 000 平方米。文化层厚 2 米左右，内含大量贝壳、兽骨、鱼骨等，是一处典型的贝丘遗址。1979、1995 年先后进行了两次发掘，揭露面积约 350 平方米。出土遗物有石器、骨器、陶器。石器以琢制为主，刃部磨光，有斧、刀、磨盘、磨棒等；骨器有骨锥、骨针、獐牙器等；陶器器形多鼎、罐、钵、支座、纺轮等。遗址中还出土了较多的兽骨和鱼骨龟甲。邱家庄遗址是胶东半岛新石器时期的较早遗存，且遗物较丰富，具有较高的学术研究价值。2013 年 3 月被批准为国家级文物保护单位。通公交车。

大成栈旧址 370611-50-B-b01
[Dàchéngzhàn Jiùzhǐ]

在烟台高新技术产业开发区福山园盐场村 816 号。因原庄主王滨，时在烟台、青岛等地经营货栈，店号为“大成栈”而得名。1914 年始建，1917 年建成。四进院落，坐北朝南。主体建筑四进正房，每进 11 间，过道居中，依次排列。第一、三、四进房为五檩房架，第二进房有外廊，为七檩房架。砖石结构，前后出檐，基与山墙为石条铺托。原有房间 70 余间，现存 50 间，庄园建筑南北长 58.8 米，东西宽 30.5 米，占地面积 1 793.4 平方米；门前操场南北长 45.2 米，东西宽 30.5 米，整个庄园总占地面积 3 172 平方米。2006 年 12 月被批准为省级文物保护单位。通公交车。

三十里堡墓群 370611-50-B-b02
[Sānshílǐpù Mùqún]

在烟台市开发区古现街道三十里堡村南。因所在村而得名。汉代墓葬群。现存部分为原墓群的东南部，分东、西两个墓群，相距 2.5 千米。东墓群在岗崙村西岗上，南北约 1.5 千米，9 个墓冢，1971 年破坏一砖室墓，出土铜双鱼洗、玉牛及五铢钱等。西墓群分布在古城以南至大王家村约 3 千米的范围内，30 余座，封土高 3~20 米不等。1977 年 12 月被批准为省级文物保护单位。通公交车。

福山县衙亲民堂旧址 370611-50-B-c01
[Fúshān Xiànyá Qīnmíntáng Jiùzhǐ]

在清洋街道县府街 185 号，现区政府院内。因是明代福山县衙“亲民堂”旧址，故名。坐北向南，明洪武年间修缮一新，万历年间扩建，后经清康熙、乾隆历代修缮至今。现仅存有“亲民堂”（大堂）、正宅（二堂）、东厢房（师爷房）共 21 间，大堂、二堂各 9 间，过道均设在中间，分东、西各 4 间。该建筑主体结构为砖、石、木，大五檩房架、硬山门窗均为隔扇式。1996 年被批准为市级文物保护单位。通公交车。

臧家遗址 370611-50-B-c02
[Zāngjiā Yízhǐ]

在福新街道臧家村东北。因所在村而得名。新石器时代遗址。遗址南北长 240 米，东西宽 200 米，系一台地，中心部高出四周约 1 米，坡势平缓，土质为细砂土。从东西沟断面观察，文化层厚 0.3~0.5 米。1975 年，烟台文管会、福山文管所进行发掘，出土遗物有磨制石斧、穿孔石器、蛤壳、蛎壳、红陶片等，其陶片以夹砂红、褐陶为主，另有夹砂灰褐陶和泥质红陶，皆为手制，多为素面，偶见附加堆纹，可辨器形有鼎足、碗底、器耳、把手等。1996 年被批准为市级文物保护单位。

万字会旧址 370611-50-B-c03
[Wànzìhuì Jiùzhǐ]

在清洋街道城里街 143 号。因旧址原组织而得名。近代遗址。院内有房屋 10 余间，后经翻修，向前扩建，面向大街，形成规模。整院南北长 46.2 米，东西宽 29.3 米，占地面积 1 354 平方米，建筑面积 700 平方米，平房 55 间。1987 年 4 月被批准为市级文物保护单位。通公交车。

东留公墓群 370611-50-B-c04
[Dōngliúgōng Mùqún]

在城区西南部。因墓主人而得名。汉代墓群。南北长 500 米，东西宽 300 米，面积 15 万平方米，墓群内有大小封土冢 9 座，大的高 3 米，直径 10 米；小的高 2 米，直径 7 米。墓中出土遗物多数为陶器，多为灰陶，主要有壶、罐、钵等，有的罐、壶外表有红色彩绘图案，其他有铜镜、铜足漆奁等。3 号墓被盗过，铜器有失，所余小件铜器均为车马器，系明器，形体小、镏金。墓中还出土璧环等玉器及铁剑一柄。1987 年 4 月被批准为市级文物保护单位。通公交车。

斗余天主教教堂 370611-50-B-c05
[Dǒuyú Tiānzhǔjiào Jiàotáng]

在门楼街道家后村西南。因靠近兜余，取谐音演变为斗余，故名。1915 年建成。该建筑现存房屋 22 间，砖石结构，欧式教堂风格，尖拱门窗，方山墙尖，正屋与厢房连体。除钟楼早年被拆外，其余保存较好。2004 年被批准为市级文物保护单位。通公交车。

南庄墓群 370611-50-B-c06
[Nánzhuāng Mùqún]

在门楼街道南庄村东南山丘上。因所在村而得名。汉代墓群。有土冢 4 座，东西长约 500 米，南北宽约 200 米，直径 25~45 米不等，高约 3~10 米不等，分布于山丘南部。2004 年被批准为市级文物保护单位。通公交车。

西黄山墓群 370611-50-B-c07
[Xīhuángshān Mùqún]

在回里镇西黄山村南。因所在村而得名。东周墓群。1988 年 5 月发现，发掘出剑、戈、盘等铜器。2002 年 8 月 8 日，烟台市博物馆考古人员与福山文管所工作人员对墓群进行了第二次调查，并确定其范围。2004 年被批准为市级文物保护单位。通公交车。

牟平区

重点文物保护单位

雷神庙战斗遗址　370612-50-B-b01
[Léishénmiào Zhàndòu Yízhǐ]

在牟平区文化街道王贺庄村南 50 米处。因遗址在原雷神庙内而得名。该建筑西院史称范园；东院为庙舍，由正殿、南厅及东西两厢组成一对称式四合院，正殿坐北朝南，自东向西由三清殿、岳王庙、雷神庙组成。1977 年 12 月被批准为省级文物保护单位。

张颜山旧宅　370612-50-B-b02
[Zhāngyánshān Jiùzhái]

在牟平区宁海街道邵家堪村中。因旧宅原主人而得名。20 世纪 30 年代始建。现存上下两个大院，坐北朝南，共有房屋 110 间，占地 3 280 平方米。该建筑包涵中西风格，融会南北精华，气势宏伟，做工精细，代表了民国初期胶东民居建筑的最高水平，具有极高的文物价值。2006 年 12 月被批准为省级文物保护单位。

重要景点和一般名胜古迹

九龙池　370612-50-D-c01
[Jiǔlóng Chí]

在区境东南部。传说东海龙王九子年幼时任性贪玩，违反天条闯下大祸，玉帝贬其在这里思过，因此取名九龙池。自九龙池景区入口，沿石阶路南行经龙须桥、水上乐园，约 1 000 米后到达九龙亭，由此再往北行 1 000 余米回至景区，形成一环形，全程约 2 000 米。主要景点是九龙庙、瞭望亭、水上乐园、龙池喷雪、龙王阁、葫芦峰、仙翁石等。

自然保护区

烟台昆嵛山国家级自然保护区
370612-50-E-a01
[Yāntái Kūnyúshān Guójiājí Zìránbǎohùqū]

在市境东部。跨烟台市牟平区和文登市，周围邻接龙泉、界石、玉林店、莒格庄、葛家和米山六镇。面积约 170 平方千米。因所在自然地理实体而得名。属暖温带季风型大陆性气候，受太平洋暖湿气流和西伯利亚干冷气流控制，年均气温 11.9℃，月平均温度最高在 7 月，最低在 1 月，绝对最高气温 37.2℃，绝对最低气温 -14.7℃。汉河、沁水河、沐浴河、黄垒河发源于此。保护区地下水为松散岩孔隙水和基岩裂隙水，属含偏硅酸重碳酸钙钠型矿泉水。保护区内土壤包括棕壤性土和典型棕壤两个亚类。2008 年 1 月经国务院批准设立国家级自然保护区。主要保护对象为中国赤松。有野生高等植物 161 科、536 属、1 073 种（含变种、变型），维管植物 115 科 427 属 884 种。在记录的野生植物种类中，有国家Ⅰ、Ⅱ级保护植物 7 种，分别是银杏、胡桃楸、中华结缕草、野大豆、水曲柳、黄檗、紫椴；国家Ⅱ级保护真菌 1 种——松口蘑；列入《濒危野生动植物种国际贸易公约》植物有兰科植物 8 属，共 10 种；有山东省稀有濒危植物 46 种。山东昆嵛山国家级自然保护区内记录国家Ⅰ级保护野生动物 9 种，国家Ⅱ级保护野生动物 40 种，山东省重点保护动物 54 种，采集昆虫模式标本 1 种，列入《濒危野生动植物种国际贸易公约》35 种。毒蛇黑眉蝮在区内分布较多。保护区典型的赤松天然林和赤松针阔混交林，对研究动植物地带性分布和自然演替过程具有重要意义。另外，保护区内物种资源丰富，有天然物种基因库之称，具有极高的科研和学术价值，是理想的教学科研基地。

莱山区

纪念地

凤凰山烈士陵园 370613–50–A–c01
[Fènghuángshān Lièshì Língyuán]

在莱山区初家街道庙后村东凤凰山南坡。因所在自然地理实体而得名。1958 年建园，1988 年 10 月重建。陵园内安葬抗日战争、解放战争、抗美援朝和中华人民共和国成立后革命烈士 135 位，有烈士陵墓 135 个，主、副碑各 1 座。为烟台市爱国主义教育基地。通公交车。

重点文物保护单位

马山寨烽火台 370613–50–A–b01
[Mǎshānzhài Fēnghuǒtái]

在区境东南部。山名马山，明朝政府在此所设的兵营和海防工事称马山寨，以此得名。为明代遗址。烽火台位于山顶部，为明朝修建的狼烟墩台，长宽各近 200 米，据说高台中央原建有点将台，烽火台建在最高处。2006 年 12 月被批准为省级文物保护单位。通公交车。

重要景点和一般名胜古迹

烟台体育公园 370613–50–D–a01
[Yāntái Tǐyù Gōngyuán]

在区境东部。因公园主题而得名。含建有 40 000 个座位的中心体育场、400 米田径练习场、射击馆、有 10 000 个座位的多功能体育馆、有 2 000 个座位的跳水游泳馆、射箭场、网球馆，能够承办大型综合性运动会、国际单项比赛和大型文艺商演，是市民休闲娱乐的理想去处。2005 年被评为国家级 AAA 级景区。通公交车。

海昌渔人码头 370613–50–D–c01
[Hǎichāng Yúrén Mǎtóu]

在烟台市莱山区滨海中路 45 号。因景区主题而得名。该项目以开发建设大型旅游综合体为主旨，以海滨文化为主题，以海洋动物表演为特色，以相关海滨休闲娱乐设施为辅助，涵盖了鲸鲨馆、1 800 米深海式温泉馆、滨海特色商业街、古堡酒店、半岛休闲会所等多种与国际接轨的时尚元素，是集餐饮、娱乐、运动、休闲、度假于一体的大型综合性旅游景点。通公交车。

黄海游乐城 370613–50–D–c02
[Huánghǎi Yóulèchéng]

在区境北部。因所在位置而得名。1993 年 4 月开工，由海域和陆域组成，海域内有黄海栈桥、黄海明珠、海水浴场，陆域有博物馆、奇石馆、植物园。栈桥长 548 米，宽 10 米，在蓝天碧海的衬托下，似长龙游海、横穿碧浪。黄海明珠为不锈钢网架结构，高 30 米，直径 21.8 米，共设 6 层。通公交车。

凤凰山公园 370613-50-D-c03
[Fènghuángshān Gōngyuán]

在区境西南部。因所在自然地理实体而得名。园内自然植被茂密，环境优美，叠水池喷泉叠涌，为公园增添了灵秀。中心位置设置了一款主题为“飞翔”的雕塑景观，通过抽象的“展翅飞翔的凤凰”寓意莱山经济繁荣、人文和谐的美好愿望。通公交车。

大南山城市中央公园 370613-50-D-c04
[Dànánshān Chéngshì Zhōngyāng Gōngyuán]

在区境西北部。因所在自然地理实体而得名。占地 60 平方千米，最高峰岱王山 401 米，山脉起伏跌宕，景观形态丰富。“大南山”东临大海，“南山”“东海”暗合了“寿比南山，福如东海”的中国传统文化。寿星像高 28.6 米，以天然石体为背景，借鉴传统民间“寿星”造型，运用现代设计理念和传统青铜雕像艺术，充分彰显国泰民安、福寿安康的和谐景象。通公交车。

逛荡河绿带公园 370613-50-D-c05
[Guàngdànghé Lǜdài Gōngyuán]

在区境南部。因逛荡河而得名。是文化、生态、休闲与城市排洪功能紧密结合的城市生态绿带。逛荡河带状公园中商业开发建筑以开埠时期的建筑风格为主，公园中置有船、锚、珍珠、波浪等与海有关景观饰品，突出莱山区的滨海特色。逛荡河绿带公园作为与凤凰湖公园相接并贯穿整个中心城区的线性休闲空间，从四个方面加重文化元素，大幅度提升整个中心城区景观的文化内涵。通公交车。

龙口市

纪念地

龙口市革命烈士陵园 370681-50-A-c01
[Lóngkǒu Shì Gémìnglièshì Língyuán]

在龙口市东城区东南 3.5 千米。因园内安放的为抗日战争和解放战争为人民牺牲的烈士得名。1956 年 11 月 20 日建成。1986 年，原黄县人民政府对烈士陵园进行重修，四周加筑了围墙，在东南端最高处新建一座高 20 米的纪念碑。烈士陵园在弘扬爱国主义精神、宣传优秀传统文化方面具有重要意义。1996 年 12 月被批准为市级爱国主义教育基地。通公交车。

重点文物保护单位

归城古城址 370681-50-B-a01
[Guīchéng Gǔchéngzhǐ]

在市境南部。唐太宗征伐高丽时曾在此驻军，得胜归来后复又驻军于此，故名。是胶东地区重要的周代城址，也是胶东地区青铜时代规模最大、内涵最为丰富的一处城址。2006 年 5 月被批准为国家级文物保护单位。通公交车。

丁氏故居 370681-50-B-a02
[Dīngshì Gùjū]

在市境中部。因故居所属氏族而得名。清代建筑。现存的丁氏故居有四套建筑，建筑风格为砖石木结构，北方硬山式建筑，是胶东民居的典型代表。1996 年 11 月被批准为国家级文物保护单位。通公交车。

徐镜心故居 370681-50-B-b01

[Xújìngxīn Gùjū]

在市境西南部。为辛亥革命先驱徐镜心的居所，故名。1873 年始建。建筑极具胶东民居特色。在弘扬爱国主义精神、宣传优秀传统文化方面具有重要意义。2013 年 10 月被批准为省级文物保护单位。通公交车。

庄头古墓群 370681-50-B-b02

[Zhuāngtóu Gǔmùqún]

在区境东南部。因所在地而得名。西周遗址。墓区南北长 200 米，东西宽 100 米，面积为 2 万平方米，呈不规则形状。西部破坏较重，曾清理一土坑，竖穴墓有棺椁和头厢，出土有鼎、壶、爵等。1981 年挖出 16 件铜器，其中 6 件铸有铭文，保存较好。墓群及其出土的文物对研究西周时代和莱子国的历史及经济、文化状况、生活习俗提供了不可多得的实物资料，具有重要的考古价值及历史价值。1992 年 6 月被批准为省级文物保护单位。通公交车。

庙周家秦汉建筑遗址 370681-50-B-b03

[Miàozhōujiā Qínhàn Jiànzhù Yízhǐ]

在市境东南部。因所在地和历史时期而得名。始建于秦代，为秦始皇东巡登莱山祀月神时的行宫。遗址出土文物众多，具有很高的考古价值。2006 年 12 月被批准为省级文物保护单位。

楼子庄遗址 370681-50-B-b04

[Lóuzizhuāng Yízhǐ]

在市境西南部。因所在地而得名。新石器时代至商代遗址。堆积分为六层，分为四期龙山文化、岳石文化、珍珠门类型，出土黍米、较完整的马骨架等。这是山东地区岳石文化以后唯一一处发现粮食窖藏的地点。楼子庄遗址对研究胶东地区古代文化及其纵向演变关系具有十分重要的意义，为研究胶东地区岳石文化和珍珠门类型的文化特征、经济形态及其相互关系提供了丰富的标本。2006 年 12 月被批准为省级文物保护单位。通公交车。

崇实中学旧址 370681-50-B-b05

[Chóngshízhōngxué Jiùzhǐ]

在市境东部。因旧址原单位而得名。建于 1892 年。现存建筑楼房 8 栋，属欧式建筑风格，建筑面积 4 731.45 平方米。崇实中学旧址是龙口市近代社会多元文化下的历史见证，具有重要的历史价值。2006 年 12 月被批准为省级文物保护单位。通公交车。

龙口港栈桥码头 370681-50-B-b06

[Lóngkǒugǎng Zhànqiáo Mǎtóu]

在市境西部。因所在地及其功能而得名。1919 年 10 月建成。是中国较早的钢筋水泥式栈桥码头，码头全长 204.2 米，接岸结构长 52.9 米，宽 8.97 米，高 5.95 米，占地面积约 1 832 平方米。龙口港栈桥码头虽已弃用，但它是烟台在近代民族工业、航海运输业等行业发展历程中留下的实体“教育读本”，也在解放战争、“闯关东”等重大历史事件中发挥了重要作用。2013 年 10 月被批准为省级文物保护单位。通公交车。

乾山遗址与墓群 370681-50-B-c01

[Qiánshān Yízhǐ Yǔ Mùqún]

在市境西北部。因所在自然地理实体而得名。新石器时代、汉代遗址。1957 年发现，东西长 390 米，南北宽 260 米，文化堆积 0.6~5 米，暴露出的墓葬 16 座。出土文物有鼎、罐等陶器残片及石斧、石凿、石磨棒等。西北部已发现的十三座墓葬中出土大批青铜器、彩绘陶器等，结合文献分析，是西汉徐乡侯贵族的墓地。遗址出土文物丰富，历史价值颇高。1996年被批准为市级文物保护单位。通公交车。

唐家遗址 370681-50-B-c02

[Tángjiā Yízhǐ]

在市境西北部。因所在地而得名。新石器时代遗址。平面约呈长方形，东西长150米，南北宽120米，文化堆积0.4~1米，面积76 000平方米。出土的陶器有锥足鼎、彩陶罐、实足鬶残片及蘑菇形把手、桥形耳等，石器有石磨盘、石磨棒、石锛、石斧等，保护较好。该遗址具有较高的保护价值。1996年被批准为市级文物保护单位。通公交车。

玉泉寺 370681-50-B-c03

[Yùquán Sì]

在市境西南部。因所在自然地理实体玉泉山而得名。金大定四年（1164）始建，明天启七年（1627）、清代都曾大规模重修，1935年最后一次重修。寺院历经风雨侵蚀，仅存西大殿及东配殿，历史价值极高。2011年5月被批准为市级文物保护单位。

姜氏木楼 370681-50-B-c04

[Jiāngshì Mùlóu]

在市境东部。因木楼所属氏族而得名。清代遗址。坐北面南，上下两层，砖、石、木结构，现存面积约105平方米。姜氏木楼为清代的胶东民居中较有特色的古建筑，具有较高的历史、科学、艺术和社会价值。2011年5月被批准为市级文物保护单位。通公交车。

真定寺古桥 370681-50-B-c05

[Zhēndìngsì Gǔqiáo]

在市境东南部。因旧时为真定寺与山下的通道，故名。唐代遗址。桥高5.8米，为青石所砌，桥涵为月牙拱形状，俗称“方桥压月”，现古桥保存较为完好，上有三岛十洲石刻。古桥及石刻为当地历史发展的重要见证。2011年5月被批准为市级文物保护单位。

鲁家沟遗址 370681-50-B-c06

[Lǔjiāgōu Yízhǐ]

在市境东南部。因所在地而得名。新石器时代聚落遗址。原占地面积2万平方米，现仅剩约6 000平方米。南北长200米，东西宽100米，北断崖可见文化堆积层厚1米，出土有陶片、烧土、夹云母、夹砂、红衣陶，并采集到鼎足、把手、陶环等，保护较好。这一遗址对了解胶东地区新石器时代的白石文化具有重要意义。2011年5月被批准为市级文物保护单位。通公交车。

东羔遗址 370681-50-B-c07

[Dōnggāo Yízhǐ]

在市境东北部。因所在地而得名。新石器时代遗址。遗址总面积约3万平方米，发掘面积约600平方米，发掘早期房址12座，清理早期灰坑68个，发现各时期墓葬9座，其中早期墓葬3座、汉代墓葬3座，其余为清代墓葬。出土遗物主要为石器、玉器、骨器和陶器。遗址对研究龙口大汶口时期先民生产、生活状况具有重要的考古价值。2011年5月被批准为市级文物保护单位。通公交车。

龙口居留民会旧址 370681-50-B-c08

[Lóngkǒu Jūliúmínhuì Jiùzhǐ]

在市境西部。因旧址原组织而得名。1938年始建。为日式建筑，红顶白墙，分为上下两层，坡顶，整体采用了砖木石结构。占地面积372.69平方米，建筑面积545.54平方米，现为龙口商会的办公场所。该建筑是龙口市重要史迹，是时代的重要见证。2006年10月被列为龙口市文物保护单位，

2011 年 5 月被批准为市级文物保护单位。通公交车。

魏凤韶故居 370681-50-B-c09
[Wèifèngsháo Gùjū]

在龙口市诸由观镇魏家村。因故居原主人而得名。故居为典型的北方四合院民居建筑，建成于清末民初。坐北朝南，砖木结构，由倒厅、正房和东西厢房组成，倒厅和正房皆五间，硬山顶，占地面积 279.04 平方米。在弘扬爱国主义精神，宣传优秀传统文化方面具有重要意义。2004 年 4 月被批准为市级文物保护单位。通公交车。

徐乡故城遗址 370681-50-B-c10
[Xúxiāng Gùchéng Yízhǐ]

在市境北部。因所在地而得名。战国时期遗址。现城址略高于周围平地，东西长 770 米，南北宽 510 米，面积约 64 000 平方米，呈长方形。城墙已消失。古城内遗物丰富，出土文物有“公孙造一石”、青铜器、饰有绳纹的灰陶、夹砂红陶、汉瓦等。2011 年 5 月被批准为市级文物保护单位。通公交车。

㡇县故城址 370681-50-B-c11
[Xiánxiàn Gùchéngzhǐ]

在市境西南部。因古代地名而得名。汉代遗址。故城址东西长 770 米，南北宽 510 米，面积 392 700 平方米。故城城墙和建筑已被破坏殆尽，残存城墙墙基。中华人民共和国成立前夕，曾出土大量刀形、五铢、铜币以及土陶器、汉大瓦等。南仲家集市大街以南尚存高约二丈、东西长十余丈土堆。遗址为了解龙口地区乃至胶东地区的汉代城址及汉文化提供了颇为重要的资料，历史、文化价值很高。1992 年 5 月被批准为市级文物保护单位。

重要景点和一般名胜古迹

南山旅游景区 370681-50-D-a01
[Nánshān Lǚyóu Jǐngqū]

在市境南部。因南山集团投资建设而得名。占地 20 平方千米，景区分为宗教文化园、历史文化园和东海旅游度假区三大部分，南山大佛坐落在此。主要景点还有南山药师大佛、南山道院、南山禅寺、华严世界、香水庵、卢山观、中华历史文化园等。以历史文化为经、吉祥文化为纬，按朝代顺序建设的历史文化园，宛如一部鲜活的中国通史。东海旅游度假区海岸线长达 20 千米，分为海滨旅游区、疗养休闲区、别墅住宅区、商贸服务区、文化教育区等，是集居住、旅游、休闲游艇、人文教育于一体，科技含量高、生态环境好、人与自然和谐发展的综合性旅游度假区。景区配套建设了南山宾馆、南山康乐宫（现为南山文化中心）等服务设施，形成了完整的旅游服务体系，成为集旅游观光、休闲度假、产业观光、会议商务、娱乐购物等功能为一体的大型多功能旅游景区。2011 年被评为国家 AAAA 级景区。通公交车。

自然保护区

南山国家森林公园 370681-50-E-a01
[Nánshān Guójiā Sēnlín Gōngyuán]

在市境南部。南北跨下丁家镇和东江街道，以卢山上观为中心。总面积 71 平方千米。因主体在南山境内，由南山集团投资兴建，故名。有卢山、黄山、大顶、三座塔等大小 9 个山头，海拔 1 400 米以上的山峰 2 座。林木资源丰富，有森林宜林面积 700 多公顷，其中人工林占 70%~80%，天然林占 20%~30%，绿化覆盖率 72%。

2004年，经国务院批准设立国家级自然保护区。树种以赤松、黑松为主，面积461公顷，有侧柏36公顷，刺槐33公顷，麻栎、悬铃木（法桐）等疏林地85公顷。经济树种有板栗、柿子等共36公顷。另有灌木类、草本植物等。鸟类有15目41科260种（含亚种），古中国鸟类种数的19.6%，占山东鸟类记录种数的63.7%。陆栖兽类共记录5目12科28种，占山东省陆栖兽类种数的70%；野生兽类列于《濒危野生动植物种国际贸易公约》保护的兽类有4种。国家公园兼具遗产资源的保护、教育、科研、游憩产管理模式，有利于景观资源的保存与保护，促进旅游观光业的可持续发展。大莱龙铁路、烟潍高速公路、牟黄公路过境。

龙口黄水河口海洋生态国家级海洋特别保护区

370681-50-E-a02

[Lóngkǒu Huángshuǐhékǒu Hǎiyángshēngtài Guójiājí Hǎiyáng Tèbié Bǎohùqū]

在黄水河口入海口处。东起于黄水河入海口以东455米处，南至228国道，西至度假区西边界。面积17.81平方千米。因所在位置得名。2009年8月经国家海洋局批准成立国家级海洋特别保护区。主要保护对象有以硅藻门为主的浮游植物，优势种主要有角毛藻、圆筛藻、布氏双尾藻、密连角毛藻、伏氏海毛藻、星脐圆筛藻等；以蚰蜒、福氏玉螺、青蛤、绣凹螺、方格星虫、单环刺螠、中国蛤蜊等为主的底栖生物类；以青鳞鱼、鳀鱼、蓝点马鲛、黄鲫和小黄鱼为主的鱼类。建立龙口黄水河口海洋生态海洋特别保护区，对于保护龙口黄水河浅滩底栖生物资源和砂矿资源，开展海洋生物科学研究，促进海洋生态和区域环境可持续发展具有重要的意义。

之莱山省级自然保护区

370681-50-E-b01

[Zhīláishān Shěngjí Zìránbǎohùqū]

在市境东南部。北、西分别与龙口市石良镇、七甲镇相连；东、南分别与蓬莱、栖霞、招远三市接壤。面积102.27平方千米，其中核心区37.99平方千米、缓冲区29.71平方千米、实验区34.57平方千米。因所在自然地理实体而得名。保护区主要由莱山山脉、王屋山、香炉顶、缀芝山、石门山等20余个跌宕起伏、大小不等的丘陵组成，保护区内树种多样，林木葱郁，气候温和、湿润，适合多种温带野生植物生存。2008年1月经山东省政府批准设立省级自然保护区。主要保护对象有天然赤松林及原生地、森林生态系统及水源地生物多样性、野生动植物资源、生态旅游资源等。区内记录维管植物820种，分别隶属于蕨类植物门756种、裸子植物门57个变种、7个变型被子植物门的112科400属，维管植物种数约占山东省总种数的50%，属数约占总属数的65%，科数约占总科数的73%，其中泰山苋、山东瓦松、低矮山麦冬3种为山东省发现的新品种。区内记录各种野生动物有10纲48目221科1 008种。野生菌资源丰富，有食用菌30多种、药用真菌20余种。保护区从地质变化、水文形成、土壤演变、生物群落演替、食物链等方面，保持了生物与环境、生物之间的生态平衡，按照其自然规律进行演替、演变和进化，已形成了一个完整、稳定的自然生态系统。自然保护区能够合理地保护自然资源，开展科学研究，对加强生物多样性，涵养水源和净化空气，发挥特有的生态功能。213省道、215省道经此。

大飘山省级自然保护区

370681–50–E–b02

[Dàpiāoshān Shěngjí Zìránbǎohùqū]

在市境南部。北至三座塔，西至庵夼，东至常胜水库，南部与招远接壤。总面积23.26平方千米，其中核心区6.14平方千米、缓冲区7.13平方千米、实验区9.99平方千米。因所在自然地理实体而得名。保护区内山峦起伏，沟壑纵横，地形复杂，主峰石城山海拔735.6米，为区内诸山之冠，是龙口市与招远市的天然屏障。属温带季风性气候，四季分明，气候温和，植被类型丰富繁杂，形态多样。2010年经山东省政府批准设立省级自然保护区。主要保护对象为天然赤松林及原生地、森林生态系统及水源地、生物多样性、野生动植物资源、生态旅游资源。保护区自然生态系统结构完整，珍稀动植物资源丰富，地质构造形迹、历史文化遗迹、人文景观众多，对维护生态安全，保护生物多样性，促进山东半岛蓝色经济区区域经济、社会与环境的协调发展具有重要意义。

黄水河河口湿地省级自然保护区

370681–50–E–b03

[Huángshuǐhé Hékǒu Shīdì Shěngjí Zìránbǎohùqū]

在龙口市黄水河入海口处。北至黄河营渤海口，南至206国道西阳河大桥，东至蓬莱市交界处，西至黄河营。总面积10.28平方千米。因位置得名。地势平坦，园内河流、湿地、森林、沙滩等自然资源丰富。属温带季风气候，四季分明。生态系统多样，有湿地生态系统、森林生态系统、农田生态系统等。2009年经山东省政府批准设立省级自然保护区。主要保护对象有河口湿地生态系统、湿地珍稀鸟类资源。建立黄水河河口湿地省级自然保护区，对于保护生物多样性，发挥湿地综合服务功能，促进区域协调发展具有十分重要的意义。206国道经此。

沿海基干林带省级自然保护区

370681–50–E–b04

[Yánhǎi Jīgànlíndài Shěngjí Zìránbǎohùqū]

在龙口市沿海海岸线。西至屺坶路与港城路交会路口，东至诸由观，北至海边，南向内陆进深500~1 000米。总面积34.33平方千米，其中核心区6.45平方千米、缓冲区7.76平方千米、实验区20.12平方千米。因位置、性质得名。地势低洼，属温带季风气候，多台风，主要植被有黑松、刺槐。2006年经山东省政府批准设立省级自然保护区。主要保护对象为沿海岸线生长、抵御自然灾害的海防林带。是沿海居民生产生活的生态屏障，具有防风固沙、保持水土、涵养水源的功能，对沿海地区防灾、减灾和维护生态平衡起着独特而不可替代的作用。206国道经此。

龙口依岛省级自然保护区

370681–50–E–b05

[Lóngkǒu Yīdǎo Shěngjí Zìránbǎohùqū]

在市境北部。面积0.85平方千米。因所在自然地理实体而得名。2008年经山东省政府批准设立省级自然保护区。主要保护对象为潮间带火山砾石地质景观。潮间带生物多样性丰富，有陆生植物、鸟类、地衣、苔藓、蕨类和被子植物，珊瑚菜和中华结缕草为二级国家重点保护野生植物等。依岛和其潮间带海域是渤海湾保护最完善的火山活动遗迹地带，是研究新生代第四纪中新世后叶渤海湾的火山爆发和地质成因的活化石和理想场所，对保护其潮间带火山砾石地质景观、珍稀潮间带生物物种以及抗盐抗干旱植物群落具有重要意义。

莱阳市

纪念地

莱阳市红土崖烈士陵园
370682-50-A-c01
[Láiyáng Shì Hóngtúyá Lièshì Língyuán]

在莱阳市古柳街道红土崖村西南。因所在地而得名。1952 年 9 月始建，1953 年 9 月建成。烈士陵园东西长 150 米，南北宽 115 米，围墙均高 1.83 米。陵园中间有一条水泥铺成的南北向人行道，人行道两侧为排列有序的烈士墓穴和苍松翠柏，园内中北部有一幢宽 20 米、高约 7 米的纪念坊。陵园中共葬有烈士 2 523 名。1996 年被批准为市级文物保护单位。

重点文物保护单位

宋琬故居　370682-50-B-b01
[Sòngwǎn Gùjū]

在莱阳市城厢街道大寺街 045 号。因故居原主人而得名。清代建筑。故居在原址上重新翻盖，共 9 栋，52 间，坐北朝南。故居东西长 25 米，南北长 60 米，占地面积 1 054 平方米。由正门和东西厢房组成二进四合院，设台明，廊柱脊饰吻兽，砖木结构，单脊硬山，木质花格窗，小瓦两面坡，内设 6 个展览室，常年对外开放。宋琬故居在对青少年的文化教育、素质教育中发挥着越来越重要的作用。1992 年 6 月被批准为省级文物保护单位。通公交车。

重要景点和一般名胜古迹

蚬河公园　370682-50-D-a01
[Xiǎnhé Gōngyuán]

在市境中部。因所在自然地理实体而得名。是一处以春花——梨花为主要特色的综合公园。面积 20 余公顷，其中人工湖 4 公顷，莱阳梨种植区 16 公顷。2010 年评为国家 AA 级景区。

莱阳丁字湾滨海省级旅游度假区
370682-50-D-a02
[Láiyáng Dīngzìwān Bīnhǎi Shěngjí Lǚyóu Dùjiàqū]

在莱阳市南部黄海丁字湾畔。因所在自然地理实体而得名。丁字湾湾深水阔，风平浪静，是天然避风良港；胶东第一大河五龙河由此入海，形成广袤的生态湿地和河海交汇的壮丽景观，自然景色秀美诱人，是鸟类的栖息天堂；度假区与周边金口古镇、天后宫、圣母宫、龙王庙、金山宝塔等历史古迹遥相呼应，商旅、妈祖、渔家等特色文化底蕴深厚，旅游资源丰富。2010 年 8 月被评为省级旅游度假区。

莱州市

重点文物保护单位

云峰山摩崖石刻　370683-50-B-a01
[Yúnfēngshān Móyá Shíkè]

在市境东南部。因所在自然地理实体而得名。北魏、北齐、宋、明、清朝遗址。石刻从山麓到山顶错落分布，共有 30 多处，大都为北魏光州刺史郑道昭手书。其中最壮观的为观海童诗，最著名的是郑文公之碑。碑石为一不规则长方形巨石，高 3 米，宽 4 米，削壁处镌刻碑文，计 1 200 多字。

1984 年于山口处新修牌坊一座；向上约 200 米为新建云峰阁大殿，为一仿古四合院；再向上约 60 米即郑文公碑亭，为六角形圆顶古建筑，颇似北京天坛。具有重要的考古价值。1988 年 1 月被批准为国家级文物保护单位。有公路经此。

重要景点和一般名胜古迹

莱州市大基山森林公园
370683–50–D–a01
[Láizhōu Shì Dàjīshān Sēnlín Gōngyuán]

在市境东部。因所在自然地理实体而得名。大基山古称东莱山，海拔 476.9 米，山势险峻、雄伟壮观，森林覆盖率 80%，有草本植物 300 多种，有多处山泉，著名的“大基名泉”是莱州古八景之一。山中散藏有历代摩崖石刻 24 处，历代建设的殿堂 11 处。现有大基湖、先天观、白云庵、太清宫（含太清殿、五祖殿、七真祠、玉皇殿）、泰山圣母庙、光月祠、东莱山祠、圣水泉、二侯祠、霁月楼等景点。2014 年 12 月被评为国家 AAAA 级旅游景区。有公路经此。

自然保护区

莱州大基山省级自然保护区
370683–50–E–a01
[Láizhōu Dàjīshān Shěngjí Zìránbǎohùqū]

在市境东南部。东至郭家店镇滑家，西至文峰山，南至郭家店镇葛门口，北至程郭镇谷口、唐家两村。面积 87.53 平方千米。因自然地理实体而得名。大基山省级自然保护区地处暖温带气候区，境内重峦叠嶂，沟壑交错，地形复杂，地势险峻，自然景观、人文景观丰富，动植物资源珍稀，生态系统、物种和遗传具有多样性。2007 年 11 月被批准为省级自然保护区。主要保护对象有暖温带典型的森林生态系统及区域性和特殊生境下的赤松、油松、黑松、栎类等森林植被。大基山自然保护区是以保护森林与野生动物及其生境共同形成的森林生态系统为宗旨，集生物多样性保护、科研、宣传、教育、培训、生态旅游和资源可持续利用为一体的生态系统类自然保护区。有公路经此。

蓬莱市

重点文物保护单位

戚继光牌坊 370684–50–B–a01
[Qī Jìguāng Páifāng]

在蓬莱市紫荆山街道武霖社区。因纪念戚继光而得名。明嘉靖四十四年（1565）建。牌坊坐落在牌坊街东西两端，两坊间距 140 米，东为母子节孝坊，西为父子总督坊。两牌坊系四柱三间式出檐多脊石雕坊，用花岗岩和大理岩雕凿而成。高 9.5 米，宽 8.3 米，进深 2.7 米，正间上下三坊依次镂刻丹凤朝阳、鱼龙变化、麒麟与丹凤；侧间各两坊，饰花木鸟兽。该牌坊是研究明代石雕艺术和戚继光生平的重要实例。2013 年 3 月被批准为国家级文物保护单位。通公交车。

蓬莱水城及蓬莱阁 370684–50–B–a02
[Pénglái Shuǐchéng Jí Pénglái Gé]

在蓬莱城北濒海的丹崖山上。因所在政区且民族英雄戚继光曾在此训练水军抗击倭寇，故名。蓬莱水城以土石混合砌筑而成，南宽北窄，呈不规则长方形，总面积 270 000 平方米。仅开南、北二门，南门是陆门，与陆路相通；北门为水门，由此出海。水城建筑分为两大部分，一是海港部分，包括以小海为中心的水门、防波堤、平浪台、码头、灯楼；二是防御性建筑部分，包括城墙、敌台、水闸、护城河及其相关的地面设施。蓬莱水城集海港建筑和防御性建筑为一体，是国内现存最完整的古代水军基地，也是研究中国海港建筑史的重要基地之一。蓬莱阁于北宋嘉祐六年（1061）始建。蓬莱阁虎踞丹崖、云拥浪托，由蓬莱阁、天后宫、龙王宫、吕祖殿、三清殿、弥陀寺等6个单体和附属建筑组成。龙王宫、显灵门、白云宫三个山门组成互通的三个半封闭建筑群体，各建筑群体的布局虽不方正，但多以较完整的庙宇结构组成若干单体建筑。多数建筑有吻和神兽装饰屋脊，主体建筑为六兽，次体建筑为四兽。蓬莱阁古建筑群不仅以建筑风格、布局、结构等方面秀出于宗教建筑之林，其蓬莱仙境之美誉也因各种信仰和传说的神奇而广播于海内外，从而为研究古代建筑和宗教文化提供了鲜活的物证资料。1982 年 2 月被批准为国家级文物保护单位。通公交车。

南王绪遗址 370684-50-B-a03

[Nánwángxù Yízhǐ]

在北沟镇南王绪村。以所在地命名。新石器时代遗址。南王绪遗址东、北、西面均为断崖，文化堆积层厚 0.3~3.2 米。北侧断面暴露原始居住遗迹，炕坑、柱洞、石棺墓、人骨、灰坑、红烧土块堆积、残缺宋墓等遗迹清晰可见。地表曾采集到新石器时代磨制石器、陶片、贝片等，陶器以夹沙、夹滑石红陶为主，其次为夹沙灰褐陶；纹饰多见附加堆纹、刻划纹；石器有石斧、磨棒、磨盘、石球；骨器有骨锥、骨针等。遗址遗存丰富，延续年代较长，今已部分被毁坏。2013 年 3 月被批准为国家级文物保护单位。

村里集城址及墓群 370684-50-B-a04

[Cūnlǐjí Chéngzhǐ Jí Mùqún]

在村里集镇古城东、古城李家、古城苗家三村之间的台地。因所在地而得名。南北长约 720 米，东西宽约 500 米，面积约 30 万平方米。城墙为夯土，大部分已被破坏，现残存北垣一段长约 100 米，基宽约 10 米，残高最高处约 4 米，城墙夯土层厚 4~6 厘米，夯窝径 4 厘米。城内仅出土少量西周至春秋时期泥质灰陶罐沿、豆把、鬲足等。村里集西周墓群有 3 处，分别是柳格庄墓区（分布面积约 30 000 平方米）、辛旺集墓区（分布面积约 126 000 平方米）和站马张家墓区（分布面积约 39 000 平方米）。先后抢救清理西周中、晚期墓近 20 座，皆为土坑竖穴，无封土，其中有殉人坑 8 座、车马坑 1 处。1972—1977 年多次抢救性发掘，出土文物数百件，陶器有鬲足、罐等，铜器有铜鼎 1 件、铜编钟 9 件、铜甗 1 件、铜鬲 1 件、鼓 1 件、琴 1 件，还有少量玉器。具有重要的考古价值。2013 年 3 月被批准为国家级文物保护单位。有公路经此。

蓬莱海防遗址 370684-50-B-b01

[Pénglái Hǎifáng Yízhǐ]

在蓬莱市新港街道赵格庄。因由赵格庄营寨遗址和沿海烽火台组成，故名。明代遗址。该遗址建于突入海中的山岗上，西部城墙保存较好，用玄武岩大型条石砌筑而成；其他三面围墙走向清晰，当地居民俗称该处为“围里”“营子岬”。除此之外，在蓬莱市沿海制高点上分布着多处明代所建烽火台，烽火台底座呈圆形，用黄土或土石堆砌而成，残高 4.8 米到 14.5 米不等，底座周长 46 米到 103 米不等。赵格庄营寨、沿海烽火台组成了明代较完备的护卫蓬莱海岸线的防御体系，为研究明清海防设施的规划、设计及建筑布局、军事信息传递等提供了实物依据。2013年10月被批准为省级文物保护单位。通公交车。

解宋营古城 370684-50-B-b02

[Xièsòngyíng Gǔchéng]

在刘家沟镇解宋营村。因所在村而得名。明代遗址。解宋营古城址在一处半月形海湾南岸，海滩平缓，城址东西长200米，南北宽197米，总面积约39 400平方米。由解宋营古城、护城河、东西山顶烽火台构成一套完整的明代军事防御设施。具有重要的考古价值。2006年12月被批准为省级文物保护单位。通公交车。

刘家沟遗址 370684-50-B-b03

[Liújiāgōu Yízhǐ]

在刘家沟镇刘家沟村。因其所在地而得名。新石器时代聚落遗址。遗址文化层东厚西薄，在文化层内发现泥质灰陶夹化石粉鼎足，为手制；另发现钵沿、泥质红陶内夹云母、泥质红陶鬶沿、泥质黑陶陶片、夹砂夹化石粉泥质灰陶铲状足、红烧土块等。刘家沟遗址的发现，除了提供了胶东地区新石器文化与内地文化联系的实物资料外，还为研究胶东地区古文化的特殊性提供了实物依据。1977年12月被批准为省级文物保护单位。228国道经此。

戚继光祠堂及戚继光墓

370684-50-B-b04

[Qījìguāng Cítáng Jí Qījìguāng Mù]

在南王街道位吴村东北芝山南麓。因其为戚氏家族墓地，由戚继光六世祖戚祥始建，故名。祠堂始建于明崇祯八年(1635)，原名表功祠，清康熙四十六年（1707）重修。该祠堂系三进院家庙式建筑，有门房、过堂、正祠各3间以及后花园。门房、过堂、正祠均为单檐硬山顶木结构建筑，东西长38.4米，南北宽22.5米，占地面积595.1平方米。戚继光墓为砖石墓，穹窿墓顶，分墓门、通道、前室、后室，总长8.22米，宽5.4米。1987年于原址重修，墓前设墓碑1座、石香炉1尊、石阙4对。该遗址对研究戚继光生平有着重要的历史价值。2006年12月被批准为省级文物保护单位。有公路经此。

武霖上水门 370684-50-B-b05

[Wǔlín Shàngshuǐmén]

在万寿社区和武霖社区交界处。因所在地和遗址古代功用而得名。上水门面朝西南，水门面阔22米，进深14米，残高9米，为三孔式、双心拱券结构城门建筑，东门洞走车，中间和西门洞走水。三个门洞的南北两侧都建有三角形分水石。中间和西侧拱券双心距为0.26米，东侧拱券双心距为0.56米。券脸为五伏五顺，券肩以下包括分水石均为规整玄武岩条石砌筑，门洞遗有闸门痕迹。门上墙体芯为黏土夯土砌筑，外包砌玄武岩毛石。水门背面中间门洞两侧墙上嵌有两块记事石碑。水门与城墙连接，西侧城墙不存，东侧保留一段夯土城墙，长约14.27米，残高8.6米。上水门比较完整地保留明代水门建筑风格、建筑材料、施工工艺，是现存明代水门结构建筑的典型实例。2013年10月被批准为省级文物保护单位。通公交车。

乌沟赵家赵氏民居 370684-50-B-c01

[Wūgōuzhàojiā Zhàoshì Mínjū]

在蓬莱市刘家沟镇乌沟赵家村。因所在位置，且为赵姓富户人家所建，故名。清代遗址。该建筑为复合多进式砖木结构建筑，现存垂花门（二宅门）及两侧联体墙、东西厢房、1个圈地百余平方米的套院院墙、1座五开间正房，占地约500平方米。该建筑群建筑方法及用料考究，砖雕、木雕、石雕广泛应用，极尽装潢之能事。垂花门是当年赵宅的二进院落门，为单檐楼式木结构，面南而立，高约 4 米，宽 2.7 米；垂花门东、西两侧联体短墙为砖石结构，各长约 3 米，各建照壁 1 方，形制相同；东、西厢房保存完整，均为三开间，上履一仰一覆小青瓦，印纹滴水帽头；南面山墙有一些砖雕饰物，分别与垂花门东、西短墙联体；东厢房内现存一部分赵氏古宅拆下的木料、石料。2011 年 5 月被批准为市级文物保护单位。有公路经此。

孙运璇旧居 370684-50-B-c02
[Sūnyùnxuán Jiùjū]

在蓬莱市刘家沟镇堡后孙家村。因旧居原主人而得名。民国时期建筑。坐北朝南，为三进院建筑，倒座、过厅、正房各 5 间，前院西厢、后院东厢各 3 间，均为硬山、砖石木结构。东西长 11.25 米，南北宽 35.11 米，建筑面积 394.99 平方米，保存较完整。为蓬莱民国时期典型的名人故居，为研究近代建筑提供了重要依据。2011 年 5 月被批准为市级文物保护单位。有公路经此。

大迟家墓群 370684-50-B-c03
[Dàchíjiā Mùqún]

在市境东南部。因所在地而得名。汉代墓群。墓地呈梯形，北边长 130 米，东边长 357 米，南边长 345 米，西边长 360 米，总面积 68 535 平方米。于 1974 年、1985 年及 1995 年分别抢救性发掘了部分墓穴，均为竖穴墓，出土有陶罐、灰罐、铜镜、铜带钩、铁镬等物品。它的发掘为研究古代胶东地区的历史、社会习俗、墓葬制度提供了珍贵的实物资料。1987 年 4 月被批准为市级文物保护单位。有公路经此。

无梁殿 370684-50-B-c04
[WúLiáng Diàn]

在蓬莱区紫荆山街道庙山山顶。因建筑特点而得名。该殿始建于明嘉靖十六年（1537），原是泰山行宫的一个建筑单体。坐北面南，长 8.8 米，宽 7.6 米，高 5 米；殿顶跨度为 6 米，门宽 1.25 米，窗宽 1 米。殿内东、西墙壁各辟有一个拱形壁龛，正面有神座基础。蓬莱无梁殿是山东省现存无几的无梁建筑遗存之一，是研究早期建筑形制、工艺、建材、技术不可多得的实物资料。2011 年 5 月被批准为市级文物保护单位。228 国道经此。

自然保护区

艾山自然保护区 370684-50-E-b01
[Àishān Zìránbǎohùqū]

在市境西南部。保护区覆盖艾山山脉主体及周边大小山头。面积 10 046.2 公顷。因所在自然地理实体而得名。气温偏低，湿度大，降水多，人为活动少，土壤深厚，肥沃潮湿，植被茂密，是黄水河的发源地。主要保护对象有植物紫椴、动物夏候鸟，重点保护草本植物有中华结缕草、野大豆。2002 年 5 月经山东省政府批准设立省级自然保护区。核心区内分布着森林生态系统、灌草丛生态系统、湿地生态系统等，国家级、山东省重点保护陆栖野生动物也主要分布于此，也是夏候鸟的主要繁殖地和冬候鸟的栖息地及旅鸟理想的驿站。

招远市

纪念地

招远市革命烈士陵园 370685-50-A-b01

[Zhāoyuǎn Shì Gémìnglièshì Língyuán]

在省境东北部。因所在政区而得名。1960年始建。面积约17万平方米，原为土冢墓，1985年修建4座石封主墓，1992年扩建改造。陵园自下而上由广场、纪念馆、烈士墓区、主墓、纪念碑等部分构成，墓区依山就势筑成12层梯式墓地，安葬革命烈士2 193名。2001年6月被批准为省级重点烈士纪念建筑物保护单位。通公交车。

齐山抗战烈士陵园 370685-50-A-c01

[Qíshān Kàngzhànlièshì Língyuán]

在省境东北部。因所在自然地理实体而得名。1945年始建。陵园面积1.5万平方米。建有抗日殉国烈士纪念塔，塔分5层，高14.5米，刻有招远籍八路军殉国烈士英名317个，地方烈士69名。1946年5月在塔下正南50米修建抗战殉国烈士公墓，合葬齐山区42名、髙山区73名烈士忠骨。1982年、2014年两次修缮，广场铺设大理石，能同时容纳千余人参观瞻仰。1996年12月被批准为烟台市爱国主义教育基地。有公路经此。

重点文物保护单位

曲城故城址 370685-50-B-b01

[Qǔchéng Gùchéngzhǐ]

在省境东北部。因所在地而得名。西周至北齐遗址。根据自然地形，分为东南城、南城、西南城三部分，其中西南城为城外部分。城址内外现均为农田，地表、断崖上陶片堆积较为丰富，分布有从西周至汉代各时期的墓葬、井、殉马坑、灰坑、建筑构件等文化堆积等，采集遗物有西周中期青铜重器，且较多属于周代，个别属岳石文化时期。为胶东地区两汉及商周文化的重要见证。1992年6月被批准为省级文物保护单位。有公路经此。

辛庄墓群 370685-50-B-b02

[Xīnzhuāng Mùqún]

在省境东北部。因所在地而得名。为西周、春秋时期墓群。于1973年河滩整地时发现。暴露出多座土坑竖穴墓，墓葬时代较早，面积较大，随葬品特征鲜明，是胶东地区两周葬俗研究的重要实物资料。1992年6月被批准为省级文物保护单位。通公交车。

毕郭墓群 370685-50-B-b03

[Bìguō Mùqún]

在省境东北部。因所在地而得名。东周至汉墓群。墓群总面积164万平方米，分为东、西两个墓区。东墓区以地表暴露的大型土冢为基本特征，西墓区1970年出土一批青铜器。墓葬多有被盗痕迹。依据出土器物分析，墓葬应采用木棺椁加膏泥封护，规格较高。为胶东地区东周至两汉葬俗文化及地域文化的重要实物资料。2006年12月被批准为省级文物保护单位。有公路经此。

招远金矿近代采掘基址群 370685-50-B-b04

[Zhāoyuǎn Jīnkuàng Jìndài Cǎijué Jīzhǐqún]

在省境东北部。以采掘时代和所处地域命名。1882年始建，是清末至20世纪60年代招远黄金生产的重要遗址。以玲珑金矿老矿区为主体，主要由矿井、选厂和碉堡组成，总面积约 2.1 平方千米，矿井主要是玲珑通洞，在玲珑背山脚下，开口 2 处，内部相通，长约 300 米，宽约 4 米，高约 2.5 米。招远金矿近代采掘基址群是中国近代黄金采选的缩影，前后延续 80 余年，穿插着民族资本、殖民掠夺和国家计划开采等多个阶段，对中国黄金采选冶工业技术发展的研究具有重要意义，也是重要的爱国主义教育基地。2013 年 10 月被批准为省级文物保护单位。省道黄水公路通过。

重要景点和一般名胜古迹

中国黄金实景博览苑 370685-50-D-a01
[Zhōngguó Huángjīn Shíjǐng Bólǎnyuàn]

在省境东北部。因为由黄金博物馆、矿井体验区、实景展示区共同组成，故名。依托罗山金矿废旧厂房和矿区，运用声、光、电、幻影全息成像等高科技手段，集中展示黄金采、选、冶和加工等工艺流程，让游客通过场景再现的方式了解古今中外黄金文化的前世今生，是集知识性、趣味性、参与性于一体的黄金主题旅游景区。博览苑全景式展示不同历史时期黄金生产工艺以及古今中外黄金文化，是国内规模最大、现代化元素最多、功能最齐全的黄金主题旅游景点，是全国科普教育基地。2011 年被评为国家 AAAA 级旅游景区。有公路经此。

淘金小镇 370685-50-D-a02
[Táojīn Xiǎozhèn]

在省境东北部，市境东北部。景区集中展示宋代淘金小镇矿工生产生活、黄金交易和商业经营活动等，故名。景区以仿古建筑、场景再现、特色小吃和游客参与为特色，融黄金文化、财神文化、市井文化和民俗文化为一体，开展金河淘金、金矿采金等参与性项目。是招远黄金之旅的主要景点，国家级非遗黄金堆石砌灶冶炼技艺展示基地。2014 年被评为国家 AAAA 级旅游景区。有公路经此。

罗山国家森林公园 370685-50-D-a03
[Luóshān Guójiā Sēnlín Gōngyuán]

在省境东北部，市境东北部。因所在自然地理实体而得名。景区具有林密、谷幽、泉清、石奇、涧多、瀑高等特点，有众多名胜古迹，森林覆盖率高达 91%。有野生植物 1 000 多种，各种野花和中草药上百种，鸟兽与昆虫等动物资源 80 余种，素有“绿色宝库”“天然氧吧”之称。主要包括大瀑布景区和莲花盆景区。为招远市生态公益型林区和主要旅游景点。2011 年被评为国家 AAAA 级旅游景区。有公路经此。

凤凰岭公园 370685-50-D-a04
[Fènghuánglǐng Gōngyuán]

在省境东北部，市境中部。因所在自然地理实体而得名。公园以“中国金都”为主题，充分体现现代公园的气息，主要分为源泉广场、生态广场、文化广场和山林野趣四大景区，以满足不同层次、不同性格、不同年龄的人对环境的需求。建筑造型和设计手法上，既充满了简洁明了、美而不俗的民间之风，又富有江南水乡、北方园林文化气息，诸多造型别致的建筑群与公园的绿树、鲜花、青草交映生辉，构成一幅美丽的图画，是休闲娱乐、强身健体的最佳场所，为招远市经济开发区主要的市民休闲区和应急疏散基地。2006 年 10 月被评为国家 AAA 级旅游景区。有公路经此。

海阳市

纪念地

海阳市烈士陵园 370687-50-A-b01

[Hǎiyáng Shì Lièshì Língyuán]

在市境南部。因所在政区而得名。1956 年，安葬在全县各地的 842 名革命烈士遗骨迁入陵园。烈士陵园内立有抗日英雄民族之光革命烈士纪念碑和民兵烈士纪念碑，为烟台市爱国主义教育基地、国防教育基地。2001 年被批准为省级重点烈士纪念建筑物保护单位。通公交车。

重点文物保护单位

嘴子前古墓群 370687-50-B-a01

[Zuǐziqián Gǔmùqún]

在市境东部。因所在地而得名。周代墓群。东西约 200 米，南北约 200 米，总面积 40 000 平方米。从 1978 年到 2000 年，先后有 6 座墓葬被抢救性清理发掘，出土了大量珍贵文物，有陶鼎、簋、豆、罐、铜鼎、豆、盘、舟、壶、匜、盆、甗、盂、甬钟、钮钟、戈、剑、镞、削、带钩、方壶、玉佩、玦、石佩、漆罐、俎、方斗、匜形器、戈柲、舟形器等，铜盂和甗有铭文。具有重要的考古价值。2006 年 5 月被批准为国家级文物保护单位。有公路经此。

城子顶遗址 370687-50-B-b01

[Chéngzidǐng Yízhǐ]

在方圆街道北城阳村住宅区南。因所在自然地理实体而得名。遗址面积约 12 万平方米。该遗址未正式发掘，对遗址中的断崖和探沟文化层考察，其文化内涵延续时间较长，以龙山文化为主，一直延续到岳石文化时期，是一处新石器时期原始民居生活遗址。采集的陶片以夹砂红陶和泥质灰陶为主，夹砂灰陶和泥质红陶次之，有少量的夹云母红。灰陶多素面，纹饰有附加堆纹、划纹、压印纹、弦纹，可辨器形有鼎、瓮、鬶、罐、盆、钵、杯、盘、纺、轮，石器有斧、凿、铲、磨盘、球、镞等。具有重要的考古价值。1992 年 6 月被批准为省级文物保护单位。有公路经此。

大榆村遗址 370687-50-B-b02

[Dàyúcūn Yízhǐ]

在盘石店镇大榆村北高台地上。因所在地而得名。遗址没有正式发掘，根据对地表采集标本和探沟文化层的分析，是一处较典型的龙山、岳石文化时期民居生活遗址。采集的陶片以夹砂红陶和灰陶为主，次为夹砂褐陶和红褐陶，纹饰有附加堆纹、弦纹、划纹，可辨器形有鼎、鬶、罐、三足盘、碗、杯，石器有斧、凿、砍砸器、磨棒、球等。具有重要的考古价值。2006 年 12 月被批准为省级文物保护单位。

赵疃地雷战遗址 370687-50-B-b03

[Zhàotuǎn Dìléizhàn Yízhǐ]

在行村镇赵疃村。赵疃地雷战遗址曾是海阳地雷战主战场，故名。形成于 1942—1945 年。1977 年 12 月被批准为省级文物保护单位。通公交车。

万家夼遗址 370687-50-B-b04

[Wànjiākuǎng Yízhǐ]

在海阳市徐家店镇万家夼村。因所在村而得名。新石器时代遗址。遗址东西长 490 米，南北宽 290 米，总面积约 14 万平方米。从遗址断崖观察，文化层深 1.5~2 米，文化内涵非常丰富。出土文物中有精致的龙山文化黑陶片，颜色精美，淘洗精纯，火候较高，厚度只有 3 毫米，充分显示出龙山文化陶器黑、光、薄的特点。万家夼遗址是发现的同时代遗址中面积最大、文化内涵最丰富的一处。2013 年 10 月被批准为省级文物保护单位。通公交车。

霞河头庄园 370687–50–B–b05

[Xiáhétóu Zhuāngyuán]

在留格庄镇霞河头村南部。因所在地得名。清代遗址。现房屋大部分已翻新，院落完整，尚存部分南倒房、二堂、三堂及后宅房体。对研究清代官式住宅的典型建筑具有重要意义。2013 年 10 月被批准为省级文物保护单位。

重要景点和一般名胜古迹

海阳旅游度假区 370687–50–D–a01

[Hǎiyáng Lǚyóu Dùjiàqū]

在市境南部。因所在政区而得名。主要景区有沙雕公园、国家湿地公园、万米海滩浴场、观海平台、海滨观光带等。是集旅游观光、商务休闲、娱乐健身于一体的综合性旅游度假区。2010 年 9 月被评为国家 AAAA 级旅游景区。通公交车。

丛麻院旅游景区 370687–50–D–a02

[Cóngmáyuàn Lǚyóu Jǐngqū]

在市境东北部。据传唐朝开国大将尉迟敬德曾经出征经过此地，并在七峰山内屯兵养马，故名丛马院，后演为今名；另一说法是院内山头林立如麻，故名丛麻院。丛麻院始建于隋末唐初，历经唐、宋、元、明、清，迄今千余年，名声远扬，成为胶东著名的佛教圣地。现景区占地面积 4 000 多亩。主要景点有虎头驼峰、求子洞、习武场、日月桥、长寿崮、棋圣洞、民俗养蚕区等。2006 年 9 月被评为国家 AA 级旅游景区。

招虎山国家森林公园 370687–50–D–a03

[Zhāohǔshān Guójiā Sēnlín Gōngyuán]

在市境中部。因所在自然地理实体而得名。招虎山国家森林公园山丘连绵，岗坳交错，此起彼伏，有国家和省级珍稀、濒危重点保护野生动植物资源，是集生态游、宗教游、古迹游、民俗游为一体的龙头景区。2013 年 10 月被评为国家 AAA 级旅游景区。

自然保护区

小孩儿口国家城市湿地公园

370687–50–E–a01

[Xiǎohái'érkǒu Guójiā Chéngshì Shīdì Gōngyuán]

在市境南部。北起石人泊桥，南至东村河入海口。总面积 792 公顷，湿地公园有水区域面积 540 公顷，占总面积的 68%；其他陆地面积 252 公顷，为人工景观绿化面积，占总面积的 32%。湿地公园地处暖温带半岛地区，植物种类繁多，虽从景观上看不到为数众多的大面积乔木构成的森林，但是从低等的水生浮游植物、挺水植物到高等的灌、乔植物，种类繁多。2007 年 2 月经国家住建部批准成立。有淡水浮游植物 232 种，海水浮游植物 84 种，苔藓类植物 3 种，高等维管植物有 299 种。

长岛县

纪念地

长岛县革命烈士陵园

370634–50–A–c01

[Chángdǎo Xiàn Gémìnglièshì Língyuán]

位于英山。因纪念为解放长岛而牺牲

的烈士们而得名。1956年3月始建，1957年重修，1985年8月改迁，1986年4月建成。陵园内建有长山岛战役纪念馆和长岛革命烈士纪念馆。长山岛战役纪念馆以大量历史照片和文字详细介绍了长山岛战役的经过，革命烈士纪念馆以图片和文字介绍了长岛第一任工委书记王永利等十几位著名烈士的事迹。陵园每年接待大量参观瞻仰者，起到了良好的教育效果。1989年被批准为县级文物保护单位。

重点文物保护单位

猴矶岛灯塔 370634-50-B-a01

[Hóujīdǎo Dēngtǎ]

在长岛县中部的猴矶岛。因所在自然地理实体而得名。清光绪八年(1882)建成。其重要作用是为航行于长山水道和猴矶水道的船舶提供助航服务。是目前黄渤海地区保存最为完整的一座历史建筑，是帝国主义侵略的产物，也是我国走向世界的标志。2013年3月被批准为国家级文物保护单位。

北庄遗址 370634-50-B-a02

[Běizhuāng Yízhǐ]

在长岛县黑山乡北庄村东北部。因所在地而得名。新时期时代遗址。北庄遗址北依烽台山，南接一季节性小河，东临大海。整个遗址环境背风向阳，依山傍水，构成了适于人类生存的基本地理条件。该遗址是我国首次在海岛发现的史前村落遗址，具有极高的学术价值。1996年11月被批准为国家级文物保护单位。

庙岛故城址及显应宫遗址

370634-50-B-b01

[Miàodǎo Gùchéngzhǐ Jí Xiǎnyīnggōng Yízhǐ]

在长岛县北长山乡庙岛村。明崇祯元年(1628)皇帝下旨扩建庙宇，并赐庙额“显应宫”，故名。宋代遗址。庙岛故城址的城墙保存最好，西接西城墙，东接东城墙。庙岛显应宫保存较完整，显应宫分外垣和内庭两部分，外垣包括戏楼、台基和碟墙，内庭则分三进院落。前院有山门、钟鼓和前殿；中院以大殿为主，包括前轩、东西廊坊；后院有后宫、传廊和左右配房。该遗址不仅是我国北方修建最早、规模最大、影响最广的著名的妈祖庙，也是世界重要的妈祖官庙之一，与福建湄州岛妈祖庙并称妈祖“南北祖庭”。2006年12月被批准为省级文物保护单位。

珍珠门遗址 370634-50-B-b02

[Zhēnzhūmén Yízhǐ]

在大西山丈崖公园珍珠隧道西入口处。因所在地理位置而得名。商周时期遗址。遗址主要有大型袋状灰坑、房屋基址和墓葬。遗物以陶器为主，器型主要有鬲、簋、甗、碗、罐，质地多夹砂红陶，素面。以该遗址为代表的文化遗存，被学术界确定为商周时期胶东地区一支独立的考古学文化体系，称为“珍珠门文化”，具有重要的考古价值。2006年12月被批准为省级文物保护单位。通公交车。

井口天妃庙 370634-50-B-b03

[Jǐngkǒu Tiānfēi Miào]

在长岛县砣矶镇井口村中部。因所在地而得名。明代遗址。天妃庙为南北三进院落，前院包括山门、东西两厢和前殿；中院以大殿为中心，又辅之以东西两个跨院，跨院内建有香炉房和僧房；邻院则为配殿和配房。2013 年 10 月被批准为省级文物保护单位。有公路经此。

北隍城岛山前遗址 370634-50-B-c01
[Běihuángchéngdǎo Shānqián Yízhǐ]

在长岛县北隍城乡山前村东南冲积坡地上。因所在地而得名。新石器时代遗址。西面为平地，东临烽台山，南朝大海，呈倒“U”字形，背风向阳。山前遗址的发现为进一步探讨庙岛群岛的史前文化提供了可贵资料。2011 年 5 月被批准为市级文物保护单位。有公路经此。

大钦岛三条沟遗址 370634-50-B-c02
[Dàqīndǎo Sāntiáogōu Yízhǐ]

在大钦岛乡北村。因遗址内有三条水沟而得名。经勘察发现，遗址共有三个时期的堆积，一为大汶口文化，二为龙山文化，三为战国时期遗存，其中以龙山时期的遗存最为丰富。有重要考古价值。1987 年 4 月被批准为市级文物保护单位。有公路经此。

成章小学旧址 370634-50-B-c03
[Chéngzhāngxiǎoxué Jiùzhǐ]

在北长山乡店子村北部高地。因该小学由沈鸿章创办而得名。建于 1928 年。为现代平房建筑，略显欧式风格，现仅存平房一排 8 间。店子成章小学见证了长岛现代教育的发展历程。2011 年 5 月被批准为市级文物保护单位。有公路经此。

隍城岛城址 370634-50-B-c04
[Huángchéngdǎo Chéngzhǐ]

在县境北部。因所在地而得名。新石器时代遗址。古城址在南端的唐王城山上，东、西、南三面临海，为悬崖峭壁，不可攀登。1982 年被批准为县级文物保护单位。有公路经此。

大濠墓地 370634-50-B-c05
[Dàháo Mùdì]

在长岛县黑山乡大濠村。因所在地而得名。唐代墓葬。自 20 世纪 50 年代以来，附近陆续有古墓葬出现。大濠墓地在大黑山岛的西南部，东、西、北三面依山形成“U”形谷地，墓群分布于谷地山坡上，自东南至西南蜿蜒分布，长约 2 000 米。具有重要的考古价值。1982 年被批准为县级文物保护单位。

店子遗址 370634-50-B-c06
[Diànzi Yízhǐ]

在长岛县北长山乡店子村。因所在地而得名。龙山文化遗址。1979 年 9 月被发现，1980 年 11 月进行复查。地层单纯，第一层为地表土；第二层为灰褐土，含有海砾石、贝壳和陶片等，属龙山文化；下面有 4 座陶窑和 2 个灰坑，它们都是在生土上筑成的。从出土遗物看，该遗址可能含着两个时代的文化，以龙山文化为主，其次为晚于龙山文化的遗物。具有重要的考古价值。1979 年被批准为县级文物保护单位。有公路经此。

城后遗址 370634-50-B-c07
[Chénghòu Yízhǐ]

在长岛县北长山乡北城村北部的台地上。因所在村庄及地理方位而得名。龙山文化遗址。遗址坐落在北山缓坡的多层台地上，南北宽 110 米，东西长 400 米。遗址是历经几个时期形成的，每一时期位置都不同：最东边是龙山文化遗存，中间主要是岳石文化遗存，西边出土的陶器其特征与珍珠门遗址相同。具有重要的考古价值。1980 年被批准为县级文物保护单位。有公路经此。

北城城址 370634-50-B-c08

[Běichéng Chéngzhǐ]

在北长山岛东南部。因所在地而得名。唐宋时期遗址。城址北部整个城垣由黄土和海砾石分层夯筑成，夯层较均匀。北城城址是唐宋时期戍城和寨城的遗存，对研究文化交流以及民族文化史具有重要意义。1982 年被批准为县级文物保护单位。有公路经此。

西大山遗址 370634-50-B-c09

[Xīdàshān Yízhǐ]

在西大山南部的缓坡台地上。因所在的自然地理实体而得名。商周至汉代遗址。遗址形成几阶台地，采集的器物有铜鼎、陶鬲、陶豆、陶罐、卜骨、骨耜、石刀、石镰等。西周时期遗存构成遗址主体，其历史意义和学术价值都很高。1982 年被批准为县级文物保护单位。有公路经此。

大口遗址 370634-50-B-c10

[Dàkǒu Yízhǐ]

在砣矶镇大口东山村北穷人顶。因所在地而得名。新石器时代遗址。大口遗址与砣矶墓群相连不可分，共发现房址 2 座、墓葬 22 座、兽坑 9 个、用火遗迹 10 处，以及陶、石器等。大口遗址的发现对研究渤海海峡地区岛屿上的古遗迹的内涵提供了有价值的文物资料。1980 年被批准为县级文物保护单位。有公路经此。

砣矶墓群 370634-50-B-c11

[Tuójī Mùqún]

在大口东山村。因所在地而得名。砣矶墓群与大口遗址相连不可分，共发现房址 2 座、墓葬 22 座、兽坑 9 个、用火遗址 10 处，以及陶器、石器等。根据试掘的三个探方地层堆积的颜色、土质的不同，划分为 7 层，每层内涵都非常丰富。本遗址的发掘对研究海岛原始社会的历史有重要意义。1982 年被批准为县级文物保护单位。有公路经此。

南隍城摩崖石刻 370634-50-B-c12

[Nánhuángchéng Móyá Shíkè]

在长岛县南隍城乡东南棋盘山之东壁。因所在地而得名。唐代遗址。该石刻是一块巨大的板状石英岩，斜依于棋盘山东南角，倾角 70 度，高 71.8 米，最大宽度 20 米。其铭文为“南无消灾延寿药师佛”，石刻每字长、宽各 1 米，为楷体，自上而下排列，刻文是阳铭式。这是目前胶东地区保存相对完整的一处摩崖石刻。1982 年被批准为县级文物保护单位。有公路经此。

后沟遗址 370634-50-B-c13

[Hòugōu Yízhǐ]

在长岛县南长山街道后沟村东。因所在地而得名。龙山文化遗址。遗址采集有瓶底盆片、鬶足、鼎足和厚仅 0.73 毫米的蛋壳黑陶口沿残片。随着城区建设的不断扩大，该遗址已被彻底包围于城区当中，西、北两块部分破坏较严重，现仅存东南部。具有重要的考古价值。1982 年被批准为县级文物保护单位。有公路经此。

重要景点和一般名胜古迹

月牙湾风景区 370634-50-D-a01

[Yuèyáwān Fēngjǐngqū]

在长岛县北长山乡。因形似月牙而得名。主要景观有月牙湾、海豹苑。泥沙底质，近岸处为砾石底。港湾遍布砾石，光洁浑圆，质坚色奇。2005 年被评为国家 AAA 级旅游景区。263 省道经此。

九丈崖景区 370634-50-D-a02
[Jiǔzhàngyá Jǐngqū]

在长岛县北长山乡九丈崖景区。根据崖壁的地势而得名。主要景观有九丈崖、鸥翅湾、九叠石、滴水观音。山崖险峻，水深流急，岩礁棋布，自然景观独树一帜。景区集山、海、礁、崖、洞及古迹于一体，融奇、雄、秀、美、险、神于一身，具有较高的旅游和美学价值。2005 年被评为国家 AAA 级旅游景区。263 省道经此。

仙境源 370634-50-D-a03
[Xiānjìngyuán]

在长岛县南长山街道王沟村东部。根据相关神话传说而得名。主要景点有黄渤阁、神仙桥、茶寿石、寿龟宫。这里因曾出土一颗距今 2 500 年的人类头骨化石和近百座墓葬而远近闻名。它集原始的自然风光和美丽的神话传说于一体，尽显自然景观的迷人神韵。景区内海阔天空，令人心旷神怡，流连忘返。2002 年被评为国家 AA 级旅游景区。有公路经此。

烽山 370634-50-D-a04
[Fēng shān]

在县境东部。明代抗倭名将戚继光坐镇登州时，曾在此山设烽火台，烽山由此得名。主要景点有类标本展馆、鹰击长空、活鸟展馆。标本展馆占地 220 平方米，建于烽山次峰，馆内囊括 200 多件标本，分为猛禽、攀禽、游禽、涉禽、鸣禽五大类，再现了鸟类翻飞、觅食等场景。山呈圆锥体，直径约 0.7 千米，海拔 148.8 米。山顶于 1984 年建起 1 座高 8 米、重 14 吨的水泥雄鹰雕塑。2001 年被评为国家 AAA 级旅游景区。有公路经此。

林海 370634-50-D-a05
[Línhǎi]

在长岛县南长山街道。因其以林幽、海胜而著称，故名。主要景点有黄渤海交汇线、佛云亭、369 海天梯、长风万里。园区内的拂云亭、八卦台和奇礁异石汇成了一幅美丽的画卷，雄伟壮观的“长山尾”延伸在渤、黄两海之间，每当步入长山尾端的时候，顿有脚踏两海顶天立地之感，同时产生一种开阔视野、拓宽胸怀的感受。2001 年被评为国家 AAA 级旅游景区。有公路经此。

望夫礁风景区 370634-50-D-a06
[Wàngfūjiāo Fēngjǐngqū]

在长岛县南长山岛北端。因景区内有一尊酷似怀抱婴儿的渔妇的礁石而得名。主要景点是望夫礁、地质博物馆、龙头礁，地质博物馆以图片和实物的形式向人们介绍了长岛亿万年来的海陆变迁史。景区视野开阔，岛礁密布，西望玉石街素练分波、庙岛塘内阡陌纵横，东与大小竹山岛遥相呼应，在滩岸、石礁连接处，一尊似祈似盼的望夫礁孑然而立，为整个景区题画了点睛之笔。2002 年被评为国家 AA 级旅游景区。有公路经此。

山前天后宫 370634-50-D-c01
[Shānqián Tiānhòu Gōng]

在北隍城岛大北山的主峰上。因在长岛县北隍城乡山前村东部高地，供奉妈祖神位而得名。清代遗址。地势北高南低，由 1 个主殿和山门、围墙等组成，面积 245 平方米，有牌碣 2 块、匾联等数件。2012 年被公布为未核定为文物保护单位的不可移动文物。有公路经此。

山后天后宫 370634-50-D-c02
[Shānhòu Tiānhòu Gōng]

在山后村北部山坡上。因位置及供奉妈祖神位而得名。清代遗址。有主殿 1 座，其中有神龛 1 个，另有山门 1 座及院墙等，保存相对较好。2012 年被公布为未核定为文物保护单位的不可移动文物。有公路经此。

南隍城遗址 370634-50-D-c03
[Nánhuángchéng Yízhǐ]

在长岛县南隍城乡西村。因所在地而得名。清代遗址。从地层的断面采集到遗物，有青铜三棱形空心铤镞、带绳纹和弦纹的灰色泥质陶片。1982 年被公布为未核定为文物保护单位的不可移动文物。有公路经此。

南隍城龙王庙 370634-50-D-c04
[Nánhuángchéng Lóngwáng Miào]

在长岛县南隍城乡南隍城村北部山脊台地上。因供奉龙王神像而得名。清代遗址。近年由南隍城村修葺，先改做养殖加工厂用，后更辟为龙王庙。该庙地势独特，望山临海，有较典型的宗教意义。2012 年被公布为未核定为文物保护单位的不可移动文物。有公路经此。

南隍城天后宫 370634-50-D-c05
[Nánhuángchéng Tiānhòu Gōng]

在长岛县南隍城乡南隍城村西北部山坡台地上。因供奉妈祖神位而得名。清代遗址。整个天后宫由主殿、山门、围墙组成，主殿为歇山式屋顶，五开间；山门则为硬山式屋顶。整个建筑随山就势，南低北高。院内保留有古槐 2 株，石碑 1 通。2012 年被公布为未核定为文物保护单位的不可移动文物。有公路经此。

东村遗址 370634-50-D-c06
[Dōngcūn Yízhǐ]

在长岛县大钦岛乡东村。因所在地而得名。新石器时代遗址。遗址坐落在村南的南山脚下，沿山体呈东西向分布，中间分布有大小数条南北向黄土冲沟。暴露的遗物有陶器和石器，陶器多为手制泥质夹沙和夹滑石粉红陶，主要有圆形锥鼎足、敛口体、卷缘盆和小口罐、圆形罐等；石器有刻面椭圆形石斧、石刃、磨棒等。有一定考古价值。有公路经此。

北村古港 370634-50-D-c07
[Běicūn Gǔgǎng]

在大钦岛乡北村西南部。因附近的村庄及功能而得名。1990 年北村港扩建。该古港原为一个锚泊港口，沿海滩分布有部分锚碇。现建有码头、挡浪坝等建筑，主体部分在海湾北部，西有裸礁。2012 年被公布为未核定为文物保护单位的不可移动文物。有公路经此。

东村天后宫 370634-50-D-c08
[Dōngcūn Tiānhòu Gōng]

在大钦岛乡东村中北部。因主殿内供奉妈祖神位而得名。由主殿、山门和院墙组成，殿内有匾联等其他文物。2012 年被公布为未核定为文物保护单位的不可移动文物。有公路经此。

老黑山火山遗迹 370634-50-D-c09
[Lǎohēishān Huǒshān Yíjì]

在长岛县黑山乡北庄村西老黑山主峰。因附近的山峰而得名。该遗迹是因火山喷发时断裂崩陷所造成的，火山有机质较丰富，故该处植被茂盛。现保留有火山口地面部分，其余坍塌于海里。有熔岩流遗迹和玄武岩堆积等。2012 年被公布为未核定为文物保护单位的不可移动文物。有公路经此。

台山寺 370634-50-D-c10

[Táishān Sì]

在大钦岛北村南小台山东侧。因所在地得名。清代遗址。由大雄宝殿、山门和牌坊组成。现为大钦岛文化中心，具有重要的考古价值。为未核定为文物保护单位的不可移动之物。有公路经此。

自然保护区

长山列岛国家地质公园

370634-50-E-a01

[Chángshānlièdǎo Guójiā Dìzhì Gōngyuán]

在长岛县，横跨黄、渤两海。面积55.96平方千米。根据所在地理位置命名。出露地层主要为上元古界蓬莱群，主要岩石有绢云千枚岩、板岩和长石石英岩，走向近于南北，局部有玄武岩和花岗岩。地表形态为低山丘陵类型，多数岛有第四系黄土覆盖。海岸多呈花边状，形成诸多月牙形港湾。各岛一般北岸多岩礁峭壁，南岸多卵石滩和沙嘴，土质主要为棕壤、褐土和潮土。属暖温带季风区大陆性气候，有地下水资源，但比较贫乏。主要树木有黑松、刺槐、泡桐、白杨等，植被覆盖率约68%。2005年9月经国土资源部批准设立国家级地质公园。主要保护对象为地质遗迹、地质地貌等。公园内的各处地质运动形成的海蚀崖、海蚀柱、海蚀洞、海蚀画等具有很高的科研价值。有公路经此。

六　农业和水利

福山区

林场

国有福山林场 370611-60-C01
[Guóyǒu Fúshān Línchǎng]

属福山区林业局管辖。在福山区张格庄镇境内。面积 233.7 公顷。因所在政区而得名。1942 年建峆嶝寺林场，1949 年 5 月更名为福山林场，1983 年更名为福山区林场，1998 年 6 月更名为国有福山林场。为全区最大的国有林场，其中林业用地 228.4 公顷，房屋、工程、道路用地 5.3 公顷。共有林地 117.01 公顷，疏林地 84.5 公顷，荒山荒地 26.8 公顷。林场以加快森林公园建设为重点，加强森林资源保护管理，完善基础设施建设，促进林业发展。省道烟凤公路经此。

水库

门楼水库 370611-60-F01
[Ménlóu Shuǐkù]

在区境西南部。因近门楼街道，故名。1960 年建成。控制流域面积 1 079 平方千米，总库容 2.44 亿立方米，兴利库容 1.264 亿立方米。主坝系黏土心墙砂壳结构，长 1 075 米，最大坝高 23.32 米，顶宽 22.5 米。溢洪闸设 10×6 米平板钢闸门 12 孔，净宽 120 米，最大泄洪量 8 340 立方米 / 秒；有东、西放水洞 2 座，最大流量共 59.1 立方米 / 秒；其下各建电站 1 处，装机总容量 1 500 千瓦；有东、西干渠 2 条，总长 54 千米，设计灌溉面积 1.4 万公顷；有直径 1.6 米引水暗管 14 千米用于供水。具有防洪、供水、灌溉、发电、养鱼、旅游等综合效益。有公路经此。

莱山区

水库

凤凰山水库 370613-60-F01
[Fènghuángshān Shuǐkù]

在区境西南部。因邻近凤凰山而得名。1957 年 11 月始建，1958 年 12 月建成。现总库容 0.023 5 亿立方米，兴利库容 0.011 8 亿立方米，大坝长 1 174 米，坝型为心墙坝，最大坝高 12 米，面积 10 平方千米。防洪能力达到 50 年设计、500 年校核标准，是一座多年调节综合利用的小（一）型水库，主要功能为防洪、灌溉、养殖等。有公路经此。

龙口市

水库

王屋水库 370681-60-F01
[Wángwū Shuǐkù]

在市境东南部。因所在地而得名。1958年9月始建，1959年9月建成。蓄水面积320平方千米，总库容1.21亿立方米，大坝长761米，坝高28.17米，顶宽8米，设有1米高的防浪墙。主要水源有黄水河、黑山河等。灌溉面积10万亩，实灌面积9万亩，日供水能力6万立方米。是境内唯一的大（二）型水库，以防洪、城市供水为主，兼顾灌溉、养殖等综合利用。有公路经此。

迟家沟水库 370681-60-F02
[Chíjiāgōu Shuǐkù]

在市境西南部。因东邻迟家沟村，故名。1958年10月始建，1960年5月建成。控制流域面积47平方千米。由大坝、溢洪道、放水洞三部分组成，大坝为黏土心墙砂壳坝，坝长485米，最大坝高27.5米，坝顶高程84.8米，顶宽6.4米。水库总库容0.186 2亿立方米，兴利库容0.128 3亿立方米。工程防洪标准为100年一遇洪水设计、2000年一遇洪水校核。是一座集防洪、供水、灌溉、养殖为一体的中型水库。有公路经此。

北邢家水库 370681-60-F03
[Běixíngjiā Shuǐkù]

在市境南部。因邻北邢家村得名。1958年10月始建，1960年6月建成。控制流域面积64平方千米。包括大坝、溢洪道和放水洞三部分，大坝为黏土心墙砂壳坝，坝长400米，内高24.94米，顶高程94.65米，宽6米。溢洪道在大坝西南250米山坳处，为开敞式，进口高程88.76米，底宽50米，全长150米。总库容0.132 5亿立方米，兴利库容0.060 75亿立方米，防洪标准为100年一遇洪水设计、2000年一遇洪水校核，是一座以防洪、供水、灌溉为主的中型水库。有公路经此。

莱阳市

林场

龙门寺林场 370682-60-C01
[Lóngménsì Línchǎng]

在山前店镇万柳村东。面积11平方千米。因原龙门寺而得名。1959年建立。林地面积252.7公顷。林场以果木管理、果木培育、果木品种开发为主。有公路经此。

水库

沐浴水库 370682-60-F01
[Mùyù Shuǐkù]

在莱阳市河洛镇沐浴村东北。因所在地而得名。1958年始建，1960年建成。坝长310米，顶宽7.4米，底宽300米，高44.8米，库长25千米。总库容1.87亿立方米，兴利库容1.07亿立方米，浇地1.02万公顷，水面约占533.33公顷。有公路经此。

莱州市

堤防

海沧防潮堤 370683-60-G01
[Hǎicāng Fángcháodī]

在市驻地西南方向 22.0 千米。西南起土山镇海沧村南，东北至虎头镇虎头崖村。1975 年始建，1980 年建成。长 40 千米（其中主坝长 31.51 千米、副坝长 8.77 千米），大坝主体为沙土结构，坝顶高程 5.3~6.6 米，宽 5~8 米。最大坝底宽 61.5 米，坝底高程 1.5 米，最低高程 -1.2 米。大坝自东向西设 8 座挡潮排水闸，总排洪能力为 180 立方米 / 秒；同时建拦水闸 19 座，百米桥 1 座。大堤的建立减少了自然灾害，提高了生产能力，体现了作为海上长城的防潮堤自身的巨大价值和不可替代的防潮作用。有公路经此。

蓬莱市

农场

农业科技试验示范基地 370684-60-A01
[Nóngyè Kējìshìyàn Shìfànjīdì]

属蓬莱市新港街道农科站管辖。在蓬莱市新港街道。面积 0.13 平方千米。因其为 2009 年全国农技推广示范县项目建设，故名。2009 年建成。年均气温 12℃，无霜期 180 天，年降水量 600 毫米，主产小麦、玉米。有公路经此。

林场

杏吕村林业局苗圃 370684-60-C01
[Xìnglǚcūn Línyèjú Miáopǔ]

属蓬莱区农业农村局管辖。在蓬莱市南王街道杏吕村西南方向。面积 0.2 平方千米。以所在地及功能命名。1984 年建成。年均气温 12.4℃，无霜期 201 天，年均降水量 651 毫米。主要产业为繁育各种苗木。有公路经此。

水库

战山水库 370684-60-F01
[Zhànshān Shuǐkù]

在刘家沟镇战山西侧。以山命名。1958 年始建，1960 年建成。总库容 3 100 万立方米，兴利库容 1 515 万立方米，调洪库容 1 515 万立方米；设计灌溉面积 2.52 万亩，有效灌溉面积 2.31 万亩；设计年工业及生活供水能力 400 万立方米，最大实供 230 万立方米。洪水标准为 100 年一遇洪水设计、5 000 年一遇洪水校核；坝址区基本地震烈度为 8 度，设防烈度为 8 度。水库现今主要用于城市供水及养殖，是一座集兴利和防洪于一体的中型水利工程。228 省道经此。

邱山水库 370684-60-F02
[Qiūshān Shuǐkù]

在大辛店镇邱山西北。因所处地理位置命名。1958 年始建，1961 年建成。总库容 4 100 万立方米，兴利库容 1 770 万立方米，调洪库容 2 150 万立方米。设计灌溉面积 3.17 万亩，有效面积 2.70 万亩。洪水标准为 100 年一遇洪水设计、10 000 年一遇洪水校核；坝址区基本地震烈度为 7 度，设防烈度为 7 度。水库现今主要用于城市供水及养殖，是一座集兴利和防洪于一体的中型水利工程。有公路经此。

平山水库 370684-60-F03
[Píngshān Shuǐkù]

在南王街道魏家庄村西南。以所处地理位置命名。1958 年始建，1961 年建成。总库容 1 236 万立方米，兴利库容 602 万立方米，调洪库容 569 万立方米，设计灌溉面积 0.74 万亩，有效面积 0.23 万亩；设计年工业及生活供水 100 万立方米，最大实供 119 万立方米。洪水标准为 100 年一遇洪水设计、2 000 年一遇洪水校核，坝址区基本地震烈度为 8 度，设防烈度为 7 度。水库现今主要用于城市供水、养殖及少量农业灌溉，是一座集兴利和防洪于一体的中型水利工程。有公路经此。

招远市

林场

国有罗山林场 370685-60-C01
[GuóyǒuLuóshānlínchǎng]

在市境东北部。面积 486 公顷。因地处罗山山脉得名。1948 年 8 月成立。林区由小院庙林区、许金铺林区、玲珑林区组成，地跨阜山、玲珑两个乡镇，森林面积 460.3 公顷，森林覆盖率 94.7%。是招远唯一国有林场，负责罗山国家森林公园管理工作。有公路经此。

水库

城子水库 370685-60-F01
[Chéngzi Shuǐkù]

在市境东南部。因在毕郭镇西城子村北，故名。1958 年建成，2000 年 3 月除险加固。中型水库，主要承接大沽河上游及支流降水，流域面积 120 平方千米，正常蓄水深度 12.5 米，水面面积 4.1 平方千米，总库容 4 200 万立方米，有效灌溉面积 1 600 公顷。坝长 325 米，坝高 20.5 米，坝顶宽 6 米；坝内坡由块石砌成，溢洪道建有 3 孔泄洪闸，有东、西 2 个放水洞。多年来加强水质保护，为招远市供水水源地。有公路经此。

勾山水库 370685-60-F02
[Gòushān shuǐkù]

在市境西南部。因坐落在勾山东麓，故名。1960 年建成。中型水库，流域面积 90 平方千米，水面面积 3.98 平方千米，正常蓄水深度 12.95 米，总库容 4 822 万立方米，有效灌溉面积 0.38 万亩。坝长 600 米，坝高 19 米，坝顶宽 7.7 米；坝内坡由块石砌成，溢洪道建有 3 孔泄洪闸，有东、西 2 个放水洞。主要承接大沽河支流薄家河之水。有公路经此。

金岭水库 370685-60-F03
[Jīnlǐng Shuǐkù]

在市境西部。以其所在的金岭公社命名。1958 年 10 月始建，1960 年 3 月建成。中型水库。流域面积 36 平方千米，正常蓄水深度 13.04 米，总库容 1 251 万立方米，兴利库容 662 万立方米，有效灌溉面积 1.74 万亩。坝长 810 米，坝高 17.1 米，坝顶宽 7 米；坝内坡由块石砌成，溢洪道建有 3 孔泄洪闸，有 1 个放水洞。养鱼水面 900 亩，宜林面积全部绿化。主要调节钟离河上游之水，除农田灌溉外，主要用于双塔粉丝公司的粉丝生产。有公路经此。

侯家水库 370685-60-F04

[Hóujiā Shuǐkù]

在市境西北部。因所在地而得名。1959 年建成，2014 年除险加固。中型水库，流域面积 25.3 平方千米，总库容 1 191 万立方米，有效灌溉面积 0.2 万亩。坝长 1 130 米，坝高 15.08 米，坝顶宽 10 米；坝内坡由块石砌成，溢洪道建有 3 孔泄洪闸，有 1 个放水洞。作为招远市南水北调续建配套工程的调蓄水库，承担向招远城区和周边镇村供水的任务。有公路经此。

栖霞市

水库

庵里水库 370686-60-F01

[Ānlǐ Shuǐkù]

在栖霞市城北 10 千米的庵里村南。因所在地而得名。1958 年始建，1960 年建成。水库水域面积 7.2 平方千米，控制流域面积 150 平方千米，总库容 7 603 万立方米，长 737 米。为烟台储备水源，是一座集防洪、城市供水、农业灌溉、发电、养殖等综合功能为一体的中型水库。209 省道经此。

龙门口水库 370686-60-F02

[Lóngménkǒu Shuǐkù]

在栖霞市官道镇龙门口村北。因所在地而得名。1960 年 8 月建成。蓄水面积 116 平方千米，总库容 0.676 1 亿立方米。调洪库容 2 411.8 万立方米，最大泄量 567.26 立方米 / 秒。坝长 347 米，高 27.18 米。现为栖霞市城区水源地。有公路经此。

黄燕底水库 370686-60-F03

[Huángyàndǐ Shuǐkù]

在栖霞市翠屏街道黄燕底村西南。因所在地而得名。1966 年 11 月始建，1973 年 5 月建成。正常蓄水位水面面积 0.2 平方千米，总库容 199.34 万立方米，兴利库容 250 万立方米，灌溉面积 9 020 亩。全长 69 米。砌石连拱坝在大坝中部，最大坝高 30.5 米，长 153 米，全部由石头和水泥筑成，坝型为黏土心墙坝与砌石连拱坝。是蛇窝泊镇水源地，供应蛇窝泊镇自来水水源。304 省道经此。

海阳市

林场

海阳市国有招虎山林场 370687-60-C01

[Hǎiyáng Shì Guóyǒu Zhāohǔshān Línchǎng]

属方圆街道管辖。在市境中部。面积 5.4 平方千米。因林场内的招虎山而得名。1949 年始建。林场内植物种类丰富，主要有赤松、黑松、银杏、酸枣、棉槐、郁李、野蔷薇、山菊花等。分布类型多样，地理成分复杂，属于华北植物区系，具有典型温带区系的特点，同时具有一定的热带亲缘。招虎山国有林场作为地区生态安全的重要屏障，具有重要的生态保护作用，同时也促使生物多样性保护得到有效增强。有公路经此。

长岛县

水库

磨石嘴水库 370634-60-F01
[Móshízuǐ Shuǐkù]

在砣矶镇磨石嘴村。因所在地而得名。1987年3月始建，1987年9月建成。总库容0.001 1亿立方米。防洪能力达30年设计、300年校核标准。是一座多年调节综合利用的小（二）型水库，主要功能为防洪、为居民提供饮水等。有公路经此。

王沟水库 370634-60-F02
[Wánggōu Shuǐkù]

在南长山街道王沟村。因所在地而得名。1984年3月始建，1985年底建成。总库容为0.006 0亿立方米。防洪能力达30年设计、300年校核标准。是一座调节综合利用的小（二）型水库，主要功能为防洪、灌溉等。有公路经此。

堤防

砣子大坝 370634-60-G01
[Tuózi Dàbà]

在长岛县砣矶镇磨石嘴。北起磨石嘴村南端，南至坨子岛北端。1970年始建，1978年建成，2003年进行加固扩建工程，2005年建成。现堤呈弧形，长1 600米，顶部宽度0.6米，高度4米，用花岗岩块石砌筑。连接砣子岛和砣矶岛，可停靠百吨以下船只。有公路经此。

长岛县砣矶镇通海路海堤 370634-60-G02
[Chángdǎo Xiàn Tuójī Zhèn Tōnghǎilù Hǎidī]

在长岛县砣矶镇磨石嘴。西起磨石嘴村，东至大口中村。2003年始建，2005年建成。海堤长1 600米，顶部宽度0.6米，高度4米，用花岗岩块石砌筑。有公路经此。

玉石街 370634-60-G03
[Yùshíjiē]

在县境南部。北起北长山岛南端，南至南长山岛北端。1928年修复，1960年改建。堤呈弧形，长1 050米，基宽45米，顶部宽度10米，高度5.5米。东侧有高1.75米挡浪坝，有4 153个重2吨的水泥四角锥护堤。是沟通南、北长山的交通要道，并成为长岛县游览点之一。有公路经此。

词目拼音音序索引

bi

bie

bin

bing

bo

guang

gui

gun

guo

ha

hai

han

hu

hua

huai

huan

huang

ling

liu

long

lou

lu

pao

peng

pi

ping

po

pu

qi

qia

qian

qiao

shi

shu

shuang

shui

shun

si

song

yang

yao

ye

yi

yin

ying

yong

you